Basic Texts
Textes de base
(2015)

International Tribunal for the Law of the Sea
Tribunal international du droit de la mer

Basic Texts
Textes de base
(2015)

BRILL
NIJHOFF

LEIDEN | BOSTON

Library of Congress Cataloging-in-Publication Data

Names: International Tribunal for the Law of the Sea.
Title: Basic texts 2015 = Textes de base 2015 / International Tribunal for
    the Law of the Sea = Tribunal international du droit de la mer.
Other titles: Textes de base 2015
Description: Third edition. | Boston : Brill Nijhoff, 2015. | At head of
    title: International Tribunal for the Law of the Sea = Tribunal
    international du droit de la mer. | Includes index.
Identifiers: LCCN 2015038087| ISBN 9789004288676 (hardback : alk. paper) |
    ISBN 9789004306080 (pbk.) | ISBN 9789004304710 (e-book)
Subjects: LCSH: International Tribunal for the Law of the Sea. | Law of the
    sea. | International courts.
Classification: LCC KZA5205 .B37 2015 | DDC 341.4/5—dc23
LC record available at http://lccn.loc.gov/2015038087

This publication has been typeset in the multilingual 'Brill' typeface. With over 5,100 characters covering Latin, IPA, Greek, and Cyrillic, this typeface is especially suitable for use in the humanities. For more information, please see brill.com/brill-typeface.

ISBN 978-90-04-28867-6 (hardback)
ISBN 978-90-04-30471-0 (e-book)

This book is printed on acid-free paper.

Table des matières

Textes de base

Contents

Convention des Nations Unies sur le droit de la mer du 10 décembre 1982

United Nations Convention on the Law of the Sea of 10 December 1982

Avant-propos

Le présent volume des *Textes de base* contient le Statut du Tribunal international du droit de la mer et la Convention des Nations Unies sur le droit de la mer,
ouverte à la signature à Montego Bay (Jamaïque) le 10 décembre 1982, dont
le Statut fait partie intégrante, ainsi que l'Accord relatif à l'application de
la partie XI de la Convention, adopté le 28 juillet 1994, et l'Accord aux fins
de l'application des dispositions de la Convention des Nations Unies sur
le droit de la mer du 10 décembre 1982 relatives à la conservation et à la gestion
des stocks de poisons dont les déplacements s'effectuent tant à l'intérieur
qu'au-delà de zones économiques exclusives (stocks chevauchants) et des
stocks de poissons grands migrateurs, adopté le 4 août 1995.

Il contient en outre le Règlement du Tribunal, adopté le 28 octobre 1997 et
amendé le 15 mars et le 21 septembre 2001 et le 17 mars 2009, la Résolution sur
la pratique interne du Tribunal en matière judiciaire, adoptée le 31 octobre
1997, les Lignes directrices concernant la préparation et la présentation des
affaires dont le tribunal est saisi, adoptées le 28 octobre 1997, l'Accord sur les
privilèges et immunités du Tribunal, adopté le 23 mai 1997, et les Lignes directrices concernant le dépôt d'une caution ou autre garantie financière auprès
du Greffier, établi le 17 mars 2009. Tout amendement qui pourrait être apporté
à ces documents sera publié sur le site Internet du Tribunal : www.tidm.org.

Les textes de cet ouvrage ont été choisis à l'intention des praticiens du droit.
D'autres documents importants concernant le Tribunal sont disponibles sur
son site Internet : www.tidm.org.

Le Greffier,
Philippe GAUTIER

Introductory Note

This volume of the *Basic Texts* contains the Statute of the International Tribunal for the Law of the Sea and the United Nations Convention on the Law of the Sea, opened for signature at Montego Bay, Jamaica, on 10 December 1982, of which the Statute is an integral part, together with the Agreement relating to the Implementation of Part XI of the United Nations Convention on the Law of the Sea, adopted on 28 July 1994, and the Agreement for the Implementation of the Provisions of the United Nations Convention on the Law of the Sea of 10 December 1982 relating to the Conservation and Management of Straddling Fish Stocks and Highly Migratory Fish Stocks, adopted on 4 August 1995.

It also reproduces the Rules of the Tribunal, adopted on 28 October 1997 and amended on 15 March and 21 September 2001 and on 17 March 2009, the Resolution on the Internal Judicial Practice of the Tribunal, adopted on 31 October 1997, the Guidelines concerning the Preparation and Presentation of Cases before the Tribunal, adopted on 28 October 1997, the Agreement on the Privileges and Immunities of the Tribunal, adopted on 23 May 1997, and the Guidelines concerning the Posting of a Bond or Other Financial Security with the Registrar, issued on 17 March 2009. Amendments which could be made to any of these documents will be published on the website of the Tribunal at www.itlos.org.

The contents of this publication have been chosen with legal practitioners in mind. Other important documents concerning the Tribunal are available on the website of the Tribunal at www.itlos.org.

Philippe GAUTIER,
Registrar

Statut du Tribunal international du droit de la mer
(annexe VI de la Convention des Nations Unies sur le
droit de la mer du 10 décembre 1982)

∵

Statute of the International Tribunal for the Law of the Sea (Annex VI of the United Nations Convention on the Law of the Sea of 10 December 1982)

∵

Article premier
Dispositions générales

1. Le Tribunal international du droit de la mer est créé et fonctionne confor-mément aux dispositions de la Convention et du présent Statut.
2. Le Tribunal a son siège dans la Ville libre et hanséatique de Hambourg, en République fédérale d'Allemagne.
3. Il peut toutefois siéger et exercer ses fonctions ailleurs lorsqu'il le juge souhaitable.
4. La soumission d'un différend au Tribunal est régie par les parties XI et XV.

Section 1. Organisation du Tribunal

Article 2
Composition

1. Le Tribunal est un corps de 21 membres indépendants, élus parmi les personnes jouissant de la plus haute réputation d'impartialité et d'inté-grité et possédant une compétence notoire dans le domaine du droit de la mer.
2. La représentation des principaux systèmes juridiques du monde et une répartition géographique équitable sont assurées dans la composition du Tribunal.

Article 3
Membres du Tribunal

1. Le Tribunal ne peut comprendre plus d'un ressortissant du même Etat. A cet égard, celui qui pourrait être considéré comme le ressortissant de plus d'un Etat est censé être ressortissant de l'Etat où il exerce habituelle-ment ses droits civils et politiques.
2. Il ne peut y avoir moins de trois membres pour chaque groupe géogra-phique défini par l'Assemblée générale des Nations Unies.

© 2015 BY INTERNATIONAL TRIBUNAL FOR THE LAW OF THE SEA | DOI 10.1163/9789004304710_002

Article 1
General provisions

1. The International Tribunal for the Law of the Sea is constituted and shall function in accordance with the provisions of this Convention and this Statute.
2. The seat of the Tribunal shall be in the Free and Hanseatic City of Hamburg in the Federal Republic of Germany.
3. The Tribunal may sit and exercise its functions elsewhere whenever it considers this desirable.
4. A reference of a dispute to the Tribunal shall be governed by the provisions of Parts XI and XV.

Section 1. Organization of the Tribunal

Article 2
Composition

1. The Tribunal shall be composed of a body of 21 independent members, elected from among persons enjoying the highest reputation for fairness and integrity and of recognized competence in the field of the law of the sea.
2. In the Tribunal as a whole the representation of the principal legal systems of the world and equitable geographical distribution shall be assured.

Article 3
Membership

1. No two members of the Tribunal may be nationals of the same State. A person who for the purposes of membership in the Tribunal could be regarded as a national of more than one State shall be deemed to be a national of the one in which he ordinarily exercises civil and political rights.
2. There shall be no fewer than three members from each geographical group as established by the General Assembly of the United Nations.

© 2015 BY INTERNATIONAL TRIBUNAL FOR THE LAW OF THE SEA | DOI 10.1163/9789004304710_002

Article 4
Candidatures et élections

1.   Chaque Etat Partie peut désigner deux personnes au plus réunissant les conditions prévues à l'article 2 de la présente annexe. Les membres du Tribunal sont élus sur la liste des personnes ainsi désignées.

2.   Trois mois au moins avant la date de l'élection, le Secrétaire général de l'Organisation des Nations Unies s'il s'agit de la première élection, ou le Greffier du Tribunal s'il s'agit d'une élection ultérieure, invite par écrit les Etats Parties à lui communiquer le nom de leurs candidats dans un délai de deux mois. Le Secrétaire général ou le Greffier dresse une liste alphabétique des candidats ainsi désignés, en indiquant les Etats Parties qui les ont désignés, et communique cette liste aux Etats Parties avant le septième jour du dernier mois précédant la date de l'élection.

3.   La première élection a lieu dans les six mois qui suivent l'entrée en vigueur de la Convention.

4.   Les membres du Tribunal sont élus au scrutin secret. Les élections ont lieu lors d'une réunion des Etats Parties convoquée par le Secrétaire général de l'Organisation des Nations Unies dans le cas de la première élection et selon la procédure fixée par les Etats Parties dans le cas des élections ultérieures. Les deux tiers des Etats Parties constituent le quorum à chaque réunion. Sont élus membres du Tribunal les candidats qui ont obtenu le plus grand nombre de voix et la majorité des deux tiers des voix des Etats Parties présents et votants, étant entendu que cette majorité doit comprendre la majorité des Etats Parties.

Article 5
Durée des fonctions

1.   Les membres du Tribunal sont élus pour neuf ans et sont rééligibles; toutefois, en ce qui concerne les membres élus à la première élection, les fonctions de sept d'entre eux prennent fin au bout de trois ans et celles de sept autres au bout de six ans.

2.   Les membres du Tribunal dont les fonctions prennent fin au terme des périodes initiales de trois et six ans mentionnées ci-dessus sont désignés par tirage au sort effectué par le Secrétaire général de l'Organisation des Nations Unies immédiatement après la première élection.

Article 4
Nominations and elections

1. Each State Party may nominate not more than two persons having the qualifications prescribed in article 2 of this Annex. The members of the Tribunal shall be elected from the list of persons thus nominated.

2. At least three months before the date of the election, the Secretary-General of the United Nations in the case of the first election and the Registrar of the Tribunal in the case of subsequent elections shall address a written invitation to the States Parties to submit their nominations for members of the Tribunal within two months. He shall prepare a list in alphabetical order of all the persons thus nominated, with an indication of the States Parties which have nominated them, and shall submit it to the States Parties before the seventh day of the last month before the date of each election.

3. The first election shall be held within six months of the date of entry into force of this Convention.

4. The members of the Tribunal shall be elected by secret ballot. Elections shall be held at a meeting of the States Parties convened by the Secretary-General of the United Nations in the case of the first election and by a procedure agreed to by the States Parties in the case of subsequent elections. Two thirds of the States Parties shall constitute a quorum at that meeting. The persons elected to the Tribunal shall be those nominees who obtain the largest number of votes and a two-thirds majority of the States Parties present and voting, provided that such majority includes a majority of the States Parties.

Article 5
Term of office

1. The members of the Tribunal shall be elected for nine years and may be re-elected; provided, however, that of the members elected at the first election, the terms of seven members shall expire at the end of three years and the terms of seven more members shall expire at the end of six years.

2. The members of the Tribunal whose terms are to expire at the end of the above-mentioned initial periods of three and six years shall be chosen by lot to be drawn by the Secretary-General of the United Nations immediately after the first election.

3. Les membres du Tribunal restent en fonction jusqu'à leur remplacement. Une fois remplacés, ils continuent de connaître des affaires dont ils étaient auparavant saisis.

4. Si un membre du Tribunal démissionne, il en fait part par écrit au Président du Tribunal. Le siège devient vacant à la date de réception de la lettre de démission.

Article 6
Sièges vacants

1. Il est pourvu aux sièges devenus vacants selon la méthode suivie pour la première élection, sous réserve de la disposition suivante : le Greffier procède à l'invitation prescrite à l'article 4 de la présente annexe dans le mois qui suit la date à laquelle le siège est devenu vacant et le Président du Tribunal fixe la date de l'élection après consultation des Etats Parties.

2. Le membre du Tribunal élu en remplacement d'un membre dont le mandat n'est pas expiré achève le mandat de son prédécesseur.

Article 7
Incompatibilités

1. Un membre du Tribunal ne peut exercer aucune fonction politique ou administrative, ni être associé activement ou intéressé financièrement à aucune opération d'une entreprise s'occupant de l'exploration ou de l'exploitation des ressources de la mer ou des fonds marins ou d'une autre utilisation commerciale de la mer ou des fonds marins.

2. Un membre du Tribunal ne peut exercer les fonctions d'agent, de conseil ou d'avocat dans aucune affaire.

3. En cas de doute sur ces points, le Tribunal décide à la majorité des autres membres présents.

Article 8
Conditions relatives à la participation des membres au règlement d'une affaire déterminée

1. Un membre du Tribunal ne peut participer au règlement d'aucune affaire dans laquelle il est antérieurement intervenu comme agent, conseil ou avocat de l'une des parties, comme membre d'une cour ou d'un tribunal national ou international ou à tout autre titre.

3. The members of the Tribunal shall continue to discharge their duties until their places have been filled. Though replaced, they shall finish any proceedings which they may have begun before the date of their replacement.

4. In the case of the resignation of a member of the Tribunal, the letter of resignation shall be addressed to the President of the Tribunal. The place becomes vacant on the receipt of that letter.

Article 6
Vacancies

1. Vacancies shall be filled by the same method as that laid down for the first election, subject to the following provision: the Registrar shall, within one month of the occurrence of the vacancy, proceed to issue the invitations provided for in article 4 of this Annex, and the date of the election shall be fixed by the President of the Tribunal after consultation with the States Parties.

2. A member of the Tribunal elected to replace a member whose term of office has not expired shall hold office for the remainder of his predecessor's term.

Article 7
Incompatible activities

1. No member of the Tribunal may exercise any political or administrative function, or associate actively with or be financially interested in any of the operations of any enterprise concerned with the exploration for or exploitation of the resources of the sea or the seabed or other commercial use of the sea or the seabed.

2. No member of the Tribunal may act as agent, counsel or advocate in any case.

3. Any doubt on these points shall be resolved by decision of the majority of the other members of the Tribunal present.

Article 8
Conditions relating to participation of members in a particular case

1. No member of the Tribunal may participate in the decision of any case in which he has previously taken part as agent, counsel or advocate for one of the parties, or as a member of a national or international court or tribunal, or in any other capacity.

2.   Si, pour une raison spéciale, un membre du Tribunal estime devoir ne pas participer au règlement d'une affaire déterminée, il en informe le Président du Tribunal.

3.   Si le Président estime qu'un membre du Tribunal ne doit pas, pour une raison spéciale, siéger dans une affaire déterminée, il l'en avertit.

4.   En cas de doute sur ces points, le Tribunal décide à la majorité des autres membres présents.

Article 9
Conséquence du fait qu'un membre cesse de répondre aux conditions requises

Si, de l'avis unanime des autres membres, un membre du Tribunal a cessé de répondre aux conditions requises, le Président du Tribunal déclare son siège vacant.

Article 10
Privilèges et immunités

Dans l'exercice de leurs fonctions, les membres du Tribunal jouissent des privilèges et immunités diplomatiques.

Article 11
Engagement solennel

Tout membre du Tribunal doit, avant d'entrer en fonction, prendre en séance publique l'engagement solennel d'exercer ses attributions en pleine impartialité et en toute conscience.

Article 12
Président, Vice-Président et Greffier

1.   Le Tribunal élit, pour trois ans, son Président et son Vice-Président, qui sont rééligibles.

2.   Le Tribunal nomme son Greffier et peut pourvoir à la nomination de tels autres fonctionnaires qui seraient nécessaires.

3.   Le Président et le Greffier résident au siège du Tribunal.

2. If, for some special reason, a member of the Tribunal considers that he should not take part in the decision of a particular case, he shall so inform the President of the Tribunal.

3. If the President considers that for some special reason one of the members of the Tribunal should not sit in a particular case, he shall give him notice accordingly.

4. Any doubt on these points shall be resolved by decision of the majority of the other members of the Tribunal present.

Article 9
Consequence of ceasing to fulfil required conditions

If, in the unanimous opinion of the other members of the Tribunal, a member has ceased to fulfil the required conditions, the President of the Tribunal shall declare the seat vacant.

Article 10
Privileges and immunities

The members of the Tribunal, when engaged on the business of the Tribunal, shall enjoy diplomatic privileges and immunities.

Article 11
Solemn declaration by members

Every member of the Tribunal shall, before taking up his duties, make a solemn declaration in open session that he will exercise his powers impartially and conscientiously.

Article 12
President, Vice-President and Registrar

1. The Tribunal shall elect its President and Vice-President for three years; they may be re-elected.

2. The Tribunal shall appoint its Registrar and may provide for the appointment of such other officers as may be necessary.

3. The President and the Registrar shall reside at the seat of the Tribunal.

Article 13
Quorum

1. Tous les membres disponibles du Tribunal siègent, un quorum de 11 membres élus étant requis pour constituer le Tribunal.

2. Le Tribunal décide lesquels de ses membres sont disponibles pour connaître d'un différend donné, compte tenu de l'article 17 de la présente annexe et de la nécessité d'assurer le bon fonctionnement des chambres prévues aux articles 14 et 15 de cette même annexe.

3. Le Tribunal statue sur tous les différends et toutes les demandes qui lui sont soumis, à moins que l'article 14 de la présente annexe ne s'applique ou que les parties ne demandent l'application de l'article 15 de cette même annexe.

Article 14
Chambre pour le règlement des différends relatifs aux fonds marins

Une Chambre pour le règlement des différends relatifs aux fonds marins est créée conformément à la section 4 de la présente annexe. Sa compétence, ses pouvoirs et ses fonctions sont définis à la section 5 de la partie XI.

Article 15
Chambres spéciales

1. Le Tribunal peut, selon qu'il l'estime nécessaire, constituer des chambres, composées de trois au moins de ses membres élus, pour connaître de catégories déterminées d'affaires.

2. Le Tribunal constitue une chambre pour connaître d'un différend déterminé qui lui est soumis si les parties le demandent. La composition de cette chambre est fixée par le Tribunal avec l'assentiment des parties.

3. En vue de la prompte expédition des affaires, le Tribunal constitue annuellement une chambre, composée de cinq de ses membres élus, appelée à statuer en procédure sommaire. Deux membres sont en outre désignés pour remplacer les membres qui se trouveraient dans l'impossibilité de siéger dans une affaire déterminée.

4. Les chambres prévues au présent article statuent si les parties le demandent.

5. Tout jugement rendu par l'une des chambres prévues au présent article et à l'article 14 de la présente annexe est considérée comme rendu par le Tribunal.

Article 13
Quorum

1.   All available members of the Tribunal shall sit; a quorum of 11 elected
     members shall be required to constitute the Tribunal.
2.   Subject to article 17 of this Annex, the Tribunal shall determine which
     members are available to constitute the Tribunal for the consideration of
     a particular dispute, having regard to the effective functioning of the
     chambers as provided for in articles 14 and 15 of this Annex.
3.   All disputes and applications submitted to the Tribunal shall be heard
     and determined by the Tribunal, unless article 14 of this Annex applies, or
     the parties request that it shall be dealt with in accordance with article 15
     of this Annex.

Article 14
Seabed Disputes Chamber

A Seabed Disputes Chamber shall be established in accordance with the provisions of section 4 of this Annex. Its jurisdiction, powers and functions shall be
as provided for in Part XI, section 5.

Article 15
Special chambers

1.   The Tribunal may form such chambers, composed of three or more of its
     elected members, as it considers necessary for dealing with particular
     categories of disputes.
2.   The Tribunal shall form a chamber for dealing with a particular dispute
     submitted to it if the parties so request. The composition of such a cham-
     ber shall be determined by the Tribunal with the approval of the parties.
3.   With a view to the speedy dispatch of business, the Tribunal shall form
     annually a chamber composed of five of its elected members which may
     hear and determine disputes by summary procedure. Two alternative
     members shall be selected for the purpose of replacing members who are
     unable to participate in a particular proceeding.
4.   Disputes shall be heard and determined by the chambers provided for in
     this article if the parties so request.
5.   A judgment given by any of the chambers provided for in this article
     and in article 14 of this Annex shall be considered as rendered by the
     Tribunal.

Article 16
Règlement du Tribunal

Le Tribunal détermine par un règlement le mode suivant lequel il exerce ses fonctions. Il règle notamment sa procédure.

Article 17
Membres ayant la nationalité des parties

1. Les membres du Tribunal ayant la nationalité de l'une quelconque des parties à un différend conservent le droit de siéger.
2. Si le Tribunal, lorsqu'il connaît d'un différend, comprend un membre de la nationalité d'une des parties, toute autre partie peut désigner une personne de son choix pour siéger en qualité de membre du Tribunal.
3. Si le Tribunal, lorsqu'il connaît d'un différend, ne comprend aucun membre de la nationalité des parties, chacune de ces parties peut désigner une personne de son choix pour siéger en qualité de membre du Tribunal.
4. Le présent article s'applique aux chambres visées aux articles 14 et 15 de la présente annexe. En pareil cas, le Président, en consultation avec les parties, invite autant de membres de la chambre qu'il est nécessaire à céder leur place aux membres du Tribunal de la nationalité des parties intéressées et, à défaut ou en cas d'empêchement, aux membres spécialement désignés par ces parties.
5. Lorsque plusieurs parties font cause commune, elles ne comptent, pour l'application des dispositions qui précèdent, que pour une seule. En cas de doute, le Tribunal décide.
6. Les membres désignés conformément aux paragraphes 2, 3 et 4, doivent satisfaire aux prescriptions des articles 2, 8 et 11, de la présente annexe. Ils participent à la décision dans des conditions de complète égalité avec leurs collègues.

Article 18
Rémunération

1. Chaque membre élu du Tribunal reçoit un traitement annuel ainsi qu'une allocation spéciale pour chaque jour où il exerce ses fonctions, pourvu que, pour chaque année, le montant total de son allocation spéciale ne dépasse pas le montant de son traitement annuel.
2. Le Président reçoit une allocation annuelle spéciale.

Article 16
Rules of the Tribunal

The Tribunal shall frame rules for carrying out its functions. In particular it shall lay down rules of procedure.

Article 17
Nationality of members

1. Members of the Tribunal of the nationality of any of the parties to a dispute shall retain their right to participate as members of the Tribunal.
2. If the Tribunal, when hearing a dispute, includes upon the bench a member of the nationality of one of the parties, any other party may choose a person to participate as a member of the Tribunal.
3. If the Tribunal, when hearing a dispute, does not include upon the bench a member of the nationality of the parties, each of those parties may choose a person to participate as a member of the Tribunal.
4. This article applies to the chambers referred to in articles 14 and 15 of this Annex. In such cases, the President, in consultation with the parties, shall request specified members of the Tribunal forming the chamber, as many as necessary, to give place to the members of the Tribunal of the nationality of the parties concerned, and, failing such, or if they are unable to be present, to the members specially chosen by the parties.
5. Should there be several parties in the same interest, they shall, for the purpose of the preceding provisions, be considered as one party only. Any doubt on this point shall be settled by the decision of the Tribunal.
6. Members chosen in accordance with paragraphs 2, 3 and 4 shall fulfil the conditions required by articles 2, 8 and 11 of this Annex. They shall participate in the decision on terms of complete equality with their colleagues.

Article 18
Remuneration of members

1. Each elected member of the Tribunal shall receive an annual allowance and, for each day on which he exercises his functions, a special allowance, provided that in any year the total sum payable to any member as special allowance shall not exceed the amount of the annual allowance.
2. The President shall receive a special annual allowance.

3.   Le Vice-Président reçoit une allocation spéciale pour chaque jour où il exerce les fonctions de Président.

4.   Les membres désignés en application de l'article 17 de la présente annexe, autres que les membres élus du Tribunal, reçoivent une indemnité pour chaque jour où ils exercent leurs fonctions.

5.   Ces traitements, allocations et indemnités sont fixés de temps à autre lors de réunions des Etats Parties compte tenu du volume de travail du Tribunal. Ils ne peuvent être diminués pendant la durée des fonctions.

6.   Le traitement du Greffier est fixé lors de réunions des Etats Parties sur proposition du Tribunal.

7.   Des règlements adoptés lors de réunions des Etats Parties fixent les conditions dans lesquelles des pensions de retraite sont allouées aux membres du Tribunal et au Greffier, ainsi que les conditions de remboursement de leurs frais de voyage.

8.   Ces traitements, allocations et indemnités sont exempts de tout impôt.

Article 19
Frais du Tribunal

1.   Les frais du Tribunal sont supportés par les Etats Parties et par l'Autorité dans les conditions et de la manière arrêtées lors de réunions des Etats Parties.

2.   Si une entité autre qu'un Etat Partie ou l'Autorité est partie à un différend dont le Tribunal est saisi, celui-ci fixe la contribution de cette partie aux frais du Tribunal.

Section 2. Compétence du Tribunal

Article 20
Accès au Tribunal

1.   Le Tribunal est ouvert aux Etats Parties.

2.   Le Tribunal est ouvert à des entités autres que les Etats Parties dans tous les cas expressément prévus à la partie XI ou pour tout différend soumis en vertu de tout autre accord conférant au Tribunal une compétence acceptée par toutes les parties au différend.

3. The Vice-President shall receive a special allowance for each day on which he acts as President.

4. The members chosen under article 17 of this Annex, other than elected members of the Tribunal, shall receive compensation for each day on which they exercise their functions.

5. The salaries, allowances and compensation shall be determined from time to time at meetings of the States Parties, taking into account the workload of the Tribunal. They may not be decreased during the term of office.

6. The salary of the Registrar shall be determined at meetings of the States Parties, on the proposal of the Tribunal.

7. Regulations adopted at meetings of the States Parties shall determine the conditions under which retirement pensions may be given to members of the Tribunal and to the Registrar, and the conditions under which members of the Tribunal and Registrar shall have their travelling expenses refunded.

8. The salaries, allowances, and compensation shall be free of all taxation.

Article 19
Expenses of the Tribunal

1. The expenses of the Tribunal shall be borne by the States Parties and by the Authority on such terms and in such a manner as shall be decided at meetings of the States Parties.

2. When an entity other than a State Party or the Authority is a party to a case submitted to it, the Tribunal shall fix the amount which that party is to contribute towards the expenses of the Tribunal.

Section 2. Competence

Article 20
Access to the Tribunal

1. The Tribunal shall be open to States Parties.

2. The Tribunal shall be open to entities other than States Parties in any case expressly provided for in Part XI or in any case submitted pursuant to any other agreement conferring jurisdiction on the Tribunal which is accepted by all the parties to that case.

Article 21
Compétence

Le Tribunal est compétent pour tous les différends et toutes les demandes qui lui sont soumis conformément à la Convention et toutes les fois que cela est expressément prévu dans tout autre accord conférant compétence au Tribunal.

Article 22
Soumission au Tribunal des différends relatifs à d'autres accords

Si toutes les parties à un traité ou à une convention déjà en vigueur qui a trait à une question visée par la présente Convention en conviennent, tout différend relatif à l'interprétation ou à l'application de ce traité ou de cette convention peut être soumis au Tribunal conformément à ce qui a été convenu.

Article 23
Droit applicable

Le Tribunal statue sur tous les différends et sur toutes les demandes conformément à l'article 293.

Section 3. Procédure

Article 24
Introduction de l'instance

1. Les différends sont portés devant le Tribunal, selon le cas, par notification d'un compromis ou par requête, adressés au Greffier. Dans les deux cas, l'objet du différend et les parties doivent être indiqués.
2. Le Greffier notifie immédiatement le compromis ou la requête à tous les intéressés.
3. Le Greffier notifie également le compromis ou la requête à tous les Etats Parties.

Article 25
Mesures conservatoires

1. Conformément à l'article 290, le Tribunal et la Chambre pour le règlement des différends relatifs aux fonds marins ont le pouvoir de prescrire des mesures conservatoires.

Article 21
Jurisdiction

The jurisdiction of the Tribunal comprises all disputes and all applications submitted to it in accordance with this Convention and all matters specifically provided for in any other agreement which confers jurisdiction on the Tribunal.

Article 22
Reference of disputes subject to other agreements

If all the parties to a treaty or convention already in force and concerning the subject-matter covered by this Convention so agree, any disputes concerning the interpretation or application of such treaty or convention may, in accordance with such agreement, be submitted to the Tribunal.

Article 23
Applicable law

The Tribunal shall decide all disputes and applications in accordance with article 293.

Section 3. Procedure

Article 24
Institution of proceedings

1.   Disputes are submitted to the Tribunal, as the case may be, either by notification of a special agreement or by written application, addressed to the Registrar. In either case, the subject of the dispute and the parties shall be indicated.
2.   The Registrar shall forthwith notify the special agreement or the application to all concerned.
3.   The Registrar shall also notify all States Parties.

Article 25
Provisional measures

1.   In accordance with article 290, the Tribunal and its Seabed Disputes Chamber shall have the power to prescribe provisional measures.

2. Si le Tribunal ne siège pas ou si le nombre des membres disponibles est inférieur au quorum, les mesures conservatoires sont prescrites par la chambre de procédure sommaire constituée conformément à l'article 15, paragraphe 3, de la présente annexe. Nonobstant l'article 15, paragraphe 4, de cette même annexe, ces mesures conservatoires peuvent être prescrites à la demande de toute partie au différend. Elles sont sujettes à appréciation et à révision par le Tribunal.

Article 26
Débats

1. Les débats sont dirigés par le Président ou, s'il est empêché, par le Vice-Président ; si l'un et l'autre sont empêchés, les débats sont dirigés par le plus ancien des juges présents du Tribunal.
2. L'audience est publique, à moins que le Tribunal n'en décide autrement ou que les parties ne demandent le huis-clos.

Article 27
Conduite du procès

Le Tribunal rend des ordonnances pour la conduite du procès et la détermination des formes et délais dans lesquels chaque partie doit finalement conclure; il prend toutes les mesures que comporte l'administration des preuves.

Article 28
Défaut

Lorsqu'une des parties au différend ne se présente pas ou ne fait pas valoir ses moyens, l'autre partie peut demander au Tribunal de continuer la procédure et de rendre sa décision. L'absence d'une partie ou le fait, pour une partie, de ne pas faire valoir ses moyens ne fait pas obstacle au déroulement de la procédure. Avant de rendre sa décision, le Tribunal doit s'assurer non seulement qu'il a compétence pour connaître du différend, mais que la demande est fondée en fait et en droit.

Article 29
Majorité requise pour la prise de décisions

1. Les décisions du Tribunal sont prises à la majorité des membres présents.
2. En cas de partage égal des voix, la voix du Président ou de son remplaçant est prépondérante.

2. If the Tribunal is not in session or a sufficient number of members is not available to constitute a quorum, the provisional measures shall be prescribed by the chamber of summary procedure formed under article 15, paragraph 3, of this Annex. Notwithstanding article 15, paragraph 4, of this Annex, such provisional measures may be adopted at the request of any party to the dispute. They shall be subject to review and revision by the Tribunal.

Article 26
Hearing

1. The hearing shall be under the control of the President or, if he is unable to preside, of the Vice-President. If neither is able to preside, the senior judge present of the Tribunal shall preside.
2. The hearing shall be public, unless the Tribunal decides otherwise or unless the parties demand that the public be not admitted.

Article 27
Conduct of case

The Tribunal shall make orders for the conduct of the case, decide the form and time in which each party must conclude its arguments, and make all arrangements connected with the taking of evidence.

Article 28
Default

When one of the parties does not appear before the Tribunal or fails to defend its case, the other party may request the Tribunal to continue the proceedings and make its decision. Absence of a party or failure of a party to defend its case shall not constitute a bar to the proceedings. Before making its decision, the Tribunal must satisfy itself not only that it has jurisdiction over the dispute, but also that the claim is well founded in fact and law.

Article 29
Majority for decision

1. All questions shall be decided by a majority of the members of the Tribunal who are present.
2. In the event of an equality of votes, the President or the member of the Tribunal who acts in his place shall have a casting vote.

Article 30
Jugement

1. Le jugement est motivé.
2. Il mentionne le nom des membres du Tribunal qui y ont pris part.
3. Si le jugement n'exprime pas, en tout ou en partie, l'opinion unanime des membres du Tribunal, tout membre a le droit d'y joindre l'exposé de son opinion individuelle ou dissidente.
4. Le jugement est signé par le Président et par le Greffier. Il est lu en séance publique, les parties ayant été dûment prévenues.

Article 31
Demande d'intervention

1. Lorsqu'un Etat Partie estime que, dans un différend, un intérêt d'ordre juridique est pour lui en cause, il peut adresser au Tribunal une requête aux fins d'intervention.
2. Le Tribunal se prononce sur la requête.
3. Si le Tribunal fait droit à la requête, sa décision concernant le différend est obligatoire pour l'Etat intervenant dans la mesure où elle se rapporte aux points faisant l'objet de l'intervention.

Article 32
Droit d'intervention à propos de questions d'interprétation ou d'application

1. Lorsqu'une question d'interprétation ou d'application de la Convention se pose, le Greffier en avertit sans délai tous les Etats Parties.
2. Lorsque, dans le cadre des articles 21 et 22 de la présente annexe, une question d'interprétation ou d'application d'un accord international se pose, le Greffier en avertit toutes les parties à cet accord.
3. Chaque partie visée aux paragraphes 1 et 2 a le droit d'intervenir au procès; si elle exerce cette faculté, l'interprétation contenue dans le jugement est également obligatoire à son égard.

Article 33
Caractère définitif et force obligatoire des décisions

1. La décision du Tribunal est définitive et toutes les parties au différend doivent s'y conformer.

Article 30
Judgment

1. The judgment shall state the reasons on which it is based.
2. It shall contain the names of the members of the Tribunal who have taken part in the decision.
3. If the judgment does not represent in whole or in part the unanimous opinion of the members of the Tribunal, any member shall be entitled to deliver a separate opinion.
4. The judgment shall be signed by the President and by the Registrar. It shall be read in open court, due notice having been given to the parties to the dispute.

Article 31
Request to intervene

1. Should a State Party consider that it has an interest of a legal nature which may be affected by the decision in any dispute, it may submit a request to the Tribunal to be permitted to intervene.
2. It shall be for the Tribunal to decide upon this request.
3. If a request to intervene is granted, the decision of the Tribunal in respect of the dispute shall be binding upon the intervening State Party in so far as it relates to matters in respect of which that State Party intervened.

Article 32
Right to intervene in cases of interpretation or application

1. Whenever the interpretation or application of this Convention is in question, the Registrar shall notify all States Parties forthwith.
2. Whenever pursuant to article 21 or 22 of this Annex the inter-pretation or application of an international agreement is in question, the Registrar shall notify all the parties to the agreement.
3. Every party referred to in paragraphs 1 and 2 has the right to intervene in the proceedings; if it uses this right, the interpretation given by the judgment will be equally binding upon it.

Article 33
Finality and binding force of decisions

1. The decision of the Tribunal is final and shall be complied with by all the parties to the dispute.

2. La décision du Tribunal n'est obligatoire que pour les parties et dans le cas qui a été décidé.

3. En cas de contestation sur le sens et la portée de la décision, il appartient au Tribunal de l'interpréter, à la demande de toute partie.

Article 34
Frais de procédure

A moins que le Tribunal n'en décide autrement, chaque partie supporte ses frais de procédure.

Section 4. Chambre pour le règlement des différends relatifs aux fonds marins

Article 35
Composition

1. La Chambre pour le règlement des différends relatifs aux fonds marins visée à l'article 14 de la présente annexe se compose de 11 membres choisis par le Tribunal parmi ses membres élus, à la majorité de ceux-ci.

2. Dans le choix des membres de la Chambre, la représentation des principaux systèmes juridiques du monde et une répartition géographique équitable sont assurées. L'Assemblée de l'Autorité peut adopter des recommandations d'ordre général concernant cette représentation et cette répartition.

3. Les membres de la Chambre sont choisis tous les trois ans et leur mandat ne peut être renouvelé qu'une fois.

4. La Chambre élit son Président parmi ses membres; le Président reste en fonction pendant la durée du mandat de la Chambre.

5. Si des affaires étaient en instance à la fin de toute période de trois ans pour laquelle la Chambre a été choisie, celle-ci achève d'en connaître dans sa composition initiale.

6. Lorsqu'un siège devient vacant à la Chambre, le Tribunal choisit parmi ses membres élus un successeur qui achève le mandat de son prédécesseur.

7. Un quorum de sept des membres choisis par le Tribunal est requis pour constituer la Chambre.

2. The decision shall have no binding force except between the parties in respect of that particular dispute.
3. In the event of dispute as to the meaning or scope of the decision, the Tribunal shall construe it upon the request of any party.

Article 34
Costs

Unless otherwise decided by the Tribunal, each party shall bear its own costs.

Section 4. Seabed Disputes Chamber

Article 35
Composition

1. The Seabed Disputes Chamber referred to in article 14 of this Annex shall be composed of 11 members, selected by a majority of the elected members of the Tribunal from among them.
2. In the selection of the members of the Chamber, the representation of the principal legal systems of the world and equitable geographical distribution shall be assured. The Assembly of the Authority may adopt recommendations of a general nature relating to such representation and distribution.
3. The members of the Chamber shall be selected every three years and may be selected for a second term.
4. The Chamber shall elect its President from among its members, who shall serve for the term for which the Chamber has been selected.
5. If any proceedings are still pending at the end of any three-year period for which the Chamber has been selected, the Chamber shall complete the proceedings in its original composition.
6. If a vacancy occurs in the Chamber, the Tribunal shall select a successor from among its elected members, who shall hold office for the remainder of his predecessor's term.
7. A quorum of seven of the members selected by the Tribunal shall be required to constitute the Chamber.

Article 36
Chambres ad hoc

1. La Chambre pour le règlement des différends relatifs aux fonds marins constitue une chambre *ad hoc*, composée de trois de ses membres, pour connaître d'un différend déterminé dont elle est saisie conformément à l'article 188, paragraphe 1, lettre b). La composition de cette chambre est arrêtée par la Chambre pour le règlement des différends relatifs aux fonds marins avec l'assentiment des parties.
2. Si les parties ne s'entendent pas sur la composition d'une chambre *ad hoc*, chaque partie au différend nomme un membre et le troisième membre est nommé d'un commun accord entre elles. Si les parties ne peuvent s'entendre ou si une partie ne nomme pas de membre, le Président de la Chambre pour le règlement des différends relatifs aux fonds marins nomme sans délai le ou les membres manquants, qui sont choisis parmi les membres de cette Chambre, après consultation des parties.
3. Les membres d'une chambre *ad hoc* ne doivent être au service d'aucune des parties au différend, ni être ressortissants d'aucune d'entre elles.

Article 37
Accès à la Chambre

La Chambre est ouverte aux Etats Parties, à l'Autorité et aux autres entités ou personnes visées à la section 5 de la partie XI.

Article 38
Droit applicable

Outre l'article 293, la Chambre applique :

a) les règles, règlements et procédures de l'Autorité adoptés conformément à la Convention ; et
b) les clauses de tout contrat relatif à des activités menées dans la Zone, à propos de toutes questions se rapportant à ce contrat.

Article 36
Ad hoc *chambers*

1. The Seabed Disputes Chamber shall form an *ad hoc* chamber, composed of three of its members, for dealing with a particular dispute submitted to it in accordance with article 188, paragraph 1(b). The composition of such a chamber shall be determined by the Seabed Disputes Chamber with the approval of the parties.
2. If the parties do not agree on the composition of an *ad hoc* chamber, each party to the dispute shall appoint one member, and the third member shall be appointed by them in agreement. If they disagree, or if any party fails to make an appointment, the President of the Seabed Disputes Chamber shall promptly make the appointment or appointments from among its members, after consultation with the parties.
3. Members of the *ad hoc* chamber must not be in the service of, or nationals of, any of the parties to the dispute.

Article 37
Access

The Chamber shall be open to the States Parties, the Authority and the other entities referred to in Part XI, section 5.

Article 38
Applicable law

In addition to the provisions of article 293, the Chamber shall apply:

(a) the rules, regulations and procedures of the Authority adopted in accordance with this Convention; and
(b) the terms of contracts concerning activities in the Area in matters relating to those contracts.

Article 39
Exécution des décisions de la Chambre

Les décisions de la Chambre sont exécutoires sur le territoire des Etats Parties au même titre que les arrêts ou ordonnances de la plus haute instance judiciaire de l'Etat Partie sur le territoire duquel l'exécution est demandée.

Article 40
Application des autres sections de la présente annexe

1.   Les dispositions des autres sections de la présente annexe qui ne sont pas incompatibles avec la présente section s'appliquent à la Chambre.
2.   Dans l'exercice de ses attributions consultatives, la Chambre s'inspire des dispositions de la présente annexe relatives à la procédure suivie devant le Tribunal, dans la mesure où elle les reconnaît applicables.

Section 5. Amendements

Article 41
Amendements

1.   Les amendements à la présente annexe autres que ceux relatifs à la section 4 ne peuvent être adoptés que conformément à l'article 313 ou par consensus au sein d'une conférence convoquée conformément à la Convention.
2.   Les amendements à la section 4 ne peuvent être adoptés que conformément à l'article 314.
3.   Le Tribunal peut, par voie de communications écrites, soumettre à l'examen des Etats Parties les propositions d'amendements à la présente annexe qu'il juge nécessaires, conformément aux paragraphes 1 et 2.

Article 39
Enforcement of decisions of the Chamber

The decisions of the Chamber shall be enforceable in the territories of the States Parties in the same manner as judgments or orders of the highest court of the State Party in whose territory the enforcement is sought.

Article 40
Applicability of other sections of this Annex

1. The other sections of this Annex which are not incompatible with this section apply to the Chamber.
2. In the exercise of its functions relating to advisory opinions, the Chamber shall be guided by the provisions of this Annex relating to procedure before the Tribunal to the extent to which it recognizes them to be applicable.

Section 5. Amendments

Article 41
Amendments

1. Amendments to this Annex, other than amendments to section 4, may be adopted only in accordance with article 313 or by consensus at a conference convened in accordance with this Convention.
2. Amendments to section 4 may be adopted only in accordance with article 314.
3. The Tribunal may propose such amendments to this Statute as it may consider necessary, by written communications to the States Parties for their consideration in conformity with paragraphs 1 and 2.

Règlement du Tribunal international du droit de la mer

∴

*Rules of the International Tribunal
for the Law of the Sea*

∵

Adopté le 28 octobre 1997,

amendé le 15 mars et le 21 septembre 2001
et le 17 mars 2009

Préambule

Le Tribunal,

Agissant en vertu de l'article 16 du Statut du Tribunal international du droit de la mer, qui fait l'objet de l'annexe VI à la Convention des Nations Unies sur le droit de la mer,

Adopte le Règlement du Tribunal ci-après.

Partie I
Emploi des termes

Article premier

Aux fins du présent Règlement :

a)   on entend par « Convention » la Convention des Nations Unies sur le droit de la mer du 10 décembre 1982 conjointement à l'Accord du 28 juillet 1994 relatif à l'application de la partie XI de la Convention ;

b)   on entend par « Statut » le Statut du Tribunal international du droit de la mer qui fait l'objet de l'annexe VI à la Convention ;

c)   l'expression « Etats Parties » a le sens défini à l'article premier, paragraphe 2, de la Convention, et inclut, aux fins de la partie XI de la Convention, les Etats et entités qui sont membres de l'Autorité à titre provisoire conformément à la section 1, paragraphe 12, de l'annexe à l'Accord relatif à l'application de la partie XI ;

d)   l'expression « organisation internationale » a le sens défini à l'article premier de l'annexe IX à la Convention, sauf indication contraire ;

e)   on entend par « Membre » tout juge élu ;

f)   on entend par « juge » tout Membre ainsi que tout juge *ad hoc* ;

g)   on entend par « juge *ad hoc* » toute personne choisie conformément à l'article 17 du Statut aux fins d'une affaire déterminée ;

Adopted on 28 October 1997,
amended on 15 March and 21 September 2001
and on 17 March 2009

Preamble

The Tribunal,

Acting pursuant to article 16 of the Statute of the International Tribunal for the Law of the Sea, Annex VI to the United Nations Convention on the Law of the Sea,

Adopts the following Rules of the Tribunal.

Part I
Use of Terms

Article 1

For the purposes of these Rules:

(a) "Convention" means the United Nations Convention on the Law of the Sea of 10 December 1982, together with the Agreement of 28 July 1994 relating to the implementation of Part XI of the Convention;

(b) "Statute" means the Statute of the International Tribunal for the Law of the Sea, Annex VI to the Convention;

(c) "States Parties" has the meaning set out in article 1, paragraph 2, of the Convention and includes, for the purposes of Part XI of the Convention, States and entities which are members of the Authority on a provisional basis in accordance with section 1, paragraph 12, of the Annex to the Agreement relating to the implementation of Part XI;

(d) "international organization" has the meaning set out in Annex IX, article 1, to the Convention, unless otherwise specified;

(e) "Member" means an elected judge;

(f) "judge" means a Member as well as a judge *ad hoc*;

(g) "judge *ad hoc*" means a person chosen under article 17 of the Statute for the purposes of a particular case;

© 2015 BY INTERNATIONAL TRIBUNAL FOR THE LAW OF THE SEA | DOI 10.1163/9789004304710_003

h)   on entend par « Autorité » l'Autorité internationale des fonds marins ;

i)   on entend par « copie certifiée conforme » une copie d'un document dont la personne à laquelle la garde de l'original est confiée ou la partie qui soumet ce document atteste ou fait attester en son nom qu'elle est authentique et fidèle à l'original.

Partie II
Organisation

Section A. Le Tribunal

Sous-section 1. Membres

Article 2

1.   La période de fonctions des Membres élus à une élection triennale commence à courir le premier octobre qui suit le jour de leur élection.
2.   La période de fonctions d'un Membre élu en remplacement d'un Membre n'ayant pas achevé son mandat commence à courir le jour de l'élection pour le reste du mandat.

Article 3

Dans l'exercice de leurs fonctions, les Membres sont égaux indépendamment de l'âge, de la date d'élection ou de l'ancienneté dans les fonctions.

Article 4

1.   Sous réserve des dispositions des paragraphes 3 et 4, les Membres prennent rang selon la date à laquelle ils sont entrés en fonctions.
2.   Les Membres entrés en fonctions à la même date prennent rang entre eux selon l'ancienneté d'âge.
3.   Tout Membre réélu pour une nouvelle période de fonctions suivant immédiatement la précédente conserve son rang.
4.   Pendant la durée de leurs mandats, le Président et le Vice-Président du Tribunal prennent rang avant tous les autres Membres.

(h) "Authority" means the International Seabed Authority;

(i) "certified copy" means a copy of a document bearing an attestation by or on behalf of the custodian of the original or the party submitting it that it is a true and accurate copy thereof.

Part II
Organization

Section A. The Tribunal

Subsection 1. The Members

Article 2

1. The term of office of Members elected at a triennial election shall begin to run from 1 October following the date of the election.

2. The term of office of a Member elected to replace a Member whose term of office has not expired shall run from the date of the election for the remainder of that term.

Article 3

The Members, in the exercise of their functions, are of equal status, irrespective of age, priority of election or length of service.

Article 4

1. The Members shall, except as provided in paragraphs 3 and 4, take precedence according to the date on which their respective terms of office began.

2. Members whose terms of office began on the same date shall take precedence in relation to one another according to seniority of age.

3. A Member who is re-elected to a new term of office which is continuous with his previous term shall retain his precedence.

4. The President and the Vice-President of the Tribunal, while holding these offices, shall take precedence over the other Members.

5. Le Membre qui, conformément aux paragraphes précédents, prend rang immédiatement après le Président et le Vice-Président du Tribunal est dénommé « Membre doyen » aux fins du présent Règlement. S'il est empêché, le Membre qui prend rang immédiatement après lui et n'est pas lui-même empêché est considéré comme le Membre doyen.

Article 5

1. Tout Membre doit, conformément à l'article 11 du Statut, faire la déclaration solennelle suivante :
« Je déclare solennellement que je remplirai mes devoirs et exercerai mes attributions de juge en tout honneur et dévouement, en pleine et parfaite impartialité et en toute conscience ».
2. Cette déclaration est faite à la première audience publique à laquelle le Membre assiste. L'audience a lieu le plus tôt possible après le début de sa période de fonctions et il est tenu au besoin une audience spéciale à cet effet.
3. Un Membre réélu ne renouvelle sa déclaration que si sa nouvelle période de fonctions ne suit pas immédiatement la précédente.

Article 6

1. Si un Membre démissionne, il en fait part par écrit au Président du Tribunal. Le siège devient vacant à la date de la réception de la lettre de démission.
2. Si le Président du Tribunal démissionne, il en fait part par écrit au Vice-Président du Tribunal ou, à défaut, au Membre doyen. Le siège devient vacant à la date de la réception de la lettre de démission.

Article 7

Si l'application de l'article 9 du Statut est envisagée, le Membre intéressé en est informé par le Président du Tribunal ou, le cas échéant, par le Vice-Président du Tribunal dans une communication écrite qui expose les raisons et indique tous les éléments de preuve s'y rapportant. La possibilité lui est ensuite offerte, à une séance privée du Tribunal, spécialement convoquée à cet effet, de faire une déclaration, de fournir les renseignements ou explications qu'il souhaite donner et de répondre oralement ou par écrit aux questions qui lui sont posées. Le Membre intéressé peut être assisté ou représenté par un conseil ou par toute autre personne de son choix. A une séance privée ultérieure, tenue hors la pré-

5.   The Member who, in accordance with the foregoing paragraphs, takes precedence next after the President and the Vice-President of the Tribunal is in these Rules designated the "Senior Member". If that Member is unable to act, the Member who is next after him in precedence and able to act is considered as Senior Member.

Article 5

1.   The solemn declaration to be made by every Member in accordance with article 11 of the Statute shall be as follows:
        "I solemnly declare that I will perform my duties and exercise my powers as judge honourably, faithfully, impartially and conscientiously".
2.   This declaration shall be made at the first public sitting at which the Member is present. Such sitting shall be held as soon as practicable after his term of office begins and, if necessary, a special sitting shall be held for the purpose.
3.   A Member who is re-elected shall make a new declaration only if his new term is not continuous with his previous one.

Article 6

1.   In the case of the resignation of a Member, the letter of resignation shall be addressed to the President of the Tribunal. The place becomes vacant on the receipt of the letter.
2.   In the case of the resignation of the President of the Tribunal, the letter of resignation shall be addressed to the Vice-President of the Tribunal or, failing him, the Senior Member. The place becomes vacant on the receipt of the letter.

Article 7

In any case in which the application of article 9 of the Statute is under consideration, the Member concerned shall be so informed by the President of the Tribunal or, if the circumstances so require, by the Vice-President of the Tribunal, in a written statement which shall include the grounds therefor and any relevant evidence. He shall subsequently, at a private meeting of the Tribunal specially convened for the purpose, be afforded an opportunity of making a statement, of furnishing any information or explanations he wishes to give and of supplying answers, orally or in writing, to any questions put to him. The Member concerned may be assisted or represented by counsel or any other person of his choice. At a further private meeting, at which the Member

sence du Membre intéressé, la question est discutée; chaque Membre donne son avis et, si demande en est faite, il est procédé à un vote.

Sous-section 2. Juges *ad hoc*

Article 8

1.   Les juges *ad hoc* participent aux affaires dans lesquelles ils siègent dans des conditions de complète égalité avec les autres juges.
2.   Les juges *ad hoc* prennent rang après les Membres et selon l'ancienneté d'âge.
3.   Si un juge *ad hoc* démissionne, il en fait part par écrit au Président du Tribunal. Le siège devient vacant à la date de la réception de la lettre de démission.

Article 9

1.   La déclaration solennelle que doivent faire les juges *ad hoc* conformément aux articles 11 et 17, paragraphe 6, du Statut est la même que la déclaration prévue à l'article 5, paragraphe 1, du présent Règlement.
2.   Cette déclaration est faite en audience publique dans l'affaire à laquelle le juge *ad hoc* participe.
3.   Les juges *ad hoc* prononcent une déclaration à l'occasion de toute affaire à laquelle ils participent.

Sous-section 3. Président et Vice-Président

Article 10

1.   Le mandat du Président et celui du Vice-Président du Tribunal prennent effet à la date à laquelle commence à courir la période de fonctions des Membres élus à une élection triennale.
2.   Les élections du Président et du Vice-Président du Tribunal ont lieu à cette date ou peu après. Si le Président sortant reste Membre, il continue à exercer les fonctions de Président du Tribunal jusqu'à ce que l'élection à ce poste ait eu lieu.

concerned shall not be present, the matter shall be discussed; each Member shall state his opinion, and if requested a vote shall be taken.

Subsection 2. Judges *ad hoc*

Article 8

1. Judges *ad hoc* shall participate in the case in which they sit on terms of complete equality with the other judges.
2. Judges *ad hoc* shall take precedence after the Members and in order of seniority of age.
3. In the case of the resignation of a judge *ad hoc*, the letter of resignation shall be addressed to the President of the Tribunal. The place becomes vacant on the receipt of the letter.

Article 9

1. The solemn declaration to be made by every judge *ad hoc* in accordance with articles 11 and 17, paragraph 6, of the Statute shall be as set out in article 5, paragraph 1, of these Rules.
2. This declaration shall be made at a public sitting in the case in which the judge *ad hoc* is participating.
3. Judges *ad hoc* shall make the declaration in relation to each case in which they are participating.

Subsection 3. President and Vice-President

Article 10

1. The term of office of the President and that of the Vice-President of the Tribunal shall begin to run from the date on which the term of office of the Members elected at a triennial election begins.
2. The elections of the President and the Vice-President of the Tribunal shall be held on that date or shortly thereafter. The former President, if still a Member, shall continue to exercise the functions of President of the Tribunal until the election to this position has taken place.

Article 11

1. Si, à la date de l'élection à la présidence, le Président sortant reste Membre, l'élection se déroule sous sa direction. S'il a cessé d'être Membre ou est empêché, l'élection se déroule sous la direction du Membre exerçant la présidence.

2. Le vote a lieu au scrutin secret, après que le Membre exerçant la présidence a indiqué le nombre de voix requis pour être élu; il n'est pas fait de présentation de candidature. Le Membre qui obtient les voix de la majorité des Membres composant le Tribunal au moment de l'élection est déclaré élu et entre immédiatement en fonctions.

3. L'élection du Vice-Président du Tribunal se déroule sous la direction du nouveau Président du Tribunal soit à la même séance soit à la séance qui suit. Les dispositions du paragraphe 2 s'appliquent à cette élection.

Article 12

1. Le Président du Tribunal préside toutes les séances du Tribunal. Il dirige les travaux et contrôle les services du Tribunal.

2. Il représente le Tribunal à l'égard des tiers.

Article 13

1. Lorsque la présidence est vacante ou que le Président du Tribunal est empêché de l'exercer, elle est assurée par le Vice-Président du Tribunal ou, à défaut, par le Membre doyen.

2. Lorsque le Président du Tribunal est empêché soit de siéger soit de présider dans une affaire en vertu d'une disposition du Statut ou du présent Règlement, il continue à exercer la présidence à tous égards sauf pour cette affaire.

3. Le Président du Tribunal prend les mesures nécessaires pour que la présidence reste toujours assurée au siège du Tribunal. Lorsqu'il est appelé à s'absenter, il peut, dans la mesure où cela est compatible avec le Statut et avec le présent Règlement, prendre des dispositions pour que la présidence soit exercée par le Vice-Président du Tribunal ou, à défaut, par le Membre doyen.

4. Si le Président du Tribunal décide de démissionner de la présidence, il en informe par écrit le Tribunal par l'intermédiaire du Vice-Président du

Article 11

1. If, on the date of the election to the presidency, the former President of the Tribunal is still a Member, he shall conduct the election. If he has ceased to be a Member, or is unable to act, the election shall be conducted by the Member exercising the functions of the presidency.
2. The election shall take place by secret ballot, after the presiding Member has declared the number of affirmative votes necessary for election; there shall be no nominations. The Member obtaining the votes of the majority of the Members composing the Tribunal at the time of the election shall be declared elected and shall enter forthwith upon his functions.
3. The new President of the Tribunal shall conduct the election of the Vice-President of the Tribunal either at the same or at the following meeting. Paragraph 2 applies to this election.

Article 12

1. The President of the Tribunal shall preside at all meetings of the Tribunal. He shall direct the work and supervise the administration of the Tribunal.
2. He shall represent the Tribunal in its relations with States and other entities.

Article 13

1. In the event of a vacancy in the presidency or of the inability of the President of the Tribunal to exercise the functions of the presidency, these shall be exercised by the Vice-President of the Tribunal or, failing him, by the Senior Member.
2. When the President of the Tribunal is precluded by a provision of the Statute or of these Rules either from sitting or from presiding in a particular case, he shall continue to exercise the functions of the presidency for all purposes save in respect of that case.
3. The President of the Tribunal shall take the measures necessary in order to ensure the continuous exercise of the functions of the presidency at the seat of the Tribunal. In the event of his absence, he may, so far as is compatible with the Statute and these Rules, arrange for these functions to be exercised by the Vice-President of the Tribunal or, failing him, by the Senior Member.
4. If the President of the Tribunal decides to resign the presidency, he shall communicate his decision in writing to the Tribunal through the Vice-President of the Tribunal or, failing him, the Senior Member. If

|Tribunal ou, à défaut, du Membre doyen. Si le Vice-Président du Tribunal décide de démissionner de la vice-présidence, il en informe par écrit le Président du Tribunal.

Article 14

Au cas où une vacance de la présidence ou de la vice-présidence du Tribunal se produit avant la date à laquelle le mandat en cours doit expirer, le Tribunal décide s'il doit être pourvu à cette vacance pour la période restant à courir.

Sous-section 4. Experts désignés conformément à l'article 289 de la Convention

Article 15

1. La demande d'une partie visant à la désignation d'experts scientifiques ou techniques conformément à l'article 289 de la Convention est présentée, en principe, avant la clôture de la procédure écrite. Le Tribunal peut prendre en considération une demande présentée au-delà de ce délai mais avant la clôture de la procédure orale si les circonstances de l'espèce le justifient.
2. Lorsque le Tribunal décide de choisir des experts à la demande d'une partie ou d'office, il choisit ceux-ci sur proposition du Président du Tribunal. Celui-ci consulte les parties avant de formuler une telle proposition.
3. Les experts sont indépendants et jouissent de la plus haute réputation d'impartialité, de compétence et d'intégrité. Lorsqu'il s'agit d'un des domaines mentionnés à l'article 2 de l'annexe VIII à la Convention, l'expert sera de préférence choisi sur la liste appropriée établie conformément à ladite annexe.
4. Les dispositions du présent article s'appliquent *mutatis mutandis* à toute chambre et à son Président.
5. Avant d'entrer en fonctions, les experts font en audience publique la déclaration solennelle suivante :
    « Je déclare solennellement que je remplirai mes devoirs d'expert en tout honneur, en pleine et parfaite impartialité et en toute conscience et que j'observerai fidèlement toutes les prescriptions du Statut et du Règlement du Tribunal ».

the Vice-President of the Tribunal decides to resign the vice-presidency, he shall communicate his decision in writing to the President of the Tribunal.

Article 14

If a vacancy in the presidency or the vice-presidency occurs before the date when the current term is due to expire, the Tribunal shall decide whether or not the vacancy shall be filled during the remainder of the term.

Subsection 4. Experts Appointed under Article 289 of the Convention

Article 15

1. A request by a party for the selection by the Tribunal of scientific or technical experts under article 289 of the Convention shall, as a general rule, be made not later than the closure of the written proceedings. The Tribunal may consider a later request made prior to the closure of the oral proceedings, if appropriate in the circumstances of the case.
2. When the Tribunal decides to select experts, at the request of a party or *proprio motu*, it shall select such experts upon the proposal of the President of the Tribunal, who shall consult the parties before making such a proposal.
3. Experts shall be independent and enjoy the highest reputation for fairness, competence and integrity. An expert in a field mentioned in Annex VIII, article 2, to the Convention shall be chosen preferably from the relevant list prepared in accordance with that annex.
4. This article applies *mutatis mutandis* to any chamber and its President.
5. Before entering upon their duties, such experts shall make the following solemn declaration at a public sitting:

    "I solemnly declare that I will perform my duties as an expert honourably, impartially and conscientiously and that I will faithfully observe all the provisions of the Statute and of the Rules of the Tribunal".

Sous-section 5. Composition du Tribunal dans des affaires déterminées

Article 16

1.   Aucun Membre qui est ressortissant d'une partie à une affaire, ressortissant d'un Etat membre d'une organisation internationale qui est partie à une affaire, ou a la nationalité de l'Etat qui patronne une entité autre qu'un Etat qui est partie à une affaire, n'exerce la présidence pour cette affaire.

2.   Le Membre qui préside dans une affaire à la date à laquelle le Tribunal se réunit conformément à l'article 68 continue à présider dans cette affaire jusqu'à l'achèvement de la phase dont il s'agit, même si un nouveau Président ou un nouveau Vice-Président du Tribunal est élu entre-temps. S'il n'est plus en mesure de siéger, la présidence en l'affaire est déterminée conformément à l'article 13 et d'après la composition du Tribunal à la date à laquelle celui-ci s'est réuni conformément à l'article 68.

Article 17

Les Membres qui ont été remplacés à la suite de l'expiration de leur période de fonctions continuent à siéger dans une affaire jusqu'à l'achèvement de toute phase au titre de laquelle le Tribunal s'est réuni conformément à l'article 68.

Article 18

1.   En cas de doute sur tout point de l'article 8 du Statut, le Président du Tribunal informe les autres Membres. La possibilité est offerte au Membre concerné de fournir tous renseignements ou explications.

2.   Une partie qui désire appeler l'attention du Tribunal sur des faits qu'elle considère comme pouvant concerner l'application de l'article 8 du Statut, mais dont elle pense que le Tribunal n'aurait pas eu connaissance, avise confidentiellement le Président du Tribunal de ces faits par écrit.

Article 19

1.   Si une partie désigne un juge *ad hoc* dans une affaire, elle notifie son intention au Tribunal le plus tôt possible. Elle fait connaître au Tribunal le nom et la nationalité de la personne désignée en fournissant une brève notice biographique, de préférence en même temps, mais en tout état de cause deux mois au plus tard avant l'expiration du délai fixé pour le dépôt

Subsection 5. The Composition of the Tribunal for Particular Cases

Article 16

1. No Member who is a national of a party in a case, a national of a State member of an international organization which is a party in a case or a national of a sponsoring State of an entity other than a State which is a party in a case, shall exercise the functions of the presidency in respect of the case.

2. The Member who is presiding in a case on the date on which the Tribunal meets in accordance with article 68 shall continue to preside in that case until completion of the current phase of the case, notwithstanding the election in the meantime of a new President or Vice-President of the Tribunal. If he should become unable to act, the presidency for the case shall be determined in accordance with article 13 and on the basis of the composition of the Tribunal on the date on which it met in accordance with article 68.

Article 17

Members who have been replaced following the expiration of their terms of office shall continue to sit in a case until the completion of any phase in respect of which the Tribunal has met in accordance with article 68.

Article 18

1. Whenever doubt arises on any point in article 8 of the Statute, the President of the Tribunal shall inform the other Members. The Member concerned shall be afforded an opportunity of furnishing any information or explanations.

2. If a party desires to bring to the attention of the Tribunal facts which it considers to be of possible relevance to the application of article 8 of the Statute, but which it believes may not be known to the Tribunal, that party shall communicate confidentially such facts to the President of the Tribunal in writing.

Article 19

1. If a party intends to choose a judge *ad hoc* in a case, it shall notify the Tribunal of its intention as soon as possible. It shall inform the Tribunal of the name, nationality and brief biographical details of the person

du contre-mémoire. Le juge *ad hoc* peut être d'une nationalité autre que celle de la partie qui le désigne.

2. Si une partie est disposée à s'abstenir de désigner un juge *ad hoc* à condition que la partie adverse fasse de même, elle le notifie au Tribunal, qui en informe la partie adverse. Si celle-ci notifie son intention de désigner un juge *ad hoc* ou le désigne, le délai applicable à la partie qui s'est auparavant abstenue de procéder à une désignation peut être prolongé de 30 jours au maximum par le Président du Tribunal.

3. Copie de toute notification concernant la désignation d'un juge *ad hoc* est communiquée par le Greffier à la partie adverse, qui est invitée à présenter dans un délai fixé par le Président du Tribunal, mais ne pouvant excéder 30 jours, les observations qu'elle voudrait faire. Si dans ce délai aucune objection n'est soulevée par la partie adverse et si le Tribunal lui-même n'en voit aucune, les parties en sont informées. En cas de contestation ou de doute, le Tribunal décide, après avoir entendu les parties s'il y a lieu.

4. Un juge *ad hoc* qui n'est plus en mesure de siéger peut être remplacé.

5. Si le Tribunal constate que les raisons qui justifient la participation d'un juge *ad hoc* n'existent plus, ce juge cesse de siéger.

Article 20

1. Si le Tribunal constate que deux ou plusieurs parties font cause commune et doivent donc ne compter que pour une seule et qu'il n'y a sur le siège aucun Membre de la nationalité de l'une de ces parties, le Tribunal leur fixe un délai pour désigner d'un commun accord un juge *ad hoc*.

2. Si l'une des parties dont le Tribunal a constaté qu'elles faisaient cause commune invoque l'existence d'un intérêt propre ou soulève toute autre objection, le Tribunal décide, après avoir entendu les parties s'il y a lieu.

Article 21

1. Si un Membre ayant la nationalité de l'une des parties n'est pas ou n'est plus en mesure de siéger dans une phase d'une affaire, cette partie est autorisée à désigner un juge *ad hoc* dans un délai fixé par le Tribunal ou, s'il ne siège pas, par le Président du Tribunal.

chosen, preferably at the same time but in any event not later than two months before the time-limit fixed for the filing of the counter-memorial. The judge *ad hoc* may be of a nationality other than that of the party which chooses him.

2. If a party proposes to abstain from choosing a judge *ad hoc*, on condition of a like abstention by the other party, it shall so notify the Tribunal, which shall inform the other party. If the other party thereafter gives notice of its intention to choose, or chooses, a judge *ad hoc*, the time-limit for the party which had previously abstained from choosing a judge may be extended up to 30 days by the President of the Tribunal.

3. A copy of any notification relating to the choice of a judge *ad hoc* shall be communicated by the Registrar to the other party, which shall be requested to furnish, within a time-limit not exceeding 30 days to be fixed by the President of the Tribunal, such observations as it may wish to make. If within the said time-limit no objection is raised by the other party, and if none appears to the Tribunal itself, the parties shall be so informed. In the event of any objection or doubt, the matter shall be decided by the Tribunal, if necessary after hearing the parties.

4. A judge *ad hoc* who becomes unable to sit may be replaced.

5. If the Tribunal finds that the reasons for the participation of a judge *ad hoc* no longer exist, that judge shall cease to sit on the bench.

Article 20

1. If the Tribunal finds that two or more parties are in the same interest and are therefore to be considered as one party only, and that there is no Member of the nationality of any one of these parties upon the bench, the Tribunal shall fix a time-limit within which they may jointly choose a judge *ad hoc*.

2. Should any party among those found by the Tribunal to be in the same interest allege the existence of a separate interest of its own or put forward any other objection, the matter shall be decided by the Tribunal, if necessary after hearing the parties.

Article 21

1. If a Member having the nationality of one of the parties is or becomes unable to sit in any phase of a case, that party is entitled to choose a judge *ad hoc* within a time-limit to be fixed by the Tribunal, or by the President of the Tribunal if the Tribunal is not sitting.

2.   Les parties faisant cause commune ne sont pas considérées comme comptant sur le siège un Membre de la nationalité de l'une d'elles si tout Membre ayant la nationalité de l'une d'elles n'est pas ou n'est plus en mesure de siéger dans une phase d'une affaire.

3.   Si un Membre ayant la nationalité de l'une des parties est de nouveau en mesure de siéger avant la clôture de la procédure écrite dans cette phase de l'affaire, il reprend sa place sur le siège.

Article 22

1.   Une entité autre qu'un Etat ne peut désigner un juge *ad hoc* que si :
   a)   l'une des parties adverses est un Etat Partie et que le Tribunal compte sur le siège un juge de la nationalité de cet Etat ou, lorsque cette partie est une organisation internationale, si le Tribunal compte sur le siège un juge de la nationalité de l'un de ses Etats membres ou si l'Etat Partie a lui-même désigné un juge *ad hoc*; ou
   b)   le Tribunal compte sur le siège un juge de la nationalité de l'Etat qui patronne l'une des parties adverses.

2.   Toutefois, une organisation internationale ou une personne physique ou morale ou une entreprise d'Etat ne peut désigner un juge *ad hoc* si le Tribunal compte sur le siège un juge de la nationalité de l'un des Etats membres de cette organisation internationale ou un juge de la nationalité de l'Etat qui patronne cette personne physique ou morale ou entreprise d'Etat.

3.   Si une organisation internationale est partie à une affaire et que le Tribunal compte sur le siège un juge de la nationalité d'un Etat membre de cette organisation, la partie adverse peut désigner un juge *ad hoc*.

4.   Si le Tribunal compte sur le siège deux ou plusieurs juges de la nationalité des Etats membres de l'organisation internationale concernée ou des Etats qui patronnent une partie, le Président peut, après avoir consulté les parties, demander à un ou plusieurs de ces juges de se retirer.

Section B. Chambre pour le règlement des différends relatifs aux fonds marins

Sous-section 1. Membres et juges *ad hoc*

Article 23

Les membres de la Chambre pour le règlement des différends relatifs aux fonds marins sont choisis après chaque élection triennale du Tribunal le plus tôt

2.   Parties in the same interest shall be deemed not to have a Member of one of their nationalities upon the bench if every Member having one of their nationalities is or becomes unable to sit in any phase of the case.

3.   If a Member having the nationality of one of the parties becomes able to sit not later than the closure of the written proceedings in that phase of the case, that Member shall resume the seat on the bench in the case.

Article 22

1.   An entity other than a State may choose a judge *ad hoc* only if:
      (a)   one of the other parties is a State Party and there is upon the bench a judge of its nationality or, where such party is an international organization, there is upon the bench a judge of the nationality of one of its member States or the State Party has itself chosen a judge *ad hoc*; or
      (b)   there is upon the bench a judge of the nationality of the sponsoring State of one of the other parties.

2.   However, an international organization or a natural or juridical person or state enterprise is not entitled to choose a judge *ad hoc* if there is upon the bench a judge of the nationality of one of the member States of the international organization or a judge of the nationality of the sponsoring State of such natural or juridical person or state enterprise.

3.   Where an international organization is a party to a case and there is upon the bench a judge of the nationality of a member State of the organization, the other party may choose a judge *ad hoc*.

4.   Where two or more judges on the bench are nationals of member States of the international organization concerned or of the sponsoring States of a party, the President may, after consulting the parties, request one or more of such judges to withdraw from the bench.

Section B. The Seabed Disputes Chamber

Subsection 1. The Members and Judges *ad hoc*

Article 23

The members of the Seabed Disputes Chamber shall be selected following each triennial election to the Tribunal as soon as possible after the term of office of Members elected at such election begins. The term of office of

possible après le commencement du mandat des Membres élus lors de cette élection. La période de fonctions des membres de la Chambre commence à courir à partir de la date à laquelle ils ont été choisis. La période de fonctions des membres désignés lors de la première sélection expire le 30 septembre 1999; la période de fonctions des membres désignés lors des sélections triennales ultérieures expire le 30 septembre, trois ans après chaque sélection. Les membres de la Chambre qui continuent à siéger au Tribunal après l'expiration de leur période de fonctions continuent à siéger à la Chambre jusqu'à ce que les membres suivants soient choisis.

Article 24

Le Président de la Chambre prend rang avant les autres membres de la Chambre pendant la durée de son mandat de Président. Les autres membres prennent rang suivant le rang qui est le leur au sein du Tribunal lorsque le Président et le Vice-Président du Tribunal n'exercent pas leur mandat.

Article 25

Les articles 8 et 9 s'appliquent *mutatis mutandis* aux juges *ad hoc* de la Chambre.

Sous-section 2. Présidence

Article 26

1. La Chambre élit son Président au scrutin secret et à la majorité de ses membres.
2. Le Président préside toutes les séances de la Chambre.
3. Lorsque la présidence est vacante ou que le Président de la Chambre est empêché de l'exercer, elle est assurée par le membre de la Chambre qui prend rang le premier et n'est pas lui-même empêché.
4. A tous autres égards, les articles 10 à 14 s'appliquent *mutatis mutandis*.

members of the Chamber shall begin to run from the date of their selection. The term of office of members selected at the first selection shall expire on 30 September 1999; the terms of office of members selected at subsequent triennial selections shall expire on 30 September every three years thereafter. Members of the Chamber who remain on the Tribunal after the expiry of their term of office shall continue to serve on the Chamber until the next selection.

Article 24

The President of the Chamber, while holding that office, takes precedence over the other members of the Chamber. The other members take precedence according to their precedence in the Tribunal in the case where the President and Vice-President of the Tribunal are not exercising the functions of those offices.

Article 25

Articles 8 and 9 apply *mutatis mutandis* to the judges *ad hoc* of the Chamber.

Subsection 2. The Presidency

Article 26

1.   The Chamber shall elect its President by secret ballot and by a majority vote of its members.
2.   The President shall preside at all meetings of the Chamber.
3.   In the event of a vacancy in the presidency or of the inability of the President of the Chamber to exercise the functions of the presidency, these shall be exercised by the member of the Chamber who is senior in precedence and able to act.
4.   In other respects, articles 10 to 14 apply *mutatis mutandis*.

Sous-section 3. Chambres *ad hoc* de la Chambre pour le règlement des différends relatifs aux fonds marins

Article 27

1. Toute demande visant à la constitution d'une chambre *ad hoc* de la Chambre pour le règlement des différends relatifs aux fonds marins, conformément à l'article 188, paragraphe 1, lettre b), de la Convention, est formulée dans un délai de trois mois suivant la date de l'introduction de l'instance.

2. Si les parties ne s'entendent pas sur la composition de la chambre dans les délais fixés par le Président de la Chambre pour le règlement des différends relatifs aux fonds marins, le Président fixe les délais dans lesquels les parties doivent procéder aux nominations nécessaires.

Section C. Chambres spéciales

Article 28

1. La Chambre de procédure sommaire est composée du Président et du Vice-Président du Tribunal, membres de droit, et de trois autres Membres. En outre, deux Membres sont choisis comme suppléants.

2. Les membres et suppléants de la chambre sont choisis par le Tribunal sur la proposition du Président du Tribunal.

3. Le choix des membres et suppléants de la chambre a lieu chaque année le plus tôt possible après le premier octobre. Les membres de la chambre et les suppléants entrent en fonctions dès qu'ils ont été désignés et restent en fonctions jusqu'au 30 septembre de l'année suivante. Les membres de la chambre et les suppléants qui continuent à siéger au Tribunal après cette date restent en fonctions jusqu'à ce que les membres et les suppléants suivants soient choisis.

4. Si un membre de la chambre est empêché, pour quelque motif que ce soit, de siéger dans une affaire donnée, il est remplacé aux fins de cette affaire par celui des deux suppléants qui prend rang le premier.

5. Si un membre de la chambre démissionne ou cesse de faire partie de cette chambre pour tout autre motif, sa place est occupée par celui des deux suppléants qui prend rang le premier; celui-ci devient alors membre titulaire de la chambre et un nouveau suppléant est choisi pour le remplacer.

6. Le quorum pour les réunions de la chambre est de trois membres.

Subsection 3. *Ad hoc* Chambers of the Seabed Disputes Chamber

Article 27

1. Any request for the formation of an *ad hoc* chamber of the Seabed Disputes Chamber in accordance with article 188, paragraph 1(b), of the Convention shall be made within three months from the date of the institution of proceedings.
2. If, within a time-limit fixed by the President of the Seabed Disputes Chamber, the parties do not agree on the composition of the chamber, the President shall establish time-limits for the parties to make the necessary appointments.

Section C. Special Chambers

Article 28

1. The Chamber of Summary Procedure shall be composed of the President and Vice-President of the Tribunal, acting ex officio, and three other Members. In addition, two Members shall be selected to act as alternates.
2. The members and alternates of the Chamber shall be selected by the Tribunal upon the proposal of the President of the Tribunal.
3. The selection of members and alternates of the Chamber shall be made as soon as possible after 1 October in each year. The members of the Chamber and the alternates shall enter upon their functions on their selection and serve until 30 September of the following year. Members of the Chamber and alternates who remain on the Tribunal after that date shall continue to serve on the Chamber until the next selection.
4. If a member of the Chamber is unable, for whatever reason, to sit in a given case, that member shall be replaced for the purposes of that case by the senior in precedence of the two alternates.
5. If a member of the Chamber resigns or otherwise ceases to be a member, the place of that member shall be taken by the senior in precedence of the two alternates, who shall thereupon become a full member of the Chamber and be replaced by the selection of another alternate.
6. The quorum for meetings of the Chamber is three members.

Article 29

1.   Lorsque le Tribunal décide de constituer une chambre spéciale permanente prévue à l'article 15, paragraphe 1, du Statut, il détermine la catégorie d'affaires en vue de laquelle la chambre est constituée, le nombre de ses membres, la durée de leurs pouvoirs, la date de leur entrée en fonctions et le quorum requis pour les réunions.

2.   Les membres de cette chambre sont choisis par le Tribunal sur la proposition du Président du Tribunal parmi les Membres, compte tenu des connaissances particulières, des aptitudes techniques ou de l'expérience que chacun a pu acquérir en ce qui concerne la catégorie de différends dont la chambre doit connaître.

3.   Le Tribunal peut décider la dissolution d'une chambre spéciale permanente. Celle-ci devra terminer les affaires en instance devant elle.

Article 30

1.   La demande tendant à constituer une chambre spéciale pour connaître d'un différend déterminé ainsi qu'il est prévu à l'article 15, paragraphe 2, du Statut est formulée dans un délai de deux mois suivant la date de l'introduction de l'instance. Dès réception de la demande émanant de l'une des parties, le Président du Tribunal s'informe de l'assentiment de la partie adverse.

2.   Une fois acquis l'accord des parties, le Président du Tribunal s'informe de leurs vues au sujet de la composition de la chambre et rend compte au Tribunal.

3.   Le Tribunal choisit, avec l'assentiment des parties, les Membres qui siégeront à la chambre. Les vacances éventuelles sont pourvues suivant la même procédure. Le Tribunal détermine également le quorum pour les réunions de la chambre.

4.   Les membres d'une chambre constituée en application du présent article qui ont été remplacés conformément à l'article 5 du Statut à la suite de l'expiration de leur période de fonctions continuent à siéger dans toutes les phases de l'affaire, quelqu'en soit le stade lors de ce remplacement.

Article 31

1.   Si, au moment de sa constitution, une chambre compte parmi ses membres le Président du Tribunal, elle est présidée par le Président. Si elle compte parmi ses membres le Vice-Président mais non le Président,

Article 29

1.   Whenever the Tribunal decides to form a standing special chamber provided for in article 15, paragraph 1, of the Statute, it shall determine the particular category of disputes for which it is formed, the number of its members, the period for which they will serve, the date when they will enter upon their duties and the quorum for meetings.

2.   The members of such chamber shall be selected by the Tribunal upon the proposal of the President of the Tribunal from among the Members, having regard to any special knowledge, expertise or previous experience which any of the Members may have in relation to the category of disputes the chamber deals with.

3.   The Tribunal may decide to dissolve a standing special chamber. The chamber shall finish any cases pending before it.

Article 30

1.   A request for the formation of a special chamber to deal with a particular dispute, as provided for in article 15, paragraph 2, of the Statute, shall be made within two months from the date of the institution of proceedings. Upon receipt of a request made by one party, the President of the Tribunal shall ascertain whether the other party assents.

2.   When the parties have agreed, the President of the Tribunal shall ascertain their views regarding the composition of the chamber and shall report to the Tribunal accordingly.

3.   The Tribunal shall determine, with the approval of the parties, the Members who are to constitute the chamber. The same procedure shall be followed in filling any vacancy. The Tribunal shall also determine the quorum for meetings of the chamber.

4.   Members of a chamber formed under this article who have been replaced, in accordance with article 5 of the Statute, following the expiration of their terms of office, shall continue to sit in all phases of the case, whatever the stage it has then reached.

Article 31

1.   If a chamber when formed includes the President of the Tribunal, the President shall preside over the chamber. If it does not include the President but includes the Vice-President, the Vice-President shall preside. In any other event, the chamber shall elect its own President by secret ballot

elle est présidée par le Vice-Président. Sinon, la chambre élit son Président au scrutin secret et à la majorité de ses membres. Le membre qui, conformément au présent paragraphe, préside la chambre au moment de sa constitution continue à en assurer la présidence tant qu'il en reste membre.

2. Sous réserve du paragraphe 3, le Président d'une chambre exerce, à l'égard des affaires portées devant cette chambre et à partir du moment où elle commence à examiner l'affaire, les fonctions du Président du Tribunal à l'égard des affaires soumises à celui-ci.

3. Le Président du Tribunal prend les mesures nécessaires pour appliquer aux chambres les dispositions de l'article 17, paragraphe 4, du Statut.

4. Si le Président d'une chambre est empêché de siéger ou de présider, la présidence est assurée par le membre de la chambre qui prend rang le premier et n'est pas lui-même empêché.

Section D. Le Greffe

Article 32

1. Le Tribunal élit son Greffier au scrutin secret parmi les candidats proposés par les Membres. Le Greffier est élu pour une période de cinq ans et est rééligible.

2. En cas de vacance effective ou imminente, le Président du Tribunal avise les Membres soit dès l'ouverture de cette vacance soit, si la vacance doit résulter de l'expiration du mandat du Greffier, trois mois au moins avant l'expiration de ce mandat. Le Président du Tribunal fixe une date pour la clôture de la liste des candidats de telle façon que les propositions et renseignements les concernant puissent être reçus en temps utile.

3. Les propositions doivent s'accompagner de tous renseignements utiles sur les candidats et indiquer notamment leur âge, leur nationalité, leur profession, leurs titres universitaires, leurs connaissances linguistiques et leur expérience du droit et en particulier du droit de la mer, de la diplomatie ou des affaires des organisations internationales.

4. Le candidat qui obtient les voix de la majorité des Membres composant le Tribunal au moment de l'élection est déclaré élu.

Article 33

Le Tribunal élit un Greffier adjoint ; il peut également élire un Greffier assistant. L'article 32 s'applique à leur élection et à la durée de leur mandat.

and by a majority of votes of its members. The member who, under this paragraph, presides over the chamber at the time of its formation shall continue to preside so long as he remains a member of that chamber.

2. Subject to paragraph 3, the President of a chamber shall exercise, in relation to cases being dealt with by that chamber and from the time it begins dealing with the case, the functions of the President of the Tribunal in relation to cases before the Tribunal.

3. The President of the Tribunal shall take such steps as may be necessary to give effect to article 17, paragraph 4, of the Statute.

4. If the President of a chamber is prevented from sitting or acting as President of the chamber, the functions of the presidency of the chamber shall be assumed by the member of the chamber who is the senior in precedence and able to act.

Section D. The Registry

Article 32

1. The Tribunal shall elect its Registrar by secret ballot from among candidates nominated by Members. The Registrar shall be elected for a term of five years and may be re-elected.

2. The President of the Tribunal shall give notice of a vacancy or impending vacancy to Members, either forthwith upon the vacancy arising or, where the vacancy will arise on the expiration of the term of office of the Registrar, not less than three months prior thereto. The President of the Tribunal shall fix a date for the closure of the list of candidates so as to enable nominations and information concerning the candidates to be received in sufficient time.

3. Nominations shall be accompanied by the relevant information concerning the candidates, in particular information as to age, nationality, present occupation, academic and other qualifications, knowledge of languages and any previous experience in law, especially the law of the sea, diplomacy or the work of international organizations.

4. The candidate obtaining the votes of the majority of the Members composing the Tribunal at the time of the election shall be declared elected.

Article 33

The Tribunal shall elect a Deputy Registrar; it may also elect an Assistant Registrar. Article 32 applies to their election and terms of office.

Article 34

Avant leur entrée en fonctions, le Greffier, le Greffier adjoint et le Greffier assistant font devant le Tribunal la déclaration solennelle suivante :

« Je déclare solennellement que je remplirai en toute loyauté, discrétion et conscience les devoirs qui m'incombent en ma qualité de Greffier (Greffier adjoint ou Greffier assistant selon le cas) du Tribunal international du droit de la mer et que j'observerai fidèlement toutes les prescriptions du Statut et du Règlement du Tribunal ».

Article 35

1.   Les fonctionnaires du Greffe autres que le Greffier, le Greffier adjoint et le Greffier assistant sont nommés par le Tribunal, sur la proposition du Greffier. Toutefois, le Tribunal peut décider que, pour les postes qu'il déterminera, les nominations seront faites par le Greffier avec l'approbation du Président du Tribunal.

2.   La considération dominante dans le recrutement, l'emploi et la fixation des conditions d'emploi du personnel doit être la nécessité d'assurer au Tribunal les services de personnes possédant les plus hautes qualités de travail, de compétence et d'intégrité. Sera dûment prise en considération l'importance d'un recrutement effectué sur une base géographique aussi large que possible.

3.   Avant son entrée en fonctions, tout fonctionnaire fait la déclaration solennelle suivante devant le Président du Tribunal et en présence du Greffier :

« Je déclare solennellement que je remplirai en toute loyauté, discrétion et conscience les devoirs qui m'incombent en ma qualité de fonctionnaire du Greffe du Tribunal international du droit de la mer et que j'observerai fidèlement toutes les prescriptions du Statut et du Règlement du Tribunal ».

Article 36

1.   Dans l'exercice de ses fonctions, le Greffier :

a)   sert d'intermédiaire pour les communications émanant du Tribunal ou adressées à celui-ci et en particulier assure toutes communications, notifications et transmissions de documents prévues par la Convention, le Statut, le présent Règlement ou par tout autre accord

Article 34

Before taking up their duties, the Registrar, the Deputy Registrar and the Assistant Registrar shall make the following solemn declaration at a meeting of the Tribunal:

"I solemnly declare that I will perform my duties as Registrar (Deputy Registrar or Assistant Registrar as the case may be) of the International Tribunal for the Law of the Sea in all loyalty, discretion and good conscience and that I will faithfully observe all the provisions of the Statute and of the Rules of the Tribunal".

Article 35

1. The staff of the Registry, other than the Registrar, the Deputy Registrar and the Assistant Registrar, shall be appointed by the Tribunal on proposals submitted by the Registrar. Appointments to such posts as the Tribunal shall determine may, however, be made by the Registrar with the approval of the President of the Tribunal.
2. The paramount consideration in the recruitment and employment of the staff and in the determination of the conditions of service shall be the necessity of securing the highest standards of efficiency, competence and integrity. Due regard shall be paid to the importance of recruiting the staff on as wide a geographical basis as possible.
3. Before taking up their duties, the staff shall make the following solemn declaration before the President of the Tribunal, the Registrar being present:

"I solemnly declare that I will perform my duties as an official of the International Tribunal for the Law of the Sea in all loyalty, discretion and good conscience and that I will faithfully observe all the provisions of the Statute and of the Rules of the Tribunal".

Article 36

1. The Registrar, in the discharge of his functions, shall:
   (a) be the regular channel of communications to and from the Tribunal and in particular shall effect all communications, notifications and transmission of documents required by the Convention, the Statute, these Rules or any other relevant international agreement and

international pertinent, en veillant à ce que la date de leur expédition et de leur réception puisse être facilement contrôlée ;

b) tient, sous le contrôle du Président du Tribunal et dans la forme prescrite par le Tribunal, un rôle des affaires, qui sont inscrites et numérotées dans l'ordre selon lequel les actes introductifs d'instance ou les demandes d'avis consultatif parviennent au Greffe ;

c) conserve des copies des déclarations et des notifications de révocation ou de retrait de telles déclarations déposées auprès du Secrétaire général de l'Organisation des Nations Unies conformément aux articles 287 et 298 de la Convention ou à l'article 7 de l'annexe IX à la Convention ;

d) conserve des copies des accords conférant compétence au Tribunal ;

e) conserve les notifications reçues conformément à l'article 110, paragraphe 2 ;

f) transmet aux parties des copies certifiées conformes de toutes les pièces de procédure et des documents annexés, dès leur réception au Greffe ;

g) communique au gouvernement de l'Etat où siège ou doit siéger le Tribunal ou une chambre et à tous autres gouvernements intéressés les renseignements nécessaires au sujet des personnes appelées à bénéficier de privilèges, immunités ou facilités en vertu du Statut et des accords pertinents;

h) assiste en personne ou charge le Greffier adjoint, le Greffier assistant ou en leur absence un fonctionnaire de rang élevé du Greffe, désigné par lui, d'assister aux séances du Tribunal ou des chambres et fait établir sous sa responsabilité les comptes rendus de ces séances ;

i) prend les dispositions nécessaires pour que soient faites ou vérifiées les traductions et interprétations dont le Tribunal peut avoir besoin dans les langues officielles du Tribunal ;

j) signe les arrêts, avis consultatifs et ordonnances du Tribunal ainsi que les comptes rendus visés à la lettre h) ci-dessus ;

k) fait reproduire, imprimer et publier sous sa responsabilité les arrêts, avis consultatifs et ordonnances du Tribunal, les pièces de procédure, les exposés écrits et les procès-verbaux des audiences publiques dans chaque affaire, ainsi que tout autre document dont le Tribunal ordonne la publication ;

l) assume la responsabilité de tous les travaux administratifs et en particulier de la comptabilité et de la gestion financière conformément aux méthodes appliquées par le Tribunal en matière financière ;

ensure that the date of dispatch and receipt thereof may be readily verified;

(b) keep, under the supervision of the President of the Tribunal, and in such form as may be laid down by the Tribunal, a List of cases, entered and numbered in the order in which the documents instituting proceedings or requesting an advisory opinion are received in the Registry;

(c) keep copies of declarations and notices of revocation or withdrawal thereof deposited with the Secretary-General of the United Nations under articles 287 and 298 of the Convention or Annex IX, article 7, to the Convention;

(d) keep copies of agreements conferring jurisdiction on the Tribunal;

(e) keep notifications received under article 110, paragraph 2;

(f) transmit to the parties certified copies of pleadings and annexes upon receipt thereof in the Registry;

(g) communicate to the Government of the State in which the Tribunal or a chamber is sitting, or is to sit, and any other Governments which may be concerned, the necessary information as to the persons from time to time entitled, under the Statute and the relevant agreements, to privileges, immunities or facilities;

(h) be present in person or represented by the Deputy Registrar, the Assistant Registrar or in their absence by a senior official of the Registry designated by him, at meetings of the Tribunal, and of the chambers, and be responsible for preparing records of such meetings;

(i) make arrangements for such provision or verification of translations and interpretations into the Tribunal's official languages as the Tribunal may require;

(j) sign all judgments, advisory opinions and orders of the Tribunal and the records referred to in subparagraph (h);

(k) be responsible for the reproduction, printing and publication of the Tribunal's judgments, advisory opinions and orders, the pleadings and statements and the minutes of public sittings in cases and of such other documents as the Tribunal may direct to be published;

(l) be responsible for all administrative work and in particular for the accounts and financial administration in accordance with the financial procedures of the Tribunal;

m)   donne la suite qu'appellent les demandes de renseignements concernant le Tribunal et son activité;

n)   contribue à assurer le maintien des relations entre le Tribunal et l'Autorité, la Cour internationale de Justice et les autres organes de l'Organisation des Nations Unies et les organismes apparentés, les tribunaux arbitraux et arbitraux spéciaux mentionnés à l'article 287 de la Convention et les conférences et organismes internationaux s'occupant de la codification et du développement progressif du droit international, et en particulier du droit de la mer ;

o)   fait en sorte que des renseignements sur le Tribunal et son activité soient mis à la disposition des gouvernements, des cours et tribunaux nationaux les plus élevés, des associations professionnelles, sociétés savantes, facultés et écoles de droit ainsi que des moyens d'information ;

p)   assure la garde des sceaux et cachets ainsi que des archives du Tribunal et de toutes autres archives confiées à celui-ci.

2.   Le Tribunal peut à tout moment confier d'autres fonctions au Greffier.

3.   Dans l'exercice de ses fonctions, le Greffier est responsable devant le Tribunal.

Article 37

1.   Le Greffier adjoint assiste le Greffier et le remplace pendant son absence ou, en cas de vacance du poste, jusqu'à ce que celui-ci soit pourvu.

2.   Si le Greffier, le Greffier adjoint et le Greffier assistant sont empêchés de s'acquitter des fonctions de Greffier, le Président du Tribunal désigne un fonctionnaire du Greffe pour remplir ces fonctions pendant le temps nécessaire. Si les trois postes sont simultanément vacants, le Président désigne, après avoir consulté les Membres, un fonctionnaire du Greffe pour remplir les fonctions de Greffier jusqu'à l'élection d'un nouveau Greffier.

Article 38

1.   Le Greffe se compose du Greffier, du Greffier adjoint, du Greffier assistant et de tous autres fonctionnaires dont il a besoin pour s'acquitter efficacement de ses fonctions.

2.   Le Tribunal arrête l'organisation du Greffe et, à cet effet, invite le Greffier à lui soumettre des propositions.

(m) deal with inquiries concerning the Tribunal and its work;

(n) assist in maintaining relations between the Tribunal and the Authority, the International Court of Justice and the other organs of the United Nations, its related agencies, the arbitral and special arbitral tribunals referred to in article 287 of the Convention and international bodies and conferences concerned with the codification and progressive development of international law, in particular the law of the sea;

(o) ensure that information concerning the Tribunal and its activities is accessible to Governments, the highest national courts of justice, professional and learned societies, legal faculties and schools of law and public information media;

(p) have custody of the seals and stamps of the Tribunal, of the archives of the Tribunal and of such other archives as may be entrusted to the Tribunal.

2. The Tribunal may at any time entrust additional functions to the Registrar.

3. In the discharge of his functions the Registrar shall be responsible to the Tribunal.

Article 37

1. The Deputy Registrar shall assist the Registrar, act as Registrar in the latter's absence and, in the event of the office becoming vacant, exercise the functions of Registrar until the office has been filled.

2. If the Registrar, the Deputy Registrar and the Assistant Registrar are unable to carry out the duties of Registrar, the President of the Tribunal shall appoint an official of the Registry to discharge those duties for such time as may be necessary. If the three offices are vacant at the same time, the President, after consulting the Members, shall appoint an official of the Registry to discharge the duties of Registrar pending an election to that office.

Article 38

1. The Registry consists of the Registrar, the Deputy Registrar, the Assistant Registrar and such other staff as required for the efficient discharge of its functions.

2. The Tribunal shall determine the organization of the Registry and shall for this purpose request the Registrar to make proposals.

3.   Des instructions pour le Greffe sont établies par le Greffier et approuvées par le Tribunal.

4.   Le personnel du Greffe est assujetti à un statut du personnel établi par le Greffier et approuvé par le Tribunal.

Article 39

1.   Le Greffier peut donner sa démission en adressant par écrit un préavis de deux mois au Président du Tribunal. Le Greffier adjoint et le Greffier assistant peuvent donner leur démission en adressant par écrit un préavis d'un mois au Président du Tribunal par l'intermédiaire du Greffier.

2.   Le Greffier ne peut être relevé de ses fonctions que si, de l'avis des deux tiers des Membres, il a manqué gravement aux obligations qui lui incombent ou n'est plus en mesure d'exercer ses fonctions. Avant qu'une décision soit prise en application du présent paragraphe, le Greffier est informé par le Président du Tribunal de la mesure envisagée dans une communication écrite qui en expose les raisons et indique tous les éléments de preuve s'y rapportant. Lorsque la mesure est envisagée du fait que le Greffier n'est plus en mesure d'exercer ses fonctions, les informations pertinentes de nature médicale sont jointes à cette communication. La possibilité lui est ensuite offerte, à une séance privée du Tribunal, de faire une déclaration, de fournir les renseignements ou explications qu'il souhaite donner et de répondre oralement ou par écrit aux questions qui lui sont posées. Il peut se faire assister ou représenter à cette séance par un conseil ou par toute autre personne de son choix.

3.   Le Greffier adjoint et le Greffier assistant ne peuvent être relevés de leurs fonctions que pour les mêmes raisons et selon la même procédure que celles spécifiées au paragraphe 2.

Section E. Fonctionnement interne du Tribunal

Article 40

La pratique interne du Tribunal en matière judiciaire est régie, sous réserve des dispositions de la Convention, du Statut et du présent Règlement, par toute résolution adoptée en la matière par le Tribunal.

3. Instructions for the Registry shall be drawn up by the Registrar and approved by the Tribunal.

4. The staff of the Registry shall be subject to Staff Regulations drawn up by the Registrar and approved by the Tribunal.

Article 39

1. The Registrar may resign from office with two months' notice tendered in writing to the President of the Tribunal. The Deputy Registrar and the Assistant Registrar may resign from office with one month's notice tendered in writing to the President of the Tribunal through the Registrar.

2. The Registrar may be removed from office only if, in the opinion of two thirds of the Members, he has either committed a serious breach of his duties or become permanently incapacitated from exercising his functions. Before a decision to remove him is taken under this paragraph, he shall be informed by the President of the Tribunal of the action contemplated, in a written statement which shall include the grounds therefore and any relevant evidence. When the action contemplated concerns permanent incapacity, relevant medical information shall be included. The Registrar shall subsequently, at a private meeting of the Tribunal, be afforded an opportunity of making a statement, of furnishing any information or explanations he wishes to give and of supplying answers, orally or in writing, to any questions put to him. He may be assisted or represented at such meeting by counsel or any other person of his choice.

3. The Deputy Registrar and the Assistant Registrar may be removed from office only on the same grounds and by the same procedure as specified in paragraph 2.

Section E. Internal Functioning of the Tribunal

Article 40

The internal judicial practice of the Tribunal shall, subject to the Convention, the Statute and these Rules, be governed by any resolutions on the subject adopted by the Tribunal.

Article 41

1. Le quorum prescrit à l'article 13, paragraphe 1, du Statut s'applique à toutes les séances du Tribunal. Le quorum prescrit à l'article 35, paragraphe 7, du Statut s'applique à toutes les séances de la Chambre pour le règlement des différends relatifs aux fonds marins. Le quorum prescrit pour une chambre spéciale s'applique à toutes les réunions de cette chambre.

2. Les Membres doivent être disponibles à tout moment pour exercer leurs fonctions et assistent à toutes les séances du Tribunal, à moins d'en être empêchés pour cause de congé conformément aux dispositions du paragraphe 4, de maladie ou autre motif grave dûment justifié auprès du Président du Tribunal, qui en rend compte au Tribunal.

3. Les juges *ad hoc* sont de même tenus d'être à la disposition du Tribunal et d'assister à toutes les séances concernant les affaires auxquelles ils participent, à moins d'en être empêchés pour cause de maladie ou autre motif grave dûment justifié auprès du Président du Tribunal, qui en rend compte au Tribunal. Ils ne sont pas comptés pour le calcul du quorum.

4. Le Tribunal fixe les périodes et la durée des vacances judiciaires ainsi que les périodes et les conditions des congés à accorder aux Membres, en tenant compte dans l'un et l'autre cas de l'état du rôle des affaires et des travaux en cours.

5. Sous réserve des mêmes considérations, le Tribunal observe les jours fériés en usage au lieu où il siège.

6. En cas d'urgence. le Président du Tribunal peut convoquer le Tribunal à tout moment.

Article 42

1. Les délibérations du Tribunal sont et restent secrètes. Toutefois, le Tribunal peut à tout moment décider de publier tout ou partie de ses délibérations sur des questions autres que judiciaires ou d'autoriser cette publication.

2. Seuls les juges et les experts désignés conformément à l'article 289 de la Convention prennent part aux délibérations en matière judiciaire. Le Greffier ou son adjoint et tous autres fonctionnaires du Greffe dont la présence peut être requise y assistent. Aucune autre personne ne peut être présente si ce n'est avec l'autorisation du Tribunal.

Article 41

1. The quorum specified by article 13, paragraph 1, of the Statute applies to all meetings of the Tribunal. The quorum specified in article 35, paragraph 7, of the Statute applies to all meetings of the Seabed Disputes Chamber. The quorum specified for a special chamber applies to all meetings of that chamber.

2. Members shall hold themselves permanently available to exercise their functions and shall attend all such meetings, unless they are absent on leave as provided for in paragraph 4 or prevented from attending by illness or for other serious reasons duly explained to the President of the Tribunal, who shall inform the Tribunal.

3. Judges *ad hoc* are likewise bound to hold themselves at the disposal of the Tribunal and to attend all meetings held in the case in which they are participating unless they are prevented from attending by illness or for other serious reasons duly explained to the President of the Tribunal, who shall inform the Tribunal. They shall not be taken into account for the calculation of the quorum.

4. The Tribunal shall fix the dates and duration of the judicial vacations and the periods and conditions of leave to be accorded to individual Members, having regard in both cases to the state of the List of cases and to the requirements of its current work.

5. Subject to the same considerations, the Tribunal shall observe the public holidays customary at the place where the Tribunal is sitting.

6. In case of urgency the President of the Tribunal may convene the Tribunal at any time.

Article 42

1. The deliberations of the Tribunal shall take place in private and remain secret. The Tribunal may, however, at any time decide in respect of its deliberations on other than judicial matters to publish or allow publication of any part of them.

2. Only judges and any experts appointed in accordance with article 289 of the Convention take part in the Tribunal's judicial deliberations. The Registrar, or his Deputy, and other members of the staff of the Registry as may be required shall be present. No other person shall be present except by permission of the Tribunal.

3.   Les comptes rendus des délibérations du Tribunal en matière judiciaire se bornent à indiquer le titre ou la nature des questions ou sujets débattus et le résultat des votes. Ils ne mentionnent pas le détail des discussions ou les opinions émises; toutefois tout juge a le droit de demander qu'une déclaration faite par lui soit inscrite au compte rendu.

Section F. Langues officielles

Article 43

Les langues officielles du Tribunal sont le français et l'anglais.

Partie III
Procédure

Section A. Dispositions générales

Article 44

1.   La procédure a deux phases : l'une écrite, l'autre orale.
2.   La procédure écrite comprend la communication au Tribunal et aux parties de mémoires, contre-mémoires et, si le Tribunal en autorise la présentation, des répliques et dupliques ainsi que de tous documents à l'appui.
3.   La procédure orale consiste en l'audition par le Tribunal des agents, conseils, avocats, témoins et experts.

Article 45

Dans chaque affaire dont le Tribunal est saisi, le Président se renseigne auprès des parties au sujet des questions de procédure. A cette fin, il peut convoquer les agents des parties aussitôt après leur nomination et chaque fois que cela est nécessaire par la suite, ou utiliser tous autres moyens de communication qu'il juge appropriés.

3. The records of the Tribunal's judicial deliberations shall contain only the title or nature of the subjects or matters discussed and the results of any vote taken. They shall not contain any details of the discussions nor the views expressed, provided however that any judge is entitled to require that a statement made by him be inserted in the records.

Section F. Official Languages

Article 43

The official languages of the Tribunal are English and French.

Part III
Procedure

Section A. General Provisions

Article 44

1. The proceedings consist of two parts: written and oral.
2. The written proceedings shall consist of the communication to the Tribunal and to the parties of memorials, counter-memorials and, if the Tribunal so authorizes, replies and rejoinders, as well as all documents in support.
3. The oral proceedings shall consist of the hearing by the Tribunal of agents, counsel, advocates, witnesses and experts.

Article 45

In every case submitted to the Tribunal, the President shall ascertain the views of the parties with regard to questions of procedure. For this purpose, he may summon the agents of the parties to meet him as soon as possible after their appointment and whenever necessary thereafter, or use other appropriate means of communication.

Article 46

Les délais pour l'accomplissement d'actes de procédure peuvent être fixés par l'indication d'une période déterminée, étant entendu qu'une date précise doit toujours y être spécifiée. Ils doivent être aussi brefs que la nature de l'affaire le permet.

Article 47

Le Tribunal peut à tout moment ordonner que les instances dans deux ou plusieurs affaires soient jointes. Il peut ordonner aussi que les procédures écrites ou orales, y compris la présentation de témoins, aient un caractère commun; ou il peut, sans opérer de jonction formelle, ordonner une action commune au regard d'un ou plusieurs éléments de ces procédures.

Article 48

Les parties peuvent proposer d'un commun accord d'apporter aux articles contenus dans la présente partie des modifications ou additions particulières que le Tribunal ou une chambre peut adopter s'il ou elle les estime appropriées aux circonstances de l'espèce.

Article 49

La procédure devant le Tribunal est conduite sans retard ni dépenses inutiles.

Article 50

Le Tribunal peut établir des lignes directrices conformes au présent Règlement concernant tout aspect de sa procédure, y compris la longueur, le format et la présentation des pièces de procédure écrite et orale ainsi que l'utilisation de moyens de communication électronique.

Article 51

Toute communication destinée au Tribunal conformément au présent règlement est adressée au Greffier sauf indication contraire. Toute demande formulée par une partie est de même adressée au Greffier, à moins qu'elle ne soit présentée lors d'une audience du Tribunal pendant la procédure orale.

Article 46

Time-limits for the completion of steps in the proceedings may be fixed by assigning a specified period but shall always indicate definite dates. Such time-limits shall be as short as the character of the case permits.

Article 47

The Tribunal may at any time direct that the proceedings in two or more cases be joined. It may also direct that the written or oral proceedings, including the calling of witnesses, be in common; or the Tribunal may, without effecting any formal joinder, direct common action in any of these respects.

Article 48

The parties may jointly propose particular modifications or additions to the Rules contained in this Part, which may be applied by the Tribunal or by a chamber if the Tribunal or the chamber considers them appropriate in the circumstances of the case.

Article 49

The proceedings before the Tribunal shall be conducted without unnecessary delay or expense.

Article 50

The Tribunal may issue guidelines consistent with these Rules concerning any aspect of its proceedings, including the length, format and presentation of written and oral pleadings and the use of electronic means of communication.

Article 51

All communications to the Tribunal under these Rules shall be addressed to the Registrar unless otherwise stated. Any request made by a party shall likewise be addressed to the Registrar unless made in open court in the course of the oral proceedings.

Article 52

1. Toutes les communications destinées aux parties sont envoyées à leurs agents.

2. Les communications destinées à une partie avant la désignation par celle-ci d'un agent et à une entité autre qu'une partie sont envoyées selon les modalités suivantes :

    a) dans le cas d'un Etat, le Tribunal adresse toutes les communications au gouvernement de cet Etat ;

    b) dans le cas de l'Autorité internationale des fonds marins ou de l'Entreprise, de toute organisation internationale et de toute autre organisation intergouvernementale, le Tribunal adresse toutes les communications à l'organe compétent ou au chef de secrétariat de ladite organisation au siège de cette dernière ;

    c) dans le cas des entreprises d'Etat ou des personnes physiques ou morales visées à l'article 153, paragraphe 2, lettre b), de la Convention, le Tribunal transmet toutes les communications par l'intermédiaire du gouvernement de l'Etat qui les patronne ou de l'Etat certificateur, selon le cas ;

    d) dans le cas d'un groupe d'Etats, d'entreprises d'Etat ou de personnes physiques ou morales visés à l'article 153, paragraphe 2, lettre b), de la Convention, le Tribunal adresse toutes les communications à chaque membre du groupe conformément aux lettres a) et c) ci-dessus ;

    e) dans le cas d'autres personnes physiques ou morales, le Tribunal transmet toutes les communications par l'intermédiaire du gouvernement de l'Etat sur le territoire duquel la communication doit être reçue.

3. Il en est de même s'il s'agit de faire procéder sur place à l'établissement de tous moyens de preuve.

Article 53

1. Les parties sont représentées par des agents.

2. Les parties peuvent se faire assister devant le Tribunal par des conseils ou des avocats.

Article 52

1. All communications to the parties shall be sent to their agents.
2. The communications to a party before it has appointed an agent and to an entity other than a party shall be sent as follows:
    (a) in the case of a State, the Tribunal shall direct all communications to its Government;
    (b) in the case of the International Seabed Authority or the Enterprise, any international organization and any other intergovernmental organization, the Tribunal shall direct all communications to the competent body or executive head of such organization at its head-quarters location;
    (c) in the case of state enterprises or natural or juridical persons referred to in article 153, paragraph 2(b), of the Convention, the Tribunal shall direct all communications through the Government of the sponsoring or certifying State, as the case may be;
    (d) in the case of a group of States, state enterprises or natural or juridical persons referred to in article 153, paragraph 2(b), of the Convention, the Tribunal shall direct all communications to each member of the group according to subparagraphs (a) and (c) above;
    (e) in the case of other natural or juridical persons, the Tribunal shall direct all communications through the Government of the State in whose territory the communication has to be received.
3. The same provisions apply whenever steps are to be taken to procure evidence on the spot.

Article 53

1. The parties shall be represented by agents.
2. The parties may have the assistance of counsel or advocates before the Tribunal.

Section B. Procédure devant le Tribunal

Sous-section 1. Introduction de l'instance

Article 54

1. Lorsqu'une instance est introduite devant le Tribunal par une requête, celle-ci indique la partie requérante, la partie contre laquelle la demande est formée et l'objet du différend.

2. La requête indique, autant que possible, les moyens de droit sur lesquels le demandeur entend fonder la compétence du Tribunal; elle indique en outre la nature précise de la demande et contient un exposé succinct des faits et moyens sur lesquels cette demande repose.

3. L'original de la requête est signé soit par l'agent de la partie qui l'introduit, soit par le représentant diplomatique de cette partie dans le pays où le Tribunal a son siège, soit par une autre personne dûment autorisée. Si la requête porte la signature d'une personne autre que le représentant diplomatique, cette signature doit être légalisée par ce dernier ou par l'autorité gouvernementale compétente.

4. Le Greffier transmet immédiatement au défendeur une copie certifiée conforme de la requête.

5. Lorsque le demandeur entend fonder la compétence du Tribunal sur un consentement non encore donné ou manifesté par la partie contre laquelle la requête est formée, la requête est transmise à cette dernière. Toutefois, elle n'est pas inscrite au rôle des affaires du Tribunal et aucun acte de procédure n'est effectué tant que la partie contre laquelle la requête est formée n'a pas accepté la compétence du Tribunal aux fins de l'affaire.

Article 55

1. Lorsqu'une instance est introduite devant le Tribunal par la notification d'un compromis, cette notification peut être effectuée conjointement par les parties ou par une ou plusieurs d'entre elles. Si la notification n'est pas faite conjointement, une copie certifiée conforme en est immédiatement transmise par le Greffier à toute autre partie.

2. La notification est toujours accompagnée de l'original ou d'une copie certifiée conforme du compromis. La notification indique en outre l'objet précis du différend ainsi que les parties, pour autant que cela ne résulte pas déjà clairement du compromis.

Section B. Proceedings before the Tribunal

Subsection 1. Institution of Proceedings

Article 54

1. When proceedings before the Tribunal are instituted by means of an application, the application shall indicate the party making it, the party against which the claim is brought and the subject of the dispute.

2. The application shall specify as far as possible the legal grounds upon which the jurisdiction of the Tribunal is said to be based; it shall also specify the precise nature of the claim, together with a succinct statement of the facts and grounds on which the claim is based.

3. The original of the application shall be signed by the agent of the party submitting it or by the diplomatic representative of that party in the country in which the Tribunal has its seat or by some other duly authorized person. If the application bears the signature of someone other than such diplomatic representative, the signature must be authenticated by the latter or by the competent governmental authority.

4. The Registrar shall forthwith transmit to the respondent a certified copy of the application.

5. When the applicant proposes to found the jurisdiction of the Tribunal upon a consent thereto yet to be given or manifested by the party against which the application is made, the application shall be transmitted to that party. It shall not however be entered in the List of cases, nor any action be taken in the proceedings, unless and until the party against which such application is made consents to the jurisdiction of the Tribunal for the purposes of the case.

Article 55

1. When proceedings are brought before the Tribunal by the notification of a special agreement, the notification may be effected by the parties jointly or by any one or more of them. If the notification is not a joint one, a certified copy of it shall forthwith be communicated by the Registrar to any other party.

2. In each case the notification shall be accompanied by an original or certified copy of the special agreement. The notification shall also, insofar as this is not already apparent from the agreement, indicate the precise subject of the dispute and identify the parties to it.

Article 56

1. Sauf dans les circonstances envisagées à l'article 54, paragraphe 5, tous les actes accomplis au nom des parties après l'introduction d'une instance le sont par des agents. Les agents doivent avoir au siège du Tribunal, ou dans la capitale du pays où le siège est situé, un domicile élu auquel sont adressées toutes les communications relatives à l'affaire.

2. Lorsqu'une instance est introduite par une requête, le nom de l'agent du demandeur est indiqué. Dès la réception de la copie certifiée conforme de la requête ou le plus tôt possible après, le défendeur fait connaître au Tribunal le nom de son agent.

3. Lorsqu'une instance est introduite par la notification d'un compromis, le nom de l'agent ou des agents, selon le cas, est indiqué par la ou les parties procédant à la notification. Si cela n'a pas déjà été fait, toute autre partie au compromis fait connaître au Tribunal le nom de son agent dès qu'elle reçoit du Greffier une copie certifiée conforme de la notification ou le plus tôt possible après.

Article 57

1. Lorsque l'instance est introduite sur la base d'un accord autre que la Convention, la requête ou la notification doit être accompagnée d'une copie certifiée conforme dudit accord.

2. Dans le cas d'un différend auquel est partie une organisation internationale, le Tribunal peut, à la demande de toute autre partie ou d'office, demander à l'organisation internationale concernée d'indiquer, dans un délai raisonnable, qui de l'organisation ou de ses Etats membres a compétence pour une question précise qui s'est posée. Si le Tribunal le juge nécessaire, il peut suspendre l'instance jusqu'à ce qu'il reçoive lesdits renseignements.

Article 58

En cas de contestation sur le point de savoir si le Tribunal est compétent, le Tribunal décide.

Article 56

1. Except in the circumstances contemplated by article 54, paragraph 5, all steps on behalf of the parties after proceedings have been instituted shall be taken by agents. Agents shall have an address for service at the seat of the Tribunal or in the capital of the country where the seat is located, to which all communications concerning the case are to be sent.

2. When proceedings are instituted by means of an application, the name of the agent for the applicant shall be stated. The respondent, upon receipt of the certified copy of the application, or as soon as possible thereafter, shall inform the Tribunal of the name of its agent.

3. When proceedings are brought by notification of a special agreement, the party or parties making the notification shall state the name of its agent or the names of their agents, as the case may be. Any other party to the special agreement, upon receiving from the Registrar a certified copy of such notification, or as soon as possible thereafter, shall inform the Tribunal of the name of its agent if it has not already done so.

Article 57

1. Whenever proceedings are instituted on the basis of an agreement other than the Convention, the application or the notification shall be accompanied by a certified copy of the agreement in question.

2. In a dispute to which an international organization is a party, the Tribunal may, at the request of any other party or *proprio motu*, request the international organization to provide, within a reasonable time, information as to which, as between the organization and its member States, has competence in respect of any specific question which has arisen. If the Tribunal considers it necessary, it may suspend the proceedings until it receives such information.

Article 58

In the event of a dispute as to whether the Tribunal has jurisdiction, the matter shall be decided by the Tribunal.

Sous-section 2. Procédure écrite

Article 59

1. A la lumière des vues des parties recueillies par le Président du Tribunal, le Tribunal rend les ordonnances nécessaires pour fixer notamment le nombre et l'ordre des pièces de procédure ainsi que les délais pour leur présentation. Les délais pour chaque pièce de procédure n'excèdent pas six mois.

2. Le Tribunal peut, à la demande d'une partie, proroger un délai ou décider de considérer comme valable un acte de procédure fait après l'expiration du délai fixé; il ne peut toutefois le faire que s'il estime la demande suffisamment justifiée. Dans l'un et l'autre cas, la possibilité est offerte à la partie adverse de faire connaître ses vues dans un délai fixé par le Tribunal.

3. Si le Tribunal ne siège pas et sous réserve de toute décision ultérieure qu'il pourrait prendre, les pouvoirs que lui confère le présent article peuvent être exercés par le Président du Tribunal.

Article 60

1. Dans une affaire introduite par une requête, les pièces de procédure comprennent, dans l'ordre, un mémoire du demandeur et un contre-mémoire du défendeur.

2. Le Tribunal peut autoriser ou prescrire la présentation d'une réplique du demandeur et d'une duplique du défendeur si les parties sont d'accord à cet égard ou si le Tribunal décide, à la demande d'une partie ou d'office, que ces pièces sont nécessaires.

Article 61

1. Dans une affaire introduite par la notification d'un compromis, le nombre et l'ordre de présentation des pièces de procédure sont ceux que fixe le compromis lui-même, à moins que le Tribunal, après s'être renseigné auprès des parties, n'en décide autrement.

2. Si le compromis ne contient aucune disposition à cet égard et si, par la suite, les parties ne se mettent pas d'accord sur le nombre et l'ordre de présentation des pièces de procédure, chacune des parties dépose un mémoire et un contre-mémoire dans les mêmes délais.

3. Le Tribunal n'autorise la présentation de répliques et de dupliques que s'il l'estime nécessaire.

Subsection 2. The Written Proceedings

Article 59

1. In the light of the views of the parties ascertained by the President of the Tribunal, the Tribunal shall make the necessary orders to determine, *inter alia*, the number and the order of filing of the pleadings and the time-limits within which they must be filed. The time-limits for each pleading shall not exceed six months.

2. The Tribunal may at the request of a party extend any time-limit or decide that any step taken after the expiration of the time-limit fixed therefor shall be considered as valid. It may not do so, however, unless it is satisfied that there is adequate justification for the request. In either case the other party shall be given an opportunity to state its views within a time-limit to be fixed by the Tribunal.

3. If the Tribunal is not sitting, its powers under this article may be exercised by the President of the Tribunal, but without prejudice to any subsequent decision of the Tribunal.

Article 60

1. The pleadings in a case begun by means of an application shall consist, in the following order, of: a memorial by the applicant and a counter-memorial by the respondent.

2. The Tribunal may authorize or direct that there shall be a reply by the applicant and a rejoinder by the respondent if the parties are so agreed or if the Tribunal decides, at the request of a party or *proprio motu*, that these pleadings are necessary.

Article 61

1. In a case begun by the notification of a special agreement, the number and order of the pleadings shall be governed by the provisions of the agreement, unless the Tribunal, after ascertaining the views of the parties, decides otherwise.

2. If the special agreement contains no such provision, and if the parties have not subsequently agreed on the number and order of pleadings, they shall each file a memorial and counter-memorial, within the same time-limits.

3. The Tribunal shall not authorize the presentation of replies and rejoinders unless it finds them to be necessary.

Article 62

1. Le mémoire contient : un exposé des faits sur lesquels la demande est fondée, un exposé de droit et les conclusions.

2. Le contre-mémoire contient : la reconnaissance ou la contestation des faits mentionnés dans le mémoire; le cas échéant, un exposé additionnel des faits; des observations relatives à l'exposé de droit contenu dans le mémoire; un exposé de droit en réponse; et les conclusions.

3. La réplique et la duplique ne répètent pas simplement les thèses des parties mais s'attachent à faire ressortir les points qui les divisent encore.

4. Toute pièce de procédure énonce les conclusions de la partie qui la dépose, au stade de la procédure dont il s'agit, en les distinguant de l'argumentation, ou confirme les conclusions déjà présentées.

Article 63

1. Sont jointes à l'original de toute pièce de procédure des copies certifiées conformes de tous documents pertinents produits à l'appui des thèses formulées dans cette pièce. Les parties peuvent s'abstenir de joindre des documents ou des copies certifiées conformes de documents qui ont été publiés sous une forme qui les rend facilement accessibles au Tribunal et à la partie adverse.

2. Si un de ces documents n'est pertinent qu'en partie, il suffit de joindre en annexe les extraits nécessaires aux fins de la pièce dont il s'agit ou de l'identification du document. Copie du document complet est déposée au Greffe, à moins qu'il n'ait été publié sous une forme qui le rende facilement accessible au Tribunal et à la partie adverse.

3. Au moment du dépôt d'une pièce de procédure, il est fourni un bordereau de tous les documents annexés à cette pièce.

Article 64

1. Les parties présentent les pièces de procédure en tout ou en partie dans l'une ou l'autre des langues officielles ou les deux.

2. Une partie peut, pour les pièces de procédure qu'elle présente, employer une langue autre qu'une des langues officielles. Dans ce cas, une traduction dans une des langues officielles, certifiée exacte par elle, doit être jointe à l'original de chaque pièce.

3. Si un document annexé à une pièce de procédure n'est pas rédigé dans une des langues officielles, une traduction dans une de ces langues, certifiée exacte par la partie qui la fournit, doit l'accompagner. La traduction

Article 62

1. A memorial shall contain: a statement of the relevant facts, a statement of law and the submissions.

2. A counter-memorial shall contain: an admission or denial of the facts stated in the memorial; any additional facts, if necessary; observations concerning the statement of law in the memorial; a statement of law in answer thereto; and the submissions.

3. A reply and rejoinder shall not merely repeat the parties' contentions, but shall be directed to bringing out the issues that still divide them.

4. Every pleading shall set out the party's submissions at the relevant stage of the case, distinctly from the arguments presented, or shall confirm the submissions previously made.

Article 63

1. There shall be annexed to the original of every pleading certified copies of any relevant documents adduced in support of the contentions contained in the pleading. Parties need not annex or certify copies of documents which have been published and are readily available to the Tribunal and the other party.

2. If only parts of a document are relevant, only such extracts as are necessary for the purpose of the pleading in question or for identifying the document need be annexed. A copy of the whole document shall be filed in the Registry, unless it has been published and is readily available to the Tribunal and the other party.

3. A list of all documents annexed to a pleading shall be furnished at the time the pleading is filed.

Article 64

1. The parties shall submit any pleading or any part of a pleading in one or both of the official languages.

2. A party may use a language other than one of the official languages for its pleadings. A translation into one of the official languages, certified as accurate by the party submitting it, shall be submitted together with the original of each pleading.

3. When a document annexed to a pleading is not in one of the official languages, it shall be accompanied by a translation into one of these languages certified as accurate by the party submitting it. The translation may be confined to part of an annex, or to extracts therefrom, but in this

peut être limitée à une partie ou à des extraits d'une annexe mais, en ce cas, elle est accompagnée d'une note explicative indiquant les passages traduits. Le Tribunal peut toutefois demander la traduction d'autres passages ou une traduction intégrale.

4. Lorsque les parties choisissent une langue autre qu'une des langues officielles et que cette langue est une des langues officielles de l'Organisation des Nations Unies, la décision du Tribunal sera traduite, à la demande d'une partie, en cette langue officielle de l'Organisation des Nations Unies sans frais pour les parties.

Article 65

1. L'original de toute pièce de procédure est signé par l'agent et déposé au Greffe. Il est accompagné d'une copie certifiée conforme de la pièce, de tout document annexé et de toute traduction, pour communication à la partie adverse. Il est également accompagné du nombre d'exemplaires additionnels requis par le Greffe; il pourra toutefois être demandé ultérieurement d'autres exemplaires si le besoin s'en fait sentir.

2. Toute pièce de procédure est datée. Quand une pièce doit être déposée à une date déterminée, c'est la date de sa réception au Greffe qui est retenue par le Tribunal.

3. Si, à la demande d'une partie, le Greffier fait reproduire une pièce de procédure, le texte doit en être remis assez tôt pour permettre le dépôt de la pièce au Greffe avant l'expiration du délai fixé. La reproduction est faite sous la responsabilité de la partie intéressée.

4. La correction d'une erreur matérielle dans un document déposé est loisible à tout moment avec l'assentiment de la partie adverse ou avec l'autorisation du Président du Tribunal. Toute correction ainsi faite est notifiée à la partie adverse de la même manière que la pièce de procédure à laquelle elle se rapporte.

Article 66

Copie certifiée conforme de toute pièce produite par une partie et de tout document annexé est transmise par le Greffier, dès leur réception, à la partie adverse.

Article 67

1. Aussitôt que possible après leur dépôt, des copies des pièces de procédure et des documents annexés seront communiquées par le Tribunal, à

case it must be accompanied by an explanatory note indicating what passages are translated. The Tribunal may, however, require a more extensive or a complete translation to be furnished.

4.   When a language other than one of the official languages is chosen by the parties and that language is an official language of the United Nations, the decision of the Tribunal shall, at the request of any party, be translated into that official language of the United Nations at no cost for the parties.

Article 65

1.   The original of every pleading shall be signed by the agent and filed in the Registry. It shall be accompanied by a certified copy of the pleading, any document annexed thereto and any translations, for communication to the other party. It shall also be accompanied by the number of additional copies required by the Registry; further copies may be required should the need arise later.

2.   All pleadings shall be dated. When a pleading has to be filed by a certain date, it is the date of receipt of the pleading in the Registry which will be regarded by the Tribunal as the material date.

3.   If the Registrar arranges for the reproduction of a pleading at the request of a party, the text must be supplied in sufficient time to enable the pleading to be filed in the Registry before expiration of any time-limit which may apply to it. The reproduction is done under the responsibility of the party in question.

4.   The correction of a slip or error in any document which has been filed may be made at any time with the consent of the other party or by leave of the President of the Tribunal. Any correction so effected shall be notified to the other party in the same manner as the pleading to which it relates.

Article 66

A certified copy of every pleading and any document annexed thereto produced by one party shall be communicated by the Registrar to the other party upon receipt.

Article 67

1.   Copies of the pleadings and documents annexed thereto shall, as soon as possible after their filing, be made available by the Tribunal to a State or

leur demande, aux Etats ou autres entités admis à ester devant lui. Toute-fois, si la partie présentant le mémoire le demande, le Tribunal met le mémoire à disposition en même temps que le contre-mémoire.

2.   Des copies des pièces de procédure et des documents annexés sont ren-dues accessibles au public à l'ouverture de la procédure orale ou anté-rieurement si le Tribunal ou, s'il ne siège pas, le Président en décide ainsi après s'être renseigné auprès des parties.

3.   Cependant, à la demande d'une partie et après s'être renseigné auprès de la partie adverse, le Tribunal ou, s'il ne siège pas, le Président peut en décider autrement.

Sous-section 3. Délibération initiale

Article 68

Après la clôture de la procédure écrite et avant l'ouverture de la procédure orale, le Tribunal se réunit en chambre du conseil afin que les juges puissent procéder à un échange de vues sur les pièces de procédure écrite et sur la conduite de l'affaire.

Sous-section 4. Procédure orale

Article 69

1.   La procédure écrite une fois close, la date d'ouverture de la procédure orale est fixée par le Tribunal. Cette date est fixée au cours de la période de six mois suivant la clôture de la procédure écrite, sauf si le Tribunal estime qu'il y a lieu d'en décider autrement. Le Tribunal peut aussi pro-noncer, le cas échéant, le renvoi de l'ouverture ou de la suite de la procé-dure orale.

2.   Lorsqu'il fixe la date d'ouverture ou de la suite de la procédure orale ou en prononce le renvoi, le Tribunal prend en considération :
    a)   la nécessité de tenir ses audiences sans retard indu ;
    b)   la priorité prescrite par les articles 90 et 112 ;
    c)   toutes circonstances particulières, y compris l'urgence de l'affaire ou des autres affaires figurant sur le rôle des affaires ;
    d)   les vues exprimées par les parties.

other entity entitled to appear before the Tribunal and which has asked to be furnished with such copies. However, if the party submitting the memorial so requests, the Tribunal shall make the memorial available at the same time as the counter-memorial.

2.   Copies of the pleadings and documents annexed thereto shall be made accessible to the public on the opening of the oral proceedings, or earlier if the Tribunal or the President if the Tribunal is not sitting so decides after ascertaining the views of the parties.

3.   However, the Tribunal, or the President if the Tribunal is not sitting, may, at the request of a party, and after ascertaining the views of the other party, decide otherwise than as set out in this article.

Subsection 3. Initial Deliberations

Article 68

After the closure of the written proceedings and prior to the opening of the oral proceedings, the Tribunal shall meet in private to enable judges to exchange views concerning the written pleadings and the conduct of the case.

Subsection 4. Oral Proceedings

Article 69

1.   Upon the closure of the written proceedings, the date for the opening of the oral proceedings shall be fixed by the Tribunal. Such date shall fall within a period of six months from the closure of the written proceedings unless the Tribunal is satisfied that there is adequate justification for deciding otherwise. The Tribunal may also decide, when necessary, that the opening or the continuance of the oral proceedings be postponed.

2.   When fixing the date for the opening of the oral proceedings or postponing the opening or continuance of such proceedings, the Tribunal shall have regard to:
      (a)   the need to hold the hearing without unnecessary delay;
      (b)   the priority required by articles 90 and 112;
      (c)   any special circumstances, including the urgency of the case or other cases on the List of cases; and
      (d)   the views expressed by the parties.

3.   Si le Tribunal ne siège pas, les pouvoirs que lui confère le présent article sont exercés par le Président.

Article 70

S'il le juge souhaitable, le Tribunal peut décider, conformément à l'article premier, paragraphe 3, du Statut, que la suite de la procédure dans une affaire se déroulera en tout ou en partie ailleurs qu'au siège du Tribunal. Il se renseigne au préalable auprès des parties.

Article 71

1.   Après la clôture de la procédure écrite et sous réserve du paragraphe 2, aucun document nouveau ne peut être présenté au Tribunal, si ce n'est avec l'assentiment de la partie adverse. L'assentiment de la partie adverse est réputé acquis si celle-ci ne s'oppose pas à la production du document 15 jours au plus après qu'il lui a été transmis.
2.   A défaut d'assentiment, le Tribunal peut, après avoir entendu les parties, autoriser la production du document s'il l'estime nécessaire.
3.   La partie désirant produire un nouveau document le dépose en original ou en copie certifiée conforme, avec le nombre d'exemplaires requis par le Greffe, qui en assure la communication à la partie adverse et informe le Tribunal.
4.   Lorsqu'un nouveau document a été produit conformément au paragraphe 1 ou 2, la possibilité est offerte à la partie adverse de présenter des observations à son sujet et de soumettre des documents à l'appui de ses observations.
5.   La teneur d'un document qui n'aurait pas été produit dans le cadre de la procédure écrite ou conformément au présent article ne peut être mentionnée au cours de la procédure orale, à moins que ce document ne fasse partie d'une publication facilement accessible au Tribunal et à la partie adverse.
6.   L'application du présent article ne saurait en soi constituer un motif destiné à retarder l'ouverture ou la suite de la procédure orale.

Article 72

Sans préjudice des règles concernant la production de documents, chaque partie fait connaître au Greffier, en temps utile avant l'ouverture de la procédure orale, les moyens de preuve qu'elle entend invoquer ou dont elle a l'intention de demander au Tribunal d'obtenir la production. Cette communication contient

3.   When the Tribunal is not sitting, its powers under this article shall be
exercised by the President.

Article 70

The Tribunal may, if it considers it desirable, decide pursuant to article 1, paragraph 3, of the Statute that all or part of the further proceedings in a case shall
be held at a place other than the seat of the Tribunal. Before so deciding, it
shall ascertain the views of the parties.

Article 71

1.   After the closure of the written proceedings, no further documents may
be submitted to the Tribunal by either party except with the consent of
the other party or as provided in paragraph 2. The other party shall be
held to have given its consent if it does not lodge an objection to the production of the document within 15 days of receiving it.
2.   In the event of objection, the Tribunal, after hearing the parties, may
authorize production of the document if it considers production necessary.
3.   The party desiring to produce a new document shall file the original or a
certified copy thereof, together with the number of copies required by
the Registry, which shall be responsible for communicating it to the other
party and shall inform the Tribunal.
4.   If a new document is produced under paragraph 1 or 2, the other party
shall have an opportunity of commenting upon it and of submitting documents in support of its comments.
5.   No reference may be made during the oral proceedings to the contents of
any document which has not been produced as part of the written proceedings or in accordance with this article, unless the document is part
of a publication readily available to the Tribunal and the other party.
6.   The application of this article shall not in itself constitute a ground for
delaying the opening or the course of the oral proceedings.

Article 72

Without prejudice to the provisions of these Rules concerning the production
of documents, each party shall communicate to the Registrar, in sufficient time
before the opening of the oral proceedings, information regarding any evidence which it intends to produce or which it intends to request the Tribunal
to obtain. This communication shall contain a list of the surnames, first names,

la liste des noms, prénoms, nationalités, qualités et domiciles des témoins et experts que cette partie désire faire entendre, avec l'indication des points sur lesquels doit porter la déposition. Copie certifiée conforme de cette communication doit être également fournie pour transmission à la partie adverse.

Article 73

1. Le Tribunal détermine si les parties doivent plaider avant ou après la production des moyens de preuve, la discussion de ces moyens étant toujours réservée.
2. Le Tribunal, après s'être renseigné auprès des parties, fixe l'ordre dans lequel les parties sont entendues, la méthode applicable à la présentation des moyens de preuve et à l'audition des témoins et experts ainsi que le nombre des conseils et avocats qui prennent la parole au nom de chaque partie.

Article 74

L'audience, conformément à l'article 26, paragraphe 2, du Statut, est publique à moins que le Tribunal n'en décide autrement ou que les parties ne demandent le huis-clos. Une décision ou une demande en ce sens peut concerner les débats en tout ou en partie et intervenir à tout moment.

Article 75

1. Les exposés oraux prononcés au nom de chaque partie sont aussi succincts que possible eu égard à ce qui est nécessaire pour une bonne présentation des thèses à l'audience. A cet effet, ils portent sur les points qui divisent encore les parties, ne reprennent pas tout ce qui est traité dans les pièces de procédure, et ne répètent pas simplement les faits et arguments qui y sont déjà invoqués.
2. A l'issue du dernier exposé présenté par une partie au cours de la procédure orale, l'agent donne lecture des conclusions finales de cette partie sans récapituler l'argumentation. Copie du texte écrit signé par l'agent est communiquée au Tribunal et transmise à la partie adverse.

Article 76

1. Le Tribunal peut, à tout moment avant ou durant les débats, indiquer les points ou les problèmes qu'il voudrait voir spécialement étudier par les parties ou ceux qu'il considère comme suffisamment discutés.

nationalities, descriptions and places of residence of the witnesses and experts whom the party intends to call, with indications of the point or points to which their evidence will be directed. A certified copy of the communication shall also be furnished for transmission to the other party.

Article 73

1.   The Tribunal shall determine whether the parties should present their arguments before or after the production of the evidence; the parties shall, however, retain the right to comment on the evidence given.
2.   The Tribunal, after ascertaining the views of the parties, shall determine the order in which the parties will be heard, the method of handling the evidence and examining any witnesses and experts and the number of counsel and advocates to be heard on behalf of each party.

Article 74

The hearing shall, in accordance with article 26, paragraph 2, of the Statute, be public, unless the Tribunal decides otherwise or unless the parties request that the public be not admitted. Such a decision or request may concern either the whole or part of the hearing, and may be made at any time.

Article 75

1.   The oral statements made on behalf of each party shall be as succinct as possible within the limits of what is requisite for the adequate presentation of that party's contentions at the hearing. Accordingly, they shall be directed to the issues that still divide the parties, and shall not go over the whole ground covered by the pleadings or merely repeat the facts and arguments these contain.
2.   At the conclusion of the last statement made by a party at the hearing, its agent, without recapitulation of the arguments, shall read that party's final submissions. A copy of the written text of these, signed by the agent, shall be communicated to the Tribunal and transmitted to the other party.

Article 76

1.   The Tribunal may at any time prior to or during the hearing indicate any points or issues which it would like the parties specially to address, or on which it considers that there has been sufficient argument.

2.   Le Tribunal peut, durant les débats, poser des questions aux agents, conseils et avocats ou leur demander des éclaircissements.

3.   La même faculté appartient à chaque juge qui, pour l'exercer, fait connaître son intention au Président du Tribunal.

4.   Les agents, conseils et avocats peuvent répondre immédiatement ou dans un délai fixé par le Président du Tribunal.

Article 77

1.   Le Tribunal peut à tout moment inviter les parties à produire les moyens de preuve ou à donner les explications qu'il juge nécessaires à l'éclaircissement de tout aspect des problèmes considérés ou peut lui-même chercher à obtenir d'autres renseignements à cette fin.

2.   Le Tribunal peut, s'il y a lieu, faire déposer un témoin ou un expert pendant la procédure.

Article 78

1.   Les parties peuvent faire entendre tous les témoins et experts qui figurent sur la liste communiquée au Tribunal conformément à l'article 72. Si, à un moment quelconque de la procédure orale, l'une des parties veut faire entendre un témoin ou expert dont le nom ne figure pas sur cette liste, elle présente la demande au Tribunal et en informe la partie adverse en fournissant les renseignements prescrits par l'article 72. Le témoin ou expert peut être entendu si la partie adverse ne s'y oppose pas ou, en cas d'objection, si le Tribunal l'autorise, après avoir entendu la partie adverse.

2.   Le Tribunal peut, à la demande d'une partie ou d'office, décider que l'audition d'un témoin ou expert sera effectuée en dehors du Tribunal. Le Président du Tribunal prend les mesures nécessaires afin de donner effet à une telle décision.

Article 79

Sauf au cas où, tenant compte de circonstances spéciales, le Tribunal choisirait une formule différente,

a)   tout témoin fait, avant de déposer, la déclaration solennelle suivante :
      « Je déclare solennellement, en tout honneur et en toute conscience, que je dirai la vérité, toute la vérité et rien que la vérité » ;

2.   The Tribunal may, during the hearing, put questions to the agents, coun-
      sel and advocates, and may ask them for explanations.
3.   Each judge has a similar right to put questions, but before exercising it he
      should make his intention known to the President of the Tribunal.
4.   The agents, counsel and advocates may answer either immediately or
      within a time-limit fixed by the President of the Tribunal.

Article 77

1.   The Tribunal may at any time call upon the parties to produce such evi-
      dence or to give such explanations as the Tribunal may consider to be
      necessary for the elucidation of any aspect of the matters in issue, or may
      itself seek other information for this purpose.
2.   The Tribunal may, if necessary, arrange for the attendance of a witness or
      expert to give evidence in the proceedings.

Article 78

1.   The parties may call any witnesses or experts appearing on the list com-
      municated to the Tribunal pursuant to article 72. If at any time during the
      hearing a party wishes to call a witness or expert whose name was not
      included in that list, it shall make a request therefor to the Tribunal and
      inform the other party, and shall supply the information required by arti-
      cle 72. The witness or expert may be called either if the other party raises
      no objection or, in the event of objection, if the Tribunal so authorizes
      after hearing the other party.
2.   The Tribunal may, at the request of a party or *proprio motu*, decide that a
      witness or expert be examined otherwise than before the Tribunal itself.
      The President of the Tribunal shall take the necessary steps to implement
      such a decision.

Article 79

Unless on account of special circumstances the Tribunal decides on a different
form of words,

(a)   every witness shall make the following solemn declaration before giving
      any evidence:
      "I solemnly declare upon my honour and conscience that I will speak the
      truth, the whole truth and nothing but the truth";

b)   tout expert fait, avant de présenter son exposé, la déclaration solennelle
       suivante :
       « Je déclare solennellement, en tout honneur et en toute conscience, que
       je dirai la vérité, toute la vérité et rien que la vérité et que mon exposé
       correspondra à ma conviction sincère ».

Article 80

Les témoins et experts, sous l'autorité du Président du Tribunal, sont interrogés
par les agents, conseils et avocats des parties en commençant par la partie qui
a demandé à entendre le témoin ou l'expert. Des questions peuvent leur être
posées par le Président du Tribunal et les juges. Avant de déposer, les témoins
et les experts autres que ceux désignés conformément à l'article 289 de la
Convention doivent demeurer hors de la salle d'audience.

Article 81

Le Tribunal peut à tout moment décider, à la demande d'une partie ou
d'office, d'exercer ses fonctions relatives à l'établissement des preuves sur les
lieux auxquels l'affaire se rapporte, dans des conditions qu'il détermine après
s'être renseigné auprès des parties. Les dispositions nécessaires sont prises
conformément à l'article 52.

Article 82

1.   Toute décision du Tribunal visant à faire procéder à une enquête ou à une
       expertise est prise, les parties entendues, par une ordonnance, qui pré-
       cise l'objet de l'enquête ou de l'expertise, fixe le nombre et le mode de
       désignation des enquêteurs ou experts et indique les formalités à obser-
       ver. Le cas échéant, le Tribunal invite les enquêteurs ou experts à faire
       une déclaration solennelle.
2.   Tout rapport ou procès-verbal concernant l'enquête et tout rapport d'ex-
       pert est communiqué aux parties auxquelles la possibilité est offerte de
       présenter des observations.

Article 83

Les sommes à verser aux témoins et experts qui se présentent sur l'initiative
du Tribunal conformément à l'article 77, paragraphe 2, et aux enquêteurs et

(b)   every expert shall make the following solemn declaration before making
      any statement:
      "I solemnly declare upon my honour and conscience that I will speak the
      truth, the whole truth and nothing but the truth, and that my statement
      will be in accordance with my sincere belief".

Article 80

Witnesses and experts shall, under the control of the President of the Tribunal,
be examined by the agents, counsel or advocates of the parties starting with
the party calling the witness or expert. Questions may be put to them by the
President of the Tribunal and by the judges. Before testifying, witnesses and
experts other than those appointed under article 289 of the Convention shall
remain out of court.

Article 81

The Tribunal may at any time decide, at the request of a party or *proprio motu*,
to exercise its functions with regard to the obtaining of evidence at a place or
locality to which the case relates, subject to such conditions as the Tribunal
may decide upon after ascertaining the views of the parties. The necessary
arrangements shall be made in accordance with article 52.

Article 82

1.   If the Tribunal considers it necessary to arrange for an inquiry or an
      expert opinion, it shall, after hearing the parties, issue an order to this
      effect, defining the subject of the inquiry or expert opinion, stating the
      number and mode of appointment of the persons to hold the inquiry or
      of the experts and laying down the procedure to be followed. Where
      appropriate, the Tribunal shall require persons appointed to carry out an
      inquiry, or to give an expert opinion, to make a solemn declaration.
2.   Every report or record of an inquiry and every expert opinion shall be
      communicated to the parties, which shall be given the opportunity of
      commenting upon it.

Article 83

Witnesses and experts who appear at the instance of the Tribunal under article 77, paragraph 2, and persons appointed by the Tribunal under article 82,

experts désignés conformément à l'article 82, paragraphe 1, sont prélevées sur les fonds du Tribunal s'il y a lieu.

Article 84

1. A tout moment avant la clôture de la procédure orale, le Tribunal peut, à la demande d'une partie ou d'office, demander à une organisation inter-gouvernementale appropriée des renseignements relatifs à une affaire portée devant lui. Le Tribunal décide, après avoir consulté le plus haut fonctionnaire de l'organisation intéressée, si ces renseignements doivent lui être présentés oralement ou par écrit et dans quels délais.

2. Lorsqu'une telle organisation intergouvernementale juge à propos de fournir de sa propre initiative des renseignements relatifs à une affaire portée devant le Tribunal, elle doit le faire par un mémoire déposé au Greffe avant la clôture de la procédure écrite. Le Tribunal a la faculté de faire compléter ces renseignements oralement ou par écrit sur la base des demandes qu'il jugerait à propos d'énoncer, ainsi que d'autoriser les par-ties à présenter des observations orales ou écrites au sujet des renseigne-ments ainsi fournis.

3. Lorsque l'interprétation de l'acte constitutif d'une telle organisation intergouvernementale, ou d'une convention internationale adoptée en vertu de cet acte est mise en cause dans une affaire soumise au Tribunal, le Greffier, sur les instructions du Tribunal ou, si celui-ci ne siège pas, du Président, en avise cette organisation et lui communique toute la procé-dure écrite. Le Tribunal ou, s'il ne siège pas, le Président peut fixer, à compter du jour où le Greffier a communiqué la procédure écrite et après avoir consulté le plus haut fonctionnaire de l'organisation intergouverne-mentale intéressée, un délai dans lequel l'organisation pourra présenter au Tribunal des observations écrites. Ces observations sont communi-quées aux parties et peuvent être débattues par elles et par le représen-tant de ladite organisation au cours de la procédure orale.

4. Dans les paragraphes précédents, l'expression « organisation intergou-vernementale » s'entend d'une organisation intergouverne-mentale autre qu'une organisation qui est partie ou qui intervient dans l'affaire en cause.

paragraph 1, to carry out an inquiry or to give an expert opinion, shall, where appropriate, be paid out of the funds of the Tribunal.

Article 84

1. The Tribunal may, at any time prior to the closure of the oral proceedings, at the request of a party or *proprio motu*, request an appropriate intergovernmental organization to furnish information relevant to a case before it. The Tribunal, after consulting the chief administrative officer of the organization concerned, shall decide whether such information shall be presented to it orally or in writing and fix the time-limits for its presentation.

2. When such an intergovernmental organization sees fit to furnish, on its own initiative, information relevant to a case before the Tribunal, it shall do so in the form of a memorial to be filed in the Registry before the closure of the written proceedings. The Tribunal may require such information to be supplemented, either orally or in writing, in the form of answers to any questions which it may see fit to formulate, and also authorize the parties to comment, either orally or in writing, on the information thus furnished.

3. Whenever the construction of the constituent instrument of such an intergovernmental organization or of an international convention adopted thereunder is in question in a case before the Tribunal, the Registrar shall, on the instructions of the Tribunal, or of the President if the Tribunal is not sitting, so notify the intergovernmental organization concerned and shall communicate to it copies of all the written proceedings. The Tribunal, or the President if the Tribunal is not sitting, may, as from the date on which the Registrar has communicated copies of the written proceedings and after consulting the chief administrative officer of the intergovernmental organization concerned, fix a time-limit within which the organization may submit to the Tribunal its observations in writing. These observations shall be communicated to the parties and may be discussed by them and by the representative of the said organization during the oral proceedings.

4. In the foregoing paragraphs, "intergovernmental organization" means an intergovernmental organization other than any organization which is a party or intervenes in the case concerned.

Article 85

1. Sauf décision contraire du Tribunal, toutes les plaidoiries, déclarations ou dépositions faites en audience dans une des langues officielles du Tribunal sont interprétées dans l'autre langue officielle. Si elles sont faites dans une autre langue, elles sont interprétées dans les deux langues officielles du Tribunal.

2. Lorsqu'une langue autre qu'une langue officielle est employée, il incombe à la partie intéressée de prendre toutes dispositions pour assurer l'interprétation dans l'une des langues officielles. Le Greffier prend les dispositions voulues pour contrôler l'interprétation assurée par une partie, aux frais de celle-ci. Dans le cas de témoins ou d'experts qui se présentent sur l'initiative du Tribunal, l'interprétation est assurée par les soins du Greffe.

3. Si une langue autre qu'une des langues officielles du Tribunal doit être utilisée pour les plaidoiries, déclarations ou dépositions d'une partie, celle-ci en avise le Greffier à temps pour lui permettre de prendre toutes dispositions nécessaires, y compris pour le contrôle.

4. Avant de prendre leurs fonctions dans une affaire, les interprètes fournis par une partie font la déclaration solennelle suivante :
    « Je déclare solennellement, en tout honneur et en toute conscience, que mon interprétation sera fidèle et complète ».

Article 86

1. Un procès-verbal de chaque audience est établi. A cette fin, le Greffier établit un compte rendu intégral de chaque audience dans la langue ou les langues officielles du Tribunal utilisées durant l'audience. Si une autre langue est utilisée, le compte rendu est établi dans l'une des langues officielles du Tribunal.

2. Pour établir ce compte rendu, la partie, au nom de laquelle des plaidoiries ou déclarations sont faites dans une langue autre qu'une des langues officielles du Tribunal, en fournit d'avance un texte au Greffe dans l'une des langues officielles.

3. Doivent précéder le texte du compte rendu les noms des juges présents et ceux des agents, conseils et avocats des parties.

4. Copie du compte rendu ainsi établi est adressée aux juges siégeant en l'affaire ainsi qu'aux parties. Celles-ci peuvent, sous le contrôle du Tribunal, corriger le compte rendu de leurs plaidoiries ou déclarations, sans

Article 85

1. Unless the Tribunal decides otherwise, all speeches and statements made and evidence given at the hearing in one of the official languages of the Tribunal shall be interpreted into the other official language. If they are made or given in any other language, they shall be interpreted into the two official languages of the Tribunal.

2. Whenever a language other than an official language is used, the necessary arrangements for interpretation into one of the official languages shall be made by the party concerned. The Registrar shall make arrangements for the verification of the interpretation provided by a party at the expense of that party. In the case of witnesses or experts who appear at the instance of the Tribunal, arrangements for interpretation shall be made by the Registrar.

3. A party on behalf of which speeches or statements are to be made, or evidence is to be given, in a language which is not one of the official languages of the Tribunal shall so notify the Registrar in sufficient time for the necessary arrangements to be made, including verification.

4. Before entering upon their duties in the case, interpreters provided by a party shall make the following solemn declaration:
   "I solemnly declare upon my honour and conscience that my interpretation will be faithful and complete".

Article 86

1. Minutes shall be made of each hearing. For this purpose, a verbatim record shall be made by the Registrar of every hearing, in the official language or languages of the Tribunal used during the hearing. When another language is used, the verbatim record shall be prepared in one of the official languages of the Tribunal.

2. In order to prepare such a verbatim record, the party on behalf of which speeches or statements are made in a language which is not one of the official languages shall supply to the Registry in advance a text thereof in one of the official languages.

3. The transcript of the verbatim record shall be preceded by the names of the judges present, and those of the agents, counsel and advocates of the parties.

4. Copies of the transcript shall be circulated to the judges sitting in the case and to the parties. The latter may, under the supervision of the Tribunal, correct the transcripts of speeches and statements made on their behalf,

pouvoir toutefois en modifier le sens et la portée. Les juges peuvent de même corriger le compte rendu de ce qu'ils ont dit.

5.   Les témoins et experts reçoivent communication du compte rendu de leur déposition ou exposé et peuvent le corriger de la même manière que les parties.

6.   Une copie certifiée conforme du compte rendu corrigé, signée par le Président du Tribunal et le Greffier, constitue le procès-verbal authentique de l'audience. Le procès-verbal des audiences publiques est imprimé et publié par le Tribunal.

Article 87

Toute réponse écrite faite par une partie à une question posée conformément à l'article 76 ou tous moyens de preuve ou explications fournis par une partie conformément à l'article 77 et reçus par le Tribunal après la clôture de la procédure orale sont communiqués à la partie adverse, à qui la possibilité est offerte de présenter des observations. S'il y a lieu, la procédure orale peut être rouverte à cette fin.

Article 88

1.   Quand les agents, conseils et avocats ont fait valoir, sous le contrôle du Tribunal, tous les moyens qu'ils jugent utiles, le Président du Tribunal prononce la clôture de la procédure orale. Les agents restent à la disposition du Tribunal.

2.   Le Tribunal se retire en chambre du conseil pour délibérer.

Section C. Procédures incidentes

Sous-section 1. Mesures conservatoires

Article 89

1.   Une partie peut présenter une demande en prescription de mesures conservatoires conformément à l'article 290, paragraphe 1, de la Convention, à tout moment de la procédure engagée relative au différend soumis au Tribunal.

but in no case may such corrections affect the meaning and scope thereof. The judges may likewise make corrections in the transcript of anything they have said.

5. Witnesses and experts shall be shown that part of the transcript which relates to the evidence given or the statements made by them, and may correct it in like manner as the parties.

6. One certified copy of the corrected transcript, signed by the President of the Tribunal and the Registrar, shall constitute the authentic minutes of the hearing. The minutes of public hearings shall be printed and published by the Tribunal.

Article 87

Any written reply by a party to a question put under article 76 or any evidence or explanation supplied by a party under article 77 received by the Tribunal after the closure of the oral proceedings shall be communicated to the other party, which shall be given the opportunity of commenting upon it. The oral proceedings may be reopened for that purpose, if necessary.

Article 88

1. When, subject to the control of the Tribunal, the agents, counsel and advocates have completed their presentation of the case, the President of the Tribunal shall declare the oral proceedings closed. The agents shall remain at the disposal of the Tribunal.

2. The Tribunal shall withdraw to consider the judgment.

Section C. Incidental Proceedings

Subsection 1. Provisional Measures

Article 89

1. A party may submit a request for the prescription of provisional measures under article 290, paragraph 1, of the Convention at any time during the course of the proceedings in a dispute submitted to the Tribunal.

2. En attendant la constitution d'un tribunal arbitral saisi d'un différend, une partie peut présenter une demande en prescription de mesures conservatoires conformément à l'article 290, paragraphe 5, de la Convention :

    a) à tout moment si les parties en conviennent ainsi ;
    b) à tout moment après un délai de deux semaines à compter de la notification à la partie adverse d'une demande en prescription de mesures conservatoires, si les parties ne conviennent pas de soumettre la question à toute autre cour ou tout autre tribunal.

3. La demande est présentée par écrit et indique les mesures sollicitées, les motifs sur lesquels elle se fonde et les conséquences éventuelles de son rejet en ce qui concerne la préservation des droits respectifs des parties ou la prévention de dommages graves au milieu marin.

4. La demande en prescription de mesures conservatoires présentée conformément à l'article 290, paragraphe 5, de la Convention indique également les moyens de droit sur la base desquels le tribunal arbitral devant être constitué aurait compétence, ainsi que l'urgence de la situation. Une copie certifiée conforme de la notification ou de tout autre document introduisant l'instance devant le tribunal arbitral est annexée à la demande.

5. Lorsqu'une demande en prescription de mesures conservatoires lui est présentée, le Tribunal peut prescrire des mesures totalement ou partiellement différentes de celles qui sont sollicitées, et indiquer les parties qui doivent prendre ou exécuter chaque mesure.

Article 90

1. Sans préjudice de l'article 112, paragraphe 1, la demande en prescription de mesures conservatoires a priorité sur toutes autres procédures devant le Tribunal.

2. Le Tribunal ou, s'il ne siège pas, le Président fixe la date de la procédure orale au plus tôt.

3. Le Tribunal prend en considération toutes observations qui peuvent lui être présentées par une partie avant la clôture de cette procédure.

4. En attendant que le Tribunal se réunisse, le Président du Tribunal peut inviter les parties à agir de manière que toute ordonnance du Tribunal sur la demande en prescription de mesures conservatoires puisse avoir les effets voulus.

2. Pending the constitution of an arbitral tribunal to which a dispute is being submitted, a party may submit a request for the prescription of provisional measures under article 290, paragraph 5, of the Convention:
   (a) at any time if the parties have so agreed;
   (b) at any time after two weeks from the notification to the other party of a request for provisional measures if the parties have not agreed that such measures may be prescribed by another court or tribunal.

3. The request shall be in writing and specify the measures requested, the reasons therefor and the possible consequences, if it is not granted, for the preservation of the respective rights of the parties or for the prevention of serious harm to the marine environment.

4. A request for the prescription of provisional measures under article 290, paragraph 5, of the Convention shall also indicate the legal grounds upon which the arbitral tribunal which is to be constituted would have jurisdiction and the urgency of the situation. A certified copy of the notification or of any other document instituting the proceedings before the arbitral tribunal shall be annexed to the request.

5. When a request for provisional measures has been made, the Tribunal may prescribe measures different in whole or in part from those requested and indicate the parties which are to take or to comply with each measure.

Article 90

1. Subject to article 112, paragraph 1, a request for the prescription of provisional measures has priority over all other proceedings before the Tribunal.

2. The Tribunal, or the President if the Tribunal is not sitting, shall fix the earliest possible date for a hearing.

3. The Tribunal shall take into account any observations that may be presented to it by a party before the closure of the hearing.

4. Pending the meeting of the Tribunal, the President of the Tribunal may call upon the parties to act in such a way as will enable any order the Tribunal may make on the request for provisional measures to have its appropriate effects.

Article 91

1. Si le Président du Tribunal constate qu'à la date fixée pour la procédure orale visée à l'article 90, paragraphe 2, un nombre suffisant de ses Membres ne sera pas disponible pour constituer le quorum, la Chambre de procédure sommaire est convoquée afin de remplir les fonctions du Tribunal pour la prescription de mesures conservatoires.

2. Le Tribunal réexamine ou révise les mesures conservatoires prescrites par la Chambre de procédure sommaire à la demande d'une partie, faite par écrit dans un délai de 15 jours après la prescription de ces mesures. Le Tribunal peut également à tout moment décider d'office de réexaminer ou de réviser ces mesures.

Article 92

Le rejet d'une demande en prescription de mesures conservatoires n'empêche pas la partie qui l'avait introduite de présenter en la même affaire une nouvelle demande fondée sur des faits nouveaux.

Article 93

Une partie peut faire une requête tendant à ce qu'une décision concernant des mesures conservatoires soit rapportée ou modifiée. La requête doit être présentée par écrit et doit indiquer que les circonstances les justifiant ont changé ou ont cessé d'exister. Avant de prendre une décision concernant cette requête, le Tribunal donne aux parties la possibilité de présenter des observations à ce sujet.

Article 94

Toute mesure conservatoire prescrite par le Tribunal ou toute décision du Tribunal la modifiant ou la rapportant est immédiatement notifiée aux parties et, selon le cas d'espèce et si le Tribunal le juge approprié, à d'autres Etats Parties.

Article 95

1. Chaque partie informe le Tribunal au plus tôt des dispositions qu'elle a prises pour mettre en œuvre les mesures conservatoires prescrites par le Tribunal. En particulier, chaque partie présente un rapport initial sur les dispositions qu'elle a prises ou qu'elle se propose de prendre pour se conformer sans retard aux mesures prescrites.

Article 91

1. If the President of the Tribunal ascertains that at the date fixed for the hearing referred to in article 90, paragraph 2, a sufficient number of Members will not be available to constitute a quorum, the Chamber of Summary Procedure shall be convened to carry out the functions of the Tribunal with respect to the prescription of provisional measures.

2. The Tribunal shall review or revise provisional measures prescribed by the Chamber of Summary Procedure at the written request of a party within 15 days of the prescription of the measures. The Tribunal may also at any time decide *proprio motu* to review or revise the measures.

Article 92

The rejection of a request for the prescription of provisional measures shall not prevent the party which made it from making a fresh request in the same case based on new facts.

Article 93

A party may request the modification or revocation of provisional measures. The request shall be submitted in writing and shall specify the change in, or disappearance of, the circumstances considered to be relevant. Before taking any decision on the request, the Tribunal shall afford the parties an opportunity of presenting their observations on the subject.

Article 94

Any provisional measures prescribed by the Tribunal or any modification or revocation thereof shall forthwith be notified to the parties and to such other States Parties as the Tribunal considers appropriate in each case.

Article 95

1. Each party shall inform the Tribunal as soon as possible as to its compliance with any provisional measures the Tribunal has prescribed. In particular, each party shall submit an initial report upon the steps it has taken or proposes to take in order to ensure prompt compliance with the measures prescribed.

2. Le Tribunal peut demander aux parties un complément d'information concernant toutes questions relatives à la mise en œuvre des mesures conservatoires prescrites par lui.

Sous-section 2. Procédures préliminaires

Article 96

1. Lorsqu'une requête est présentée au sujet d'un différend visé à l'article 297 de la Convention, le Tribunal décide à la demande du défendeur, ou peut décider d'office, conformément à l'article 294 de la Convention, si la prétention du requérant constitue un abus des voies de droit ou s'il est établi *prima facie* qu'elle est fondée.
2. En transmettant une requête au défendeur conformément à l'article 54, paragraphe 4, le Greffier informe le défendeur du délai, fixé par le Président du Tribunal, dans lequel il peut demander une décision conformément à l'article 294 de la Convention.
3. Le Tribunal peut également décider, dans un délai de deux mois suivant la date de présentation d'une requête, d'examiner d'office la question de l'applicabilité de l'article 294, paragraphe 1, de la Convention.
4. La demande, par le défendeur, d'une décision conformément à l'article 294 de la Convention est présentée par écrit et indique les motifs permettant au Tribunal d'établir que :
    a)   la requête concerne un différend visé à l'article 297 de la Convention ;
    b)   la prétention du requérant constitue un abus des voies de droit ou est *prima facie* dénuée de fondement.
5. Dès réception d'une telle demande ou d'office, le Tribunal ou, s'il ne siège pas, le Président fixe un délai ne dépassant pas 60 jours dans lequel les parties peuvent présenter leurs observations et conclusions écrites. La procédure sur le fond est suspendue.
6. Sauf décision contraire du Tribunal, la suite de la procédure est orale.
7. Les observations et conclusions écrites mentionnées au paragraphe 5 et les exposés et moyens de preuve présentés pendant les audiences envisagées au paragraphe 6 sont limités aux points ayant trait à la question de savoir si l'objet de la requête constitue un abus des voies de droit ou si elle est *prima facie* dénuée de fondement, et si la requête concerne un différend visé à l'article 297 de la Convention. Toutefois le Tribunal peut invi-

2. The Tribunal may request further information from the parties on any matter connected with the implementation of any provisional measures it has prescribed.

Subsection 2. Preliminary Proceedings

Article 96

1. When an application is made in respect of a dispute referred to in article 297 of the Convention, the Tribunal shall determine at the request of the respondent or may determine *proprio motu*, in accordance with article 294 of the Convention, whether the claim constitutes an abuse of legal process or whether *prima facie* it is well founded.
2. The Registrar, when transmitting an application to the respondent under article 54, paragraph 4, shall notify the respondent of the time-limit fixed by the President of the Tribunal for requesting a determination under article 294 of the Convention.
3. The Tribunal may also decide, within two months from the date of an application, to exercise *proprio motu* its power under article 294, paragraph 1, of the Convention.
4. The request by the respondent for a determination under article 294 of the Convention shall be in writing and shall indicate the grounds for a determination by the Tribunal that:
    (a) the application is made in respect of a dispute referred to in article 297 of the Convention; and
    (b) the claim constitutes an abuse of legal process or is *prima facie* unfounded.
5. Upon receipt of such a request or *proprio motu*, the Tribunal, or the President if the Tribunal is not sitting, shall fix a time-limit not exceeding 60 days within which the parties may present their written observations and submissions. The proceedings on the merits shall be suspended.
6. Unless the Tribunal decides otherwise, the further proceedings shall be oral.
7. The written observations and submissions referred to in paragraph 5, and the statements and evidence presented at the hearings contemplated by paragraph 6, shall be confined to those matters which are relevant to the determination of whether the claim constitutes an abuse of legal process or is *prima facie* unfounded, and of whether the application is made in respect of a dispute referred to in article 297 of the Convention. The Tri-

ter les parties à débattre tous points de fait et de droit et à produire tous moyens de preuve qui ont trait à la question.

8.   Le Tribunal statue par voie d'arrêt.

Sous-section 3.   Exceptions préliminaires

Article 97

1.   Toute exception à la compétence du Tribunal ou à la recevabilité de la requête ou toute autre exception sur laquelle une décision est demandée avant que la procédure sur le fond se poursuive doit être présentée par écrit 90 jours au plus tard après l'introduction de l'instance.

2.   L'acte introductif de l'exception contient l'exposé de fait et de droit sur lequel l'exception est fondée ainsi que les conclusions.

3.   Dès réception par le Greffe de l'acte introductif de l'exception, la procédure sur le fond est suspendue et le Tribunal ou, s'il ne siège pas, le Président fixe un délai ne dépassant pas 60 jours, dans lequel la partie adverse peut présenter ses observations et conclusions écrites. Le Tribunal fixe un nouveau délai ne dépassant pas 60 jours à compter de la date de réception de ces observations et conclusions, dans lequel la partie qui soulève l'exception peut présenter ses observations et conclusions écrites en réponse. Les documents à l'appui sont annexés à ces exposés sous forme de copies et les moyens éventuels de preuve sont indiqués.

4.   Sauf décision contraire du Tribunal, la suite de la procédure est orale.

5.   Les observations et conclusions écrites mentionnés au paragraphe 3 et les exposés et moyens de preuve présentés pendant les audiences envisagées au paragraphe 4 sont limités aux points ayant trait à l'exception. Toutefois, le Tribunal peut, le cas échéant, inviter les parties à débattre tous points de fait et de droit et à produire tous moyens de preuve qui ont trait à la question.

6.   Le Tribunal statue dans un arrêt par lequel soit il retient l'exception, soit la rejette, soit déclare que cette exception n'a pas dans les circonstances de l'espèce un caractère exclusivement préliminaire. Si le Tribunal rejette l'exception ou déclare qu'elle n'a pas un caractère exclusivement préliminaire, il fixe les délais pour la suite de la procédure.

bunal may, however, request the parties to argue all questions of law and fact, and to adduce all evidence, bearing on the issue.

8. The Tribunal shall make its determination in the form of a judgment.

Subsection 3. Preliminary Objections

Article 97

1. Any objection to the jurisdiction of the Tribunal or to the admissibility of the application, or other objection the decision upon which is requested before any further proceedings on the merits, shall be made in writing within 90 days from the institution of proceedings.

2. The preliminary objection shall set out the facts and the law on which the objection is based, as well as the submissions.

3. Upon receipt by the Registry of a preliminary objection, the proceedings on the merits shall be suspended and the Tribunal, or the President if the Tribunal is not sitting, shall fix a time-limit not exceeding 60 days within which the other party may present its written observations and submissions. It shall fix a further time-limit not exceeding 60 days from the receipt of such observations and submissions within which the objecting party may present its written observations and submissions in reply. Copies of documents in support shall be annexed to such statements and evidence which it is proposed to produce shall be mentioned.

4. Unless the Tribunal decides otherwise, the further proceedings shall be oral.

5. The written observations and submissions referred to in paragraph 3, and the statements and evidence presented at the hearings contemplated by paragraph 4, shall be confined to those matters which are relevant to the objection. Whenever necessary, however, the Tribunal may request the parties to argue all questions of law and fact and to adduce all evidence bearing on the issue.

6. The Tribunal shall give its decision in the form of a judgment, by which it shall uphold the objection or reject it or declare that the objection does not possess, in the circumstances of the case, an exclusively preliminary character. If the Tribunal rejects the objection or declares that it does not possess an exclusively preliminary character, it shall fix time-limits for the further proceedings.

7. Le Tribunal donne effet à tout accord intervenu entre les parties et tendant à ce qu'une exception soulevée en vertu du paragraphe 1 soit tranchée lors de l'examen au fond.

Sous-section 4. Demandes reconventionnelles

Article 98

1. Une partie peut présenter une demande reconventionnelle pourvu qu'elle soit en connexité directe avec l'objet de la demande de la partie adverse et qu'elle relève de la compétence du Tribunal.
2. La demande reconventionnelle est présentée dans le contre-mémoire de la partie dont elle émane et figure parmi ses conclusions.
3. Si le rapport de connexité entre la demande présentée comme demande reconventionnelle et l'objet de la demande de la partie adverse n'est pas apparent, le Tribunal, après avoir entendu les parties, décide s'il y a lieu ou non de joindre cette demande à l'instance initiale.

Sous-section 5. Intervention

Article 99

1. Une requête à fin d'intervention fondée sur l'article 31 du Statut est déposée trente jours au plus tard après la date à laquelle le contre-mémoire est mis à disposition conformément à l'article 67, paragraphe 1, du présent Règlement. Toutefois, dans des circonstances exceptionnelles, le Tribunal peut connaître d'une requête présentée ultérieurement.
2. La requête doit être signée comme il est prévu à l'article 54, paragraphe 3, et indiquer le nom et l'adresse de l'agent. Elle précise l'affaire qu'elle concerne et spécifie :
    a) l'intérêt d'ordre juridique qui, selon l'Etat Partie demandant à intervenir, est pour lui en cause ;
    b) l'objet précis de l'intervention.
3. Une requête à fin d'intervention fondée sur l'article 31 du Statut peut être admise indépendamment du choix fait par le requérant en vertu de l'article 287 de la Convention.
4. La requête contient un bordereau des documents à l'appui, qui sont annexés sous forme de copies.

7.   The Tribunal shall give effect to any agreement between the parties that an objection submitted under paragraph 1 be heard and determined within the framework of the merits.

Subsection 4. Counter-Claims

Article 98

1.   A party may present a counter-claim provided that it is directly connected with the subject-matter of the claim of the other party and that it comes within the jurisdiction of the Tribunal.
2.   A counter-claim shall be made in the counter-memorial of the party presenting it and shall appear as part of the submissions of that party.
3.   In the event of doubt as to the connection between the question presented by way of counter-claim and the subject-matter of the claim of the other party the Tribunal shall, after hearing the parties, decide whether or not the question thus presented shall be joined to the original proceedings.

Subsection 5. Intervention

Article 99

1.   An application for permission to intervene under the terms of article 31 of the Statute shall be filed not later than 30 days after the counter-memorial becomes available under article 67, paragraph 1, of these Rules. In exceptional circumstances, an application submitted at a later stage may however be admitted.
2.   The application shall be signed in the manner provided for in article 54, paragraph 3, and state the name and address of an agent. It shall specify the case to which it relates and shall set out:
     (a)   the interest of a legal nature which the State Party applying to intervene considers may be affected by the decision in that case;
     (b)   the precise object of the intervention.
3.   Permission to intervene under the terms of article 31 of the Statute may be granted irrespective of the choice made by the applicant under article 287 of the Convention.
4.   The application shall contain a list of the documents in support, copies of which documents shall be annexed.

Article 100

1. Un Etat Partie ou une entité autre qu'un Etat Partie visée à l'article 32, paragraphes 1 et 2, du Statut, qui désire se prévaloir du droit d'intervention que lui confère l'article 32, paragraphe 3, du Statut dépose à cet effet une déclaration. Ladite déclaration est déposée trente jours au plus tard après la date à laquelle le contre-mémoire est mis à disposition conformément à l'article 67, paragraphe 1, du présent Règlement. Toutefois, dans des circonstances exceptionnelles, le Tribunal peut connaître d'une déclaration présentée ultérieurement.

2. La déclaration doit être signée comme il est indiqué à l'article 54, paragraphe 3, et indiquer le nom et l'adresse de l'agent. Elle précise l'affaire qu'elle concerne et :
   a) indique les dispositions de la Convention ou de l'accord international dont la partie déclarante estime que l'interprétation ou l'application est en cause ;
   b) contient un exposé de l'interprétation qu'elle donne de ces dispositions ou de l'application qu'elle en fait ;
   c) inclut un bordereau des documents à l'appui, qui sont annexés sous forme de copies.

Article 101

1. Copie certifiée conforme de la requête à fin d'intervention fondée sur l'article 31 du Statut ou de la déclaration d'intervention fondée sur l'article 32 du Statut est immédiatement transmise aux parties, qui sont priées de présenter des observations écrites dans un délai fixé par le Tribunal ou, s'il ne siège pas, par le Président.

2. Le Greffier transmet également copie de la requête ou de la déclaration : a) aux Etats Parties; b) à toute autre partie à laquelle doit être adressée la notification prévue à l'article 32, paragraphe 2, du Statut; c) au Secrétaire général de l'Organisation des Nations Unies; d) au Secrétaire général de l'Autorité lorsque l'affaire est devant la Chambre pour le règlement des différends relatifs aux fonds marins.

Article 102

1. La décision du Tribunal sur l'admission d'une requête à fin d'intervention fondée sur l'article 31 du Statut ou la recevabilité d'une intervention fondée sur l'article 32 du Statut est prise par priorité à moins que, vu les circonstances de l'espèce, le Tribunal n'en décide autrement.

Article 100

1.   A State Party or an entity other than a State Party referred to in article 32, paragraphs 1 and 2, of the Statute which desires to avail itself of the right of intervention conferred upon it by article 32, paragraph 3, of the Statute shall file a declaration to that effect. The declaration shall be filed not later than 30 days after the counter-memorial becomes available under article 67, paragraph 1, of these Rules. In exceptional circumstances, a declaration submitted at a later stage may, however, be admitted.

2.   The declaration shall be signed in the manner provided for in article 54, paragraph 3, and state the name and address of an agent. It shall specify the case to which it relates and shall:
     (a)   identify the particular provisions of the Convention or of the international agreement the interpretation or application of which the declaring party considers to be in question;
     (b)   set out the interpretation or application of those provisions for which it contends;
     (c)   list the documents in support, copies of which documents shall be annexed.

Article 101

1.   Certified copies of the application for permission to intervene under article 31 of the Statute, or of the declaration of intervention under article 32 of the Statute, shall be communicated forthwith to the parties to the case, which shall be invited to furnish their written observations within a time-limit to be fixed by the Tribunal or by the President if the Tribunal is not sitting.

2.   The Registrar shall also transmit copies to: (a) States Parties; (b) any other parties which have to be notified under article 32, paragraph 2, of the Statute; (c) the Secretary-General of the United Nations; (d) the Secretary-General of the Authority when the proceedings are before the Seabed Disputes Chamber.

Article 102

1.   The Tribunal shall decide whether an application for permission to intervene under article 31 of the Statute should be granted or whether an intervention under article 32 of the Statute is admissible as a matter of priority unless in view of the circumstances of the case the Tribunal determines otherwise.

2.   Si, dans le délai fixé conformément à l'article 101, il est fait objection à une requête à fin d'intervention ou à la recevabilité d'une déclaration d'intervention, le Tribunal entend, avant de statuer, l'Etat Partie, ou l'entité autre qu'un Etat Partie, désireux d'intervenir ainsi que les parties.

Article 103

1.   Si une requête à fin d'intervention fondée sur l'article 31 du Statut est admise, l'Etat Partie intervenant reçoit une copie des pièces de procédure et des documents annexés et a le droit de présenter une déclaration écrite dans un délai fixé par le Tribunal. Il est fixé un autre délai dans lequel les parties peuvent, si elles le désirent, présenter des observations écrites sur cette déclaration avant la procédure orale. Si le Tribunal ne siège pas, les délais sont fixés par le Président.

2.   Les délais fixés conformément au paragraphe 1 coïncident autant que possible avec ceux qui sont déjà fixés pour le dépôt des pièces de procédure en l'affaire.

3.   L'Etat Partie intervenant a le droit de présenter au cours de la procédure orale des observations sur l'objet de l'intervention.

4.   L'Etat Partie intervenant n'est pas autorisé à désigner un juge *ad hoc* ou à s'opposer à un accord aux fins du désistement de l'instance conformément à l'article 105, paragraphe 1.

Article 104

1.   Si une intervention fondée sur l'article 32 du Statut est déclarée recevable, l'intervenant reçoit une copie des pièces de procédure et des documents annexés et a le droit de présenter, dans un délai fixé par le Tribunal ou, s'il ne siège pas, par le Président, des observations écrites sur l'objet de l'intervention.

2.   Ces observations sont communiquées aux parties et à tout autre Etat Partie, ou entité autre qu'un Etat Partie, autorisé à intervenir. L'intervenant a le droit de présenter au cours de la procédure orale des observations sur l'objet de l'intervention.

3.   L'intervenant n'est pas autorisé à désigner un juge *ad hoc* ou à s'opposer à un accord aux fins du désistement de l'instance conformément à l'article 105, paragraphe 1.

2. If, within the time-limit fixed under article 101, an objection is filed to an application for permission to intervene, or to the admissibility of a declaration of intervention, the Tribunal shall hear the State Party or entity other than a State Party seeking to intervene and the parties before deciding.

Article 103

1. If an application for permission to intervene under article 31 of the Statute is granted, the intervening State Party shall be supplied with copies of the pleadings and documents annexed and shall be entitled to submit a written statement within a time-limit to be fixed by the Tribunal. A further time-limit shall be fixed within which the parties may, if they so desire, furnish their written observations on that statement prior to the oral proceedings. If the Tribunal is not sitting, these time-limits shall be fixed by the President.
2. The time-limits fixed according to paragraph 1 shall, so far as possible, coincide with those already fixed for the pleadings in the case.
3. The intervening State Party shall be entitled, in the course of the oral proceedings, to submit its observations with respect to the subject-matter of the intervention.
4. The intervening State Party shall not be entitled to choose a judge *ad hoc* or to object to an agreement to discontinue the proceedings under article 105, paragraph 1.

Article 104

1. If an intervention under article 32 of the Statute is admitted, the intervenor shall be supplied with copies of the pleadings and documents annexed and shall be entitled, within a time-limit to be fixed by the Tribunal, or the President if the Tribunal is not sitting, to submit its written observations on the subject-matter of the intervention.
2. These observations shall be communicated to the parties and to any other State Party or entity other than a State Party admitted to intervene. The intervenor shall be entitled, in the course of the oral proceedings, to submit its observations with respect to the subject-matter of the intervention.
3. The intervenor shall not be entitled to choose a judge *ad hoc* or to object to an agreement to discontinue the proceedings under article 105, paragraph 1.

Sous-section 6. Désistement

Article 105

1.   Si, à un moment quelconque avant l'arrêt définitif sur le fond, les parties, conjointement ou séparément, notifient au Tribunal par écrit qu'elles sont convenues de se désister de l'instance, le Tribunal rend une ordonnance prenant acte du désistement et chargeant le Greffier de rayer l'affaire du rôle des affaires.

2.   Si les parties sont convenues de se désister de l'instance parce qu'elles sont parvenues à un arrangement amiable et si celles-ci le souhaitent, le Tribunal soit fait mention de ce fait dans l'ordonnance prescrivant la radiation de l'affaire du rôle, soit indique les termes de l'arrangement dans l'ordonnance ou dans une annexe à celle-ci.

3.   Si le Tribunal ne siège pas, toute ordonnance rendue conformément au présent article peut être prise par le Président.

Article 106

1.   Si, au cours d'une instance introduite par requête, le demandeur fait connaître par écrit au Tribunal qu'il renonce à poursuivre la procédure, et si, à la date de la réception par le Greffe de ce désistement, le défendeur n'a pas encore fait acte de procédure, le Tribunal rend une ordonnance prenant acte du désistement et chargeant le Greffier de rayer l'affaire du rôle des affaires. Copie de ladite ordonnance est adressée par le Greffier au défendeur.

2.   Si, à la date de la réception du désistement, le défendeur a déjà fait acte de procédure, le Tribunal fixe un délai dans lequel le défendeur peut déclarer s'il s'oppose au désistement. Si, dans le délai fixé, il n'est pas fait objection au désistement, celui-ci est réputé acquis et le Tribunal rend une ordonnance en prenant acte et chargeant le Greffier de rayer l'affaire du rôle des affaires. S'il est fait objection, l'instance se poursuit.

3.   Si le Tribunal ne siège pas, les pouvoirs que lui confère le présent article peuvent être exercés par le Président.

Subsection 6. Discontinuance

Article 105

1. If at any time before the final judgment on the merits has been delivered the parties, either jointly or separately, notify the Tribunal in writing that they have agreed to discontinue the proceedings, the Tribunal shall make an order recording the discontinuance and directing the Registrar to remove the case from the List of cases.

2. If the parties have agreed to discontinue the proceedings in consequence of having reached a settlement of the dispute and if they so desire, the Tribunal shall record this fact in the order for the removal of the case from the List, or indicate in, or annex to, the order the terms of the settlement.

3. If the Tribunal is not sitting, any order under this article may be made by the President.

Article 106

1. If, in the course of proceedings instituted by means of an application, the applicant informs the Tribunal in writing that it is not going on with the proceedings, and if, at the date on which this communication is received by the Registry, the respondent has not yet taken any step in the proceedings, the Tribunal shall make an order officially recording the discontinuance of the proceedings and directing the removal of the case from the List of cases. A copy of this order shall be sent by the Registrar to the respondent.

2. If, at the time when the notice of discontinuance is received, the respondent has already taken some step in the proceedings, the Tribunal shall fix a time-limit within which the respondent may state whether it opposes the discontinuance of the proceedings. If no objection is made to the discontinuance before the expiration of the time-limit, acquiescence will be presumed and the Tribunal shall make an order recording the discontinuance of the proceedings and directing the Registrar to remove the case from the List of cases. If objection is made, the proceedings shall continue.

3. If the Tribunal is not sitting, its powers under this article may be exercised by the President.

Section D. Procédure devant les chambres spéciales

Article 107

La procédure devant les chambres spéciales prévues à l'article 15 du Statut est, sous réserve des dispositions de la Convention, du Statut et du présent Règlement les visant expressément, réglée conformément aux dispositions du présent Règlement applicables en matière contentieuse devant le Tribunal.

Article 108

1. Une demande tendant à ce qu'une affaire soit portée devant une chambre déjà constituée conformément à l'article 15, paragraphe 1 ou 3, du Statut est formulée dans l'acte introductif d'instance ou l'accompagne. Il est fait droit à cette demande s'il y a accord entre les parties.
2. Dès réception de cette demande par le Greffe, le Président du Tribunal en donne communication aux membres de la chambre intéressée.
3. Il est fait droit à une demande tendant à ce qu'une affaire soit portée devant une chambre constituée conformément à l'article 15, paragraphe 2, du Statut, dès que la chambre aura été constituée conformément à l'article 30 du présent Règlement.
4. La chambre est convoquée par le Président du Tribunal pour la date la plus rapprochée suivant les exigences de la procédure.

Article 109

1. Dans une affaire portée devant une chambre, la procédure écrite consiste en la présentation par chaque partie d'une seule pièce. Les délais concernant le dépôt des pièces de la procédure écrite sont fixés par la chambre ou, si elle ne siège pas, par son Président.
2. La chambre peut autoriser ou prescrire la présentation d'autres pièces de procédure si les parties sont d'accord à cet égard ou si elle décide, d'office ou à la demande d'une partie, que ces pièces sont nécessaires.
3. Une procédure orale a lieu, à moins que les parties n'y renoncent d'un commun accord avec le consentement de la chambre. Même en l'absence de procédure orale, la chambre a la faculté de demander aux parties de lui fournir verbalement des renseignements ou des explications.

Section D. Proceedings before Special Chambers

Article 107

Proceedings before the special chambers mentioned in article 15 of the Statute shall, subject to the provisions of the Convention, the Statute and these Rules relating specifically to the special chambers, be governed by the Rules applicable in contentious cases before the Tribunal.

Article 108

1. When it is desired that a case should be dealt with by one of the chambers which has been formed in accordance with article 15, paragraph 1 or 3, of the Statute, a request to this effect shall either be made in the document instituting the proceedings or accompany it. Effect shall be given to the request if the parties are in agreement.
2. Upon receipt by the Registry of this request, the President of the Tribunal shall communicate it to the members of the chamber concerned.
3. Effect shall be given to a request that a case be brought before a chamber to be formed in accordance with article 15, paragraph 2, of the Statute as soon as the chamber has been formed in accordance with article 30 of these Rules.
4. The President of the Tribunal shall convene the chamber at the earliest date compatible with the requirements of the procedure.

Article 109

1. Written proceedings in a case before a chamber shall consist of a single pleading by each party. The time-limits concerning the filing of written pleadings shall be fixed by the chamber, or its President if the chamber is not sitting.
2. The chamber may authorize or direct the filing of further pleadings if the parties are so agreed, or if the chamber decides, *proprio motu* or at the request of one of the parties, that such pleadings are necessary.
3. Oral proceedings shall take place unless the parties agree to dispense with them and the chamber consents. Even when no oral proceedings take place, the chamber may call upon the parties to supply information or furnish explanations orally.

Section E. Prompte mainlevée de l'immobilisation du navire ou prompte libération de son équipage

Article 110

1. Une demande de mainlevée de l'immobilisation du navire ou de libération de son équipage au titre de l'article 292 de la Convention peut être faite par l'Etat du pavillon ou en son nom.

2. Un Etat Partie peut à tout moment notifier au Tribunal :
    a)   les autorités nationales compétentes pour autoriser des personnes à présenter une demande en son nom au titre de l'article 292 de la Convention ;
    b)   le nom et l'adresse de toute personne autorisée à présenter une demande en son nom ;
    c)   le bureau désigné pour recevoir la notification d'une demande de mainlevée de l'immobilisation d'un navire ou de libération de son équipage et les moyens les plus rapides pour faire parvenir des documents à ce bureau ;
    d)   toute clarification, modification ou retrait d'une telle notification.

3. Une demande faite au nom de l'Etat du pavillon doit être accompagnée de l'autorisation visée au paragraphe 2, si cette autorisation n'a pas été précédemment communiquée au Tribunal, ainsi que des documents attestant que la personne qui présente la demande est la personne désignée dans l'autorisation. Elle doit également comporter une attestation certifiant que copie de la demande et de tous documents à l'appui a été fournie à l'Etat du pavillon.

Article 111

1. La demande doit contenir un exposé succinct des faits et des moyens de droit sur lesquels la demande repose.

2. L'exposé des faits doit :
    a)   préciser, s'ils sont connus, le moment et le lieu de l'immobilisation du navire et l'endroit où se trouvent le navire et son équipage ;
    b)   contenir des renseignements pertinents concernant le navire et l'équipage, notamment, le cas échéant, le nom du navire, son pavillon, le port ou le lieu où il est immatriculé et son tonnage, sa capacité de port, ainsi que les données pertinentes pour la détermination de sa valeur; le nom et l'adresse du propriétaire du navire et/ou de l'exploitant et des renseignements concernant son équipage ;

Section E. Prompt Release of Vessels and Crews

Article 110

1. An application for the release of a vessel or its crew from detention may be made in accordance with article 292 of the Convention by or on behalf of the flag State of the vessel.

2. A State Party may at any time notify the Tribunal of:
    (a) the State authorities competent to authorize persons to make applications on its behalf under article 292 of the Convention;
    (b) the name and address of any person who is authorized to make an application on its behalf;
    (c) the office designated to receive notice of an application for the release of a vessel or its crew and the most expeditious means for delivery of documents to that office;
    (d) any clarification, modification or withdrawal of such notification.

3. An application on behalf of a flag State shall be accompanied by an authorization under paragraph 2, if such authorization has not been previously submitted to the Tribunal, as well as by documents stating that the person submitting the application is the person named in the authorization. It shall also contain a certification that a copy of the application and all supporting documentation has been delivered to the flag State.

Article 111

1. The application shall contain a succinct statement of the facts and legal grounds upon which the application is based.

2. The statement of facts shall:
    (a) specify the time and place of detention of the vessel and the present location of the vessel and crew, if known;
    (b) contain relevant information concerning the vessel and crew including, where appropriate, the name, flag and the port or place of registration of the vessel and its tonnage, cargo capacity and data relevant to the determination of its value, the name and address of the vessel owner and operator and particulars regarding its crew;

c) préciser le montant, la nature et les conditions de la caution ou autre garantie financière que l'Etat qui a immobilisé le navire a pu exiger ainsi que la mesure dans laquelle ces exigences ont été respectées ;

d) contenir tout autre renseignement que le demandeur considère comme pertinent pour la détermination du montant d'une caution ou autre garantie financière raisonnable ou pour toute autre question qui se pose en l'espèce.

3. Des documents à l'appui seront annexés à la demande.

4. Une copie certifiée conforme de la demande est immédiatement transmise par le Greffier à l'Etat qui a procédé à l'immobilisation ou à l'arrestation, lequel peut, en réponse, présenter un exposé avec documents à l'appui annexés, le plus tôt possible, mais au plus tard 96 heures avant l'audience visée à l'article 112, paragraphe 3.

5. Le Tribunal peut, à tout moment, demander que d'autres renseignements lui soient fournis dans un exposé complémentaire.

6. La suite de la procédure concernant la demande est orale.

Article 112

1. Le Tribunal donne priorité aux demandes de mainlevée de l'immobilisation de navires ou de libération de leur équipage sur toutes autres procédures devant le Tribunal. Toutefois, lorsqu'il est saisi d'une demande de mainlevée de l'immobilisation d'un navire ou de libération de son équipage et d'une demande en prescription de mesures conservatoires, le Tribunal prend les dispositions voulues pour se prononcer promptement sur l'une et l'autre demande.

2. Si le demandeur a formulé cette requête dans sa demande, celle-ci est soumise à la Chambre de procédure sommaire à la condition que dans un délai de cinq jours à compter de la signification de la demande, l'Etat qui a procédé à l'immobilisation notifie au Tribunal qu'il consent à ladite requête.

3. Le Tribunal ou le Président, si le Tribunal ne siège pas, fixe le plus tôt possible dans un délai de 15 jours à compter du premier jour ouvrable qui suit la date de réception de la demande, la date d'une audience à laquelle chaque partie a le droit, à moins que le Tribunal en décide autrement, à un jour pour présenter ses preuves et arguments.

4. Le Tribunal statue par voie d'arrêt. L'arrêt est adopté le plus rapidement possible et est lu en audience publique du Tribunal qui a lieu au plus tard 14 jours après la clôture des débats. Notification est faite aux parties de la date de ladite audience.

(c)   specify the amount, nature and terms of the bond or other financial security that may have been imposed by the detaining State and the extent to which such requirements have been complied with;

(d)   contain any further information the applicant considers relevant to the determination of the amount of a reasonable bond or other financial security and to any other issue in the proceedings.

3.   Supporting documents shall be annexed to the application.

4.   A certified copy of the application shall forthwith be transmitted by the Registrar to the detaining State, which may submit a statement in response with supporting documents annexed, to be filed as soon as possible but not later than 96 hours before the hearing referred to in article 112, paragraph 3.

5.   The Tribunal may, at any time, require further information to be provided in a supplementary statement.

6.   The further proceedings relating to the application shall be oral.

Article 112

1.   The Tribunal shall give priority to applications for release of vessels or crews over all other proceedings before the Tribunal. However, if the Tribunal is seized of an application for release of a vessel or its crew and of a request for the prescription of provisional measures, it shall take the necessary measures to ensure that both the application and the request are dealt with without delay.

2.   If the applicant has so requested in the application, the application shall be dealt with by the Chamber of Summary Procedure, provided that, within five days of the receipt of notice of the application, the detaining State notifies the Tribunal that it concurs with the request.

3.   The Tribunal, or the President if the Tribunal is not sitting, shall fix the earliest possible date, within a period of 15 days commencing with the first working day following the date on which the application is received, for a hearing at which each of the parties shall be accorded, unless otherwise decided, one day to present its evidence and arguments.

4.   The decision of the Tribunal shall be in the form of a judgment. The judgment shall be adopted as soon as possible and shall be read at a public sitting of the Tribunal to be held not later than 14 days after the closure of the hearing. The parties shall be notified of the date of the sitting.

Article 113

1. Dans son arrêt, le Tribunal détermine dans chaque affaire conformément à l'article 292 de la Convention si l'allégation du demandeur selon laquelle l'Etat qui a immobilisé le navire n'a pas respecté une des dispositions de la Convention concernant la mainlevée de l'immobilisation du navire ou la libération de son équipage dès le dépôt d'une caution raisonnable ou d'une autre garantie financière, est ou non bien fondée.

2. Si le Tribunal décide que l'allégation est bien fondée, il détermine le montant, la nature et la forme de la caution ou autre garantie financière à déposer pour obtenir la mainlevée de l'immobilisation du navire ou la libération de son équipage.

3. A moins que les parties n'en décident autrement, le Tribunal détermine si la caution ou autre garantie financière doit être déposée auprès du Greffier ou auprès de l'Etat qui a procédé à l'immobilisation du navire.

Article 114

1. Si la caution ou autre garantie financière a été déposée auprès du Greffier, l'Etat qui a procédé à l'immobilisation du navire en est informé promptement.

2. Le Greffier endosse ou transmet la caution ou autre garantie financière à l'Etat qui a immobilisé le navire, pour autant qu'elle est requise pour qu'il soit donné suite à l'arrêt, sentence ou décision définitive de l'autorité compétente de l'Etat qui a procédé à l'immobilisation.

3. La caution ou autre garantie financière, pour autant qu'elle n'est pas requise pour qu'il soit donné suite à tout arrêt, sentence ou décision définitive, est endossée ou transmise à la partie à la demande de laquelle il est émis une caution ou autre garantie financière.

Section F. Procédure en matière contentieuse devant la Chambre pour le règlement des différends relatifs aux fonds marins

Article 115

En matière contentieuse, la procédure devant la Chambre pour le règlement des différends relatifs aux fonds marins ou ses chambres *ad hoc* est, sous réserve des dispositions de la Convention, du Statut et du présent Règlement visant expressément la Chambre pour le règlement des différends relatifs aux

Article 113

1. The Tribunal shall in its judgment determine in each case in accordance with article 292 of the Convention whether or not the allegation made by the applicant that the detaining State has not complied with a provision of the Convention for the prompt release of the vessel or the crew upon the posting of a reasonable bond or other financial security is well-founded.

2. If the Tribunal decides that the allegation is well-founded, it shall determine the amount, nature and form of the bond or financial security to be posted for the release of the vessel or the crew.

3. Unless the parties agree otherwise, the Tribunal shall determine whether the bond or other financial security shall be posted with the Registrar or with the detaining State.

Article 114

1. If the bond or other financial security has been posted with the Registrar, the detaining State shall be promptly notified thereof.

2. The Registrar shall endorse or transmit the bond or other financial security to the detaining State to the extent that it is required to satisfy the final judgment, award or decision of the competent authority of the detaining State.

3. The bond or other financial security shall be endorsed or transmitted, to the extent that it is not required to satisfy the final judgment, award or decision, to the party at whose request the bond or other financial security is issued.

Section F. Proceedings in Contentious Cases before the Seabed Disputes Chamber

Article 115

Proceedings in contentious cases before the Seabed Disputes Chamber and its *ad hoc* chambers shall, subject to the provisions of the Convention, the Statute and these Rules relating specifically to the Seabed Disputes Chamber

fonds marins ou ses chambres *ad hoc*, réglée conformément aux dispositions du présent Règlement applicables en matière contentieuse devant le Tribunal.

Article 116

Les articles 117 à 121 sont applicables aux procédures relatives à tout différend devant la Chambre, à l'exception des différends exclusivement entre Etats Parties et entre les Etats Parties et l'Autorité.

Article 117

Lorsqu'une instance est introduite devant la Chambre par une requête, celle-ci indique :

a) le nom du requérant et, lorsqu'il s'agit d'une personne physique ou morale, son domicile ou adresse ou l'adresse de son siège commercial ;

b) le nom du défendeur et, lorsqu'il s'agit d'une personne physique ou morale, son domicile ou adresse ou l'adresse de son siège commercial ;

c) dans toute affaire où le requérant est une personne physique ou morale ou une entreprise d'Etat, l'Etat qui patronne le requérant ;

d) dans toute affaire où la partie contre laquelle la requête est formée est une personne physique ou morale ou une entreprise d'Etat, l'Etat qui patronne le défendeur ;

e) une adresse au siège du Tribunal pour toute notification ;

f) l'objet du différend et les moyens de droit invoqués pour fonder la compétence; la nature précise de la demande, ainsi qu'un exposé des faits et des moyens de droit sur lesquels elle repose ;

g) les conclusions du requérant ;

h) les moyens de preuve.

Article 118

1. La requête est notifiée au défendeur. Elle est également notifiée à l'Etat qui patronne dans toute affaire où le requérant ou le défendeur est une personne physique ou morale ou une entreprise d'Etat.

2. Dans les deux mois qui suivent la notification de la requête, le défendeur présente un mémoire en défense. Ce mémoire contient :

and its *ad hoc* chambers, be governed by the Rules applicable in contentious cases before the Tribunal.

Article 116

Articles 117 to 121 apply to proceedings in all disputes before the Chamber with the exception of disputes exclusively between States Parties and between States Parties and the Authority.

Article 117

When proceedings before the Chamber are instituted by means of an application, the application shall indicate:

(a) the name of the applicant and, where the applicant is a natural or juridical person, the permanent residence or address or registered office address thereof;

(b) the name of the respondent and, where the respondent is a natural or juridical person, the permanent residence or address or registered office address thereof;

(c) the sponsoring State, in any case where the applicant is a natural or juridical person or a state enterprise;

(d) the sponsoring State of the respondent, in any case where the party against which the claim is brought is a natural or juridical person or state enterprise;

(e) an address for service at the seat of the Tribunal;

(f) the subject of the dispute and the legal grounds on which jurisdiction is said to be based; the precise nature of the claim, together with a statement of the facts and legal grounds on which the claim is based;

(g) the decision or measure sought by the applicant;

(h) the evidence on which the application is founded.

Article 118

1. The application shall be served on the respondent. The application shall also be served on the sponsoring State in any case where the applicant or respondent is a natural or juridical person or a state enterprise.

2. Within two months after service of the application, the respondent shall lodge a defence, stating:

a) le nom du défendeur et, lorsqu'il s'agit d'une personne physique ou morale, son domicile ou adresse ou l'adresse de son siège commercial ;

b) une adresse au siège du Tribunal pour toute notification ;

c) les questions en litige entre les parties et les faits et moyens de droit de la défense ;

d) les conclusions du défendeur ;

e) les moyens de preuve.

3. A la demande du défendeur, le Président de la Chambre peut proroger le délai visé au paragraphe 2 s'il estime la demande suffisamment justifiée.

Article 119

1. Tout Etat contre lequel une requête est formée par une personne physique ou morale patronnée par un autre Etat Partie pour un différend visé à l'article 187, lettre c), de la Convention peut, dans les deux mois qui suivent la notification de la requête conformément à l'article 118, paragraphe 1, former, conformément à l'article 190, paragraphe 2, de la Convention, une requête tendant à ce que l'Etat qui patronne le requérant comparaisse au nom de celui-ci.

2. Toute requête formée en vertu du paragraphe 1 est notifiée au demandeur et à l'Etat ayant accordé son patronage. Si, dans le délai fixé par le Président de la Chambre, l'Etat qui patronne n'indique pas qu'il comparaîtra au nom du demandeur, l'Etat défendeur peut charger une personne morale possédant sa nationalité de le représenter.

3. Dans les deux mois qui suivent la notification de la requête à l'Etat qui patronne une partie, conformément au paragraphe 1 de l'article 118, cet Etat peut manifester par écrit son intention de présenter des observations écrites ou orales conformément à l'article 190, paragraphe 1, de la Convention.

4. Dès qu'il reçoit cette notification, le Président de la Chambre fixe le délai dans lequel l'Etat qui patronne peut présenter ses observations écrites. L'Etat qui patronne est informé dudit délai. Il est également informé de la date de l'audience. Les observations écrites sont transmises aux parties et à tout autre Etat qui patronne une partie.

5. A la demande du défendeur ou de l'Etat qui patronne, le Président de la Chambre peut proroger tout délai visé au présent article s'il estime la demande suffisamment justifiée.

    (a)   the name of the respondent and, where the respondent is a natural or juridical person, the permanent residence or address or registered office address thereof;

    (b)   an address for service at the seat of the Tribunal;

    (c)   the matters in issue between the parties and the facts and legal grounds on which the defence is based;

    (d)   the decision or measure sought by the respondent;

    (e)   the evidence on which the defence is founded.

3. At the request of the respondent, the President of the Chamber may extend the time-limit referred to in paragraph 2, if satisfied that there is adequate justification for the request.

Article 119

1. Within two months after service of the application in accordance with article 118, paragraph 1, where the respondent is a State Party in a case brought by a natural or juridical person sponsored by another State Party in a dispute referred to in article 187, subparagraph (c), of the Convention, the respondent State may make an application in accordance with article 190, paragraph 2, of the Convention for the sponsoring State of the applicant to appear in the proceedings on behalf of the applicant.

2. Notice of an application under paragraph 1 shall be communicated to the applicant and its sponsoring State. If, within a time-limit fixed by the President of the Chamber, the sponsoring State does not indicate it will appear in the proceedings on behalf of the applicant, the respondent State may designate a juridical person of its nationality to represent it.

3. Within two months after service of the application in accordance with article 118, paragraph 1, on the sponsoring State of a party, such State may give written notice of its intention to submit written or oral statements in accordance with article 190, paragraph 1, of the Convention.

4. Upon receipt of such a notice, the President of the Chamber shall fix the time-limit within which the sponsoring State may submit its written statements. The sponsoring State shall be notified of such time-limit. It shall also be notified of the date of the hearing. The written statements shall be communicated to the parties and to any other sponsoring State of a party.

5. At the request of the respondent or a sponsoring State, the President of the Chamber may extend a time-limit referred to in this article, if satisfied that there is adequate justification for the request.

Article 120

1. Lorsque l'instance est introduite devant la Chambre par la notification d'un compromis, la notification indique :
    a)   les parties à l'affaire et tout Etat Partie qui patronne les parties ;
    b)   l'objet du différend et la nature précise des demandes des parties ainsi qu'un exposé des faits et des moyens de droit sur lesquels elles reposent ;
    c)   les conclusions des parties ;
    d)   les moyens de preuve.
2. La notification fournit également des informations concernant la participation à la procédure et la comparution des Etats Parties qui patronnent, conformément à l'article 190 de la Convention.

Article 121

1. La Chambre peut autoriser ou prescrire la présentation d'autres pièces de procédure si les parties sont d'accord à cet égard ou si elle décide, d'office ou à la demande d'une partie, que ces pièces sont nécessaires.
2. Le Président de la Chambre fixe les délais dans lesquels ces pièces de procédure doivent être présentées.

Article 122

Une instance introduite en vertu de l'article 185, paragraphe 2, de la Convention fait l'objet d'une requête présentée par le Conseil au nom de l'Autorité, conformément à l'article 162, paragraphe 2, lettre u), de la Convention. La requête est accompagnée d'une copie certifiée conforme de la décision ou de la résolution du Conseil sur laquelle elle se fonde ainsi que d'un compte rendu intégral de toutes les discussions qui ont eu lieu sur cette question au sein de l'Autorité.

Article 123

1. Lorsque, en vertu de l'article 188, paragraphe 2, de la Convention, un tribunal arbitral commercial renvoie à la Chambre une question d'interprétation de la partie XI de la Convention et des annexes y relatives, à laquelle sa décision est subordonnée, le document présentant la question à la Chambre contient un exposé précis de la question d'interprétation et est accompagné de tous les éléments d'information et documents pertinents.

Article 120

1. When proceedings are brought before the Chamber by the notification of a special agreement, the notification shall indicate:
    (a)   the parties to the case and any sponsoring States of the parties;
    (b)   the subject of the dispute and the precise nature of the claims of the parties, together with a statement of the facts and legal grounds on which the claims are based;
    (c)   the decisions or measures sought by the parties;
    (d)   the evidence on which the claims are founded.
2. The notification shall also provide information regarding participation and appearance in the proceedings by sponsoring States Parties in accordance with article 190 of the Convention.

Article 121

1. The Chamber may authorize or direct the filing of further pleadings if the parties are so agreed or the Chamber decides, *proprio motu* or at the request of a party, that these pleadings are necessary.
2. The President of the Chamber shall fix the time-limits within which these pleadings are to be filed.

Article 122

Proceedings by the Council on behalf of the Authority under article 185, paragraph 2, of the Convention shall be instituted by means of an application in accordance with article 162, paragraph 2(u), of the Convention. The application shall be accompanied by a certified copy of the decision or resolution of the Council upon which it is based and the full records of all discussions within the Authority on the matter.

Article 123

1. When a commercial arbitral tribunal, pursuant to article 188, paragraph 2, of the Convention, refers to the Chamber a question of interpretation of Part XI of the Convention and the annexes relating thereto upon which its decision depends, the document submitting the question to the Chamber shall contain a precise statement of the question and be accompanied by all relevant information and documents.

2.   Dès réception du document, le Président de la Chambre fixe un délai n'excédant pas trois mois dans lequel les parties à la procédure devant le tribunal arbitral et les Etats Parties peuvent présenter des observations écrites sur la question posée. Les parties à la procédure et les Etats Parties sont informés dudit délai. Les Etats Parties sont informés du contenu de la soumission.

3.   Le Président de la Chambre fixe une date pour l'audience si, dans un délai d'un mois après l'expiration du délai pour présenter des observations écrites, une partie à la procédure devant le tribunal arbitral ou un Etat Partie manifeste par écrit son intention de présenter des observations orales.

4.   La Chambre statue par voie d'arrêt.

Section G. Arrêts, interprétation et révision

Sous-section 1. Arrêts

Article 124

1.   Lorsque le Tribunal a achevé son délibéré et adopté son arrêt, notification est faite aux parties de la date à laquelle il en sera donné lecture.

2.   L'arrêt est lu en audience publique du Tribunal; il est considéré comme ayant force obligatoire pour les parties du jour de son prononcé.

Article 125

1.   L'arrêt, dont le texte indique s'il est rendu par le Tribunal ou par une chambre, comprend :
      a)   l'indication de la date à laquelle il en est donné lecture ;
      b)   les noms des juges qui y ont pris part ;
      c)   l'indication des parties ;
      d)   les noms des agents, conseils et avocats des parties ;
      e)   les noms des experts désignés conformément à l'article 289 de la Convention ;
      f)   l'exposé sommaire de la procédure ;
      g)   les conclusions des parties ;
      h)   les circonstances de fait ;
      i)   les motifs de droit sur lesquels il est fondé ;
      j)   le dispositif ;

2. Upon receipt of the document, the President of the Chamber shall fix a time-limit not exceeding three months within which the parties to the proceedings before the arbitral tribunal and the States Parties may submit their written observations on the question. The parties to the proceedings and the States Parties shall be notified of the time-limit. The States Parties shall be informed of the contents of the submission.

3. The President of the Chamber shall fix a date for a hearing if, within one month from the expiration of the time-limit for submitting written observations, a party to the proceedings before the arbitral tribunal or a State Party gives written notice of its intention to submit oral observations.

4. The Chamber shall give its ruling in the form of a judgment.

Section G. Judgments, Interpretation and Revision

Subsection 1. Judgments

Article 124

1. When the Tribunal has completed its deliberations and adopted its judgment, the parties shall be notified of the date on which it will be read.

2. The judgment shall be read at a public sitting of the Tribunal and shall become binding on the parties on the day of the reading.

Article 125

1. The judgment, which shall state whether it is given by the Tribunal or by a chamber, shall contain:
   (a) the date on which it is read;
   (b) the names of the judges participating in it;
   (c) the names of the parties;
   (d) the names of the agents, counsel and advocates of the parties;
   (e) the names of the experts, if any, appointed under article 289 of the Convention;
   (f) a summary of the proceedings;
   (g) the submissions of the parties;
   (h) a statement of the facts;
   (i) the reasons of law on which it is based;
   (j) the operative provisions of the judgment;

k) la décision relative aux frais, s'il y a lieu ;

l) l'indication du nombre et des noms des juges ayant constitué la majorité et de ceux ayant constitué la minorité sur chaque point du dispositif ;

m) l'indication du texte faisant foi.

2. Tout juge peut joindre à l'arrêt l'exposé de son opinion individuelle ou dissidente; un juge peut faire constater son accord ou son dissentiment sans en donner les motifs sous la forme d'une déclaration. La même règle s'applique aux ordonnances.

3. Un exemplaire de l'arrêt, signé par le Président et le Greffier et revêtu du sceau du Tribunal, est déposé aux archives du Tribunal, et un autre est remis à chaque partie. Des copies sont adressées par le Greffier : a) aux Etats Parties; b) au Secrétaire général de l'Organisa-tion des Nations Unies; c) au Secrétaire général de l'Autorité; d) dans une affaire soumise aux termes d'un accord autre que la Convention, aux parties à l'accord.

Sous-section 2. Demandes en interprétation ou en révision

Article 126

1. En cas de contestation sur le sens ou la portée d'un arrêt, toute partie peut présenter une demande en interprétation.

2. Une demande en interprétation d'un arrêt peut être introduite soit par une requête, soit par la notification d'un compromis conclu à cet effet entre les parties; elle indique avec précision le point ou les points contestés quant au sens ou à la portée de l'arrêt.

3. Si la demande en interprétation est introduite par une requête, les thèses de la partie qui la présente y sont énoncées et la partie adverse a le droit de présenter des observations écrites dans un délai fixé par le Tribunal ou, s'il ne siège pas, par le Président.

4. Que la demande en interprétation ait été introduite par une requête ou par la notification d'un compromis, le Tribunal peut, s'il y a lieu, donner aux parties la possibilité de lui fournir par écrit ou oralement un supplément d'information.

Article 127

1. La révision d'un arrêt ne peut être demandée qu'en raison de la découverte d'un fait de nature à exercer une influence décisive et qui, avant le prononcé de l'arrêt, était inconnu du Tribunal et de la partie qui demande

(k)   the decision, if any, in regard to costs;

(l)   the number and names of the judges constituting the majority and those constituting the minority, on each operative provision;

(m)   a statement as to the text of the judgment which is authoritative.

2.   Any judge may attach a separate or dissenting opinion to the judgment; a judge may record concurrence or dissent without stating reasons in the form of a declaration. The same applies to orders.

3.   One copy of the judgment, signed by the President and by the Registrar and sealed, shall be placed in the archives of the Tribunal and other copies shall be transmitted to each party. Copies shall be sent to: (a) States Parties; (b) the Secretary-General of the United Nations; (c) the Secretary-General of the Authority; (d) in a case submitted under an agreement other than the Convention, the parties to such agreement.

Subsection 2. Requests for the Interpretation or Revision of a Judgment

Article 126

1.   In the event of dispute as to the meaning or scope of a judgment, any party may make a request for its interpretation.

2.   A request for the interpretation of a judgment may be made either by an application or by the notification of a special agreement to that effect between the parties; the precise point or points in dispute as to the meaning or scope of the judgment shall be indicated.

3.   If the request for interpretation is made by an application, the requesting party's contentions shall be set out therein, and the other party shall be entitled to file written observations thereon within a time-limit fixed by the Tribunal or by the President if the Tribunal is not sitting.

4.   Whether the request is made by an application or by notification of a special agreement, the Tribunal may, if necessary, afford the parties the opportunity of furnishing further written or oral explanations.

Article 127

1.   A request for revision of a judgment may be made only when it is based upon the discovery of some fact of such a nature as to be a decisive factor, which fact was, when the judgment was given, unknown to the Tribunal and also to the party requesting revision, always provided that such igno-

la révision, sans qu'il y ait, de sa part, faute à l'ignorer. La demande doit être formée six mois au plus après la découverte du fait nouveau et avant l'expiration d'un délai de dix ans à dater de l'arrêt.

2. La procédure de révision s'ouvre par une décision du Tribunal constatant expressément, dans un arrêt, l'existence du fait nouveau, lui reconnaissant les caractères qui donnent ouverture à la révision, et déclarant de ce chef la demande recevable.

Article 128

1. Une demande en révision d'un arrêt est introduite par requête contenant les éléments nécessaires pour établir que les conditions prescrites au paragraphe 1 de l'article 127 sont remplies. Tout document présenté à l'appui de la requête doit y être joint.

2. La partie adverse a le droit de présenter des observations écrites sur la recevabilité de la requête dans un délai fixé par le Tribunal ou, s'il ne siège pas, par le Président. Ces observations sont communiquées à la partie dont émane la requête.

3. Avant de rendre son arrêt sur la recevabilité de la demande, le Tribunal peut à nouveau donner aux parties la possibilité de présenter leurs vues à ce sujet.

4. Si le Tribunal décide de subordonner l'ouverture de la procédure de révision à une exécution préalable de l'arrêt, il rend une ordonnance à cet effet.

5. Si la requête est déclarée recevable, le Tribunal fixe, après s'être renseigné auprès des parties, les délais pour toute procédure ultérieure qu'il estime nécessaire sur le fond de la demande.

Article 129

1. Si l'arrêt à réviser ou à interpréter a été rendu par le Tribunal, celui-ci connaît de la demande en interprétation ou en révision.

2. Si l'arrêt a été rendu par une chambre, celle-ci, si cela est possible, connaît de la demande en interprétation ou en révision. Si cela n'est pas possible, une chambre, composée conformément aux dispositions pertinentes du Statut et du présent Règlement, connaît de la demande en interprétation ou en révision. Lorsque, conformément aux dispositions du Statut et du présent Règlement, la composition de la chambre exige l'assentiment des

rance was not due to negligence. Such request must be made at the latest within six months of the discovery of the new fact and before the lapse of ten years from the date of the judgment.

2. The proceedings for revision shall be opened by a decision of the Tribunal in the form of a judgment expressly recording the existence of the new fact, recognizing that it has such a character as to lay the case open to revision, and declaring the application admissible on this ground.

Article 128

1. A request for the revision of a judgment shall be made by an application containing the particulars necessary to show that the conditions specified in article 127, paragraph 1, are fulfilled. Any document in support of the application shall be annexed to it.

2. The other party shall be entitled to file written observations on the admissibility of the application within a time-limit fixed by the Tribunal or by the President if the Tribunal is not sitting. These observations shall be communicated to the party making the application.

3. The Tribunal, before giving its judgment on the admissibility of the application, may afford the parties a further opportunity of presenting their views thereon.

4. If the Tribunal decides to make the admission of the proceedings in revision conditional on previous compliance with the judgment, it shall make an order accordingly.

5. If the Tribunal finds that the application is admissible it shall fix time-limits for such further proceedings on the merits of the application as, after ascertaining the views of the parties, it considers necessary.

Article 129

1. If the judgment to be revised or to be interpreted was given by the Tribunal, the request for its revision or interpretation shall be dealt with by the Tribunal.

2. If the judgment was given by a chamber, the request for its revision or interpretation shall, if possible, be dealt with by that chamber. If that is not possible, the request shall be dealt with by a chamber composed in conformity with the relevant provisions of the Statute and these Rules. If, according to the Statute and these Rules, the composition of the chamber requires the approval of the parties which cannot be obtained within

parties et que celui-ci ne peut être obtenu dans les délais fixés par le Tribunal, le Tribunal connaît de la demande.

3. La décision sur la demande en interprétation ou en révision d'un arrêt prend la forme d'un arrêt.

Section H. Procédure consultative

Article 130

1. Dans l'exercice de ses attributions consultatives, la Chambre pour le règlement des différends relatifs aux fonds marins applique les dispositions de la présente section et s'inspire, dans la mesure où elle les reconnaît applicables, des dispositions du Statut et du présent Règlement qui s'appliquent en matière contentieuse.

2. La Chambre recherche si la demande d'avis consultatif a trait à une question juridique pendante entre deux ou plusieurs parties. Si la Chambre en décide ainsi, l'article 17 du Statut s'applique ainsi que les dispositions du présent Règlement qui pourvoient à l'application de cet article.

Article 131

1. Une demande d'avis consultatif sur les questions juridiques qui se posent dans le cadre de l'activité de l'Assemblée ou du Conseil de l'Autorité contient l'énoncé précis de la question. Il y est joint tous documents pouvant servir à élucider la question.

2. Ces documents sont transmis à la Chambre en même temps que la demande ou le plus tôt possible après celle-ci, dans le nombre d'exemplaires requis par le Greffe.

Article 132

Si la demande d'avis consultatif indique que la question requiert une réponse urgente, la Chambre prend toutes mesures utiles pour accélérer la procédure.

Article 133

1. Le Greffier notifie immédiatement la demande d'avis consultatif à tous les Etats Parties.

time-limits fixed by the Tribunal, the request shall be dealt with by the Tribunal.

3. The decision on a request for interpretation or revision of a judgment shall be given in the form of a judgment.

Section H. Advisory Proceedings

Article 130

1. In the exercise of its functions relating to advisory opinions, the Seabed Disputes Chamber shall apply this section and be guided, to the extent to which it recognizes them to be applicable, by the provisions of the Statute and of these Rules applicable in contentious cases.

2. The Chamber shall consider whether the request for an advisory opinion relates to a legal question pending between two or more parties. When the Chamber so determines, article 17 of the Statute applies, as well as the provisions of these Rules concerning the application of that article.

Article 131

1. A request for an advisory opinion on a legal question arising within the scope of the activities of the Assembly or the Council of the Authority shall contain a precise statement of the question. It shall be accompanied by all documents likely to throw light upon the question.

2. The documents shall be transmitted to the Chamber at the same time as the request or as soon as possible thereafter in the number of copies required by the Registry.

Article 132

If the request for an advisory opinion states that the question necessitates an urgent answer the Chamber shall take all appropriate steps to accelerate the procedure.

Article 133

1. The Registrar shall forthwith give notice of the request for an advisory opinion to all States Parties.

2.   La Chambre ou, si elle ne siège pas, son Président, identifie les organisa-
     tions intergouvernementales susceptibles de fournir des informations
     sur la question. Le Greffier notifie cette demande à ces organisations.

3.   Les Etats Parties et les organisations visées au paragraphe 2 sont invitées
     à présenter des exposés écrits sur la question dans les délais fixés par la
     Chambre ou, si elle ne siège pas, par son Président. Ces exposés sont com-
     muniqués aux Etats Parties et aux organisations ayant présenté des expo-
     sés écrits. La Chambre ou, si elle ne siège pas, son Président peut fixer de
     nouveaux délais dans lesquels ces Etats Parties et organisations peuvent
     présenter des exposés écrits sur les exposés présentés.

4.   La Chambre ou, si elle ne siège pas, son Président, décide si une procé-
     dure orale aura lieu et en fixe, le cas échéant, la date d'ouverture. Les Etats
     Parties et les organisations visées au paragraphe 2 sont invitées à présen-
     ter des exposés oraux au cours de ladite procédure.

Article 134

Les exposés écrits et les documents annexés sont rendus accessibles au public
le plus rapidement possible après avoir été présentés à la Chambre.

Article 135

1.   Lorsque la Chambre a achevé son délibéré et adopté son avis consultatif,
     celui-ci est lu en audience publique de la Chambre.

2.   L'avis consultatif comprend :
     a)   l'indication de la date à laquelle il est prononcé ;
     b)   les noms des juges qui y ont pris part ;
     c)   la question ou les questions sur lesquelles l'avis consultatif de la
          Chambre a été demandé ;
     d)   l'exposé sommaire de la procédure ;
     e)   les circonstances de fait ;
     f)   les motifs de droit sur lesquels il est fondé ;
     g)   la réponse à la question ou aux questions posées à la Chambre ;
     h)   l'indication du nombre et des noms des juges ayant constitué la
          majorité et de ceux ayant constitué la minorité sur chaque question
          posée à la Chambre ;
     i)   l'indication du texte faisant foi.

2.   The Chamber, or its President if the Chamber is not sitting, shall identify the intergovernmental organizations which are likely to be able to furnish information on the question. The Registrar shall give notice of the request to such organizations.

3.   States Parties and the organizations referred to in paragraph 2 shall be invited to present written statements on the question within a time-limit fixed by the Chamber or its President if the Chamber is not sitting. Such statements shall be communicated to States Parties and organizations which have made written statements. The Chamber, or its President if the Chamber is not sitting, may fix a further time-limit within which such States Parties and organizations may present written statements on the statements made.

4.   The Chamber, or its President if the Chamber is not sitting, shall decide whether oral proceedings shall be held and, if so, fix the date for the opening of such proceedings. States Parties and the organizations referred to in paragraph 2 shall be invited to make oral statements at the proceedings.

Article 134

The written statements and documents annexed shall be made accessible to the public as soon as possible after they have been presented to the Chamber.

Article 135

1.   When the Chamber has completed its deliberations and adopted its advisory opinion, the opinion shall be read at a public sitting of the Chamber.

2.   The advisory opinion shall contain:
       (a)   the date on which it is delivered;
       (b)   the names of the judges participating in it;
       (c)   the question or questions on which the advisory opinion of the Chamber is requested;
       (d)   a summary of the proceedings;
       (e)   a statement of the facts;
       (f)   the reasons of law on which it is based;
       (g)   the reply to the question or questions put to the Chamber;
       (h)   the number and names of the judges constituting the majority and those constituting the minority, on each question put to the Chamber;
       (i)   a statement as to the text of the opinion which is authoritative.

3.   Tout juge peut joindre à l'avis consultatif de la Chambre l'exposé de son
     opinion individuelle ou dissidente; un juge peut faire constater son
     accord ou son dissentiment sans en donner les motifs sous la forme d'une
     déclaration.

Article 136

Le Greffier avertit le Secrétaire général de l'Autorité des date et heure fixées
pour l'audience publique à laquelle il sera donné lecture de l'avis consultatif. Il
avertit également les Etats Parties et les organisations intergouvernementales
directement intéressées.

Article 137

Un exemplaire de l'avis consultatif, signé par le Président et le Greffier et revêtu
du sceau du Tribunal, est déposé aux archives du Tribunal, un autre est remis
au Secrétaire général de l'Autorité et au Secrétaire général de l'Organisation des
Nations Unies. Des copies sont adressées aux Etats Parties ainsi qu'aux organisations intergouvernementales directement intéressées.

Article 138

1.   Le Tribunal peut donner un avis consultatif sur une question juridique
     dans la mesure où un accord international se rapportant aux buts de la
     Convention prévoit expressément qu'une demande d'un tel avis est sou-
     mise au Tribunal.
2.   La demande d'avis consultatif est transmise au Tribunal par tout organe
     qui aura été autorisé à cet effet par cet accord ou en vertu de celui-ci.
3.   Le Tribunal applique *mutatis mutandis* les articles 130 à 137.

(*signé*)
Le Président,
THOMAS A. MENSAH

(*signé*)
Le Greffier,
GRITAKUMAR E. CHITTY

3. Any judge may attach a separate or dissenting opinion to the advisory opinion of the Chamber; a judge may record concurrence or dissent without stating reasons in the form of a declaration.

Article 136

The Registrar shall inform the Secretary-General of the Authority as to the date and the time fixed for the public sitting to be held for the reading of the opinion. He shall also inform the States Parties and the intergovernmental organizations immediately concerned.

Article 137

One copy of the advisory opinion, signed by the President and by the Registrar and sealed, shall be placed in the archives of the Tribunal, others shall be sent to the Secretary-General of the Authority and to the Secretary-General of the United Nations. Copies shall be sent to the States Parties and the intergovernmental organizations immediately concerned.

Article 138

1. The Tribunal may give an advisory opinion on a legal question if an international agreement related to the purposes of the Convention specifically provides for the submission to the Tribunal of a request for such an opinion.
2. A request for an advisory opinion shall be transmitted to the Tribunal by whatever body is authorized by or in accordance with the agreement to make the request to the Tribunal.
3. The Tribunal shall apply *mutatis mutandis* articles 130 to 137.

(*signed*)
THOMAS A. MENSAH,
President

(*signed*)
GRITAKUMAR E. CHITTY,
Registrar

Résolution sur la pratique interne du Tribunal en matière judiciaire

∴

Resolution on the Internal Judicial Practice of the Tribunal

∴

Adoptée le 31 octobre 1997

Le Tribunal,

Agissant conformément à l'article 40 de son Règlement,

Adopte la présente résolution.

Article premier
Emploi des termes

Dans la présente résolution :

a)   on entend par « Président » la personne qui préside le Tribunal lors de l'examen d'une affaire déterminée ;
b)   on entend par « Règlement » le Règlement du Tribunal ;
c)   on entend par « Tribunal » le Tribunal et toute chambre du Tribunal.

Article 2
Documentation préparatoire

1.   Après la clôture de la procédure écrite, chaque juge peut dans un délai de cinq semaines préparer une brève note écrite se limitant à exposer :
    a)   les principales questions appelant une décision au vu des pièces écrites ;
    b)   tout point qu'il faudrait éventuellement clarifier au cours de la procédure orale.
2.   Les notes reçues par le Greffe sont distribuées aux autres juges.
3.   A partir des pièces écrites et des notes des juges, le Président élabore un document de travail contenant :
    a)   un résumé des faits et les principaux arguments avancés par les parties dans leurs mémoires ;
    b)   des propositions concernant :
        i)   les indications à donner ou les questions à poser aux parties conformément à l'article 76 du Règlement ;
        ii)   les moyens de preuve ou explications à demander aux parties conformément à l'article 77 du Règlement ;
        iii)   des points qui, de l'avis du Président, devraient être discutés et tranchés par le Tribunal.

Adopted on 31 October 1997

The Tribunal,

Acting in accordance with article 40 of the Rules,

Adopts this Resolution.

Article 1
Use of terms

In this Resolution:

(a)   "President" means the person presiding over the Tribunal in a particular case;
(b)   "Rules" means the Rules of the Tribunal;
(c)   references to the "Tribunal" include any chamber of the Tribunal.

Article 2
Preparatory documentation

1.   After the closure of the written proceedings, each judge may within five weeks prepare a brief written note identifying without further elaboration:
  (a)   the principal issues for decision as they emerge from the written pleadings; and
  (b)   points, if any, which should be clarified during the oral proceedings.
2.   Notes received by the Registry are circulated to the other judges.
3.   On the basis of the written pleadings and the judges' notes, the President draws up a working paper containing:
  (a)   a summary of the facts and the principal contentions of the parties advanced in their written pleadings; and
  (b)   proposals concerning:
    (i)   indications to be given, or questions to be put, to the parties in accordance with article 76 of the Rules;
    (ii)   evidence or explanations to be requested from the parties in accordance with article 77 of the Rules; and
    (iii) issues which, in the opinion of the President, should be discussed and decided by the Tribunal.

4.   Le Greffier envoie ce document de travail aux juges dès que possible et, en principe, dans les huit semaines qui suivent la clôture de la procédure écrite.

Article 3
Délibérations avant la procédure orale

Après distribution du document de travail et avant la date fixée pour l'ouverture de la procédure orale, le Tribunal se réunit en chambre du conseil, comme prévu à l'article 68 du Règlement, pour donner aux juges la possibilité :

a)   de procéder à un échange de vues sur les pièces de procédure écrite et sur la conduite de l'affaire ;
b)   de voir s'il y a lieu de donner des indications ou de poser des questions aux parties conformément à l'article 76 du Règlement ;
c)   de voir s'il y a lieu de demander aux parties de produire des moyens de preuve ou de donner des explications conformément à l'article 77 du Règlement ;
d)   d'examiner la nature, la portée et la teneur des questions et des points qui devront être tranchés par le Tribunal.

Article 4
Délibérations au cours de la procédure orale

Pendant la procédure orale, le Président peut convoquer de brèves réunions pour permettre aux juges de procéder à un échange de vues sur l'affaire et de s'informer mutuellement des questions que les juges voudraient éventuellement poser aux parties, conformément à l'article 76 du Règlement.

Article 5
Délibérations initiales après la procédure orale

1.   Sauf décision contraire du Tribunal, les juges disposent de quatre jours ouvrables après la clôture de la procédure orale pour étudier les arguments présentés au Tribunal en l'espèce. Pendant cette période, les juges peuvent aussi résumer leurs opinions provisoires par écrit sous forme d'aide-mémoire.
2.   Si le Président le juge approprié, compte tenu du déroulement de la procédure orale, une liste révisée des questions à examiner est distribuée.
3.   Au cours de ses délibérations initiales après la clôture de la procédure orale, le Tribunal détermine quelles sont les questions appelant une déci-

4. The Registrar shall send the working paper to the judges as soon as possible and normally within eight weeks after the closure of the written proceedings.

Article 3
Deliberations before the oral proceedings

After the circulation of the working paper and before the date fixed for the opening of the oral proceedings, the Tribunal deliberates in private, as provided for in article 68 of the Rules, in order to allow the judges an opportunity to:

(a) exchange views concerning the written pleadings and the conduct of the case;

(b) consider whether to give any indications, or put any questions, to the parties in accordance with article 76 of the Rules;

(c) consider whether to call upon the parties to produce any evidence or to give any explanations in accordance with article 77 of the Rules; and

(d) consider the nature, scope and terms of the questions and issues which will have to be decided by the Tribunal.

Article 4
Deliberations during oral proceedings

During the course of the oral proceedings, the President may convene brief meetings in order to permit the judges to exchange views concerning the case and to inform each other of possible questions which judges may wish to put to the parties in accordance with article 76 of the Rules.

Article 5
Initial deliberations after oral proceedings

1. Unless the Tribunal decides otherwise, the judges have four working days after the closure of the oral proceedings in order to study the arguments presented to the Tribunal in the case. During this time, judges may also summarize their tentative opinions in writing in the form of speaking notes.

2. If the President considers it appropriate in the light of the oral proceedings, a revised list of issues for examination is circulated.

3. During its initial deliberations after the closure of the oral proceedings, the Tribunal reaches conclusions on what are the issues which need to be

sion et invite ensuite les juges à exprimer leurs opinions provisoires sur ces questions ainsi que sur la solution à donner à l'affaire.

4. Le Tribunal débat ensuite de chaque point successivement en examinant également la question de la solution à donner à l'affaire et les raisons principales motivant la décision à rendre.

5. Au cours de ces délibérations, le Président donne la parole aux juges dans l'ordre où ils la demandent.

6. Le Président peut chercher à faire ressortir une opinion majoritaire telle qu'elle semble se dégager à ce moment sur chaque point examiné et sur les motifs à avancer.

7. Au lieu de dégager une majorité à ce stade, le Tribunal peut décider que chaque juge préparera une brève note écrite, dans laquelle le juge exprime son opinion provisoire sur les points examinés et sur la solution à donner à l'affaire, qui serait distribuée aux autres juges dans un délai donné. Le Tribunal reprend ses délibérations dès que possible, en se fondant sur les notes écrites.

Article 6
Création d'un comité de rédaction

1. Dès que possible durant les délibérations, le Tribunal constitue un comité de rédaction composé de cinq des juges constituant la majorité qui semble se dégager à ce moment. Sous réserve du paragraphe 2, les membres du comité sont, sur la proposition du Président, choisis à la majorité absolue des juges présents, étant entendu qu'ils doivent être choisis parmi les juges dont les exposés reflètent clairement l'opinion de la majorité qui semble se dégager à ce moment.

2. Le Président est d'office membre du comité de rédaction, à moins qu'il ne partage pas l'opinion de la majorité qui semble se dégager à ce moment, auquel cas il est remplacé par le VicePrésident. Si le VicePrésident ne peut être désigné pour le même motif, tous les membres sont choisis par le Tribunal.

3. Sauf décision contraire du Tribunal ou du comité, le juge qui a rang le premier au sein du comité de rédaction en assure la présidence.

Article 7
Méthodes de travail du comité de rédaction

1. Le comité de rédaction se réunit immédiatement après sa création afin de préparer un avantprojet d'arrêt qui doit être achevé en principe dans un délai de trois semaines. A cette fin, tout membre du comité peut lui

decided and then hears the tentative opinions of the judges on those issues, as well as on the correct disposal of the case.

4.   The Tribunal next deliberates on each issue in turn, addressing also the question of the disposal of the case and the main reasons for the decision to be given.

5.   During these deliberations, judges will be called upon by the President in the order in which they signify their wish to speak.

6.   The President may seek to establish a majority opinion as it appears then to exist on each issue and on the reasons to be given.

7.   Instead of establishing majority opinions at that stage, the Tribunal may decide that every judge should prepare a brief written note, expressing the judge's tentative opinion on the issues and the correct disposal of the case, for circulation to the other judges before a specified date. The Tribunal resumes its deliberations as soon as possible on the basis of the written notes.

Article 6
Establishment of a drafting committee

1.   As soon as possible during the deliberations, the Tribunal sets up a Drafting Committee for the case, composed of five judges belonging to the majority as it appears then to exist. Subject to paragraph 2, the members of the Committee are selected on the proposal of the President by an absolute majority of the judges present, taking into account the need to select judges who, from their statements, clearly support the opinion of the majority as it appears then to exist.

2.   The President is a member ex officio of the Committee unless the President does not share the opinion of the majority as it appears then to exist, in which case the Vice-President acts instead. If the Vice-President is ineligible for the same reason, all the members of the Committee are selected by the Tribunal.

3.   Unless the Tribunal or the members of the Committee decide otherwise, the judge who is senior in precedence among the members of the Committee acts as its chairman.

Article 7
Work of the drafting committee

1.   The Drafting Committee meets immediately after its establishment in order to prepare a first draft of the judgment, for completion normally

adresser des propositions écrites pour qu'il les examine en vue de les incorporer dans le projet.

2.   Le comité de rédaction devrait établir un projet d'arrêt, qui, non seulement expose l'opinion de la majorité qui semble se dégager à ce moment, mais qui est également susceptible d'emporter une plus large adhésion au sein du Tribunal.

3.   L'avantprojet d'arrêt est distribué à tous les juges siégeant en l'affaire. Tout juge qui souhaite présenter des amendements ou des observations les soumet par écrit au comité dans les trois semaines qui suivent la distribution de l'avant-projet.

4.   Une fois ces observations reçues et sauf décision contraire du comité, les membres du comité se réunissent normalement pour réviser le projet.

5.   Une fois le deuxième projet d'arrêt mis au point par les membres du comité, le Greffier en distribue le texte à tous les juges.

6.   Si le Président du Tribunal n'est pas membre du comité, le Président du comité le tient informé de l'avancement des travaux sur le projet d'arrêt ainsi que de la teneur de ce dernier.

Article 8
Délibérations sur le projet d'arrêt

1.   Les délibérations sur le projet d'arrêt ont lieu dès que possible après sa distribution et, en principe, trois mois au plus tard après la clôture de la procédure orale.

2.   Le Président du comité de rédaction présente le projet.

3.   Le projet est examiné par le Tribunal en première lecture. Les juges qui souhaitent en modifier le texte proposent des amendements par écrit.

4.   A ce stade, tout juge qui, après avoir pris connaissance du projet d'arrêt, souhaite présenter une opinion individuelle ou dissidente, en informe les autres juges en indiquant au moins la teneur générale de cette opinion, dont l'exposé doit être mis à disposition dans le délai fixé par le Tribunal avant l'examen du projet d'arrêt en deuxième lecture. Le juge concerné continue à participer à l'examen du projet d'arrêt et le Tribunal prend acte de ces opinions.

5.   Le comité de rédaction fait distribuer un projet d'arrêt révisé à examiner en une deuxième lecture, au cours de laquelle le Président demande si des juges désirent proposer de nouveaux amendements.

6.   L'exposé des opinions individuelles ou dissidentes, opinions qui peuvent être émises par un ou plusieurs juges, devrait être présenté dans un délai fixé par le Tribunal. Ces opinions devraient tenir compte de toutes modi-

within three weeks. To this end, any member of the Committee may send written proposals for its consideration and inclusion in the draft.

2. The Drafting Committee should prepare a draft judgment which not only states the opinion of the majority as it appears then to exist but which may also attract wider support within the Tribunal.

3. The first draft of the judgment shall be distributed to all the judges in the case. Any judge who wishes to offer amendments or comments submits them in writing to the Committee within three weeks from the date of circulation.

4. After the members of the Committee have received the comments, they will normally meet in order to revise the draft, unless they decide a meeting is not required.

5. When the members of the Committee have completed the second draft of the judgment, the Registrar shall circulate copies to all judges.

6. If the President is not a member of the Committee, its chairman keeps the President informed of work on the draft judgment, as well as its terms.

Article 8
Deliberations on the draft judgment

1. Deliberations on the draft judgment are held as soon as possible after its circulation and in principle not later than three months after the closure of the oral proceedings.

2. The chairman of the Drafting Committee introduces the draft.

3. The draft is examined by the Tribunal in first reading. A judge wishing to modify the draft proposes amendments in writing.

4. At this stage, a judge who, after taking cognizance of the draft judgment, wishes to deliver a separate or dissenting opinion so informs the other judges and puts forward at least an outline of the opinion, making the text available within a time-limit fixed by the Tribunal before the second reading. Such a judge continues to participate in the examination of the draft judgment and cognizance is taken by the Tribunal of such opinions.

5. The Drafting Committee circulates a revised draft judgment for consideration at a second reading, during the course of which the President asks if the judges wish to propose new amendments.

6. Separate or dissenting opinions, which may be individual or collective, should be submitted within a time-limit fixed by the Tribunal. They should take account of any changes made to the draft judgment pursuant

fications apportées au projet d'arrêt conformément aux paragraphes 4 et 5 et être axées sur les points sur lesquels il y a encore divergence de vues.

Article 9
Vote

1. Lorsque le Tribunal a achevé la deuxième lecture du projet, le Président procède à un vote conformément à l'article 29 du Statut, en vue de l'adoption du projet. Il est normalement procédé à un vote séparé sur chacune des parties du dispositif du jugement. Tout juge peut demander un vote distinct sur les points qui peuvent être séparés. Les juges doivent se prononcer seulement par un vote affirmatif ou négatif, exprimé en personne et par ordre inverse de préséance, étant entendu que, dans des cas exceptionnels admis par le Tribunal, un juge absent peut voter par des moyens de communication appropriés.

2. Un juge, qui, pour cause de maladie ou tout autre motif dûment justifié auprès du Président, n'a pu assister à une partie des audiences ou des délibérations, peut voter si le Tribunal estime qu'il a suffisamment participé aux audiences et aux délibérations pour être en mesure de parvenir à une conclusion judiciaire sur tous les points de fait et de droit qui présentent de l'importance pour la décision à rendre en l'espèce.

Article 10
Experts désignés conformément à l'article 289 de la Convention

Les experts désignés conformément à l'article 289 de la Convention aux fins d'une affaire déterminée dont le Tribunal est saisi doivent recevoir en temps utile avant le début des délibérations copies des pièces écrites et des autres documents pertinents en l'espèce. Ils siègent au côté des juges durant la procédure orale et prennent part aux délibérations conformément à l'article 42 du Règlement. Ils reçoivent les notes écrites ainsi que tous autres documents. Ils peuvent être consultés, s'il y a lieu, par le comité de rédaction.

Article 11
Procédure applicable dans des cas particuliers

1. Le Tribunal peut, dans une affaire déterminée, décider de s'écarter de la procédure exposée cidessus s'il y a urgence ou lorsque les circonstances le justifient.

to paragraphs 4 and 5 and should concentrate on the remaining points of difference with the judgment.

Article 9
Voting

1. After the Tribunal has completed its second reading of the draft judgment, the President takes the vote in accordance with article 29 of the Statute in order to adopt the judgment. A separate vote is normally taken on each operative provision in the judgment. Any judge may request a separate vote on issues which are separable. Each judge votes by means solely of an affirmative or a negative vote, cast in person and in inverse order of seniority, provided that in exceptional circumstances accepted by the Tribunal an absent judge may vote by appropriate means of communications.

2. A judge who has been absent, because of illness or other reason duly explained to the President, from any part of the hearing or the deliberations may vote provided the Tribunal accepts that the judge has taken a sufficient part in the hearing and the deliberations to be able to reach a judicial determination of all issues of fact and law material to the decision to be given in the case.

Article 10
Experts appointed under article 289 of the Convention

Experts appointed under article 289 of the Convention for a particular case before the Tribunal shall be sent copies of the written pleadings and other documents in the case in good time before the beginning of the deliberations. They sit with the judges during the oral proceedings and take part in the deliberations in accordance with article 42 of the Rules. They receive the written notes and other documents. They may be consulted by the Drafting Committee, as appropriate.

Article 11
Procedures in particular instances

1. The Tribunal may decide to vary the procedures and arrangements set out above in a particular case for reasons of urgency or if circumstances so justify.

2.   Les délibérations relatives aux demandes en prescription de mesures conservatoires et aux demandes de prompte mainlevée de l'immobilisation du navire ou prompte libération de son équipage ont lieu conformément aux principes et procédures établis dans la présente résolution, compte tenu de la nature et de l'urgence de l'affaire.

3.   La Chambre de procédure sommaire délibère conformément aux principes et procédures établis dans la présente résolution, compte tenu de la nature sommaire de la procédure et de l'urgence de l'affaire.

Article 12
Champ d'application

Les dispositions qui précèdent sont applicables aussi bien en matière contentieuse qu'en matière consultative.

Article 13
Réexamen

La présente résolution peut être réexaminée à la lumière de l'expérience acquise pour qu'il soit procédé, s'il y a lieu, à sa révision.

(*signé*)
Le Président,
THOMAS A. MENSAH

(*signé*)
Le Greffier,
GRITAKUMAR E. CHITTY

2. Deliberations concerning applications for provisional measures and applications for the prompt release of a vessel or crew are conducted in accordance with the principles and procedures set out in this Resolution, taking account of the nature and urgency of the case.
3. The Chamber for Summary Procedure deliberates in accordance with the principles and procedures set out in this Resolution, taking account of the summary nature of the proceedings and the urgency of the case.

Article 12
Application

The foregoing provisions apply whether the proceedings before the Tribunal are contentious or advisory.

Article 13
Review

This Resolution may be reviewed in the light of experience and revised whenever considered appropriate.

(*signed*)
THOMAS A. MENSAH,
President

(*signed*)
GRITAKUMAR E. CHITTY,
Registrar

Lignes directrices concernant la préparation et la présentation des affaires dont le Tribunal est saisi

∵

*Guidelines concerning the Preparation and
Presentation of Cases before the Tribunal*

∵

Etablies par le Tribunal international du droit de la mer
le 28 octobre 1997

Le Tribunal,

Agissant conformément à l'article 50 de son Règlement,

Etablit les lignes directrices suivantes.

Procédure écrite

1. Chaque pièce de procédure et tous documents à l'appui devraient être imprimés ou dactylographiés ou électroniquement établis en format 19 × 26 cm (7 pouces 1/2 × 10 pouces 1/4). En outre, les parties devraient présenter leurs pièces de procédure sous forme électronique. A ce propos, les parties devraient consulter les *Règles de préparation des textes dactylographiés et imprimés* du Greffe.
2. Une pièce de procédure devrait être aussi brève que possible.
3. Chaque pièce devrait contenir une table des matières assortie d'une liste des documents, y compris les documents présentés sous forme électronique ou numérique. Table et liste devraient figurer au début de la pièce et, en tout état de cause, avant le début de la première partie.
4. Chaque pièce et tous documents à l'appui devraient comporter, s'il y a lieu, deux parties, à savoir une première partie comprenant le mémoire ou le contremémoire ou la réplique ou la duplique, selon le cas, et une deuxième partie contenant les documents à l'appui. Les documents devraient être présentés dans le même ordre que dans la table des matières. Chaque document devrait comporter une inscription en entête qui devrait être reproduite en haut de chacune des pages qu'il comprend.
5. Si la reproduction en grand nombre d'une annexe particulière (par exemple une grande carte) pose des problèmes techniques, il conviendrait d'en informer le Greffier le plus tôt possible, afin que les dispositions nécessaires puissent être prises.
6. Chaque pièce devrait être divisée en paragraphes, numérotés dans l'ordre et portant chacun sur un élément distinct du sujet. Elle devrait comporter à la fin de la première partie un résumé des arguments présentés ainsi que le numéro de la page et du paragraphe où l'on peut retrouver ces

© 2015 BY INTERNATIONAL TRIBUNAL FOR THE LAW OF THE SEA | DOI 10.1163/9789004304710_005

Issued by the International Tribunal for the Law of the Sea on
28 October 1997

The Tribunal,

Acting pursuant to article 50 of the Rules of the Tribunal,

Issues the following Guidelines.

Written Proceedings

1. Every pleading and its supporting documents should be printed or typewritten or prepared electronically in the format 19 x 26 cm (7 1/2" × 10 1/4"). In addition, parties should present the text of their pleadings in electronic form. The parties should consult the Registry's *Rules for the Preparation of Typed and Printed Texts.*

2. A pleading should be as short as possible.

3. Every pleading should contain a table of contents with a list of documents, including material in electronic or digital form. The table and list should be placed at the beginning of the pleading but before the commencement of Part I.

4. Every pleading and its supporting documents should be arranged, where practicable, in two parts, viz., Part I—memorial or counter-memorial or reply or rejoinder, as the case may be, and Part II—documents in support. The documents should be arranged in the same order as in the table of contents. Each document should be given a heading, which should be repeated at the top of each page over which the document extends.

5. If the reproduction in large numbers of a particular annex (e.g., a large map) presents technical problems, the matter should be raised with the Registrar at the earliest opportunity, so that appropriate arrangements can be made.

6. Every pleading should be divided into paragraphs, numbered consecutively, each paragraph being confined to a distinct portion of the subject. It should contain at the end of Part I a short summary of the arguments together with the page and paragraph numbers within which such

arguments. Le nom de la partie adverse ainsi que le nom et l'adresse de l'agent devraient être indiqués clairement et exactement.

7.   Quand la teneur d'un document doit être rappelée dans une pièce de procédure, il suffit d'indiquer dans la pièce, aussi brièvement que possible, l'effet du document, sans citer le document complet ni une partie, à moins qu'il n'importe grandement de citer les termes exacts utilisés dans le document ou une partie quelconque du document.

8.   Une partie doit, dans la pièce de procédure, répondre spécifiquement à chaque allégation qu'elle tient pour fausse. Il ne suffit pas pour elle de nier en termes généraux, dans son contremémoire, les faits avancés dans le mémoire.

9.   Sauf indication contraire du Greffier, chaque partie devrait fournir au Greffe 125 exemplaires supplémentaires de la pièce de procédure et des documents à l'appui.

10.   Dès réception de la pièce de procédure, le Greffier y indique la date à laquelle elle a été déposée au Greffe. Tous les documents, pièces de procédure ou autres communications peuvent être soumis au Tribunal directement, en personne, ou par courrier diplomatique ou courrier ordinaire. Ils peuvent également être soumis sous forme lisible par télécopie ou par voie électronique. Lorsqu'il s'agit de déterminer si une partie a soumis ses documents, pièces de procédure et autres communications dans les délais fixés par le Règlement ou en vertu du Règlement, la date à laquelle les documents parviennent au Tribunal par télécopie ou électroniquement, sera retenue, à condition qu'ils soient suivis sans retard déraisonnable par les originaux.

11.   Lorsqu'une pièce de procédure, une requête ou une déclaration ne répond pas aux prescriptions expresses du Règlement du Tribunal, le Greffier la retourne à la partie intéressée pour rectification. Le Greffier consultera, le cas échéant, le Président. Lorsqu'il s'agit de déterminer si une partie a présenté une pièce de procédure, une requête ou une déclaration dans les délais fixés par le Règlement ou en vertu de celui-ci, il ne sera pas tenu compte du temps pris par le Greffier pour déterminer si la pièce de procédure répond aux prescriptions du Règlement.

12.   Les parties ne doivent pas interpréter les délais fixés dans chaque affaire pour le dépôt des pièces de procédure comme les autorisant à attendre le tout dernier moment pour déposer une pièce de procédure.

13.   Les parties ne sont pas tenues de faire imprimer leurs pièces de procédure, mais elles en ont la possibilité. Si la partie soumet des pièces de procédure imprimées par des services extérieurs, elle sera priée de remettre en temps voulu au Greffe toutes les disquettes et les images pho-

arguments may be found. The name of the other party and the name and address of the agent should be clearly and properly stated.

7. Whenever the contents of any document are to be referred to in a pleading, it will be sufficient if the pleading states the effect thereof as briefly as possible, without setting out the whole document or any part thereof, unless the precise words of such a document or any part thereof are material.

8. A party should in its pleading deal specifically with each allegation of fact in the pleading of the other party of which it does not admit the truth; it will not be sufficient for it to deny generally the facts alleged by the other party.

9. Unless otherwise specified by the Registrar, each party should furnish to the Registry 125 additional copies of its pleading with supporting documents.

10. Upon receipt of a pleading, the Registrar will endorse on it the date of its receipt in the Registry. All pleadings, documents and other communications may be submitted to the Tribunal directly in person or through courier or regular mail. They may also be submitted through facsimile or electronic means in clear form. In determining whether a party has submitted its pleadings, documents or other communications within the time-limits fixed by or under the Rules, the date on which the Tribunal receives them through facsimile or electronically will be regarded as the material date provided they are followed without unreasonable delay by the paper originals thereof.

11. Where a pleading or an application or a declaration does not satisfy the formal requirements of the Rules of the Tribunal, the Registrar will return the same to the party seeking to file it for rectification. Where necessary, the Registrar will consult the President. In determining whether a party has submitted a pleading, etc., within the time-limit fixed by or under the Rules, the time taken by the Registrar to examine whether the pleading satisfies the requirements of the Rules will be excluded.

12. The time-limits fixed in each case for the filing of the pleadings are not to be understood by the parties as authorizations to hold back a pleading until the last possible moment.

13. It is not a strict requirement that the parties print their pleadings, though this remains an option. If independently printed pleadings are submitted, it is requested that all diskettes and films used for that production be

tographiques utilisées, en particulier celles qui ont servi à produire des cartes en couleurs.

Procédure orale

14.   Chaque partie devrait soumettre au Tribunal, avant l'ouverture de la procédure orale, a) une note succincte exposant les questions qui, à son avis, constituent les points qui divisent encore les parties ; b) un bref exposé des arguments qu'elle souhaite développer en procédure orale ; c) une liste des textes, y compris, le cas échéant, des extraits de ces textes, dont elle compte se prévaloir pour fonder son argumentation. Aucune de ces pièces ne sera considérée comme un document ou comme faisant partie de la procédure.

15.   Les exposés oraux devraient être aussi brefs que possible et éviter de répéter simplement les faits et les arguments invoqués dans les pièces de procédure.

16.   Les parties devraient s'en tenir au temps imparti pour leur plaidoirie.

17.   Sauf indication contraire, le Tribunal siège de 9 heures à 13 heures tous les jours où il tient audience.

18.   Les moyens visuels nécessaires pour présenter les cartes, gra-phiques, diagrammes, illustrations de textes, etc., qu'une partie intéressée souhaite montrer au Tribunal, seront, à la demande de cette partie, fournis par le Greffier, une fois acquittés les frais éventuels fixés à cette fin.

Procédure consultative

19.   Les présentes lignes directrices s'appliquent, *mutatis mutandis*, aussi bien à la procédure consultative qu'à la procédure contentieuse.

(*signé*)
Le Président,
THOMAS A. MENSAH

(*signé*)
Le Greffier,
GRITAKUMAR E. CHITTY

made available to the Registry on request in due course, particularly those which have been used to produce maps in colour.

Oral Proceedings

14. Each party should submit to the Tribunal, prior to the opening of the oral proceedings, (a) a brief note on the points which in its opinion constitute the issues that still divide the parties; (b) a brief outline of the arguments that it wishes to make in its oral statement; and (c) a list of authorities, including, where appropriate, relevant extracts from such authorities, proposed to be relied upon in its oral statement. None of these materials will be treated as documents or parts of the pleadings.

15. The oral statements should be as succinct as possible and should not repeat the facts and arguments contained in the written pleadings.

16. The parties should keep within the time allotted for the presentation of their oral statements.

17. Unless otherwise decided, the Tribunal sits between 09.00 and 13.00 on all days on which the Tribunal holds oral proceedings.

18. Visual demonstration facilities for display of maps, charts, diagrams, illustrations of texts, etc., which a party intends to exhibit to the Tribunal will at the request of that party be provided by the Registrar upon payment of fees, if any, fixed for that purpose.

Advisory Proceedings

19. These Guidelines apply, *mutatis mutandis*, to advisory proceedings as they apply to contentious proceedings.

(*signed*)
THOMAS A. MENSAH,
President

(*signed*)
GRITAKUMAR E. CHITTY,
Registrar

Lignes directrices concernant le dépôt
d'une caution ou autre garantie financière
auprès du Greffier

∴

Guidelines concerning the Posting of a Bond or Other Financial Security with the Registrar

∵

Etabli par le Tribunal international du droit de la mer
le 17 mars 2009

Le Tribunal,

Agissant conformément à l'article 50 de son Règlement,

Etablit les lignes directrices suivantes :

I.   Champ d'application

1.   Les présentes lignes directrices s'appliquent au dépôt, auprès du Greffier, d'une caution ou autre garantie financière conformément à l'article 113, paragraphe 3, et à l'article 114 du Règlement du Tribunal.

II.   Utilisation des termes

2.   Aux fins des présentes lignes directrices :
   a)   « Débiteur » s'entend de la partie à la demande de laquelle il est émis une caution ou autre garantie financière, y compris notamment l'armateur ou l'exploitant du navire ;
   b)   « Bénéficiaire » s'entend de la partie à l'ordre de laquelle la caution ou autre garantie financière est émise, à savoir l'autorité compétente de l'Etat qui a procédé à l'immobilisation ;
   c)   « Garant » s'entend de l'institution bancaire ou de la mutuelle de protection et d'indemnisation (P&I Club) émettrice de la caution ou autre garantie financière ;
   d)   « Déposant » s'entend de l'autorité compétente de l'Etat du pavillon ou de toute personne ou institution autorisée par écrit à agir en son nom ;
   e)   « Représentant de l'Etat qui a procédé à l'immobilisation » s'entend de l'autorité compétente de l'Etat qui a procédé à l'immobilisation ou de toute personne autorisée par écrit à agir en son nom ;

Issued by the International Tribunal for the Law of the Sea
on 17 March 2009

The Tribunal,

Acting pursuant to article 50 of the Rules of the Tribunal,

Issues the following Guidelines:

I.   Scope of Application

1.   These Guidelines apply to the posting of a bond or other financial security with the Registrar in accordance with articles 113, paragraph 3, and 114 of the Rules of the Tribunal.

II.   Use of Terms

2.   For the purposes of these Guidelines:
   (a)   "account party" means the party at whose request the bond or other financial security is issued, including, *inter alia,* the owner or the operator of the vessel;
   (b)   "beneficiary" means the party in whose favour the bond or other financial security is issued, namely, the competent authority of the detaining State;
   (c)   "guarantor" means the banking institution or Protection and Indemnity Club (P&I Club) issuing the bond or other financial security;
   (d)   "posting party" means the competent authority of the flag State or any person or institution authorized in writing to act on behalf of the flag State;
   (e)   "representative of the detaining State" means the competent authority of the detaining State or any person authorized in writing to act on its behalf.

III.   Dispositions générales

Forme de la caution ou autre garantie financière

3.   Compte tenu de l'arrêt du Tribunal, une caution ou autre garantie financière peut être déposée auprès du Greffier sous l'une des formes ci-après :
a)   virement bancaire ;
b)   garantie bancaire ;
c)   lettre d'engagement d'une mutuelle de protection et d'indemnisation (P&I Club).

Dépôt d'une caution ou autre garantie financière

4.   Une caution ou autre garantie financière est déposée auprès du Greffier par le déposant.

Communications et langues officielles

5.   Toutes les communications du Greffier sont transmises au déposant et au représentant de l'Etat qui a procédé à l'immobilisation.
6.   Lorsqu'une communication ou un document y annexé n'est pas rédigé dans l'une des langues officielles du Tribunal, elle est accompagnée d'une traduction dans une de ces langues, certifiée exacte par le déposant.
7.   Si la caution ou autre garantie financière n'est pas rédigée dans l'une des langues officielles du Tribunal, elle est accompagnée d'une traduction dans une de ces langues, certifiée exacte par le déposant.

Clauses et conditions

8.   Le déposant s'assure que la caution ou autre garantie financière est conforme aux termes de l'arrêt du Tribunal et que les mentions suivantes figurent dans ses clauses et conditions :
a)   le nom du navire ;
b)   le port ou le lieu d'immatriculation ;
c)   le nom et l'adresse du débiteur ;
d)   le nom et l'adresse du bénéficiaire ;
e)   le nom et l'adresse du garant et le nom et l'adresse de son représentant ;
f)   une déclaration attestant que la caution ou autre garantie financière est émise en contrepartie de la mainlevée de l'immobilisation du navire et de la libération de son équipage par l'Etat qui a procédé

III. General Provisions

Form of the bond or other financial security

3.   Subject to the judgment of the Tribunal, a bond or other financial security may be posted with the Registrar in one of the following forms:
(a)   bank transfer;
(b)   bank guarantee;
(c)   P&I Club Letter of Undertaking.

Posting of bond or other financial security

4.   A bond or other financial security should be posted with the Registrar by the posting party.

Communications and official languages

5.   All communications from the Registrar will be sent to the posting party and the representative of the detaining State.
6.   When a communication or document annexed thereto is not in one of the official languages of the Tribunal, it should be accompanied by a translation into one of these languages certified as accurate by the party submitting it.
7.   If the bond or other financial security is not in one of the official languages of the Tribunal, it should be accompanied by a translation into one of the official languages certified as accurate by the posting party.

Terms and conditions

8.   The posting party should ensure that the bond or other financial security is in conformity with the requirements contained in the judgment of the Tribunal and that its terms and conditions indicate:
(a)   the name of the vessel;
(b)   the port or place of registration;
(c)   the name and address of the account party;
(d)   the name and address of the beneficiary;
(e)   the name and address of the guarantor and the name and address of its representative;
(f)   a statement to the effect that the bond or other financial security is issued in consideration of the detaining State releasing from detention the vessel and its crew in accordance with the judgment

à l'immobilisation conformément à l'arrêt rendu par le Tribunal en relation avec l'incident ayant donné lieu à l'immobilisation du navire et à la détention de l'équipage ;

g)   le montant maximum à payer conformément à l'arrêt du Tribunal ;

h)   la présentation d'un arrêt, sentence ou décision définitive rendue par une autorité compétente de l'Etat qui a procédé à l'immobilisation pour pouvoir exiger le paiement ;

9.   Si la caution ou autre garantie financière n'est pas conforme aux termes de l'arrêt ou aux clauses et conditions énumérées dans le paragraphe 8, elle est renvoyée par le Greffier au déposant pour qu'il y apporte les corrections voulues.

10.   Le Greffier fait également droit à tout accord entre les parties conclu après le prononcé de l'arrêt du Tribunal et portant sur les clauses et conditions de la caution ou autre garantie financière, pourvu que ces clauses et conditions soient conformes aux termes de l'arrêt du Tribunal. Les parties, agissant conjointement ou individuellement en notifient le Greffier. Si la notification n'est pas une notification conjointe, le Greffier en transmet sans tarder une copie certifiée conforme à l'autre partie. Dans chaque cas, la notification est accompagnée d'une copie certifiée conforme de l'accord entre les parties.

Notification

11.   Afin d'émettre la caution ou autre garantie financière conformément à l'arrêt rendu par le Tribunal, le déposant transmet une communication adressée au Greffier à cet effet. Dès réception de la caution ou autre garantie financière, le Greffier en informe sans délai le représentant de l'Etat qui a procédé à l'immobilisation.

Remboursement des frais

12.   Dans la communication visée au paragraphe 11, le déposant s'engage à rembourser au Tribunal tous frais par lui encourus relatifs au dépôt de la caution ou autre garantie financière.

13.   Le déposant supporte tous les frais relatifs au transfert de la caution ou autre garantie financière à l'Etat qui a procédé à l'immobilisation. Le Greffier, après avoir déterminé le montant à payer, demande au déposant de rembourser ledit montant au Tribunal comme condition du transfert de la caution ou autre garantie financière à l'Etat qui a procédé à l'immobilisation.

delivered by the Tribunal in relation to the incident that occurred with respect to the vessel and its crew;

(g) the maximum amount payable according to the judgment of the Tribunal;

(h) the need for the production of a final judgment, award or decision of the competent authority of the detaining State as a condition for demanding payment.

9. Where the bond or other financial security does not satisfy the requirements or the terms and conditions specified in paragraph 8, the Registrar will return it to the posting party for rectification.

10. The Registrar will give effect to any agreement between the parties concluded after the judgment of the Tribunal as to the terms and conditions of the bond or other financial security, provided that such terms and conditions are in conformity with the requirements contained in the judgment. The parties should either jointly or severally notify the Registrar of the agreement. If the notification is not a joint one, the Registrar will forthwith transmit a certified copy thereof to the other party. In each case the notification should be accompanied by a certified copy of the agreement.

Notification

11. In order to post the bond or other financial security pursuant to the judgment of the Tribunal, the posting party should transmit a communication to that effect to the Registrar. Upon receipt of the bond or other financial security, the Registrar will forthwith notify the representative of the detaining State thereof.

Reimbursement of costs

12. In the communication referred to in paragraph 11, the posting party should undertake to reimburse the Tribunal for any financial costs the Tribunal may incur in relation to the posting of the bond or other financial security.

13. The posting party should bear all costs relating to the transmittal of the bond or other financial security to the detaining State. The Registrar, after fixing the amount payable, will request the posting party to reimburse the Tribunal for such amount as a condition for the transmittal of the bond or other financial security to the detaining State.

IV.   Dispositions spécifiques concernant le virement bancaire

14.   Une caution ou autre garantie financière revêtant la forme d'un virement bancaire est déposée par le déposant sur un compte bancaire spécial porteur d'intérêts du Tribunal, auprès d'une banque de renom désignée par le Greffier.

15.   En effectuant le virement bancaire, le déposant transmet au Greffier un document relatif à l'observation des clauses et conditions indiquées aux paragraphes 8 et 12.

16.   Dès réception du virement bancaire, le Greffier délivre un reçu au déposant.

17.   Dès réception d'une demande écrite signée par le représentant de l'Etat qui a procédé à l'immobilisation du navire, le Greffier transmet promptement à cet Etat la caution ou garantie financière pour autant qu'ils sont requis pour qu'il soit donné suite à l'arrêt, sentence ou décision définitive de l'autorité compétente de l'Etat qui a procédé à l'immobilisation. La demande écrite est accompagnée d'une copie certifiée conforme de l'arrêt, sentence ou décision définitive. Le Greffier transmet sans tarder une copie de la demande écrite au déposant.

18.   Le Greffier transmet la caution ou garantie financière à l'Etat qui a procédé à l'immobilisation conformément aux présentes lignes directrices et à la règle de gestion financière 108.5. S'il y a lieu, tous les frais et dépenses liés à la transmission de la caution ou garantie financière sont déduits de l'intérêt produit par le compte spécial visé au paragraphe 14.

19.   Le Greffier transmet tout excédent au débiteur, pour autant que cet excédent n'est pas requis pour qu'il soit donné suite à tout arrêt, sentence ou décision. Si le débiteur n'est pas une autorité de l'Etat du pavillon, le Greffier notifie à l'Etat du pavillon et au débiteur le remboursement dudit excédent.

V.   Dispositions spécifiques concernant spécifiquement la garantie bancaire et la lettre d'engagement d'une mutuelle de protection et d'indemnisation (P&I Club)

20.   Une caution ou autre garantie financière sous forme de garantie bancaire ou de lettre d'engagement d'une mutuelle de protection et d'indemnisation doit être déposée auprès du Greffier.

IV.   Specific Provisions for a Bank Transfer

14. A bond or other financial security posted in the form of a bank transfer should be deposited by the posting party in a special, interest-bearing bank account of the Tribunal with a reputable bank designated by the Registrar.

15. While making the bank transfer, the posting party should transmit to the Registrar a document on compliance with the terms and conditions indicated in paragraphs 8 and 12.

16. Upon receipt of the bank transfer, the Registrar will furnish a receipt to the posting party.

17. Upon receipt of a written demand signed by the representative of the detaining State, the Registrar will promptly transmit the bond or other financial security to the detaining State to the extent that it is required to satisfy the final judgment, award or decision of the competent authority of the detaining State. The written demand should be accompanied by a certified copy of the final judgment, award or decision. The Registrar will forthwith transmit a copy of the written demand to the posting party.

18. The Registrar will transmit the bond or other financial security to the detaining State in accordance with these Guidelines and rule 108.5 of the Financial Rules of the Tribunal. Where appropriate, all costs and charges relating to the transmittal of the bond or other financial security will be paid from the accrued interest of the special account referred to in paragraph 14.

19. The Registrar will transmit any cash surplus, to the extent that it is not required to satisfy the final judgment, award or decision, to the account party. If the account party is not an authority of the flag State, the Registrar will notify the flag State and the posting party of the refund of such surplus.

V.   Specific Provisions for a Bank Guarantee or P&I Club Letter of Undertaking

20. A bond or other financial security in the form of a bank guarantee or a P&I Club Letter of Undertaking should be posted with the Registrar.

21. Dès réception de la garantie bancaire ou de la lettre d'engagement d'une mutuelle de protection et d'indemnisation, le Greffier délivre un reçu au déposant. La garantie bancaire ou la lettre d'engagement d'une mutuelle de protection et d'indemnisation est conservée par le Greffier.

22. Dès réception d'une demande écrite signée par le représentant de l'Etat qui a procédé à l'immobilisation du navire, le Greffier transmet promptement au représentant de cet Etat la garantie bancaire ou la lettre d'engagement d'une mutuelle de protection et d'indemnisation et l'accompagne d'une déclaration indiquant le montant requis pour qu'il soit donné suite à l'arrêt, sentence ou décision définitive de l'autorité compétente de l'Etat qui a procédé à l'immobilisation. Le Greffier transmet sans tarder une copie de la demande écrite et de la déclaration au déposant et au garant.

23. La demande écrite est accompagnée d'une copie certifiée conforme de l'arrêt, sentence ou décision définitive. La demande indique également le montant requis pour qu'il soit donné suite à l'arrêt, sentence ou décision définitive de l'autorité compétente de l'Etat qui a procédé à l'immobilisation.

24. Le Greffier transmet la garantie bancaire ou la lettre d'engagement d'une mutuelle de protection et d'indemnisation au représentant de l'Etat qui a procédé à l'immobilisation, auquel il sera demandé d'en accuser réception.

VI.   Disposition finale

25. En l'absence de dispositions spécifiques figurant dans les présentes lignes directrices, le Greffier applique *mutatis mutandis* les dispositions du Règlement du Tribunal.

(*signé*)
Le Président,
JOSÉ LUÍS JESUS

(*signé*)
Le Greffier,
PHILIPPE GAUTIER

21.   Upon receipt of the bank guarantee or P&I Club Letter of Undertaking, the Registrar will furnish a receipt to the posting party. The bank guarantee or P&I Club Letter of Undertaking will be kept by the Registrar.

22.   Upon receipt of a written demand signed by the representative of the detaining State, the Registrar will promptly transmit the bank guarantee or P&I Club Letter of Undertaking to the representative of the detaining State together with a statement indicating the amount required to satisfy the final judgment, award or decision of the competent authority of the detaining State. The Registrar will forthwith transmit a copy of the written demand and the statement to the posting party and the guarantor.

23.   The written demand should be accompanied by a certified copy of the final judgment, award or decision. The demand should also indicate the amount required to satisfy the final judgment, award or decision of the competent authority of the detaining State.

24.   The Registrar will transmit the bank guarantee or P&I Club Letter of Undertaking to the representative of detaining State, who will be requested to acknowledge receipt thereof.

VI.   Final Provision

25.   In the absence of specific provisions in these Guidelines, the Registrar will apply, *mutatis mutandis*, the provisions of the Rules of the Tribunal.

(*signed*)
JOSÉ LUÍS JESUS,
President

(*signed*)
PHILIPPE GAUTIER,
Registrar

Accord sur les privilèges et immunités du Tribunal international du droit de la mer, adopté le 23 mai 1997

∴

Agreement on the Privileges and Immunities of the
International Tribunal for the Law of the Sea,
Adopted on 23 May 1997

∴

Adopté le 23 mai 1997

Les Etats Parties au présent Accord,

Considérant que la Convention des Nations Unies sur le droit de la mer porte création du Tribunal international du droit de la mer,

Considérant que le Tribunal doit jouir, sur le territoire de chaque Etat Partie, de la capacité juridique et des privilèges et immunités qui lui sont nécessaires pour exercer ses fonctions,

Rappelant que le Statut du Tribunal stipule en son article 10 que, dans l'exercice de leurs fonctions, les membres du Tribunal jouissent de privilèges et immunités diplomatiques,

Considérant que les personnes participant à la procédure ainsi que les fonctionnaires du Tribunal doivent jouir des privilèges et immunités qui leur sont nécessaires pour exercer en toute indépendance leurs fonctions auprès du Tribunal,

Ont convenu de ce qui suit :

Article premier
Emploi des termes

Aux fins du présent Accord :

a)   on entend par « Convention » la Convention des Nations Unies sur le droit de la mer du 10 décembre 1982 ;

b)   on entend par « Statut » le Statut du Tribunal international du droit de la mer, reproduit dans l'annexe VI de la Convention ;

c)   on entend par « Etats Parties » les Etats Parties au présent Accord ;

d)   on entend par « Tribunal » le Tribunal international du droit de la mer ;

e)   on entend par « membres du Tribunal » les membres élus du Tribunal ou toute personne choisie conformément à l'article 17 du Statut aux fins d'une affaire déterminée ;

f)   on entend par « Greffier » le Greffier du Tribunal ou tout fonctionnaire du Tribunal qui assure les fonctions de greffier ;

g)   on entend par « fonctionnaires du Tribunal » le Greffier et les autres membres du personnel du Greffe ;

h)   on entend par « Convention de Vienne » la Convention de Vienne sur les relations diplomatiques du 18 avril 1961.

© 2015 BY INTERNATIONAL TRIBUNAL FOR THE LAW OF THE SEA | DOI 10.1163/9789004304710_007

Adopted on 23 May 1997

The States Parties to the present Agreement,

Considering that the United Nations Convention on the Law of the Sea establishes the International Tribunal for the Law of the Sea,

Recognizing that the Tribunal should enjoy such legal capacity, privileges and immunities as are necessary for the exercise of its functions,

Recalling that the Statute of the Tribunal provides, in article 10, that the Members of the Tribunal, when engaged on the business of the Tribunal, shall enjoy diplomatic privileges and immunities,

Recognizing that persons participating in proceedings and officials of the Tribunal should enjoy such privileges and immunities as are necessary for the independent exercise of their functions in connection with the Tribunal,

Have agreed as follows:

Article 1
Use of terms

For the purposes of this Agreement:

(a) "Convention" means the United Nations Convention on the Law of the Sea of 10 December 1982;
(b) "Statute" means the Statute of the International Tribunal for the Law of the Sea in Annex VI to the Convention;
(c) "States Parties" means States Parties to this Agreement;
(d) "Tribunal" means the International Tribunal for the Law of the Sea;
(e) "Member of the Tribunal" means an elected member of the Tribunal or a person chosen under article 17 of the Statute for the purpose of a particular case;
(f) "Registrar" means the Registrar of the Tribunal and includes any official of the Tribunal acting as Registrar;
(g) "officials of the Tribunal" means the Registrar and other members of the staff of the Registry;
(h) "Vienna Convention" means the Vienna Convention on Diplomatic Relations of 18 April 1961.

Article 2
Personnalité juridique du Tribunal

Le Tribunal possède la personnalité juridique. Il a la capacité :

a)   de contracter ;
b)   d'acquérir et d'aliéner des biens immobiliers et mobiliers ;
c)   d'ester en justice.

Article 3
Inviolabilité des locaux du Tribunal

Les locaux du Tribunal sont inviolables, sous réserve des conditions qui pourraient être arrêtées d'un commun accord avec l'Etat Partie concerné.

Article 4
Drapeau et emblème

Le Tribunal a le droit d'arborer son drapeau et son emblème dans ses locaux et sur les véhicules affectés à son usage officiel.

Article 5
Immunité du Tribunal et de ses biens, avoirs et fonds

1.   Le Tribunal jouit de l'immunité de toute forme de poursuites, sauf dans la mesure où il y renonce expressément dans un cas particulier. Il est toutefois entendu qu'une renonciation à l'immunité ne saurait s'appliquer à des mesures d'exécution.

2.   Les biens, avoirs et fonds du Tribunal, où qu'ils se trouvent et quel qu'en soit le détenteur, sont exempts de perquisition, réquisition, confiscation, saisie, expropriation et de toute autre forme de contrainte procédant d'une mesure des pouvoirs exécutif, administratif, judiciaire ou législatif.

3.   Les biens, avoirs et fonds du Tribunal sont exempts de toute restriction, réglementation, contrôle et de tout moratoire de quelque nature que ce soit dans la mesure nécessaire pour lui permettre de s'acquitter de ses fonctions.

4.   Le Tribunal souscrit une assurance au tiers pour les véhicules dont il est propriétaire ou qui sont utilisés pour son compte, comme l'exigent les lois et règlements de l'Etat dans lequel lesdits véhicules sont utilisés.

Article 2
Juridical personality of the Tribunal

The Tribunal shall possess juridical personality. It shall have the capacity:

(a) to contract;
(b) to acquire and dispose of immovable and movable property;
(c) to institute legal proceedings.

Article 3
Inviolability of the premises of the Tribunal

The premises of the Tribunal shall be inviolable, subject to such conditions as may be agreed with the State Party concerned.

Article 4
Flag and emblem

The Tribunal shall be entitled to display its flag and emblem at its premises and on vehicles used for official purposes.

Article 5
Immunity of the Tribunal, its property, assets and funds

1. The Tribunal shall enjoy immunity from legal process, except insofar as in any particular case it has expressly waived its immunity. It is, however, understood that no waiver of immunity shall extend to any measure of execution.
2. The property, assets and funds of the Tribunal, wherever located and by whomsoever held, shall be immune from search, requisition, confiscation, seizure, expropriation or any other form of interference, whether by executive, administrative, judicial or legislative action.
3. To the extent necessary to carry out its functions, the property, assets and funds of the Tribunal shall be exempt from restrictions, regulations, controls and moratoria of any nature.
4. The Tribunal shall have insurance coverage against third-party risks in respect of vehicles owned or operated by it, as required by the laws and regulations of the State in which the vehicle is operated.

Article 6
Archives

Les archives du Tribunal et tous les documents lui appartenant ou en sa possession sont inviolables en toutes circonstances où qu'ils se trouvent. L'Etat Partie dans lequel se trouvent ces archives et documents est informé de l'endroit où ils sont entreposés.

Article 7
Cas dans lesquels le Tribunal exerce ses fonctions en dehors du siège

Lorsque le Tribunal juge souhaitable de siéger ou d'exercer autrement ses fonctions en dehors du siège, il peut conclure avec l'Etat concerné un accord en vue de la fourniture des installations qui lui permettront de s'acquitter de ses fonctions.

Article 8
Communications

1. Aux fins de ses communications et de sa correspondance officielles, le Tribunal bénéficie, sur le territoire de chaque Etat Partie dans la mesure compatible avec les obligations internationales à la charge de l'Etat concerné, d'un traitement au moins aussi favorable que celui qui est accordé par cet Etat à toute autre organisation intergouvernementale ou mission diplomatique en ce qui concerne les priorités, tarifs et taxes s'appliquant au courrier et aux diverses formes de communications et correspondance.
2. Le Tribunal peut utiliser tous les moyens de communication appropriés et employer des codes ou un chiffre pour ses communications ou sa correspondance officielles. Les communications et la correspon-dance officielles du Tribunal sont inviolables.
3. Le Tribunal a le droit d'expédier et de recevoir de la correspondance et d'autres documents ou communications par courrier ou valises scellées, qui bénéficient des mêmes privilèges, immunités et facilités que les courriers et valises diplomatiques.

Article 9
Exonération d'impôts et de droits de douane et des restrictions à l'importation ou à l'exportation

1. Le Tribunal, ses avoirs, revenus et autres biens, de même que ses opérations et transactions, sont exonérés de tout impôt direct. Il demeure

Article 6
Archives

The archives of the Tribunal, and all documents belonging to it or held by it, shall be inviolable at all times and wherever they may be located. The State Party where the archives are located shall be informed of the location of such archives and documents.

Article 7
Exercise of the functions of the Tribunal outside the Headquarters

In the event that the Tribunal considers it desirable to sit or otherwise exercise its functions elsewhere than at its Headquarters, it may conclude with the State concerned an arrangement concerning the provision of the appropriate facilities for the exercise of its functions.

Article 8
Communications

1. For the purposes of its official communications and correspondence, the Tribunal shall enjoy in the territory of each State Party, insofar as is compatible with the international obligations of the State concerned, treatment not less favourable than that which the State Party accords to any intergovernmental organization or diplomatic mission in the matter of priorities, rates and taxes applicable to mail and the various forms of communication and correspondence.

2. The Tribunal may use all appropriate means of communication and make use of codes or cipher for its official communications or correspondence. The official communications and correspondence of the Tribunal shall be inviolable.

3. The Tribunal shall have the right to dispatch and receive correspondence and other materials or communications by courier or in sealed bags, which shall have the same privileges, immunities and facilities as diplomatic couriers and bags.

Article 9
Exemption from taxes, customs duties and import or export restrictions

1. The Tribunal, its assets, income and other property, and its operations and transactions shall be exempt from all direct taxes; it is understood,

entendu, toutefois, que le Tribunal ne demandera pas l'exonération d'impôts qui représentent, en fait, la rémunération de services d'utilité publique.

2.   Le Tribunal est exonéré de tous droits de douane et impôts sur le chiffre d'affaires à l'importation et exempté de toutes prohibitions et restrictions d'importation ou d'exportation à l'égard d'objets importés ou exportés par lui pour son usage officiel.

3.   Les articles ainsi importés ou achetés en franchise ne seront pas vendus ou autrement aliénés sur le territoire d'un Etat Partie, à moins que ce ne soit à des conditions agréées par le gouvernement de cet Etat Partie. Le Tribunal est en outre exempté de tout droit de douane et impôts sur le chiffre d'affaires à l'importation et de toutes prohibitions et restrictions d'importation et d'exportation touchant ses publications.

Article 10
Remboursement des droits et/ou taxes

1.   Le Tribunal ne revendique pas, en principe, l'exonération des droits et taxes entrant dans le prix des biens mobiliers ou immobiliers et des taxes perçues pour services fournis. Cependant, quand il effectue pour son usage officiel des achats importants de biens et d'articles ou de services dont le prix comprend des droits et taxes de cette nature, les Etats Parties prendront les dispositions administratives appropriées en vue de l'exonérer de ces droits et taxes ou lui rembourser le montant des droits et/ou taxes acquittés.

2.   Les articles ainsi achetés en franchise ou faisant l'objet de remboursement ne sont pas vendus ou autrement aliénés, si ce n'est aux conditions énoncées par l'Etat Partie qui a accordé l'exonération ou le remboursement. Il n'est accordé aucune exonération ni aucun remboursement à raison de la rémunération de services d'utilité publique fournis au Tribunal.

Article 11
Régime fiscal

1.   Les traitements, émoluments et indemnités versés aux membres et aux fonctionnaires du Tribunal sont exemptés de tout impôt.

2.   Dans le cas où l'incidence d'un impôt quelconque est subordonnée à la résidence de l'assujetti, les périodes pendant lesquelles les membres ou fonctionnaires du Tribunal se trouvent sur le territoire d'un Etat pour l'exercice de leurs fonctions ne sont pas considérées comme des périodes

however, that the Tribunal shall not claim exemption from taxes which are no more than charges for public utility services.

2. The Tribunal shall be exempt from all customs duties, import turnover taxes and prohibitions and restrictions on imports and exports in respect of articles imported or exported by the Tribunal for its official use.

3. Goods imported or purchased under such an exemption shall not be sold or otherwise disposed of in the territory of a State Party, except under conditions agreed with the Government of that State Party. The Tribunal shall also be exempt from all customs duties, import turnover taxes, prohibitions and restrictions on imports and exports in respect of its publications.

Article 10
Reimbursement of duties and/or taxes

1. The Tribunal shall not, as a general rule, claim exemption from duties and taxes which are included in the price of movable and immovable property and taxes paid for services rendered. Nevertheless, when the Tribunal for its official use makes major purchases of property and goods or services on which duties and taxes are charged or are chargeable, States Parties shall make appropriate administrative arrangements for the exemption of such charges or reimbursement of the amount of duty and/or tax paid.

2. Goods purchased under such an exemption or reimbursement shall not be sold or otherwise disposed of, except in accordance with the conditions laid down by the State Party which granted the exemption or reimbursement. No exemption or reimbursement shall be accorded in respect of charges for public utility services provided to the Tribunal.

Article 11
Taxation

1. The salaries, emoluments and allowances paid to Members and officials of the Tribunal shall be exempt from taxation.

2. Where the incidence of any form of taxation depends upon residence, periods during which such Members or officials are present in a State for the discharge of their functions shall not be considered as periods of residence if such Members or officials are accorded diplomatic privileges, immunities and facilities.

de résidence, si ces membres ou fonctionnaires jouissent de privilèges, immunités et facilités diplomatiques.

3. Les Parties au présent Accord ne sont pas tenues d'exempter de l'impôt sur le revenu les pensions ou rentes versées aux anciens membres et aux anciens fonctionnaires du Tribunal.

Article 12
Levée de toutes restrictions en matière de change

1. Sans être astreint à aucun contrôle, réglementation ou moratoire financiers, et dans l'exercice de ses activités :

   a) le Tribunal peut détenir des fonds, des devises quelconques ou de l'or et avoir des comptes en n'importe quelle monnaie ;

   b) le Tribunal peut transférer librement ses fonds, son or ou ses devises d'un pays dans un autre ou à l'intérieur d'un pays quelconque et convertir toutes devises détenues par lui en toute autre monnaie ;

   c) le Tribunal peut recevoir, détenir, négocier, transférer ou convertir les cautions et autres garanties financières et procéder à cet égard à toutes autres opérations.

2. Dans l'exercice des droits qui lui sont reconnus au paragraphe 1 ci-dessus, le Tribunal tiendra compte de toutes représentations de tout Etat Partie, dans la mesure où il estimera pouvoir y donner suite sans porter préjudice à ses propres intérêts.

Article 13
Membres du Tribunal

1. Dans l'exercice de leurs fonctions, les membres du Tribunal jouissent des privilèges, immunités, facilités et prérogatives accordés aux chefs de mission diplomatique en vertu de la Convention de Vienne.

2. Les membres du Tribunal et les membres de leur famille vivant à leur foyer auront toutes facilités pour quitter le pays où ils se trouvent, ainsi que pour accéder au pays où siège le Tribunal et en sortir. Au cours des déplacements liés à l'exercice de leurs fonctions, ils jouissent, dans tous les pays qu'ils doivent traverser, de tous les privilèges, immunités et facilités accordés par ces pays aux agents diplomatiques en pareille circonstance.

3. Si, afin de se tenir à la disposition du Tribunal, les membres du Tribunal, leurs conjoints et les membres de leur famille et les autres personnes vivant à leur foyer résident dans tout pays autre que celui dont ils sont ressortissants ou résidents permanents, ils jouissent des privilèges,

3.   States Parties shall not be obliged to exempt from income tax pensions or annuities paid to former Members and former officials of the Tribunal.

Article 12
Funds and freedom from currency restrictions

1.   Without being restricted by financial controls, regulations or financial moratoriums of any kind, while carrying out its activities:
   (a)   the Tribunal may hold funds, currency of any kind or gold and operate accounts in any currency;
   (b)   the Tribunal shall be free to transfer its funds, gold or its currency from one country to another or within any country and to convert any currency held by it into any other currency;
   (c)   the Tribunal may receive, hold, negotiate, transfer, convert or otherwise deal with bonds and other financial securities.
2.   In exercising its rights under paragraph 1, the Tribunal shall pay due regard to any representations made by any State Party insofar as it is considered that effect can be given to such representations without detriment to the interests of the Tribunal.

Article 13
Members of the Tribunal

1.   Members of the Tribunal shall, when engaged on the business of the Tribunal, enjoy the privileges, immunities, facilities and prerogatives accorded to heads of diplomatic missions in accordance with the Vienna Convention.
2.   Members of the Tribunal and members of their families forming part of their households shall be accorded every facility for leaving the country where they may happen to be and for entering and leaving the country where the Tribunal is sitting. On journeys in connection with the exercise of their functions, they shall in all countries through which they may have to pass enjoy all the privileges, immunities and facilities granted by these countries to diplomatic agents in similar circumstances.
3.   If Members of the Tribunal, for the purpose of holding themselves at the disposal of the Tribunal, reside in any country other than that of which they are nationals or permanent residents, they shall, together with the members of their families forming part of their households, be accorded diplomatic privileges, immunities and facilities during the period of their residence there.

immunités et facilités diplomatiques pendant la période durant laquelle ils y résident.

4.   Les membres du Tribunal jouissent, pour eux-mêmes et les membres de leur famille vivant à leur foyer, des mêmes facilités de rapatriement en période de crise internationale que celles accordées aux agents diplomatiques en vertu de la Convention de Vienne.

5.   Les membres du Tribunal souscrivent une assurance au tiers pour les véhicules dont ils sont propriétaires ou qu'ils utilisent, comme l'exigent les lois et règlements de l'Etat dans lequel lesdits véhicules sont utilisés.

6.   Les paragraphes 1 à 5 du présent article restent applicables aux membres du Tribunal après leur remplacement s'ils continuent d'exercer leurs fonctions conformément au paragraphe 3 de l'article 5 du Statut.

7.   En vue d'assurer aux membres du Tribunal une complète liberté de parole et une complète indépendance dans l'exercice de leurs fonctions, l'immunité de toute forme de poursuites pour les paroles, les écrits et tous les actes découlant de l'accomplissement de leurs fonctions continue à leur être accordée même lorsqu'ils ne sont plus membres du Tribunal ou qu'ils ont cessé d'exercer leurs fonctions.

Article 14
Fonctionnaires

1.   Dans l'exercice de ses fonctions, le Greffier jouit des privilèges, immunités et facilités diplomatiques.

2.   Les autres fonctionnaires du Tribunal jouissent dans les pays où ils séjournent pour les besoins de leur service, ou dans ceux qu'ils traversent pour ce même motif, des privilèges, immunités et facilités qu'exige l'exercice indépendant de leurs fonctions, en particulier :

a)   de l'immunité d'arrestation ou de détention et de saisie de leurs effets personnels ;

b)   du droit d'importer en franchise leur mobilier et leurs effets à l'occasion de leur première prise de fonctions dans le pays concerné, et de les réexporter en franchise dans le pays de leur domicile ;

c)   de l'exemption de toute inspection de leurs effets personnels à moins qu'il n'existe de sérieuses raisons de croire que les effets contiennent des articles qui ne sont pas destinés à leur usage personnel ou des articles dont l'importation ou l'exportation est prohibée par la loi ou relève de la réglementation de l'Etat Partie concerné en matière de quarantaine. Dans ce cas, il est procédé à l'inspection en présence du fonctionnaire concerné ;

4. Members of the Tribunal shall be accorded, together with members of their families forming part of their households, the same repatriation facilities in time of international crises as are accorded to diplomatic agents under the Vienna Convention.

5. Members of the Tribunal shall have insurance coverage against third-party risks in respect of vehicles owned or operated by them, as required by the laws and regulations of the State in which the vehicle is operated.

6. Paragraphs 1 to 5 of this article shall apply to Members of the Tribunal even after they have been replaced if they continue to exercise their functions in accordance with article 5, paragraph 3, of the Statute.

7. In order to secure, for Members of the Tribunal, complete freedom of speech and independence in the discharge of their functions, the immunity from legal process in respect of words spoken or written and all acts done by them in discharging their functions shall continue to be accorded, notwithstanding that the persons concerned are no longer Members of the Tribunal or performing those functions.

Article 14
Officials

1. The Registrar shall, when engaged on the business of the Tribunal, be accorded diplomatic privileges, immunities and facilities.

2. Other officials of the Tribunal shall enjoy in any country where they may be on the business of the Tribunal, or in any country through which they may pass on such business, such privileges, immunities and facilities as are necessary for the independent exercise of their functions. In particular, they shall be accorded:

   (a) immunity from personal arrest or detention and from seizure of their personal baggage;

   (b) the right to import free of duty their furniture and effects at the time of first taking up their post in the country in question and to re-export the same free of duty to their country of permanent residence;

   (c) exemption from inspection of personal baggage, unless there are serious grounds for believing that the baggage contains articles not for personal use or articles the import or export of which is prohibited by the law or controlled by the quarantine regulations of the State Party concerned; an inspection in such a case shall be conducted in the presence of the official concerned;

d)   de l'immunité de toute forme de poursuites à raison de leurs paroles, de leurs écrits et de tous les actes accomplis par eux dans l'exercice de leurs fonctions. Cette immunité continue à leur être accordée même après qu'ils ont cessé d'exercer leurs fonctions ;

e)   de l'exemption de toute obligation relative au service national ;

f)   pour eux-mêmes et les membres de leur famille vivant à leur foyer, de l'exemption des mesures restrictives relatives à l'immigration et des formalités relatives à l'enregistrement des étrangers ;

g)   des mêmes privilèges et facilités de change que ceux accordés aux fonctionnaires d'un rang comparable appartenant aux missions diplomatiques accréditées auprès du gouvernement concerné ;

h)   pour eux-mêmes et les membres de leur famille vivant à leur foyer, des mêmes facilités de rapatriement que celles qui sont accordées en période de crise internationale aux agents diplomatiques en vertu de la Convention de Vienne.

3.   Les fonctionnaires du Tribunal sont tenus de souscrire une assurance au tiers pour les véhicules dont ils sont propriétaires ou qu'ils utilisent, comme l'exigent les lois et règlements de l'Etat dans lequel lesdits véhicules sont utilisés.

4.   Le Tribunal informe tous les Etats Parties des catégories de fonctionnaires auxquelles s'appliquent les dispositions du présent article. Les noms des fonctionnaires compris dans ces catégories leur sont communiqués périodiquement.

Article 15
Experts désignés conformément à l'article 289 de la Convention

Les experts désignés conformément à l'article 289 de la Convention jouissent, pendant la durée de leur mission, y compris le temps du voyage, des privilèges, immunités et facilités nécessaires pour garantir leur indépendance dans l'exercice de leurs fonctions, en particulier :

a)   de l'immunité d'arrestation ou de détention et de saisie de leurs effets personnels ;

b)   de l'exemption de toute inspection de leurs effets personnels, à moins qu'il n'existe de sérieuses raisons de croire que les effets contiennent des articles qui ne sont pas destinés à leur usage personnel ou des articles dont l'importation ou l'exportation est prohibée par la loi ou relève de la

(d)   immunity from legal process in respect of words spoken or written and all acts done by them in discharging their functions, which immunity shall continue even after they have ceased to exercise their functions;

(e)   immunity from national service obligations;

(f)   together with members of their families forming part of their household, exemption from immigration restrictions or alien registration;

(g)   the same privileges in respect of currency and exchange facilities as are accorded to the officials of comparable rank forming part of diplomatic missions to the Government concerned;

(h)   together with members of their families forming part of their household, the same repatriation facilities in time of international crises as are accorded to diplomatic agents under the Vienna Convention.

3.   The officials of the Tribunal shall be required to have insurance coverage against third-party risks in respect of vehicles owned or operated by them, as required by the laws and regulations of the State in which the vehicle is operated.

4.   The Tribunal shall communicate to all States Parties the categories of officials to which the provisions of this article shall apply. The names of the officials included in these categories shall from time to time be communicated to all States Parties.

Article 15
Experts appointed under article 289 of the Convention

Experts appointed under article 289 of the Convention shall be accorded, during the period of their missions, including the time spent on journeys in connection with their missions, such privileges, immunities and facilities as are necessary for the independent exercise of their functions. In particular, they shall be accorded:

(a)   immunity from personal arrest or detention and from seizure of their personal baggage;

(b)   exemption from inspection of personal baggage, unless there are serious grounds for believing that the baggage contains articles not for personal use or articles the import or export of which is prohibited by law or controlled by the quarantine regulations of the State Party concerned; an inspection in such a case shall be conducted in the presence of the expert concerned;

réglementation de l'Etat Partie concerné en matière de quarantaine. Dans ce cas, il est procédé à l'inspection en présence de l'expert concerné ;

c)   de l'immunité de toute forme de poursuites à raison de leurs paroles ou leurs écrits et des actes accomplis dans l'exercice de leurs fonctions. Cette immunité continue à leur être accordée même après qu'ils ont cessé d'exercer leurs fonctions ;

d)   inviolabilité de tous documents et papiers ;

e)   de l'exemption des mesures restrictives relatives à l'immigration et des formalités relatives à l'enregistrement des étrangers ;

f)   des mêmes facilités, en ce qui concerne les restrictions monétaires et de change, que celles accordées aux représentants de gouvernements étrangers en mission officielle temporaire ;

g)   des mêmes facilités de rapatriement en période de crise internationale que celles accordées aux agents diplomatiques en vertu de la Convention de Vienne.

Article 16
Agents, conseils et avocats

1.   Les agents, conseils et avocats auprès du Tribunal jouissent, pendant la durée de leur mission, y compris lors des voyages effectués dans le cadre de missions, des privilèges, immunités et facilités qu'exige l'exercice indépendant de leurs fonctions, en particulier :

a)   de l'immunité d'arrestation ou de détention et de saisie de leurs effets personnels ;

b)   de l'exemption de toute inspection de leurs effets personnels, à moins qu'il n'existe de sérieuses raisons de croire que les effets contiennent des articles qui ne sont pas destinés à leur usage personnel ou des articles dont l'importation ou l'exportation est prohibée par la loi ou relève de la réglementation de l'Etat Partie concerné en matière de quarantaine. Dans ce cas, il est procédé à l'inspection en présence de l'agent, du conseil ou de l'avocat concerné ;

c)   de l'immunité de toute forme de poursuites à raison de leurs paroles, leurs écrits et de tous les actes accomplis par eux dans l'exercice de leurs fonctions de représentants des parties devant le Tribunal, immunité qui subsiste après que les intéressés ont cessé d'exercer leurs fonctions ;

d)   de l'inviolabilité de tous documents et papiers ;

e)   du droit de recevoir des papiers ou de la correspondance par courrier ou par valises scellées ;

(c)   immunity from legal process in respect of words spoken or written and acts done by them in discharging their functions, which immunity shall continue even after they have ceased to exercise their functions;

(d)   inviolability of documents and papers;

(e)   exemption from immigration restrictions or alien registration;

(f)   the same facilities in respect of currency and exchange restrictions as are accorded to representatives of foreign Governments on temporary official missions;

(g)   such experts shall be accorded the same repatriation facilities in time of international crises as are accorded to diplomatic agents under the Vienna Convention.

Article 16
Agents, counsel and advocates

1.   Agents, counsel and advocates before the Tribunal shall be accorded, during the period of their missions, including the time spent on journeys in connection with their missions, the privileges, immunities and facilities necessary for the independent exercise of their functions. In particular, they shall be accorded:

(a)   immunity from personal arrest or detention and from seizure of their personal baggage;

(b)   exemption from inspection of personal baggage, unless there are serious grounds for believing that the baggage contains articles not for personal use or articles the import or export of which is prohibited by law or controlled by the quarantine regulations of the State Party concerned; an inspection in such a case shall be conducted in the presence of the agent, counsel or advocate concerned;

(c)   immunity from legal process in respect of words spoken or written and all acts done by them in discharging their functions, which immunity shall continue even after they have ceased to exercise their functions;

(d)   inviolability of documents and papers;

(e)   the right to receive papers or correspondence by courier or in sealed bags;

f)   de l'exemption de toutes mesures restrictives relatives à l'immigration et de toutes formalités d'enregistrement des étrangers ;

g)   des mêmes facilités concernant leurs effets personnels et leurs transactions monétaires ou de change que celles qui sont accordées aux représentants de gouvernements étrangers en mission officielle temporaire ;

h)   des mêmes facilités de rapatriement en période de crise internationale que celles accordées aux agents diplomatiques en vertu de la Convention de Vienne.

2.   Une fois que les parties à la procédure devant le Tribunal lui ont notifié la désignation d'un agent, conseil ou avocat, le Greffier signe un certificat attestant le statut du représentant, lequel est valable pour une période raisonnable requise par la procédure.

3.   Les autorités compétentes de l'Etat concerné accordent les privilèges, immunités, facilités et prérogatives aux agents, conseils et avocats visés au présent article, au vu du certificat mentionné au paragraphe 2.

4.   Dans le cas où l'incidence d'un impôt quelconque est subordonné à la résidence de l'assujetti, les périodes pendant lesquelles les agents, conseils ou avocats se trouvent sur le territoire d'un Etat pour l'exercice de leurs fonctions ne sont pas considérées comme des périodes de résidence.

Article 17
Témoins, experts et personnes accomplissant des missions

1.   Les témoins, experts et personnes qui accomplissent des missions sur l'ordre du Tribunal jouissent, pendant la durée de leur mission, y compris lors des voyages effectués dans le cadre de missions, des privilèges, immunités et facilités prévus aux alinéas a) à f) de l'article 15.

2.   Les témoins, experts et personnes accomplissant des missions bénéficient de facilités de rapatriement en période de crise internationale.

Article 18
Nationaux et résidents permanents

Sous réserve des privilèges et immunités supplémentaires pouvant être accordés par l'Etat Partie concerné, et sans préjudice de l'article 11, toute personne bénéficiant de privilèges et immunités en vertu du présent Accord ne jouit, sur le territoire de l'Etat Partie dont elle a la nationalité ou dans lequel elle a le statut de résident permanent, que de l'immunité de toute forme de poursuites et

(f)   exemption from immigration restrictions or alien registration;

(g)   the same facilities in respect of their personal baggage and in respect of currency or exchange restrictions as are accorded to representatives of foreign Governments on temporary official missions;

(h)   the same repatriation facilities in time of international crises as are accorded to diplomatic agents under the Vienna Convention.

2.   Upon receipt of notification from parties to proceedings before the Tribunal as to the appointment of an agent, counsel or advocate, a certification of the status of such representative shall be provided under the signature of the Registrar and limited to a period reasonably required for the proceedings.

3.   The competent authorities of the State concerned shall accord the privileges, immunities and facilities provided for in this article upon production of the certification referred to in paragraph 2.

4.   Where the incidence of any form of taxation depends upon residence, periods during which such agents, counsel or advocates are present in a State for the discharge of their functions shall not be considered as periods of residence.

Article 17
Witnesses, experts and persons performing missions

1.   Witnesses, experts and persons performing missions by order of the Tribunal shall be accorded, during the period of their missions, including the time spent on journeys in connection with their missions, the privileges, immunities and facilities provided for in article 15, subparagraphs (a) to (f).

2.   Witnesses, experts and such persons shall be accorded repatriation facilities in time of international crises.

Article 18
Nationals and permanent residents

Except insofar as additional privileges and immunities may be granted by the State Party concerned, and without prejudice to article 11, a person enjoying immunities and privileges under this Agreement shall, in the territory of the State Party of which he or she is a national or permanent resident, enjoy only immunity from legal process and inviolability in respect of words spoken or written and all acts done by that person in the discharge of his or her duties,

de l'inviolabilité à raison de ses paroles, de ses écrits et de tous les actes accomplis par elle dans l'exercice de ses fonctions. Cette immunité continue à lui être accordée même après qu'elle a cessé d'exercer des fonctions au Tribunal.

Article 19
Respect des lois et règlements

1. Les privilèges, immunités, facilités et prérogatives prévus aux articles 13 à 17 du présent Accord sont accordés aux personnes concernées, non à leur avantage personnel mais afin de garantir leur indépendance dans l'exercice des fonctions qu'elles remplissent auprès du Tribunal.
2. Sans préjudice de leurs privilèges et immunités, toutes les personnes visées aux articles 13 à 17 sont tenues de respecter les lois et règlements de l'Etat Partie où elles séjournent pour les besoins de leur service, ou de ceux qu'elles traversent pour ce même motif. Elles sont tenues également de ne pas s'immiscer dans les affaires intérieures de cet Etat.

Article 20
Levée de l'immunité

1. Dans la mesure où les privilèges et immunités prévus dans le présent Accord sont accordés aux personnes concernées, non à leur avantage personnel mais dans l'intérêt de la bonne administration de la justice, l'autorité compétente a le droit et le devoir de lever l'immunité de la personne mise en cause dans toute affaire où, de l'avis de l'Etat Partie, cette immunité empêcherait que justice soit faite et s'il estime que l'immunité peut être levée sans porter préjudice à la bonne administration de la justice.
2. A cette fin, l'autorité compétente en ce qui concerne les agents, conseils et avocats représentant un Etat Partie à la procédure devant le Tribunal ou nommé par un tel Etat est l'Etat concerné. En ce qui concerne les autres agents, conseils et avocats, le Greffier, les experts désignés conformément à l'article 289 de la Convention et les témoins, experts et personnes accomplissant des missions, le Tribunal est l'autorité compétente. Dans le cas des autres fonctionnaires du Tribunal, l'autorité compétente est le Greffier, agissant avec l'accord du Président du Tribunal.

which immunity shall continue even after the person has ceased to exercise his or her functions in connection with the Tribunal.

Article 19
Respect for laws and regulations

1. Privileges, immunities, facilities and prerogatives as provided for in articles 13 to 17 of this Agreement are granted not for the personal benefit of the individuals themselves but in order to safeguard the independent exercise of their functions in connection with the Tribunal.

2. Without prejudice to their privileges and immunities, it is the duty of all persons referred to in articles 13 to 17 to respect the laws and regulations of the State Party in whose territory they may be on the business of the Tribunal or through whose territory they may pass on such business. They also have a duty not to interfere in the internal affairs of that State.

Article 20
Waiver

1. Inasmuch as the privileges and immunities provided for in this Agreement are granted in the interests of the good administration of justice and not for the personal benefit of the individuals themselves, the competent authority has the right and the duty to waive the immunity in any case where, in its opinion, the immunity would impede the course of justice and can be waived without prejudice to the administration of justice.

2. For this purpose, the competent authority in the case of agents, counsel and advocates representing or designated by a State which is a party to proceedings before the Tribunal will be the State concerned. In the case of other agents, counsel and advocates, the Registrar, experts appointed under article 289 of the Convention and witnesses, experts and persons performing missions, the competent authority will be the Tribunal. In the case of other officials of the Tribunal, the competent authority will be the Registrar, acting with the approval of the President of the Tribunal.

Article 21
Laissez-passer et visas

1.   Les Etats Parties reconnaissent et acceptent comme titres valides de voyage les laissez-passer des Nations Unies déıivrés aux membres et aux fonctionnaires du Tribunal ou aux experts nommés conformément à l'article 289 de la Convention.

2.   Les demandes de visa (lorsque des visas sont nécessaires) émanant des membres du Tribunal et du Greffier doivent être examinées dans les plus brefs délais possible. Les demandes de visa émanant de toute autre personne titulaire du laissez-passer visé au paragraphe 1 du présent article ou ayant droit à un tel laissez-passer et des personnes visées aux articles 16 et 17 doivent, lorsqu'elles sont accompagnées d'un certificat attestant que ces personnes voyagent pour le compte du Tribunal, être examinées dans les plus brefs déıais possible.

Article 22
Libre déplacement

Aucune restriction d'ordre administratif ou autre n'est apportée au libre déplacement des membres du Tribunal ni des autres personnes visées aux articles 13 à 17, qui se rendent au siège du Tribunal ou en tout autre lieu où le Tribunal siège ou exerce autrement ses fonctions ou en reviennent.

Article 23
Maintien de la sécurité et de l'ordre public

1.   Lorsqu'un Etat Partie estime nécessaire de prendre, sans préjudice de l'indépendance et du bon fonctionnement du Tribunal, des mesures pour assurer la sécurité ou le maintien de l'ordre dans le pays, conformément au droit international, cet Etat Partie consulte le Tribunal aussi rapidement que possible afin de déterminer d'un commun accord les mesures nécessaires pour assurer la protection de celui-ci.

2.   Le Tribunal coopère avec le gouvernement de l'Etat Partie en vue d'éviter que ses activités ne portent préjudice à la sécurité ou à l'ordre public dudit Etat.

Article 21
Laissez-passer and visas

1. The States Parties shall recognize and accept the United Nations laissez-passer issued to Members and officials of the Tribunal or experts appointed under article 289 of the Convention as a valid travel document.
2. Applications for visas (where required) from the Members of the Tribunal and the Registrar shall be dealt with as speedily as possible. Applications for visas from all other persons holding or entitled to hold laissez-passer referred to in paragraph 1 of this Article and from persons referred to in articles 16 and 17, when accompanied by a certificate that they are travelling on the business of the Tribunal, shall be dealt with as speedily as possible.

Article 22
Freedom of movement

No administrative or other restrictions shall be imposed on the free movement of Members of the Tribunal, as well as other persons mentioned in articles 13 to 17, to and from the Headquarters of the Tribunal or the place where the Tribunal is sitting or otherwise exercising its functions.

Article 23
Maintenance of security and public order

1. If the State Party concerned considers it necessary to take, without prejudice to the independent and proper working of the Tribunal, measures necessary for the security or for the maintenance of public order of the State Party in accordance with international law, it shall approach the Tribunal as rapidly as circumstances allow in order to determine by mutual agreement the measures necessary to protect the Tribunal.
2. The Tribunal shall cooperate with the Government of such State Party to avoid any prejudice to the security or public order of the State Party resulting from its activities.

Article 24
Coopération avec les autorités des Etats Parties

Le Tribunal collabore, à tout moment, avec les autorités compétentes des Etats Parties en vue de faciliter l'application de la législation de ces Etats et d'éviter tout abus auquel pourraient donner lieu les privilèges, immunités, facilités et prérogatives visés dans le présent Accord.

Article 25
Rapports avec les accords spéciaux

Lorsqu'une disposition du présent Accord et une disposition de tout accord spécial conclu entre le Tribunal et un Etat Partie ont trait au même sujet, les deux dispositions sont considérées, autant que possible, comme complémentaires et applicables toutes les deux, aucune d'entre elles ne limitant les effets de l'autre; mais en cas de conflit, la disposition de l'accord spécial l'emporte.

Article 26
Règlement des différends

1. Le Tribunal prend des dispositions appropriées en vue du règlement :
    a) des différends résultant de contrats et autres différends de droit privé auxquels le Tribunal est partie ;
    b) des différends mettant en cause toute personne visée dans le présent Accord qui jouit de l'immunité en raison de sa situation officielle, sauf si cette immunité a été levée.
2. Tout différend portant sur l'interprétation ou l'application du présent Accord est porté devant un tribunal arbitral, à moins que les parties ne soient convenues d'avoir recours à un autre mode de règlement. Tout différend entre le Tribunal et un Etat Partie qui n'est pas régié par voie de consultation, de négociation ou par tout autre moyen convenu dans les trois mois qui suivent la demande faite à cet effet par l'une des parties au différend est porté, à la demande de l'une ou l'autre partie, devant un groupe de trois arbitres qui tranchera définitivement. L'un des arbitres est choisi par le Tribunal, un autre par l'Etat Partie et le troisième, qui préside, par les deux autres arbitres. Si l'une ou l'autre des parties au différend n'a pas désigné un arbitre dans les deux mois qui suivent la désignation d'un arbitre par l'autre partie, le Secrétaire général de l'Organisation des Nations Unies procède à cette désignation. A défaut d'accord entre les deux premiers arbitres sur le choix du troisième dans

Article 24
Cooperation with the authorities of States Parties

The Tribunal shall cooperate at all times with the appropriate authorities of States Parties to facilitate the execution of their laws and to prevent any abuse in connection with the privileges, immunities, facilities and prerogatives referred to in this Agreement.

Article 25
Relationship with special agreements

Insofar as the provisions of this Agreement and the provisions of any special agreement between the Tribunal and a State Party relate to the same subject matter, the two provisions shall, whenever possible, be treated as complementary, so that both provisions shall be applicable and neither provision shall narrow the effect of the other; but in case of conflict the provision of the special agreement shall prevail.

Article 26
Settlement of disputes

1. The Tribunal shall make suitable provisions for the settlement of:
    (a) disputes arising out of contracts and other disputes of a private law character to which the Tribunal is a party;
    (b) disputes involving any person referred to in this Agreement who by reason of his official position enjoys immunity, if such immunity has not been waived.

2. All disputes arising out of the interpretation or application of this Agreement shall be referred to an arbitral tribunal unless the parties have agreed to another mode of settlement. If a dispute arises between the Tribunal and a State Party which is not settled by consultation, negotiation or other agreed mode of settlement within three months following a request by one of the parties to the dispute, it shall at the request of either party be referred for final decision to a panel of three arbitrators: one to be chosen by the Tribunal, one to be chosen by the State Party and the third, who shall be Chairman of the panel, to be chosen by the first two arbitrators. If either party has failed to make its appointment of an arbitrator within two months of the appointment of an arbitrator by the other party, the Secretary-General of the United Nations shall make such appointment. Should the first two arbitrators fail to agree upon the

les trois mois qui suivent leur désignation, ce troisième arbitre est choisi par le Secrétaire général de l'Organisation des Nations Unies à la demande du Tribunal ou de l'Etat Partie.

Article 27
Signature

Le présent Accord est ouvert à la signature de tous les Etats au Siège de l'Organisation des Nations Unies pendant vingt-quatre mois à compter du 1er juillet 1997.

Article 28
Ratification

Le présent Accord est soumis à ratification. Ses instruments de ratification sont déposés auprès du Secrétaire général de 1'Organisation des Nations Unies.

Article 29
Adhésion

Le présent Accord est ouvert à 1'adhésion de tous les Etats. Les instruments d'adhésion sont déposés auprès du Secrétaire général de l'Organisation des Nations Unies.

Article 30
Entrée en vigueur

1. Le présent Accord entre en vigueur 30 jours après le dépôt du dixième instrument de ratification ou d'adhésion.
2. Pour chaque Etat qui ratifie le présent Accord ou y adhère après le dépôt du dixième instrument de ratification ou d'adhésion, l'Accord entre en vigueur le trentième jour qui suit la date de dépôt de l'instrument de ratification ou d'adhésion.

Article 31
Application à titre provisoire

Tout Etat qui a l'intention de ratifier le présent Accord ou d'y adhérer peut à tout moment notifier au dépositaire qu'il applique 1'Accord à titre provisoire pour une période n'excédant pas deux ans.

appointment of the third arbitrator within three months following the appointment of the first two arbitrators the third arbitrator shall be chosen by the Secretary-General of the United Nations upon the request of the Tribunal or the State Party.

Article 27
Signature

This Agreement shall be open for signature by all States and shall remain open for signature at United Nations Headquarters for twenty-four months from 1 July 1997.

Article 28
Ratification

This Agreement is subject to ratification. The instruments of ratification shall be deposited with the Secretary-General of the United Nations.

Article 29
Accession

This Agreement shall remain open for accession by all States. The instruments of accession shall be deposited with the Secretary-General of the United Nations.

Article 30
Entry into force

1. This Agreement shall enter into force 30 days after the date of deposit of the tenth instrument of ratification or accession.
2. For each State which ratifies this Agreement or accedes thereto after the deposit of the tenth instrument of ratification or accession, this Agreement shall enter into force on the thirtieth day following the deposit of its instrument of ratification or accession.

Article 31
Provisional application

A State which intends to ratify or accede to this Agreement may at any time notify the depositary that it will apply this Agreement provisionally for a period not exceeding two years.

Article 32
Application spéciale

Lorsque, comme le prévoit son Statut, le Tribunal est saisi d'un différend, tout Etat qui sans être partie au présent Accord est partie au différend peut pour la circonstance, aux fins et pour la durée de l'espèce, devenir partie au présent Accord en déposant un instrument d'acceptation. Les instruments d'acceptation sont déposés auprès du Secrétaire général de l'Organisation des Nations Unies et prennent effet à la date de dépôt.

Article 33
Dénonciation

1. Un Etat Partie peut dénoncer l'Accord, par voie de notification écrite adressée au Secrétaire général de l'Organisation des Nations Unies. La dénonciation prend effet un an après la date de réception de la notification, à moins qu'elle ne prévoie une date ultérieure.
2. La dénonciation n'affecte en rien le devoir de tout Etat Partie de remplir toute obligation énoncée dans l'Accord à laquelle il serait soumis en vertu du droit international indépendamment de celui-ci.

Article 34
Dépositaire

Le Secrétaire général de l'Organisation des Nations Unies est le dépositaire du présent Accord.

Article 35
Textes faisant foi

Les textes anglais, arabe, chinois, espagnol, français et russe de l'Accord font également foi.

EN FOI DE QUOI, les plénipotentiaires soussignés, dûment autorisés à cet effet, ont signé l'Accord.

OUVERT À LA SIGNATURE à New York le 1er juillet mil neuf cent quatre-vingt-dix-sept en un texte original unique en langues anglaise, arabe, chinoise, espagnole, française et russe.

Article 32
Ad hoc *application*

Where a dispute has been submitted to the Tribunal in accordance with the Statute, any State not a party to this Agreement which is a party to the dispute may, *ad hoc* for the purposes and duration of the case relating thereto, become a party to this Agreement by the deposit of an instrument of acceptance. Instruments of acceptance shall be deposited with the Secretary-General of the United Nations and shall become effective on the date of deposit.

Article 33
Denunciation

1. A State Party may, by written notification addressed to the Secretary-General of the United Nations, denounce this Agreement. The denunciation shall take effect one year after the date of receipt of the notification, unless the notification specifies a later date.
2. The denunciation shall not in any way affect the duty of any State Party to fulfil any obligation embodied in this Agreement to which it would be subject under international law independently of this Agreement.

Article 34
Depositary

The Secretary-General of the United Nations shall be the depositary of this Agreement.

Article 35
Authentic texts

The Arabic, Chinese, English, French, Russian and Spanish texts of this Agreement are equally authentic.

IN WITNESS WHEREOF, the undersigned Plenipotentiaries, being duly authorized thereto, have signed this Agreement.

OPENED FOR SIGNATURE at New York, this first day of July, one thousand nine hundred and ninety-seven, in a single original, in the Arabic, Chinese, English, French, Russian and Spanish languages.

Convention des Nations Unies sur le droit de la mer
du 10 décembre 1982

∵

*United Nations Convention on the Law of the Sea
of 10 December 1982*

∵

Préambule

Les Etats Parties à la Convention,

Animés du désir de régler, dans un esprit de compréhension et de coopération mutuelles, tous les problèmes concernant le droit de la mer et conscients de la portée historique de la Convention qui constitue une contribution importante au maintien de la paix, à la justice et au progrès pour tous les peuples du monde,

Constatant que les faits nouveaux intervenus depuis les Conférences des Nations Unies sur le droit de la mer qui se sont tenues à Genève en 1958 et en 1960 ont renforcé la nécessité d'une convention nouvelle sur le droit de la mer généralement acceptable,

Conscients que les problèmes des espaces marins sont étroitement liés entre eux et doivent être envisagés dans leur ensemble,

Reconnaissant qu'il est souhaitable d'établir, au moyen de la Convention, compte dûment tenu de la souveraineté de tous les Etats, un ordre juridique pour les mers et les océans qui facilite les communications internationales et favorise les utilisations pacifiques des mers et des océans, l'utilisation équitable et efficace de leurs ressources, la conservation de leurs ressources biologiques et l'étude, la protection et la préservation du milieu marin,

Considérant que la réalisation de ces objectifs contribuera à la mise en place d'un ordre économique international juste et équitable dans lequel il serait tenu compte des intérêts et besoins de l'humanité tout entière et, en particulier, des intérêts et besoins spécifiques des pays en développement, qu'ils soient côtiers ou sans littoral,

Souhaitant développer, par la Convention, les principes contenus dans la résolution 2749 (XXV) du 17 décembre 1970, dans laquelle l'Assemblée générale des Nations Unies a déclaré solennellement, notamment, que la zone du fond des mers et des océans, ainsi que de leur sous-sol, au-delà des limites de la juridiction nationale et les ressources de cette zone sont le patrimoine commun de l'humanité et que l'exploration et l'exploitation de la zone se feront dans l'intérêt de l'humanité tout entière, indépendamment de la situation géographique des Etats,

Convaincus que la codification et le développement progressif du droit de la mer réalisés dans la Convention contribueront au renforcement de la paix, de

Preamble

The States Parties to this Convention,

Prompted by the desire to settle, in a spirit of mutual understanding and cooperation, all issues relating to the law of the sea and aware of the historic significance of this Convention as an important contribution to the maintenance of peace, justice and progress for all peoples of the world,

Noting that developments since the United Nations Conferences on the Law of the Sea held at Geneva in 1958 and 1960 have accentuated the need for a new and generally acceptable Convention on the law of the sea,

Conscious that the problems of ocean space are closely interrelated and need to be considered as a whole,

Recognizing the desirability of establishing through this Convention, with due regard for the sovereignty of all States, a legal order for the seas and oceans which will facilitate international communication, and will promote the peaceful uses of the seas and oceans, the equitable and efficient utilization of their resources, the conservation of their living resources, and the study, protection and preservation of the marine environment,

Bearing in mind that the achievement of these goals will contribute to the realization of a just and equitable international economic order which takes into account the interests and needs of mankind as a whole and, in particular, the special interests and needs of developing countries, whether coastal or land-locked,

Desiring by this Convention to develop the principles embodied in resolution 2749 (XXV) of 17 December 1970 in which the General Assembly of the United Nations solemnly declared *inter alia* that the area of the seabed and ocean floor and the subsoil thereof, beyond the limits of national jurisdiction, as well as its resources, are the common heritage of mankind, the exploration and exploitation of which shall be carried out for the benefit of mankind as a whole, irrespective of the geographical location of States,

Believing that the codification and progressive development of the law of the sea achieved in this Convention will contribute to the strengthening of peace, security, cooperation and friendly relations among all nations in conformity with the principles of justice and equal rights and will promote the economic

la sécurité, de la coopération et des relations amicales entre toutes les nations, conformément aux principes de justice et d'égalité des droits, et favoriseront le progrès économique et social de tous les peuples du monde, conformément aux buts et principes des Nations Unies, tels qu'ils sont énoncés dans la Charte,

Affirmant que les questions qui ne sont pas réglementées par la Convention continueront d'être régies par les règles et principes du droit international général,

Sont convenus de ce qui suit :

Partie I
Introduction

Article premier
Emploi des termes et champ d'application

1.   Aux fins de la Convention :
    1)   on entend par « Zone » les fonds marins et leur sous-sol au-delà des limites de la juridiction nationale ;
    2)   on entend par « Autorité » l'Autorité internationale des fonds marins ;
    3)   on entend par « activités menées dans la Zone » toutes les activités d'exploration et d'exploitation des ressources de la Zone ;
    4)   on entend par « pollution du milieu marin » l'introduction directe ou indirecte, par l'homme, de substances ou d'énergie dans le milieu marin, y compris les estuaires, lorsqu'elle a ou peut avoir des effets nuisibles tels que dommages aux ressources biologiques et à la faune et la flore marines, risques pour la santé de l'homme, entrave aux activités maritimes, y compris la pêche et les autres utilisations légitimes de la mer, altération de la qualité de l'eau de mer du point de vue de son utilisation et dégradation des valeurs d'agrément ;
    5)   a)   on entend par « immersion » :
              i)   tout déversement délibéré de déchets ou autres matières, à partir de navires, aéronefs, plates-formes ou autres ouvrages placés en mer ;
              ii)   tout sabordage en mer de navires, aéronefs, plates-formes ou autres ouvrages ;
         b)   le terme « immersion » ne vise pas :
              i)   le déversement de déchets ou autres matières produits directement ou indirectement lors de l'exploitation

and social advancement of all peoples of the world, in accordance with the Purposes and Principles of the United Nations as set forth in the Charter,

Affirming that matters not regulated by this Convention continue to be governed by the rules and principles of general international law,

Have agreed as follows:

Part I
Introduction

Article 1
Use of terms and scope

1. For the purposes of this Convention:
   (1) "Area" means the seabed and ocean floor and subsoil thereof, beyond the limits of national jurisdiction;
   (2) "Authority" means the International Seabed Authority;
   (3) "activities in the Area" means all activities of exploration for, and exploitation of, the resources of the Area;
   (4) "pollution of the marine environment" means the introduction by man, directly or indirectly, of substances or energy into the marine environment, including estuaries, which results or is likely to result in such deleterious effects as harm to living resources and marine life, hazards to human health, hindrance to marine activities, including fishing and other legitimate uses of the sea, impairment of quality for use of sea water and reduction of amenities;
   (5) (a) "dumping" means:
       (i) any deliberate disposal of wastes or other matter from vessels, aircraft, platforms or other man-made structures at sea;
       (ii) any deliberate disposal of vessels, aircraft, platforms or other man-made structures at sea;
       (b) "dumping" does not include:
       (i) the disposal of wastes or other matter incidental to, or derived from the normal operations of vessels, aircraft, platforms or other man-made structures at sea and their equipment, other than wastes or other matter transported by or to vessels, aircraft, platforms or other

normale de navires, aéronefs, plates-formes ou autres ouvrages placés en mer, ainsi que de leur équipement, à l'exception des déchets ou autres matières transportés par ou transbordés sur des navires, aéronefs, plates-formes ou autres ouvrages placés en mer qui sont utilisés pour l'élimination de ces matières, ou provenant du traitement de tels déchets ou autres matières à bord de ces navires, aéronefs, plates-formes ou ouvrages ;

ii)   le dépôt de matières à des fins autres que leur simple élimination, sous réserve que ce dépôt n'aille pas à l'encontre des buts de la Convention.

2.   1)   On entend par « Etats Parties » les Etats qui ont consenti à être liés par la Convention et à l'égard desquels la Convention est en vigueur.

2)   La Convention s'applique *mutatis mutandis* aux entités visées à l'article 305, paragraphe 1, lettres b), c), d), e) et f), qui deviennent Parties à la Convention conformément aux conditions qui concernent chacune d'entre elles ; dans cette mesure, le terme « Etats Parties » s'entend de ces entités.

Partie II
Mer territoriale et zone contiguë

Section 1. Dispositions générales

Article 2
Régime juridique de la mer territoriale et de l'espace aérien surjacent, ainsi que du fond de cette mer et de son sous-sol

1.   La souveraineté de l'Etat côtier s'étend, au-delà de son territoire et de ses eaux intérieures et, dans le cas d'un Etat archipel, de ses eaux archipélagiques, à une zone de mer adjacente désignée sous le nom de mer territoriale.

2.   Cette souveraineté s'étend à l'espace aérien au-dessus de la mer territoriale, ainsi qu'au fond de cette mer et à son sous-sol.

3.   La souveraineté sur la mer territoriale s'exerce dans les conditions prévues par les dispositions de la Convention et les autres règles du droit international.

man-made structures at sea, operating for the purpose of disposal of such matter or derived from the treatment of such wastes or other matter on such vessels, aircraft, platforms or structures;

(ii) placement of matter for a purpose other than the mere disposal thereof, provided that such placement is not contrary to the aims of this Convention.

2. (1) "States Parties" means States which have consented to be bound by this Convention and for which this Convention is in force.

(2) This Convention applies *mutatis mutandis* to the entities referred to in article 305, paragraph l(b), (c), (d), (e) and (f), which become Parties to this Convention in accordance with the conditions relevant to each, and to that extent "States Parties" refers to those entities.

Part II
Territorial Sea and Contiguous Zone

Section 1. General Provisions

Article 2
Legal status of the territorial sea, of the air space over the territorial sea and of its bed and subsoil

1. The sovereignty of a coastal State extends, beyond its land territory and internal waters and, in the case of an archipelagic State, its archipelagic waters, to an adjacent belt of sea, described as the territorial sea.

2. This sovereignty extends to the air space over the territorial sea as well as to its bed and subsoil.

3. The sovereignty over the territorial sea is exercised subject to this Convention and to other rules of international law.

Section 2. Limites de la mer territoriale

Article 3
Largeur de la mer territoriale

Tout Etat a le droit de fixer la largeur de sa mer territoriale, cette largeur ne dépasse pas 12 milles marins mesurés à partir de lignes de base établies conformément à la Convention.

Article 4
Limite extérieure de la mer territoriale

La limite extérieure de la mer territoriale est constituée par la ligne dont chaque point est à une distance égale à la largeur de la mer territoriale du point le plus proche de la ligne de base.

Article 5
Ligne de base normale

Sauf disposition contraire de la Convention, la ligne de base normale à partir de laquelle est mesurée la largeur de la mer territoriale est la laisse de basse mer le long de la côte, telle qu'elle est indiquée sur les cartes marines à grande échelle reconnues officiellement par l'Etat côtier.

Article 6
Récifs

Lorsqu'il s'agit de parties insulaires d'une formation atollienne ou d'îles bordées de récifs frangeants, la ligne de base à partir de laquelle est mesurée la largeur de la mer territoriale est la laisse de basse mer sur le récif, côté large, telle qu'elle est indiquée sur les cartes marines reconnues officiellement par l'Etat côtier.

Article 7
Lignes de base droites

1.   Là où la côte est profondément échancrée et découpée, ou s'il existe un chapelet d'îles le long de la côte, à proximité immédiate de celle-ci, la méthode des lignes de base droites reliant des points appropriés peut être employée pour tracer la ligne de base à partir de laquelle est mesurée la largeur de la mer territoriale.

Section 2. Limits of the Territorial Sea

Article 3
Breadth of the territorial sea

Every State has the right to establish the breadth of its territorial sea up to a limit not exceeding 12 nautical miles, measured from baselines determined in accordance with this Convention.

Article 4
Outer limit of the territorial sea

The outer limit of the territorial sea is the line every point of which is at a distance from the nearest point of the baseline equal to the breadth of the territorial sea.

Article 5
Normal baseline

Except where otherwise provided in this Convention, the normal baseline for measuring the breadth of the territorial sea is the low-water line along the coast as marked on large-scale charts officially recognized by the coastal State.

Article 6
Reefs

In the case of islands situated on atolls or of islands having fringing reefs, the baseline for measuring the breadth of the territorial sea is the seaward low-water line of the reef, as shown by the appropriate symbol on charts officially recognized by the coastal State.

Article 7
Straight baselines

1. In localities where the coastline is deeply indented and cut into, or if there is a fringe of islands along the coast in its immediate vicinity, the method of straight baselines joining appropriate points may be employed in drawing the baseline from which the breadth of the territorial sea is measured.

2.   Là où la côte est extrêmement instable en raison de la présence d'un delta
        et d'autres caractéristiques naturelles, les points appropriés peuvent être
        choisis le long de la laisse de basse mer la plus avancée et, même en cas
        de recul ultérieur de la laisse de basse mer, ces lignes de base droites
        restent en vigueur tant qu'elles n'ont pas été modifiées par l'Etat côtier
        conformément à la Convention.

3.   Le tracé des lignes de base droites ne doit pas s'écarter sensiblement de la
        direction générale de la côte et les étendues de mer situées en deçà
        doivent être suffisamment liées au domaine terrestre pour être soumises
        au régime des eaux intérieures.

4.   Les lignes de base droites ne doivent pas être tirées vers ou depuis des
        hauts-fonds découvrants, à moins que des phares ou des installations
        similaires émergées en permanence n'y aient été construits ou que le
        tracé de telles lignes de base droites n'ait fait l'objet d'une reconnaissance
        internationale générale.

5.   Dans les cas où la méthode des lignes de base droites s'applique en vertu
        du paragraphe 1, il peut être tenu compte, pour l'établissement de cer-
        taines lignes de base, des intérêts économiques propres à la région consi-
        dérée dont la réalité et l'importance sont manifestement attestées par un
        long usage.

6.   La méthode des lignes de base droites ne peut être appliquée par un Etat
        de manière telle que la mer territoriale d'un autre Etat se trouve coupée
        de la haute mer ou d'une zone économique exclusive.

Article 8
Eaux intérieures

1.   Sous réserve de la partie IV, les eaux situées en deçà de la ligne de base de
        la mer territoriale font partie des eaux intérieures de l'Etat.

2.   Lorsque le tracé d'une ligne de base droite établie conformément à la
        méthode décrite à l'article 7 inclut dans les eaux intérieures des eaux qui
        n'étaient pas précédemment considérées comme telles, le droit de pas-
        sage inoffensif prévu dans la Convention s'étend à ces eaux.

Article 9
Embouchure des fleuves

Si un fleuve se jette dans la mer sans former d'estuaire, la ligne de base est une
ligne droite tracée à travers l'embouchure du fleuve entre les points limites de
la laisse de basse mer sur les rives.

2.   Where because of the presence of a delta and other natural conditions the coastline is highly unstable, the appropriate points may be selected along the furthest seaward extent of the low-water line and, not-withstanding subsequent regression of the low-water line, the straight baselines shall remain effective until changed by the coastal State in accordance with this Convention.

3.   The drawing of straight baselines must not depart to any appreciable extent from the general direction of the coast, and the sea areas lying within the lines must be sufficiently closely linked to the land domain to be subject to the regime of internal waters.

4.   Straight baselines shall not be drawn to and from low-tide elevations, unless lighthouses or similar installations which are permanently above sea level have been built on them or except in instances where the draw-ing of baselines to and from such elevations has received general interna-tional recognition.

5.   Where the method of straight baselines is applicable under paragraph 1, account may be taken, in determining particular baselines, of economic interests peculiar to the region concerned, the reality and the importance of which are clearly evidenced by long usage.

6.   The system of straight baselines may not be applied by a State in such a manner as to cut off the territorial sea of another State from the high seas or an exclusive economic zone.

Article 8
Internal waters

1.   Except as provided in Part IV, waters on the landward side of the baseline of the territorial sea form part of the internal waters of the State.

2.   Where the establishment of a straight baseline in accordance with the method set forth in article 7 has the effect of enclosing as internal waters areas which had not previously been considered as such, a right of inno-cent passage as provided in this Convention shall exist in those waters.

Article 9
Mouths of rivers

If a river flows directly into the sea, the baseline shall be a straight line across the mouth of the river between points on the low-water line of its banks.

Article 10
Baies

1. Le présent article ne concerne que les baies dont un seul Etat est riverain.

2. Aux fins de la Convention, on entend par « baie » une échancrure bien marquée dont la pénétration dans les terres par rapport à sa largeur à l'ouverture est telle que les eaux qu'elle renferme sont cernées par la côte et qu'elle constitue plus qu'une simple inflexion de la côte. Toutefois, une échancrure n'est considérée comme une baie que si sa superficie est au moins égale à celle d'un demi-cercle ayant pour diamètre la droite tracée en travers de l'entrée de l'échancrure.

3. La superficie d'une échancrure est mesurée entre la laisse de basse mer le long du rivage de l'échancrure et la droite joignant les laisses de basse mer aux points d'entrée naturels. Lorsque, en raison de la présence d'îles, une échancrure a plusieurs entrées, le demi-cercle a pour diamètre la somme des longueurs des droites fermant les différentes entrées. La superficie des îles situées à l'intérieur d'une échancrure est comprise dans la superficie totale de celle-ci.

4. Si la distance entre les laisses de basse mer aux points d'entrée naturels d'une baie n'excède pas 24 milles marins, une ligne de délimitation peut être tracée entre ces deux laisses de basse mer, et les eaux se trouvant en deçà de cette ligne sont considérées comme eaux intérieures.

5. Lorsque la distance entre les laisses de basse mer aux points d'entrée naturels d'une baie excède 24 milles marins, une ligne de base droite de 24 milles marins est tracée à l'intérieur de la baie de manière à enfermer l'étendue d'eau maximale.

6. Les dispositions précédentes ne s'appliquent pas aux baies dites « historiques » ni dans les cas où la méthode des lignes de base droites prévue à l'article 7 est suivie.

Article 11
Ports

Aux fins de la délimitation de la mer territoriale, les installations permanentes faisant partie intégrante d'un système portuaire qui s'avancent le plus vers le large sont considérées comme faisant partie de la côte. Les installations situées au large des côtes et les îles artificielles ne sont pas considérées comme des installations portuaires permanentes.

Article 10
Bays

1. This article relates only to bays the coasts of which belong to a single State.

2. For the purposes of this Convention, a bay is a well-marked indentation whose penetration is in such proportion to the width of its mouth as to contain land-locked waters and constitute more than a mere curvature of the coast. An indentation shall not, however, be regarded as a bay unless its area is as large as, or larger than, that of the semi-circle whose diameter is a line drawn across the mouth of that indentation.

3. For the purpose of measurement, the area of an indentation is that lying between the low-water mark around the shore of the indentation and a line joining the low-water mark of its natural entrance points. Where, because of the presence of islands, an indentation has more than one mouth, the semi-circle shall be drawn on a line as long as the sum total of the lengths of the lines across the different mouths. Islands within an indentation shall be included as if they were part of the water area of the indentation.

4. If the distance between the low-water marks of the natural entrance points of a bay does not exceed 24 nautical miles, a closing line may be drawn between these two low-water marks, and the waters enclosed thereby shall be considered as internal waters.

5. Where the distance between the low-water marks of the natural entrance points of a bay exceeds 24 nautical miles, a straight baseline of 24 nautical miles shall be drawn within the bay in such a manner as to enclose the maximum area of water that is possible with a line of that length.

6. The foregoing provisions do not apply to so-called "historic" bays, or in any case where the system of straight baselines provided for in article 7 is applied.

Article 11
Ports

For the purpose of delimiting the territorial sea, the outermost permanent harbour works which form an integral part of the harbour system are regarded as forming part of the coast. Off-shore installations and artificial islands shall not be considered as permanent harbour works.

Article 12
Rades

Lorsqu'elles servent habituellement au chargement, au déchargement et au mouillage des navires, les rades qui normalement se trouveraient entièrement ou partiellement au-delà de la limite extérieure de la mer territoriale sont considérées comme faisant partie de la mer territoriale.

Article 13
Hauts-fonds découvrants

1.   Par « hauts-fonds découvrants », on entend les élévations naturelles de terrain qui sont entourées par la mer, découvertes à marée basse et recouvertes à marée haute. Lorsque des hauts-fonds découvrants se trouvent, entièrement ou en partie, à une distance du continent ou d'une île ne dépassant pas la largeur de la mer territoriale, la laisse de basse mer sur ces hauts-fonds peut être prise comme ligne de base pour mesurer la largeur de la mer territoriale.

2.   Lorsque des hauts-fonds découvrants se trouvent entièrement à une distance du continent ou d'une île qui dépasse la largeur de la mer territoriale, ils n'ont pas de mer territoriale qui leur soit propre.

Article 14
Combinaison de méthodes pour établir les lignes de base

L'Etat côtier peut, en fonction des différentes situations, établir les lignes de base selon une ou plusieurs des méthodes prévues dans les articles précédents.

Article 15
Délimitation de la mer territoriale entre Etats dont les côtes sont adjacentes ou se font face

Lorsque les côtes de deux Etats sont adjacentes ou se font face, ni l'un ni l'autre de ces Etats n'est en droit, sauf accord contraire entre eux, d'étendre sa mer territoriale au-delà de la ligne médiane dont tous les points sont équidistants des points les plus proches des lignes de base à partir desquelles est mesurée la largeur de la mer territoriale de chacun des deux Etats. Cette disposition ne s'applique cependant pas dans le cas où, en raison de l'existence de titres historiques ou d'autres circonstances spéciales, il est nécessaire de délimiter autrement la mer territoriale des deux Etats.

Article 12
Roadsteads

Roadsteads which are normally used for the loading, unloading and anchoring of ships, and which would otherwise be situated wholly or partly outside the outer limit of the territorial sea, are included in the territorial sea.

Article 13
Low-tide elevations

1.   A low-tide elevation is a naturally formed area of land which is surrounded by and above water at low tide but submerged at high tide. Where a low-tide elevation is situated wholly or partly at a distance not exceeding the breadth of the territorial sea from the mainland or an island, the low-water line on that elevation may be used as the baseline for measuring the breadth of the territorial sea.

2.   Where a low-tide elevation is wholly situated at a distance exceeding the breadth of the territorial sea from the mainland or an island, it has no territorial sea of its own.

Article 14
Combination of methods for determining baselines

The coastal State may determine baselines in turn by any of the methods provided for in the foregoing articles to suit different conditions.

Article 15
Delimitation of the territorial sea between States with opposite or adjacent coasts

Where the coasts of two States are opposite or adjacent to each other, neither of the two States is entitled, failing agreement between them to the contrary, to extend its territorial sea beyond the median line every point of which is equidistant from the nearest points on the baselines from which the breadth of the territorial seas of each of the two States is measured. The above provision does not apply, however, where it is necessary by reason of historic title or other special circumstances to delimit the territorial seas of the two States in a way which is at variance therewith.

Article 16
Cartes marines et listes des coordonnées géographiques

1.   Les lignes de base à partir desquelles est mesurée la largeur de la mer territoriale établies conformément aux articles 7, 9 et 10 ou les limites qui en découlent et les lignes de délimitation tracées conformément aux articles 12 et 15 sont indiquées sur des cartes marines à l'échelle appropriée pour en déterminer l'emplacement. A défaut, une liste des coordonnées géographiques de points précisant le système géodésique utilisé peut y être substituée.

2.   L'Etat côtier donne la publicité voulue aux cartes ou listes des coordonnées géographiques et en dépose un exemplaire auprès du Secrétaire général de l'Organisation des Nations Unies.

Section 3. Passage inoffensif dans la mer territoriale

Sous-section A. Règles applicables à tous les navires

Article 17
Droit de passage inoffensif

Sous réserve de la Convention, les navires de tous les Etats, côtiers ou sans littoral, jouissent du droit de passage inoffensif dans la mer territoriale.

Article 18
Signification du terme « passage »

1.   On entend par « passage » le fait de naviguer dans la mer territoriale aux fins de :

a)   la traverser sans entrer dans les eaux intérieures ni faire escale dans une rade ou une installation portuaire située en dehors des eaux intérieures ; ou

b)   se rendre dans les eaux intérieures ou les quitter, ou faire escale dans une telle rade ou installation portuaire ou la quitter.

2.   Le passage doit être continu et rapide. Toutefois, le passage comprend l'arrêt et le mouillage, mais seulement s'ils constituent des incidents ordinaires de navigation ou s'imposent par suite d'un cas de force majeure ou de détresse ou dans le but de porter secours à des personnes, des navires ou des aéronefs en danger ou en détresse.

Article 16
Charts and lists of geographical coordinates

1.   The baselines for measuring the breadth of the territorial sea determined
     in accordance with articles 7, 9 and 10, or the limits derived therefrom,
     and the lines of delimitation drawn in accordance with articles 12 and 15
     shall be shown on charts of a scale or scales adequate for ascertaining
     their position. Alternatively, a list of geographical coordinates of points,
     specifying the geodetic datum, may be substituted.
2.   The coastal State shall give due publicity to such charts or lists of geo-
     graphical coordinates and shall deposit a copy of each such chart or list
     with the Secretary-General of the United Nations.

Section 3. Innocent Passage in the Territorial Sea

Subsection A. Rules Applicable to All Ships

Article 17
Right of innocent passage

Subject to this Convention, ships of all States, whether coastal or land-locked,
enjoy the right of innocent passage through the territorial sea.

Article 18
Meaning of passage

1.   Passage means navigation through the territorial sea for the purpose of:
     (a)   traversing that sea without entering internal waters or calling at a
           roadstead or port facility outside internal waters; or
     (b)   proceeding to or from internal waters or a call at such roadstead or
           port facility.
2.   Passage shall be continuous and expeditious. However, passage includes
     stopping and anchoring, but only in so far as the same are incidental to
     ordinary navigation or are rendered necessary by *force majeure* or distress
     or for the purpose of rendering assistance to persons, ships or aircraft in
     danger or distress.

Article 19
Signification de l'expression « passage inoffensif »

1. Le passage est inoffensif aussi longtemps qu'il ne porte pas atteinte à la paix, au bon ordre ou à la sécurité de l'Etat côtier. Il doit s'effectuer en conformité avec les dispositions de la Convention et les autres règles du droit international.

2. Le passage d'un navire étranger est considéré comme portant atteinte à la paix, au bon ordre ou à la sécurité de l'Etat côtier si, dans la mer territoriale, ce navire se livre à l'une quelconque des activités suivantes :

    a) menace ou emploi de la force contre la souveraineté, l'intégrité territoriale ou l'indépendance politique de l'Etat côtier ou de toute autre manière contraire aux principes du droit international énoncés dans la Charte des Nations Unies ;

    b) exercice ou manoeuvre avec armes de tout type ;

    c) collecte de renseignements au détriment de la défense ou de la sécurité de l'Etat côtier ;

    d) propagande visant à nuire à la défense ou à la sécurité de l'Etat côtier ;

    e) lancement, appontage ou embarquement d'aéronefs ;

    f) lancement, appontage ou embarquement d'engins militaires ;

    g) embarquement ou débarquement de marchandises, de fonds ou de personnes en contravention aux lois et règlements douaniers, fiscaux, sanitaires ou d'immigration de l'Etat côtier ;

    h) pollution délibérée et grave, en violation de la Convention ;

    i) pêche ;

    j) recherches ou levés ;

    k) perturbation du fonctionnement de tout système de communication ou de tout autre équipement ou installation de l'Etat côtier ;

    l) toute autre activité sans rapport direct avec le passage.

Article 20
Sous-marins et autres véhicules submersibles

Dans la mer territoriale, les sous-marins et autres véhicules submersibles sont tenus de naviguer en surface et d'arborer leur pavillon.

Article 21
Lois et règlements de l'Etat côtier relatifs au passage inoffensif

1. L'Etat côtier peut adopter, en conformité avec les dispositions de la Convention et les autres règles du droit international, des lois et

Article 19
Meaning of innocent passage

1. Passage is innocent so long as it is not prejudicial to the peace, good order or security of the coastal State. Such passage shall take place in conformity with this Convention and with other rules of international law.

2. Passage of a foreign ship shall be considered to be prejudicial to the peace, good order or security of the coastal State if in the territorial sea it engages in any of the following activities:

    (a) any threat or use of force against the sovereignty, territorial integrity or political independence of the coastal State, or in any other manner in violation of the principles of international law embodied in the Charter of the United Nations;

    (b) any exercise or practice with weapons of any kind;

    (c) any act aimed at collecting information to the prejudice of the defence or security of the coastal State;

    (d) any act of propaganda aimed at affecting the defence or security of the coastal State;

    (e) the launching, landing or taking on board of any aircraft;

    (f) the launching, landing or taking on board of any military device;

    (g) the loading or unloading of any commodity, currency or person contrary to the customs, fiscal, immigration or sanitary laws and regulations of the coastal State;

    (h) any act of wilful and serious pollution contrary to this Convention;

    (i) any fishing activities;

    (j) the carrying out of research or survey activities;

    (k) any act aimed at interfering with any systems of communication or any other facilities or installations of the coastal State;

    (l) any other activity not having a direct bearing on passage.

Article 20
Submarines and other underwater vehicles

In the territorial sea, submarines and other underwater vehicles are required to navigate on the surface and to show their flag.

Article 21
Laws and regulations of the coastal State relating to innocent passage

1. The coastal State may adopt laws and regulations, in conformity with the provisions of this Convention and other rules of international law,

règlements relatifs au passage inoffensif dans sa mer territoriale, qui peuvent porter sur les questions suivantes :

a) sécurité de la navigation et régulation du trafic maritime ;

b) protection des équipements et systèmes d'aide à la navigation et des autres équipements ou installations ;

c) protection des câbles et des pipelines ;

d) conservation des ressources biologiques de la mer ;

e) prévention des infractions aux lois et règlements de l'Etat côtier relatifs à la pêche ;

f) préservation de l'environnement de l'Etat côtier et prévention, réduction et maîtrise de sa pollution ;

g) recherche scientifique marine et levés hydrographiques ;

h) prévention des infractions aux lois et règlements douaniers, fiscaux, sanitaires ou d'immigration de l'Etat côtier.

2. Ces lois et règlements ne s'appliquent pas à la conception, à la construction ou à l'armement des navires étrangers, à moins qu'ils ne donnent effet à des règles ou des normes internationales généralement acceptées.

3. L'Etat côtier donne la publicité voulue à ces lois et règlements.

4. Les navires étrangers exerçant le droit de passage inoffensif dans la mer territoriale se conforment à ces lois et règlements ainsi qu'à tous les règlements internationaux généralement acceptés relatifs à la prévention des abordages en mer.

Article 22
Voies de circulation et dispositifs de séparation du trafic dans la mer territoriale

1. L'Etat côtier peut, lorsque la sécurité de la navigation le requiert, exiger des navires étrangers qui exercent le droit de passage inoffensif dans sa mer territoriale qu'ils empruntent les voies de circulation désignées par lui et respectent les dispositifs de séparation du trafic prescrits par lui pour la régulation du passage des navires.

2. En particulier, les navires-citernes, les navires à propulsion nucléaire et les navires transportant des substances ou des matières radioactives ou autres substances intrinsèquement dangereuses ou nocives peuvent être requises de n'emprunter que ces voies de circulation.

3. Lorsqu'il désigne des voies de circulation et prescrit des dispositifs de séparation du trafic en vertu du présent article, l'Etat côtier tient compte :

a) des recommandations de l'organisation internationale compétente ;

b) de tous chenaux utilisés habituellement pour la navigation maritime internationale ;

relating to innocent passage through the territorial sea, in respect of all or any of the following:

(a)   the safety of navigation and the regulation of maritime traffic;

(b)   the protection of navigational aids and facilities and other facilities or installations;

(c)   the protection of cables and pipelines;

(d)   the conservation of the living resources of the sea;

(e)   the prevention of infringement of the fisheries laws and regulations of the coastal State;

(f)   the preservation of the environment of the coastal State and the prevention, reduction and control of pollution thereof;

(g)   marine scientific research and hydrographic surveys;

(h)   the prevention of infringement of the customs, fiscal, immigration or sanitary laws and regulations of the coastal State.

2.   Such laws and regulations shall not apply to the design, construction, manning or equipment of foreign ships unless they are giving effect to generally accepted international rules or standards.

3.   The coastal State shall give due publicity to all such laws and regulations.

4.   Foreign ships exercising the right of innocent passage through the territorial sea shall comply with all such laws and regulations and all generally accepted international regulations relating to the prevention of collisions at sea.

Article 22
Sea lanes and traffic separation schemes in the territorial sea

1.   The coastal State may, where necessary having regard to the safety of navigation, require foreign ships exercising the right of innocent passage through its territorial sea to use such sea lanes and traffic separation schemes as it may designate or prescribe for the regulation of the passage of ships.

2.   In particular, tankers, nuclear-powered ships and ships carrying nuclear or other inherently dangerous or noxious substances or materials may be required to confine their passage to such sea lanes.

3.   In the designation of sea lanes and the prescription of traffic separation schemes under this article, the coastal State shall take into account:

(a)   the recommendations of the competent international organization;

(b)   any channels customarily used for international navigation;

c)   des caractéristiques particulières de certains navires et chenaux ; et

d)   de la densité du trafic.

4.   L'Etat côtier indique clairement ces voies de circulation et ces dispositifs de séparation du trafic sur des cartes marines auxquelles il donne la publicité voulue.

Article 23
Navires étrangers à propulsion nucléaire et navires transportant des substances radioactives ou autres substances intrinsèquement dangereuses ou nocives

Les navires étrangers à propulsion nucléaire, ainsi que ceux transportant des substances radioactives ou autres substances intrinsèquement dangereuses ou nocives, sont tenus, lorsqu'ils exercent leur droit de passage inoffensif dans la mer territoriale, d'être munis des documents et de prendre les mesures spéciales de précaution prévus par des accords internationaux pour ces navires.

Article 24
Obligations de l'Etat côtier

1.   L'Etat côtier ne doit pas entraver le passage inoffensif des navires étrangers dans la mer territoriale, en dehors des cas prévus par la Convention. En particulier, lorsqu'il applique la Convention ou toute loi ou tout règlement adopté conformément à la Convention, l'Etat côtier ne doit pas :

     a)   imposer aux navires étrangers des obligations ayant pour effet d'empêcher ou de restreindre l'exercice du droit de passage inoffensif de ces navires ;

     b)   exercer de discrimination de droit ou de fait contre les navires d'un Etat déterminé ou les navires transportant des marchandises en provenance ou à destination d'un Etat déterminé ou pour le compte d'un Etat déterminé.

2.   L'Etat côtier signale par une publicité adéquate tout danger pour la navigation dans sa mer territoriale dont il a connaissance.

Article 25
Droits de protection de l'Etat côtier

1.   L'Etat côtier peut prendre, dans sa mer territoriale, les mesures nécessaires pour empêcher tout passage qui n'est pas inoffensif.

2.   En ce qui concerne les navires qui se rendent dans les eaux intérieures ou dans une installation portuaire située en dehors de ces eaux, l'Etat côtier a également le droit de prendre les mesures nécessaires pour prévenir

  (c)   the special characteristics of particular ships and channels; and
  (d)   the density of traffic.
4.   The coastal State shall clearly indicate such sea lanes and traffic separa-
      tion schemes on charts to which due publicity shall be given.

Article 23
Foreign nuclear-powered ships and ships carrying nuclear or other inherently dangerous or noxious substances

Foreign nuclear-powered ships and ships carrying nuclear or other inherently dangerous or noxious substances shall, when exercising the right of innocent passage through the territorial sea, carry documents and observe special precautionary measures established for such ships by international agreements.

Article 24
Duties of the coastal State

1.   The coastal State shall not hamper the innocent passage of foreign ships
      through the territorial sea except in accordance with this Convention. In
      particular, in the application of this Convention or of any laws or regula-
      tions adopted in conformity with this Convention, the coastal State shall
      not:
  (a)   impose requirements on foreign ships which have the practical
         effect of denying or impairing the right of innocent passage; or
  (b)   discriminate in form or in fact against the ships of any State or
         against ships carrying cargoes to, from or on behalf of any State.
2.   The coastal State shall give appropriate publicity to any danger to naviga-
      tion, of which it has knowledge, within its territorial sea.

Article 25
Rights of protection of the coastal State

1.   The coastal State may take the necessary steps in its territorial sea to pre-
      vent passage which is not innocent.
2.   In the case of ships proceeding to internal waters or a call at a port facility
      outside internal waters, the coastal State also has the right to take the

toute violation des conditions auxquelles est subordonnée l'admission de ces navires dans ces eaux ou cette installation portuaire.

3. L'Etat côtier peut, sans établir aucune discrimination de droit ou de fait entre les navires étrangers, suspendre temporairement, dans des zones déterminées de sa mer territoriale, l'exercice du droit de passage inoffensif des navires étrangers, si cette mesure est indispensable pour assurer sa sécurité, entre autres pour lui permettre de procéder à des exercices d'armes. La suspension ne prend effet qu'après avoir été dûment publiée.

Article 26
Droits perçus sur les navires étrangers

1. Il ne peut être perçu de droits sur les navires étrangers en raison de leur simple passage dans la mer territoriale.

2. Il ne peut être perçu de droits sur un navire étranger passant dans la mer territoriale sinon en rémunération de services particuliers rendus à ce navire. Ces droits sont perçus de façon non discriminatoire.

Sous-section B. Règles applicables aux navires marchands et aux navires d'état utilisés à des fins commerciales

Article 27
Juridiction pénale à bord d'un navire étranger

1. L'Etat côtier ne devrait pas exercer sa juridiction pénale à bord d'un navire étranger passant dans la mer territoriale pour y procéder à une arrestation ou à l'exécution d'actes d'instruction à la suite d'une infraction pénale commise à bord pendant le passage, sauf dans les cas suivants :
   a) si les conséquences de l'infraction s'étendent à l'Etat côtier ;
   b) si l'infraction est de nature à troubler la paix du pays ou l'ordre dans la mer territoriale ;
   c) si l'assistance des autorités locales a été demandée par le capitaine du navire ou par un agent diplomatique ou un fonctionnaire consulaire de l'Etat de pavillon ; ou
   d) si ces mesures sont nécessaires pour la répression du trafic illicite des stupéfiants ou des substances psychotropes.

2. Le paragraphe 1 ne porte pas atteinte au droit de l'Etat côtier de prendre toutes mesures prévues par son droit interne en vue de procéder à des arrestations ou à des actes d'instruction à bord d'un navire étranger qui passe dans la mer territoriale après avoir quitté les eaux intérieures.

necessary steps to prevent any breach of the conditions to which admission of those ships to internal waters or such a call is subject.

3. The coastal State may, without discrimination in form or in fact among foreign ships, suspend temporarily in specified areas of its territorial sea the innocent passage of foreign ships if such suspension is essential for the protection of its security, including weapons exercises. Such suspension shall take effect only after having been duly published.

Article 26
Charges which may be levied upon foreign ships

1. No charge may be levied upon foreign ships by reason only of their passage through the territorial sea.
2. Charges may be levied upon a foreign ship passing through the territorial sea as payment only for specific services rendered to the ship. These charges shall be levied without discrimination.

Subsection B. Rules Applicable to Merchant Ships and Government Ships Operated for Commercial Purposes

Article 27
Criminal jurisdiction on board a foreign ship

1. The criminal jurisdiction of the coastal State should not be exercised on board a foreign ship passing through the territorial sea to arrest any person or to conduct any investigation in connection with any crime committed on board the ship during its passage, save only in the following cases:
    (a) if the consequences of the crime extend to the coastal State;
    (b) if the crime is of a kind to disturb the peace of the country or the good order of the territorial sea;
    (c) if the assistance of the local authorities has been requested by the master of the ship or by a diplomatic agent or consular officer of the flag State; or
    (d) if such measures are necessary for the suppression of illicit traffic in narcotic drugs or psychotropic substances.
2. The above provisions do not affect the right of the coastal State to take any steps authorized by its laws for the purpose of an arrest or investigation on board a foreign ship passing through the territorial sea after leaving internal waters.

3.   Dans les cas prévus aux paragraphes 1 et 2, l'Etat côtier doit, si le capitaine le demande, notifier préalablement toute mesure à un agent diplomatique ou à un fonctionnaire consulaire de l'Etat du pavillon et doit faciliter le contact entre cet agent ou ce fonctionnaire et l'équipage du navire. Toutefois, en cas d'urgence, cette notification peut être faite alors que les mesures sont en cours d'exécution.

4.   Lorsqu'elle examine l'opportunité et les modalités de l'arrestation, l'autorité locale tient dûment compte des intérêts de la navigation.

5.   Sauf en application de la partie XII ou en cas d'infraction à des lois et règlements adoptés conformément à la partie V, l'Etat côtier ne peut prendre aucune mesure à bord d'un navire étranger qui passe dans la mer territoriale en vue de procéder à une arrestation ou à des actes d'instruction à la suite d'une infraction pénale commise avant l'entrée du navire dans la mer territoriale si le navire, en provenance d'un port étranger, ne fait que passer dans la mer territoriale sans entrer dans les eaux intérieures.

Article 28
Juridiction civile à l'égard des navires étrangers

1.   L'Etat côtier ne devrait ni stopper ni dérouter un navire étranger passant dans la mer territoriale pour exercer sa juridiction civile à l'égard d'une personne se trouvant à bord.

2.   L'Etat côtier ne peut prendre de mesures d'exécution ou de mesures conservatoires en matière civile à l'égard de ce navire, si ce n'est en raison d'obligations contractées ou de responsabilités encourues par le navire au cours ou en vue de son passage dans les eaux de l'Etat côtier.

3.   Le paragraphe 2 ne porte pas atteinte au droit de l'Etat côtier de prendre les mesures d'exécution ou les mesures conservatoires en matière civile prévues par son droit interne à l'égard d'un navire étranger qui stationne dans la mer territoriale ou qui passe dans la mer territoriale après avoir quitté les eaux intérieures.

Sous-section C. Règles applicables aux navires de guerre et autres navires d'état utilisés à des fins non commerciales

Article 29
Définition de « navire de guerre »

Aux fins de la Convention, on entend par « navire de guerre » tout navire qui fait partie des forces armées d'un Etat et porte les marques extérieures distinctives

3. In the cases provided for in paragraphs 1 and 2, the coastal State shall, if the master so requests, notify a diplomatic agent or consular officer of the flag State before taking any steps, and shall facilitate contact between such agent or officer and the ship's crew. In cases of emergency this notification may be communicated while the measures are being taken.

4. In considering whether or in what manner an arrest should be made, the local authorities shall have due regard to the interests of navigation.

5. Except as provided in Part XII or with respect to violations of laws and regulations adopted in accordance with Part V, the coastal State may not take any steps on board a foreign ship passing through the territorial sea to arrest any person or to conduct any investigation in connection with any crime committed before the ship entered the territorial sea, if the ship, proceeding from a foreign port, is only passing through the territorial sea without entering internal waters.

Article 28
Civil jurisdiction in relation to foreign ships

1. The coastal State should not stop or divert a foreign ship passing through the territorial sea for the purpose of exercising civil jurisdiction in relation to a person on board the ship.

2. The coastal State may not levy execution against or arrest the ship for the purpose of any civil proceedings, save only in respect of obligations or liabilities assumed or incurred by the ship itself in the course or for the purpose of its voyage through the waters of the coastal State.

3. Paragraph 2 is without prejudice to the right of the coastal State, in accordance with its laws, to levy execution against or to arrest, for the purpose of any civil proceedings, a foreign ship lying in the territorial sea, or passing through the territorial sea after leaving internal waters.

Subsection C. Rules Applicable to Warships and Other Government Ships Operated for Non-Commercial Purposes

Article 29
Definition of warships

For the purposes of this Convention, "warship" means a ship belonging to the armed forces of a State bearing the external marks distinguishing such ships of its nationality, under the command of an officer duly commissioned by the

des navires militaires de sa nationalité, qui est placé sous le commandement d'un officier de marine au service de cet Etat et inscrit sur la liste des officiers ou un document équivalent, et dont l'équipage est soumis aux règles de la discipline militaire.

Article 30
Inobservation par un navire de guerre des lois et règlements de l'Etat côtier

Si un navire de guerre ne respecte pas les lois et règlements de l'Etat côtier relatifs au passage dans la mer territoriale et passe outre à la demande qui lui est faite de s'y conformer, l'Etat côtier peut exiger que ce navire quitte immédiatement la mer territoriale.

Article 31
Responsabilité de l'Etat du pavillon du fait d'un navire de guerre ou d'un autre navire d'Etat

L'Etat du pavillon porte la responsabilité internationale de toute perte ou de tout dommage causé à l'Etat côtier du fait de l'inobservation par un navire de guerre ou par tout autre navire d'Etat utilisé à des fins non commerciales des lois et règlements de l'Etat côtier relatifs au passage dans la mer territoriale ou des dispositions de la Convention ou d'autres règles du droit international.

Article 32
Immunités des navires de guerre et autres navires d'Etat utilisés à des fins non commerciales

Sous réserve des exceptions prévues à la sous-section A et aux articles 30 et 31, aucune disposition de la Convention ne porte atteinte aux immunités dont jouissent les navires de guerre et les autres navires d'Etat utilisés à des fins non commerciales.

Section 4. Zone contiguë

Article 33
Zone contiguë

1.   Dans une zone contiguë à sa mer territoriale, désignée sous le nom de zone contiguë, l'Etat côtier peut exercer le contrôle nécessaire en vue de :

government of the State and whose name appears in the appropriate service list or its equivalent, and manned by a crew which is under regular armed forces discipline.

Article 30
Non-compliance by warships with the laws and regulations of the coastal State

If any warship does not comply with the laws and regulations of the coastal State concerning passage through the territorial sea and disregards any request for compliance therewith which is made to it, the coastal State may require it to leave the territorial sea immediately.

Article 31
Responsibility of the flag State for damage caused by a warship or other government ship operated for non-commercial purposes

The flag State shall bear international responsibility for any loss or damage to the coastal State resulting from the non-compliance by a warship or other government ship operated for non-commercial purposes with the laws and regulations of the coastal State concerning passage through the territorial sea or with the provisions of this Convention or other rules of international law.

Article 32
Immunities of warships and other government ships operated for non-commercial purposes

With such exceptions as are contained in subsection A and in articles 30 and 31, nothing in this Convention affects the immunities of warships and other government ships operated for non-commercial purposes.

Section 4. Contiguous Zone

Article 33
Contiguous zone

1.   In a zone contiguous to its territorial sea, described as the contiguous zone, the coastal State may exercise the control necessary to:

a)   prévenir les infractions à ses lois et règlements douaniers, fiscaux, sanitaires ou d'immigration sur son territoire ou dans sa mer territoriale ;

b)   réprimer les infractions à ces mêmes lois et règlements commises sur son territoire ou dans sa mer territoriale.

2.   La zone contiguë ne peut s'étendre au-delà de 24 milles marins des lignes de base à partir desquelles est mesurée la largeur de la mer territoriale.

Partie III
Détroits servant à la navigation internationale

Section 1. Dispositions générales

Article 34
Régime juridique des eaux des détroits servant à la navigation internationale

1.   Le régime du passage par les détroits servant à la navigation internationale qu'établit la présente partie n'affecte à aucun autre égard le régime juridique des eaux de ces détroits ni l'exercice, par les Etats riverains, de leur souveraineté ou de leur juridiction sur ces eaux, les fonds marins correspondants et leur sous-sol ainsi que sur l'espace aérien surjacent.

2.   Les Etats riverains des détroits exercent leur souveraineté ou leur juridiction dans les conditions prévues par les dispositions de la présente partie et les autres règles du droit international.

Article 35
Champ d'application de la présente partie

Aucune disposition de la présente partie n'affecte :

a)   les eaux intérieures faisant partie d'un détroit, sauf lorsque le tracé d'une ligne de base droite établie conformément à la méthode décrite à l'article 7 inclut dans les eaux intérieures des eaux qui n'étaient pas précédemment considérées comme telles ;

b)   le régime juridique des eaux situées au-delà de la mer territoriale des Etats riverains des détroits, qu'elles fassent partie d'une zone économique exclusive ou de la haute mer ;

c)   le régime juridique des détroits où le passage est réglementé, en tout ou en partie, par des conventions internationales existant de longue date et toujours en vigueur qui les visent spécifiquement.

(a) prevent infringement of its customs, fiscal, immigration or sanitary laws and regulations within its territory or territorial sea;

(b) punish infringement of the above laws and regulations committed within its territory or territorial sea.

2. The contiguous zone may not extend beyond 24 nautical miles from the baselines from which the breadth of the territorial sea is measured.

Part III
Straits Used for International Navigation

Section 1. General Provisions

Article 34
Legal status of waters forming straits used for international navigation

1. The regime of passage through straits used for international navigation established in this Part shall not in other respects affect the legal status of the waters forming such straits or the exercise by the States bordering the straits of their sovereignty or jurisdiction over such waters and their air space, bed and subsoil.

2. The sovereignty or jurisdiction of the States bordering the straits is exercised subject to this Part and to other rules of international law.

Article 35
Scope of this Part

Nothing in this Part affects:

(a) any areas of internal waters within a strait, except where the establishment of a straight baseline in accordance with the method set forth in article 7 has the effect of enclosing as internal waters areas which had not previously been considered as such;

(b) the legal status of the waters beyond the territorial seas of States bordering straits as exclusive economic zones or high seas; or

(c) the legal regime in straits in which passage is regulated in whole or in part by long-standing international conventions in force specifically relating to such straits.

Article 36
Routes de haute mer ou routes passant par une zone économique exclusive dans les détroits servant à la navigation internationale

La présente partie ne s'applique pas aux détroits servant à la navigation internationale qu'il est possible de franchir par une route de haute mer ou une route passant par une zone économique exclusive de commodité comparable du point de vue de la navigation et des caractéristiques hydrographiques ; en ce qui concerne ces routes, sont applicables les autres parties pertinentes de la Convention, y compris les dispositions relatives à la liberté de navigation et de survol.

Section 2. Passage en transit

Article 37
Champ d'application de la présente section

La présente section s'applique aux détroits qui servent à la navigation internationale entre une partie de la haute mer ou une zone économique exclusive et une autre partie de la haute mer ou une zone économique exclusive.

Article 38
Droit de passage en transit

1. Dans les détroits visés à l'article 37, tous les navires et aéronefs jouissent du droit de passage en transit sans entrave, à cette restriction près que ce droit ne s'étend pas aux détroits formés par le territoire continental d'un Etat et une île appartenant à cet Etat, lorsqu'il existe au large de l'île une route de haute mer, ou une route passant par une zone économique exclusive, de commodité comparable du point de vue de la navigation et des caractéristiques hydrographiques.

2. On entend par « passage en transit » l'exercice, conformément à la présente partie, de la liberté de navigation et de survol à seule fin d'un transit continu et rapide par le détroit entre une partie de la haute mer ou une zone économique exclusive et une autre partie de la haute mer ou une zone économique exclusive. Toutefois, l'exigence de la continuité et de la rapidité du transit n'interdit pas le passage par le détroit pour accéder au territoire d'un Etat riverain, le quitter ou en repartir, sous réserve des conditions d'admission sur le territoire de cet Etat.

Article 36
High seas routes or routes through exclusive economic zones through straits used for international navigation

This Part does not apply to a strait used for international navigation if there exists through the strait a route through the high seas or through an exclusive economic zone of similar convenience with respect to navigational and hydrographical characteristics; in such routes, the other relevant Parts of this Convention, including the provisions regarding the freedoms of navigation and overflight, apply.

Section 2. Transit Passage

Article 37
Scope of this section

This section applies to straits which are used for international navigation between one part of the high seas or an exclusive economic zone and another part of the high seas or an exclusive economic zone.

Article 38
Right of transit passage

1. In straits referred to in article 37, all ships and aircraft enjoy the right of transit passage, which shall not be impeded; except that, if the strait is formed by an island of a State bordering the strait and its mainland, transit passage shall not apply if there exists seaward of the island a route through the high seas or through an exclusive economic zone of similar convenience with respect to navigational and hydrographical characteristics.

2. Transit passage means the exercise in accordance with this Part of the freedom of navigation and overflight solely for the purpose of continuous and expeditious transit of the strait between one part of the high seas or an exclusive economic zone and another part of the high seas or an exclusive economic zone. However, the requirement of continuous and expeditious transit does not preclude passage through the strait for the purpose of entering, leaving or returning from a State bordering the strait, subject to the conditions of entry to that State.

3.   Toute activité qui ne relève pas de l'exercice du droit de passage en transit par les détroits reste subordonnée aux autres dispositions applicables de la Convention.

Article 39
Obligations des navires et aéronefs pendant le passage en transit

1.   Dans l'exercice du droit de passage en transit, les navires et aéronefs :
    a)   traversent ou survolent le détroit sans délai ;
    b)   s'abstiennent de recourir à la menace ou à l'emploi de la force contre la souveraineté, l'intégrité territoriale ou l'indépendance politique des Etats riverains du détroit ou de toute autre manière contraire aux principes du droit international énoncés dans la Charte des Nations Unies ;
    c)   s'abstiennent de toute activité autre que celles qu'implique un transit continu et rapide, selon leur mode normal de navigation, sauf cas de force majeure ou de détresse ;
    d)   se conforment aux autres dispositions pertinentes de la présente partie.
2.   Pendant le passage en transit, les navires se conforment :
    a)   aux règlements, procédures et pratiques internationaux généralement acceptés en matière de sécurité de la navigation, notamment au Règlement international pour prévenir les abordages en mer ;
    b)   aux règlements, procédures et pratiques internationaux généralement acceptés visant à prévenir, réduire et maîtriser la pollution par les navires.
3.   Pendant le passage en transit, les aéronefs :
    a)   respectent les règlements aériens établis par l'Organisation de l'aviation civile internationale qui sont applicables aux aéronefs civils, les aéronefs d'Etat se conforment normalement aux mesures de sécurité prévues par ces règlements et manœuvrent en tenant dûment compte, à tout moment, de la sécurité de la navigation ;
    b)   surveillent en permanence la fréquence radio que l'autorité compétente internationalement désignée pour le contrôle de la circulation aérienne leur a attribuée, ou la fréquence internationale de détresse.

Article 40
Recherche et levés hydrographiques

Pendant le passage en transit, les navires étrangers, y compris ceux qui sont affectés à la recherche scientifique marine ou à des levés hydrographiques, ne peuvent être utilisés pour des recherches ou des levés sans l'autorisation préalable des Etats riverains.

3. Any activity which is not an exercise of the right of transit passage through a strait remains subject to the other applicable provisions of this Convention.

Article 39
Duties of ships and aircraft during transit passage

1. Ships and aircraft, while exercising the right of transit passage, shall:
   (a) proceed without delay through or over the strait;
   (b) refrain from any threat or use of force against the sovereignty, territorial integrity or political independence of States bordering the strait, or in any other manner in violation of the principles of international law embodied in the Charter of the United Nations;
   (c) refrain from any activities other than those incident to their normal modes of continuous and expeditious transit unless rendered necessary by *force majeure* or by distress;
   (d) comply with other relevant provisions of this Part.
2. Ships in transit passage shall:
   (a) comply with generally accepted international regulations, procedures and practices for safety at sea, including the International Regulations for Preventing Collisions at Sea;
   (b) comply with generally accepted international regulations, procedures and practices for the prevention, reduction and control of pollution from ships.
3. Aircraft in transit passage shall:
   (a) observe the Rules of the Air established by the International Civil Aviation Organization as they apply to civil aircraft; state aircraft will normally comply with such safety measures and will at all times operate with due regard for the safety of navigation;
   (b) at all times monitor the radio frequency assigned by the competent internationally designated air traffic control authority or the appropriate international distress radio frequency.

Article 40
Research and survey activities

During transit passage, foreign ships, including marine scientific research and hydrographic survey ships, may not carry out any research or survey activities without the prior authorization of the States bordering straits.

Article 41
Voies de circulation et dispositifs de séparation du trafic dans les détroits servant à la navigation internationale

1. Conformément à la présente partie, les Etats riverains de détroits peuvent, lorsque la sécurité des navires dans les détroits l'exige, désigner des voies de circulation et prescrire des dispositifs de séparation du trafic.

2. Ces Etats peuvent, lorsque les circonstances l'exigent et après avoir donné la publicité voulue à cette mesure, désigner de nouvelles voies de circulation ou prescrire de nouveaux dispositifs de séparation du trafic en remplacement de toute voie ou de tout dispositif qu'ils avaient désigné ou prescrit antérieurement.

3. Les voies de circulation et les dispositifs de séparation du trafic doivent être conformes à la réglementation internationale généralement acceptée.

4. Avant de désigner ou remplacer des voies de circulation ou de prescrire ou remplacer des dispositifs de séparation du trafic, les Etats riverains de détroits soumettent leurs propositions, pour adoption, à l'organisation internationale compétente. Cette organisation ne peut adopter que les voies de circulation et les dispositifs de séparation du trafic dont il a pu être convenu avec les Etats riverains, ceux-ci peuvent alors les désigner, les prescrire ou les remplacer.

5. Lorsqu'il est proposé d'établir dans un détroit des voies de circulation ou des dispositifs de séparation du trafic intéressant les eaux de plusieurs Etats riverains, les Etats concernés coopèrent pour formuler des propositions en consultation avec l'organisation internationale compétente.

6. Les Etats riverains de détroits indiquent clairement sur des cartes marines auxquelles ils donnent la publicité voulue toutes les voies de circulation ou tous les dispositifs de séparation du trafic qu'ils ont établis.

7. Pendant le passage en transit, les navires respectent les voies de circulation et les dispositifs de séparation du trafic établis conformément au présent article.

Article 42
Lois et règlements des Etats riverains de détroits relatifs au passage en transit

1. Sous réserve de la présente section, les Etats riverains d'un détroit peuvent adopter des lois et règlements relatifs au passage par le détroit portant sur :

Article 41
Sea lanes and traffic separation schemes in straits used for
international navigation

1. In conformity with this Part, States bordering straits may designate sea lanes and prescribe traffic separation schemes for navigation in straits where necessary to promote the safe passage of ships.

2. Such States may, when circumstances require, and after giving due publicity thereto, substitute other sea lanes or traffic separation schemes for any sea lanes or traffic separation schemes previously designated or prescribed by them.

3. Such sea lanes and traffic separation schemes shall conform to generally accepted international regulations.

4. Before designating or substituting sea lanes or prescribing or substituting traffic separation schemes, States bordering straits shall refer proposals to the competent international organization with a view to their adoption. The organization may adopt only such sea lanes and traffic separation schemes as may be agreed with the States bordering the straits, after which the States may designate, prescribe or substitute them.

5. In respect of a strait where sea lanes or traffic separation schemes through the waters of two or more States bordering the strait are being proposed, the States concerned shall cooperate in formulating proposals in consultation with the competent international organization.

6. States bordering straits shall clearly indicate all sea lanes and traffic separation schemes designated or prescribed by them on charts to which due publicity shall be given.

7. Ships in transit passage shall respect applicable sea lanes and traffic separation schemes established in accordance with this article.

Article 42
Laws and regulations of States bordering straits relating to transit
passage

1. Subject to the provisions of this section, States bordering straits may adopt laws and regulations relating to transit passage through straits, in respect of all or any of the following:

a)   la sécurité de la navigation et la régulation du trafic maritime, comme il est prévu à l'article 41 ;

b)   la prévention, la réduction et la maîtrise de la pollution, en donnant effet à la réglementation internationale applicable visant le rejet dans le détroit d'hydrocarbures, de résidus d'hydrocarbures et d'autres substances nocives ;

c)   s'agissant des navires de pêche, l'interdiction de la pêche, y compris la réglementation de l'arrimage des engins de pêche ;

d)   l'embarquement ou le débarquement de marchandises, de fonds ou de personnes en contravention aux lois et règlements douaniers, fiscaux, sanitaires ou d'immigration des Etats riverains.

2.   Ces lois et règlements ne doivent entraîner aucune discrimination de droit ou de fait entre les navires étrangers, ni leur application avoir pour effet d'empêcher, de restreindre ou d'entraver l'exercice du droit de passage en transit tel qu'il est défini dans la présente section.

3.   Les Etats riverains donnent la publicité voulue à ces lois et règlements.

4.   Les navires étrangers exerçant le droit de passage en transit par le détroit doivent se conformer à ces lois et règlements.

5.   En cas de contravention à ces lois et règlements ou aux dispositions de la présente partie par un navire ou un aéronef jouissant de l'immunité souveraine, l'Etat du pavillon du navire ou l'Etat d'immatriculation de l'aéronef porte la responsabilité internationale de toute perte ou de tout dommage qui peut en résulter pour les Etats riverains.

Article 43
Installations de sécurité, aides à la navigation et autres équipements, et prévention, réduction et maîtrise de la pollution

Les Etats utilisateurs d'un détroit et les Etats riverains devraient, par voie d'accord, coopérer pour :

a)   établir et entretenir dans le détroit les installations de sécurité et les aides à la navigation nécessaires, ainsi que les autres équipements destinés à faciliter la navigation internationale ; et

b)   prévenir, réduire et maîtriser la pollution par les navires.

Article 44
Obligations des Etats riverains de détroits

Les Etats riverains de détroits ne doivent pas entraver le passage en transit et doivent signaler par une publicité adéquate tout danger pour la navigation

(a)   the safety of navigation and the regulation of maritime traffic, as provided in article 41;

(b)   the prevention, reduction and control of pollution, by giving effect to applicable international regulations regarding the discharge of oil, oily wastes and other noxious substances in the strait;

(c)   with respect to fishing vessels, the prevention of fishing, including the stowage of fishing gear;

(d)   the loading or unloading of any commodity, currency or person in contravention of the customs, fiscal, immigration or sanitary laws and regulations of States bordering straits.

2.   Such laws and regulations shall not discriminate in form or in fact among foreign ships or in their application have the practical effect of denying, hampering or impairing the right of transit passage as defined in this section.

3.   States bordering straits shall give due publicity to all such laws and regulations.

4.   Foreign ships exercising the right of transit passage shall comply with such laws and regulations.

5.   The flag State of a ship or the State of registry of an aircraft entitled to sovereign immunity which acts in a manner contrary to such laws and regulations or other provisions of this Part shall bear international responsibility for any loss or damage which results to States bordering straits.

Article 43
Navigational and safety aids and other improvements and the prevention, reduction and control of pollution

User States and States bordering a strait should by agreement cooperate:

(a)   in the establishment and maintenance in a strait of necessary navigational and safety aids or other improvements in aid of international navigation; and

(b)   for the prevention, reduction and control of pollution from ships.

Article 44
Duties of States bordering straits

States bordering straits shall not hamper transit passage and shall give appropriate publicity to any danger to navigation or overflight within or over the

dans le détroit ou le survol du détroit dont ils ont connaissance. L'exercice du droit de passage en transit ne peut être suspendu.

Section 3. Passage inoffensif

Article 45
Passage inoffensif

1. Le régime du passage inoffensif prévu à la section 3 de la partie II s'applique aux détroits servant à la navigation internationale qui :
    a) sont exclus du champ d'application du régime du passage en transit en vertu de l'article 38, paragraphe 1 ; ou
    b) relient la mer territoriale d'un Etat à une partie de la haute mer ou à la zone économique exclusive d'un autre Etat.
2. L'exercice du droit de passage inoffensif dans ces détroits ne peut être suspendu.

Partie IV
Etats archipels

Article 46
Emploi des termes

Aux fins de la Convention, on entend par :

a) « Etat archipel » : un Etat constitué entièrement par un ou plusieurs archipels et éventuellement d'autres îles ;
b) « archipel » : un ensemble d'îles, y compris des parties d'îles, les eaux attenantes et les autres éléments naturels qui ont les uns avec les autres des rapports si étroits qu'ils forment intrinsèquement un tout géographique, économique et politique, ou qui sont historiquement considérés comme tels.

Article 47
Lignes de base archipélagiques

1. Un Etat archipel peut tracer des lignes de base archipélagiques droites reliant les points extrêmes des îles les plus éloignées et des récifs décou-

strait of which they have knowledge. There shall be no suspension of transit passage.

Section 3. Innocent Passage

Article 45
Innocent passage

1.   The regime of innocent passage, in accordance with Part II, section 3, shall apply in straits used for international navigation:
     (a)   excluded from the application of the regime of transit passage under article 38, paragraph 1; or
     (b)   between a part of the high seas or an exclusive economic zone and the territorial sea of a foreign State.
2.   There shall be no suspension of innocent passage through such straits.

Part IV
Archipelagic States

Article 46
Use of terms

For the purposes of this Convention:
(a)   "archipelagic State" means a State constituted wholly by one or more archipelagos and may include other islands;
(b)   "archipelago" means a group of islands, including parts of islands, inter-connecting waters and other natural features which are so closely inter-related that such islands, waters and other natural features form an intrinsic geographical, economic and political entity, or which histori-cally have been regarded as such.

Article 47
Archipelagic baselines

1.   An archipelagic State may draw straight archipelagic baselines joining the outermost points of the outermost islands and drying reefs of the archipelago provided that within such baselines are included the main

vrants de l'archipel à condition que le tracé de ces lignes de base englobe les îles principales et définisse une zone où le rapport de la superficie des eaux à celle des terres, atolls inclus, soit compris entre 1 à 1 et 9 à 1.

2. La longueur de ces lignes de base ne doit pas dépasser 100 milles marins, toutefois, 3 p. 100 au maximum du nombre total des lignes de base entourant un archipel donné peuvent avoir une longueur supérieure, n'excédant pas 125 milles marins.

3. Le tracé de ces lignes de base ne doit pas s'écarter sensiblement du contour général de l'archipel.

4. Ces lignes de base ne peuvent être tirées vers ou depuis des hauts-fonds découvrants, à moins que des phares ou des installations similaires émergées en permanence n'y aient été construits ou que le haut-fond ne soit situé, entièrement ou en partie, à une distance de l'île la plus proche ne dépassant pas la largeur de la mer territoriale.

5. Un Etat archipel ne peut appliquer la méthode de tracé de ces lignes de base d'une manière telle que la mer territoriale d'un autre Etat se trouve coupée de la haute mer ou d'une zone économique exclusive.

6. Si une partie des eaux archipélagiques d'un Etat archipel est située entre deux portions du territoire d'un Etat limitrophe, les droits et tous intérêts légitimes que ce dernier Etat fait valoir traditionnellement dans ces eaux, ainsi que tous les droits découlant d'accords conclus entre les deux Etats, subsistent et sont respectés.

7. Aux fins du calcul du rapport de la superficie des eaux à la superficie des terres prévu au paragraphe 1, peuvent être considérées comme faisant partie des terres les eaux situées en deçà des récifs frangeants bordant les îles et les atolls ainsi que toute partie d'un plateau océanique à flancs abrupts entièrement ou presque entièrement cernée par une chaîne d'îles calcaires et de récifs découvrants.

8. Les lignes de base tracées conformément au présent article doivent être indiquées sur des cartes marines à l'échelle appropriée pour en déterminer l'emplacement. Des listes des coordonnées géographiques de points précisant le système géodésique utilisé peuvent être substituées à ces cartes.

9. L'Etat archipel donne la publicité voulue aux cartes ou listes des coordonnées géographiques et en dépose un exemplaire auprès du Secrétaire général de l'Organisation des Nations Unies.

islands and an area in which the ratio of the area of the water to the area of the land, including atolls, is between 1 to 1 and 9 to 1.

2. The length of such baselines shall not exceed 100 nautical miles, except that up to 3 per cent of the total number of baselines enclosing any archipelago may exceed that length, up to a maximum length of 125 nautical miles.

3. The drawing of such baselines shall not depart to any appreciable extent from the general configuration of the archipelago.

4. Such baselines shall not be drawn to and from low-tide elevations, unless lighthouses or similar installations which are permanently above sea level have been built on them or where a low-tide elevation is situated wholly or partly at a distance not exceeding the breadth of the territorial sea from the nearest island.

5. The system of such baselines shall not be applied by an archipelagic State in such a manner as to cut off from the high seas or the exclusive economic zone the territorial sea of another State.

6. If a part of the archipelagic waters of an archipelagic State lies between two parts of an immediately adjacent neighbouring State, existing rights and all other legitimate interests which the latter State has traditionally exercised in such waters and all rights stipulated by agreement between those States shall continue and be respected.

7. For the purpose of computing the ratio of water to land under paragraph l, land areas may include waters lying within the fringing reefs of islands and atolls, including that part of a steep-sided oceanic plateau which is enclosed or nearly enclosed by a chain of limestone islands and drying reefs lying on the perimeter of the plateau.

8. The baselines drawn in accordance with this article shall be shown on charts of a scale or scales adequate for ascertaining their position. Alternatively, lists of geographical coordinates of points, specifying the geodetic datum, may be substituted.

9. The archipelagic State shall give due publicity to such charts or lists of geographical coordinates and shall deposit a copy of each such chart or list with the Secretary-General of the United Nations.

Article 48
Mesures de la largeur de la mer territoriale, de la zone contiguë, de la
zone économique exclusive et du plateau continental

La largeur de la mer territoriale, de la zone contiguë, de la zone économique exclusive et du plateau continental est mesurée à partir des lignes de base archipélagiques conformément à l'article 47.

Article 49
Régime juridique des eaux archipélagiques et de l'espace aérien
surjacent ainsi que des fonds marins correspondants et de leur
sous-sol

1.   La souveraineté de l'Etat archipel s'étend aux eaux situées en deçà des lignes de base archipélagiques tracées conformément à l'article 47, désignées sous le nom d'eaux archipélagiques, quelle que soit leur profondeur ou leur éloignement de la côte.
2.   Cette souveraineté s'étend à l'espace aérien surjacent aux eaux archipélagiques, ainsi qu'au fonds de ces eaux et au sous-sol correspondant, et aux ressources qui s'y trouvent.
3.   Cette souveraineté s'exerce dans les conditions prévues par la présente partie.
4.   Le régime du passage archipélagique qu'établit la présente partie n'affecte à aucun autre égard le régime juridique des eaux archipélagiques, y compris les voies de circulation, ni l'exercice par l'Etat archipel de sa souveraineté sur ces eaux, l'espace aérien surjacent, le fond de ces eaux et le sous-sol correspondant, ainsi que sur les ressources qui s'y trouvent.

Article 50
Délimitation des eaux intérieures

A l'intérieur de ses eaux archipélagiques, l'Etat archipel peut tracer des lignes de fermeture pour délimiter ses eaux intérieures, conformément aux articles 9, 10 et 11.

Article 51
Accords existants, droits de pêche traditionnels et câbles sous-marins
déjà en place

1.   Sans préjudice de l'article 49, les Etats archipels respectent les accords existants conclus avec d'autres Etats et reconnaissent les droits de pêche traditionnels et les activités légitimes des Etats limitrophes dans cer-

Article 48
Measurement of the breadth of the territorial sea, the contiguous zone, the exclusive economic zone and the continental shelf

The breadth of the territorial sea, the contiguous zone, the exclusive economic zone and the continental shelf shall be measured from archipelagic baselines drawn in accordance with article 47.

Article 49
Legal status of archipelagic waters, of the air space over archipelagic waters and of their bed and subsoil

1. The sovereignty of an archipelagic State extends to the waters enclosed by the archipelagic baselines drawn in accordance with article 47, described as archipelagic waters, regardless of their depth or distance from the coast.
2. This sovereignty extends to the air space over the archipelagic waters, as well as to their bed and subsoil, and the resources contained therein.
3. This sovereignty is exercised subject to this Part.
4. The regime of archipelagic sea lanes passage established in this Part shall not in other respects affect the status of the archipelagic waters, including the sea lanes, or the exercise by the archipelagic State of its sovereignty over such waters and their air space, bed and subsoil, and the resources contained therein.

Article 50
Delimitation of internal waters

Within its archipelagic waters, the archipelagic State may draw closing lines for the delimitation of internal waters, in accordance with articles 9, 10 and 11.

Article 51
Existing agreements, traditional fishing rights and existing submarine cables

1. Without prejudice to article 49, an archipelagic State shall respect existing agreements with other States and shall recognize traditional fishing rights and other legitimate activities of the immediately adjacent neigh-

taines zones faisant partie de leurs eaux archipélagiques. Les conditions et modalités de l'exercice de ces droits et activités, y compris leur nature, leur étendue et les zones dans lesquelles ils s'exercent, sont, à la demande de l'un quelconque des Etats concernés, définies par voie d'accords bilatéraux conclus entre ces Etats. Ces droits ne peuvent faire l'objet d'un transfert ou d'un partage au bénéfice d'Etats tiers ou de leurs ressortissants.

2. Les Etats archipels respectent les câbles sous-marins déjà en place qui ont été posés par d'autres Etats et passent dans leurs eaux sans toucher le rivage. Ils autorisent l'entretien et le remplacement de ces câbles après avoir été avisés de leur emplacement et des travaux d'entretien ou de remplacement envisagés.

Article 52
Droit de passage inoffensif

1. Sous réserve de l'article 53 et sans préjudice de l'article 50, les navires de tous les Etats jouissent dans les eaux archipélagiques du droit de passage inoffensif défini à la section 3 de la partie II.

2. L'Etat archipel peut, sans établir aucune discrimination de droit ou de fait entre les navires étrangers, suspendre temporairement, dans des zones déterminées de ses eaux archipélagiques, l'exercice du droit de passage inoffensif de navires étrangers si cette mesure est indispensable pour assurer sa sécurité. La suspension ne prend effet qu'après avoir été dûment publiée.

Article 53
Droit de passage archipélagique

1. Dans ses eaux archipélagiques et la mer territoriale adjacente, l'Etat archipel peut désigner des voies de circulation et, dans l'espace aérien surjacent à ces voies, des routes aériennes qui permettent le passage continu et rapide des navires ou aéronefs étrangers.

2. Tous les navires et aéronefs jouissent du droit de passage archipélagique par ces voies de circulation et ces routes aériennes.

3. On entend par « passage archipélagique » l'exercice sans entrave par les navires et aéronefs, selon leur mode normal de navigation et conformément à la Convention, des droits de navigation et de survol, à seule fin d'un transit continu et rapide entre un point de la haute mer ou d'une zone économique exclusive et un autre point de la haute mer ou d'une zone économique exclusive.

bouring States in certain areas falling within archipelagic waters. The terms and conditions for the exercise of such rights and activities, including the nature, the extent and the areas to which they apply, shall, at the request of any of the States concerned, be regulated by bilateral agreements between them. Such rights shall not be transferred to or shared with third States or their nationals.

2. An archipelagic State shall respect existing submarine cables laid by other States and passing through its waters without making a landfall. An archipelagic State shall permit the maintenance and replacement of such cables upon receiving due notice of their location and the intention to repair or replace them.

Article 52
Right of innocent passage

1. Subject to article 53 and without prejudice to article 50, ships of all States enjoy the right of innocent passage through archipelagic waters, in accordance with Part II, section 3.

2. The archipelagic State may, without discrimination in form or in fact among foreign ships, suspend temporarily in specified areas of its archipelagic waters the innocent passage of foreign ships if such suspension is essential for the protection of its security. Such suspension shall take effect only after having been duly published.

Article 53
Right of archipelagic sea lanes passage

1. An archipelagic State may designate sea lanes and air routes thereabove, suitable for the continuous and expeditious passage of foreign ships and aircraft through or over its archipelagic waters and the adjacent territorial sea.

2. All ships and aircraft enjoy the right of archipelagic sea lanes passage in such sea lanes and air routes.

3. Archipelagic sea lanes passage means the exercise in accordance with this Convention of the rights of navigation and overflight in the normal mode solely for the purpose of continuous, expeditious and unobstructed transit between one part of the high seas or an exclusive economic zone and another part of the high seas or an exclusive economic zone.

4. Ces voies de circulation et routes aériennes qui traversent les eaux archipélagiques et la mer territoriale adjacente ou l'espace aérien surjacent doivent comprendre toutes les routes servant normalement à la navigation internationale dans les eaux archipélagiques et l'espace aérien surjacent ; les voies de circulation doivent suivre tous les chenaux servant normalement à la navigation, étant entendu qu'il n'est pas nécessaire d'établir entre un point d'entrée et un point de sortie donnés plusieurs voies de commodité comparables.

5. Ces voies de circulation et routes aériennes sont définies par une série de lignes axiales continues joignant leurs points d'entrée aux points de sortie. Durant leur passage, les navires et aéronefs ne peuvent s'écarter de plus de 25 milles marins de ces lignes axiales, étant entendu qu'ils ne doivent pas naviguer à une distance des côtes inférieure au dixième de la distance qui sépare les points les plus proches des îles bordant une voie de circulation.

6. L'Etat archipel qui désigne des voies de circulation en vertu du présent article peut aussi prescrire des dispositifs de séparation du trafic pour assurer la sécurité du passage des navires empruntant des chenaux étroits à l'intérieur de ces voies.

7. Quand les circonstances l'exigent, l'Etat archipel peut, après avoir donné à cette mesure la publicité voulue, désigner de nouvelles voies de circulation ou prescrire de nouveaux dispositifs de séparation du trafic en remplacement de toutes voies ou de tous dispositifs antérieurement établis par lui.

8. Ces voies de circulation et dispositifs de séparation du trafic doivent être conformes à la réglementation internationale généralement acceptée.

9. Lorsqu'il désigne ou remplace des voies de circulation ou qu'il prescrit ou remplace des dispositifs de séparation du trafic, l'Etat archipel soumet ses propositions pour adoption à l'organisation internationale compétente. Cette organisation ne peut adopter que les voies de circulation et les dispositifs de séparation du trafic dont il a pu être convenu avec l'Etat archipel ; celui-ci peut alors les désigner, les prescrire ou les remplacer.

10. L'Etat archipel indique clairement sur des cartes marines auxquelles il donne la publicité voulue les lignes axiales des voies de circulation qu'il désigne et les dispositifs de séparation du trafic qu'il prescrit.

11. Lors du passage archipélagique, les navires respectent les voies de circulation et les dispositifs de séparation du trafic établis conformément au présent article.

12. Si l'Etat archipel n'a pas désigné de voies de circulation ou de routes aériennes, le droit de passage archipélagique peut s'exercer en utilisant les voies et routes servant normalement à la navigation internationale.

4.   Such sea lanes and air routes shall traverse the archipelagic waters and the adjacent territorial sea and shall include all normal passage routes used as routes for international navigation or overflight through or over archipelagic waters and, within such routes, so far as ships are concerned, all normal navigational channels, provided that duplication of routes of similar convenience between the same entry and exit points shall not be necessary.

5.   Such sea lanes and air routes shall be defined by a series of continuous axis lines from the entry points of passage routes to the exit points. Ships and aircraft in archipelagic sea lanes passage shall not deviate more than 25 nautical miles to either side of such axis lines during passage, provided that such ships and aircraft shall not navigate closer to the coasts than 10 per cent of the distance between the nearest points on islands bordering the sea lane.

6.   An archipelagic State which designates sea lanes under this article may also prescribe traffic separation schemes for the safe passage of ships through narrow channels in such sea lanes.

7.   An archipelagic State may, when circumstances require, after giving due publicity thereto, substitute other sea lanes or traffic separation schemes for any sea lanes or traffic separation schemes previously designated or prescribed by it.

8.   Such sea lanes and traffic separation schemes shall conform to generally accepted international regulations.

9.   In designating or substituting sea lanes or prescribing or substituting traffic separation schemes, an archipelagic State shall refer proposals to the competent international organization with a view to their adoption. The organization may adopt only such sea lanes and traffic separation schemes as may be agreed with the archipelagic State, after which the archipelagic State may designate, prescribe or substitute them.

10. The archipelagic State shall clearly indicate the axis of the sea lanes and the traffic separation schemes designated or prescribed by it on charts to which due publicity shall be given.

11. Ships in archipelagic sea lanes passage shall respect applicable sea lanes and traffic separation schemes established in accordance with this article.

12. If an archipelagic State does not designate sea lanes or air routes, the right of archipelagic sea lanes passage may be exercised through the routes normally used for international navigation.

Article 54
**Obligations des navires et des aéronefs pendant leur passage,
recherche et levés hydrographiques, obligations des Etats archipels et
lois et règlements de l'Etat archipel concernant le passage
archipélagique**

Les articles 39, 40, 42 et 44 s'appliquent *mutatis mutandis* au passage archipélagique.

Partie V
Zone économique exclusive

Article 55
Régime juridique particulier de la zone économique exclusive

La zone économique exclusive est une zone située au-delà de la mer territoriale et adjacente à celle-ci, soumise au régime juridique particulier établi par la présente partie, en vertu duquel les droits et la juridiction de l'Etat côtier et les droits et libertés des autres Etats sont gouvernés par les dispositions pertinentes de la Convention.

Article 56
*Droits, juridiction et obligations de l'Etat côtier dans la zone
économique exclusive*

1. Dans la zone économique exclusive, l'Etat côtier a :
   a) des droits souverains aux fins d'exploration et d'exploitation, de conservation et de gestion des ressources naturelles, biologiques ou non biologiques, des eaux surjacentes aux fonds marins, des fonds marins et de leur sous-sol, ainsi qu'en ce qui concerne d'autres activités tendant à l'exploration et à l'exploitation de la zone à des fins économiques, telles que la production d'énergie à partir de l'eau, des courants et des vents ;
   b) juridiction, conformément aux dispositions pertinentes de la Convention, en ce qui concerne :
      i) la mise en place et l'utilisation d'îles artificielles, d'installations et d'ouvrages ;
      ii) la recherche scientifique marine ;
      iii) la protection et la préservation du milieu marin ;
   c) les autres droits et obligations prévus par la Convention.

Article 54
Duties of ships and aircraft during their passage, research and survey activities, duties of the archipelagic State and laws and regulations of the archipelagic State relating to archipelagic sea lanes passage

Articles 39, 40, 42 and 44 apply *mutatis mutandis* to archipelagic sea lanes passage.

Part V
Exclusive Economic Zone

Article 55
Specific legal regime of the exclusive economic zone

The exclusive economic zone is an area beyond and adjacent to the territorial sea, subject to the specific legal regime established in this Part, under which the rights and jurisdiction of the coastal State and the rights and freedoms of other States are governed by the relevant provisions of this Convention.

Article 56
Rights, jurisdiction and duties of the coastal State in the exclusive economic zone

1. In the exclusive economic zone, the coastal State has:
    (a) sovereign rights for the purpose of exploring and exploiting, conserving and managing the natural resources, whether living or non-living, of the waters superjacent to the seabed and of the seabed and its subsoil, and with regard to other activities for the economic exploitation and exploration of the zone, such as the production of energy from the water, currents and winds;
    (b) jurisdiction as provided for in the relevant provisions of this Convention with regard to:
        (i) the establishment and use of artificial islands, installations and structures;
        (ii) marine scientific research;
        (iii) the protection and preservation of the marine environment;
    (c) other rights and duties provided for in this Convention.

2.   Lorsque, dans la zone économique exclusive, il exerce ses droits et s'acquitte de ses obligations en vertu de la Convention, l'Etat côtier tient dûment compte des droits et des obligations des autres Etats et agit d'une manière compatible avec la Convention.

3.   Les droits relatifs aux fonds marins et à leur sous-sol énoncés dans le présent article s'exercent conformément à la partie VI.

Article 57
Largeur de la zone économique exclusive

La zone économique exclusive ne s'étend pas au-delà de 200 milles marins des lignes de base à partir desquelles est mesurée la largeur de la mer territoriale.

Article 58
Droits et obligations des autres Etats dans la zone économique exclusive

1.   Dans la zone économique exclusive, tous les Etats, qu'ils soient côtiers ou sans littoral, jouissent, dans les conditions prévues par les dispositions pertinentes de la Convention, des libertés de navigation et de survol et de la liberté de poser des câbles et pipelines sous-marins visées à l'article 87, ainsi que de la liberté d'utiliser la mer à d'autres fins internationalement licites liées à l'exercice de ces libertés et compatibles avec les autres dispositions de la Convention, notamment dans le cadre de l'exploitation des navires, d'aéronefs et de câbles et pipelines sous-marins.

2.   Les articles 88 à 115, ainsi que les autres règles pertinentes du droit international, s'appliquent à la zone économique exclusive dans la mesure où ils ne sont pas incompatibles avec la présente partie.

3.   Lorsque, dans la zone économique exclusive, ils exercent leurs droits et s'acquittent de leurs obligations en vertu de la Convention, les Etats tiennent dûment compte des droits et des obligations de l'Etat côtier et respectent les lois et règlements adoptés par celui-ci conformément aux dispositions de la Convention et, dans la mesure où elles ne sont pas incompatibles avec la présente partie, aux autres règles du droit international.

Article 59
Base de règlement des conflits dans le cas où la Convention n'attribue ni droits ni juridiction à l'intérieur de la zone économique exclusive

Dans les cas où la Convention n'attribue de droits ou de juridiction, à l'intérieur de la zone économique exclusive, ni à l'Etat côtier ni à d'autres Etats et où il y

2.   In exercising its rights and performing its duties under this Convention in
      the exclusive economic zone, the coastal State shall have due regard to
      the rights and duties of other States and shall act in a manner compatible
      with the provisions of this Convention.

3.   The rights set out in this article with respect to the seabed and subsoil
      shall be exercised in accordance with Part VI.

Article 57
Breadth of the exclusive economic zone

The exclusive economic zone shall not extend beyond 200 nautical miles from
the baselines from which the breadth of the territorial sea is measured.

Article 58
Rights and duties of other States in the exclusive economic zone

1.   In the exclusive economic zone, all States, whether coastal or land-locked,
      enjoy, subject to the relevant provisions of this Convention, the freedoms
      referred to in article 87 of navigation and overflight and of the laying of
      submarine cables and pipelines, and other internationally lawful uses of
      the sea related to these freedoms, such as those associated with the oper-
      ation of ships, aircraft and submarine cables and pipelines, and compat-
      ible with the other provisions of this Convention.

2.   Articles 88 to 115 and other pertinent rules of international law apply to
      the exclusive economic zone in so far as they are not incompatible with
      this Part.

3.   In exercising their rights and performing their duties under this
      Convention in the exclusive economic zone, States shall have due regard
      to the rights and duties of the coastal State and shall comply with the
      laws and regulations adopted by the coastal State in accordance with the
      provisions of this Convention and other rules of international law in so
      far as they are not incompatible with this Part.

Article 59
Basis for the resolution of conflicts regarding the attribution of rights
and jurisdiction in the exclusive economic zone

In cases where this Convention does not attribute rights or jurisdiction to the
coastal State or to other States within the exclusive economic zone, and a conflict arises between the interests of the coastal State and any other State or

a conflit entre les intérêts de l'Etat côtier et ceux d'un ou de plusieurs autres Etats, ce conflit devrait être résolu sur la base de l'équité et eu égard à toutes les circonstances pertinentes, compte tenu de l'importance que les intérêts en cause présentent pour les différentes parties et pour la communauté internationale dans son ensemble.

Article 60
Iles artificielles, installations et ouvrages dans la zone économique exclusive

1.   Dans la zone économique exclusive, l'Etat côtier a le droit exclusif de procéder à la construction et d'autoriser et réglementer la construction, l'exploitation et l'utilisation :
    a)   d'îles artificielles ;
    b)   d'installations et d'ouvrages affectés aux fins prévues à l'article 56 ou à d'autres fins économiques ;
    c)   d'installations et d'ouvrages pouvant entraver l'exercice des droits de l'Etat côtier dans la zone.
2.   L'Etat côtier a juridiction exclusive sur ces îles artificielles, installations et ouvrages, y compris en matière de lois et règlements douaniers, fiscaux, sanitaires, de sécurité et d'immigration.
3.   La construction de ces îles artificielles, installations et ouvrages doit être dûment notifiée et l'entretien de moyens permanents pour signaler leur présence doit être assuré. Les installations ou ouvrages abandonnés ou désaffectés doivent être enlevés afin d'assurer la sécurité de la navigation, compte tenu des normes internationales généralement acceptées établies en la matière par l'organisation internationale compétente. Il est procédé à leur enlèvement en tenant dûment compte aussi de la pêche, de la protection du milieu marin et des droits et obligations des autres Etats. Une publicité adéquate est donnée à la position, aux dimensions et à la profondeur des éléments restant d'une installation ou d'un ouvrage qui n'a pas été complètement enlevé.
4.   L'Etat côtier peut, si nécessaire, établir autour de ces îles artificielles, installations ou ouvrages des zones de sécurité de dimension raisonnable dans lesquelles il peut prendre les mesures appropriées pour assurer la sécurité de la navigation comme celle des îles artificielles, installations et ouvrages.
5.   L'Etat côtier fixe la largeur des zones de sécurité compte tenu des normes internationales applicables. Ces zones de sécurité sont conçues de manière à répondre raisonnablement à la nature et aux fonctions des îles artificielles, installations et ouvrages et elles ne peuvent s'étendre sur une

States, the conflict should be resolved on the basis of equity and in the light of all the relevant circumstances, taking into account the respective importance of the interests involved to the parties as well as to the international community as a whole.

Article 60
Artificial islands, installations and structures in the exclusive economic zone

1. In the exclusive economic zone, the coastal State shall have the exclusive right to construct and to authorize and regulate the construction, operation and use of:
    (a)   artificial islands;
    (b)   installations and structures for the purposes provided for in article 56 and other economic purposes;
    (c)   installations and structures which may interfere with the exercise of the rights of the coastal State in the zone.

2. The coastal State shall have exclusive jurisdiction over such artificial islands, installations and structures, including jurisdiction with regard to customs, fiscal, health, safety and immigration laws and regulations.

3. Due notice must be given of the construction of such artificial islands, installations or structures, and permanent means for giving warning of their presence must be maintained. Any installations or structures which are abandoned or disused shall be removed to ensure safety of navigation, taking into account any generally accepted international standards established in this regard by the competent international organization. Such removal shall also have due regard to fishing, the protection of the marine environment and the rights and duties of other States. Appropriate publicity shall be given to the depth, position and dimensions of any installations or structures not entirely removed.

4. The coastal State may, where necessary, establish reasonable safety zones around such artificial islands, installations and structures in which it may take appropriate measures to ensure the safety both of navigation and of the artificial islands, installations and structures.

5. The breadth of the safety zones shall be determined by the coastal State, taking into account applicable international standards. Such zones shall be designed to ensure that they are reasonably related to the nature and function of the artificial islands, installations or structures, and shall not exceed a distance of 500 metres around them, measured from each point of their outer edge, except as authorized by generally accepted

distance de plus de 500 mètres autour des îles artificielles, installations ou ouvrages, mesurés à partir de chaque point de leur bord extérieur, sauf dérogation autorisée par les normes internationales généralement acceptées ou recommandées par l'organisation internationale compétente. L'étendue des zones de sécurité est dûment notifiée.

6.   Tous les navires doivent respecter ces zones de sécurité et se conformer aux normes internationales généralement acceptées concernant la navigation dans les parages des îles artificielles, installations, ouvrages et zones de sécurité.

7.   Il ne peut être mis en place d'îles artificielles, installations ou ouvrages, ni établi de zones de sécurité à leur entour, lorsque cela risque d'entraver l'utilisation de voies de circulation reconnues essentielles pour la navigation internationale.

8.   Les îles artificielles, installations et ouvrages n'ont pas le statut d'îles. Ils n'ont pas de mer territoriale qui leur soit propre et leur présence n'a pas d'incidence sur la délimitation de la mer territoriale, de la zone économique exclusive ou du plateau continental.

Article 61
Conservation des ressources biologiques

1.   L'Etat côtier fixe le volume admissible des captures en ce qui concerne les ressources biologiques dans sa zone économique exclusive.

2.   L'Etat côtier, compte tenu des données scientifiques les plus fiables dont il dispose, prend des mesures appropriées de conservation et de gestion pour éviter que le maintien des ressources biologiques de sa zone économique exclusive ne soit compromis par une surexploitation. L'Etat côtier et les organisations internationales compétentes, sous-régionales, régionales ou mondiales, coopèrent selon qu'il convient à cette fin.

3.   Ces mesures visent aussi à maintenir ou rétablir les stocks des espèces exploitées à des niveaux qui assurent le rendement constant maximum, eu égard aux facteurs écologiques et économiques pertinents, y compris les besoins économiques des collectivités côtières vivant de la pêche et les besoins particuliers des Etats en développement, et compte tenu des méthodes en matière de pêche, de l'interdépendance des stocks et de toutes normes minimales internationales généralement recommandées au plan sous-régional, régional ou mondial.

4.   Lorsqu'il prend ces mesures, l'Etat côtier prend en considération leurs effets sur les espèces associées aux espèces exploitées ou dépendant de celles-ci afin de maintenir ou de rétablir les stocks de ces espèces associées ou dépendantes à un niveau tel que leur reproduction ne risque pas d'être sérieusement compromise.

international standards or as recommended by the competent international organization. Due notice shall be given of the extent of safety zones.

6. All ships must respect these safety zones and shall comply with generally accepted international standards regarding navigation in the vicinity of artificial islands, installations, structures and safety zones.

7. Artificial islands, installations and structures and the safety zones around them may not be established where interference may be caused to the use of recognized sea lanes essential to international navigation.

8. Artificial islands, installations and structures do not possess the status of islands. They have no territorial sea of their own, and their presence does not affect the delimitation of the territorial sea, the exclusive economic zone or the continental shelf.

Article 61
Conservation of the living resources

1. The coastal State shall determine the allowable catch of the living resources in its exclusive economic zone.

2. The coastal State, taking into account the best scientific evidence available to it, shall ensure through proper conservation and management measures that the maintenance of the living resources in the exclusive economic zone is not endangered by over-exploitation. As appropriate, the coastal State and competent international organizations, whether subregional, regional or global, shall cooperate to this end.

3. Such measures shall also be designed to maintain or restore populations of harvested species at levels which can produce the maximum sustainable yield, as qualified by relevant environmental and economic factors, including the economic needs of coastal fishing communities and the special requirements of developing States, and taking into account fishing patterns, the interdependence of stocks and any generally recommended international minimum standards, whether subregional, regional or global.

4. In taking such measures the coastal State shall take into consideration the effects on species associated with or dependent upon harvested species with a view to maintaining or restoring populations of such associated or dependent species above levels at which their reproduction may become seriously threatened.

5.   Les informations scientifiques disponibles, les statistiques relatives aux captures et à l'effort de pêche et les autres données concernant la conservation des stocks de poissons sont diffusées et échangées régulièrement par l'intermédiaire des organisations internationales compétentes, sous-régionales, régionales ou mondiales, lorsqu'il y a lieu, avec la participation de tous les Etats concernés, notamment de ceux dont les ressortissants sont autorisés à pêcher dans la zone économique exclusive.

Article 62
Exploitation des ressources biologiques

1.   L'Etat côtier se fixe pour objectif de favoriser une exploitation optimale des ressources biologiques de la zone économique exclusive, sans préjudice de l'article 61.

2.   L'Etat côtier détermine sa capacité d'exploitation des ressources biologiques de la zone économique exclusive. Si cette capacité d'exploitation est inférieure à l'ensemble du volume admissible des captures, il autorise d'autres Etats, par voie d'accords ou d'autres arrangements et conformément aux modalités, aux conditions et aux lois et règlements visés au paragraphe 4, à exploiter le reliquat du volume admissible ; ce faisant, il tient particulièrement compte des articles 69 et 70, notamment à l'égard des Etats en développement visés par ceux-ci.

3.   Lorsqu'il accorde à d'autres Etats l'accès à sa zone économique exclusive en vertu du présent article, l'Etat côtier tient compte de tous les facteurs pertinents, entre autres : l'importance que les ressources biologiques de la zone présentent pour son économie et ses autres intérêts nationaux, les articles 69 et 70, les besoins des Etats en développement de la région ou de la sous-région pour ce qui est de l'exploitation d'une partie du reliquat, et la nécessité de réduire à un minimum les perturbations économiques dans les Etats dont les ressortissants pratiquent habituellement la pêche dans la zone ou qui ont beaucoup contribué à la recherche et à l'inventaire des stocks.

4.   Les ressortissants d'autres Etats qui pêchent dans la zone économique exclusive se conforment aux mesures de conservation et aux autres modalités et conditions fixées par les lois et règlements de l'Etat côtier. Ces lois et règlements doivent être compatibles avec la Convention et peuvent porter notamment sur les questions suivantes :

   a)   délivrance de licences aux pêcheurs ou pour les navires et engins de pêche, y compris le paiement de droits ou toute autre contrepartie qui, dans le cas des Etats côtiers en développement, peut consister en une contribution adéquate au financement, à l'équipement et au développement technique de l'industrie de la pêche ;

5.   Available scientific information, catch and fishing effort statistics, and other data relevant to the conservation of fish stocks shall be contributed and exchanged on a regular basis through competent international organizations, whether subregional, regional or global, where appropriate and with participation by all States concerned, including States whose nationals are allowed to fish in the exclusive economic zone.

Article 62
Utilization of the living resources

1.   The coastal State shall promote the objective of optimum utilization of the living resources in the exclusive economic zone without prejudice to article 61.

2.   The coastal State shall determine its capacity to harvest the living resources of the exclusive economic zone. Where the coastal State does not have the capacity to harvest the entire allowable catch, it shall, through agreements or other arrangements and pursuant to the terms, conditions, laws and regulations referred to in paragraph 4, give other States access to the surplus of the allowable catch, having particular regard to the provisions of articles 69 and 70, especially in relation to the developing States mentioned therein.

3.   In giving access to other States to its exclusive economic zone under this article, the coastal State shall take into account all relevant factors, including, *inter alia*, the significance of the living resources of the area to the economy of the coastal State concerned and its other national interests, the provisions of articles 69 and 70, the requirements of developing States in the subregion or region in harvesting part of the surplus and the need to minimize economic dislocation in States whose nationals have habitually fished in the zone or which have made substantial efforts in research and identification of stocks.

4.   Nationals of other States fishing in the exclusive economic zone shall comply with the conservation measures and with the other terms and conditions established in the laws and regulations of the coastal State. These laws and regulations shall be consistent with this Convention and may relate, *inter alia*, to the following:

   (a)   licensing of fishermen, fishing vessels and equipment, including payment of fees and other forms of remuneration, which, in the case of developing coastal States, may consist of adequate compensation in the field of financing, equipment and technology relating to the fishing industry;

b)   indication des espèces dont la pêche est autorisée et fixation de quotas, soit pour des stocks ou groupes de stocks particuliers ou pour les captures par navire pendant un laps de temps donné, soit pour les captures par les ressortissants d'un Etat pendant une période donnée ;

c)   réglementation des campagnes et des zones de pêche, du type, de la taille et du nombre des engins, ainsi que du type, de la taille et du nombre des navires de pêche qui peuvent être utilisés ;

d)   fixation de l'âge et de la taille des poissons et des autres organismes qui peuvent être pêchés ;

e)   renseignements exigés des navires de pêche, notamment statistiques relatives aux captures et à l'effort de pêche et communication de la position des navires ;

f)   obligation de mener, avec l'autorisation et sous le contrôle de l'Etat côtier, des programmes de recherche déterminés sur les pêches et réglementation de la conduite de ces recherches, y compris l'échantillonnage des captures, la destination des échantillons et la communication de données scientifiques connexes ;

g)   placement, par l'Etat côtier, d'observateurs ou de stagiaires à bord de ces navires ;

h)   déchargement de la totalité ou d'une partie des captures de ces navires dans les ports de l'Etat côtier ;

i)   modalités et conditions relatives aux entreprises conjointes ou autres formes de coopération ;

j)   conditions requises en matière de formation du personnel et de transfert des techniques dans le domaine des pêches, y compris le renforcement de la capacité de recherche halieutique de l'Etat côtier ;

k)   mesures d'exécution.

5.   L'Etat côtier notifie dûment les lois et règlements qu'il adopte en matière de conservation et de gestion.

Article 63
Stocks de poissons se trouvant dans les zones économiques exclusives de plusieurs Etats côtiers ou à la fois dans la zone économique exclusive et dans un secteur adjacent à la zone

1.   Lorsqu'un même stock de poissons ou des stocks d'espèces associées se trouvent dans les zones économiques exclusives de plusieurs Etats côtiers, ces Etats s'efforcent, directement ou par l'intermédiaire des organisations sous-régionales ou régionales appropriées, de s'entendre sur les mesures nécessaires pour coordonner et assurer la conservation et le

(b)   determining the species which may be caught, and fixing quotas of catch, whether in relation to particular stocks or groups of stocks or catch per vessel over a period of time or to the catch by nationals of any State during a specified period;

(c)   regulating seasons and areas of fishing, the types, sizes and amount of gear, and the types, sizes and number of fishing vessels that may be used;

(d)   fixing the age and size of fish and other species that may be caught;

(e)   specifying information required of fishing vessels, including catch and effort statistics and vessel position reports;

(f)   requiring, under the authorization and control of the coastal State, the conduct of specified fisheries research programmes and regulating the conduct of such research, including the sampling of catches, disposition of samples and reporting of associated scientific data;

(g)   the placing of observers or trainees on board such vessels by the coastal State;

(h)   the landing of all or any part of the catch by such vessels in the ports of the coastal State;

(i)   terms and conditions relating to joint ventures or other cooperative arrangements;

(j)   requirements for the training of personnel and the transfer of fisheries technology, including enhancement of the coastal State's capability of undertaking fisheries research;

(k)   enforcement procedures.

5.   Coastal States shall give due notice of conservation and management laws and regulations.

Article 63
Stocks occurring within the exclusive economic zones of two or more coastal States or both within the exclusive economic zone and in an area beyond and adjacent to it

1.   Where the same stock or stocks of associated species occur within the exclusive economic zones of two or more coastal States, these States shall seek, either directly or through appropriate subregional or regional organizations, to agree upon the measures necessary to coordinate and ensure the conservation and development of such stocks without prejudice to the other provisions of this Part.

développement de ces stocks, sans préjudice des autres dispositions de la présente partie.

2.   Lorsqu'un même stock de poissons ou des stocks d'espèces associées se trouvent à la fois dans la zone économique exclusive et dans un secteur adjacent à la zone, l'Etat côtier et les Etats qui exploitent ces stocks dans le secteur adjacent s'efforcent, directement ou par l'intermédiaire des organisations sous-régionales ou régionales appropriées, de s'entendre sur les mesures nécessaires à la conservation de ces stocks dans le secteur adjacent.

Article 64
Grands migrateurs

1.   L'Etat côtier et les autres Etats dont les ressortissants se livrent dans la région à la pêche de grands migrateurs figurant sur la liste de l'annexe I coopèrent, directement ou par l'intermédiaire des organisations internationales appropriées, afin d'assurer la conservation des espèces en cause et de promouvoir l'exploitation optimale de ces espèces dans l'ensemble de la région, aussi bien dans la zone économique exclusive qu'au-delà de celle-ci. Dans les régions pour lesquelles il n'existe pas d'organisation internationale appropriée, l'Etat côtier et les autres Etats dont les ressortissants exploitent ces espèces dans la région coopèrent pour créer une telle organisation et participer à ses travaux.

2.   Le paragraphe 1 s'applique en sus des autres dispositions de la présente partie.

Article 65
Mammifères marins

Aucune disposition de la présente partie ne restreint le droit d'un Etat côtier d'interdire, de limiter ou de réglementer l'exploitation des mammifères marins plus rigoureusement que ne le prévoit cette partie, ni éventuellement la compétence d'une organisation internationale pour ce faire. Les Etats coopèrent en vue d'assurer la protection des mammifères marins et ils s'emploient en particulier, par l'intermédiaire des organisations internationales appropriées, à protéger, gérer et étudier les cétacés.

Article 66
Stocks de poissons anadromes

1.   Les Etats dans les cours d'eau desquels se reproduisent des stocks de poissons anadromes sont les premiers intéressés par ceux-ci et en sont responsables au premier chef.

2. Where the same stock or stocks of associated species occur both within the exclusive economic zone and in an area beyond and adjacent to the zone, the coastal State and the States fishing for such stocks in the adjacent area shall seek, either directly or through appropriate subregional or regional organizations, to agree upon the measures necessary for the conservation of these stocks in the adjacent area.

Article 64
Highly migratory species

1. The coastal State and other States whose nationals fish in the region for the highly migratory species listed in Annex I shall cooperate directly or through appropriate international organizations with a view to ensuring conservation and promoting the objective of optimum utilization of such species throughout the region, both within and beyond the exclusive economic zone. In regions for which no appropriate international organization exists, the coastal State and other States whose nationals harvest these species in the region shall cooperate to establish such an organization and participate in its work.

2. The provisions of paragraph 1 apply in addition to the other provisions of this Part.

Article 65
Marine mammals

Nothing in this Part restricts the right of a coastal State or the competence of an international organization, as appropriate, to prohibit, limit or regulate the exploitation of marine mammals more strictly than provided for in this Part. States shall cooperate with a view to the conservation of marine mammals and in the case of cetaceans shall in particular work through the appropriate international organizations for their conservation, management and study.

Article 66
Anadromous stocks

1. States in whose rivers anadromous stocks originate shall have the primary interest in and responsibility for such stocks.

2.   Un Etat dont sont originaires des stocks de poissons anadromes veille à leur conservation par l'adoption de mesures appropriées de réglementation de la pêche dans toutes les eaux situées en deçà des limites extérieures de sa zone économique exclusive, ainsi que de la pêche visée au paragraphe 3, lettre b). L'Etat d'origine peut, après avoir consulté les autres Etats visés aux paragraphes 3 et 4 qui exploitent ces stocks, fixer le total admissible des captures de poissons originaires de ses cours d'eau.

3.   a)   Les stocks de poissons anadromes ne peuvent être pêchés que dans les eaux situées en deçà des limites extérieures des zones économiques exclusives, sauf dans le cas où l'application de cette disposition entraînerait des perturbations économiques pour un Etat autre que l'Etat d'origine. En ce qui concerne la pêche au-delà des limites extérieures des zones économiques exclusives, les Etats concernés se consultent en vue de s'entendre sur les modalités et conditions de cette pêche, en tenant dûment compte des exigences de la conservation et des besoins de l'Etat d'origine pour ce qui est des stocks en question.

     b)   L'Etat d'origine contribue à réduire à un minimum les perturbations économiques dans les autres Etats qui exploitent ces espèces, en tenant compte des captures normales de ces Etats et de la façon dont ils exploitent ces stocks ainsi que de tous les secteurs où ceux-ci sont exploités.

     c)   Les Etats visés à la lettre b) qui participent, par voie d'accord avec l'Etat d'origine, à des mesures visant à assurer le renouvellement des stocks de poissons anadromes, particulièrement en contribuant au financement de ces mesures, sont spécialement pris en considération par l'Etat d'origine pour ce qui est de l'exploitation des espèces originaires de ses cours d'eau.

     d)   L'application de la réglementation concernant les stocks de poissons anadromes au-delà de la zone économique exclusive est assurée par voie d'accord entre l'Etat d'origine et les autres Etats concernés.

4.   Lorsque les stocks de poissons anadromes migrent vers des eaux ou traversent des eaux situées en deçà des limites extérieures de la zone économique exclusive d'un Etat autre que l'Etat d'origine, cet Etat coopère avec l'Etat d'origine à la conservation et à la gestion de ces stocks.

5.   L'Etat dont sont originaires des stocks de poissons anadromes et les autres Etats qui pratiquent la pêche de ces poissons concluent des arrangements en vue de l'application du présent article, s'il y a lieu, par l'intermédiaire d'organisations régionales.

2.   The State of origin of anadromous stocks shall ensure their conservation by the establishment of appropriate regulatory measures for fishing in all waters landward of the outer limits of its exclusive economic zone and for fishing provided for in paragraph 3(b). The State of origin may, after consultations with the other States referred to in paragraphs 3 and 4 fishing these stocks, establish total allowable catches for stocks originating in its rivers.

3.   (a)   Fisheries for anadromous stocks shall be conducted only in waters landward of the outer limits of exclusive economic zones, except in cases where this provision would result in economic dislocation for a State other than the State of origin. With respect to such fishing beyond the outer limits of the exclusive economic zone, States concerned shall maintain consultations with a view to achieving agreement on terms and conditions of such fishing giving due regard to the conservation requirements and the needs of the State of origin in respect of these stocks.

      (b)   The State of origin shall cooperate in minimizing economic dislocation in such other States fishing these stocks, taking into account the normal catch and the mode of operations of such States, and all the areas in which such fishing has occurred.

      (c)   States referred to in subparagraph (b), participating by agreement with the State of origin in measures to renew anadromous stocks, particularly by expenditures for that purpose, shall be given special consideration by the State of origin in the harvesting of stocks originating in its rivers.

      (d)   Enforcement of regulations regarding anadromous stocks beyond the exclusive economic zone shall be by agreement between the State of origin and the other States concerned.

4.   In cases where anadromous stocks migrate into or through the waters landward of the outer limits of the exclusive economic zone of a State other than the State of origin, such State shall cooperate with the State of origin with regard to the conservation and management of such stocks.

5.   The State of origin of anadromous stocks and other States fishing these stocks shall make arrangements for the implementation of the provisions of this article, where appropriate, through regional organizations.

Article 67
Espèces catadromes

1.   Un Etat côtier dans les eaux duquel des espèces catadromes passent la majeure partie de leur existence est responsable de la gestion de ces espèces et veille à ce que les poissons migrateurs puissent y entrer et en sortir.

2.   Les espèces catadromes ne sont exploitées que dans les eaux situées en deçà des limites extérieures des zones économiques exclusives. Dans les zones économiques exclusives, l'exploitation est régie par le présent article et les autres dispositions de la Convention relative à la pêche dans ces zones.

3.   Dans les cas où les poissons catadromes, qu'ils soient parvenus ou non au stade de la maturation, migrent à travers la zone économique exclusive d'un autre Etat, la gestion de ces poissons, y compris leur exploitation, est réglementée par voie d'accord entre l'Etat visé au paragraphe 1 et l'autre Etat concerné. Cet accord doit assurer la gestion rationnelle des espèces considérées et tenir compte des responsabilités de l'Etat visé au paragraphe 1 concernant la conservation de ces espèces.

Article 68
Espèces sédentaires

La présente partie ne s'applique pas aux espèces sédentaires, telles qu'elles sont définies à l'article 77, paragraphe 4.

Article 69
Droit des Etats sans littoral

1.   Un Etat sans littoral a le droit de participer, selon une formule équitable, à l'exploitation d'une part appropriée du reliquat des ressources biologiques des zones économiques exclusives des Etats côtiers de la même sous-région ou région, compte tenu des caractéristiques économiques et géographiques pertinentes de tous les Etats concernés et conformément au présent article et aux articles 61 et 62.

2.   Les conditions et modalités de cette participation sont arrêtées par les Etats concernés par voie d'accords bilatéraux, sous-régionaux ou régionaux, compte tenu notamment :

   a)   de la nécessité d'éviter tous effets préjudiciables aux communautés de pêcheurs ou à l'industrie de la pêche des Etats côtiers ;

Article 67
Catadromous species

1.   A coastal State in whose waters catadromous species spend the greater part of their life cycle shall have responsibility for the management of these species and shall ensure the ingress and egress of migrating fish.

2.   Harvesting of catadromous species shall be conducted only in waters landward of the outer limits of exclusive economic zones. When conducted in exclusive economic zones, harvesting shall be subject to this article and the other provisions of this Convention concerning fishing in these zones.

3.   In cases where catadromous fish migrate through the exclusive economic zone of another State, whether as juvenile or maturing fish, the management, including harvesting, of such fish shall be regulated by agreement between the State mentioned in paragraph 1 and the other State concerned. Such agreement shall ensure the rational management of the species and take into account the responsibilities of the State mentioned in paragraph 1 for the maintenance of these species.

Article 68
Sedentary species

This Part does not apply to sedentary species as defined in article 77, paragraph 4.

Article 69
Right of land-locked States

1.   Land-locked States shall have the right to participate, on an equitable basis, in the exploitation of an appropriate part of the surplus of the living resources of the exclusive economic zones of coastal States of the same subregion or region, taking into account the relevant economic and geographical circumstances of all the States concerned and in conformity with the provisions of this article and of articles 61 and 62.

2.   The terms and modalities of such participation shall be established by the States concerned through bilateral, subregional or regional agreements taking into account, *inter alia*:

   (a)   the need to avoid effects detrimental to fishing communities or fishing industries of the coastal State;

b)   de la mesure dans laquelle l'Etat sans littoral, conformément au présent article, participe ou a le droit de participer, en vertu d'accords bilatéraux, sous-régionaux ou régionaux existants, à l'exploitation des ressources biologiques des zones économiques exclusives d'autres Etats côtiers ;

c)   de la mesure dans laquelle d'autres Etats sans littoral ou des Etats géographiquement désavantagés participent déjà à l'exploitation des ressources biologiques de la zone économique exclusive de l'Etat côtier et de la nécessité d'éviter d'imposer à tel Etat côtier ou à telle région de cet Etat une charge particulièrement lourde ;

d)   des besoins alimentaires de la population des Etats considérés.

3.   Lorsque la capacité de pêche d'un Etat côtier lui permettrait presque d'atteindre à lui seul l'ensemble du volume admissible des captures fixé pour l'exploitation des ressources biologiques de sa zone économique exclusive, cet Etat et les autres Etats concernés coopèrent en vue de conclure des arrangements bilatéraux, sous-régionaux ou régionaux équitables permettant aux Etats en développement sans littoral de la même région ou sous-région de participer à l'exploitation des ressources biologiques des zones économiques exclusives des Etats côtiers de la sous-région ou région, selon qu'il convient, eu égard aux circonstances et à des conditions satisfaisantes pour toutes les parties. Pour l'application de la présente disposition, il est tenu compte également des facteurs mentionnés au paragraphe 2.

4.   Les Etats développés sans littoral n'ont le droit de participer à l'exploitation des ressources biologiques, en vertu du présent article, que dans les zones économiques exclusives d'Etats côtiers développés de la même sous-région ou région, compte tenu de la mesure dans laquelle l'Etat côtier, en donnant accès aux ressources biologiques de sa zone économique exclusive à d'autres Etats, a pris en considération la nécessité de réduire à un minimum les effets préjudiciables aux communautés de pêcheurs ainsi que les perturbations économiques dans les Etats dont les ressortissants pratiquent habituellement la pêche dans la zone.

5.   Les dispositions précédentes s'appliquent sans préjudice des arrangements éventuellement conclus dans des sous-régions ou régions où les Etats côtiers peuvent accorder à des Etats sans littoral de la même sous-région ou région des droits égaux ou préférentiels pour l'exploitation des ressources biologiques de leur zone économique exclusive.

    (b)   the extent to which the land-locked State, in accordance with the provisions of this article, is participating or is entitled to participate under existing bilateral, subregional or regional agreements in the exploitation of living resources of the exclusive economic zones of other coastal States;

    (c)   the extent to which other land-locked States and geographically disadvantaged States are participating in the exploitation of the living resources of the exclusive economic zone of the coastal State and the consequent need to avoid a particular burden for any single coastal State or a part of it;

    (d)   the nutritional needs of the populations of the respective States.

3.   When the harvesting capacity of a coastal State approaches a point which would enable it to harvest the entire allowable catch of the living resources in its exclusive economic zone, the coastal State and other States concerned shall cooperate in the establishment of equitable arrangements on a bilateral, subregional or regional basis to allow for participation of developing land-locked States of the same subregion or region in the exploitation of the living resources of the exclusive economic zones of coastal States of the subregion or region, as may be appropriate in the circumstances and on terms satisfactory to all parties. In the implementation of this provision the factors mentioned in paragraph 2 shall also be taken into account.

4.   Developed land-locked States shall, under the provisions of this article, be entitled to participate in the exploitation of living resources only in the exclusive economic zones of developed coastal States of the same subregion or region having regard to the extent to which the coastal State, in giving access to other States to the living resources of its exclusive economic zone, has taken into account the need to minimize detrimental effects on fishing communities and economic dislocation in States whose nationals have habitually fished in the zone.

5.   The above provisions are without prejudice to arrangements agreed upon in subregions or regions where the coastal States may grant to land-locked States of the same subregion or region equal or preferential rights for the exploitation of the living resources in the exclusive economic zones.

Article 70
Droit des Etats géographiquement désavantagés

1. Les Etats géographiquement désavantagés ont le droit de participer, selon une formule équitable, à l'exploitation d'une part appropriée du reliquat des ressources biologiques des zones économiques exclusives des Etats côtiers de la même sous-région ou région, compte tenu des caractéristiques économiques et géographiques pertinentes de tous les Etats concernés et conformément au présent article et aux articles 61 et 62.

2. Aux fins de la présente partie, l'expression « Etats géographiquement désavantagés » s'entend des Etats côtiers, y compris les Etats riverains d'une mer fermée ou semi-fermée, que leur situation géographique rend tributaires de l'exploitation des ressources biologiques des zones économiques exclusives d'autres Etats de la sous-région ou région pour un approvisionnement suffisant en poisson destiné à l'alimentation de leur population ou d'une partie de leur population, ainsi que des Etats côtiers qui ne peuvent prétendre à une zone économique exclusive propre.

3. Les conditions et modalités de cette participation sont arrêtées par les Etats concernés par voie d'accords bilatéraux, sous-régionaux ou régionaux, compte tenu notamment :

    a) de la nécessité d'éviter tous effets préjudiciables aux communautés de pêcheurs ou à l'industrie de la pêche des Etats côtiers ;

    b) de la mesure dans laquelle l'Etat géographiquement désavantagé, conformément au présent article, participe ou a le droit de participer, en vertu d'accords bilatéraux, sous-régionaux ou régionaux existants, à l'exploitation des ressources biologiques des zones économiques exclusives d'autres Etats côtiers ;

    c) de la mesure dans laquelle d'autres Etats géographiquement désavantagés et des Etats sans littoral participent déjà à l'exploitation des ressources biologiques de la zone économique exclusive de l'Etat côtier et de la nécessité d'éviter d'imposer à tel Etat côtier ou à telle région de cet Etat une charge particulièrement lourde ;

    d) des besoins alimentaires de la population des Etats considérés.

4. Lorsque la capacité de la pêche d'un Etat côtier lui permettrait presque d'atteindre à lui seul l'ensemble du volume admissible des captures fixé pour l'exploitation des ressources biologiques de sa zone économique exclusive, cet Etat et les autres Etats concernés coopèrent en vue de conclure des arrangements bilatéraux, sous-régionaux ou régionaux équitables permettant aux Etats en développement géographiquement

Article 70
Right of geographically disadvantaged States

1. Geographically disadvantaged States shall have the right to participate, on an equitable basis, in the exploitation of an appropriate part of the surplus of the living resources of the exclusive economic zones of coastal States of the same subregion or region, taking into account the relevant economic and geographical circumstances of all the States concerned and in conformity with the provisions of this article and of articles 61 and 62.

2. For the purposes of this Part, "geographically disadvantaged States" means coastal States, including States bordering enclosed or semi-enclosed seas, whose geographical situation makes them dependent upon the exploitation of the living resources of the exclusive economic zones of other States in the subregion or region for adequate supplies of fish for the nutritional purposes of their populations or parts thereof, and coastal States which can claim no exclusive economic zones of their own.

3. The terms and modalities of such participation shall be established by the States concerned through bilateral, subregional or regional agreements taking into account, *inter alia*:

    (a) the need to avoid effects detrimental to fishing communities or fishing industries of the coastal State;

    (b) the extent to which the geographically disadvantaged State, in accordance with the provisions of this article, is participating or is entitled to participate under existing bilateral, subregional or regional agreements in the exploitation of living resources of the exclusive economic zones of other coastal States;

    (c) the extent to which other geographically disadvantaged States and land-locked States are participating in the exploitation of the living resources of the exclusive economic zone of the coastal State and the consequent need to avoid a particular burden for any single coastal State or a part of it;

    (d) the nutritional needs of the populations of the respective States.

4. When the harvesting capacity of a coastal State approaches a point which would enable it to harvest the entire allowable catch of the living resources in its exclusive economic zone, the coastal State and other States concerned shall cooperate in the establishment of equitable arrangements on a bilateral, subregional or regional basis to allow for participation of developing geographically disadvantaged States of the same subregion or region in the exploitation of the living resources of the

désavantagés de la même sous-région ou région de participer à l'exploitation des ressources biologiques des zones économiques exclusives des Etats côtiers de la sous-région ou région, selon qu'il convient, eu égard aux circonstances et à des conditions satisfaisantes pour toutes les parties. Pour l'application de la présente disposition, il est tenu compte également des facteurs mentionnés au paragraphe 3.

5.   Les Etats développés géographiquement désavantagés n'ont le droit de participer à l'exploitation des ressources biologiques, en vertu du présent article, que dans les zones économiques exclusives d'Etats côtiers développés de la même sous-région ou région, compte tenu de la mesure dans laquelle l'Etat côtier, en donnant accès aux ressources biologiques de sa zone économique exclusive à d'autres Etats, a pris en considération la nécessité de réduire à un minimum les effets préjudiciables aux communautés de pêcheurs ainsi que les perturbations économiques dans les Etats dont les ressortissants pratiquent habituellement la pêche dans la zone.

6.   Les dispositions précédentes s'appliquent sans préjudice des arrangements éventuellement conclus dans des sous-régions ou régions où les Etats côtiers peuvent accorder à des Etats géographiquement désavantagés de la même sous-région ou région des droits égaux ou préférentiels pour l'exploitation des ressources biologiques de leur zone économique exclusive.

Article 71
Cas où les articles 69 et 70 ne sont pas applicables

Les articles 69 et 70 ne s'appliquent pas aux Etats côtiers dont l'économie est très lourdement tributaire de l'exploitation des ressources biologiques de leur zone économique exclusive.

Article 72
Restrictions au transfert des droits

1.   Les droits d'exploitation des ressources biologiques prévus aux articles 69 et 70 ne peuvent être transférés directement ou indirectement à des Etats tiers ou à leurs ressortissants, ni par voie de bail ou de licence, ni par la création d'entreprises conjointes, ni en vertu d'aucun autre arrangement ayant pour effet un tel transfert, sauf si les Etats concernés en conviennent autrement.

2.   La disposition ci-dessus n'interdit pas aux Etats concernés d'obtenir d'Etats tiers ou d'organisations internationales une assistance technique ou financière destinée à leur faciliter l'exercice de leurs droits conformément aux articles 69 et 70, à condition que cela n'entraîne pas l'effet visé au paragraphe 1.

exclusive economic zones of coastal States of the subregion or region, as may be appropriate in the circumstances and on terms satisfactory to all parties. In the implementation of this provision the factors mentioned in paragraph 3 shall also be taken into account.

5.   Developed geographically disadvantaged States shall, under the provisions of this article, be entitled to participate in the exploitation of living resources only in the exclusive economic zones of developed coastal States of the same subregion or region having regard to the extent to which the coastal State, in giving access to other States to the living resources of its exclusive economic zone, has taken into account the need to minimize detrimental effects on fishing communities and economic dislocation in States whose nationals have habitually fished in the zone.

6.   The above provisions are without prejudice to arrangements agreed upon in subregions or regions where the coastal States may grant to geographically disadvantaged States of the same subregion or region equal or preferential rights for the exploitation of the living resources in the exclusive economic zones.

Article 71
Non-applicability of articles 69 and 70

The provisions of articles 69 and 70 do not apply in the case of a coastal State whose economy is overwhelmingly dependent on the exploitation of the living resources of its exclusive economic zone.

Article 72
Restrictions on transfer of rights

1.   Rights provided under articles 69 and 70 to exploit living resources shall not be directly or indirectly transferred to third States or their nationals by lease or licence, by establishing joint ventures or in any other manner which has the effect of such transfer unless otherwise agreed by the States concerned.

2.   The foregoing provision does not preclude the States concerned from obtaining technical or financial assistance from third States or international organizations in order to facilitate the exercise of the rights pursuant to articles 69 and 70, provided that it does not have the effect referred to in paragraph 1.

Article 73
Mise en application des lois et règlements de l'Etat côtier

1. Dans l'exercice de ses droits souverains d'exploration, d'exploitation, de conservation et de gestion des ressources biologiques de la zone économique exclusive, l'Etat côtier peut prendre toutes mesures, y compris l'arraisonnement, l'inspection, la saisie et l'introduction d'une instance judiciaire, qui sont nécessaire pour assurer le respect des lois et règlements qu'il a adoptés conformément à la Convention.

2. Lorsqu'une caution ou autre garantie suffisante a été fournie, il est procédé sans délai à la mainlevée de la saisie dont un navire aurait fait l'objet et à la libération de son équipage.

3. Les sanctions prévues par l'Etat côtier pour les infractions aux lois et règlements en matière de pêche dans la zone économique exclusive ne peuvent comprendre l'emprisonnement, à moins que les Etats concernés n'en conviennent autrement, ni aucun autre châtiment corporel.

4. Dans les cas de saisie ou d'immobilisation d'un navire étranger, l'Etat côtier notifie sans délai à l'Etat du pavillon, par les voies appropriées, les mesures prises ainsi que les sanctions qui seraient prononcées par la suite.

Article 74
Délimitation de la zone économique exclusive entre Etats dont les côtes sont adjacentes ou se font face

1. La délimitation de la zone économique exclusive entre Etats dont les côtes sont adjacentes ou se font face est effectuée par voie d'accord conformément au droit international tel qu'il est visé à l'article 38 du Statut de la Cour internationale de Justice, afin d'aboutir à une solution équitable.

2. S'ils ne parviennent pas à un accord dans un délai raisonnable, les Etats concernés ont recours aux procédures prévues à la partie XV.

3. En attendant la conclusion de l'accord visé au paragraphe 1, les Etats concernés, dans un esprit de compréhension et de coopération, font tout leur possible pour conclure des arrangements provisoires de caractère pratique et pour ne pas compromettre ou entraver pendant cette période de transition la conclusion de l'accord définitif. Les arrangements provisoires sont sans préjudice de la délimitation finale.

4. Lorsqu'un accord est en vigueur entre les Etats concernés, les questions relatives à la délimitation de la zone économique exclusive sont réglées conformément à cet accord.

Article 73
Enforcement of laws and regulations of the coastal State

1. The coastal State may, in the exercise of its sovereign rights to explore, exploit, conserve and manage the living resources in the exclusive economic zone, take such measures, including boarding, inspection, arrest and judicial proceedings, as may be necessary to ensure compliance with the laws and regulations adopted by it in conformity with this Convention.

2. Arrested vessels and their crews shall be promptly released upon the posting of reasonable bond or other security.

3. Coastal State penalties for violations of fisheries laws and regulations in the exclusive economic zone may not include imprisonment, in the absence of agreements to the contrary by the States concerned, or any other form of corporal punishment.

4. In cases of arrest or detention of foreign vessels the coastal State shall promptly notify the flag State, through appropriate channels, of the action taken and of any penalties subsequently imposed.

Article 74
Delimitation of the exclusive economic zone between States with opposite or adjacent coasts

1. The delimitation of the exclusive economic zone between States with opposite or adjacent coasts shall be effected by agreement on the basis of international law, as referred to in article 38 of the Statute of the International Court of Justice, in order to achieve an equitable solution.

2. If no agreement can be reached within a reasonable period of time, the States concerned shall resort to the procedures provided for in Part XV.

3. Pending agreement as provided for in paragraph 1, the States concerned, in a spirit of understanding and cooperation, shall make every effort to enter into provisional arrangements of a practical nature and, during this transitional period, not to jeopardize or hamper the reaching of the final agreement. Such arrangements shall be without prejudice to the final delimitation.

4. Where there is an agreement in force between the States concerned, questions relating to the delimitation of the exclusive economic zone shall be determined in accordance with the provisions of that agreement.

Article 75
Cartes marines et listes des coordonnées géographiques

1.   Sous réserve de la présente partie, les limites extérieures de la zone économique exclusive et les lignes de délimitation tracées conformément à
l'article 74 sont indiquées sur des cartes marines à l'échelle appropriée
pour en déterminer l'emplacement. Le cas échéant, le tracé de ces limites
extérieures ou de ces lignes de délimitation peut être remplacé par des
listes des coordonnées géographiques de points précisant le système géodésique utilisé.

2.   L'Etat côtier donne la publicité voulue aux cartes ou listes des coordonnées géographiques et en dépose un exemplaire auprès du Secrétaire
général de l'Organisation des Nations Unies.

Partie VI
Plateau continental

Article 76
Définition du plateau continental

1.   Le plateau continental d'un Etat côtier comprend les fonds marins et leur
sous-sol au-delà de sa mer territoriale, sur toute l'étendue du prolongement naturel du territoire terrestre de cet Etat jusqu'au rebord externe de
la marge continentale, ou jusqu'à 200 milles marins des lignes de base à
partir desquelles est mesurée la largeur de la mer territoriale, lorsque le
rebord externe de la marge continentale se trouve à une distance
inférieure.

2.   Le plateau continental ne s'étend pas au-delà des limites prévues aux
paragraphes 4 à 6.

3.   La marge continentale est le prolongement immergé de la masse terrestre de l'Etat côtier ; elle est constituée par les fonds marins correspondant au plateau, au talus et au glacis ainsi que leur sous-sol. Elle ne
comprend ni les grands fonds des océans, avec leurs dorsales océaniques,
ni leur sous-sol.

4.   a)   Aux fins de la Convention, l'Etat côtier définit le rebord externe de
la marge continentale, lorsque celle-ci s'étend au-delà de 200 milles
marins des lignes de base à partir desquelles est mesurée la largeur
de la mer territoriale, par :
i)   Une ligne tracée conformément au paragraphe 7 par référence
aux points fixes extrêmes où l'épaisseur des roches sédimen-

Article 75
Charts and lists of geographical coordinates

1. Subject to this Part, the outer limit lines of the exclusive economic zone and the lines of delimitation drawn in accordance with article 74 shall be shown on charts of a scale or scales adequate for ascertaining their position. Where appropriate, lists of geographical coordinates of points, specifying the geodetic datum, may be substituted for such outer limit lines or lines of delimitation.

2. The coastal State shall give due publicity to such charts or lists of geographical coordinates and shall deposit a copy of each such chart or list with the Secretary-General of the United Nations.

Part VI
Continental Shelf

Article 76
Definition of the continental shelf

1. The continental shelf of a coastal State comprises the seabed and subsoil of the submarine areas that extend beyond its territorial sea throughout the natural prolongation of its land territory to the outer edge of the continental margin, or to a distance of 200 nautical miles from the baselines from which the breadth of the territorial sea is measured where the outer edge of the continental margin does not extend up to that distance.

2. The continental shelf of a coastal State shall not extend beyond the limits provided for in paragraphs 4 to 6.

3. The continental margin comprises the submerged prolongation of the land mass of the coastal State, and consists of the seabed and subsoil of the shelf, the slope and the rise. It does not include the deep ocean floor with its oceanic ridges or the subsoil thereof.

4. (a) For the purposes of this Convention, the coastal State shall establish the outer edge of the continental margin wherever the margin extends beyond 200 nautical miles from the baselines from which the breadth of the territorial sea is measured, by either:

    (i) a line delineated in accordance with paragraph 7 by reference to the outermost fixed points at each of which the thickness of sedimentary rocks is at least 1 per cent of the shortest distance from such point to the foot of the continental slope; or

taires est égale au centième au moins de la distance entre le point considéré et le pied du talus continental ; ou

ii) Une ligne tracée conformément au paragraphe 7 par référence à des points fixes situés à 60 milles marins au plus du pied du talus continental.

b) Sauf preuve du contraire, le pied du talus continental coïncide avec la rupture de pente la plus marquée à la base du talus.

5. Les points fixes qui définissent la ligne marquant, sur les fonds marins, la limite extérieure du plateau continental, tracée conformément au paragraphe 4, lettre a), i) et ii), sont situés soit à une distance n'excédant pas 350 milles marins des lignes de base à partir desquelles est mesurée la largeur de la mer territoriale, soit à une distance n'excédant pas 100 milles marins de l'isobathe de 2 500 mètres, qui est la ligne reliant les points de 2 500 mètres de profondeur.

6. Nonobstant le paragraphe 5, sur une dorsale sous-marine, la limite extérieure du plateau continental ne dépasse pas une ligne tracée à 350 milles marins des lignes de base à partir desquelles est mesurée la largeur de la mer territoriale. Le présent paragraphe ne s'applique pas aux hauts-fonds qui constituent des éléments naturels de la marge continentale, tels que les plateaux, seuils, crêtes, bancs ou éperons qu'elle comporte.

7. L'Etat côtier fixe la limite extérieure de son plateau continental, quand ce plateau s'étend au-delà de 200 milles marins des lignes de base à partir desquelles est mesurée la largeur de la mer territoriale, en reliant par des droites d'une longueur n'excédant pas 60 milles marins des points fixes définis par des coordonnées en longitude et en latitude.

8. L'Etat côtier communique des informations sur les limites de son plateau continental, lorsque celui-ci s'étend au-delà de 200 milles marins des lignes de base à partir desquelles est mesurée la largeur de la mer territoriale, à la Commission des limites du plateau continental constituée en vertu de l'annexe II sur la base d'une représentation géographique équitable. La Commission adresse aux Etats côtiers des recommandations sur les questions concernant la fixation des limites extérieures de leur plateau continental. Les limites fixées par un Etat côtier sur la base de ces recommandations sont définitives et de caractère obligatoire.

9. L'Etat côtier remet au Secrétaire général de l'Organisation des Nations Unies les cartes et renseignements pertinents, y compris les données géodésiques, qui indiquent de façon permanente la limite extérieure de son plateau continental. Le Secrétaire général donne à ces documents la publicité voulue.

10. Le présent article ne préjuge pas de la question de la délimitation du plateau continental entre des Etats dont les côtes sont adjacentes ou se font face.

      (ii)   a line delineated in accordance with paragraph 7 by reference to fixed points not more than 60 nautical miles from the foot of the continental slope.

   (b)   In the absence of evidence to the contrary, the foot of the continental slope shall be determined as the point of maximum change in the gradient at its base.

5.   The fixed points comprising the line of the outer limits of the continental shelf on the seabed, drawn in accordance with paragraph 4(a)(i) and (ii), either shall not exceed 350 nautical miles from the baselines from which the breadth of the territorial sea is measured or shall not exceed 100 nautical miles from the 2,500 metre isobath, which is a line connecting the depth of 2,500 metres.

6.   Notwithstanding the provisions of paragraph 5, on submarine ridges, the outer limit of the continental shelf shall not exceed 350 nautical miles from the baselines from which the breadth of the territorial sea is measured. This paragraph does not apply to submarine elevations that are natural components of the continental margin, such as its plateaux, rises, caps, banks and spurs.

7.   The coastal State shall delineate the outer limits of its continental shelf, where that shelf extends beyond 200 nautical miles from the baselines from which the breadth of the territorial sea is measured, by straight lines not exceeding 60 nautical miles in length, connecting fixed points, defined by coordinates of latitude and longitude.

8.   Information on the limits of the continental shelf beyond 200 nautical miles from the baselines from which the breadth of the territorial sea is measured shall be submitted by the coastal State to the Commission on the Limits of the Continental Shelf set up under Annex II on the basis of equitable geographical representation. The Commission shall make recommendations to coastal States on matters related to the establishment of the outer limits of their continental shelf. The limits of the shelf established by a coastal State on the basis of these recommendations shall be final and binding.

9.   The coastal State shall deposit with the Secretary-General of the United Nations charts and relevant information, including geodetic data, permanently describing the outer limits of its continental shelf. The Secretary-General shall give due publicity thereto.

10.   The provisions of this article are without prejudice to the question of delimitation of the continental shelf between States with opposite or adjacent coasts.

Article 77
Droits de l'Etat côtier sur le plateau continental

1. L'Etat côtier exerce des droits souverains sur le plateau continental aux fins de son exploration et de l'exploitation de ses ressources naturelles.

2. Les droits visés au paragraphe 1 sont exclusifs en ce sens que si l'Etat côtier n'explore pas le plateau continental ou n'en exploite pas les ressources naturelles, nul ne peut entreprendre de telles activités sans son consentement exprès.

3. Les droits de l'Etat côtier sur le plateau continental sont indépendants de l'occupation effective ou fictive, aussi bien que de toute proclamation expresse.

4. Les ressources naturelles visées dans la présente partie comprennent les ressources minérales et autres ressources non biologiques des fonds marins et de leur sous-sol, ainsi que les organismes vivants qui appartiennent aux espèces sédentaires, c'est-à-dire les organismes qui, au stade où ils peuvent être pêchés, sont soit immobiles sur le fond ou au-dessous du fond, soit incapables de se déplacer autrement qu'en restant constamment en contact avec le fond ou le sous-sol.

Article 78
Régime juridique des eaux et de l'espace aérien surjacents, et droits et libertés des autres Etats

1. Les droits de l'Etat côtier sur le plateau continental n'affectent pas le régime juridique des eaux surjacentes ou de l'espace aérien situé au-dessus de ces eaux.

2. L'exercice par l'Etat côtier de ses droits sur le plateau continental ne doit pas porter atteinte à la navigation ou aux droits et libertés reconnus aux autres Etats par la Convention, ni en gêner l'exercice de manière injustifiable.

Article 79
Câbles et pipelines sous-marins sur le plateau continental

1. Tous les Etats ont le droit de poser des câbles et des pipelines sous-marins sur le plateau continental conformément au présent article.

2. Sous réserve de son droit de prendre des mesures raisonnables pour l'exploration du plateau continental, l'exploitation de ses ressources naturelles et la prévention, la réduction et la maîtrise de la pollution par les

Article 77
Rights of the coastal State over the continental shelf

1.   The coastal State exercises over the continental shelf sovereign rights for the purpose of exploring it and exploiting its natural resources.

2.   The rights referred to in paragraph 1 are exclusive in the sense that if the coastal State does not explore the continental shelf or exploit its natural resources, no one may undertake these activities without the express consent of the coastal State.

3.   The rights of the coastal State over the continental shelf do not depend on occupation, effective or notional, or on any express proclamation.

4.   The natural resources referred to in this Part consist of the mineral and other non-living resources of the seabed and subsoil together with living organisms belonging to sedentary species, that is to say, organisms which, at the harvestable stage, either are immobile on or under the seabed or are unable to move except in constant physical contact with the seabed or the subsoil.

Article 78
Legal status of the superjacent waters and air space and the rights and freedoms of other States

1.   The rights of the coastal State over the continental shelf do not affect the legal status of the superjacent waters or of the air space above those waters.

2.   The exercise of the rights of the coastal State over the continental shelf must not infringe or result in any unjustifiable interference with navigation and other rights and freedoms of other States as provided for in this Convention.

Article 79
Submarine cables and pipelines on the continental shelf

1.   All States are entitled to lay submarine cables and pipelines on the continental shelf, in accordance with the provisions of this article.

2.   Subject to its right to take reasonable measures for the exploration of the continental shelf, the exploitation of its natural resources and the prevention, reduction and control of pollution from pipelines, the coastal State may not impede the laying or maintenance of such cables or pipelines.

pipelines, l'Etat côtier ne peut entraver la pose ou l'entretien de ces câbles ou pipelines.

3. Le tracé des pipelines posés sur le plateau continental doit être agréé par l'Etat côtier.

4. Aucune disposition de la présente partie n'affecte le droit de l'Etat côtier d'établir des conditions s'appliquant aux câbles ou pipelines qui pénètrent dans son territoire ou dans sa mer territoriale, ou sa juridiction sur les câbles et pipelines installés ou utilisés dans le cadre de l'exploration de son plateau continental ou de l'exploitation de ses ressources, ou de l'exploitation d'îles artificielles, d'installations ou d'ouvrages relevant de sa juridiction.

5. Lorsqu'ils posent des câbles ou des pipelines sous-marins, les Etats tiennent dûment compte des câbles et pipelines déjà en place. Ils veillent en particulier à ne pas compromettre la possibilité de réparer ceux-ci.

Article 80
Iles artificielles, installations et ouvrages sur le plateau continental

L'article 60 s'applique, *mutatis mutandis*, aux îles artificielles, installations et ouvrages situés sur le plateau continental.

Article 81
Forages sur le plateau continental

L'Etat côtier a le droit exclusif d'autoriser et de réglementer les forages sur le plateau continental, quelles qu'en soient les fins.

Article 82
Contributions en espèces ou en nature au titre de l'exploitation du plateau continental au-delà de 200 milles marins

1. L'Etat côtier acquitte des contributions en espèces ou en nature au titre de l'exploitation des ressources non biologiques du plateau continental au-delà de 200 milles marins des lignes de base à partir desquelles est mesurée la largeur de la mer territoriale.

2. Les contributions sont acquittées chaque année pour l'ensemble de la production d'un site d'exploitation donné, après les cinq premières années d'exploitation de ce site. La sixième année, le taux de contribution est de 1 p. 100 de la valeur ou du volume de la production du site d'exploitation. Ce taux augmente ensuite d'un point de pourcentage par an jusqu'à la douzième année, à partir de laquelle il reste 7 p. 100. La pro-

3.   The delineation of the course for the laying of such pipelines on the continental shelf is subject to the consent of the coastal State.

4.   Nothing in this Part affects the right of the coastal State to establish conditions for cables or pipelines entering its territory or territorial sea, or its jurisdiction over cables and pipelines constructed or used in connection with the exploration of its continental shelf or exploitation of its resources or the operations of artificial islands, installations and structures under its jurisdiction.

5.   When laying submarine cables or pipelines, States shall have due regard to cables or pipelines already in position. In particular, possibilities of repairing existing cables or pipelines shall not be prejudiced.

Article 80
Artificial islands, installations and structures on the continental shelf

Article 60 applies *mutatis mutandis* to artificial islands, installations and structures on the continental shelf.

Article 81
Drilling on the continental shelf

The coastal State shall have the exclusive right to authorize and regulate drilling on the continental shelf for all purposes.

Article 82
Payments and contributions with respect to the exploitation of the
continental shelf beyond 200 nautical miles

1.   The coastal State shall make payments or contributions in kind in respect of the exploitation of the non-living resources of the continental shelf beyond 200 nautical miles from the baselines from which the breadth of the territorial sea is measured.

2.   The payments and contributions shall be made annually with respect to all production at a site after the first five years of production at that site. For the sixth year, the rate of payment or contribution shall be 1 per cent of the value or volume of production at the site. The rate shall increase by 1 per cent for each subsequent year until the twelfth year and shall remain at 7 per cent thereafter. Production does not include resources used in connection with exploitation.

duction ne comprend pas les ressources utilisées dans le cadre de l'exploitation.

3. Tout Etat en développement qui est importateur net d'un minéral extrait de son plateau continental est dispensé de ces contributions en ce qui concerne ce minéral.

4. Les contributions s'effectuent par le canal de l'Autorité, qui les répartit entre les Etats Parties selon des critères de partage équitables, compte tenu des intérêts et besoins des Etats en développement, en particulier des Etats en développement les moins avancés ou sans littoral.

Article 83
Délimitation du plateau continental entre Etats dont les côtes sont adjacentes ou se font face

1. La délimitation du plateau continental entre Etats dont les côtes sont adjacentes ou se font face est effectuée par voie d'accord conformément au droit international tel qu'il est visé à l'article 38 du Statut de la Cour internationale de Justice, afin d'aboutir à une solution équitable.

2. S'ils ne parviennent pas à un accord dans un délai raisonnable, les Etats concernés ont recours aux procédures prévues à la partie XV.

3. En attendant la conclusion de l'accord visé au paragraphe 1, les Etats concernés, dans un esprit de compréhension et de coopération, font tout leur possible pour conclure des arrangements provisoires de caractère pratique et pour ne pas compromettre ou entraver pendant cette période de transition la conclusion de l'accord définitif. Les arrangements provisoires sont sans préjudice de la délimitation finale.

4. Lorsqu'un accord est en vigueur entre les Etats concernés, les questions relatives à la délimitation du plateau continental sont réglées conformément à cet accord.

Article 84
Cartes marines et listes des coordonnées géographiques

1. Sous réserve de la présente partie, les limites extérieures du plateau continental et les lignes de délimitation tracées conformément à l'article 83 sont indiquées sur des cartes marines à l'échelle appropriée pour en déterminer l'emplacement. Le cas échéant, le tracé de ces limites extérieures ou lignes de délimitation peut être remplacé par des listes des coordonnées géographiques de points précisant le système géodésique utilisé.

3.   A developing State which is a net importer of a mineral resource produced from its continental shelf is exempt from making such payments or contributions in respect of that mineral resource.

4.   The payments or contributions shall be made through the Authority, which shall distribute them to States Parties to this Convention, on the basis of equitable sharing criteria, taking into account the interests and needs of developing States, particularly the least developed and the land-locked among them.

Article 83
Delimitation of the continental shelf between States with opposite or adjacent coasts

1.   The delimitation of the continental shelf between States with opposite or adjacent coasts shall be effected by agreement on the basis of international law, as referred to in article 38 of the Statute of the International Court of Justice, in order to achieve an equitable solution.

2.   If no agreement can be reached within a reasonable period of time, the States concerned shall resort to the procedures provided for in Part XV.

3.   Pending agreement as provided for in paragraph 1, the States concerned, in a spirit of understanding and cooperation, shall make every effort to enter into provisional arrangements of a practical nature and, during this transitional period, not to jeopardize or hamper the reaching of the final agreement. Such arrangements shall be without prejudice to the final delimitation.

4.   Where there is an agreement in force between the States concerned, questions relating to the delimitation of the continental shelf shall be determined in accordance with the provisions of that agreement.

Article 84
Charts and lists of geographical coordinates

1.   Subject to this Part, the outer limit lines of the continental shelf and the lines of delimitation drawn in accordance with article 83 shall be shown on charts of a scale or scales adequate for ascertaining their position. Where appropriate, lists of geographical coordinates of points, specifying the geodetic datum, may be substituted for such outer limit lines or lines of delimitation.

2.   L'Etat côtier donne la publicité voulue aux cartes ou listes des coordonnées géographiques et en dépose un exemplaire auprès du Secrétaire
général de l'Organisation des Nations Unies et, dans le cas de celles indiquant l'emplacement de la limite extérieure du plateau continental,
auprès du Secrétaire général de l'Autorité.

Article 85
Creusement de galeries

La présente partie ne porte pas atteinte au droit qu'a l'Etat côtier d'exploiter
le sous-sol en creusant des galeries, quelle que soit la profondeur des eaux à
l'endroit considéré.

Partie VII
Haute mer

Section 1. Dispositions générales

Article 86
Champ d'application de la présente partie

La présente partie s'applique à toutes les parties de la mer qui ne sont comprises ni dans la zone économique exclusive, la mer territoriale ou les eaux
intérieures d'un Etat, ni dans les eaux archipélagiques d'un Etat archipel. Le
présent article ne restreint en aucune manière les libertés dont jouissent tous
les Etats dans la zone économique exclusive en vertu de l'article 58.

Article 87
Liberté de la haute mer

1.   La haute mer est ouverte à tous les Etats, qu'ils soient côtiers ou sans littoral. La liberté de la haute mer s'exerce dans les conditions prévues par les
dispositions de la Convention et les autres règles du droit international. Elle
comporte notamment pour les Etats, qu'ils soient côtiers ou sans littoral :
a)   la liberté de navigation ;
b)   la liberté de survol ;
c)   la liberté de poser des câbles et des pipelines sous-marins, sous
réserve de la partie VI ;
d)   la liberté de construire des îles artificielles et autres installations
autorisées par le droit international, sous réserve de la partie VI ;

2.   The coastal State shall give due publicity to such charts or lists of geo-
     graphical coordinates and shall deposit a copy of each such chart or list
     with the Secretary-General of the United Nations and, in the case of
     those showing the outer limit lines of the continental shelf, with the
     Secretary-General of the Authority.

Article 85
Tunnelling

This Part does not prejudice the right of the coastal State to exploit the subsoil
by means of tunnelling, irrespective of the depth of water above the subsoil.

Part VII
High Seas

Section 1. General Provisions

Article 86
Application of the provisions of this Part

The provisions of this Part apply to all parts of the sea that are not included in
the exclusive economic zone, in the territorial sea or in the internal waters of
a State, or in the archipelagic waters of an archipelagic State. This article does
not entail any abridgement of the freedoms enjoyed by all States in the exclusive economic zone in accordance with article 58.

Article 87
Freedom of the high seas

1.   The high seas are open to all States, whether coastal or land-locked.
     Freedom of the high seas is exercised under the conditions laid down by
     this Convention and by other rules of international law. It comprises,
     inter alia, both for coastal and land-locked States:
     (a) freedom of navigation;
     (b) freedom of overflight;
     (c) freedom to lay submarine cables and pipelines, subject to Part VI;
     (d) freedom to construct artificial islands and other installations per-
          mitted under international law, subject to Part VI;

e)   la liberté de la pêche, sous réserve des conditions énoncées à la section 2 ;

f)   la liberté de la recherche scientifique, sous réserve des parties VI et XIII.

2.   Chaque Etat exerce ces libertés en tenant dûment compte de l'intérêt que présente l'exercice de la liberté de la haute mer pour les autres Etats, ainsi que des droits reconnus par la Convention concernant les activités menées dans la Zone.

Article 88
Affectation de la haute mer à des fins pacifiques

La haute mer est affectée à des fins pacifiques.

Article 89
Illégitimité des revendications de souveraineté sur la haute mer

Aucun Etat ne peut légitimement prétendre soumettre une partie quelconque de la haute mer à sa souveraineté.

Article 90
Droit de navigation

Tout Etat, qu'il soit côtier ou sans littoral, a le droit de faire naviguer en haute mer des navires battant son pavillon.

Article 91
Nationalité des navires

1.   Chaque Etat fixe les conditions auxquelles il soumet l'attribution de sa nationalité aux navires, les conditions d'immatriculation des navires sur son territoire et les conditions requises pour qu'ils aient le droit de battre son pavillon. Les navires possèdent la nationalité de l'Etat dont ils sont autorisés à battre le pavillon. Il doit exister un lien substantiel entre l'Etat et le navire.

2.   Chaque Etat délivre aux navires auxquels il a accordé le droit de battre son pavillon des documents à cet effet.

Article 92
Condition juridique des navires

1.   Les navires naviguent sous le pavillon d'un seul Etat et sont soumis, sauf dans les cas exceptionnels expressément prévus par des traités interna-

(e)   freedom of fishing, subject to the conditions laid down in section 2;

(f)   freedom of scientific research, subject to Parts VI and XIII.

2.   These freedoms shall be exercised by all States with due regard for the interests of other States in their exercise of the freedom of the high seas, and also with due regard for the rights under this Convention with respect to activities in the Area.

Article 88
Reservation of the high seas for peaceful purposes

The high seas shall be reserved for peaceful purposes.

Article 89
Invalidity of claims of sovereignty over the high seas

No State may validly purport to subject any part of the high seas to its sovereignty.

Article 90
Right of navigation

Every State, whether coastal or land-locked, has the right to sail ships flying its flag on the high seas.

Article 91
Nationality of ships

1.   Every State shall fix the conditions for the grant of its nationality to ships, for the registration of ships in its territory, and for the right to fly its flag. Ships have the nationality of the State whose flag they are entitled to fly. There must exist a genuine link between the State and the ship.

2.   Every State shall issue to ships to which it has granted the right to fly its flag documents to that effect.

Article 92
Status of ships

1.   Ships shall sail under the flag of one State only and, save in exceptional cases expressly provided for in international treaties or in this Convention,

tionaux ou par la Convention, à sa juridiction exclusive en haute mer. Aucun changement de pavillon ne peut intervenir au cours d'un voyage ou d'une escale, sauf en cas de transfert réel de la propriété ou de changement d'immatriculation.

2. Un navire qui navigue sous les pavillons de plusieurs Etats, dont il fait usage à sa convenance, ne peut se prévaloir, vis-à-vis de tout Etat tiers, d'aucune de ces nationalités et peut être assimilé à un navire sans nationalité.

Article 93
Navires battant le pavillon de l'Organisation des Nations Unies, des institutions spécialisées des Nations Unies ou de l'Agence internationale de l'énergie atomique

Les articles précédents ne préjugent en rien la question des navires affectés au service officiel de l'Organisation des Nations Unies, de ses institutions spécialisées ou de l'Agence internationale de l'énergie atomique battant pavillon de l'Organisation.

Article 94
Obligations de l'Etat du pavillon

1. Tout Etat exerce effectivement sa juridiction et son contrôle dans les domaines administratif, technique et social sur les navires battant son pavillon.

2. En particulier tout Etat :

   a) tient un registre maritime où figurent les noms et les caractéristiques des navires battant son pavillon, à l'exception de ceux qui, du fait de leur petite taille, ne sont pas visés par la réglementation internationale généralement acceptée ;

   b) exerce sa juridiction conformément à son droit interne sur tout navire battant son pavillon, ainsi que sur le capitaine, les officiers et l'équipage pour les questions d'ordre administratif, technique et social concernant le navire.

3. Tout Etat prend à l'égard des navires battant son pavillon les mesures nécessaires pour assurer la sécurité en mer, notamment en ce qui concerne :

   a) la construction et l'équipement du navire et sa navigabilité ;

   b) la composition, les conditions de travail et la formation des équipages, en tenant compte des instruments internationaux applicables ;

shall be subject to its exclusive jurisdiction on the high seas. A ship may not change its flag during a voyage or while in a port of call, save in the case of a real transfer of ownership or change of registry.

2. A ship which sails under the flags of two or more States, using them according to convenience, may not claim any of the nationalities in question with respect to any other State, and may be assimilated to a ship without nationality.

Article 93
Ships flying the flag of the United Nations, its specialized agencies and the International Atomic Energy Agency

The preceding articles do not prejudice the question of ships employed on the official service of the United Nations, its specialized agencies or the International Atomic Energy Agency, flying the flag of the organization.

Article 94
Duties of the flag State

1. Every State shall effectively exercise its jurisdiction and control in administrative, technical and social matters over ships flying its flag.
2. In particular every State shall:
    (a) maintain a register of ships containing the names and particulars of ships flying its flag, except those which are excluded from generally accepted international regulations on account of their small size; and
    (b) assume jurisdiction under its internal law over each ship flying its flag and its master, officers and crew in respect of administrative, technical and social matters concerning the ship.
3. Every State shall take such measures for ships flying its flag as are necessary to ensure safety at sea with regard, *inter alia*, to:
    (a) the construction, equipment and seaworthiness of ships;
    (b) the manning of ships, labour conditions and the training of crews, taking into account the applicable international instruments;

   c)   l'emploi des signaux, le bon fonctionnement des communications et la prévention des abordages.

4.   Ces mesures comprennent celles qui sont nécessaires pour s'assurer que :

   a)   tout navire est inspecté, avant son inscription au registre et, ultérieurement, à des intervalles appropriés, par un inspecteur maritime qualifié, et qu'il a à son bord les cartes maritimes, les publications nautiques ainsi que le matériel et les instruments de navigation que requiert la sécurité de la navigation ;

   b)   tout navire est confié à un capitaine et à des officiers possédant les qualifications voulues, en particulier en ce qui concerne la manoeuvre, la navigation, les communications et la conduite des machines, et que l'équipage possède les qualifications voulues et est suffisamment nombreux eu égard au type, à la dimension, à la machinerie et à l'équipement du navire ;

   c)   le capitaine, les officiers et, dans la mesure du nécessaire, l'équipage connaissent parfaitement et sont tenus de respecter les règles internationales applicables concernant la sauvegarde de la vie humaine en mer, la prévention des abordages, la prévention, la réduction et la maîtrise de la pollution et le maintien des services de radiocommunication.

5.   Lorsqu'il prend les mesures visées aux paragraphes 3 et 4, chaque Etat est tenu de se conformer aux règles, procédures et pratiques internationales généralement acceptées et de prendre toutes les dispositions nécessaires pour en assurer le respect.

6.   Tout Etat qui a des motifs sérieux de penser que la juridiction et le contrôle appropriés sur un navire n'ont pas été exercés peut signaler les faits à l'Etat du pavillon. Une fois avisé, celui-ci procède à une enquête et prend, s'il y a lieu, les mesures nécessaires pour remédier à la situation.

7.   Chaque Etat ordonne l'ouverture d'une enquête, menée par ou devant une ou plusieurs personnes dûment qualifiées, sur tout accident de mer ou incident de navigation survenu en haute mer dans lequel est impliqué un navire battant son pavillon et qui a coûté la vie ou occasionné de graves blessures à des ressortissants d'un autre Etat, ou des dommages importants à des navires ou installations d'un autre Etat ou au milieu marin. L'Etat du pavillon et l'autre Etat coopèrent dans la conduite de toute enquête menée par ce dernier au sujet d'un accident de mer ou incident de navigation de ce genre.

    (c)   the use of signals, the maintenance of communications and the prevention of collisions.

4.   Such measures shall include those necessary to ensure:

    (a)   that each ship, before registration and thereafter at appropriate intervals, is surveyed by a qualified surveyor of ships, and has on board such charts, nautical publications and navigational equipment and instruments as are appropriate for the safe navigation of the ship;

    (b)   that each ship is in the charge of a master and officers who possess appropriate qualifications, in particular in seamanship, navigation, communications and marine engineering, and that the crew is appropriate in qualification and numbers for the type, size, machinery and equipment of the ship;

    (c)   that the master, officers and, to the extent appropriate, the crew are fully conversant with and required to observe the applicable international regulations concerning the safety of life at sea, the prevention of collisions, the prevention, reduction and control of marine pollution, and the maintenance of communications by radio.

5.   In taking the measures called for in paragraphs 3 and 4 each State is required to conform to generally accepted international regulations, procedures and practices and to take any steps which may be necessary to secure their observance.

6.   A State which has clear grounds to believe that proper jurisdiction and control with respect to a ship have not been exercised may report the facts to the flag State. Upon receiving such a report, the flag State shall investigate the matter and, if appropriate, take any action necessary to remedy the situation.

7.   Each State shall cause an inquiry to be held by or before a suitably qualified person or persons into every marine casualty or incident of navigation on the high seas involving a ship flying its flag and causing loss of life or serious injury to nationals of another State or serious damage to ships or installations of another State or to the marine environment. The flag State and the other State shall cooperate in the conduct of any inquiry held by that other State into any such marine casualty or incident of navigation.

Article 95
Immunité des navires de guerre en haute mer

Les navires de guerre jouissent en haute mer de l'immunité complète de juridiction vis-à-vis de tout Etat autre que l'Etat du pavillon.

Article 96
Immunité des navires utilisés exclusivement pour un service public non commercial

Les navires appartenant à un Etat ou exploités par lui et utilisés exclusivement pour un service public non commercial jouissent, en haute mer, de l'immunité complète de juridiction vis-à-vis de tout Etat autre que l'Etat du pavillon.

Article 97
Juridiction pénale en matière d'abordage ou en ce qui concerne tout autre incident de navigation maritime

1.   En cas d'abordage ou de tout autre incident de navigation maritime en haute mer qui engage la responsabilité pénale ou disciplinaire du capitaine ou de tout autre membre du personnel du navire, il ne peut être intenté de poursuites pénales ou disciplinaires que devant les autorités judiciaires ou administratives soit de l'Etat du pavillon, soit de l'Etat dont l'intéressé a la nationalité.

2.   En matière disciplinaire, l'Etat qui a délivré un brevet de commandement ou un certificat de capacité ou permis est seul compétent pour prononcer, en respectant les voies légales, le retrait de ces titres, même si le titulaire n'a pas la nationalité de cet Etat.

3.   Il ne peut être ordonné de saisie ou d'immobilisation du navire, même dans l'exécution d'actes d'instruction, par d'autres autorités que celle de l'Etat du pavillon.

Article 98
Obligation de prêter assistance

1.   Tout Etat exige du capitaine d'un navire battant son pavillon que, pour autant que cela lui est possible sans faire courir de risques graves au navire, à l'équipage ou aux passagers :

    a)   il prête assistance à quiconque est trouvé en péril en mer ;

    b)   il se porte aussi vite que possible au secours des personnes en détresse s'il est informé qu'elles ont besoin d'assistance, dans la mesure où l'on peut raisonnablement s'attendre qu'il agisse de la sorte ;

Article 95
Immunity of warships on the high seas

Warships on the high seas have complete immunity from the jurisdiction of any State other than the flag State.

Article 96
Immunity of ships used only on government non-commercial service

Ships owned or operated by a State and used only on government non-commercial service shall, on the high seas, have complete immunity from the jurisdiction of any State other than the flag State.

Article 97
Penal jurisdiction in matters of collision or any other incident of navigation

1. In the event of a collision or any other incident of navigation concerning a ship on the high seas, involving the penal or disciplinary responsibility of the master or of any other person in the service of the ship, no penal or disciplinary proceedings may be instituted against such person except before the judicial or administrative authorities either of the flag State or of the State of which such person is a national.
2. In disciplinary matters, the State which has issued a master's certificate or a certificate of competence or licence shall alone be competent, after due legal process, to pronounce the withdrawal of such certificates, even if the holder is not a national of the State which issued them.
3. No arrest or detention of the ship, even as a measure of investigation, shall be ordered by any authorities other than those of the flag State.

Article 98
Duty to render assistance

1. Every State shall require the master of a ship flying its flag, in so far as he can do so without serious danger to the ship, the crew or the passengers:
    (a) to render assistance to any person found at sea in danger of being lost;
    (b) to proceed with all possible speed to the rescue of persons in distress, if informed of their need of assistance, in so far as such action may reasonably be expected of him;

c)   en cas d'abordage, il prête assistance à l'autre navire, à son équipage et à ses passagers, et, dans la mesure du possible, indique à l'autre navire le nom et le port d'enregistrement de son propre navire et le port le plus proche qu'il touchera.

2.   Tous les Etats côtiers facilitent la création et le fonctionnement d'un service permanent de recherche et de sauvetage adéquat et efficace pour assurer la sécurité maritime et aérienne et, s'il y a lieu, collaborent à cette fin avec leurs voisins dans le cadre d'arrangements régionaux.

Article 99
Interdiction de transport d'esclaves

Tout Etat prend des mesures efficaces pour prévenir et réprimer le transport d'esclaves par les navires autorisés à battre son pavillon et pour prévenir l'usurpation de son pavillon à cette fin. Tout esclave qui se réfugie sur un navire, quel que soit son pavillon, est libre *ipso facto*.

Article 100
Obligation de coopérer à la répression de la piraterie

Tous les Etats coopèrent dans toute la mesure du possible à la répression de la piraterie en haute mer ou en tout autre lieu ne relevant de la juridiction d'aucun Etat.

Article 101
Définition de la piraterie

On entend par piraterie l'un quelconque des actes suivants :

a)   tout acte illicite de violence ou de détention ou toute déprédation commis par l'équipage ou des passagers d'un navire ou d'un aéronef privé, agissant à des fins privées, et dirigé :
  i)   contre un autre navire ou aéronef, ou contre des personnes ou des biens à leur bord, en haute mer ;
  ii)   contre un navire ou aéronef, des personnes ou des biens, dans un lieu ne relevant de la juridiction d'aucun Etat ;
b)   tout acte de participation volontaire à l'utilisation d'un navire ou d'un aéronef, lorsque son auteur a connaissance de faits dont il découle que ce navire ou aéronef est un navire ou aéronef pirate ;
c)   tout acte ayant pour but d'inciter à commettre les actes définis aux lettres a) ou b), ou commis dans l'intention de les faciliter.

(c) after a collision, to render assistance to the other ship, its crew and its passengers and, where possible, to inform the other ship of the name of his own ship, its port of registry and the nearest port at which it will call.

2. Every coastal State shall promote the establishment, operation and maintenance of an adequate and effective search and rescue service regarding safety on and over the sea and, where circumstances so require, by way of mutual regional arrangements cooperate with neighbouring States for this purpose.

Article 99
Prohibition of the transport of slaves

Every State shall take effective measures to prevent and punish the transport of slaves in ships authorized to fly its flag and to prevent the unlawful use of its flag for that purpose. Any slave taking refuge on board any ship, whatever its flag, shall *ipso facto* be free.

Article 100
Duty to cooperate in the repression of piracy

All States shall cooperate to the fullest possible extent in the repression of piracy on the high seas or in any other place outside the jurisdiction of any State.

Article 101
Definition of piracy

Piracy consists of any of the following acts:

(a) any illegal acts of violence or detention, or any act of depredation, committed for private ends by the crew or the passengers of a private ship or a private aircraft, and directed:
  (i)   on the high seas, against another ship or aircraft, or against persons or property on board such ship or aircraft;
  (ii) against a ship, aircraft, persons or property in a place outside the jurisdiction of any State;
(b) any act of voluntary participation in the operation of a ship or of an aircraft with knowledge of facts making it a pirate ship or aircraft;
(c) any act of inciting or of intentionally facilitating an act described in subparagraph (a) or (b).

Article 102
Piraterie du fait d'un navire de guerre, d'un navire d'Etat ou d'un aéronef d'Etat dont l'équipage s'est mutiné

Les actes de piraterie, tels qu'ils sont définis à l'article 101, perpétrés par un navire de guerre, un navire d'Etat ou un aéronef d'Etat dont l'équipage mutiné s'est rendu maître sont assimilés à des actes commis par un navire ou un aéronef privé.

Article 103
Définition d'un navire ou d'un aéronef pirate

Sont considérés comme navires ou aéronefs pirates les navires ou aéronefs dont les personnes qui les contrôlent effectivement entendent se servir pour commettre l'un des actes visés à l'article 101. Il en est de même des navires ou aéronefs qui ont servi à commettre de tels actes tant qu'ils demeurent sous le contrôle des personnes qui s'en sont rendues coupables.

Article 104
Conservation ou perte de la nationalité d'un navire ou d'un aéronef pirate

Un navire ou aéronef devenu pirate peut conserver sa nationalité. La conservation ou la perte de la nationalité est régie par le droit interne de l'Etat qui l'a conférée.

Article 105
Saisie d'un navire ou d'un aéronef pirate

Tout Etat peut, en haute mer ou en tout autre lieu ne relevant de la juridiction d'aucun Etat, saisir un navire ou un aéronef pirate, ou un navire ou un aéronef capturé à la suite d'un acte de piraterie et aux mains de pirates, et appréhender les personnes et saisir les biens se trouvant à bord. Les tribunaux de l'Etat qui a opéré la saisie peuvent se prononcer sur les peines à infliger, ainsi que sur les mesures à prendre en ce qui concerne le navire, l'aéronef ou les biens, réserve faite des tiers de bonne foi.

Article 106
Responsabilité en cas de saisie arbitraire

Lorsque la saisie d'un navire ou aéronef suspect de piraterie a été effectuée sans motif suffisant, l'Etat qui y a procédé est responsable vis-à-vis de l'Etat

Article 102
Piracy by a warship, government ship or government aircraft whose crew has mutinied

The acts of piracy, as defined in article 101, committed by a warship, government ship or government aircraft whose crew has mutinied and taken control of the ship or aircraft are assimilated to acts committed by a private ship or aircraft.

Article 103
Definition of a pirate ship or aircraft

A ship or aircraft is considered a pirate ship or aircraft if it is intended by the persons in dominant control to be used for the purpose of committing one of the acts referred to in article 101. The same applies if the ship or aircraft has been used to commit any such act, so long as it remains under the control of the persons guilty of that act.

Article 104
Retention or loss of the nationality of a pirate ship or aircraft

A ship or aircraft may retain its nationality although it has become a pirate ship or aircraft. The retention or loss of nationality is determined by the law of the State from which such nationality was derived.

Article 105
Seizure of a pirate ship or aircraft

On the high seas, or in any other place outside the jurisdiction of any State, every State may seize a pirate ship or aircraft, or a ship or aircraft taken by piracy and under the control of pirates, and arrest the persons and seize the property on board. The courts of the State which carried out the seizure may decide upon the penalties to be imposed, and may also determine the action to be taken with regard to the ships, aircraft or property, subject to the rights of third parties acting in good faith.

Article 106
Liability for seizure without adequate grounds

Where the seizure of a ship or aircraft on suspicion of piracy has been effected without adequate grounds, the State making the seizure shall be liable to the

dont le navire ou l'aéronef a la nationalité de toute perte ou de tout dommage causé de ce fait.

Article 107
Navires et aéronefs habilités à effectuer une saisie pour raison de piraterie

Seuls les navires de guerre ou aéronefs militaires, ou les autres navires ou aéronefs qui portent des marques extérieures indiquant clairement qu'ils sont affectés à un service public et qui sont autorisés à cet effet, peuvent effectuer une saisie pour cause de piraterie.

Article 108
Trafic illicite de stupéfiants et de substances psychotropes

1. Tous les Etats coopèrent à la répression du trafic illicite de stupéfiants et de substances psychotropes auquel se livrent, en violation des conventions internationales, des navires naviguant en haute mer.

2. Tout Etat qui a de sérieuses raisons de penser qu'un navire battant son pavillon se livre au trafic illicite de stupéfiants ou de substances psychotropes peut demander la coopération d'autres Etats pour mettre fin à ce trafic.

Article 109
Emissions non autorisées diffusées depuis la haute mer

1. Tous les Etats coopèrent à la répression des émissions non autorisées diffusées depuis la haute mer.

2. Aux fins de la Convention, on entend par « émissions non autorisées » les émissions de radio ou de télévision diffusées à l'intention du grand public depuis un navire ou une installation en haute mer en violation des règlements internationaux, à l'exclusion de la transmission des appels de détresse.

3. Toute personne qui diffuse des émissions non autorisées peut être poursuivie devant les tribunaux de :
    a)   l'Etat du pavillon du navire émetteur ;
    b)   l'Etat d'immatriculation de l'installation ;
    c)   l'Etat dont la personne en question est ressortissante ;

State the nationality of which is possessed by the ship or aircraft for any loss or damage caused by the seizure.

Article 107
Ships and aircraft which are entitled to seize on account of piracy

A seizure on account of piracy may be carried out only by warships or military aircraft, or other ships or aircraft clearly marked and identifiable as being on government service and authorized to that effect.

Article 108
Illicit traffic in narcotic drugs or psychotropic substances

1. All States shall cooperate in the suppression of illicit traffic in narcotic drugs and psychotropic substances engaged in by ships on the high seas contrary to international conventions.
2. Any State which has reasonable grounds for believing that a ship flying its flag is engaged in illicit traffic in narcotic drugs or psychotropic substances may request the cooperation of other States to suppress such traffic.

Article 109
Unauthorized broadcasting from the high seas

1. All States shall cooperate in the suppression of unauthorized broadcasting from the high seas.
2. For the purposes of this Convention, "unauthorized broadcasting" means the transmission of sound radio or television broadcasts from a ship or installation on the high seas intended for reception by the general public contrary to international regulations, but excluding the transmission of distress calls.
3. Any person engaged in unauthorized broadcasting may be prosecuted before the court of:
   (a) the flag State of the ship;
   (b) the State of registry of the installation;
   (c) the State of which the person is a national;

d)   tout Etat où les émissions peuvent être captées ; ou

e)   tout Etat dont les radiocommunications autorisées sont brouillées par ces émissions.

4.   En haute mer, un Etat ayant juridiction conformément au paragraphe 3 peut, en conformité avec l'article 110, arrêter toute personne ou immobiliser tout navire qui diffuse des émissions non autorisées et saisir le matériel d'émission.

Article 110
Droit de visite

1.   Sauf dans les cas où l'intervention procède de pouvoirs conférés par traité, un navire de guerre qui croise en haute mer un navire étranger, autre qu'un navire jouissant de l'immunité prévue aux articles 95 et 96, ne peut l'arraisonner que s'il a de sérieuses raisons de soupçonner que ce navire :

   a)   se livre à la piraterie ;

   b)   se livre au transport d'esclaves ;

   c)   sert à des émissions non autorisées, l'Etat du pavillon du navire de guerre ayant juridiction en vertu de l'article 109 ;

   d)   est sans nationalité ; ou

   e)   a en réalité la même nationalité que le navire de guerre, bien qu'il batte pavillon étranger ou refuse d'arborer son pavillon.

2.   Dans les cas visés au paragraphe 1, le navire de guerre peut procéder à la vérification des titres autorisant le port du pavillon. A cette fin, il peut dépêcher une embarcation, sous le commandement d'un officier, auprès du navire suspect. Si, après vérification des documents, les soupçons subsistent, il peut poursuivre l'examen à bord du navire, en agissant avec tous les égards possibles.

3.   Si les soupçons se révèlent dénués de fondement, le navire arraisonné est indemnisé de toute perte ou de tout dommage éventuel, à condition qu'il n'ait commis aucun acte le rendant suspect.

4.   Les présentes dispositions s'appliquent *mutatis mutandis* aux aéronefs militaires.

5.   Les présentes dispositions s'appliquent également à tous autres navires ou aéronefs dûment autorisés et portant des marques extérieures indiquant clairement qu'ils sont affectés à un service public.

(d)   any State where the transmissions can be received; or

(e)   any State where authorized radio communication is suffering interference.

4.   On the high seas, a State having jurisdiction in accordance with paragraph 3 may, in conformity with article 110, arrest any person or ship engaged in unauthorized broadcasting and seize the broadcasting apparatus.

Article 110
Right of visit

1.   Except where acts of interference derive from powers conferred by treaty, a warship which encounters on the high seas a foreign ship, other than a ship entitled to complete immunity in accordance with articles 95 and 96, is not justified in boarding it unless there is reasonable ground for suspecting that:

(a)   the ship is engaged in piracy;

(b)   the ship is engaged in the slave trade;

(c)   the ship is engaged in unauthorized broadcasting and the flag State of the warship has jurisdiction under article 109;

(d)   the ship is without nationality; or

(e)   though flying a foreign flag or refusing to show its flag, the ship is, in reality, of the same nationality as the warship.

2.   In the cases provided for in paragraph 1, the warship may proceed to verify the ship's right to fly its flag. To this end, it may send a boat under the command of an officer to the suspected ship. If suspicion remains after the documents have been checked, it may proceed to a further examination on board the ship, which must be carried out with all possible consideration.

3.   If the suspicions prove to be unfounded, and provided that the ship boarded has not committed any act justifying them, it shall be compensated for any loss or damage that may have been sustained.

4.   These provisions apply *mutatis mutandis* to military aircraft.

5.   These provisions also apply to any other duly authorized ships or aircraft clearly marked and identifiable as being on government service.

Article 111
Droit de poursuite

1. La poursuite d'un navire étranger peut être engagée si les autorités compétentes de l'Etat côtier ont de sérieuses raisons de penser que ce navire a contrevenu aux lois et règlements de cet Etat. Cette poursuite doit commencer lorsque le navire étranger ou une de ses embarcations se trouve dans les eaux intérieures, dans les eaux archipélagiques, dans la mer territoriale ou dans la zone contiguë de l'Etat poursuivant, et ne peut être continuée au-delà des limites de la mer territoriale ou de la zone contiguë qu'à la condition de ne pas avoir été interrompue. Il n'est pas nécessaire que le navire qui ordonne de stopper au navire étranger naviguant dans la mer territoriale ou dans la zone contiguë s'y trouve également au moment de la réception de l'ordre par le navire visé. Si le navire étranger se trouve dans la zone contiguë, définie à l'article 33, la poursuite ne peut être engagée que s'il a violé des droits que l'institution de cette zone a pour objet de protéger.

2. Le droit de poursuite s'applique *mutatis mutandis* aux infractions aux lois et règlements de l'Etat côtier applicables, conformément à la Convention, à la zone économique exclusive ou au plateau continental, y compris les zones de sécurité entourant les installations situées sur le plateau continental, si ces infractions ont été commises dans les zones mentionnées.

3. Le droit de poursuite cesse dès que le navire poursuivi entre dans la mer territoriale de l'Etat dont il relève ou d'un autre Etat.

4. La poursuite n'est considérée comme commencée que si le navire poursuivant s'est assuré, par tous les moyens utilisables dont il dispose, que le navire poursuivi ou l'une de ses embarcations ou d'autres embarcations fonctionnant en équipe et utilisant le navire poursuivi comme navire gigogne se trouvent à l'intérieur des limites de la mer territoriale ou, le cas échéant, dans la zone contiguë, dans la zone économique exclusive ou au-dessus du plateau continental. La poursuite ne peut commencer qu'après l'émission d'un signal de stopper, visuel ou sonore, donné à une distance permettant au navire visé de le percevoir.

5. Le droit de poursuite ne peut être exercé que par des navires de guerre ou des aéronefs militaires ou d'autres navires ou aéronefs qui portent des marques extérieures indiquant clairement qu'ils sont affectés à un service public et qui sont autorisés à cet effet.

6. Dans le cas où le navire est poursuivi par un aéronef :
    a) les paragraphes 1 à 4 s'appliquent *mutatis mutandis* ;
    b) l'aéronef qui donne l'ordre de stopper doit lui-même poursuivre le navire jusqu'à ce qu'un navire ou un autre aéronef de l'Etat côtier,

Article 111
Right of hot pursuit

1.   The hot pursuit of a foreign ship may be undertaken when the competent authorities of the coastal State have good reason to believe that the ship has violated the laws and regulations of that State. Such pursuit must be commenced when the foreign ship or one of its boats is within the internal waters, the archipelagic waters, the territorial sea or the contiguous zone of the pursuing State, and may only be continued outside the territorial sea or the contiguous zone if the pursuit has not been interrupted. It is not necessary that, at the time when the foreign ship within the territorial sea or the contiguous zone receives the order to stop, the ship giving the order should likewise be within the territorial sea or the contiguous zone. If the foreign ship is within a contiguous zone, as defined in article 33, the pursuit may only be undertaken if there has been a violation of the rights for the protection of which the zone was established.

2.   The right of hot pursuit shall apply *mutatis mutandis* to violations in the exclusive economic zone or on the continental shelf, including safety zones around continental shelf installations, of the laws and regulations of the coastal State applicable in accordance with this Convention to the exclusive economic zone or the continental shelf, including such safety zones.

3.   The right of hot pursuit ceases as soon as the ship pursued enters the territorial sea of its own State or of a third State.

4.   Hot pursuit is not deemed to have begun unless the pursuing ship has satisfied itself by such practicable means as may be available that the ship pursued or one of its boats or other craft working as a team and using the ship pursued as a mother ship is within the limits of the territorial sea, or, as the case may be, within the contiguous zone or the exclusive economic zone or above the continental shelf. The pursuit may only be commenced after a visual or auditory signal to stop has been given at a distance which enables it to be seen or heard by the foreign ship.

5.   The right of hot pursuit may be exercised only by warships or military aircraft, or other ships or aircraft clearly marked and identifiable as being on government service and authorized to that effect.

6.   Where hot pursuit is effected by an aircraft:
     (a)   the provisions of paragraphs 1 to 4 shall apply *mutatis mutandis*;
     (b)   the aircraft giving the order to stop must itself actively pursue the ship until a ship or another aircraft of the coastal State, summoned by the aircraft, arrives to take over the pursuit, unless the aircraft is itself able to arrest the ship. It does not suffice to justify an arrest

alerté par le premier aéronef, arrive sur les lieux pour continuer la poursuite, à moins qu'il ne puisse lui-même arrêter le navire. Pour justifier l'arrêt d'un navire en dehors de la mer territoriale, il ne suffit pas que celui-ci ait été simplement repéré comme ayant commis une infraction ou comme étant suspect d'infraction ; il faut encore qu'il ait été à la fois requis de stopper et poursuivi par l'aéronef qui l'a repéré ou par d'autres aéronefs ou navires sans que la poursuite ait été interrompue.

7.   La mainlevée de l'immobilisation d'un navire arrêté en un lieu relevant de la juridiction d'un Etat et escorté vers un port de cet Etat en vue d'une enquête par les autorités compétentes ne peut être exigée pour le seul motif que le navire a traversé sous escorte, parce que les circonstances l'imposaient, une partie de la zone économique exclusive ou de la haute mer.

8.   Un navire qui a été stoppé ou arrêté en dehors de la mer territoriale dans des circonstances ne justifiant pas l'exercice du droit de poursuite est indemnisé de toute perte ou de tout dommage éventuels.

Article 112
Droit de poser des câbles ou des pipelines sous-marins

1.   Tout Etat a le droit de poser des câbles ou des pipelines sous-marins sur le fond de la haute mer, au-delà du plateau continental.

2.   L'article 79, paragraphe 5, s'applique à ces câbles et pipelines.

Article 113
Rupture ou détérioration d'un câble ou d'un pipeline sous-marin

Tout Etat adopte les lois et règlements nécessaires pour que constituent des infractions passibles de sanctions, la rupture ou la détérioration délibérée ou due à une négligence coupable par un navire battant son pavillon ou une personne relevant de sa juridiction d'un câble à haute tension ou d'un pipeline sous-marin en haute mer, ainsi que d'un câble télégraphique ou téléphonique sous-marin dans la mesure où il risque de s'ensuivre des perturbations ou l'interruption des communications télégraphiques ou téléphoniques. Cette disposition vise également tout comportement susceptible de provoquer la rupture ou la détérioration de tels câbles ou pipelines, ou y tendant délibérément. Toutefois, elle ne s'applique pas lorsque la rupture ou la détérioration de tels câbles et pipelines est le fait de personnes qui, après avoir pris toutes les précautions nécessaires pour l'éviter, n'ont agi que dans le but légitime de sauver leur vie ou leur navire.

outside the territorial sea that the ship was merely sighted by the aircraft as an offender or suspected offender, if it was not both ordered to stop and pursued by the aircraft itself or other aircraft or ships which continue the pursuit without interruption.

7. The release of a ship arrested within the jurisdiction of a State and escorted to a port of that State for the purposes of an inquiry before the competent authorities may not be claimed solely on the ground that the ship, in the course of its voyage, was escorted across a portion of the exclusive economic zone or the high seas, if the circumstances rendered this necessary.

8. Where a ship has been stopped or arrested outside the territorial sea in circumstances which do not justify the exercise of the right of hot pursuit, it shall be compensated for any loss or damage that may have been thereby sustained.

Article 112
Right to lay submarine cables and pipelines

1. All States are entitled to lay submarine cables and pipelines on the bed of the high seas beyond the continental shelf.

2. Article 79, paragraph 5, applies to such cables and pipelines.

Article 113
Breaking or injury of a submarine cable or pipeline

Every State shall adopt the laws and regulations necessary to provide that the breaking or injury by a ship flying its flag or by a person subject to its jurisdiction of a submarine cable beneath the high seas done wilfully or through culpable negligence, in such a manner as to be liable to interrupt or obstruct telegraphic or telephonic communications, and similarly the breaking or injury of a submarine pipeline or high-voltage power cable, shall be a punishable offence. This provision shall apply also to conduct calculated or likely to result in such breaking or injury. However, it shall not apply to any break or injury caused by persons who acted merely with the legitimate object of saving their lives or their ships, after having taken all necessary precautions to avoid such break or injury.

Article 114
Rupture ou détérioration d'un câble ou d'un pipeline sous-marin par le propriétaire d'un autre câble ou pipeline

Tout Etat adopte les lois et règlements nécessaires pour qu'en cas de rupture ou de détérioration en haute mer d'un câble ou d'un pipeline sous-marin causée par la pose d'un autre câble ou pipeline appartenant à une personne relevant de sa juridiction, cette personne supporte les frais de réparation des dommages qu'elle a causés.

Article 115
Indemnisation des pertes encourues pour avoir évité de détériorer un câble ou un pipeline sous-marin

Tout Etat adopte les lois et règlements nécessaires pour que le propriétaire d'un navire qui apporte la preuve qu'il a sacrifié une ancre, un filet ou un autre engin de pêche pour éviter d'endommager un câble ou un pipeline sous-marin soit indemnisé par le propriétaire du câble ou du pipeline à condition que le propriétaire du navire ait pris toutes mesures de précaution raisonnables.

Section 2. Conservation et gestion des ressources biologiques de la haute mer

Article 116
Droit de pêche en haute mer

Tous les Etats ont droit à ce que leurs ressortissants pêchent en haute mer, sous réserve :

a)　　de leurs obligations conventionnelles ;
b)　　des droits et obligations ainsi que des intérêts des Etats côtiers tels qu'ils sont prévus, entre autres, à l'article 63, paragraphe 2, et aux articles 64 à 67 ; et
c)　　de la présente section.

Article 114
Breaking or injury by owners of a submarine cable or pipeline of another submarine cable or pipeline

Every State shall adopt the laws and regulations necessary to provide that, if persons subject to its jurisdiction who are the owners of a submarine cable or pipeline beneath the high seas, in laying or repairing that cable or pipeline, cause a break in or injury to another cable or pipeline, they shall bear the cost of the repairs.

Article 115
Indemnity for loss incurred in avoiding injury to a submarine cable or pipeline

Every State shall adopt the laws and regulations necessary to ensure that the owners of ships who can prove that they have sacrificed an anchor, a net or any other fishing gear, in order to avoid injuring a submarine cable or pipeline, shall be indemnified by the owner of the cable or pipeline, provided that the owner of the ship has taken all reasonable precautionary measures beforehand.

Section 2. Conservation and Management of the Living Resources of the High Seas

Article 116
Right to fish on the high seas

All States have the right for their nationals to engage in fishing on the high seas subject to:

(a)   their treaty obligations;
(b)   the rights and duties as well as the interests of coastal States provided for, *inter alia*, in article 63, paragraph 2, and articles 64 to 67; and
(c)   the provisions of this section.

Article 117
Obligation pour les Etats de prendre à l'égard de leurs ressortissants
des mesures de conservation des ressources biologiques de la haute mer

Tous les Etats ont l'obligation de prendre les mesures, applicables à leurs ressortissants, qui peuvent être nécessaires pour assurer la conservation des ressources biologiques de la haute mer ou de coopérer avec d'autres Etats à la prise de telles mesures.

Article 118
Coopération des Etats à la conservation et à la gestion des ressources
biologiques en haute mer

Les Etats coopèrent à la conservation et à la gestion des ressources biologiques en haute mer. Les Etats dont les ressortissants exploitent des ressources biologiques différentes situées dans une même zone ou des ressources biologiques identiques négocient en vue de prendre les mesures nécessaires à la conservation des ressources concernées. A cette fin, ils coopèrent, si besoin est, pour créer des organisations de pêche sous-régionales ou régionales.

Article 119
Conservation des ressources biologiques de la haute mer

1. Lorsqu'ils fixent le volume admissible des captures et prennent d'autres mesures en vue de la conservation des ressources biologiques en haute mer, les Etats :
   a) s'attachent, en se fondant sur les données scientifiques les plus fiables dont ils disposent, à maintenir ou rétablir les stocks des espèces exploitées à des niveaux qui assurent le rendement constant maximum, eu égard aux facteurs écologiques et économiques pertinents, y compris les besoins particuliers des Etats en développement, et compte tenu des méthodes en matière de pêche, de l'interdépendance des stocks et de toutes normes minimales internationales généralement recommandées au plan sous-régional, régional ou mondial ;
   b) prennent en considération les effets de ces mesures sur les espèces associées aux espèces exploitées ou dépendant de celles-ci, afin de maintenir ou de rétablir les stocks de ces espèces associées ou dépendantes à un niveau tel que leur reproduction ne risque pas d'être sérieusement compromise.

Article 117
Duty of States to adopt with respect to their nationals measures for the conservation of the living resources of the high seas

All States have the duty to take, or to cooperate with other States in taking, such measures for their respective nationals as may be necessary for the conservation of the living resources of the high seas.

Article 118
Cooperation of States in the conservation and management of living resources

States shall cooperate with each other in the conservation and management of living resources in the areas of the high seas. States whose nationals exploit identical living resources, or different living resources in the same area, shall enter into negotiations with a view to taking the measures necessary for the conservation of the living resources concerned. They shall, as appropriate, cooperate to establish subregional or regional fisheries organizations to this end.

Article 119
Conservation of the living resources of the high seas

1. In determining the allowable catch and establishing other conservation measures for the living resources in the high seas, States shall:
    (a) take measures which are designed, on the best scientific evidence available to the States concerned, to maintain or restore populations of harvested species at levels which can produce the maximum sustainable yield, as qualified by relevant environmental and economic factors, including the special requirements of developing States, and taking into account fishing patterns, the interdependence of stocks and any generally recommended international minimum standards, whether subregional, regional or global;
    (b) take into consideration the effects on species associated with or dependent upon harvested species with a view to maintaining or restoring populations of such associated or dependent species above levels at which their reproduction may become seriously threatened.

2. Les informations scientifiques disponibles, les statistiques relatives aux captures et à l'effort de pêche et les autres données concernant la conservation des stocks de poisson sont diffusées et échangées régulièrement par l'intermédiaire des organisations internationales compétentes, sous-régionales, régionales ou mondiales, lorsqu'il y a lieu, et avec la participation de tous les Etats concernés.

3. Les Etats concernés veillent à ce que les mesures de conservation et leur application n'entraînent aucune discrimination de droit ou de fait à l'encontre d'aucun pêcheur, quel que soit l'Etat dont il est ressortissant.

Article 120
Mammifères marins

L'article 65 s'applique aussi à la conservation et à la gestion de mammifères marins en haute mer.

Partie VIII
Régime des îles

Article 121
Régime des îles

1. Une île est une étendue naturelle de terre entourée d'eau qui reste découverte à marée haute.

2. Sous réserve du paragraphe 3, la mer territoriale, la zone contiguë, la zone économique exclusive et le plateau continental d'une île sont délimités conformément aux dispositions de la Convention applicables aux autres territoires terrestres.

3. Les rochers qui ne se prêtent pas à l'habitation humaine ou à une vie économique propre, n'ont pas de zone économique exclusive ni de plateau continental.

Partie IX
Mers fermées ou semi-fermées

Article 122
Définition

Aux fins de la Convention, on entend par « mer fermée ou semi-fermée » un golfe, un bassin ou une mer entourée par plusieurs Etats et relié à une autre

2.   Available scientific information, catch and fishing effort statistics, and other data relevant to the conservation of fish stocks shall be contributed and exchanged on a regular basis through competent international organizations, whether subregional, regional or global, where appropriate and with participation by all States concerned.

3.   States concerned shall ensure that conservation measures and their implementation do not discriminate in form or in fact against the fishermen of any State.

Article 120
Marine mammals

Article 65 also applies to the conservation and management of marine mammals in the high seas.

Part VIII
Regime of Islands

Article 121
Regime of islands

1.   An island is a naturally formed area of land, surrounded by water, which is above water at high tide.

2.   Except as provided for in paragraph 3, the territorial sea, the contiguous zone, the exclusive economic zone and the continental shelf of an island are determined in accordance with the provisions of this Convention applicable to other land territory.

3.   Rocks which cannot sustain human habitation or economic life of their own shall have no exclusive economic zone or continental shelf.

Part IX
Enclosed or Semi-Enclosed Seas

Article 122
Definition

For the purposes of this Convention, "enclosed or semi-enclosed sea" means a gulf, basin or sea surrounded by two or more States and connected to another

mer ou à l'océan par un passage étroit, ou constitué, entièrement ou principalement, par les mers territoriales et les zones économiques exclusives de plusieurs Etats.

Article 123
Coopération entre Etats riverains de mers fermées ou semi-fermées

Les Etats riverains d'une mer fermée ou semi-fermée devraient coopérer entre eux dans l'exercice des droits et l'exécution des obligations qui sont les leurs en vertu de la Convention. A cette fin, ils s'efforcent, directement ou par l'intermédiaire d'une organisation régionale appropriée, de :

a)   coordonner la gestion, la conservation, l'exploration et l'exploitation des ressources biologiques de la mer ;

b)   coordonner l'exercice de leurs droits et l'exécution de leurs obligations concernant la protection et la préservation du milieu marin ;

c)   coordonner leurs politiques de recherche scientifique et entreprendre, s'il y a lieu, des programmes communs de recherche scientifique dans la zone considérée ;

d)   inviter, le cas échéant, d'autres Etats ou organisations internationales concernés à coopérer avec eux à l'application du présent article.

Partie X
Droits d'accès des etats sans littoral à la mer et depuis la mer et liberté de transit

Article 124
Emploi des termes

1.   Aux fins de la Convention, on entend par :
   a)   « Etat sans littoral » tout Etat qui ne possède pas de côte maritime ;
   b)   « Etat de transit » tout Etat avec ou sans côte maritime, situé entre un Etat sans littoral et la mer, à travers le territoire duquel passe le trafic en transit ;
   c)   « trafic en transit » le transit de personnes, de bagages, de biens et de moyens de transport à travers le territoire d'un ou de plusieurs Etats de transit, lorsque le trajet dans ce territoire, qu'il y ait ou non transbordement, entreposage, rupture de charge ou changement de mode de transport, ne représente qu'une fraction d'un voyage complet qui commence ou se termine sur le territoire de l'Etat sans littoral ;

sea or the ocean by a narrow outlet or consisting entirely or primarily of the territorial seas and exclusive economic zones of two or more coastal States.

Article 123
Cooperation of States bordering enclosed or semi-enclosed seas

States bordering an enclosed or semi-enclosed sea should cooperate with each other in the exercise of their rights and in the performance of their duties under this Convention. To this end they shall endeavour, directly or through an appropriate regional organization:

(a)   to coordinate the management, conservation, exploration and exploitation of the living resources of the sea;

(b)   to coordinate the implementation of their rights and duties with respect to the protection and preservation of the marine environment;

(c)   to coordinate their scientific research policies and undertake where appropriate joint programmes of scientific research in the area;

(d)   to invite, as appropriate, other interested States or international organizations to cooperate with them in furtherance of the provisions of this article.

Part X
Right of Access of Land-Locked States to and from the Sea and Freedom of Transit

Article 124
Use of terms

1.   For the purposes of this Convention:

(a)   "land-locked State" means a State which has no sea-coast;

(b)   "transit State" means a State, with or without a sea-coast, situated between a land-locked State and the sea, through whose territory traffic in transit passes;

(c)   "traffic in transit" means transit of persons, baggage, goods and means of transport across the territory of one or more transit States, when the passage across such territory, with or without transshipment, warehousing, breaking bulk or change in the mode of transport, is only a portion of a complete journey which begins or terminates within the territory of the land-locked State;

d)   « moyens de transport » :

     i)   le matériel ferroviaire roulant, les navires servant à la navigation maritime, lacustre ou fluviale et les véhicules routiers ;

     ii)   lorsque les conditions locales l'exigent, les porteurs et les bêtes de charge.

2.   Les Etats sans littoral et les Etats de transit peuvent convenir d'inclure dans les moyens de transport les pipelines et les gazoducs et des moyens de transport autres que ceux mentionnés au paragraphe 1.

Article 125
Droits d'accès à la mer et depuis la mer et liberté de transit

1.   Les Etats sans littoral ont le droit d'accès à la mer et depuis la mer pour l'exercice des droits prévus dans la Convention, y compris ceux relatifs à la liberté de la haute mer et au patrimoine commun de l'humanité. A cette fin, ils jouissent de la liberté de transit à travers le territoire des Etats de transit par tous moyens de transport.

2.   Les conditions et modalités de l'exercice de la liberté de transit sont convenues entre les Etats sans littoral et les Etats de transit concernés par voie d'accords bilatéraux, sous-régionaux ou régionaux.

3.   Dans l'exercice de leur pleine souveraineté sur leur territoire, les Etats de transit ont le droit de prendre toutes mesures nécessaires pour s'assurer que les droits et facilités stipulés dans la présente partie au profit des Etats sans littoral ne portent en aucune façon atteinte à leurs intérêts légitimes.

Article 126
Exclusion de l'application de la clause de la nation la plus favorisée

Les dispositions de la Convention ainsi que les accords particuliers relatifs à l'exercice du droit d'accès à la mer et depuis la mer qui prévoient des droits et des facilités en faveur des Etats sans littoral en raison de leur situation géographique particulière sont exclus de l'application de la clause de la nation la plus favorisée.

Article 127
Droits de douane, taxes et autres redevances

1.   Le trafic en transit n'est soumis à aucun droit de douane, taxe ou autre redevance, à l'exception des droits perçus pour la prestation de service particuliers en rapport avec ce trafic.

(d)   "means of transport" means:
   (i)   railway rolling stock, sea, lake and river craft and road vehicles;
   (ii)   where local conditions so require, porters and pack animals.

2.   Land-locked States and transit States may, by agreement between them, include as means of transport pipelines and gas lines and means of transport other than those included in paragraph 1.

Article 125
Right of access to and from the sea and freedom of transit

1.   Land-locked States shall have the right of access to and from the sea for the purpose of exercising the rights provided for in this Convention including those relating to the freedom of the high seas and the common heritage of mankind. To this end, land-locked States shall enjoy freedom of transit through the territory of transit States by all means of transport.

2.   The terms and modalities for exercising freedom of transit shall be agreed between the land-locked States and transit States concerned through bilateral, subregional or regional agreements.

3.   Transit States, in the exercise of their full sovereignty over their territory, shall have the right to take all measures necessary to ensure that the rights and facilities provided for in this Part for land-locked States shall in no way infringe their legitimate interests.

Article 126
Exclusion of application of the most-favoured-nation clause

The provisions of this Convention, as well as special agreements relating to the exercise of the right of access to and from the sea, establishing rights and facilities on account of the special geographical position of land-locked States, are excluded from the application of the most-favoured-nation clause.

Article 127
Customs duties, taxes and other charges

1.   Traffic in transit shall not be subject to any customs duties, taxes or other charges except charges levied for specific services rendered in connection with such traffic.

2.   Les moyens de transport en transit et les autres facilités de transit prévus pour l'Etat sans littoral et utilisés par lui ne sont pas soumis à des taxes ou redevances plus élevées que celles qui sont perçues pour l'utilisation de moyens de transport de l'Etat de transit.

Article 128
Zones franches et autres facilités douanières

Pour faciliter le trafic en transit, des zones franches ou d'autres facilités douanières peuvent être prévues aux ports d'entrée et de sortie des Etats de transit, par voie d'accord entre ces Etats et les Etats sans littoral.

Article 129
Coopération dans la construction et l'amélioration des moyens de transport

Lorsqu'il n'existe pas dans l'Etat de transit de moyens de transport permettant l'exercice effectif de la liberté de transit, ou lorsque les moyens existants, y compris les installations et les équipements portuaires, sont inadéquats à quelque égard que ce soit, l'Etat de transit et l'Etat sans littoral concerné peuvent coopérer pour en construire ou améliorer ceux qui existent.

Article 130
Mesures destinées à éviter les retards ou les difficultés de caractère technique dans l'acheminement du trafic en transit, ou à en éliminer les causes

1.   L'Etat de transit prend toutes les mesures appropriées pour éviter les retards ou les difficultés de caractère technique dans l'acheminement du trafic en transit.
2.   Les autorités compétentes de l'Etat de transit et celles de l'Etat sans littoral coopèrent, en cas de retard ou de difficultés, afin d'en éliminer rapidement les causes.

Article 131
Egalité de traitement dans les ports de mer

Les navires battant pavillon d'un Etat sans littoral jouissent dans les ports de mer d'un traitement égal à celui qui est accordé aux autres navires étrangers.

2.   Means of transport in transit and other facilities provided for and used by land-locked States shall not be subject to taxes or charges higher than those levied for the use of means of transport of the transit State.

Article 128
Free zones and other customs facilities

For the convenience of traffic in transit, free zones or other customs facilities may be provided at the ports of entry and exit in the transit States, by agreement between those States and the land-locked States.

Article 129
Cooperation in the construction and improvement of means of transport

Where there are no means of transport in transit States to give effect to the freedom of transit or where the existing means, including the port installations and equipment, are inadequate in any respect, the transit States and land-locked States concerned may cooperate in constructing or improving them.

Article 130
Measures to avoid or eliminate delays or other difficulties of a technical nature in traffic in transit

1.   Transit States shall take all appropriate measures to avoid delays or other difficulties of a technical nature in traffic in transit.
2.   Should such delays or difficulties occur, the competent authorities of the transit States and land-locked States concerned shall cooperate towards their expeditious elimination.

Article 131
Equal treatment in maritime ports

Ships flying the flag of land-locked States shall enjoy treatment equal to that accorded to other foreign ships in maritime ports.

Article 132
Octroi de facilités de transit plus étendues

La Convention n'implique en aucune façon le retrait de facilités de transit plus étendues que celles qu'elle prévoit, qui auraient été convenues entre des Etats Parties ou accordées par un Etat Partie. De même, la Convention n'interdit aucunement aux Etats Parties d'accorder ainsi à l'avenir des facilités plus étendues.

Partie XI
La Zone

Section 1. Dispositions générales

Article 133
Emploi des termes

Aux fins de la présente partie :

a)   on entend par « ressources » toutes les ressources minérales solides, liquides ou gazeuses in situ qui, dans la Zone, se trouvent sur les fonds marins ou dans leur sous-sol, y compris les nodules polymétalliques ;

b)   les ressources, une fois extraites de la Zone, sont dénommées « minéraux ».

Article 134
Champ d'application de la présente partie

1.   La présente partie s'applique à la Zone.

2.   Les activités menées dans la Zone sont régies par la présente partie.

3.   Le dépôt des cartes ou listes des coordonnées géographiques indiquant l'emplacement des limites visées à l'article premier, paragraphe 1, sous-paragraphe 1), ainsi que la publicité à donner à ces cartes ou listes, sont régis par la partie VI.

4.   Aucune disposition du présent article ne porte atteinte à la définition de la limite extérieure du plateau continental conformément à la partie VI ou à la validité des accords relatifs à la délimitation entre Etats dont les côtes sont adjacentes ou se font face.

Article 132
Grant of greater transit facilities

This Convention does not entail in any way the withdrawal of transit facilities which are greater than those provided for in this Convention and which are agreed between States Parties to this Convention or granted by a State Party. This Convention also does not preclude such grant of greater facilities in the future.

Part XI
The Area

Section 1. General Provisions

Article 133
Use of terms

For the purposes of this Part:
(a) "resources" means all solid, liquid or gaseous mineral resources *in situ* in the Area at or beneath the seabed, including polymetallic nodules;
(b) resources, when recovered from the Area, are referred to as "minerals".

Article 134
Scope of this Part

1. This Part applies to the Area.
2. Activities in the Area shall be governed by the provisions of this Part.
3. The requirements concerning deposit of, and publicity to be given to, the charts or lists of geographical coordinates showing the limits referred to in article l, paragraph l(1), are set forth in Part VI.
4. Nothing in this article affects the establishment of the outer limits of the continental shelf in accordance with Part VI or the validity of agreements relating to delimitation between States with opposite or adjacent coasts.

Article 135
Régime juridique des eaux et de l'espace aérien surjacents

Ni la présente partie, ni les droits accordés ou exercés en vertu de celle-ci n'affectent le régime juridique des eaux surjacentes à la Zone ou celui de l'espace aérien situé au-dessus de ces eaux.

Section 2. Principes régissant la Zone

Article 136
Patrimoine commun de l'humanité

La Zone et ses ressources sont le patrimoine commun de l'humanité.

Article 137
Régime juridique de la Zone et de ses ressources

1. Aucun Etat ne peut revendiquer ou exercer de souveraineté ou de droits souverains sur une partie quelconque de la Zone ou de ses ressources ; aucun Etat ni aucune personne physique ou morale ne peut s'approprier une partie quelconque de la Zone ou de ses ressources. Aucune revendication, aucun exercice de souveraineté ou de droits souverains ni aucun acte d'appropriation n'est reconnu.
2. L'humanité tout entière, pour le compte de laquelle agit l'Autorité, est investie de tous les droits sur les ressources de la Zone. Ces ressources sont inaliénables. Les minéraux extraits de la Zone ne peuvent, quant à eux, être aliénés que conformément à la présente partie et aux règles, règlements et procédures de l'Autorité.
3. Un Etat ou une personne physique ou morale ne revendique, n'acquiert ou n'exerce de droits sur les minéraux extraits de la Zone que conformément à la présente partie. Les droits autrement revendiqués, acquis ou exercés ne sont pas reconnus.

Article 138
Conduite générale des Etats concernant la Zone

Dans leur conduite générale concernant la Zone, les Etats se conforment à la présente partie, aux principes énoncés dans la Charte des Nations Unies et aux autres règles du droit international, avec le souci de maintenir la paix et la sécurité et de promouvoir la coopération internationale et la compréhension mutuelle.

Article 135
Legal status of the superjacent waters and air space

Neither this Part nor any rights granted or exercised pursuant thereto shall affect the legal status of the waters superjacent to the Area or that of the air space above those waters.

Section 2. Principles Governing the Area

Article 136
Common heritage of mankind

The Area and its resources are the common heritage of mankind.

Article 137
Legal status of the Area and its resources

1. No State shall claim or exercise sovereignty or sovereign rights over any part of the Area or its resources, nor shall any State or natural or juridical person appropriate any part thereof. No such claim or exercise of sovereignty or sovereign rights nor such appropriation shall be recognized.
2. All rights in the resources of the Area are vested in mankind as a whole, on whose behalf the Authority shall act. These resources are not subject to alienation. The minerals recovered from the Area, however, may only be alienated in accordance with this Part and the rules, regulations and procedures of the Authority.
3. No State or natural or juridical person shall claim, acquire or exercise rights with respect to the minerals recovered from the Area except in accordance with this Part. Otherwise, no such claim, acquisition or exercise of such rights shall be recognized.

Article 138
General conduct of States in relation to the Area

The general conduct of States in relation to the Area shall be in accordance with the provisions of this Part, the principles embodied in the Charter of the United Nations and other rules of international law in the interests of maintaining peace and security and promoting international cooperation and mutual understanding.

Article 139
Obligation de veiller au respect de la Convention et responsabilité en cas de dommages

1. Il incombe aux Etats Parties de veiller à ce que les activités menées dans la Zone, que ce soit par eux-mêmes, par leurs entreprises d'Etat ou par des personnes physiques ou morales possédant leur nationalité ou effectivement contrôlées par eux ou leurs ressortissants, le soient conformément à la présente partie. La même obligation incombe aux organisations internationales pour les activités menées dans la Zone par elles.

2. Sans préjudice des règles du droit international et de l'article 22 de l'annexe III, un Etat Partie ou une organisation internationale est responsable des dommages résultant d'un manquement de sa part aux obligations qui lui incombent en vertu de la présente partie ; des Etats Parties ou organisations internationales agissant de concert assument conjointement et solidairement cette responsabilité. Toutefois, l'Etat Partie n'est pas responsable des dommages résultant d'un tel manquement de la part d'une personne patronnée par lui en vertu de l'article 153, paragraphe 2, lettre b), s'il a pris toutes les mesures nécessaires et appropriées pour assurer le respect effectif de la présente partie et des annexes qui s'y rapportent, comme le prévoient l'article 153, paragraphe 4, et l'article 4, paragraphe 4, de l'annexe III.

3. Les Etats Parties qui sont membres d'organisations internationales prennent les mesures appropriées pour assurer l'application du présent article en ce qui concerne ces organisations.

Article 140
Intérêt de l'humanité

1. Les activités menées dans la Zone le sont, ainsi qu'il est prévu expressément dans la présente partie, dans l'intérêt de l'humanité tout entière, indépendamment de la situation géographique des Etats, qu'il s'agisse d'Etats côtiers ou sans littoral, et compte tenu particulièrement des intérêts et besoins des Etats en développement et des peuples qui n'ont pas accédé à la pleine indépendance ou à un autre régime d'autonomie reconnu par les Nations Unies conformément à la résolution 1514 (XV) et aux autres résolutions pertinentes de l'Assemblée générale.

2. L'Autorité assure le partage équitable, sur une base non discriminatoire, des avantages financiers et autres avantages économiques tirés des activités menées dans la Zone par un mécanisme approprié conformément à l'article 160, paragraphe 2, lettre f), i).

Article 139
Responsibility to ensure compliance and liability for damage

1. States Parties shall have the responsibility to ensure that activities in the Area, whether carried out by States Parties, or state enterprises or natural or juridical persons which possess the nationality of States Parties or are effectively controlled by them or their nationals, shall be carried out in conformity with this Part. The same responsibility applies to international organizations for activities in the Area carried out by such organizations.

2. Without prejudice to the rules of international law and Annex III, article 22, damage caused by the failure of a State Party or international organization to carry out its responsibilities under this Part shall entail liability; States Parties or international organizations acting together shall bear joint and several liability. A State Party shall not however be liable for damage caused by any failure to comply with this Part by a person whom it has sponsored under article 153, paragraph 2(b), if the State Party has taken all necessary and appropriate measures to secure effective compliance under article 153, paragraph 4, and Annex III, article 4, paragraph 4.

3. States Parties that are members of international organizations shall take appropriate measures to ensure the implementation of this article with respect to such organizations.

Article 140
Benefit of mankind

1. Activities in the Area shall, as specifically provided for in this Part, be carried out for the benefit of mankind as a whole, irrespective of the geographical location of States, whether coastal or land-locked, and taking into particular consideration the interests and needs of developing States and of peoples who have not attained full independence or other self-governing status recognized by the United Nations in accordance with General Assembly resolution 1514 (XV) and other relevant General Assembly resolutions.

2. The Authority shall provide for the equitable sharing of financial and other economic benefits derived from activities in the Area through any appropriate mechanism, on a non-discriminatory basis, in accordance with article 160, paragraph 2(f)(i).

Article 141
Utilisation de la Zone à des fins exclusivement pacifiques

La Zone est ouverte à l'utilisation à des fins exclusivement pacifiques par tous les Etats, qu'il s'agisse d'Etats côtiers ou sans littoral, sans discrimination et sans préjudice des autres dispositions de la présente partie.

Article 142
Droits et intérêts légitimes des Etats côtiers

1. Dans le cas de gisements de ressources de la Zone qui s'étendent au-delà des limites de celle-ci, les activités menées dans la Zone le sont compte dûment tenu des droits et intérêts légitimes de l'Etat côtier sous la juridiction duquel s'étendent ces gisements.

2. Un système de consultations avec l'Etat concerné, et notamment de notification préalable, est établi afin d'éviter toute atteinte à ces droits et intérêts. Dans les cas où des activités menées dans la Zone peuvent entraîner l'exploitation de ressources se trouvant en deçà des limites de la juridiction nationale d'un Etat côtier, le consentement préalable de cet Etat est nécessaire.

3. Ni la présente partie ni les droits accordés ou exercés en vertu de celle-ci ne portent atteinte au droit qu'ont les Etats côtiers de prendre les mesures compatibles avec les dispositions pertinentes de la partie XII qui peuvent être nécessaires pour prévenir, atténuer ou éliminer un danger grave et imminent pour leur littoral ou pour des intérêts connexes, imputable à une pollution ou à une menace de pollution résultant de toutes activités menées dans la Zone ou à tous autres accidents causés par de telles activités.

Article 143
Recherche scientifique marine

1. La recherche scientifique marine dans la Zone est conduite à des fins exclusivement pacifiques et dans l'intérêt de l'humanité tout entière, conformément à la partie XIII.

2. L'Autorité peut effectuer des recherches scientifiques marines sur la Zone et ses ressources et peut passer des contrats à cette fin. Elle favorise et encourage la recherche scientifique marine dans la Zone, et elle coordonne et diffuse les résultats de ces recherches et analyses, lorsqu'ils sont disponibles.

Article 141
Use of the Area exclusively for peaceful purposes

The Area shall be open to use exclusively for peaceful purposes by all States, whether coastal or land-locked, without discrimination and without prejudice to the other provisions of this Part.

Article 142
Rights and legitimate interests of coastal States

1. Activities in the Area, with respect to resource deposits in the Area which lie across limits of national jurisdiction, shall be conducted with due regard to the rights and legitimate interests of any coastal State across whose jurisdiction such deposits lie.

2. Consultations, including a system of prior notification, shall be maintained with the State concerned, with a view to avoiding infringement of such rights and interests. In cases where activities in the Area may result in the exploitation of resources lying within national jurisdiction, the prior consent of the coastal State concerned shall be required.

3. Neither this Part nor any rights granted or exercised pursuant thereto shall affect the rights of coastal States to take such measures consistent with the relevant provisions of Part XII as may be necessary to prevent, mitigate or eliminate grave and imminent danger to their coastline, or related interests from pollution or threat thereof or from other hazardous occurrences resulting from or caused by any activities in the Area.

Article 143
Marine scientific research

1. Marine scientific research in the Area shall be carried out exclusively for peaceful purposes and for the benefit of mankind as a whole, in accordance with Part XIII.

2. The Authority may carry out marine scientific research concerning the Area and its resources, and may enter into contracts for that purpose. The Authority shall promote and encourage the conduct of marine scientific research in the Area, and shall coordinate and disseminate the results of such research and analysis when available.

3. Les Etats Parties peuvent effectuer des recherches scientifiques marines dans la Zone. Ils favorisent la coopération internationale en matière de recherches scientifiques marines dans la Zone :

a) en participant à des programmes internationaux et en encourageant la coopération en matière de recherches scientifiques marines effectuées par le personnel de différents pays et celui de l'Autorité ;

b) en veillant à ce que des programmes soient élaborés par l'intermédiaire de l'Autorité ou d'autres organisations internationales, le cas échéant, au bénéfice des Etats en développement et des Etats technologiquement moins avancés en vue de :

i) renforcer leur potentiel de recherche ;

ii) former leur personnel et celui de l'Autorité aux techniques et aux applications de la recherche ;

iii) favoriser l'emploi de leur personnel qualifié pour les recherches menées dans la Zone ;

c) en diffusant effectivement les résultats des recherches et analyses, lorsqu'ils sont disponibles, par l'intermédiaire de l'Autorité ou par d'autres mécanismes internationaux, s'il y a lieu.

Article 144
Transfert des techniques

1. Conformément à la Convention, l'Autorité prend des mesures :

a) pour acquérir les techniques et les connaissances scientifiques relatives aux activités menées dans la Zone ; et

b) pour favoriser et encourager le transfert aux Etats en développement de ces techniques et connaissances scientifiques, de façon que tous les Etats Parties puissent en bénéficier.

2. A cette fin, l'Autorité et les Etats Parties coopèrent pour promouvoir le transfert des techniques et des connaissances scientifiques relatives aux activités menées dans la Zone, de façon que l'Entreprise et tous les Etats Parties puissent en bénéficier. En particulier, ils prennent ou encouragent l'initiative :

a) de programmes pour le transfert à l'Entreprise et aux Etats en développement de techniques relatives aux activités menées dans la Zone, prévoyant notamment, pour l'Entreprise et les Etats en développement, des facilités d'accès aux techniques pertinentes selon des modalités et à des conditions justes et raisonnables ;

b) de mesures visant à assurer le progrès des techniques de l'Entreprise et des techniques autochtones des Etats en développement, et particulièrement à permettre au personnel de l'Entreprise et de ces

3.   States Parties may carry out marine scientific research in the Area. States Parties shall promote international cooperation in marine scientific research in the Area by:

(a)   participating in international programmes and encouraging cooperation in marine scientific research by personnel of different countries and of the Authority;

(b)   ensuring that programmes are developed through the Authority or other international organizations as appropriate for the benefit of developing States and technologically less developed States with a view to:

(i)   strengthening their research capabilities;

(ii)   training their personnel and the personnel of the Authority in the techniques and applications of research;

(iii)   fostering the employment of their qualified personnel in research in the Area;

(c)   effectively disseminating the results of research and analysis when available, through the Authority or other international channels when appropriate.

Article 144
Transfer of technology

1.   The Authority shall take measures in accordance with this Convention:

(a)   to acquire technology and scientific knowledge relating to activities in the Area; and

(b)   to promote and encourage the transfer to developing States of such technology and scientific knowledge so that all States Parties benefit therefrom.

2.   To this end the Authority and States Parties shall cooperate in promoting the transfer of technology and scientific knowledge relating to activities in the Area so that the Enterprise and all States Parties may benefit therefrom. In particular they shall initiate and promote:

(a)   programmes for the transfer of technology to the Enterprise and to developing States with regard to activities in the Area, including, *inter alia*, facilitating the access of the Enterprise and of developing States to the relevant technology, under fair and reasonable terms and conditions;

(b)   measures directed towards the advancement of the technology of the Enterprise and the domestic technology of developing States, particularly by providing opportunities to personnel from the

Etats de recevoir une formation aux sciences et techniques marines, ainsi que de participer pleinement aux activités menées dans la Zone.

Article 145
Protection du milieu marin

En ce qui concerne les activités menées dans la Zone, les mesures nécessaires doivent être prises conformément à la Convention pour protéger efficacement le milieu marin des effets nocifs que pourraient avoir ces activités. L'Autorité adopte à cette fin des règles, règlements et procédures appropriés visant notamment à :

a)   prévenir, réduire et maîtriser la pollution du milieu marin, y compris le littoral, et faire face aux autres risques qui le menacent, ainsi qu'à toute perturbation de l'équilibre écologique du milieu marin, en accordant une attention particulière à la nécessité de protéger celui-ci des effets nocifs d'activités telles que forages, dragages, excavations, élimination de déchets, construction et exploitation ou entretien d'installations, de pipelines et d'autres engins utilisés pour ces activités ;

b)   protéger et conserver les ressources naturelles de la Zone et prévenir les dommages à la flore et à la faune marines.

Article 146
Protection de la vie humaine

En ce qui concerne les activités menées dans la Zone, les mesures nécessaires doivent être prises en vue d'assurer une protection efficace de la vie humaine. L'Autorité adopte à cette fin des règles, règlements et procédures appropriés pour compléter le droit international existant tel qu'il est contenu dans les traités en la matière.

Article 147
Compatibilité des activités menées dans la Zone et des autres activités s'exerçant dans le milieu marin

1.   Les activités menées dans la Zone le sont en tenant raisonnablement compte des autres activités s'exerçant dans le milieu marin.

2.   Les conditions ci-après s'appliquent aux installations utilisées pour des activités menées dans la Zone :

a)   ces installations ne doivent être montées, mises en place et enlevées que conformément à la présente partie et dans les conditions fixées par les règles, règlements et procédures de l'Autorité. Leur

Enterprise and from developing States for training in marine science and technology and for their full participation in activities in the Area.

Article 145
Protection of the marine environment

Necessary measures shall be taken in accordance with this Convention with respect to activities in the Area to ensure effective protection for the marine environment from harmful effects which may arise from such activities. To this end the Authority shall adopt appropriate rules, regulations and procedures for *inter alia*:

(a) the prevention, reduction and control of pollution and other hazards to the marine environment, including the coastline, and of interference with the ecological balance of the marine environment, particular attention being paid to the need for protection from harmful effects of such activities as drilling, dredging, excavation, disposal of waste, construction and operation or maintenance of installations, pipelines and other devices related to such activities;

(b) the protection and conservation of the natural resources of the Area and the prevention of damage to the flora and fauna of the marine environment.

Article 146
Protection of human life

With respect to activities in the Area, necessary measures shall be taken to ensure effective protection of human life. To this end the Authority shall adopt appropriate rules, regulations and procedures to supplement existing international law as embodied in relevant treaties.

Article 147
Accommodation of activities in the Area and in the marine environment

1. Activities in the Area shall be carried out with reasonable regard for other activities in the marine environment.

2. Installations used for carrying out activities in the Area shall be subject to the following conditions:

    (a) such installations shall be erected, emplaced and removed solely in accordance with this Part and subject to the rules, regulations and

montage, leur mise en place et leur enlèvement doivent être dûment notifiés et l'entretien de moyens permanents pour signaler leur présence doit être assuré ;

b)   ces installations ne doivent pas être mises en place là où elles risquent d'entraver l'utilisation de voies de circulation reconnues essentielles pour la navigation internationale, ni dans des zones où se pratique une pêche intensive ;

c)   ces installations doivent être entourées de zones de sécurité convenablement balisées de façon à assurer la sécurité des installations elles-mêmes et celle de la navigation. La configuration et l'emplacement de ces zones de sécurité sont déterminés de telle sorte qu'elles ne forment pas un cordon empêchant l'accès licite des navires à certaines zones marines ou la navigation dans des voies servant à la navigation internationale ;

d)   ces installations sont utilisées à des fins exclusivement pacifiques ;

e)   ces installations n'ont pas le statut d'îles. Elles n'ont pas de mer territoriale qui leur soit propre et leur présence n'a pas d'incidence sur la délimitation de la mer territoriale, de la zone économique exclusive ou du plateau continental.

3.   Les autres activités s'exerçant dans le milieu marin sont menées en tenant raisonnablement compte des activités menées dans la Zone.

Article 148
Participation des Etats en développement aux activités menées dans la Zone

La participation effective des Etats en développement aux activités menées dans la Zone est encouragée, comme le prévoit expressément la présente partie, compte dûment tenu des intérêts et besoins particuliers de ces Etats, et notamment du besoin particulier qu'ont ceux d'entre eux qui sont sans littoral ou géographiquement désavantagés de surmonter les obstacles qui résultent de leur situation défavorable, notamment de leur éloignement de la Zone et de leurs difficultés d'accès à la Zone et depuis celle-ci.

Article 149
Objets archéologiques et historiques

Tous les objets de caractère archéologique ou historique trouvés dans la Zone sont conservés ou cédés dans l'intérêt de l'humanité tout entière, compte tenu en particulier des droits préférentiels de l'Etat ou du pays d'origine, ou de l'Etat d'origine culturelle, ou encore de l'Etat d'origine historique ou archéologique.

procedures of the Authority. Due notice must be given of the erection, emplacement and removal of such installations, and permanent means for giving warning of their presence must be maintained;

(b) such installations may not be established where interference may be caused to the use of recognized sea lanes essential to international navigation or in areas of intense fishing activity;

(c) safety zones shall be established around such installations with appropriate markings to ensure the safety of both navigation and the installations. The configuration and location of such safety zones shall not be such as to form a belt impeding the lawful access of shipping to particular maritime zones or navigation along international sea lanes;

(d) such installations shall be used exclusively for peaceful purposes;

(e) such installations do not possess the status of islands. They have no territorial sea of their own, and their presence does not affect the delimitation of the territorial sea, the exclusive economic zone or the continental shelf.

3. Other activities in the marine environment shall be conducted with reasonable regard for activities in the Area.

Article 148
Participation of developing States in activities in the Area

The effective participation of developing States in activities in the Area shall be promoted as specifically provided for in this Part, having due regard to their special interests and needs, and in particular to the special need of the land-locked and geographically disadvantaged among them to overcome obstacles arising from their disadvantaged location, including remoteness from the Area and difficulty of access to and from it.

Article 149
Archaeological and historical objects

All objects of an archaeological and historical nature found in the Area shall be preserved or disposed of for the benefit of mankind as a whole, particular regard being paid to the preferential rights of the State or country of origin, or the State of cultural origin, or the State of historical and archaeological origin.

Section 3. Mise en valeur des ressources de la Zone

Article 150
Politique générale relative aux activités menées dans la Zone

Les activités menées dans la Zone le sont, ainsi que le prévoit expressément la présente partie, de manière à favoriser le développement harmonieux de l'économie mondiale et l'expansion équilibrée du commerce international, à promouvoir la coopération internationale aux fins du développement général de tous les pays, et spécialement les Etats en développement, et en vue :

a) de mettre en valeur les ressources de la Zone ;

b) de gérer de façon méthodique, sûre et rationnelle les ressources de la Zone, notamment en veillant à ce que les activités menées dans la Zone le soient efficacement, en évitant tout gaspillage conformément à de sains principes de conservation ;

c) d'accroître les possibilités de participation à ces activités, en particulier d'une manière compatible avec les articles 144 et 148 ;

d) d'assurer la participation de l'Autorité aux revenus et le transfert des techniques à l'Entreprise et aux Etats en développement conformément à la Convention ;

e) d'augmenter, en fonction des besoins, les quantités disponibles des minéraux provenant de la Zone conjointement avec les minéraux provenant d'autres sources, pour assurer l'approvisionnement des consommateurs de ces minéraux ;

f) de favoriser pour les minéraux provenant de la Zone comme pour les minéraux provenant d'autres sources, la formation de prix justes et stables, rémunérateurs pour les producteurs et justes pour les consommateurs, et d'assurer à long terme l'équilibre de l'offre et de la demande ;

g) de donner à tous les Etats Parties, indépendamment de leur système social et économique ou de leur situation géographique, de plus grandes possibilités de participation à la mise en valeur des ressources de la Zone, et d'empêcher la monopolisation des activités menées dans la Zone ;

h) de protéger les Etats en développement des effets défavorables que pourrait avoir sur leur économie ou sur leurs recettes d'exportation la baisse du cours d'un minéral figurant parmi ceux extraits de la Zone ou la réduction du volume de leurs exportations de ce minéral, pour autant que cette baisse ou réduction soit due à des activités menées dans la Zone, conformément à l'article 151 ;

i) de mettre en valeur le patrimoine commun dans l'intérêt de l'humanité toute entière ;

Section 3. Development of Resources of the Area

Article 150
Policies relating to activities in the Area

Activities in the Area shall, as specifically provided for in this Part, be carried out in such a manner as to foster healthy development of the world economy and balanced growth of international trade, and to promote international cooperation for the over-all development of all countries, especially developing States, and with a view to ensuring:

(a) the development of the resources of the Area;

(b) orderly, safe and rational management of the resources of the Area, including the efficient conduct of activities in the Area and, in accordance with sound principles of conservation, the avoidance of unnecessary waste;

(c) the expansion of opportunities for participation in such activities consistent in particular with articles 144 and 148;

(d) participation in revenues by the Authority and the transfer of technology to the Enterprise and developing States as provided for in this Convention;

(e) increased availability of the minerals derived from the Area as needed in conjunction with minerals derived from other sources, to ensure supplies to consumers of such minerals;

(f) the promotion of just and stable prices remunerative to producers and fair to consumers for minerals derived both from the Area and from other sources, and the promotion of long-term equilibrium between supply and demand;

(g) the enhancement of opportunities for all States Parties, irrespective of their social and economic systems or geographical location, to participate in the development of the resources of the Area and the prevention of monopolization of activities in the Area;

(h) the protection of developing countries from adverse effects on their economies or on their export earnings resulting from a reduction in the price of an affected mineral, or in the volume of exports of that mineral, to the extent that such reduction is caused by activities in the Area, as provided in article 151;

(i) the development of the common heritage for the benefit of mankind as a whole; and

j)   de faire en sorte que les conditions d'accès aux marchés pour l'importation de minéraux provenant de la Zone et pour l'importation de produits de base tirés de ces minéraux ne soient pas plus favorables que les conditions les plus favorables appliquées aux importations de ceux provenant d'autres sources.

Article 151
Politique en matière de production

1.   a)   Sans préjudice des objectifs énoncés à l'article 150 et en vue d'appliquer la lettre h), de cet article, l'Autorité, agissant par l'intermédiaire d'instances existantes ou, si besoin est, dans le cadre de nouveaux arrangements ou accords avec la participation de toutes les parties intéressées, producteurs et consommateurs compris, prend les mesures nécessaires pour favoriser la croissance, le fonctionnement efficace et la stabilité des marchés pour les produits de base tirés des minéraux provenant de la Zone, à des prix rémunérateurs pour les producteurs et justes pour les consommateurs. Tous les Etats Parties coopèrent à cette fin.

b)   L'Autorité a le droit de prendre part à toute conférence de produit dont les travaux portent sur ces produits de base et à laquelle participent toutes les parties intéressées, y compris les producteurs et les consommateurs. Elle a le droit de devenir partie à tout arrangement ou accord conclu à l'issue de telles conférences. Elle participe, pour ce qui a trait à la production dans la Zone, à tout organe créé en vertu d'un tel arrangement ou accord conformément aux règles relatives à l'organe en question.

c)   L'Autorité s'acquitte des obligations qui lui incombent en vertu des arrangements ou accords visés au présent paragraphe de manière à en assurer l'application uniforme et non discriminatoire à l'intégralité de la production des minéraux en cause, dans la Zone. Ce faisant, elle agit d'une manière compatible avec les clauses des contrats en vigueur et les dispositions des plans de travail approuvés de l'Entreprise.

2.   a)   Pendant la période intérimaire définie au paragraphe 3, la production commerciale ne peut commencer au titre d'un plan de travail approuvé que si l'exploitant a demandé à l'Autorité et obtenu d'elle une autorisation de production ; cette autorisation ne peut être demandée ou délivrée plus de cinq ans avant la date prévue pour le démarrage de la production commerciale en vertu du plan de travail, à moins que l'Autorité ne prescrive un autre délai dans ses

(j)   conditions of access to markets for the imports of minerals produced from the resources of the Area and for imports of commodities produced from such minerals shall not be more favourable than the most favourable applied to imports from other sources.

Article 151
Production policies

1.   (a)   Without prejudice to the objectives set forth in article 150 and for the purpose of implementing subparagraph (h) of that article, the Authority, acting through existing forums or such new arrangements or agreements as may be appropriate, in which all interested parties, including both producers and consumers, participate, shall take measures necessary to promote the growth, efficiency and stability of markets for those commodities produced from the minerals derived from the Area, at prices remunerative to producers and fair to consumers. All States Parties shall cooperate to this end.

(b)   The Authority shall have the right to participate in any commodity conference dealing with those commodities and in which all interested parties including both producers and consumers participate. The Authority shall have the right to become a party to any arrangement or agreement resulting from such conferences. Participation of the Authority in any organs established under those arrangements or agreements shall be in respect of production in the Area and in accordance with the relevant rules of those organs.

(c)   The Authority shall carry out its obligations under the arrangements or agreements referred to in this paragraph in a manner which assures a uniform and non-discriminatory implementation in respect of all production in the Area of the minerals concerned. In doing so, the Authority shall act in a manner consistent with the terms of existing contracts and approved plans of work of the Enterprise.

2.   (a)   During the interim period specified in paragraph 3, commercial production shall not be undertaken pursuant to an approved plan of work until the operator has applied for and has been issued a production authorization by the Authority. Such production authorizations may not be applied for or issued more than five years prior to the planned commencement of commercial production under

règles, règlements et procédure, eu égard à la nature et au calendrier d'exécution des projets.

b)   Dans sa demande d'autorisation, l'exploitant indique la quantité annuelle du nickel qu'il prévoit d'extraire au titre du plan de travail approuvé. La demande comprend un tableau des dépenses qui seront engagées par l'exploitant après la réception de l'autorisation et qui ont été raisonnablement calculées pour permettre le démarrage de la production commerciale à la date prévue.

c)   Aux fins de l'application des lettres a) et b), l'Autorité adopte des normes d'efficacité conformément à l'article 17 de l'annexe III.

d)   L'Autorité délivre une autorisation de production pour la quantité spécifiée dans la demande, à moins que la somme de cette quantité et des quantités précédemment autorisées n'excède, pour une année quelconque de production comprise dans la période intérimaire, le plafond de la production de nickel calculé conformément au paragraphe 4 pour l'année au cours de laquelle l'autorisation est délivrée.

e)   La demande et l'autorisation de production deviennent partie intégrante du plan de travail approuvé.

f)   Si la demande d'autorisation présentée par l'exploitant lui est refusée en vertu de la lettre d), celui-ci peut à tout moment présenter une nouvelle demande à l'Autorité.

3.   La période intérimaire commence cinq ans avant le 1er janvier de l'année prévue pour le démarrage de la première production commerciale au titre d'un plan de travail approuvé. Si le démarrage de cette production commerciale est reporté à une année postérieure à celle qui était prévue, le début de la période intérimaire et le plafond de production initialement calculé sont ajustés en conséquence. La période intérimaire prend fin au bout de 25 ans ou à la fin de la Conférence de révision visée à l'article 155 ou à l'entrée en vigueur des nouveaux accords ou arrangements visés au paragraphe 1, la date la plus proche étant retenue. Si ces arrangements ou accords deviennent caducs ou cessent d'avoir effet pour une raison quelconque, l'Autorité recouvre pour le reste de la période intérimaire les pouvoirs prévus au présent article.

4.   a)   Le plafond de production valable pour une année quelconque de la période intérimaire est donné par la somme de :

         i)   la différence entre la valeur de la courbe de tendance de la consommation de nickel pour l'année précédant l'année de démarrage de la première production commerciale et la valeur de cette courbe pour l'année précédant le début de la période

the plan of work unless, having regard to the nature and timing of project development, the rules, regulations and procedures of the Authority prescribe another period.

(b) In the application for the production authorization, the operator shall specify the annual quantity of nickel expected to be recovered under the approved plan of work. The application shall include a schedule of expenditures to be made by the operator after he has received the authorization which are reasonably calculated to allow him to begin commercial production on the date planned.

(c) For the purposes of subparagraphs (a) and (b), the Authority shall establish appropriate performance requirements in accordance with Annex III, article 17.

(d) The Authority shall issue a production authorization for the level of production applied for unless the sum of that level and the levels already authorized exceeds the nickel production ceiling, as calculated pursuant to paragraph 4 in the year of issuance of the authorization, during any year of planned production falling within the interim period.

(e) When issued, the production authorization and approved application shall become a part of the approved plan of work.

(f) If the operator's application for a production authorization is denied pursuant to subparagraph (d), the operator may apply again to the Authority at any time.

3. The interim period shall begin five years prior to 1 January of the year in which the earliest commercial production is planned to commence under an approved plan of work. If the earliest commercial production is delayed beyond the year originally planned, the beginning of the interim period and the production ceiling originally calculated shall be adjusted accordingly. The interim period shall last 25 years or until the end of the Review Conference referred to in article 155 or until the day when such new arrangements or agreements as are referred to in paragraph 1 enter into force, whichever is earliest. The Authority shall resume the power provided in this article for the remainder of the interim period if the said arrangements or agreements should lapse or become ineffective for any reason whatsoever.

4. (a) The production ceiling for any year of the interim period shall be the sum of:

intérimaire, ces valeurs étant calculées conformément à la lettre b) ; et

ii) soixante pour cent de la différence entre la valeur de la courbe de tendance de la consommation de nickel pour l'année pour laquelle l'autorisation de production est demandée et la valeur de cette courbe pour l'année précédant l'année de démarrage de la première production commerciale, ces valeurs étant calculées conformément à la lettre b).

b) Aux fins de la lettre a) :

i) les valeurs de la courbe de tendance utilisée pour calculer le plafond de la production de nickel sont les valeurs annuelles de la consommation de nickel lues sur une courbe de tendance établie au cours de l'année pendant laquelle l'autorisation de production est délivrée. La courbe de tendance s'obtient par régression linéaire des logarithmes des données sur la consommation annuelle effective de nickel correspondant à la période de 15 ans la plus récente pour laquelle on dispose de données, le temps étant pris comme variable indépendante. Cette courbe de tendance est dite courbe de tendance initiale ;

ii) si le taux annuel d'accroissement indiqué par la courbe de tendance est inférieur à 3 p. 100, on substitue à cette courbe, pour déterminer les quantités visées à la lettre a), une courbe de tendance construite de telle façon qu'elle coupe la courbe de tendance initiale au point représentant la valeur de la consommation pour la première année de la période de 15 ans considérée et que sa pente corresponde à une augmentation annuelle de 3 p. 100. Toutefois, le plafond de production fixé pour une année quelconque de la période intérimaire ne peut en aucun cas excéder la différence entre la valeur de la courbe de tendance initiale pour l'année considérée et la valeur de cette courbe pour l'année précédant le début de la période intérimaire.

5. L'Autorité réserve à l'Entreprise, pour sa production initiale, une quantité de 38 000 tonnes métriques de nickel sur la quantité fixée comme plafond de production conformément au paragraphe 4.

6. a) Un exploitant peut, au cours d'une année quelconque, produire moins que la production annuelle de minéraux provenant de nodules polymétalliques qui est indiquée dans son autorisation de production ou dépasser cette production de 8 p. 100 au maximum, pourvu que l'ensemble de sa production ne dépasse pas celle indi-

(i) the difference between the trend line values for nickel consumption, as calculated pursuant to subparagraph (b), for the year immediately prior to the year of the earliest commercial production and the year immediately prior to the commencement of the interim period; and

(ii) sixty per cent of the difference between the trend line values for nickel consumption, as calculated pursuant to subparagraph (b), for the year for which the production authorization is being applied for and the year immediately prior to the year of the earliest commercial production.

(b) For the purposes of subparagraph (a):

(i) trend line values used for computing the nickel production ceiling shall be those annual nickel consumption values on a trend line computed during the year in which a production authorization is issued. The trend line shall be derived from a linear regression of the logarithms of actual nickel consumption for the most recent 15-year period for which such data are available, time being the independent variable. This trend line shall be referred to as the original trend line;

(ii) if the annual rate of increase of the original trend line is less than 3 per cent, then the trend line used to determine the quantities referred to in subparagraph (a) shall instead be one passing through the original trend line at the value for the first year of the relevant 15-year period, and increasing at 3 per cent annually; provided however that the production ceiling established for any year of the interim period may not in any case exceed the difference between the original trend line value for that year and the original trend line value for the year immediately prior to the commencement of the interim period.

5. The Authority shall reserve to the Enterprise for its initial production a quantity of 38,000 metric tonnes of nickel from the available production ceiling calculated pursuant to paragraph 4.

6. (a) An operator may in any year produce less than or up to 8 per cent more than the level of annual production of minerals from polymetallic nodules specified in his production authorization, provided that the over-all amount of production shall not exceed that specified in the authorization. Any excess over 8 per cent and up to 20 per cent in any year, or any excess in the first and subsequent years following two consecutive years in which excesses occur, shall be negotiated with the Authority, which may require the operator to

quée dans cette autorisation. Tout dépassement compris entre 8 et 20 p. 100 pour une année quelconque ou tout dépassement pour toute année qui suit deux années consécutives au cours desquelles la production fixée a déjà été dépassée fait l'objet de négociations avec l'Autorité qui peut exiger de l'exploitant qu'il demande une autorisation de production supplémentaire.

b) L'Autorité n'examine les demandes d'autorisations de production supplémentaire que lorsqu'elle a statué sur toutes les demandes d'autorisations de production en instance et a dûment considéré l'éventualité d'autres demandes. Le principe qui guide l'Autorité à cet égard est que, pendant une année quelconque de la période intérimaire, la production totale autorisée en vertu de la formule de limitation de la production ne doit pas être dépassée. L'Autorité n'autorise pour aucun plan de travail la production d'une quantité supérieure à 46 500 tonnes métriques de nickel par an.

7. La production d'autres métaux, tels que le cuivre, le cobalt et le manganèse, provenant des nodules polymétalliques extraits en vertu d'une autorisation de production ne devrait pas dépasser le niveau qu'elle aurait atteint si l'exploitant avait produit à partir de ces nodules la quantité maximale de nickel calculée conformément au présent article. L'Autorité adopte, conformément à l'article 17 de l'annexe III, des règles, règlements et procédures prévoyant les modalités d'application du présent paragraphe.

8. Les droits et obligations relatifs aux pratiques économiques déloyales qui sont prévus dans le cadre des accords commerciaux multilatéraux pertinents s'appliquent à l'exploration et à l'exploitation des minéraux de la Zone. Pour le règlement des différends relevant de la présente disposition, les Etats Parties qui sont parties à ces accords commerciaux multilatéraux ont recours aux procédures de règlement des différends prévues par ceux-ci.

9. L'Autorité a le pouvoir de limiter le niveau de la production de minéraux dans la Zone autres que les minéraux extraits de nodules polymétalliques, selon des conditions et méthodes qu'elle juge appropriées, en adoptant des règlements conformément à l'article 161, paragraphe 8.

10. Sur recommandation du Conseil, fondée sur l'avis de la Commission de planification économique, l'Assemblée institue un système de compensation ou prend d'autres mesures d'assistance propres à faciliter l'ajustement économique, y compris la coopération avec les institutions spécialisées et d'autres organisations internationales, afin de venir en aide aux Etats en développement dont l'économie et les recettes d'exportation se ressentent gravement des effets défavorables d'une baisse du

obtain a supplementary production authorization to cover additional production.

(b) Applications for such supplementary production authorizations shall be considered by the Authority only after all pending applications by operators who have not yet received production authorizations have been acted upon and due account has been taken of other likely applicants. The Authority shall be guided by the principle of not exceeding the total production allowed under the production ceiling in any year of the interim period. It shall not authorize the production under any plan of work of a quantity in excess of 46,500 metric tonnes of nickel per year.

7. The levels of production of other metals such as copper, cobalt and manganese extracted from the polymetallic nodules that are recovered pursuant to a production authorization should not be higher than those which would have been produced had the operator produced the maximum level of nickel from those nodules pursuant to this article. The Authority shall establish rules, regulations and procedures pursuant to Annex III, article 17, to implement this paragraph.

8. Rights and obligations relating to unfair economic practices under relevant multilateral trade agreements shall apply to the exploration for and exploitation of minerals from the Area. In the settlement of disputes arising under this provision, States Parties which are Parties to such multilateral trade agreements shall have recourse to the dispute settlement procedures of such agreements.

9. The Authority shall have the power to limit the level of production of minerals from the Area, other than minerals from polymetallic nodules, under such conditions and applying such methods as may be appropriate by adopting regulations in accordance with article 161, paragraph 8.

10. Upon the recommendation of the Council on the basis of advice from the Economic Planning Commission, the Assembly shall establish a system of compensation or take other measures of economic adjustment assistance including cooperation with specialized agencies and other international organizations to assist developing countries which suffer serious adverse effects on their export earnings or economies resulting from a reduction in the price of an affected mineral or in the volume of exports of that mineral, to the extent that such reduction is caused by activities in the Area. The Authority on request shall initiate studies on the problems of those States which are likely to be most seriously affected with a view

cours d'un minéral figurant parmi ceux extraits de la Zone ou d'une réduction du volume de leurs exportations de ce minéral, pour autant que cette baisse ou réduction est due à des activités menées dans la Zone. Sur demande, l'Autorité entreprend des études sur les problèmes des Etats qui risquent d'être le plus gravement touchés en vue de réduire à un minimum leurs difficultés et de les aider à opérer leur ajustement économique.

Article 152
Exercice des pouvoirs et fonctions

1. L'Autorité évite toute discrimination dans l'exercice de ses pouvoirs et fonctions, notamment quand elle accorde la possibilité de mener des activités dans la Zone.
2. Néanmoins, elle peut accorder, en vertu des dispositions expresses de la présente partie, une attention particulière aux Etats en développement, et spécialement à ceux d'entre eux qui sont sans littoral ou géographiquement désavantagés.

Article 153
Système d'exploration et d'exploitation

1. Les activités, dans la Zone, sont organisées, menées et contrôlées par l'Autorité pour le compte de l'humanité tout entière conformément au présent article, et aux autres dispositions pertinentes de la présente partie et des annexes qui s'y rapportent ainsi qu'aux règles, règlements et procédures de l'Autorité.
2. Les activités menées dans la Zone le sont conformément au paragraphe 3 :
    a) par l'Entreprise et,
    b) en association avec l'Autorité, par des Etats Parties ou des entreprises d'Etat ou par des personnes physiques ou morales possédant la nationalité d'Etats Parties ou effectivement contrôlées par eux ou leurs ressortissants, lorsqu'elles sont patronnées par ces Etats ou par tout groupe des catégories précitées qui satisfait aux conditions stipulées dans la présente partie et à l'annexe III.
3. Les activités menées dans la Zone le sont selon un plan de travail formel et écrit, établi conformément à l'annexe III et approuvé par le Conseil après examen par la Commission juridique et technique. Lorsque, sur autorisation de l'Autorité, des activités sont menées dans la Zone par les entités ou personnes mentionnées au paragraphe 2, lettre b), le plan de

to minimizing their difficulties and assisting them in their economic adjustment.

Article 152
Exercise of powers and functions by the Authority

1. The Authority shall avoid discrimination in the exercise of its powers and functions, including the granting of opportunities for activities in the Area.
2. Nevertheless, special consideration for developing States, including particular consideration for the land-locked and geographically disadvantaged among them, specifically provided for in this Part shall be permitted.

Article 153
System of exploration and exploitation

1. Activities in the Area shall be organized, carried out and controlled by the Authority on behalf of mankind as a whole in accordance with this article as well as other relevant provisions of this Part and the relevant Annexes, and the rules, regulations and procedures of the Authority.
2. Activities in the Area shall be carried out as prescribed in paragraph 3:
   (a) by the Enterprise, and
   (b) in association with the Authority by States Parties, or state enterprises or natural or juridical persons which possess the nationality of States Parties or are effectively controlled by them or their nationals, when sponsored by such States, or any group of the foregoing which meets the requirements provided in this Part and in Annex III.
3. Activities in the Area shall be carried out in accordance with a formal written plan of work drawn up in accordance with Annex III and approved by the Council after review by the Legal and Technical Commission. In the case of activities in the Area carried out as authorized by the Authority by the entities specified in paragraph 2(b), the plan of work shall, in accordance with Annex III, article 3, be in the form of a contract. Such

travail revêt la forme d'un contrat conformément à l'article 3 de l'annexe III. Ce contrat peut prévoir des accords de coentreprise conformément à l'article 11 de l'annexe III.

4. L'Autorité exerce sur les activités menées dans la Zone le contrôle nécessaire pour assurer le respect des dispositions pertinentes de la présente partie et des annexes qui s'y rapportent, des règles, règlements et procédures de l'Autorité ainsi que des plans de travail approuvés conformément au paragraphe 3. Les Etats Parties aident l'Autorité en prenant toutes les mesures nécessaires pour assurer le respect de ces textes conformément à l'article 139.

5. L'Autorité a le droit de prendre, à tout moment, toute mesure prévue dans la présente partie pour en assurer le respect et pour être à même d'exercer les fonctions de contrôle et de réglementation qui lui incombent en vertu de la présente partie ou d'un contrat. Elle a le droit d'inspecter toutes les installations qui sont utilisées pour des activités menées dans la Zone et qui sont situées dans celle-ci.

6. Tout contrat passé conformément au paragraphe 3 prévoit la garantie du titre. Il ne peut donc être révisé, suspendu ou résilié qu'en application des articles 18 et 19 de l'annexe III.

Article 154
Examen périodique

Tous les cinq ans à compter de l'entrée en vigueur de la Convention, l'Assemblée procède à un examen général et systématique de la manière dont le régime international de la Zone établi par la Convention a fonctionné dans la pratique. A la lumière de cet examen, l'Assemblée peut prendre ou recommander à d'autres organes de prendre des mesures conformes aux dispositions et procédures prévues dans la présente partie et les annexes qui s'y rapportent et permettant d'améliorer le fonctionnement du régime.

Article 155
Conférence de révision

1. Quinze ans après le 1er janvier de l'année du démarrage de la première production commerciale au titre d'un plan de travail approuvé, l'Assemblée convoquera une conférence pour la révision des dispositions de la présente partie et des annexes qui s'y rapportent régissant le système d'exploration et d'exploitation des ressources de la Zone. La Conférence de révision examinera en détail, à la lumière de l'expérience acquise pendant la période écoulée :

contracts may provide for joint arrangements in accordance with Annex III, article 11.

4. The Authority shall exercise such control over activities in the Area as is necessary for the purpose of securing compliance with the relevant provisions of this Part and the Annexes relating thereto, and the rules, regulations and procedures of the Authority, and the plans of work approved in accordance with paragraph 3. States Parties shall assist the Authority by taking all measures necessary to ensure such compliance in accordance with article 139.

5. The Authority shall have the right to take at any time any measures provided for under this Part to ensure compliance with its provisions and the exercise of the functions of control and regulation assigned to it thereunder or under any contract. The Authority shall have the right to inspect all installations in the Area used in connection with activities in the Area.

6. A contract under paragraph 3 shall provide for security of tenure. Accordingly, the contract shall not be revised, suspended or terminated except in accordance with Annex III, articles 18 and 19.

Article 154
Periodic review

Every five years from the entry into force of this Convention, the Assembly shall undertake a general and systematic review of the manner in which the international regime of the Area established in this Convention has operated in practice. In the light of this review the Assembly may take, or recommend that other organs take, measures in accordance with the provisions and procedures of this Part and the Annexes relating thereto which will lead to the improvement of the operation of the regime.

Article 155
The Review Conference

1. Fifteen years from 1 January of the year in which the earliest commercial production commences under an approved plan of work, the Assembly shall convene a conference for the review of those provisions of this Part and the relevant Annexes which govern the system of exploration and exploitation of the resources of the Area. The Review Conference shall consider in detail, in the light of the experience acquired during that period:

a)   si les dispositions de la présente partie qui régissent le système d'exploration et d'exploitation des ressources de la Zone ont atteint leurs objectifs à tous égards, et notamment si l'humanité tout entière en a bénéficié ;

b)   si, pendant la période de 15 ans, les secteurs réservés ont été exploités de façon efficace et équilibrée par rapport aux secteurs non réservés ;

c)   si la mise en valeur et l'utilisation de la Zone et de ses ressources ont été entreprises de manière à favoriser le développement harmonieux de l'économie mondiale et l'expansion équilibrée du commerce international ;

d)   si la monopolisation des activités menées dans la Zone a été empêchée ;

e)   si les politiques visées aux articles 150 et 151 ont été suivies ; et

f)   si le système a permis de partager équitablement les avantages tirés des activités menées dans la Zone, compte tenu particulièrement des intérêts et besoins des Etats en développement.

2.   La Conférence de révision veillera à ce que soient maintenus le principe du patrimoine commun de l'humanité, le régime international visant à son exploitation équitable au bénéfice de tous les pays, en particulier des Etats en développement, et l'existence d'une autorité chargée d'organiser, de mener et de contrôler les activités dans la Zone. Elle veillera également au maintien des principes énoncés dans la présente partie en ce qui concerne l'exclusion de toute revendication et de tout exercice de souveraineté sur une partie quelconque de la Zone, les droits des Etats et leur conduite générale ayant trait à la Zone, ainsi que leur participation aux activités menées dans la Zone, conformément à la Convention, la prévention de la monopolisation des activités menées dans la Zone, l'utilisation de la Zone à des fins exclusivement pacifiques, les aspects économiques des activités menées dans la Zone, la recherche scientifique marine, le transfert des techniques, la protection du milieu marin et la protection de la vie humaine, les droits des Etats côtiers, le régime juridique des eaux surjacentes à la Zone et celui de l'espace aérien situé au-dessus de ces eaux et la compatibilité des activités menées dans la Zone et des autres activités s'exerçant dans le milieu marin.

3.   La Conférence de révision suivra la même procédure de prise de décisions que la troisième Conférence des Nations Unies sur le droit de la mer. Elle ne devrait ménager aucun effort pour aboutir à un accord sur tous amendements éventuels par voie de consensus et il ne devrait pas y avoir de vote sur ces questions tant que tous les efforts en vue d'aboutir à un consensus n'auront pas été épuisés.

(a) whether the provisions of this Part which govern the system of exploration and exploitation of the resources of the Area have achieved their aims in all respects, including whether they have benefited mankind as a whole;

(b) whether, during the 15-year period, reserved areas have been exploited in an effective and balanced manner in comparison with non-reserved areas;

(c) whether the development and use of the Area and its resources have been undertaken in such a manner as to foster healthy development of the world economy and balanced growth of international trade;

(d) whether monopolization of activities in the Area has been prevented;

(e) whether the policies set forth in articles 150 and 151 have been fulfilled; and

(f) whether the system has resulted in the equitable sharing of benefits derived from activities in the Area, taking into particular consideration the interests and needs of the developing States.

2. The Review Conference shall ensure the maintenance of the principle of the common heritage of mankind, the international regime designed to ensure equitable exploitation of the resources of the Area for the benefit of all countries, especially the developing States, and an Authority to organize, conduct and control activities in the Area. It shall also ensure the maintenance of the principles laid down in this Part with regard to the exclusion of claims or exercise of sovereignty over any part of the Area, the rights of States and their general conduct in relation to the Area, and their participation in activities in the Area in conformity with this Convention, the prevention of monopolization of activities in the Area, the use of the Area exclusively for peaceful purposes, economic aspects of activities in the Area, marine scientific research, transfer of technology, protection of the marine environment, protection of human life, rights of coastal States, the legal status of the waters superjacent to the Area and that of the air space above those waters and accommodation between activities in the Area and other activities in the marine environment.

3. The decision-making procedure applicable at the Review Conference shall be the same as that applicable at the Third United Nations Conference on the Law of the Sea. The Conference shall make every effort to reach agreement on any amendments by way of consensus and there

4. Si, cinq ans après son début, la Conférence de révision n'est pas parvenue à un accord sur le système d'exploration et d'exploitation des ressources de la Zone, elle pourra, dans les 12 mois qui suivront, décider à la majorité des trois quarts des Etats Parties d'adopter et de soumettre aux Etats Parties pour ratification ou adhésion les amendements portant changement ou modification du système qu'elle juge nécessaires et appropriés. Ces amendements entreront en vigueur pour tous les Etats Parties 12 mois après le dépôt des instruments de ratification ou d'adhésion par les trois quarts des Etats Parties.

5. Les amendements adoptés par la Conférence de révision en application du présent article ne porteront pas atteinte aux droits acquis en vertu de contrats existants.

Section 4. L'Autorité

Sous-section A. Dispositions générales

Article 156
Création de l'Autorité

1. Il est créé une Autorité internationale des fonds marins dont le fonctionnement est régi par la présente partie.
2. Tous les Etats Parties sont *ipso facto* membres de l'Autorité.
3. Les observateurs auprès de la troisième Conférence des Nations Unies sur le droit de la mer, qui ont signé l'Acte final et qui ne sont pas visés à l'article 305, paragraphe 1, lettres c), d), e) ou f), ont le droit de participer aux travaux de l'Autorité en qualité d'observateurs, conformément à ses règles, règlements et procédures.
4. L'Autorité a son siège à la Jamaïque.
5. L'Autorité peut créer les centres ou bureaux régionaux qu'elle juge nécessaires à l'exercice de ses fonctions.

Article 157
Nature de l'Autorité et principes fondamentaux régissant son fonctionnement

1. L'Autorité est l'organisation par l'intermédiaire de laquelle les Etats Parties organisent et contrôlent les activités menées dans la Zone, notam-

should be no voting on such matters until all efforts at achieving consensus have been exhausted.

4. If, five years after its commencement, the Review Conference has not reached agreement on the system of exploration and exploitation of the resources of the Area, it may decide during the ensuing 12 months, by a three-fourths majority of the States Parties, to adopt and submit to the States Parties for ratification or accession such amendments changing or modifying the system as it determines necessary and appropriate. Such amendments shall enter into force for all States Parties 12 months after the deposit of instruments of ratification or accession by three fourths of the States Parties.

5. Amendments adopted by the Review Conference pursuant to this article shall not affect rights acquired under existing contracts.

Section 4. The Authority

Subsection A. General Provisions

Article 156
Establishment of the Authority

1. There is hereby established the International Seabed Authority, which shall function in accordance with this Part.

2. All States Parties are *ipso facto* members of the Authority.

3. Observers at the Third United Nations Conference on the Law of the Sea who have signed the Final Act and who are not referred to in article 305, paragraph 1(c), (d), (e) or (f), shall have the right to participate in the Authority as observers, in accordance with its rules, regulations and procedures.

4. The seat of the Authority shall be in Jamaica.

5. The Authority may establish such regional centres or offices as it deems necessary for the exercise of its functions.

Article 157
Nature and fundamental principles of the Authority

1. The Authority is the organization through which States Parties shall, in accordance with this Part, organize and control activities in the Area, particularly with a view to administering the resources of the Area.

ment aux fins de l'administration des ressources de celle-ci, conformément à la présente partie.

2.   L'Autorité détient les pouvoirs et fonctions qui lui sont expressément conférés par la Convention. Elle est investie des pouvoirs subsidiaires, compatibles avec la Convention, qu'implique nécessairement l'exercice de ces pouvoirs et fonctions quant aux activités menées dans la Zone.

3.   L'Autorité est fondée sur le principe de l'égalité souveraine de tous ses membres.

4.   Afin d'assurer à chacun d'eux les droits et avantages découlant de sa qualité de membre, tous les membres de l'Autorité s'acquittent de bonne foi des obligations qui leur incombent en vertu de la présente partie.

Article 158
Organes de l'Autorité

1.   Il est créé une Assemblée, un Conseil et un Secrétariat, qui sont les organes principaux de l'Autorité.

2.   Il est créé une Entreprise, qui est l'organe par l'intermédiaire duquel l'Autorité exerce les fonctions visées à l'article 170, paragraphe 1.

3.   Les organes subsidiaires jugés nécessaires peuvent être créés conformément à la présente partie.

4.   Il incombe à chacun des organes principaux de l'Autorité et à l'Entreprise d'exercer les pouvoirs et fonctions qui leur sont conférés. Dans l'exercice de ces pouvoirs et fonctions, chaque organe évite d'agir d'une manière qui puisse porter atteinte ou nuire à l'exercice des pouvoirs et fonctions particuliers conférés à un autre organe.

Sous-section B. L'Assemblée

Article 159
Composition, procédure et vote

1.   L'Assemblée se compose de tous les membres de l'Autorité. Chaque membre a un représentant à l'Assemblée, qui peut être accompagné de suppléants et de conseillers.

2.   L'Assemblée se réunit en session ordinaire tous les ans, et en session extraordinaire chaque fois qu'elle le décide ou lorsqu'elle est convoquée par le Secrétaire général à la demande du Conseil ou de la majorité des membres de l'Autorité.

2.   The powers and functions of the Authority shall be those expressly con-
      ferred upon it by this Convention. The Authority shall have such inciden-
      tal powers, consistent with this Convention, as are implicit in and
      necessary for the exercise of those powers and functions with respect to
      activities in the Area.

3.   The Authority is based on the principle of the sovereign equality of all its
      members.

4.   All members of the Authority shall fulfil in good faith the obligations
      assumed by them in accordance with this Part in order to ensure to all of
      them the rights and benefits resulting from membership.

Article 158
Organs of the Authority

1.   There are hereby established, as the principal organs of the Authority, an
      Assembly, a Council and a Secretariat.

2.   There is hereby established the Enterprise, the organ through which the
      Authority shall carry out the functions referred to in article 170, para-
      graph 1.

3.   Such subsidiary organs as may be found necessary may be established in
      accordance with this Part.

4.   Each principal organ of the Authority and the Enterprise shall be respon-
      sible for exercising those powers and functions which are conferred upon
      it. In exercising such powers and functions each organ shall avoid taking
      any action which may derogate from or impede the exercise of specific
      powers and functions conferred upon another organ.

Subsection B. The Assembly

Article 159
Composition, procedure and voting

1.   The Assembly shall consist of all the members of the Authority. Each
      member shall have one representative in the Assembly, who may be
      accompanied by alternates and advisers.

2.   The Assembly shall meet in regular annual sessions and in such special
      sessions as may be decided by the Assembly, or convened by the
      Secretary-General at the request of the Council or of a majority of the
      members of the Authority.

3. Les sessions de l'Assemblée, à moins qu'elle n'en décide autrement, ont lieu au siège de l'Autorité.

4. L'Assemblée adopte son règlement intérieur. A l'ouverture de chaque session ordinaire, elle élit son président et autant d'autres membres du bureau qu'il est nécessaire. Ils restent en fonction jusqu'à l'élection d'un nouveau bureau à la session ordinaire suivante.

5. Le quorum est constitué par la majorité des membres de l'Assemblée.

6. Chaque membre de l'Assemblée a une voix.

7. Leurs décisions sur les questions de procédure, y compris la convocation d'une session extraordinaire de l'Assemblée, sont prises à la majorité des membres présents et votants.

8. Les décisions sur les questions de fond sont prises à la majorité des deux tiers des membres présents et votants, à condition que cette majorité comprenne celle des membres participants à la session. En cas de doute sur le point de savoir s'il s'agit d'une question de fond, la question débattue est considérée comme telle, à moins que l'Autorité n'en décide autrement à la majorité requise pour les décisions sur les questions de fond.

9. Lorsqu'une question de fond est sur le point d'être mise aux voix pour la première fois, le Président peut, et doit si un cinquième au moins des membres de l'Assemblée en font la demande, ajourner la décision de recourir au vote sur cette question pendant un délai ne dépassant pas cinq jours civils. Cette règle ne peut s'appliquer qu'une seule fois à propos de la même question, et son application ne doit pas entraîner l'ajournement de questions au-delà de la clôture de la session.

10. Lorsque le Président est saisi par un quart au moins des membres de l'Autorité d'une requête écrite tendant à ce que l'Assemblée demande un avis consultatif sur la conformité avec la Convention d'une proposition qui lui est soumise au sujet d'une question quelconque, l'Assemblée demande un avis consultatif à la Chambre pour le règlement des différends relatifs aux fonds marins du Tribunal international du droit de la mer. Le vote est reporté jusqu'à ce que la Chambre ait rendu son avis. Si celui-ci ne lui est pas parvenu avant la dernière semaine de la session au cours de laquelle il a été demandé, l'Assemblée décide quand elle se réunira pour voter sur la proposition ajournée.

3. Sessions shall take place at the seat of the Authority unless otherwise decided by the Assembly.

4. The Assembly shall adopt its rules of procedure. At the beginning of each regular session, it shall elect its President and such other officers as may be required. They shall hold office until a new President and other officers are elected at the next regular session.

5. A majority of the members of the Assembly shall constitute a quorum.

6. Each member of the Assembly shall have one vote.

7. Decisions on questions of procedure, including decisions to convene special sessions of the Assembly, shall be taken by a majority of the members present and voting.

8. Decisions on questions of substance shall be taken by a two-thirds majority of the members present and voting, provided that such majority includes a majority of the members participating in the session. When the issue arises as to whether a question is one of substance or not, that question shall be treated as one of substance unless otherwise decided by the Assembly by the majority required for decisions on questions of substance.

9. When a question of substance comes up for voting for the first time, the President may, and shall, if requested by at least one fifth of the members of the Assembly, defer the issue of taking a vote on that question for a period not exceeding five calendar days. This rule may be applied only once to any question, and shall not be applied so as to defer the question beyond the end of the session.

10. Upon a written request addressed to the President and sponsored by at least one fourth of the members of the Authority for an advisory opinion on the conformity with this Convention of a proposal before the Assembly on any matter, the Assembly shall request the Seabed Disputes Chamber of the International Tribunal for the Law of the Sea to give an advisory opinion thereon and shall defer voting on that proposal pending receipt of the advisory opinion by the Chamber. If the advisory opinion is not received before the final week of the session in which it is requested, the Assembly shall decide when it will meet to vote upon the deferred proposal.

Article 160
Pouvoirs et fonctions

1. L'Assemblée, seul organe composé de tous les membres de l'Autorité, est considérée comme l'organe suprême de celle-ci devant lequel les autres organes principaux sont responsables, ainsi qu'il est expressément prévu dans la Convention. L'Assemblée a le pouvoir d'arrêter, en conformité avec les dispositions pertinentes de la Convention, la politique générale de l'Autorité sur toute question ou tout sujet relevant de la compétence de celle-ci.

2. En outre, l'Assemblée a les pouvoirs et fonctions ci-après :

    a) élire les membres du Conseil conformément à l'article 161 ;

    b) élire le Secrétaire général parmi les candidats proposés par le Conseil ;

    c) élire, sur recommandation du Conseil, les membres du Conseil d'administration de l'Entreprise et le Directeur général de celle-ci ;

    d) créer les organes subsidiaires qu'elle juge nécessaires pour exercer ses fonctions conformément à la présente partie. En ce qui concerne la composition de tels organes, il est dûment tenu compte du principe de la répartition géographique équitable des sièges, des intérêts particuliers et de la nécessité d'assurer à ces organes le concours de membres qualifiés et compétents dans les domaines techniques dont ils s'occupent ;

    e) fixer les contributions des membres au budget d'administration de l'Autorité conformément à un barème convenu, fondé sur le barème utilisé pour le budget ordinaire de l'Organisation des Nations Unies, jusqu'à ce que l'Autorité dispose de recettes suffisantes provenant d'autres sources pour faire face à ses dépenses d'administration ;

    f) i)   examiner et approuver sur recommandation du Conseil, les règles, règlements et procédures relatifs au partage équitable des avantages financiers et autres avantages économiques tirés des activités menées dans la Zone, ainsi qu'aux contributions prévues à l'article 82, en tenant particulièrement compte des intérêts et besoins des Etats en développement et des peuples qui n'ont pas accédé à la pleine indépendance ou à un autre régime d'autonomie. Si l'Assemblée n'approuve pas les recommandations du Conseil, elle les renvoie à celui-ci pour qu'ils les réexamine à la lumière des vues qu'elle a exprimées ;

        ii) examiner et approuver les règles, règlements et procédures de l'Autorité, ainsi que tous amendements à ces textes, que le

Article 160
Powers and functions

1. The Assembly, as the sole organ of the Authority consisting of all the members, shall be considered the supreme organ of the Authority to which the other principal organs shall be accountable as specifically provided for in this Convention. The Assembly shall have the power to establish general policies in conformity with the relevant provisions of this Convention on any question or matter within the competence of the Authority.

2. In addition, the powers and functions of the Assembly shall be:
    (a) to elect the members of the Council in accordance with article 161;
    (b) to elect the Secretary-General from among the candidates proposed by the Council;
    (c) to elect, upon the recommendation of the Council, the members of the Governing Board of the Enterprise and the Director-General of the Enterprise;
    (d) to establish such subsidiary organs as it finds necessary for the exercise of its functions in accordance with this Part. In the composition of these subsidiary organs due account shall be taken of the principle of equitable geographical distribution and of special interests and the need for members qualified and competent in the relevant technical questions dealt with by such organs;
    (e) to assess the contributions of members to the administrative budget of the Authority in accordance with an agreed scale of assessment based upon the scale used for the regular budget of the United Nations until the Authority shall have sufficient income from other sources to meet its administrative expenses;
    (f) (i) to consider and approve, upon the recommendation of the Council, the rules, regulations and procedures on the equitable sharing of financial and other economic benefits derived from activities in the Area and the payments and contributions made pursuant to article 82, taking into particular consideration the interests and needs of developing States and peoples who have not attained full independence or other self-governing status. If the Assembly does not approve the recommendations of the Council, the Assembly shall return them to the Council for reconsideration in the light of the views expressed by the Assembly;
         (ii) to consider and approve the rules, regulations and procedures of the Authority, and any amendments thereto, provisionally

Conseil a provisoirement adoptés en application de l'article 162, paragraphe 2, lettre o), ii). Ces règles, règlements et procédures ont pour objet la prospection, l'exploration et l'exploitation dans la Zone, la gestion financière de l'Autorité et son administration interne et, sur recommandation du Conseil d'administration de l'Entreprise, les virements de fonds de l'Entreprise à l'Autorité ;

g) décider du partage équitable des avantages financiers et autres avantages économiques tirés des activités menées dans la Zone, d'une manière compatible avec la Convention et les règles, règlements et procédures de l'Autorité ;

h) examiner et approuver le projet de budget annuel de l'Autorité soumis par le Conseil ;

i) examiner les rapports périodiques du Conseil et de l'Entreprise ainsi que les rapports spéciaux demandés au Conseil et à tout autre organe de l'Autorité ;

j) faire procéder à des études et formuler des recommandations tendant à promouvoir la coopération internationale concernant les activités menées dans la Zone et à encourager le développement progressif du droit international et sa codification ;

k) examiner les problèmes de caractère général ayant trait aux activités menées dans la Zone, qui surgissent en particulier pour les Etats en développement, ainsi que les problèmes qui se posent à propos de ces activités à certains Etats en raison de leur situation géographique, notamment aux Etats sans littoral et aux Etats géographiquement désavantagés ;

l) sur recommandation du Conseil, fondée sur l'avis de la Commission de planification économique, instituer un système de compensation ou prendre d'autres mesures d'assistance propres à faciliter l'ajustement économique comme le prévoit l'article 151, paragraphe 10 ;

m) prononcer la suspension de l'exercice des droits et privilèges inhérents à la qualité de membre, en application de l'article 185 ;

n) délibérer de toute question ou de tout sujet relevant de la compétence de l'Autorité et décider, d'une manière compatible avec la répartition des pouvoirs et fonctions entre les organes de l'Autorité, lequel de ces organes traitera d'une question ou d'un sujet dont l'examen n'a pas été expressément attribué à l'un d'eux.

adopted by the Council pursuant to article 162, paragraph 2(o)(ii). These rules, regulations and procedures shall relate to prospecting, exploration and exploitation in the Area, the financial management and internal administration of the Authority, and, upon the recommendation of the Governing Board of the Enterprise, to the transfer of funds from the Enterprise to the Authority;

(g) to decide upon the equitable sharing of financial and other economic benefits derived from activities in the Area, consistent with this Convention and the rules, regulations and procedures of the Authority;

(h) to consider and approve the proposed annual budget of the Authority submitted by the Council;

(i) to examine periodic reports from the Council and from the Enterprise and special reports requested from the Council or any other organ of the Authority;

(j) to initiate studies and make recommendations for the purpose of promoting international cooperation concerning activities in the Area and encouraging the progressive development of international law relating thereto and its codification;

(k) to consider problems of a general nature in connection with activities in the Area arising in particular for developing States, as well as those problems for States in connection with activities in the Area that are due to their geographical location, particularly for land-locked and geographically disadvantaged States;

(l) to establish, upon the recommendation of the Council, on the basis of advice from the Economic Planning Commission, a system of compensation or other measures of economic adjustment assistance as provided in article 151, paragraph 10;

(m) to suspend the exercise of rights and privileges of membership pursuant to article 185;

(n) to discuss any question or matter within the competence of the Authority and to decide as to which organ of the Authority shall deal with any such question or matter not specifically entrusted to a particular organ, consistent with the distribution of powers and functions among the organs of the Authority.

Sous-section C. Le Conseil

Article 161
Composition, procédure et vote

1. Le Conseil se compose de 36 membres de l'Autorité, élus par l'Assemblée dans l'ordre suivant :

   a) quatre membres choisis parmi les Etats Parties dont la consommation ou les importations nettes de produits de base relevant des catégories de minéraux devant être extraits de la Zone ont dépassé, au cours des cinq dernières années pour lesquelles il existe des statistiques, 2 p. 100 du total mondial de la consommation ou des importations de ces produits de base, dont au moins un Etat de la région de l'Europe orientale (socialiste), ainsi que le plus grand consommateur ;

   b) quatre membres choisis parmi les huit Etats Parties qui ont effectué, directement ou par l'intermédiaire de leurs ressortissants, les investissements les plus importants pour la préparation et la réalisation d'activités menées dans la Zone, dont au moins un Etat de la région de l'Europe orientale (socialiste) ;

   c) quatre membres choisis parmi les Etats Parties qui, sur la base de la production provenant des zones soumises à leur juridiction, sont parmi les principaux exportateurs nets des catégories de minéraux devant être extraits de la Zone, dont au moins deux Etats en développement dont l'économie est fortement tributaire de leurs exportations de ces minéraux ;

   d) six membres choisis parmi les Etats Parties en développement et représentant des intérêts particuliers. Les intérêts particuliers devant être représentés comprennent ceux des Etats à population nombreuse, des Etats sans littoral ou géographiquement désavantagés, des Etats qui figurent parmi les principaux importateurs des catégories de minéraux devant être extraits de la Zone, des Etats potentiellement producteurs de tels minéraux et des Etats les moins avancés ;

   e) dix-huit membres élus suivant le principe d'une répartition géographique équitable de l'ensemble des sièges du Conseil, étant entendu qu'au moins un membre par région géographique est élu membre en application de la présente disposition. A cette fin, les régions géographiques sont : l'Afrique, l'Amérique latine, l'Asie, l'Europe orientale (socialiste), ainsi que l'Europe occidentale et autres Etats.

2. Lorsqu'elle élit les membres du Conseil conformément au paragraphe 1, l'Assemblée veille à ce que :

Subsection C. The Council

Article 161
Composition, procedure and voting

1. The Council shall consist of 36 members of the Authority elected by the Assembly in the following order:

    (a) four members from among those States Parties which, during the last five years for which statistics are available, have either consumed more than 2 per cent of total world consumption or have had net imports of more than 2 per cent of total world imports of the commodities produced from the categories of minerals to be derived from the Area, and in any case one State from the Eastern European (Socialist) region, as well as the largest consumer;

    (b) four members from among the eight States Parties which have the largest investments in preparation for and in the conduct of activities in the Area, either directly or through their nationals, including at least one State from the Eastern European (Socialist) region;

    (c) four members from among States Parties which on the basis of production in areas under their jurisdiction are major net exporters of the categories of minerals to be derived from the Area, including at least two developing States whose exports of such minerals have a substantial bearing upon their economies;

    (d) six members from among developing States Parties, representing special interests. The special interests to be represented shall include those of States with large populations, States which are land-locked or geographically disadvantaged, States which are major importers of the categories of minerals to be derived from the Area, States which are potential producers of such minerals, and least developed States;

    (e) eighteen members elected according to the principle of ensuring an equitable geographical distribution of seats in the Council as a whole, provided that each geographical region shall have at least one member elected under this subparagraph. For this purpose, the geographical regions shall be Africa, Asia, Eastern European (Socialist), Latin America and Western European and Others.

2. In electing the members of the Council in accordance with paragraph 1, the Assembly shall ensure that:

a)   la représentation des Etats sans littoral et des Etats géographiquement désavantagés corresponde raisonnablement à leur représentation au sein de l'Assemblée ;

b)   la représentation des Etats côtiers, en particulier des Etats en développement, qui ne remplissent pas les conditions énoncés au paragraphe 1, lettre a), b), c) ou d), corresponde raisonnablement à leur représentation au sein de l'Assemblée ;

c)   chaque groupe d'Etats Parties devant être représentés au Conseil soit représenté par les membres éventuellement désignés par ce groupe.

3.   Les élections ont lieu lors d'une session ordinaire de l'Assemblée. Chaque membre du Conseil est élu pour quatre ans. Toutefois, lors de la première élection, la durée du mandat de la moitié des membres représentant chacun des groupes visés au paragraphe 1 est de deux ans.

4.   Les membres du Conseil sont rééligibles, mais il devrait être dûment tenu compte du fait qu'une rotation des sièges est souhaitable.

5.   Le Conseil exerce ses fonctions au siège de l'Autorité ; il se réunit aussi souvent que l'exigent les activités de l'Autorité, mais en tout cas trois fois par an.

6.   Le quorum est constitué par la majorité des membres du Conseil.

7.   Chaque membre du Conseil a une voix.

8.   a)   les décisions sur les questions de procédure sont prises à la majorité des membres présents et votants ;

b)   les décisions sur les questions de fond qui se posent à propos de l'article 162, paragraphe 2, lettres f), g), h), i), n), p), v), et de l'article 191 sont prises à la majorité des deux tiers des membres présents et votants, à condition que cette majorité comprenne celle des membres du Conseil ;

c)   les décisions sur les questions de fond qui se posent à propos des dispositions énumérées ci-après sont prises à la majorité des trois quarts des membres présents et votants, à condition que cette majorité comprenne celle des membres du Conseil : article 162, paragraphe 1 ; article 162, paragraphe 2, lettres a), b), c), d), e), l), q), r), s), t) ; article 162, paragraphe 2, lettre u), dans les cas d'inobservation par un contractant ou l'Etat qui le patronne ; article 162, paragraphe 2, lettre w), étant entendu que les ordres émis en vertu de cette disposition ne peuvent être obligatoires pendant plus de 30 jours que s'ils sont confirmés par une décision prise conformément à la lettre d) ; article 162, paragraphe 2, lettres x), y) et z) ; article 163, paragraphe 2 ; article 174, paragraphe 3 ; article 11 de l'annexe IV ;

(a) land-locked and geographically disadvantaged States are repre-sented to a degree which is reasonably proportionate to their repre-sentation in the Assembly;

(b) coastal States, especially developing States, which do not qualify under paragraph 1(a), (b), (c) or (d) are represented to a degree which is reasonably proportionate to their representation in the Assembly;

(c) each group of States Parties to be represented on the Council is rep-resented by those members, if any, which are nominated by that group.

3. Elections shall take place at regular sessions of the Assembly. Each mem-ber of the Council shall be elected for four years. At the first election, however, the term of one half of the members of each group referred to in paragraph l shall be two years.

4. Members of the Council shall be eligible for re-election, but due regard should be paid to the desirability of rotation of membership.

5. The Council shall function at the seat of the Authority, and shall meet as often as the business of the Authority may require, but not less than three times a year.

6. A majority of the members of the Council shall constitute a quorum.

7. Each member of the Council shall have one vote.

8. (a) Decisions on questions of procedure shall be taken by a majority of the members present and voting.

(b) Decisions on questions of substance arising under the following provisions shall be taken by a two-thirds majority of the members present and voting, provided that such majority includes a majority of the members of the Council: article 162, paragraph 2, subpara-graphs (f); (g); (h); (i); (n); (p); (v); article 191.

(c) Decisions on questions of substance arising under the following provisions shall be taken by a three-fourths majority of the mem-bers present and voting, provided that such majority includes a majority of the members of the Council: article 162, paragraph 1; article 162, paragraph 2, subparagraphs (a); (b); (c); (d); (e); (l); (q); (r); (s); (t); (u) in cases of non-compliance by a contractor or a spon-sor; (w) provided that orders issued thereunder may be binding for not more than 30 days unless confirmed by a decision taken in accordance with subparagraph (d); article 162, paragraph 2, sub-paragraphs (x); (y); (z); article 163, paragraph 2; article 174, para-graph 3; Annex IV, article 11.

d)   les décisions sur les questions de fond qui se posent à propos de l'article 162, paragraphe 2, lettres m) et o), ainsi qu'à propos de l'adoption des amendements à la partie XI, sont prises par consensus ;

e)   aux fins des lettres d), f) et g), on entend par « consensus » l'absence de toute objection formelle. Dans les 14 jours qui suivent la soumission d'une proposition au Conseil, le Président examine s'il y aurait une objection à son adoption. S'il constate qu'une telle objection serait formulée, le Président constitue et convoque, dans les trois jours, une commission de conciliation composée, au plus, de neuf membres du Conseil et présidée par lui-même, chargée d'éliminer les divergences et de formuler une proposition susceptible d'être adoptée par consensus. La commission s'acquitte promptement de sa tâche et fait rapport au Conseil dans les 14 jours qui suivent sa constitution. Si elle n'est pas en mesure de recommander une proposition susceptible d'être adoptée par consensus, elle expose dans son rapport les motifs de l'opposition à la proposition ;

f)   les décisions sur les questions non énumérées ci-dessus que le Conseil est habilité à prendre en vertu des règles, règlements et procédures de l'Autorité ou à tout autre titre sont prises conformément aux dispositions du présent paragraphe indiquées dans ces règles, règlements et procédures ou, à défaut, conformément à la disposition déterminée par une décision du Conseil prise par consensus ;

g)   en cas de doute sur le point de savoir si une question relève des catégories visées aux lettres a), b), c) ou d), la question est réputée relever de la disposition exigeant la majorité la plus élevée ou le consensus, selon le cas, à moins que le Conseil n'en décide autrement à cette majorité ou par consensus.

9.   Le Conseil établit une procédure permettant à un membre de l'Autorité qui n'est pas représenté au sein du Conseil de se faire représenter à une séance de celui-ci lorsque ce membre présente une demande à cet effet ou que le Conseil examine une question qui le concerne particulièrement. Le représentant de ce membre peut participer aux débats sans droit de vote.

Article 162
Pouvoirs et fonctions

1.   Le Conseil est l'organe exécutif de l'Autorité. Il a le pouvoir d'arrêter, en conformité avec la Convention et avec la politique générale définie par

(d) Decisions on questions of substance arising under the following provisions shall be taken by consensus: article 162, paragraph 2(m) and (o); adoption of amendments to Part XI.

(e) For the purposes of subparagraphs (d), (f) and (g), "consensus" means the absence of any formal objection. Within 14 days of the submission of a proposal to the Council, the President of the Council shall determine whether there would be a formal objection to the adoption of the proposal. If the President determines that there would be such an objection, the President shall establish and convene, within three days following such determination, a conciliation committee consisting of not more than nine members of the Council, with the President as chairman, for the purpose of reconciling the differences and producing a proposal which can be adopted by consensus. The committee shall work expeditiously and report to the Council within 14 days following its establishment. If the committee is unable to recommend a proposal which can be adopted by consensus, it shall set out in its report the grounds on which the proposal is being opposed.

(f) Decisions on questions not listed above which the Council is authorized to take by the rules, regulations and procedures of the Authority or otherwise shall be taken pursuant to the subparagraphs of this paragraph specified in the rules, regulations and procedures or, if not specified therein, then pursuant to the subparagraph determined by the Council if possible in advance, by consensus.

(g) When the issue arises as to whether a question is within subparagraph (a), (b), (c) or (d), the question shall be treated as being within the subparagraph requiring the higher or highest majority or consensus as the case may be, unless otherwise decided by the Council by the said majority or by consensus.

9. The Council shall establish a procedure whereby a member of the Authority not represented on the Council may send a representative to attend a meeting of the Council when a request is made by such member, or a matter particularly affecting it is under consideration. Such a representative shall be entitled to participate in the deliberations but not to vote.

Article 162
Powers and functions

1. The Council is the executive organ of the Authority. The Council shall have the power to establish, in conformity with this Convention and the

l'Assemblée, les politiques spécifiques à suivre par l'Autorité sur toute question ou tout sujet relevant de sa compétence.

2.   En outre, le Conseil :

a)   surveille et coordonne l'application de la présente partie pour toutes les questions et tous les sujets relevant de la compétence de l'Autorité et appelle l'attention de l'Assemblée sur les cas d'inobservation ;

b)   soumet à l'Assemblée une liste de candidats au poste de Secrétaire général ;

c)   recommande à l'Assemblée des candidats aux fonctions de membres du Conseil d'administration de l'Entreprise et au poste de Directeur général de celle-ci ;

d)   crée, selon qu'il convient, et compte dûment tenu des impératifs d'économie et d'efficacité, les organes subsidiaires qu'il juge néces- saires pour exercer ses fonctions conformément à la présente par- tie. En ce qui concerne la composition de tels organes, l'accent doit être mis sur la nécessité de leur assurer le concours de membres qualifiés et compétents dans les domaines techniques dont ils s'oc- cupent, compte dûment tenu néanmoins du principe de la réparti- tion géographique équitable et d'intérêts particuliers ;

e)   adopte son règlement intérieur, dans lequel il fixe notamment le mode de désignation de son président ;

f)   conclut, au nom de l'Autorité, des accords avec l'Organisation des Nations Unies et d'autres organisations internationales, dans les limites de sa compétence et sous réserve de l'approbation de l'Assemblée ;

g)   examine les rapports de l'Entreprise et les transmet à l'Assemblée, en y joignant ses recommandations ;

h)   présente à l'Assemblée des rapports annuels ainsi que les rapports spéciaux que celle-ci lui demande ;

i)   donne des directives à l'Entreprise conformément à l'article 170 ;

j)   approuve les plans de travail conformément à l'article 6 de l'annexe III. Le Conseil statue sur chaque plan de travail dans les 60 jours suivant la date à laquelle celui-ci lui a été soumis à une de ses ses- sions par la Commission juridique et technique, conformément aux procédures indiquées ci-après :

i)   lorsque la Commission recommande l'approbation d'un plan de travail, celui-ci est réputé accepté par le Conseil si aucun membre de ce dernier ne soumet par écrit au Président, dans un délai de 14 jours, une objection précise dans laquelle il allègue l'inobservation des conditions énoncées à l'article 6 de

general policies established by the Assembly, the specific policies to be pursued by the Authority on any question or matter within the competence of the Authority.

2. In addition, the Council shall:

(a) supervise and coordinate the implementation of the provisions of this Part on all questions and matters within the competence of the Authority and invite the attention of the Assembly to cases of non-compliance;

(b) propose to the Assembly a list of candidates for the election of the Secretary-General;

(c) recommend to the Assembly candidates for the election of the members of the Governing Board of the Enterprise and the Director-General of the Enterprise;

(d) establish, as appropriate, and with due regard to economy and efficiency, such subsidiary organs as it finds necessary for the exercise of its functions in accordance with this Part. In the composition of subsidiary organs, emphasis shall be placed on the need for members qualified and competent in relevant technical matters dealt with by those organs provided that due account shall be taken of the principle of equitable geographical distribution and of special interests;

(e) adopt its rules of procedure including the method of selecting its president;

(f) enter into agreements with the United Nations or other international organizations on behalf of the Authority and within its competence, subject to approval by the Assembly;

(g) consider the reports of the Enterprise and transmit them to the Assembly with its recommendations;

(h) present to the Assembly annual reports and such special reports as the Assembly may request;

(i) issue directives to the Enterprise in accordance with article 170;

(j) approve plans of work in accordance with Annex III, article 6. The Council shall act upon each plan of work within 60 days of its submission by the Legal and Technical Commission at a session of the Council in accordance with the following procedures:

(i) if the Commission recommends the approval of a plan of work, it shall be deemed to have been approved by the Council if no member of the Council submits in writing to the President within 14 days a specific objection alleging non-compliance with the requirements of Annex III, article 6. If there is an objection, the conciliation procedure set forth in

l'annexe III. Si une telle objection est formulée, la procédure de conciliation prévue à l'article 161, paragraphe 8, lettre e), s'applique. Si, au terme de cette procédure, l'objection est maintenue, le plan de travail est réputé approuvé par le Conseil, à moins qu'il ne le rejette par consensus à l'exclusion de l'Etat ou des Etats qui ont fait la demande ou patronné le demandeur ;

ii) lorsque la Commission recommande le rejet d'un plan de travail ou ne formule pas de recommandation, le Conseil peut approuver celui-ci à la majorité des trois quarts des membres présents et votants, à condition que cette majorité comprenne celle des membres participant à la session ;

k) approuve les plans de travail présentés par l'Entreprise conformément à l'article 12 de l'annexe IV, en appliquant, *mutatis mutandis*, les procédures prévues à la lettre j) ;

l) exerce un contrôle sur les activités menées dans la Zone, conformément à l'article 153, paragraphe 4, et aux règles, règlements et procédures de l'Autorité ;

m) prend, sur recommandation de la Commission de planification économique, les mesures nécessaires et appropriées pour protéger les Etats en développement, conformément à l'article 150, lettre h), des effets économiques défavorables visés dans cette disposition ;

n) fait à l'Assemblée, en se fondant sur l'avis de la Commission de planification économique, des recommandations concernant l'institution d'un système de compensation ou la prise d'autres mesures d'assistance propres à faciliter l'ajustement économique, comme le prévoit l'article 151, paragraphe 10 ;

o) i) recommande à l'Assemblée des règles, règlements et procédures relatifs au partage équitable des avantages financiers et autres avantages économiques tirés des activités menées dans la Zone, ainsi qu'aux contributions prévues à l'article 82, en tenant particulièrement compte des intérêts et besoins des Etats en développement et des peuples qui n'ont pas accédé à la pleine indépendance ou à un autre régime d'autonomie ;

ii) adopte et applique provisoirement, en attendant l'approbation de l'Assemblée, les règles, règlements et procédures de l'Autorité et tous amendements à ces textes en tenant compte des recommandations de la Commission juridique et technique ou de tout autre organe subordonné. Ces règles, règlements et procédures ont pour objet la prospection, l'exploration et l'exploitation dans la Zone, ainsi que la gestion

article 161, paragraph 8(e), shall apply. If, at the end of the conciliation procedure, the objection is still maintained, the plan of work shall be deemed to have been approved by the Council unless the Council disapproves it by consensus among its members excluding any State or States making the application or sponsoring the applicant;

(ii) if the Commission recommends the disapproval of a plan of work or does not make a recommendation, the Council may approve the plan of work by a three-fourths majority of the members present and voting, provided that such majority includes a majority of the members participating in the session;

(k) approve plans of work submitted by the Enterprise in accordance with Annex IV, article 12, applying, *mutatis mutandis*, the procedures set forth in subparagraph (j);

(l) exercise control over activities in the Area in accordance with article 153, paragraph 4, and the rules, regulations and procedures of the Authority;

(m) take, upon the recommendation of the Economic Planning Commission, necessary and appropriate measures in accordance with article 150, subparagraph (h), to provide protection from the adverse economic effects specified therein;

(n) make recommendations to the Assembly, on the basis of advice from the Economic Planning Commission, for a system of compensation or other measures of economic adjustment assistance as provided in article 151, paragraph 10;

(o) (i) recommend to the Assembly rules, regulations and procedures on the equitable sharing of financial and other economic benefits derived from activities in the Area and the payments and contributions made pursuant to article 82, taking into particular consideration the interests and needs of the developing States and peoples who have not attained full independence or other self-governing status;

(ii) adopt and apply provisionally, pending approval by the Assembly, the rules, regulations and procedures of the Authority, and any amendments thereto, taking into account the recommendations of the Legal and Technical Commission or other subordinate organ concerned. These rules, regulations and procedures shall relate to prospecting, exploration and exploitation in the Area and the financial management and internal administration of the Authority. Priority shall be

financière de l'Autorité et son administration interne. La priorité est accordée à l'adoption de règles, règlements et procédures relatifs à l'exploration et l'exploitation de nodules polymétalliques. Les règles, règlements et procédures portant sur l'exploration et l'exploitation de toute ressource autre que les nodules polymétalliques sont adoptés dans un délai de trois ans à compter de la date à laquelle l'Autorité a été saisie d'une demande à cet effet par un de ses membres. Ils demeurent tous en vigueur à titre provisoire jusqu'à leur approbation par l'Assemblée ou jusqu'à leur modification par le Conseil, à la lumière des vues exprimées par l'Assemblée ;

p) veille au paiement de toutes les sommes dues par l'Autorité ou à celle-ci au titre des opérations effectuées conformément à la présente partie ;

q) fait un choix entre les demandeurs d'autorisation de production en vertu de l'article 7 de l'annexe III dans les cas prévus à cet article ;

r) soumet le projet de budget annuel de l'Autorité à l'approbation de l'Assemblée ;

s) fait à l'Assemblée des recommandations sur la politique à suivre sur toute question ou tout sujet qui relève de la compétence de l'Autorité ;

t) fait à l'Assemblée des recommandations sur la suspension de l'exercice des droits et privilèges inhérents à la qualité de membres en application de l'article 185 ;

u) saisit, au nom de l'Autorité, la Chambre pour le règlement des différends relatifs aux fonds marins dans les cas d'inobservation ;

v) notifie à l'Assemblée la décision rendue par la Chambre pour le règlement de différends relatifs aux fonds marins, saisie conformément à la lettre u), et lui fait les recommandations qu'il juge nécessaires sur les mesures à prendre ;

w) émet des ordres en cas d'urgence, y compris éventuellement l'ordre de suspendre ou de modifier les opérations, afin de prévenir tout dommage grave pouvant être causé au milieu marin par des activités menées dans la Zone ;

x) exclut la mise en exploitation de certaines zones par des contractants ou par l'Entreprise lorsqu'il y a de sérieuses raisons de penser qu'il en résulterait un risque de dommage grave pour le milieu marin ;

y) crée un organe subsidiaire chargé de l'élaboration de projets de règles, règlements et procédures financiers relatifs :

given to the adoption of rules, regulations and procedures for the exploration for and exploitation of polymetallic nodules. Rules, regulations and procedures for the exploration for and exploitation of any resource other than polymetallic nodules shall be adopted within three years from the date of a request to the Authority by any of its members to adopt such rules, regulations and procedures in respect of such resource. All rules, regulations and procedures shall remain in effect on a provisional basis until approved by the Assembly or until amended by the Council in the light of any views expressed by the Assembly;

(p)   review the collection of all payments to be made by or to the Authority in connection with operations pursuant to this Part;

(q)   make the selection from among applicants for production authorizations pursuant to Annex III, article 7, where such selection is required by that provision;

(r)   submit the proposed annual budget of the Authority to the Assembly for its approval;

(s)   make recommendations to the Assembly concerning policies on any question or matter within the competence of the Authority;

(t)   make recommendations to the Assembly concerning suspension of the exercise of the rights and privileges of membership pursuant to article 185;

(u)   institute proceedings on behalf of the Authority before the Seabed Disputes Chamber in cases of non-compliance;

(v)   notify the Assembly upon a decision by the Seabed Disputes Chamber in proceedings instituted under subparagraph (u), and make any recommendations which it may find appropriate with respect to measures to be taken;

(w)   issue emergency orders, which may include orders for the suspension or adjustment of operations, to prevent serious harm to the marine environment arising out of activities in the Area;

(x)   disapprove areas for exploitation by contractors or the Enterprise in cases where substantial evidence indicates the risk of serious harm to the marine environment;

(y)   establish a subsidiary organ for the elaboration of draft financial rules, regulations and procedures relating to:

i)   à la gestion financière conformément aux articles 171 à 175 ; et

ii) aux modalités financières prévues à l'article 13 et à l'article 17, paragraphe 1, lettre c), de l'annexe III ;

z) met en place des mécanismes appropriés pour diriger et superviser un corps d'inspecteurs chargés de surveiller les activités menées dans la Zone pour déterminer si la présente partie, les règles, règlements et procédures de l'Autorité et les clauses et conditions des contrats conclus avec l'Autorité sont observés.

Article 163
Organes du Conseil

1. Il est créé en tant qu'organes du conseil :
    a) une Commission de planification économique ;
    b) une Commission juridique et technique.

2. Chaque commission est composée de 15 membres, élus par le Conseil parmi les candidats présentés par les Etats Parties. Le Conseil peut néanmoins, si besoin est, décider d'élargir la composition de l'une ou de l'autre en tenant dûment compte des impératifs d'économie et d'efficacité.

3. Les membres d'une commission doivent avoir les qualifications requises dans les domaines relevant de la compétence de celle-ci. Afin de permettre aux commissions d'exercer leurs fonctions efficacement, les Etats Parties désignent des candidats de la plus haute compétence et de la plus haute intégrité, ayant les qualifications requises dans les domaines pertinents.

4. Lors de l'élection, il est dûment tenu compte de la nécessité d'une répartition géographique équitable des sièges et d'une représentation des intérêts particuliers.

5. Aucun Etat Partie ne peut présenter plus d'un candidat à une même commission. Nul ne peut être élu à plus d'une commission.

6. Les membres des commissions sont élus pour cinq ans. Ils sont rééligibles pour un nouveau mandat.

7. En cas de décès, d'incapacité ou de démission d'un membre d'une commission avant l'expiration de son mandat, le Conseil élit, pour une durée du mandat restant à courir, un membre de la même région géographique ou représentant la même catégorie d'intérêts.

      (i)   financial management in accordance with articles 171 to 175; and

      (ii) financial arrangements in accordance with Annex III, article 13 and article 17, paragraph 1(c);

  (z) establish appropriate mechanisms for directing and supervising a staff of inspectors who shall inspect activities in the Area to determine whether this Part, the rules, regulations and procedures of the Authority, and the terms and conditions of any contract with the Authority are being complied with.

Article 163
Organs of the Council

1.   There are hereby established the following organs of the Council:
  (a) an Economic Planning Commission;
  (b) a Legal and Technical Commission.

2.   Each Commission shall be composed of 15 members, elected by the Council from among the candidates nominated by the States Parties. However, if necessary, the Council may decide to increase the size of either Commission having due regard to economy and efficiency.

3.   Members of a Commission shall have appropriate qualifications in the area of competence of that Commission. States Parties shall nominate candidates of the highest standards of competence and integrity with qualifications in relevant fields so as to ensure the effective exercise of the functions of the Commissions.

4.   In the election of members of the Commissions, due account shall be taken of the need for equitable geographical distribution and the representation of special interests.

5.   No State Party may nominate more than one candidate for the same Commission. No person shall be elected to serve on more than one Commission.

6.   Members of the Commissions shall hold office for a term of five years. They shall be eligible for re-election for a further term.

7.   In the event of the death, incapacity or resignation of a member of a Commission prior to the expiration of the term of office, the Council shall elect for the remainder of the term, a member from the same geographical region or area of interest.

8.   Les membres des commissions ne doivent posséder d'intérêts financiers dans aucune des activités touchant l'exploration et l'exploitation dans la Zone. Sous réserve de leurs obligations envers la commission dont ils font partie, ils ne doivent divulguer, même après la cessation de leurs fonctions, aucun secret industriel, aucune donnée qui est propriété industrielle et qui a été transférée à l'Autorité en application de l'article 14 de l'annexe III, ni aucun autre renseignement confidentiel dont ils ont connaissance à raison de leurs fonctions.

9.   Chaque commission exerce ses fonctions conformément aux principes et directives arrêtés par le Conseil.

10.   Chaque commission élabore et soumet à l'approbation du conseil les règles et règlements nécessaires à son bon fonctionnement.

11.   Les procédures de prise de décision des commissions sont fixées par les règles, règlements et procédures de l'Autorité. Les recommandations faites au Conseil sont accompagnées, le cas échéant, d'un exposé succinct des divergences qui sont apparues au sein de la commission.

12.   Les commissions exercent normalement leurs fonctions au siège de l'Autorité et se réunissent aussi souvent que nécessaire pour s'acquitter efficacement de leur tâche.

13.   Dans l'exercice de ses fonctions, chaque commission consulte, le cas échéant, une autre commission ou tout organe compétent de l'Organisation des Nations Unies et de ses institutions spécialisées ou toute autre organisation internationale ayant compétence dans le domaine considéré.

Article 164
La Commission de planification économique

1.   Les membres de la Commission de planification économique doivent posséder les qualifications voulues, notamment en matière d'activités minières, de gestion des ressources minérales, de commerce international et d'économie internationale. Le Conseil s'efforce de faire en sorte que, par sa composition, la Commission dispose de l'éventail complet des qualifications requises. La commission doit compter parmi ses membres au moins deux ressortissants d'Etats en développement dont l'économie est fortement tributaire des exportations de catégories de minéraux devant être extraits de la Zone.

2.   La Commission :

a)   propose au Conseil, à la demande de celui-ci, des mesures d'application des décisions prises conformément à la Convention en ce qui concerne les activités menées dans la Zone ;

8. Members of Commissions shall have no financial interest in any activity relating to exploration and exploitation in the Area. Subject to their responsibilities to the Commissions upon which they serve, they shall not disclose, even after the termination of their functions, any industrial secret, proprietary data which are transferred to the Authority in accordance with Annex III, article 14, or any other confidential information coming to their knowledge by reason of their duties for the Authority.

9. Each Commission shall exercise its functions in accordance with such guidelines and directives as the Council may adopt.

10. Each Commission shall formulate and submit to the Council for approval such rules and regulations as may be necessary for the efficient conduct of the Commission's functions.

11. The decision-making procedures of the Commissions shall be established by the rules, regulations and procedures of the Authority. Recommendations to the Council shall, where necessary, be accompanied by a summary on the divergencies of opinion in the Commission.

12. Each Commission shall normally function at the seat of the Authority and shall meet as often as is required for the efficient exercise of its functions.

13. In the exercise of its functions, each Commission may, where appropriate, consult another commission, any competent organ of the United Nations or of its specialized agencies or any international organizations with competence in the subject-matter of such consultation.

Article 164
The Economic Planning Commission

1. Members of the Economic Planning Commission shall have appropriate qualifications such as those relevant to mining, management of mineral resource activities, international trade or international economics. The Council shall endeavour to ensure that the membership of the Commission reflects all appropriate qualifications. The Commission shall include at least two members from developing States whose exports of the categories of minerals to be derived from the Area have a substantial bearing upon their economies.

2. The Commission shall:
    (a) propose, upon the request of the Council, measures to implement decisions relating to activities in the Area taken in accordance with this Convention;

b)   étudie les tendances de l'offre et de la demande de minéraux pouvant provenir de la Zone et de leur prix, ainsi que les facteurs qui
affectent ces données, en prenant en considération les intérêts des
Etats importateurs comme des Etats exportateurs, notamment de
ceux d'entre eux qui sont des Etats en développement ;

c)   examine toute situation susceptible d'entraîner les effets défavorables visés à l'article 150, lettre h), portée à son attention par l'Etat
Partie ou les Etats Parties concernés et fait au Conseil les recommandations appropriées ;

d)   propose au Conseil, pour soumission à l'Assemblée, comme le prévoit l'article 151, paragraphe 10, un système de compensation en
faveur des Etats en développement pour lesquels les activités
menées dans la Zone ont des effets défavorables, ou d'autres
mesures d'assistance propres à faciliter l'ajustement économique, et
fait au Conseil les recommandations nécessaires à la mise en œuvre,
dans des cas précis, du système ou des mesures adoptés par
l'Assemblée.

Article 165
La Commission juridique et technique

1.   Les membres de la Commission juridique et technique doivent posséder
les qualifications voulues, notamment en matière d'exploration, d'exploitation et de traitement des ressources minérales, d'océanologie et de protection du milieu marin, ou en ce qui concerne les questions économiques
ou juridiques relatives aux activités minières en mer, ou dans d'autres
domaines connexes. Le Conseil s'efforce de faire en sorte que, par sa composition, la Commission dispose de l'éventail complet des qualifications
requises.

2.   La Commission :

a)   fait au Conseil, à la demande de celui-ci, des recommandations
concernant l'exercice des fonctions de l'Autorité ;

b)   examine les plans de travail formels et écrits concernant les activités à mener dans la Zone conformément à l'article 153, paragraphe 3,
et fait au Conseil des recommandations appropriées. La Commission
fonde ses recommandations sur les seules dispositions de l'annexe
III et présente au Conseil un rapport complet sur le sujet ;

c)   surveille, à la demande du Conseil, les activités menées dans la
Zone, le cas échéant, en consultation et en collaboration avec toute
entité ou personne qui mène ces activités ou avec l'Etat ou les Etats
concernés, et fait rapport au Conseil ;

(b) review the trends of and the factors affecting supply, demand and prices of minerals which may be derived from the Area, bearing in mind the interests of both importing and exporting countries, and in particular of the developing States among them;

(c) examine any situation likely to lead to the adverse effects referred to in article 150, subparagraph (h), brought to its attention by the State Party or States Parties concerned, and make appropriate recommendations to the Council;

(d) propose to the Council for submission to the Assembly, as provided in article 151, paragraph 10, a system of compensation or other measures of economic adjustment assistance for developing States which suffer adverse effects caused by activities in the Area. The Commission shall make the recommendations to the Council that are necessary for the application of the system or other measures adopted by the Assembly in specific cases.

Article 165
The Legal and Technical Commission

1. Members of the Legal and Technical Commission shall have appropriate qualifications such as those relevant to exploration for and exploitation and ·processing of mineral resources, oceanology, protection of the marine environment, or economic or legal matters relating to ocean mining and related fields of expertise. The Council shall endeavour to ensure that the membership of the Commission reflects all appropriate qualifications.

2. The Commission shall:

(a) make recommendations with regard to the exercise of the Authority's functions upon the request of the Council;

(b) review formal written plans of work for activities in the Area in accordance with article 153, paragraph 3, and submit appropriate recommendations to the Council. The Commission shall base its recommendations solely on the grounds stated in Annex III and shall report fully thereon to the Council;

(c) supervise, upon the request of the Council, activities in the Area, where appropriate, in consultation and collaboration with any entity carrying out such activities or State or States concerned and report to the Council;

d)   évalue les incidences écologiques des activités menées ou à mener dans la Zone ;

e)   fait au Conseil des recommandations sur la protection du milieu marin, en tenant compte de l'opinion d'experts reconnus ;

f)   élabore et soumet au Conseil les règles, règlements et procédures visés à l'article 162, paragraphe 2, lettre o), compte tenu de tous les facteurs pertinents, y compris l'évaluation des incidences écologiques des activités menées dans la Zone ;

g)   réexamine de temps à autre ces règles, règlements et procédures et recommande au Conseil les amendements qu'elle juge nécessaires ou souhaitables ;

h)   fait au Conseil des recommandations concernant la mise en place d'un programme de surveillance consistant à observer, mesurer, évaluer et analyser régulièrement, par des méthodes scientifiques reconnues, les risques ou les conséquences des activités menées dans la Zone quant à la pollution du milieu marin, s'assure que les réglementations existantes sont appropriées et respectées et coordonne l'exécution du programme de surveillance une fois celui-ci approuvé par le Conseil ;

i)   recommande au Conseil de saisir, au nom de l'Autorité, la Chambre pour le règlement des différends relatifs aux fonds marins, compte tenu en particulier de l'article 187, conformément à la présente partie et aux annexes qui s'y rapportent ;

j)   fait au Conseil des recommandations sur les mesures à prendre après que la Chambre pour le règlement des différends relatifs aux fonds marins, saisie conformément à la lettre i), a rendu sa décision ;

k)   recommande au Conseil d'émettre des ordres en cas d'urgence, y compris éventuellement l'ordre de suspendre ou de modifier les opérations, afin de prévenir tout dommage grave pouvant être causé au milieu marin par les activités menées dans la Zone ; le Conseil examine ces recommandations en priorité ;

l)   recommande au Conseil d'exclure la mise en exploitation de certaines zones par des contractants ou par l'Entreprise lorsqu'il y a de sérieuses raisons de penser qu'il en résulterait un risque de dommage grave pour le milieu marin ;

m)   fait au Conseil des recommandations concernant la direction et la supervision d'un corps d'inspecteurs chargés de surveiller les activités menées dans la Zone et de déterminer si la présente partie, les règles, règlements et procédures de l'Autorité et les clauses et conditions de tout contrat conclu avec l'Autorité sont observés ;

(d) prepare assessments of the environmental implications of activities in the Area;

(e) make recommendations to the Council on the protection of the marine environment, taking into account the views of recognized experts in that field;

(f) formulate and submit to the Council the rules, regulations and procedures referred to in article 162, paragraph 2(o), taking into account all relevant factors including assessments of the environmental implications of activities in the Area;

(g) keep such rules, regulations and procedures under review and recommend to the Council from time to time such amendments thereto as it may deem necessary or desirable;

(h) make recommendations to the Council regarding the establishment of a monitoring programme to observe, measure, evaluate and analyse, by recognized scientific methods, on a regular basis, the risks or effects of pollution of the marine environment resulting from activities in the Area, ensure that existing regulations are adequate and are complied with and coordinate the implementation of the monitoring programme approved by the Council;

(i) recommend to the Council that proceedings be instituted on behalf of the Authority before the Seabed Disputes Chamber, in accordance with this Part and the relevant Annexes taking into account particularly article 187;

(j) make recommendations to the Council with respect to measures to be taken, upon a decision by the Seabed Disputes Chamber in proceedings instituted in accordance with subparagraph (i);

(k) make recommendations to the Council to issue emergency orders, which may include orders for the suspension or adjustment of operations, to prevent serious harm to the marine environment arising out of activities in the Area. Such recommendations shall be taken up by the Council on a priority basis;

(l) make recommendations to the Council to disapprove areas for exploitation by contractors or the Enterprise in cases where substantial evidence indicates the risk of serious harm to the marine environment;

(m) make recommendations to the Council regarding the direction and supervision of a staff of inspectors who shall inspect activities in the Area to determine whether the provisions of this Part, the rules, regulations and procedures of the Authority, and the terms and conditions of any contract with the Authority are being complied with;

n)   calcule le plafond de production et délivre des autorisations de production au nom de l'Autorité en application de l'article 151, paragraphes 2 à 7, une fois que le Conseil a opéré, le cas échéant, le choix nécessaire entre les demandeurs conformément à l'article 7 de l'annexe III.

3.   A la demande de tout Etat Partie ou de toute autre partie concernée, les membres de la Commission se font accompagner d'un représentant de cet Etat ou de cette partie concernée lorsqu'ils exercent leurs fonctions de surveillance et d'inspection.

Sous-section D. Le Secrétariat

Article 166
Le Secrétariat

1.   Le Secrétariat de l'Autorité comprend un Secrétaire général et le personnel nécessaire à l'Autorité.

2.   Le Secrétaire général est élu par l'Assemblée parmi les candidats proposés par le Conseil pour une durée de quatre ans et il est rééligible.

3.   Le Secrétaire général est le plus haut fonctionnaire de l'Autorité et agit en cette qualité à toutes les réunions de l'Assemblée et du Conseil et de tout organe subsidiaire ; il exerce toutes autres fonctions administratives dont il est chargé par ces organes.

4.   Le Secrétaire général présente à l'Assemblée un rapport annuel sur l'activité de l'Autorité.

Article 167
Personnel de l'Autorité

1.   Le personnel de l'Autorité comprend les personnes qualifiées dans les domaines scientifique, technique et autres dont elle a besoin pour exercer ses fonctions administratives.

2.   La considération dominante dans le recrutement et la fixation des conditions d'emploi du personnel est d'assurer à l'Autorité les services de personnes possédant les plus hautes qualités de travail, de compétence et d'intégrité. Sous cette réserve, il est dûment tenu compte de l'importance d'un recrutement effectué sur une base géographique aussi large que possible.

(n) calculate the production ceiling and issue production authoriza-
     tions on behalf of the Authority pursuant to article 151, paragraphs 2
     to 7, following any necessary selec-tion among applicants for pro-
     duction authorizations by the Council in accordance with Annex III,
     article 7.

3.   The members of the Commission shall, upon request by any State Party
     or other party concerned, be accompanied by a representative of such
     State or other party concerned when carrying out their function of super-
     vision and inspection.

Subsection D. The Secretariat

Article 166
The Secretariat

1.   The Secretariat of the Authority shall comprise a Secretary-General and
     such staff as the Authority may require.
2.   The Secretary-General shall be elected for four years by the Assembly
     from among the candidates proposed by the Council and may be
     re-elected.
3.   The Secretary-General shall be the chief administrative officer of the
     Authority, and shall act in that capacity in all meetings of the Assembly,
     of the Council and of any subsidiary organ, and shall perform such other
     administrative functions as are entrusted to the Secretary-General by
     these organs.
4.   The Secretary-General shall make an annual report to the Assembly on
     the work of the Authority.

Article 167
The staff of the Authority

1.   The staff of the Authority shall consist of such qualified scientific and
     technical and other personnel as may be required to fulfil the administra-
     tive functions of the Authority.
2.   The paramount consideration in the recruitment and employment of the
     staff and in the determination of their conditions of service shall be the
     necessity of securing the highest standards of efficiency, competence and
     integrity. Subject to this consideration, due regard shall be paid to the
     importance of recruiting the staff on as wide a geographical basis as
     possible.

3.   Le personnel est nommé par le Secrétaire général. Les conditions et modalités de nomination, de rémunération et de licenciement du personnel doivent être conformes aux règles, règlements et procédures de l'Autorité.

Article 168
Caractère international du Secrétariat

1.   Dans l'exercice de leurs fonctions, le Secrétaire général et le personnel ne sollicitent et n'acceptent d'instructions d'aucun gouvernement ni d'aucune autre source extérieure à l'Autorité. Ils s'abstiennent de tout acte incompatible avec leur qualité de fonctionnaires internationaux et ne sont responsables qu'envers l'Autorité. Chaque Etat Partie s'engage à respecter le caractère exclusivement international des fonctions du Secrétaire général et du personnel et à ne pas chercher à les influencer dans l'exécution de leur tâche. Tout manquement à ses obligations de la part d'un fonctionnaire est soumis à un tribunal administratif désigné selon les règles, règlements et procédures de l'Autorité.

2.   Le Secrétaire général et le personnel ne doivent posséder d'intérêts financiers dans aucune des activités touchant l'exploration et l'exploitation dans la Zone. Sous réserve de leurs obligations envers l'Autorité, ils ne doivent divulguer, même après la cessation de leurs fonctions, aucun secret industriel, aucune donnée qui est propriété industrielle et qui a été transférée à l'Autorité en application de l'article 14 de l'annexe III, ni aucun autre renseignement confidentiel dont ils ont connaissance à raison de leurs fonctions.

3.   Les manquements de la part d'un fonctionnaire de l'Autorité aux obligations énoncées au paragraphe 2 donnent lieu, à la demande d'un Etat Partie lésé par un tel manquement ou d'une personne physique ou morale patronnée par un Etat Partie conformément à l'article 153, paragraphe 2, lettre b), et lésée par un tel manquement, à des poursuites de l'Autorité contre le fonctionnaire en cause devant un tribunal désigné selon les règles, règlements et procédures de l'Autorité. La partie lésée a le droit de participer à la procédure. Si le tribunal le recommande, le Secrétaire général licencie le fonctionnaire en cause.

4.   Les règles, règlements et procédures de l'Autorité prévoient les modalités d'application du présent article.

3.   The staff shall be appointed by the Secretary-General. The terms and conditions on which they shall be appointed, remunerated and dismissed shall be in accordance with the rules, regulations and procedures of the Authority.

Article 168
International character of the Secretariat

1.   In the performance of their duties the Secretary-General and the staff shall not seek or receive instructions from any government or from any other source external to the Authority. They shall refrain from any action which might reflect on their position as international officials responsible only to the Authority. Each State Party undertakes to respect the exclusively international character of the responsibilities of the Secretary-General and the staff and not to seek to influence them in the discharge of their responsibilities. Any violation of responsibilities by a staff member shall be submitted to the appropriate administrative tribunal as provided in the rules, regulations and procedures of the Authority.

2.   The Secretary-General and the staff shall have no financial interest in any activity relating to exploration and exploitation in the Area. Subject to their responsibilities to the Authority, they shall not disclose, even after the termination of their functions, any industrial secret, proprietary data which are transferred to the Authority in accordance with Annex III, article 14, or any other confidential information coming to their knowledge by reason of their employment with the Authority.

3.   Violations of the obligations of a staff member of the Authority set forth in paragraph 2 shall, on the request of a State Party affected by such violation, or a natural or juridical person, sponsored by a State Party as provided in article 153, paragraph 2(b), and affected by such violation, be submitted by the Authority against the staff member concerned to a tribunal designated by the rules, regulations and procedures of the Authority. The Party affected shall have the right to take part in the proceedings. If the tribunal so recommends, the Secretary-General shall dismiss the staff member concerned.

4.   The rules, regulations and procedures of the Authority shall contain such provisions as are necessary to implement this article.

Article 169
Consultations et coopération avec les organisations internationales et les organisations non gouvernementales

1. Pour les questions qui sont du ressort de l'Autorité, le Secrétaire général conclut, après approbation du Conseil, des accords aux fins de consultations et de coopération avec les organisations internationales et les organisations non gouvernementales reconnues par le Conseil économique et social de l'Organisation des Nations Unies.

2. Toute organisation avec laquelle le Secrétaire général a conclu un accord en vertu du paragraphe 1 peut désigner des représentants qui assistent en qualité d'observateurs aux réunions des organes de l'Autorité conformément au règlement intérieur de ceux-ci. Des procédures sont instituées pour permettre à ces organisations de faire connaître leurs vues dans les cas appropriés.

3. Le Secrétaire général peut faire distribuer aux Etats Parties des rapports écrits présentés par les organisations non gouvernementales visées au paragraphe 1 sur des sujets qui relèvent de leur compétence particulière et se rapportent aux travaux de l'Autorité.

Sous-section E. L'Entreprise

Article 170
L'Entreprise

1. L'Entreprise est l'organe de l'Autorité qui mène des activités dans la Zone directement en application de l'article 153, paragraphe 2, lettre a), ainsi que des activités de transport, de traitement et de commercialisation des minéraux tirés de la Zone.

2. Dans le cadre de l'Autorité, personne juridique internationale, l'Entreprise a la capacité juridique prévue à l'annexe IV. L'Entreprise agit conformément à la Convention et aux règles, règlements et procédures de l'Autorité, ainsi qu'à la politique générale arrêtée par l'Assemblée, et elle observe les directives du Conseil et est soumise à son contrôle.

3. L'Entreprise a son établissement principal au siège de l'Autorité.

4. L'Entreprise est dotée, conformément à l'article 173, paragraphe 2, et à l'article 11 de l'annexe IV, des ressources financières dont elle a besoin pour exercer ses fonctions, et elle dispose des techniques qui lui sont transférées en application de l'article 144 et des autres dispositions pertinentes de la Convention.

Article 169
Consultation and cooperation with international and
non-governmental organizations

1.   The Secretary-General shall, on matters within the competence of the
      Authority, make suitable arrangements, with the approval of the Council,
      for consultation and cooperation with international and non-
      governmental organizations recognized by the Economic and Social
      Council of the United Nations.
2.   Any organization with which the Secretary-General has entered into an
      arrangement under paragraph 1 may designate representatives to attend
      meetings of the organs of the Authority as observers in accordance with
      the rules of procedure of these organs. Procedures shall be established
      for obtaining the views of such organizations in appropriate cases.
3.   The Secretary-General may distribute to States Parties written reports
      submitted by the non-governmental organizations referred to in para-
      graph 1 on subjects in which they have special competence and which are
      related to the work of the Authority.

Subsection E. The Enterprise

Article 170
The Enterprise

1.   The Enterprise shall be the organ of the Authority which shall carry out
      activities in the Area directly, pursuant to article 153, paragraph 2(a), as
      well as the transporting, processing and marketing of minerals recovered
      from the Area.
2.   The Enterprise shall, within the framework of the international legal per-
      sonality of the Authority, have such legal capacity as is provided for in the
      Statute set forth in Annex IV. The Enterprise shall act in accordance with
      this Convention and the rules, regulations and procedures of the
      Authority, as well as the general policies established by the Assembly, and
      shall be subject to the directives and control of the Council.
3.   The Enterprise shall have its principal place of business at the seat of the
      Authority.
4.   The Enterprise shall, in accordance with article 173, paragraph 2, and
      Annex IV, article 11, be provided with such funds as it may require to carry
      out its functions, and shall receive technology as provided in article 144
      and other relevant provisions of this Convention.

Sous-section F. Organisation financière de l'Autorité

Article 171
Ressources financières de l'Autorité

Les ressources financières de l'Autorité comprennent :
a)   les contributions des membres de l'Autorité fixées conformément à l'article 160, paragraphe 2, lettre e) ;
b)   les recettes que perçoit l'Autorité, en application de l'article 13 de l'annexe III, au titre des activités menées dans la Zone ;
c)   les sommes virées par l'Entreprise conformément à l'article 10 de l'annexe IV ;
d)   le produit des emprunts contractés en application de l'article 174 ;
e)   les contributions volontaires versées par les membres ou provenant d'autres sources ; et
f)   les paiements effectués à un fonds de compensation conformément à l'article 151, paragraphe 10, dont la Commission de la planification économique doit recommander les sources.

Article 172
Budget annuel de l'Autorité

Le Secrétaire général établit le projet de budget annuel de l'Autorité et le présente au Conseil. Celui-ci l'examine et le soumet, avec ses recommandations, à l'approbation de l'Assemblée en application de l'article 160, paragraphe 2, lettre h).

Article 173
Dépenses de l'Autorité

1.   Les contributions visées à l'article 171, lettre a), sont versées à un compte spécial et servent à couvrir les dépenses d'administration de l'Autorité jusqu'au moment où celle-ci dispose, à cette fin, de recettes suffisantes provenant d'autres sources.
2.   Les ressources financières de l'Autorité servent d'abord à régler les dépenses d'administration. A l'exception des contributions visées à l'article 171, lettre a), les fonds qui restent après paiement de ces dépenses peuvent notamment :
     a)   être partagés conformément à l'article 140 et à l'article 160, paragraphe 2, lettre g) ;

Subsection F. Financial Arrangements of the Authority

Article 171
Funds of the Authority

The funds of the Authority shall include:
(a) assessed contributions made by members of the Authority in accordance with article 160, paragraph 2(e);
(b) funds received by the Authority pursuant to Annex III, article 13, in connection with activities in the Area;
(c) funds transferred from the Enterprise in accordance with Annex IV, article 10;
(d) funds borrowed pursuant to article 174;
(e) voluntary contributions made by members or other entities; and
(f) payments to a compensation fund, in accordance with article 151, paragraph 10, whose sources are to be recommended by the Economic Planning Commission.

Article 172
Annual budget of the Authority

The Secretary-General shall draft the proposed annual budget of the Authority and submit it to the Council. The Council shall consider the proposed annual budget and submit it to the Assembly, together with any recommendations thereon. The Assembly shall consider and approve the proposed annual budget in accordance with article 160, paragraph 2(h).

Article 173
Expenses of the Authority

1. The contributions referred to in article 171, subparagraph (a), shall be paid into a special account to meet the administrative expenses of the Authority until the Authority has sufficient funds from other sources to meet those expenses.
2. The administrative expenses of the Authority shall be a first call upon the funds of the Authority. Except for the assessed contributions referred to in article 171, subparagraph (a), the funds which remain after payment of administrative expenses may, *inter alia*:
   (a) be shared in accordance with article 140 and article 160, paragraph 2(g);

    b)   servir à doter l'Entreprise des ressources financières visées à l'article 170, paragraphe 4 ;

    c)   servir à dédommager les Etats en développement conformément à l'article 151, paragraphe 10, et à l'article 160, paragraphe 2, lettre 1).

Article 174
Capacité de l'Autorité de contracter des emprunts

1.   L'Autorité a la capacité de contracter des emprunts.
2.   L'Assemblée fixe les limites de cette capacité dans le règlement financier adopté en application de l'article 160, paragraphe 2, lettre f).
3.   Le Conseil exerce cette capacité.
4.   Les Etats Parties ne sont pas responsables des dettes de l'Autorité.

Article 175
Vérification annuelle des comptes

Les rapports, livres et comptes de l'Autorité, y compris ses états financiers annuels, sont vérifiés chaque année par un contrôleur indépendant, nommé par l'Assemblée.

Sous-section G. Statut juridique, privilèges et immunités

Article 176
Statut juridique

L'Autorité possède la personnalité juridique internationale et a la capacité juridique qui lui est nécessaire pour exercer ses fonctions et atteindre ses buts.

Article 177
Privilèges et immunités

Pour pouvoir exercer ses fonctions, l'Autorité jouit, sur le territoire de chaque Etat Partie, des privilèges et immunités prévus dans la présente sous-section. Les privilèges et immunités relatifs à l'Entreprise sont prévus à l'article 13 de l'annexe IV.

(b) be used to provide the Enterprise with funds in accordance with article 170, paragraph 4;

(c) be used to compensate developing States in accordance with article 151, paragraph 10, and article 160, paragraph 2(1).

Article 174
Borrowing power of the Authority

1. The Authority shall have the power to borrow funds.
2. The Assembly shall prescribe the limits on the borrowing power of the Authority in the financial regulations adopted pursuant to article 160, paragraph 2(f).
3. The Council shall exercise the borrowing power of the Authority.
4. States Parties shall not be liable for the debts of the Authority.

Article 175
Annual audit

The records, books and accounts of the Authority, including its annual financial statements, shall be audited annually by an independent auditor appointed by the Assembly.

Subsection G. Legal Status, Privileges and Immunities

Article 176
Legal status

The Authority shall have international legal personality and such legal capacity as may be necessary for the exercise of its functions and the fulfilment of its purposes.

Article 177
Privileges and immunities

To enable the Authority to exercise its functions, it shall enjoy in the territory of each State Party the privileges and immunities set forth in this subsection. The privileges and immunities relating to the Enterprise shall be those set forth in Annex IV, article 13.

Article 178
Immunité de juridiction et d'exécution

L'Autorité, ainsi que ses biens et ses avoirs, jouissent de l'immunité de juridiction et d'exécution, sauf dans la mesure où l'Autorité y renonce expressément dans un cas particulier.

Article 179
Exemption de perquisition et de toute autre forme de contrainte

Les biens et les avoirs de l'Autorité, où qu'ils se trouvent et quel qu'en soit le détenteur, sont exempts de perquisition, réquisition, confiscation, expropriation et de toute autre forme de contrainte procédant d'une mesure du pouvoir exécutif ou du pouvoir législatif.

Article 180
Exemption de tout contrôle, restriction, réglementation ou moratoire

Les biens et les avoirs de l'Autorité sont exempts de tout contrôle, de toute restriction ou réglementation et de tout moratoire.

Article 181
Archives et communications officielles de l'Autorité

1.   Les archives de l'Autorité sont inviolables, où qu'elles se trouvent.
2.   Les données qui sont propriété industrielle, les renseignements couverts par le secret industriel et les informations analogues, ainsi que les dossiers du personnel, ne doivent pas être conservés dans des archives accessibles au public.
3.   Chaque Etat Partie accorde à l'Autorité, pour ses communications officielles, un traitement au moins aussi favorable que celui qu'il accorde aux autres organisations internationales.

Article 182
Privilèges et immunités des personnes agissant dans le cadre de l'Autorité

Les représentants des Etats Parties qui assistent aux réunions de l'Assemblée, du Conseil ou des organes de l'Assemblée ou du Conseil, ainsi que le Secrétaire général et le personnel de l'Autorité, jouissent, sur le territoire de chaque Etat Partie :

Article 178
Immunity from legal process

The Authority, its property and assets, shall enjoy immunity from legal process except to the extent that the Authority expressly waives this immunity in a particular case.

Article 179
Immunity from search and any form of seizure

The property and assets of the Authority, wherever located and by whomsoever held, shall be immune from search, requisition, confiscation, expropriation or any other form of seizure by executive or legislative action.

Article 180
Exemption from restrictions, regulations, controls and moratoria

The property and assets of the Authority shall be exempt from restrictions, regulations, controls and moratoria of any nature.

Article 181
Archives and official communications of the Authority

1.   The archives of the Authority, wherever located, shall be inviolable.
2.   Proprietary data, industrial secrets or similar information and personnel records shall not be placed in archives which are open to public inspection.
3.   With regard to its official communications, the Authority shall be accorded by each State Party treatment no less favourable than that accorded by that State to other international organizations.

Article 182
Privileges and immunities of certain persons connected with the Authority

Representatives of States Parties attending meetings of the Assembly, the Council or organs of the Assembly or the Council, and the Secretary-General and staff of the Authority, shall enjoy in the territory of each State Party:

a)   de l'immunité de juridiction et d'exécution pour les actes accomplis par eux dans l'exercice de leurs fonctions, sauf dans la mesure où l'Etat qu'ils représentent ou l'Autorité, selon le cas, y renonce expressément dans un cas particulier ;

b)   des mêmes exemptions que celles accordées par l'Etat sur le territoire duquel ils se trouvent aux représentants, fonctionnaires et employés de rang comparable des autres Etats Parties en ce qui concerne les conditions d'immigration, les formalités d'enregistrement des étrangers et les obligations de service national, ainsi que des mêmes facilités relatives à la réglementation des changes et aux déplacements, à moins qu'il ne s'agisse de ressortissants de l'Etat concerné.

Article 183
Exemption d'impôts ou taxes et de droits de douane

1.   L'Autorité, dans l'exercice de ses fonctions, ainsi que ses biens, avoirs et revenus, de même que ses activités et transactions autorisées par la Convention, sont exempts de tout impôt direct, et les biens qu'elle importe ou exporte pour son usage officiel sont exempts de tous droits de douane. L'Autorité ne peut demander aucune exemption de droits perçus en rémunération de services rendus.

2.   Si des achats de biens ou de services d'une valeur substantielle, nécessaires à l'exercice des fonctions de l'Autorité, sont effectués par elle ou pour son compte et si le prix de ces biens ou services inclut des impôts, taxes ou droits, les Etats Parties prennent, autant que possible, les mesures appropriées pour accorder l'exemption de ces impôts, taxes ou droits ou pour en assurer le remboursement. Les biens importés ou achetés sous le régime d'exemption prévu au présent article ne doivent être ni vendus ni aliénés d'une autre manière sur le territoire de l'Etat Partie qui a accordé l'exemption, à moins que ce ne soit à des conditions convenues avec cet Etat.

3.   Les Etats Parties ne perçoivent aucun impôt prenant directement ou indirectement pour base les traitements, émoluments et autres sommes versés par l'Autorité au Secrétaire général et aux membres du personnel de l'Autorité, ainsi qu'aux experts qui accomplissent des missions pour l'Autorité, à moins qu'ils ne soient leurs ressortissants.

(a) immunity from legal process with respect to acts performed by them in the exercise of their functions, except to the extent that the State which they represent or the Authority, as appropriate, expressly waives this immunity in a particular case;

(b) if they are not nationals of that State Party, the same exemptions from immigration restrictions, alien registration requirements and national service obligations, the same facilities as regards exchange restrictions and the same treatment in respect of travelling facilities as are accorded by that State to the representatives, officials and employees of comparable rank of other States Parties.

Article 183
Exemption from taxes and customs duties

1. Within the scope of its official activities, the Authority, its assets and property, its income, and its operations and transactions, authorized by this Convention, shall be exempt from all direct taxation and goods imported or exported for its official use shall be exempt from all customs duties. The Authority shall not claim exemption from taxes which are no more than charges for services rendered.

2. When purchases of goods or services of substantial value necessary for the official activities of the Authority are made by or on behalf of the Authority, and when the price of such goods or services includes taxes or duties, appropriate measures shall, to the extent practicable, be taken by States Parties to grant exemption from such taxes or duties or provide for their reimbursement. Goods imported or purchased under an exemption provided for in this article shall not be sold or otherwise disposed of in the territory of the State Party which granted the exemption, except under conditions agreed with that State Party.

3. No tax shall be levied by States Parties on or in respect of salaries and emoluments paid or any other form of payment made by the Authority to the Secretary-General and staff of the Authority, as well as experts performing missions for the Authority, who are not their nationals.

Sous-section H. Suspension de l'exercice des droits et privilèges des membres

Article 184
Suspension du droit de vote

Un Etat Partie en retard dans le paiement de ses contributions à l'Autorité ne peut participer aux votes si le montant de ses arriérés est égal ou supérieur aux contributions dues par lui pour les deux années complètes écoulées. L'Assemblée peut néanmoins autoriser cet Etat à participer aux votes si elle constate que le manquement est dû à des circonstances indépendantes de sa volonté.

Article 185
Suspension de l'exercice des droits et privilèges inhérents à la qualité de membre

1.   Un Etat Partie qui a enfreint gravement et de façon persistante la présente partie peut, sur recommandation du Conseil, être suspendu de l'exercice des droits et privilèges inhérents à la qualité de membre par l'Assemblée.
2.   Aucune décision ne peut être prise en vertu du paragraphe 1 tant que la Chambre pour le règlement des différends relatifs aux fonds marins n'a pas constaté que l'Etat Partie en cause a enfreint gravement et de façon persistante la présente partie.

Section 5. Règlement des différends et avis consultatifs

Article 186
Chambre pour le règlement des différends relatifs aux fonds marins du Tribunal international du droit de la mer

La présente section, la partie XV et l'annexe VI régissent la constitution de la Chambre pour le règlement des différends relatifs aux fonds marins et la manière dont elle exerce sa compétence.

Subsection H. Suspension of the Exercise of Rights and Privileges of Members

Article 184
Suspension of the exercise of voting rights

A State Party which is in arrears in the payment of its financial contributions to the Authority shall have no vote if the amount of its arrears equals or exceeds the amount of the contributions due from it for the preceding two full years. The Assembly may, nevertheless, permit such a member to vote if it is satisfied that the failure to pay is due to conditions beyond the control of the member.

Article 185
Suspension of exercise of rights and privileges of membership

1. A State Party which has grossly and persistently violated the provisions of this Part may be suspended from the exercise of the rights and privileges of membership by the Assembly upon the recommendation of the Council.
2. No action may be taken under paragraph 1 until the Seabed Disputes Chamber has found that a State Party has grossly and persistently violated the provisions of this Part.

Section 5. Settlement of Disputes and Advisory Opinions

Article 186
Seabed Disputes Chamber of the International Tribunal for the Law of the Sea

The establishment of the Seabed Disputes Chamber and the manner in which it shall exercise its jurisdiction shall be governed by the provisions of this section, of Part XV and of Annex VI.

Article 187
Compétence de la Chambre pour le règlement des différends relatifs aux fonds marins

La Chambre pour le règlement des différends relatifs aux fonds marins a compétence, en vertu de la présente partie et des annexes qui s'y rapportent, pour connaître des catégories suivantes des différends portant sur des activités menées dans la Zone :

a) différends entre Etats Parties relatifs à l'interprétation ou à l'application de la présente partie et des annexes qui s'y rapportent ;

b) différends entre un Etat Partie et l'Autorité relatifs à :

    i) des actes ou omissions de l'Autorité ou d'un Etat Partie dont il est allégué qu'ils contreviennent aux dispositions de la présente partie ou des annexes qui s'y rapportent ou à des règles, règlements ou procédures adoptés par l'Autorité conformément à ces dispositions ; ou

    ii) des actes de l'Autorité dont il est allégué qu'ils excèdent sa compétence ou constituent un détournement de pouvoir ;

c) différends entre parties à un contrat, qu'il s'agisse d'Etats Parties, de l'Autorité ou de l'Entreprise, ou d'entreprises d'Etat ou de personnes physiques ou morales visées à l'article 153, paragraphe 2, lettre b), relatifs à :

    i) l'interprétation ou l'exécution d'un contrat ou d'un plan de travail ; ou

    ii) des actes ou omissions d'une partie au contrat concernant des activités menées dans la Zone et affectant l'autre partie ou portant directement atteinte à ses intérêts légitimes ;

d) différends entre l'Autorité et un demandeur qui est patronné par un Etat conformément à l'article 153, paragraphe 2, lettre b), et qui a satisfait aux conditions stipulées à l'article 4, paragraphe 6, et à l'article 13, paragraphe 2, de l'annexe III, relatifs à un refus de contracter ou à une question juridique surgissant lors de la négociation du contrat ;

e) différends entre l'Autorité et un Etat Partie, une entreprise d'Etat ou une personne physique ou morale patronnée par un Etat Partie conformément à l'article 153, paragraphe 2, lettre b), lorsqu'il est allégué que la responsabilité de l'Autorité est engagée en vertu de l'article 22 de l'annexe III ;

f) tout autre différend pour lequel la compétence de la Chambre est expressément prévue par la Convention.

Article 187
Jurisdiction of the Seabed Disputes Chamber

The Seabed Disputes Chamber shall have jurisdiction under this Part and the Annexes relating thereto in disputes with respect to activities in the Area falling within the following categories:

(a) disputes between States Parties concerning the interpretation or application of this Part and the Annexes relating thereto;

(b) disputes between a State Party and the Authority concerning:

  (i) acts or omissions of the Authority or of a State Party alleged to be in violation of this Part or the Annexes relating thereto or of rules, regulations and procedures of the Authority adopted in accordance therewith; or

  (ii) acts of the Authority alleged to be in excess of jurisdiction or a misuse of power;

(c) disputes between parties to a contract, being States Parties, the Authority or the Enterprise, state enterprises and natural or juridical persons referred to in article 153, paragraph 2(b), concerning:

  (i) the interpretation or application of a relevant contract or a plan of work; or

  (ii) acts or omissions of a party to the contract relating to activities in the Area and directed to the other party or directly affecting its legitimate interests;

(d) disputes between the Authority and a prospective contractor who has been sponsored by a State as provided in article 153, paragraph 2(b), and has duly fulfilled the conditions referred to in Annex III, article 4, paragraph 6, and article 13, paragraph 2, concerning the refusal of a contract or a legal issue arising in the negotiation of the contract;

(e) disputes between the Authority and a State Party, a state enterprise or a natural or juridical person sponsored by a State Party as provided for in article 153, paragraph 2(b), where it is alleged that the Authority has incurred liability as provided in Annex III, article 22;

(f) any other disputes for which the jurisdiction of the Chamber is specifically provided in this Convention.

Article 188
**Soumission des différends à une chambre spéciale du Tribunal
international du droit de la mer ou à une chambre ad hoc de la
Chambre pour le règlement des différends relatifs aux fonds
marins ou à un arbitrage commercial obligatoire**

1. Les différends entre Etats Parties visés à l'article 187, lettre a), peuvent
    être soumis :

    a)   à une chambre spéciale du Tribunal international du droit de la mer
         constituée conformément aux articles 15 et 17 de l'annexe VI, à la
         demande des parties au différend ; ou

    b)   à une chambre *ad hoc* de la Chambre pour le règlement des différends
         relatifs aux fonds marins constituée conformément à l'article 36 de
         l'annexe VI, à la demande de toute partie au différend.

2. a)   Les différends relatifs à l'interprétation ou à l'application d'un
         contrat visés à l'article 187, lettre c), i), sont soumis, à la demande de
         toute partie au différend, à un arbitrage commercial obligatoire, à
         moins que les parties au différend n'en conviennent autrement. Le
         tribunal arbitral commercial saisi d'un tel différend n'a pas compé-
         tence pour se prononcer sur un point d'interprétation de la
         Convention. Si le différend comporte un point d'interprétation de la
         partie XI et des annexes qui s'y rapportent au sujet des activités
         menées dans la Zone, ce point est renvoyé pour décision à la
         Chambre pour le règlement des différends relatifs aux fonds marins.

    b)   Si, au début ou au cours d'une telle procédure d'arbitrage, le tribu-
         nal arbitral commercial, agissant à la demande de l'une des parties
         au différend ou d'office, constate que sa décision est subordonnée à
         une décision de la Chambre pour le règlement des différends rela-
         tifs aux fonds marins, il renvoie ce point à la Chambre pour déci-
         sion. Le tribunal arbitral rend ensuite sa sentence conformément à
         la décision de la Chambre.

    c)   En l'absence, dans le contrat, d'une disposition sur la procédure
         arbitrale applicable au différend, l'arbitrage se déroule, à moins que
         les parties n'en conviennent autrement, conformément au
         Règlement d'arbitrage de la CNUDCI ou à tout autre règlement d'ar-
         bitrage qui pourrait être prévu dans les règles, règlements et procé-
         dures de l'Autorité.

Article 188
Submission of disputes to a special chamber of the International Tribunal for the Law of the Sea or an ad hoc chamber of the Seabed Disputes Chamber or to binding commercial arbitration

1. Disputes between States Parties referred to in article 187, subparagraph (a), may be submitted:
   (a) at the request of the parties to the dispute, to a special chamber of the International Tribunal for the Law of the Sea to be formed in accordance with Annex VI, articles 15 and 17; or
   (b) at the request of any party to the dispute, to an *ad hoc* chamber of the Seabed Disputes Chamber to be formed in accordance with Annex VI, article 36.

2. (a) Disputes concerning the interpretation or application of a contract referred to in article 187, subparagraph (c)(i), shall be submitted, at the request of any party to the dispute, to binding commercial arbitration, unless the parties otherwise agree. A commercial arbitral tribunal to which the dispute is submitted shall have no jurisdiction to decide any question of interpretation of this Convention. When the dispute also involves a question of the interpretation of Part XI and the Annexes relating thereto, with respect to activities in the Area, that question shall be referred to the Seabed Disputes Chamber for a ruling.

   (b) If, at the commencement of or in the course of such arbitration, the arbitral tribunal determines, either at the request of any party to the dispute or *proprio motu*, that its decision depends upon a ruling of the Seabed Disputes Chamber, the arbitral tribunal shall refer such question to the Seabed Disputes Chamber for such ruling. The arbitral tribunal shall then proceed to render its award in conformity with the ruling of the Seabed Disputes Chamber.

   (c) In the absence of a provision in the contract on the arbitration procedure to be applied in the dispute, the arbitration shall be conducted in accordance with the UNCITRAL Arbitration Rules or such other arbitration rules as may be prescribed in the rules, regulations and procedures of the Authority, unless the parties to the dispute otherwise agree.

Article 189
Limitation de compétence en ce qui concerne les décisions de l'Autorité

La Chambre pour le règlement des différends relatifs aux fonds marins n'a pas compétence pour se prononcer sur l'exercice par l'Autorité, conformément à la présente partie, de ses pouvoirs discrétionnaires ; elle ne peut en aucun cas se substituer à l'Autorité dans l'exercice des pouvoirs discrétionnaires de celle-ci. Sans préjudice de l'article 191, lorsqu'elle exerce la compétence qui lui est reconnue en vertu de l'article 187, la Chambre pour le règlement des différends relatifs aux fonds marins ne se prononce pas sur la question de savoir si une règle, un règlement ou une procédure de l'Autorité est conforme à la Convention et ne peut déclarer nul cette règle, ce règlement ou cette procédure. Sa compétence se limite à établir si l'application de règles, règlements ou procédures de l'Autorité dans des cas particuliers serait en conflit avec les obligations contractuelles des parties au différend ou les obligations qui leur incombent en vertu de la Convention et à connaître des recours pour incompétence ou détournement de pouvoir, ainsi que des demandes de dommages-intérêts et autres demandes de réparation introduites par l'une des parties contre l'autre pour manquement de celle-ci à ses obligations contractuelles ou aux obligations qui lui incombent en vertu de la Convention.

Article 190
Participation à la procédure et comparution des Etats Parties ayant accordé leur patronage

1. L'Etat Partie qui patronne une personne physique ou morale partie à un différend visé à l'article 187 reçoit notification du différend et a le droit de participer à la procédure en présentant des observations écrites ou orales.
2. Lorsqu'une action est intentée contre un Etat Partie par une personne physique ou morale patronnée par un autre Etat Partie pour un différend visé à l'article 187, lettre c), l'Etat défendeur peut demander à l'Etat qui patronne cette personne de comparaître au nom de celle-ci. A défaut de comparaître, l'Etat défendeur peut se faire représenter par une personne morale possédant sa nationalité.

Article 191
Avis consultatifs

La Chambre pour le règlement des différends relatifs aux fonds marins donne des avis consultatifs, à la demande de l'Assemblée ou du Conseil, sur les questions juridiques qui se posent dans le cadre de leur activité. Ces avis sont donnés dans les plus brefs délais.

Article 189
Limitation on jurisdiction with regard to decisions of the Authority

The Seabed Disputes Chamber shall have no jurisdiction with regard to the exercise by the Authority of its discretionary powers in accordance with this Part; in no case shall it substitute its discretion for that of the Authority. Without prejudice to article 191, in exercising its jurisdiction pursuant to article 187, the Seabed Disputes Chamber shall not pronounce itself on the question of whether any rules, regulations and procedures of the Authority are in conformity with this Convention, nor declare invalid any such rules, regulations and procedures. Its jurisdiction in this regard shall be confined to deciding claims that the application of any rules, regulations and procedures of the Authority in individual cases would be in conflict with the contractual obligations of the parties to the dispute or their obligations under this Convention, claims concerning excess of jurisdiction or misuse of power, and to claims for damages to be paid or other remedy to be given to the party concerned for the failure of the other party to comply with its contractual obligations or its obligations under this Convention.

Article 190
Participation and appearance of sponsoring States Parties in proceedings

1. If a natural or juridical person is a party to a dispute referred to in article 187, the sponsoring State shall be given notice thereof and shall have the right to participate in the proceedings by submitting written or oral statements.
2. If an action is brought against a State Party by a natural or juridical person sponsored by another State Party in a dispute referred to in article 187, subparagraph (c), the respondent State may request the State sponsoring that person to appear in the proceedings on behalf of that person. Failing such appearance, the respondent State may arrange to be represented by a juridical person of its nationality.

Article 191
Advisory opinions

The Seabed Disputes Chamber shall give advisory opinions at the request of the Assembly or the Council on legal questions arising within the scope of their activities. Such opinions shall be given as a matter of urgency.

Partie XII
Protection et préservation du milieu marin

Section 1. Dispositions générales

Article 192
Obligation d'ordre général

Les Etats ont l'obligation de protéger et de préserver le milieu marin.

Article 193
Droit souverain des Etats d'exploiter leurs ressources naturelles

Les Etats ont le droit souverain d'exploiter leurs ressources naturelles selon leur politique en matière d'environnement et conformément à leur obligation de protéger et de préserver le milieu marin.

Article 194
Mesures visant à prévenir, réduire et maîtriser la pollution du milieu marin

1. Les Etats prennent, séparément ou conjointement selon qu'il convient, toutes les mesures compatibles avec la Convention qui sont nécessaires pour prévenir, réduire et maîtriser la pollution du milieu marin, quelle qu'en soit la source ; ils mettent en œuvre à cette fin les moyens les mieux adaptés dont ils disposent, en fonction de leurs capacités, et ils s'efforcent d'harmoniser leurs politiques à cet égard.

2. Les Etats prennent toutes les mesures nécessaires pour que les activités relevant de leur juridiction ou de leur contrôle le soient de manière à ne pas causer de préjudice par pollution à d'autres Etats et à leur environnement et pour que la pollution résultant d'incidents ou d'activités relevant de leur juridiction ou de leur contrôle ne s'étende pas au-delà des zones où ils exercent des droits souverains conformément à la Convention.

3. Les mesures prises en application de la présente partie doivent viser toutes les sources de pollution du milieu marin. Elles comprennent notamment les mesures tendant à limiter autant que possible :

    a) l'évacuation de substances toxiques, nuisibles ou nocives, en particulier de substances non dégradables, à partir de sources telluriques, depuis ou à travers l'atmosphère ou par immersion ;

Part XII
Protection and Preservation of the Marine Environment

Section 1. General Provisions

Article 192
General obligation

States have the obligation to protect and preserve the marine environment.

Article 193
Sovereign right of States to exploit their natural resources

States have the sovereign right to exploit their natural resources pursuant to their environmental policies and in accordance with their duty to protect and preserve the marine environment.

Article 194
Measures to prevent, reduce and control pollution of the marine environment

1. States shall take, individually or jointly as appropriate, all measures consistent with this Convention that are necessary to prevent, reduce and control pollution of the marine environment from any source, using for this purpose the best practicable means at their disposal and in accordance with their capabilities, and they shall endeavour to harmonize their policies in this connection.

2. States shall take all measures necessary to ensure that activities under their jurisdiction or control are so conducted as not to cause damage by pollution to other States and their environment, and that pollution arising from incidents or activities under their jurisdiction or control does not spread beyond the areas where they exercise sovereign rights in accordance with this Convention.

3. The measures taken pursuant to this Part shall deal with all sources of pollution of the marine environment. These measures shall include, *inter alia*, those designed to minimize to the fullest possible extent:

    (a) the release of toxic, harmful or noxious substances, especially those which are persistent, from land-based sources, from or through the atmosphere or by dumping;

b)   la pollution par les navires, en particulier les mesures visant à prévenir les accidents et à faire face aux cas d'urgence, à assurer la sécurité des opérations en mer, à prévenir les rejets, qu'ils soient intentionnels ou non, et à réglementer la conception, la construction, l'armement et l'exploitation des navires ;

c)   la pollution provenant des installations ou engins utilisés pour l'exploration ou l'exploitation des ressources naturelles des fonds marins et de leur sous-sol, en particulier les mesures visant à prévenir les accidents et à faire face aux cas d'urgence, à assurer la sécurité des opérations en mer et à réglementer la conception, la construction, l'équipement, l'exploitation de ces installations ou engins et la composition du personnel qui y est affecté ;

d)   la pollution provenant des autres installations ou engins qui fonctionnent dans le milieu marin, en particulier les mesures visant à prévenir les accidents et à faire face aux cas d'urgence, à assurer la sécurité des opérations en mer et à réglementer la conception, la construction, l'équipement, l'exploitation de ces installations ou engins et la composition du personnel qui y est affecté.

4.   Lorsqu'ils prennent des mesures pour prévenir, réduire ou maîtriser la pollution du milieu marin, les Etats s'abstiennent de toute ingérence injustifiable dans les activités menées par d'autres Etats qui exercent leurs droits ou s'acquittent de leurs obligations conformément à la Convention.

5.   Les mesures prises conformément à la présente partie comprennent les mesures nécessaires pour protéger et préserver les écosystèmes rares ou délicats ainsi que l'habitat des espèces et autres organismes marins en régression, menacés ou en voie d'extinction.

Article 195
Obligation de ne pas déplacer le préjudice ou les risques et de ne pas remplacer un type de pollution par un autre

Lorsqu'ils prennent des mesures pour prévenir, réduire et maîtriser la pollution du milieu marin, les Etats agissent de manière à ne pas déplacer, directement ou indirectement, le préjudice ou les risques d'une zone dans une autre et à ne pas remplacer un type de pollution par un autre.

(b) pollution from vessels, in particular measures for preventing accidents and dealing with emergencies, ensuring the safety of operations at sea, preventing intentional and unintentional discharges, and regulating the design, construction, equipment, operation and manning of vessels;

(c) pollution from installations and devices used in exploration or exploitation of the natural resources of the seabed and subsoil, in particular measures for preventing accidents and dealing with emergencies, ensuring the safety of operations at sea, and regulating the design, construction, equipment, operation and manning of such installations or devices;

(d) pollution from other installations and devices operating in the marine environment, in particular measures for preventing accidents and dealing with emergencies, ensuring the safety of operations at sea, and regulating the design, construction, equipment, operation and manning of such installations or devices.

4. In taking measures to prevent, reduce or control pollution of the marine environment, States shall refrain from unjustifiable interference with activities carried out by other States in the exercise of their rights and in pursuance of their duties in conformity with this Convention.

5. The measures taken in accordance with this Part shall include those necessary to protect and preserve rare or fragile ecosystems as well as the habitat of depleted, threatened or endangered species and other forms of marine life.

Article 195
Duty not to transfer damage or hazards or transform one type of pollution into another

In taking measures to prevent, reduce and control pollution of the marine environment, States shall act so as not to transfer, directly or indirectly, damage or hazards from one area to another or transform one type of pollution into another.

Article 196
Utilisation de techniques ou introduction d'espèces étrangères ou nouvelles

1. Les Etats prennent toutes les mesures nécessaires pour prévenir, réduire et maîtriser la pollution du milieu marin résultant de l'utilisation de techniques dans le cadre de leur juridiction ou sous leur contrôle, ou l'introduction intentionnelle ou accidentelle en une partie du milieu marin d'espèces étrangères ou nouvelles pouvant y provoquer des changements considérables et nuisibles.

2. Le présent article n'affecte pas l'application des dispositions de la Convention relative aux mesures visant à prévenir, réduire et maîtriser la pollution du milieu marin.

Section 2. Coopération mondiale et régionale

Article 197
Coopération au plan mondial ou régional

Les Etats coopèrent au plan mondial et, le cas échéant, au plan régional, directement ou par l'intermédiaire des organisations internationales compétentes, à la formulation et à l'élaboration de règles et de normes, ainsi que de pratiques et procédures recommandées de caractère international compatibles avec la Convention, pour protéger et préserver le milieu marin, compte tenu des particularités régionales.

Article 198
Notification d'un risque imminent de dommage ou d'un dommage effectif

Tout Etat qui a connaissance de cas où le milieu marin est en danger imminent de subir des dommages ou a subi des dommages du fait de la pollution, en informe immédiatement les autres Etats qu'il juge exposés à ces dommages ainsi que les organisations internationales compétentes.

Article 199
Plans d'urgence contre la pollution

Dans les cas visés à l'article 198, les Etats dans la zone affectée, selon leurs capacités, et les organisations internationales compétentes coopèrent, dans toute la mesure du possible, en vue d'éliminer les effets de la pollution et de prévenir

Article 196
Use of technologies or introduction of alien or new species

1. States shall take all measures necessary to prevent, reduce and control pollution of the marine environment resulting from the use of technologies under their jurisdiction or control, or the intentional or accidental introduction of species, alien or new, to a particular part of the marine environment, which may cause significant and harmful changes thereto.

2. This article does not affect the application of this Convention regarding the prevention, reduction and control of pollution of the marine environment.

Section 2. Global and Regional Cooperation

Article 197
Cooperation on a global or regional basis

States shall cooperate on a global basis and, as appropriate, on a regional basis, directly or through competent international organizations, in formulating and elaborating international rules, standards and recommended practices and procedures consistent with this Convention, for the protection and preservation of the marine environment, taking into account characteristic regional features.

Article 198
Notification of imminent or actual damage

When a State becomes aware of cases in which the marine environment is in imminent danger of being damaged or has been damaged by pollution, it shall immediately notify other States it deems likely to be affected by such damage, as well as the competent international organizations.

Article 199
Contingency plans against pollution

In the cases referred to in article 198, States in the area affected, in accordance with their capabilities, and the competent international organizations shall cooperate, to the extent possible, in eliminating the effects of pollution and preventing or minimizing the damage. To this end, States shall jointly develop

ou réduire à un minimum les dommages. A cette fin, les Etats doivent élaborer et promouvoir conjointement des plans d'urgence pour faire face aux incidents entraînant la pollution du milieu marin.

Article 200
Etudes, programmes de recherche et échange de renseignements et de données

Les Etats coopèrent, directement ou par l'intermédiaire des organisations internationales compétentes, en vue de promouvoir des études, entreprendre des programmes de recherche scientifique et encourager l'échange de renseignements et de données sur la pollution du milieu marin. Ils s'efforcent de participer activement aux programmes régionaux et mondiaux visant à l'acquisition des connaissances requises pour déterminer la nature et l'ampleur de la pollution, l'exposition à la pollution, les voies qu'elle emprunte, les risques qu'elle comporte et les remèdes possibles.

Article 201
Critères scientifiques pour l'élaboration de règlements

Compte tenu des renseignements et données recueillis en application de l'article 200, les Etats coopèrent, directement ou par l'intermédiaire des organisations internationales compétentes, en vue d'établir des critères scientifiques appropriés pour la formulation et l'élaboration de règles et de normes, ainsi que de pratiques et procédures recommandées visant à prévenir, réduire et maîtriser la pollution du milieu marin.

Section 3. Assistance technique

Article 202
Assistance aux Etats en développement dans les domaines de la science et de la technique

Les Etats, agissant directement ou par l'intermédiaire des organisations internationales compétentes, doivent :

a)   promouvoir des programmes d'assistance aux Etats en développement dans les domaines de la science, de l'éducation, de la technique et dans d'autres domaines, en vue de protéger et de préserver le milieu marin et

and promote contingency plans for responding to pollution incidents in the marine environment.

Article 200
Studies, research programmes and exchange of information and data

States shall cooperate, directly or through competent international organizations, for the purpose of promoting studies, undertaking programmes of scientific research and encouraging the exchange of information and data acquired about pollution of the marine environment. They shall endeavour to participate actively in regional and global programmes to acquire knowledge for the assessment of the nature and extent of pollution, exposure to it, and its pathways, risks and remedies.

Article 201
Scientific criteria for regulations

In the light of the information and data acquired pursuant to article 200, States shall cooperate, directly or through competent international organizations, in establishing appropriate scientific criteria for the formulation and elaboration of rules, standards and recommended practices and procedures for the prevention, reduction and control of pollution of the marine environment.

Section 3. Technical Assistance

Article 202
Scientific and technical assistance to developing States

States shall, directly or through competent international organizations:

(a) promote programmes of scientific, educational, technical and other assistance to developing States for the protection and preservation of the

de prévenir, réduire et maîtriser la pollution marine. Cette assistance consiste notamment à :

i)   former le personnel scientifique et technique de ces Etats ;

ii)   faciliter leur participation aux programmes internationaux pertinents ;

iii) fournir à ces Etats le matériel et les facilités nécessaires ;

iv)   accroître leur capacité de fabriquer eux-mêmes ce matériel ;

v)   fournir les services consultatifs et développer les moyens matériels concernant les programmes de recherche, de surveillance continue, d'éducation et autres programmes ;

b)   fournir l'assistance appropriée, spécialement aux Etats en développement, pour aider ceux-ci à réduire à un minimum les effets des accidents majeurs risquant d'entraîner une pollution du milieu marin ;

c)   fournir l'assistance appropriée, spécialement aux Etats en développement, pour l'établissement d'évaluations écologiques.

Article 203
Traitement préférentiel à l'intention des Etats en développement

En vue de prévenir, réduire et maîtriser la pollution du milieu marin ou de réduire à un minimum ses effets, les organisations internationales accordent un traitement préférentiel aux Etats en développement en ce qui concerne :

a)   l'allocation de fonds et de moyens d'assistance technique appropriées ; et

b)   l'utilisation de leurs services spécialisés.

Section 4. Surveillance continue et évaluation écologique

Article 204
Surveillance continue des risques de pollution et des effets de la pollution

1.   Les Etats s'efforcent, dans toute la mesure possible et d'une manière compatible avec les droits des autres Etats, directement ou par l'intermédiaire des organisations internationales compétentes, d'observer, mesurer, évaluer et analyser, par des méthodes scientifiques reconnues, les risques de pollution du milieu marin ou les effets de cette pollution.

2.   En particulier, ils surveillent constamment les effets de toutes les activités qu'ils autorisent ou auxquelles ils se livrent afin de déterminer si ces activités risquent de polluer le milieu marin.

marine environment and the prevention, reduction and control of marine pollution. Such assistance shall include, *inter alia*:

(i)   training of their scientific and technical personnel;

(ii)   facilitating their participation in relevant international programmes;

(iii)   supplying them with necessary equipment and facilities;

(iv)   enhancing their capacity to manufacture such equipment;

(v)   advice on and developing facilities for research, monitoring, educational and other programmes;

(b)   provide appropriate assistance, especially to developing States, for the minimization of the effects of major incidents which may cause serious pollution of the marine environment;

(c)   provide appropriate assistance, especially to developing States, concerning the preparation of environmental assessments.

Article 203
Preferential treatment for developing States

Developing States shall, for the purposes of prevention, reduction and control of pollution of the marine environment or minimization of its effects, be granted preference by international organizations in:

(a)   the allocation of appropriate funds and technical assistance; and

(b)   the utilization of their specialized services.

Section 4. Monitoring and Environmental Assessment

Article 204
Monitoring of the risks or effects of pollution

1.   States shall, consistent with the rights of other States, endeavour, as far as practicable, directly or through the competent international organizations, to observe, measure, evaluate and analyse, by recognized scientific methods, the risks or effects of pollution of the marine environment.

2.   In particular, States shall keep under surveillance the effects of any activities which they permit or in which they engage in order to determine whether these activities are likely to pollute the marine environment.

Article 205
Publication de rapports

Les Etats publient des rapports sur les résultats obtenus en application de l'article 204 ou fournissent, à intervalles appropriés, de tels rapports aux organisations internationales compétentes, qui devront les mettre à la disposition de tous les autres Etats.

Article 206
Evaluation des effets potentiels des activités

Lorsque des Etats ont de sérieuses raisons de penser que des activités envisagées relevant de leur juridiction ou de leur contrôle risquent d'entraîner une pollution importante ou des modifications considérables et nuisibles du milieu marin, ils évaluent, dans la mesure du possible, les effets potentiels de ces activités sur ce milieu et rendent compte des résultats de ces évaluations de la manière prévue à l'article 205.

Section 5. Réglementation internationale et droit interne visant à prévenir, réduire et maîtriser la pollution du milieu marin

Article 207
Pollution d'origine tellurique

1. Les Etats adoptent des lois et règlements pour prévenir, réduire et maîtriser la pollution du milieu marin d'origine tellurique, y compris la pollution provenant des fleuves, rivières, estuaires, pipelines et installations de décharge, en tenant compte des règles et des normes, ainsi que des pratiques et procédures recommandées, internationalement convenues.
2. Les Etats prennent toutes autres mesures qui peuvent être nécessaires pour prévenir, réduire et maîtriser cette pollution.
3. Les Etats s'efforcent d'harmoniser leurs politiques à cet égard au niveau régional approprié.
4. Les Etats, agissant en particulier par l'intermédiaire des organisations internationales compétentes ou d'une conférence diplomatique, s'efforcent d'adopter au plan mondial et régional, des règles et des normes, ainsi que des pratiques et procédures recommandées pour prévenir, réduire et maîtriser cette pollution, en tenant compte des particularités régionales, de la capacité économique des Etats en développement et des exigences de leur développement économique. Ces règles et ces normes,

Article 205
Publication of reports

States shall publish reports of the results obtained pursuant to article 204 or provide such reports at appropriate intervals to the competent international organizations, which should make them available to all States.

Article 206
Assessment of potential effects of activities

When States have reasonable grounds for believing that planned activities under their jurisdiction or control may cause substantial pollution of or significant and harmful changes to the marine environment, they shall, as far as practicable, assess the potential effects of such activities on the marine environment and shall communicate reports of the results of such assessments in the manner provided in article 205.

Section 5. International Rules and National Legislation to Prevent, Reduce and Control Pollution of the Marine Environment

Article 207
Pollution from land-based sources

1. States shall adopt laws and regulations to prevent, reduce and control pollution of the marine environment from land-based sources, including rivers, estuaries, pipelines and outfall structures, taking into account internationally agreed rules, standards and recommended practices and procedures.
2. States shall take other measures as may be necessary to prevent, reduce and control such pollution.
3. States shall endeavour to harmonize their policies in this connection at the appropriate regional level.
4. States, acting especially through competent international organizations or diplomatic conference, shall endeavour to establish global and regional rules, standards and recommended practices and procedures to prevent, reduce and control pollution of the marine environment from land-based sources, taking into account characteristic regional features, the economic capacity of developing States and their need for economic

ainsi que ces pratiques et procédures recommandées, sont réexaminées de temps à autre, selon qu'il est nécessaire.

5.　Les lois, règlements et mesures, ainsi que les règles et les normes et les pratiques et procédures recommandées, visés aux paragraphes 1, 2 et 4, comprennent des mesures tendant à limiter autant que possible l'évacuation dans le milieu marin de substances toxiques, nuisibles ou nocives, en particulier de substances non dégradables.

Article 208
Pollution résultant des activités relatives aux fonds marins relevant de la juridiction nationale

1.　Les Etats côtiers adoptent des lois et règlements afin de prévenir, réduire et maîtriser la pollution du milieu marin qui résulte directement ou indirectement d'activités relatives aux fonds marins et relevant de leur juridiction ou qui provient d'îles artificielles, d'installations et d'ouvrages relevant de leur juridiction en vertu des articles 60 et 80.

2.　Les Etats prennent toutes autres mesures qui peuvent être nécessaires pour prévenir, réduire et maîtriser cette pollution.

3.　Ces lois, règlements et mesures ne doivent pas être moins efficaces que les règles et les normes internationales ou les pratiques et procédures recommandées de caractère international.

4.　Les Etats s'efforcent d'harmoniser leurs politiques à cet égard au niveau régional approprié.

5.　Les Etats, agissant en particulier par l'intermédiaire des organisations internationales compétentes ou d'une conférence diplomatique, adoptent au plan mondial et régional, des règles et des normes, ainsi que des pratiques et procédures recommandées, pour prévenir, réduire et maîtriser la pollution du milieu marin visée au paragraphe 1. Ces règles et ces normes, ainsi que ces pratiques et procédures recommandées, sont réexaminées de temps à autre, selon qu'il est nécessaire.

Article 209
Pollution résultant d'activités menées dans la Zone

1.　Les règles, règlements et procédures internationaux sont adoptés conformément à la partie XI pour prévenir, réduire et maîtriser la pollution du milieu marin résultant d'activités menées dans la Zone. Ces règles, règlements et procédures sont réexaminés de temps à autre, selon qu'il est nécessaire.

development. Such rules, standards and recommended practices and procedures shall be re-examined from time to time as necessary.

5. Laws, regulations, measures, rules, standards and recommended practices and procedures referred to in paragraphs 1, 2 and 4 shall include those designed to minimize, to the fullest extent possible, the release of toxic, harmful or noxious substances, especially those which are persistent, into the marine environment.

Article 208
Pollution from seabed activities subject to national jurisdiction

1. Coastal States shall adopt laws and regulations to prevent, reduce and control pollution of the marine environment arising from or in connection with seabed activities subject to their jurisdiction and from artificial islands, installations and structures under their jurisdiction, pursuant to articles 60 and 80.

2. States shall take other measures as may be necessary to prevent, reduce and control such pollution.

3. Such laws, regulations and measures shall be no less effective than international rules, standards and recommended practices and procedures.

4. States shall endeavour to harmonize their policies in this connection at the appropriate regional level.

5. States, acting especially through competent international organizations or diplomatic conference, shall establish global and regional rules, standards and recommended practices and procedures to prevent, reduce and control pollution of the marine environment referred to in paragraph 1. Such rules, standards and recommended practices and procedures shall be re-examined from time to time as necessary.

Article 209
Pollution from activities in the Area

1. International rules, regulations and procedures shall be established in accordance with Part XI to prevent, reduce and control pollution of the marine environment from activities in the Area. Such rules, regulations and procedures shall be re-examined from time to time as necessary.

2.   Sous réserve des dispositions pertinentes de la présente section, les Etats adoptent des lois et règlements pour prévenir, réduire et maîtriser la pollution du milieu marin résultant d'activités menées dans la Zone par des navires ou à partir d'installations, ouvrages ou autres engins, battant leur pavillon, immatriculés sur leur territoire ou relevant de leur autorité, selon le cas ; ces lois et règlements ne doivent pas être moins efficaces que les règles, règlements et procédures internationaux visés au paragraphe 1.

Article 210
Pollution par immersion

1.   Les Etats adoptent dès lois et règlements afin de prévenir, réduire et maîtriser la pollution du milieu marin par immersion.
2.   Les Etats prennent toutes autres mesures qui peuvent être nécessaires pour prévenir, réduire et maîtriser cette pollution.
3.   Ces lois, règlements et mesures garantissent que nulle immersion ne peut se faire sans l'autorisation des autorités compétentes des Etats.
4.   Les Etats, agissant en particulier par l'intermédiaire des organisations internationales compétentes ou d'une conférence diplomatique, s'efforcent d'adopter au plan mondial et régional des règles et des normes, ainsi que des pratiques et procédures recommandées, pour prévenir, réduire et maîtriser cette pollution. Ces règles et ces normes, ainsi que ces pratiques et procédures recommandées, sont réexaminées de temps à autre, selon qu'il est nécessaire.
5.   L'immersion dans la mer territoriale et la zone économique exclusive ou sur le plateau continental ne peut avoir lieu sans l'accord préalable exprès de l'Etat côtier ; celui-ci a le droit d'autoriser, de réglementer et de contrôler cette immersion, après avoir dûment examiné la question avec les autres Etats pour lesquels, du fait de leur situation géographique, cette immersion peut avoir des effets préjudiciables.
6.   Les lois et règlements nationaux ainsi que les mesures nationales ne doivent pas être moins efficaces pour prévenir, réduire et maîtriser cette pollution que les règles et normes de caractère mondial.

Article 211
Pollution par les navires

1.   Les Etats, agissant par l'intermédiaire de l'organisation internationale compétente ou d'une conférence diplomatique générale, adoptent des

2. Subject to the relevant provisions of this section, States shall adopt laws and regulations to prevent, reduce and control pollution of the marine environment from activities in the Area undertaken by vessels, installations, structures and other devices flying their flag or of their registry or operating under their authority, as the case may be. The requirements of such laws and regulations shall be no less effective than the international rules, regulations and procedures referred to in paragraph 1.

Article 210
Pollution by dumping

1. States shall adopt laws and regulations to prevent, reduce and control pollution of the marine environment by dumping.
2. States shall take other measures as may be necessary to prevent, reduce and control such pollution.
3. Such laws, regulations and measures shall ensure that dumping is not carried out without the permission of the competent authorities of States.
4. States, acting especially through competent international organizations or diplomatic conference, shall endeavour to establish global and regional rules, standards and recommended practices and procedures to prevent, reduce and control such pollution. Such rules, standards and recommended practices and procedures shall be re-examined from time to time as necessary.
5. Dumping within the territorial sea and the exclusive economic zone or onto the continental shelf shall not be carried out without the express prior approval of the coastal State, which has the right to permit, regulate and control such dumping after due consideration of the matter with other States which by reason of their geographical situation may be adversely affected thereby.
6. National laws, regulations and measures shall be no less effective in preventing, reducing and controlling such pollution than the global rules and standards.

Article 211
Pollution from vessels

1. States, acting through the competent international organization or general diplomatic conference, shall establish international rules and stan-

règles et normes internationales visant à prévenir, réduire et maîtriser la pollution du milieu marin par les navires et s'attachent à favoriser l'adoption, s'il y a lieu de la même manière, de dispositifs de circulation des navires visant à réduire à un minimum le risque d'accidents susceptibles de polluer le milieu marin, y compris le littoral, et de porter atteinte de ce fait aux intérêts connexes des Etats côtiers. Ces règles et normes sont, de la même façon, réexaminées de temps à autre, selon qu'il est nécessaire.

2. Les Etats adoptent des lois et règlements pour prévenir, réduire et maîtriser la pollution du milieu marin par les navires battant leur pavillon ou immatriculés par eux. Ces lois et règlements ne doivent pas être moins efficaces que les règles et normes internationales généralement acceptées, établies par l'intermédiaire de l'organisation internationale compétente ou d'une conférence diplomatique générale.

3. Les Etats qui, dans le but de prévenir, réduire et maîtriser la pollution du milieu marin, imposent aux navires étrangers des conditions particulières pour l'entrée dans leurs ports ou leurs eaux intérieures ou l'utilisation de leurs installations terminales au large, donnent la publicité voulue à ces conditions et les communiquent à l'organisation internationale compétente. Lorsque, en vue d'harmoniser la politique suivie en la matière, deux ou plusieurs Etats côtiers imposent de telles conditions sous une forme identique, il est indiqué dans la communication quels sont les Etats qui participent à de tels arrangements. Tout Etat exige du capitaine d'un navire battant son pavillon ou immatriculé par lui, lorsque ce navire se trouve dans la mer territoriale d'un Etat participant à ces arrangements conjoints, qu'il fournisse à la demande de cet Etat des renseignements indiquant s'il se dirige vers un Etat de la même région qui participe à ces arrangements et, dans l'affirmative, de préciser si le navire satisfait aux conditions imposées par cet Etat concernant l'entrée dans ses ports. Le présent article s'applique sans préjudice de la continuation de l'exercice par un navire de son droit de passage inoffensif ou de l'application de l'article 25, paragraphe 2.

4. Les Etats côtiers peuvent, dans l'exercice de leur souveraineté sur leur mer territoriale, adopter des lois et règlements pour prévenir, réduire et maîtriser la pollution du milieu marin par les navires étrangers, y compris les navires exerçant le droit de passage inoffensif. Ces lois et règlements, conformément à la section 3 de la partie II, ne doivent pas entraver le passage inoffensif des navires étrangers.

5. Aux fins de la mise en application visée à la section 6, les Etats côtiers peuvent adopter pour leur zone économique exclusive des lois et règlements visant à prévenir, réduire et maîtriser la pollution par les navires qui soient conformes et donnent effet aux règles et normes internatio-

dards to prevent, reduce and control pollution of the marine environment from vessels and promote the adoption, in the same manner, wherever appropriate, of routeing systems designed to minimize the threat of accidents which might cause pollution of the marine environment, including the coastline, and pollution damage to the related interests of coastal States. Such rules and standards shall, in the same manner, be re-examined from time to time as necessary.

2. States shall adopt laws and regulations for the prevention, reduction and control of pollution of the marine environment from vessels flying their flag or of their registry. Such laws and regulations shall at least have the same effect as that of generally accepted international rules and standards established through the competent international organization or general diplomatic conference.

3. States which establish particular requirements for the prevention, reduction and control of pollution of the marine environment as a condition for the entry of foreign vessels into their ports or internal waters or for a call at their off-shore terminals shall give due publicity to such requirements and shall communicate them to the competent international organization. Whenever such requirements are established in identical form by two or more coastal States in an endeavour to harmonize policy, the communication shall indicate which States are participating in such cooperative arrangements. Every State shall require the master of a vessel flying its flag or of its registry, when navigating within the territorial sea of a State participating in such cooperative arrangements, to furnish, upon the request of that State, information as to whether it is proceeding to a State of the same region participating in such cooperative arrangements and, if so, to indicate whether it complies with the port entry requirements of that State. This article is without prejudice to the continued exercise by a vessel of its right of innocent passage or to the application of article 25, paragraph 2.

4. Coastal States may, in the exercise of their sovereignty within their territorial sea, adopt laws and regulations for the prevention, reduction and control of marine pollution from foreign vessels, including vessels exercising the right of innocent passage. Such laws and regulations shall, in accordance with Part II, section 3, not hamper innocent passage of foreign vessels.

5. Coastal States, for the purpose of enforcement as provided for in section 6, may in respect of their exclusive economic zones adopt laws and regulations for the prevention, reduction and control of pollution from

nales généralement acceptées établies par l'intermédiaire de l'organisation internationale compétente ou d'une conférence diplomatique générale.

6. a) Lorsque les règles et normes internationales visées au paragraphe 1 ne permettent pas de faire face d'une manière adéquate à des situations particulières et qu'un Etat côtier est raisonnablement fondé à considérer qu'une zone particulière et clairement définie de sa zone économique exclusive requiert l'adoption de mesures obligatoires spéciales pour la prévention de la pollution par les navires, pour des raisons techniques reconnues tenant à ses caractéristiques océanographiques et écologiques, à son utilisation ou à la protection de ses ressources et au caractère particulier du trafic, cet Etat peut, après avoir tenu par l'intermédiaire de l'organisation internationale compétente les consultations appropriées avec tout Etat concerné, adresser à cette organisation une communication concernant la zone considérée en fournissant, à l'appui, des justifications scientifiques et techniques ainsi que des renseignements sur les installations de réception nécessaires. Dans un délai de 12 mois après réception de la communication, l'organisation décide si la situation dans la zone considérée répond aux conditions précitées. Si l'organisation décide qu'il en est ainsi, l'Etat côtier peut adopter pour cette zone des lois et règlements visant à prévenir, réduire et maîtriser la pollution par les navires qui donnent effet aux règles et normes ou pratiques de navigation internationales que l'organisation a rendues applicables aux zones spéciales. Ces lois et règlements ne deviennent applicables aux navires étrangers qu'à l'expiration d'un délai de 15 mois à compter de la date de la communication à l'organisation.

    b) L'Etat côtier publie les limites de ces zones particulières et clairement définies.

    c) Lorsqu'il fait la communication précitée, l'Etat côtier indique parallèlement à l'organisation s'il a l'intention d'adopter pour la zone qui en fait l'objet des lois et règlements supplémentaires visant à prévenir, réduire et maîtriser la pollution par les navires. Ces lois et règlements supplémentaires peuvent porter sur les rejets ou sur les pratiques de navigation, mais n'obligent pas les navires étrangers à respecter d'autres normes en matière de conception, de construction et d'armement que les règles et les normes internationales généralement acceptées ; ils deviennent applicables aux navires étrangers à l'expiration d'un délai de 15 mois à compter de la date de

vessels conforming to and giving effect to generally accepted international rules and standards established through the competent international organization or general diplomatic conference.

6. (a) Where the international rules and standards referred to in paragraph 1 are inadequate to meet special circumstances and coastal States have reasonable grounds for believing that a particular, clearly defined area of their respective exclusive economic zones is an area where the adoption of special mandatory measures for the prevention of pollution from vessels is required for recognized technical reasons in relation to its oceanographical and ecological conditions, as well as its utilization or the protection of its resources and the particular character of its traffic, the coastal States, after appropriate consultations through the competent international organization with any other States concerned, may, for that area, direct a communication to that organization, submitting scientific and technical evidence in support and information on necessary reception facilities. Within 12 months after receiving such a communication, the organization shall determine whether the conditions in that area correspond to the requirements set out above. If the organization so determines, the coastal States may, for that area, adopt laws and regulations for the prevention, reduction and control of pollution from vessels implementing such international rules and standards or navigational practices as are made applicable, through the organization, for special areas. These laws and regulations shall not become applicable to foreign vessels until 15 months after the submission of the communication to the organization.

    (b) The coastal States shall publish the limits of any such particular, clearly defined area.

    (c) If the coastal States intend to adopt additional laws and regulations for the same area for the prevention, reduction and control of pollution from vessels, they shall, when submitting the aforesaid communication, at the same time notify the organization thereof. Such additional laws and regulations may relate to discharges or navigational practices but shall not require foreign vessels to observe design, construction, manning or equipment standards other than generally accepted international rules and standards; they shall become applicable to foreign vessels 15 months after the submission of the communication to the organization, provided that the

la communication à l'organisation, sous réserve que celle-ci les approuve dans un délai de 12 mois à compter de cette date.

7. Les règles et normes internationales visées dans le présent article devraient prévoir, entre autres, l'obligation de notifier sans délai aux Etats côtiers dont le littoral ou les intérêts connexes risquent d'être affectés, les accidents de mer, notamment ceux qui entraînent ou risquent d'entraîner des rejets.

Article 212
Pollution d'origine atmosphérique ou transatmosphérique

1. Les Etats, afin de prévenir, réduire ou maîtriser la pollution du milieu marin d'origine atmosphérique ou transatmosphérique, adoptent des lois et règlements applicables à l'espace aérien où s'exerce leur souveraineté et aux navires battant leur pavillon ou aux navires ou aéronefs immatriculés par eux, en tenant compte des règles et des normes, ainsi que des pratiques et procédures recommandées, internationalement convenues, et de la sécurité de la navigation aérienne.

2. Les Etats prennent toutes autres mesures qui peuvent être nécessaires pour prévenir, réduire et maîtriser cette pollution.

3. Les Etats, agissant en particulier par l'intermédiaire des organisations internationales compétentes ou d'une conférence diplomatique, s'efforcent d'adopter sur le plan mondial et régional des règles et des normes, ainsi que des pratiques et procédures recommandées, pour prévenir, réduire et maîtriser cette pollution.

Section 6. Mise en application

Article 213
Mise en application de la réglementation relative à la pollution d'origine tellurique

Les Etats assurent l'application des lois et règlements adoptés conformément à l'article 207 ; ils adoptent les lois et règlements et prennent les autres mesures nécessaires pour donner effet aux règles et normes internationales applicables, établies par l'intermédiaire des organisations internationales compétentes ou d'une conférence diplomatique, afin de prévenir, réduire et maîtriser la pollution du milieu marin d'origine tellurique.

organization agrees within 12 months after the submission of the communication.

7.   The international rules and standards referred to in this article should include *inter alia* those relating to prompt notification to coastal States, whose coastline or related interests may be affected by incidents, including maritime casualties, which involve discharges or probability of discharges.

Article 212
Pollution from or through the atmosphere

1.   States shall adopt laws and regulations to prevent, reduce and control pollution of the marine environment from or through the atmosphere, applicable to the air space under their sovereignty and to vessels flying their flag or vessels or aircraft of their registry, taking into account internationally agreed rules, standards and recommended practices and procedures and the safety of air navigation.

2.   States shall take other measures as may be necessary to prevent, reduce and control such pollution.

3.   States, acting especially through competent international organizations or diplomatic conference, shall endeavour to establish global and regional rules, standards and recommended practices and procedures to prevent, reduce and control such pollution.

Section 6. Enforcement

Article 213
Enforcement with respect to pollution from land-based sources

States shall enforce their laws and regulations adopted in accordance with article 207 and shall adopt laws and regulations and take other measures necessary to implement applicable international rules and standards established through competent international organizations or diplomatic conference to prevent, reduce and control pollution of the marine environment from land-based sources.

Article 214
Mise en application de la réglementation concernant la pollution résultant d'activités relatives aux fonds marins

Les Etats assurent l'application des lois et règlements adoptés conformément à l'article 208 ; ils adoptent les lois et règlements et prennent les autres mesures nécessaires pour donner effet aux règles et normes internationales applicables, établies par l'intermédiaire des organisations internationales compétentes ou d'une conférence diplomatique, afin de prévenir, réduire et maîtriser la pollution du milieu marin qui résulte directement ou indirectement des activités relatives aux fonds marins et relevant de leur juridiction, ou qui provient d'îles artificielles, d'installations et d'ouvrages relevant de leur juridiction en vertu des articles 60 et 80.

Article 215
Mise en application de la réglementation internationale relative à la pollution résultant d'activités menées dans la Zone

La mise en application des règles, règlements et procédures internationaux établis conformément à la partie XI pour prévenir, réduire et maîtriser la pollution du milieu marin résultant d'activités menées dans la Zone est régie par cette partie.

Article 216
Mise en application de la réglementation relative à la pollution par immersion

1.   Les lois et règlements adoptés en conformité avec la Convention et les règles et normes internationales applicables établies par l'intermédiaire des organisations internationales compétentes ou d'une conférence diplomatique afin de prévenir, réduire et maîtriser la pollution du milieu marin par immersion sont mis en application par :
   a)   l'Etat côtier, pour ce qui est de l'immersion dans les limites de sa mer territoriale ou de sa zone économique exclusive ou sur son plateau continental ;
   b)   l'Etat du pavillon, pour ce qui est des navires battant son pavillon ou des navires ou aéronefs immatriculés par lui ;
   c)   tout Etat, pour ce qui est du chargement de déchets ou autres matières sur son territoire ou à ses installations terminales au large.
2.   Aucun Etat n'est tenu, en vertu du présent article, d'intenter une action lorsqu'une action a déjà été engagée par un autre Etat conformément à ce même article.

Article 214
Enforcement with respect to pollution from seabed activities

States shall enforce their laws and regulations adopted in accordance with article 208 and shall adopt laws and regulations and take other measures necessary to implement applicable international rules and standards established through competent international organizations or diplomatic conference to prevent, reduce and control pollution of the marine environment arising from or in connection with seabed activities subject to their jurisdiction and from artificial islands, installations and structures under their jurisdiction, pursuant to articles 60 and 80.

Article 215
Enforcement with respect to pollution from activities in the Area

Enforcement of international rules, regulations and procedures established in accordance with Part XI to prevent, reduce and control pollution of the marine environment from activities in the Area shall be governed by that Part.

Article 216
Enforcement with respect to pollution by dumping

1. Laws and regulations adopted in accordance with this Convention and applicable international rules and standards established through competent international organizations or diplomatic conference for the prevention, reduction and control of pollution of the marine environment by dumping shall be enforced:

    (a) by the coastal State with regard to dumping within its territorial sea or its exclusive economic zone or onto its continental shelf;

    (b) by the flag State with regard to vessels flying its flag or vessels or aircraft of its registry;

    (c) by any State with regard to acts of loading of wastes or other matter occurring within its territory or at its off-shore terminals.

2. No State shall be obliged by virtue of this article to institute proceedings when another State has already instituted proceedings in accordance with this article.

Article 217
Pouvoirs de l'Etat du pavillon

1.   Les Etats veillent à ce que les navires battant leur pavillon ou immatriculés par eux respectent les règles et normes internationales applicables établies par l'intermédiaire de l'organisation internationale compétente ou d'une conférence diplomatique générale, ainsi que les lois et règlements qu'ils ont adoptés conformément à la Convention afin de prévenir, réduire et maîtriser la pollution du milieu marin par les navires et ils adoptent les lois et règlements et prennent les mesures nécessaires pour leur donner effet. L'Etat du pavillon veille à ce que ces règles, normes, lois et règlements soient effectivement appliqués, quel que soit le lieu de l'infraction.

2.   Les Etats prennent en particulier les mesures appropriées pour interdire aux navires battant leur pavillon ou immatriculés par eux d'appareiller tant qu'ils ne se sont pas conformés aux règles et normes internationales visées au paragraphe 1, y compris les dispositions concernant la conception, la construction et l'armement des navires.

3.   Les Etats veillent à ce que les navires battant leur pavillon ou immatriculés par eux soient munis des certificats requis et délivrés en application des règles et normes internationales visées au paragraphe 1, les Etats veillent à ce que les navires battant leur pavillon soient inspectés périodiquement pour vérifier que les mentions portées sur les certificats sont conformes à l'état effectif du navire. Les autres Etats acceptent ces certificats comme preuve de l'état du navire et leur reconnaissent la même force qu'à ceux qu'ils délivrent, à moins qu'il n'y ait de sérieuses raisons de penser que l'état du navire ne correspond pas, dans une mesure importante, aux mentions portées sur les certificats.

4.   Si un navire commet une infraction aux règles et normes établies par l'intermédiaire de l'organisation internationale compétente ou d'une conférence diplomatique générale, l'Etat du pavillon, sans préjudice des articles 218, 220 et 228, fait immédiatement procéder à une enquête et, le cas échéant, intente une action pour l'infraction présumée, quel que soit le lieu de cette infraction ou l'endroit où la pollution en résultant s'est produite ou a été constatée.

5.   Lorsqu'il enquête sur l'infraction, l'Etat du pavillon peut demander l'assistance de tout autre Etat dont la coopération pourrait être utile pour élucider les circonstances de l'affaire, les Etats s'efforcent de répondre aux demandes appropriées de l'Etat du pavillon.

Article 217
Enforcement by flag States

1. States shall ensure compliance by vessels flying their flag or of their registry with applicable international rules and standards, established through the competent international organization or general diplomatic conference, and with their laws and regulations adopted in accordance with this Convention for the prevention, reduction and control of pollution of the marine environment from vessels and shall accordingly adopt laws and regulations and take other measures necessary for their implementation. Flag States shall provide for the effective enforcement of such rules, standards, laws and regulations, irrespective of where a violation occurs.

2. States shall, in particular, take appropriate measures in order to ensure that vessels flying their flag or of their registry are prohibited from sailing, until they can proceed to sea in compliance with the requirements of the international rules and standards referred to in paragraph 1, including requirements in respect of design, construction, equipment and manning of vessels.

3. States shall ensure that vessels flying their flag or of their registry carry on board certificates required by and issued pursuant to international rules and standards referred to in paragraph 1. States shall ensure that vessels flying their flag are periodically inspected in order to verify that such certificates are in conformity with the actual condition of the vessels. These certificates shall be accepted by other States as evidence of the condition of the vessels and shall be regarded as having the same force as certificates issued by them, unless there are clear grounds for believing that the condition of the vessel does not correspond substantially with the particulars of the certificates.

4. If a vessel commits a violation of rules and standards established through the competent international organization or general diplomatic conference, the flag State, without prejudice to articles 218, 220 and 228, shall provide for immediate investigation and where appropriate institute proceedings in respect of the alleged violation irrespective of where the violation occurred or where the pollution caused by such violation has occurred or has been spotted.

5. Flag States conducting an investigation of the violation may request the assistance of any other State whose cooperation could be useful in clarifying the circumstances of the case. States shall endeavour to meet appropriate requests of flag States.

6. Les Etats, sur demande écrite d'un Etat, enquêtent sur toute infraction qui aurait été commise par les navires battant leur pavillon. L'Etat du pavillon engage sans retard, conformément à son droit interne, des poursuites du chef de l'infraction présumée s'il est convaincu de disposer de preuves suffisantes pour ce faire.

7. L'Etat du pavillon informe sans délai l'Etat demandeur et l'organisation internationale compétente de l'action engagée et de ses résultats. Tous les Etats ont accès aux renseignements ainsi communiqués.

8. Les sanctions prévues par les lois et règlements des Etats à l'encontre des navires battant leur pavillon doivent être suffisamment rigoureuses pour décourager les infractions en quelque lieu que ce soit.

Article 218
Pouvoirs de l'Etat du port

1. Lorsqu'un navire se trouve volontairement dans un port ou à une installation terminale au large, l'Etat du port peut ouvrir une enquête et, lorsque les éléments de preuve le justifient, intenter une action pour tout rejet effectué au-delà de ses eaux intérieures, de sa mer territoriale ou de sa zone économique exclusive par le navire en infraction aux règles et normes internationales applicables établies par l'intermédiaire de l'organisation internationale compétente ou d'une conférence diplomatique générale.

2. L'Etat du port n'intente pas d'action en vertu du paragraphe 1 pour une infraction du fait de rejets effectués dans les eaux intérieures, la mer territoriale ou la zone économique exclusive d'un autre Etat, sauf si ces rejets ont entraîné ou risquent d'entraîner la pollution de ses eaux intérieures, de sa mer territoriale ou de sa zone économique exclusive, ou si l'autre Etat, l'Etat du pavillon ou un Etat qui a subi ou risque de subir des dommages du fait de ces rejets, le demande.

3. Lorsqu'un navire se trouve volontairement dans un port ou à une installation terminale au large, l'Etat du port s'efforce de faire droit aux demandes d'enquête de tout autre Etat au sujet de rejets susceptibles de constituer l'infraction visée au paragraphe 1 qui auraient été effectués dans les eaux intérieures, la mer territoriale ou la zone économique exclusive de l'Etat demandeur, et qui auraient pollué ou risqueraient de polluer ces zones. L'Etat du port s'efforce également de faire droit aux demandes d'enquête de l'Etat du pavillon au sujet de telles infractions, où que celles-ci puissent avoir été commises.

4. Le dossier de l'enquête effectuée par l'Etat du port en application du présent article est transmis, sur leur demande, à l'Etat du pavillon ou à l'Etat

6. States shall, at the written request of any State, investigate any violation alleged to have been committed by vessels flying their flag. If satisfied that sufficient evidence is available to enable proceedings to be brought in respect of the alleged violation, flag States shall without delay institute such proceedings in accordance with their laws.

7. Flag States shall promptly inform the requesting State and the competent international organization of the action taken and its outcome. Such information shall be available to all States.

8. Penalties provided for by the laws and regulations of States for vessels flying their flag shall be adequate in severity to discourage violations wherever they occur.

Article 218
Enforcement by port States

1. When a vessel is voluntarily within a port or at an off-shore terminal of a State, that State may undertake investigations and, where the evidence so warrants, institute proceedings in respect of any discharge from that vessel outside the internal waters, territorial sea or exclusive economic zone of that State in violation of applicable international rules and standards established through the competent international organization or general diplomatic conference.

2. No proceedings pursuant to paragraph 1 shall be instituted in respect of a discharge violation in the internal waters, territorial sea or exclusive economic zone of another State unless requested by that State, the flag State, or a State damaged or threatened by the discharge violation, or unless the violation has caused or is likely to cause pollution in the internal waters, territorial sea or exclusive economic zone of the State instituting the proceedings.

3. When a vessel is voluntarily within a port or at an off-shore terminal of a State, that State shall, as far as practicable, comply with requests from any State for investigation of a discharge violation referred to in paragraph 1, believed to have occurred in, caused, or threatened damage to the internal waters, territorial sea or exclusive economic zone of the requesting State. It shall likewise, as far as practicable, comply with requests from the flag State for investigation of such a violation, irrespective of where the violation occurred.

4. The records of the investigation carried out by a port State pursuant to this article shall be transmitted upon request to the flag State or to the coastal State. Any proceedings instituted by the port State on the basis of

côtier. Toute action engagée par l'Etat du port sur la base de cette enquête peut, sous réserve de la section 7, être suspendue à la demande de l'Etat côtier, lorsque l'infraction a été commise dans les eaux intérieures, la mer territoriale ou la zone économique exclusive de ce dernier. Les éléments de preuve, le dossier de l'affaire, ainsi que toute caution ou autre garantie financière déposée auprès des autorités de l'Etat du port, sont alors transmis à l'Etat côtier. Cette transmission exclut que l'action soit poursuivie dans l'Etat du port.

Article 219
Mesures de contrôle de la navigabilité visant à éviter la pollution

Sous réserve de la section 7, les Etats, lorsqu'ils ont déterminé, sur demande ou de leur propre initiative, qu'un navire se trouvant dans un de leurs ports ou à une de leurs installations terminales au large a enfreint les règles et normes internationales applicables concernant la navigabilité des navires et risque de ce fait de causer des dommages au milieu marin, prennent, autant que faire se peut, des mesures administratives pour empêcher ce navire d'appareiller. Ils ne l'autorisent qu'à se rendre au chantier de réparation approprié le plus proche et, une fois éliminées les causes de l'infraction, ils lui permettent de poursuivre sa route sans délai.

Article 220
Pouvoirs de l'Etat côtier

1. Lorsqu'un navire se trouve volontairement dans un port ou à une installation terminale au large, l'Etat du port peut, sous réserve de la section 7, intenter une action pour toute infraction aux lois et règlements qu'il a adoptés conformément à la Convention ou aux règles et normes internationales applicables visant à prévenir, réduire et maîtriser la pollution par les navires, si l'infraction a été commise dans sa mer territoriale ou sa zone économique exclusive.

2. Lorsqu'un Etat a de sérieuses raisons de penser qu'un navire naviguant dans sa mer territoriale a enfreint, lors de son passage, des lois et règlements qu'il a adoptés en conformité de la Convention ou des règles et normes internationales applicables visant à prévenir, réduire et maîtriser la pollution par les navires, il peut procéder, sans préjudice de l'application des dispositions pertinentes de la section 3 de la partie II, à l'inspection matérielle du navire pour établir l'infraction et, lorsque les éléments de preuve le justifient, intenter une action et notamment ordonner l'immobilisation du navire conformément à son droit interne, sous réserve de la section 7.

such an investigation may, subject to section 7, be suspended at the request of the coastal State when the violation has occurred within its internal waters, territorial sea or exclusive economic zone. The evidence and records of the case, together with any bond or other financial security posted with the authorities of the port State, shall in that event be transmitted to the coastal State. Such transmittal shall preclude the continuation of proceedings in the port State.

Article 219
Measures relating to seaworthiness of vessels to avoid pollution

Subject to section 7, States which, upon request or on their own initiative, have ascertained that a vessel within one of their ports or at one of their off-shore terminals is in violation of applicable international rules and standards relating to seaworthiness of vessels and thereby threatens damage to the marine environment shall, as far as practicable, take administrative measures to prevent the vessel from sailing. Such States may permit the vessel to proceed only to the nearest appropriate repair yard and, upon removal of the causes of the violation, shall permit the vessel to continue immediately.

Article 220
Enforcement by coastal States

1. When a vessel is voluntarily within a port or at an off-shore terminal of a State, that State may, subject to section 7, institute proceedings in respect of any violation of its laws and regulations adopted in accordance with this Convention or applicable international rules and standards for the prevention, reduction and control of pollution from vessels when the violation has occurred within the territorial sea or the exclusive economic zone of that State.

2. Where there are clear grounds for believing that a vessel navigating in the territorial sea of a State has, during its passage therein, violated laws and regulations of that State adopted in accordance with this Convention or applicable international rules and standards for the prevention, reduction and control of pollution from vessels, that State, without prejudice to the application of the relevant provisions of Part II, section 3, may undertake physical inspection of the vessel relating to the violation and may, where the evidence so warrants, institute proceedings, including detention of the vessel, in accordance with its laws, subject to the provisions of section 7.

3. Lorsqu'un Etat a de sérieuses raisons de penser qu'un navire naviguant dans sa zone économique exclusive ou sa mer territoriale a commis, dans la zone économique exclusive, une infraction aux règles et normes internationales applicables visant à prévenir, réduire et maîtriser la pollution par les navires ou aux lois et règlements qu'il a adoptés conformément à ces règles et normes internationales et leur donnant effet, cet Etat peut demander au navire de fournir des renseignements concernant son identité et son port d'immatriculation, son dernier et son prochain port d'escale et autres renseignements pertinents requis pour établir si une infraction a été commise.

4. Les Etats adoptent les lois et règlements et prennent les mesures nécessaires pour que les navires battant leur pavillon fassent droit aux demandes de renseignements visées au paragraphe 3.

5. Lorsqu'un Etat a de sérieuses raisons de penser qu'un navire naviguant dans sa zone économique exclusive ou sa mer territoriale a commis, dans la zone économique exclusive, une infraction visée au paragraphe 3 entraînant des rejets importants dans le milieu marin qui ont causé ou risquent d'y causer une pollution notable, il peut procéder à l'inspection matérielle du navire pour déterminer s'il y a eu infraction, si le navire a refusé de donner des renseignements ou si les renseignements fournis sont en contradiction flagrante avec les faits, et si les circonstances de l'affaire justifient cette inspection.

6. Lorsqu'il y a preuve manifeste qu'un navire naviguant dans la zone économique exclusive ou la mer territoriale d'un Etat a commis, dans la zone économique exclusive, une infraction visée au paragraphe 3 ayant entraîné des rejets qui ont causé ou risquent de causer des dommages importants au littoral ou aux intérêts connexes de l'Etat côtier ou à toutes ressources de sa mer territoriale ou de sa zone économique exclusive, cet Etat peut, sous réserve de la section 7, si les éléments de preuve le justifient, intenter une action, notamment ordonner l'immobilisation du navire conformément à son droit interne.

7. Nonobstant le paragraphe 6, dans tous les cas où des procédures appropriées ont été soit établies par l'intermédiaire de l'organisation internationale compétente, soit convenues de toute autre manière pour garantir le respect des obligations concernant le versement d'une caution ou le dépôt d'une autre garantie financière appropriée, l'Etat côtier, s'il est lié par ces procédures, autorise le navire à poursuivre sa route.

8. Les paragraphes 3, 4, 5, 6 et 7 s'appliquent également aux lois et règlements nationaux adoptés en vertu de l'article 211, paragraphe 6.

3. Where there are clear grounds for believing that a vessel navigating in the exclusive economic zone or the territorial sea of a State has, in the exclusive economic zone, committed a violation of applicable international rules and standards for the prevention, reduction and control of pollution from vessels or laws and regulations of that State conforming and giving effect to such rules and standards, that State may require the vessel to give information regarding its identity and port of registry, its last and its next port of call and other relevant information required to establish whether a violation has occurred.

4. States shall adopt laws and regulations and take other measures so that vessels flying their flag comply with requests for information pursuant to paragraph 3.

5. Where there are clear grounds for believing that a vessel navigating in the exclusive economic zone or the territorial sea of a State has, in the exclusive economic zone, committed a violation referred to in paragraph 3 resulting in a substantial discharge causing or threatening significant pollution of the marine environment, that State may undertake physical inspection of the vessel for matters relating to the violation if the vessel has refused to give information or if the information supplied by the vessel is manifestly at variance with the evident factual situation and if the circumstances of the case justify such inspection.

6. Where there is clear objective evidence that a vessel navigating in the exclusive economic zone or the territorial sea of a State has, in the exclusive economic zone, committed a violation referred to in paragraph 3 resulting in a discharge causing major damage or threat of major damage to the coastline or related interests of the coastal State, or to any resources of its territorial sea or exclusive economic zone, that State may, subject to section 7, provided that the evidence so warrants, institute proceedings, including detention of the vessel, in accordance with its laws.

7. Notwithstanding the provisions of paragraph 6, whenever appropriate procedures have been established, either through the competent international organization or as otherwise agreed, whereby compliance with requirements for bonding or other appropriate financial security has been assured, the coastal State if bound by such procedures shall allow the vessel to proceed.

8. The provisions of paragraphs 3, 4, 5, 6 and 7 also apply in respect of national laws and regulations adopted pursuant to article 211, paragraph 6.

Article 221
Mesures visant à empêcher la pollution à la suite d'un accident de mer

1.   Aucune disposition de la présente partie ne porte atteinte au droit qu'ont les Etats, en vertu du droit international, tant coutumier que conventionnel, de prendre et faire appliquer au-delà de la mer territoriale des mesures proportionnées aux dommages qu'ils ont effectivement subis ou dont ils sont menacés afin de protéger leur littoral ou les intérêts connexes, y compris la pêche, contre la pollution ou une menace de pollution résultant d'un accident de mer, ou d'actes liés à un tel accident, dont on peut raisonnablement attendre des conséquences préjudiciables.

2.   Aux fins du présent article, on entend par « accident de mer » un abordage, échouement ou autre incident de navigation ou événement survenu à bord ou à l'extérieur d'un navire entraînant des dommages matériels ou une menace imminente de dommages matériels pour un navire ou sa cargaison.

Article 222
Mise en application de la réglementation relative à la pollution
d'origine atmosphérique ou transatmosphérique

Dans les limites de l'espace aérien où s'exerce leur souveraineté ou à l'égard des navires battant leur pavillon ou des navires ou aéronefs immatriculés par eux, les Etats assurent l'application des lois et règlements qu'ils ont adoptés conformément à l'article 212, paragraphe 1, et à d'autres dispositions de la Convention et adoptent des lois et règlements et prennent d'autres mesures pour donner effet aux règles et normes internationales applicables établies par l'intermédiaire des organisations internationales compétentes ou d'une conférence diplomatique afin de prévenir, réduire et maîtriser la pollution du milieu marin d'origine atmosphérique ou transatmosphérique, conformément à toutes les règles et normes internationales pertinentes relatives à la sécurité de la navigation aérienne.

Section 7. Garanties

Article 223
Mesures visant à faciliter le déroulement d'une action

Lorsqu'une action est intentée en application de la présente partie, les Etats prennent des mesures pour faciliter l'audition de témoins et l'admission des preuves produites par les autorités d'un autre Etat ou par l'organisation inter-

Article 221
Measures to avoid pollution arising from maritime casualties

1. Nothing in this Part shall prejudice the right of States, pursuant to international law, both customary and conventional, to take and enforce measures beyond the territorial sea proportionate to the actual or threatened damage to protect their coastline or related interests, including fishing, from pollution or threat of pollution following upon a maritime casualty or acts relating to such a casualty, which may reasonably be expected to result in major harmful consequences.

2. For the purposes of this article, "maritime casualty" means a collision of vessels, stranding or other incident of navigation, or other occurrence on board a vessel or external to it resulting in material damage or imminent threat of material damage to a vessel or cargo.

Article 222
Enforcement with respect to pollution from or through the atmosphere

States shall enforce, within the air space under their sovereignty or with regard to vessels flying their flag or vessels or aircraft of their registry, their laws and regulations adopted in accordance with article 212, paragraph 1, and with other provisions of this Convention and shall adopt laws and regulations and take other measures necessary to implement applicable international rules and standards established through competent international organizations or diplomatic conference to prevent, reduce and control pollution of the marine environment from or through the atmosphere, in conformity with all relevant international rules and standards concerning the safety of air navigation.

Section 7. Safeguards

Article 223
Measures to facilitate proceedings

In proceedings instituted pursuant to this Part, States shall take measures to facilitate the hearing of witnesses and the admission of evidence submitted by authorities of another State, or by the competent international organization, and shall facilitate the attendance at such proceedings of official representatives of the competent international organization, the flag State and any State

nationale compétente et facilitent la participation aux débats de représentants officiels de cette organisation, de l'Etat du pavillon ou de tout Etat touché par la pollution résultant de toute infraction. Les représentants officiels participant à ces débats ont les droits et obligations prévus par le droit interne ou le droit international.

Article 224
Exercice des pouvoirs de police

Seuls les agents officiellement habilités, ainsi que les navires de guerre ou aéronefs militaires ou les autres navires ou aéronefs qui portent des marques extérieures indiquant clairement qu'ils sont affectés à un service public et qui sont autorisés à cet effet, peuvent exercer des pouvoirs de police à l'encontre de navires étrangers en application de la présente partie.

Article 225
Obligation pour les Etats d'éviter les conséquences néfastes que peut avoir l'exercice de leurs pouvoirs de police

Lorsqu'ils exercent, en vertu de la Convention, leurs pouvoirs de police à l'encontre des navires étrangers, les Etats ne doivent pas mettre en danger la sécurité de la navigation, ni faire courir aucun risque à un navire ou le conduire à un port ou lieu de mouillage dangereux ni non plus faire courir de risque excessif au milieu marin.

Article 226
Enquêtes dont peuvent faire l'objet les navires étrangers

1.   a)   Les Etats ne retiennent pas un navire étranger plus longtemps qu'il n'est indispensable aux fins des enquêtes prévues aux articles 216, 218 et 220. L'inspection matérielle d'un navire étranger doit être limitée à l'examen des certificats, registres ou autres documents dont le navire est tenu d'être muni en vertu des règles et normes internationales généralement acceptées, ou de tous documents similaires ; il ne peut être entrepris d'inspection matérielle plus poussée du navire qu'à la suite de cet examen et uniquement si :

   i)   il y a de sérieuses raisons de penser que l'état du navire ou de son équipement ne correspond pas essentiellement aux mentions portées sur les documents ;

affected by pollution arising out of any violation. The official representatives attending such proceedings shall have such rights and duties as may be provided under national laws and regulations or international law.

Article 224
Exercise of powers of enforcement

The powers of enforcement against foreign vessels under this Part may only be exercised by officials or by warships, military aircraft, or other ships or aircraft clearly marked and identifiable as being on government service and authorized to that effect.

Article 225
Duty to avoid adverse consequences in the exercise of the powers of enforcement

In the exercise under this Convention of their powers of enforcement against foreign vessels, States shall not endanger the safety of navigation or otherwise create any hazard to a vessel, or bring it to an unsafe port or anchorage, or expose the marine environment to an unreasonable risk.

Article 226
Investigation of foreign vessels

1. (a) States shall not delay a foreign vessel longer than is essential for purposes of the investigations provided for in articles 216, 218 and 220. Any physical inspection of a foreign vessel shall be limited to an examination of such certificates, records or other documents as the vessel is required to carry by generally accepted international rules and standards or of any similar documents which it is carrying; further physical inspection of the vessel may be undertaken only after such an examination and only when:

    (i) there are clear grounds for believing that the condition of the vessel or its equipment does not correspond substantially with the particulars of those documents;

   ii) la teneur de ces documents ne suffit pas pour confirmer ou vérifier l'infraction présumée ;

   iii) le navire n'est pas muni de certificats et documents valables.

 b) Lorsqu'il ressort de l'enquête qu'il y a eu infraction aux lois et règlements applicables ou aux règles et normes internationales visant à protéger et préserver le milieu marin, il est procédé sans délai à la mainlevée de l'immobilisation du navire, après l'accomplissement de formalités raisonnables, telles que le dépôt d'une caution ou d'une autre garantie financière.

 c) Sans préjudice des règles et normes internationales applicables en matière de navigabilité des navires, si la mainlevée de l'immobilisation d'un navire devait entraîner un risque de dommage inconsidéré pour le milieu marin, le navire en question pourrait ne pas être autorisé à poursuivre sa route ou l'être à la condition de se rendre au chantier approprié de réparation le plus proche. Dans le cas où la mainlevée de l'immobilisation du navire a été refusée ou a été soumise à des conditions, l'Etat du pavillon doit en être informé sans retard et peut demander cette mainlevée conformément à la partie XV.

2. Les Etats coopèrent à l'élaboration de procédures visant à éviter toute inspection matérielle superflue de navires en mer.

Article 227
Non-discrimination à l'encontre des navires étrangers

Lorsqu'ils exercent leurs droits et s'acquittent de leurs obligations, en vertu de la présente partie, les Etats ne soumettent les navires d'aucun autre Etat à aucune discrimination de droit ou de fait.

Article 228
Suspension des poursuites et restrictions à l'institution de poursuites

1. Lorsque des poursuites ont été engagées par un Etat en vue de réprimer une infraction aux lois et règlements applicables ou aux règles et normes internationales visant à prévenir, réduire et maîtriser la pollution par les navires, commise au-delà de sa mer territoriale par un navire étranger, ces poursuites sont suspendues dès lors que l'Etat du pavillon a lui-même engagé des poursuites du chef de la même infraction, dans les six mois suivant l'introduction de la première action, à moins que celle-ci ne porte sur un cas de dommage grave causé à l'Etat côtier ou que l'Etat du pavillon en question ait à plusieurs reprises manqué à son obligation d'assurer

(ii)   the contents of such documents are not sufficient to confirm or verify a suspected violation; or

(iii) the vessel is not carrying valid certificates and records.

(b)   If the investigation indicates a violation of applicable laws and regulations or international rules and standards for the protection and preservation of the marine environment, release shall be made promptly subject to reasonable procedures such as bonding or other appropriate financial security.

(c)   Without prejudice to applicable international rules and standards relating to the seaworthiness of vessels, the release of a vessel may, whenever it would present an unreasonable threat of damage to the marine environment, be refused or made conditional upon proceeding to the nearest appropriate repair yard. Where release has been refused or made conditional, the flag State of the vessel must be promptly notified, and may seek release of the vessel in accordance with Part XV.

2.   States shall cooperate to develop procedures for the avoidance of unnecessary physical inspection of vessels at sea.

Article 227
Non-discrimination with respect to foreign vessels

In exercising their rights and performing their duties under this Part, States shall not discriminate in form or in fact against vessels of any other State.

Article 228
Suspension and restrictions on institution of proceedings

1.   Proceedings to impose penalties in respect of any violation of applicable laws and regulations or international rules and standards relating to the prevention, reduction and control of pollution from vessels committed by a foreign vessel beyond the territorial sea of the State instituting proceedings shall be suspended upon the taking of proceedings to impose penalties in respect of corresponding charges by the flag State within six months of the date on which proceedings were first instituted, unless those proceedings relate to a case of major damage to the coastal State or the flag State in question has repeatedly disregarded its obligation to enforce effectively the applicable international rules and standards in respect of violations committed by its vessels. The flag State shall in due

l'application effective des règles et normes internationales en vigueur à la suite d'infractions commises par ses navires. L'Etat du pavillon qui a demandé la suspension des poursuites conformément au présent article remet en temps voulu au premier Etat un dossier complet de l'affaire et les minutes du procès. Lorsque les tribunaux de l'Etat du pavillon ont rendu leur jugement, il est mis fin aux poursuites. Après règlement des frais de procédure, toute caution ou autre garantie financière déposée à l'occasion de ces poursuites est restituée par l'Etat côtier.

2. Il ne peut être engagé de poursuites à l'encontre des navires étrangers après l'expiration d'un délai de trois ans à compter de la date de l'infraction, et aucun Etat ne peut engager de telles poursuites si un autre Etat en a déjà engagé, sous réserve du paragraphe 1.

3. Le présent article n'affecte pas le droit qu'a l'Etat du pavillon de prendre toutes mesures, y compris le droit d'engager des poursuites, conformément à son droit interne, indépendamment de celles précédemment engagées par un autre Etat.

Article 229
Action en responsabilité civile

Aucune disposition de la Convention ne porte atteinte au droit d'introduire une action en responsabilité civile en cas de pertes ou de dommages résultant de la pollution du milieu marin.

Article 230
Peines pécuniaires et respect des droits reconnus de l'accusé

1. Seules des peines pécuniaires peuvent être infligées en cas d'infraction aux lois et règlements nationaux ou aux règles et normes internationales applicables visant à prévenir, réduire et maîtriser la pollution du milieu marin, qui ont été commises par des navires étrangers au-delà de la mer territoriale.

2. Seules des peines pécuniaires peuvent être infligées en cas d'infraction aux lois et règlements nationaux ou aux règles et normes internationales applicables visant à prévenir, réduire et maîtriser la pollution du milieu marin, qui ont été commises par des navires étrangers dans la mer territoriale, sauf s'il s'agit d'un acte délibéré et grave de pollution.

3. Dans le déroulement des poursuites engagées en vue de réprimer des infractions de ce type commises par un navire étranger pour lesquelles des peines peuvent être infligées, les droits reconnus de l'accusé sont respectés.

course make available to the State previously instituting proceedings a full dossier of the case and the records of the proceedings, whenever the flag State has requested the suspension of proceedings in accordance with this article. When proceedings instituted by the flag State have been brought to a conclusion, the suspended proceedings shall be terminated. Upon payment of costs incurred in respect of such proceedings, any bond posted or other financial security provided in connection with the suspended proceedings shall be released by the coastal State.

2. Proceedings to impose penalties on foreign vessels shall not be instituted after the expiry of three years from the date on which the violation was committed, and shall not be taken by any State in the event of proceedings having been instituted by another State subject to the provisions set out in paragraph 1.

3. The provisions of this article are without prejudice to the right of the flag State to take any measures, including proceedings to impose penalties, according to its laws irrespective of prior proceedings by another State.

Article 229
Institution of civil proceedings

Nothing in this Convention affects the institution of civil proceedings in respect of any claim for loss or damage resulting from pollution of the marine environment.

Article 230
Monetary penalties and the observance of recognized rights of the accused

1. Monetary penalties only may be imposed with respect to violations of national laws and regulations or applicable international rules and standards for the prevention, reduction and control of pollution of the marine environment, committed by foreign vessels beyond the territorial sea.

2. Monetary penalties only may be imposed with respect to violations of national laws and regulations or applicable international rules and standards for the prevention, reduction and control of pollution of the marine environment, committed by foreign vessels in the territorial sea, except in the case of a wilful and serious act of pollution in the territorial sea.

3. In the conduct of proceedings in respect of such violations committed by a foreign vessel which may result in the imposition of penalties, recognized rights of the accused shall be observed.

Article 231
Notification à l'Etat du pavillon et aux autres Etats concernés

Les Etats notifient sans retard à l'Etat du pavillon et à tout autre Etat concerné toutes les mesures prises à l'encontre de navires étrangers en application de la section 6, et soumettent à l'Etat du pavillon tous les rapports officiels concernant ces mesures. Toutefois, dans le cas d'infractions commises dans la mer territoriale, l'Etat côtier n'est tenu de ces obligations qu'en ce qui concerne les mesures prises dans le cadre de poursuites. Les agents diplomatiques ou les fonctionnaires consulaires et, dans la mesure du possible, l'autorité maritime de l'Etat du pavillon sont immédiatement informés de toutes mesures de cet ordre.

Article 232
Responsabilité des Etats du fait des mesures de mise en application

Les Etats sont responsables des pertes ou dommages qui leur sont imputables à la suite de mesures prises en application de la section 6, lorsque ces mesures sont illicites ou vont au-delà de celles qui sont raisonnablement nécessaires, eu égard aux renseignements disponibles. Les Etats prévoient des voies de recours devant leurs tribunaux pour les actions en réparation de ces pertes ou dommages.

Article 233
Garanties concernant les détroits servant à la navigation internationale

Aucune disposition des sections 5, 6 et 7 ne porte atteinte au régime juridique des détroits servant à la navigation internationale. Toutefois, si un navire étranger autre que ceux visés à la section 10 a enfreint les lois et règlements visés à l'article 42, paragraphe 1, lettres a) et b), causant ou menaçant de causer des dommages importants au milieu marin des détroits, les Etats riverains des détroits peuvent prendre les mesures de police appropriées tout en respectant *mutatis mutandis* la présente section.

Section 8. Zones recouvertes par les glaces

Article 234
Zones recouvertes par les glaces

Les Etats côtiers ont le droit d'adopter et de faire appliquer des lois et règlements non discriminatoires afin de prévenir, réduire et maîtriser la pollution du milieu

Article 231
Notification to the flag State and other States concerned

States shall promptly notify the flag State and any other State concerned of any measures taken pursuant to section 6 against foreign vessels, and shall submit to the flag State all official reports concerning such measures. However, with respect to violations committed in the territorial sea, the foregoing obligations of the coastal State apply only to such measures as are taken in proceedings. The diplomatic agents or consular officers and where possible the maritime authority of the flag State, shall be immediately informed of any such measures taken pursuant to section 6 against foreign vessels.

Article 232
Liability of States arising from enforcement measures

States shall be liable for damage or loss attributable to them arising from measures taken pursuant to section 6 when such measures are unlawful or exceed those reasonably required in the light of available information. States shall provide for recourse in their courts for actions in respect of such damage or loss.

Article 233
Safeguards with respect to straits used for international navigation

Nothing in sections 5, 6 and 7 affects the legal regime of straits used for international navigation. However, if a foreign ship other than those referred to in section 10 has committed a violation of the laws and regulations referred to in article 42, paragraph 1(a) and (b), causing or threatening major damage to the marine environment of the straits, the States bordering the straits may take appropriate enforcement measures and if so shall respect *mutatis mutandis* the provisions of this section.

Section 8. Ice-Covered Areas

Article 234
Ice-covered areas

Coastal States have the right to adopt and enforce non-discriminatory laws and regulations for the prevention, reduction and control of marine pollution from

marin par les navires dans les zones recouvertes par les glaces et comprises dans les limites de la zone économique exclusive, lorsque des conditions climatiques particulièrement rigoureuses et le fait que ces zones sont recouvertes par les glaces pendant la majeure partie de l'année font obstacle à la navigation ou la rendent exceptionnellement dangereuse, et que la pollution du milieu marin risque de porter gravement atteinte à l'équilibre écologique ou de le perturber de façon irréversible. Ces lois et règlements tiennent dûment compte de la navigation, ainsi que de la protection et de la préservation du milieu marin sur la base des données scientifiques les plus sûres dont on puisse disposer.

Section 9. Responsabilité

Article 235
Responsabilité

1.   Il incombe aux Etats de veiller à l'accomplissement de leurs obligations internationales en ce qui concerne la protection et la préservation du milieu marin. Ils sont responsables conformément au droit international.

2.   Les Etats veillent à ce que leur droit interne offre des voies de recours permettant d'obtenir une indemnisation rapide et adéquate ou autre réparation des dommages résultant de la pollution du milieu marin par des personnes physiques ou morales relevant de leur juridiction.

3.   En vue d'assurer une indemnisation rapide et adéquate de tous dommages résultant de la pollution du milieu marin, les Etats coopèrent pour assurer l'application et le développement du droit international de la responsabilité en ce qui concerne l'évaluation et l'indemnisation des dommages et le règlement des différends en la matière, ainsi que, le cas échéant, l'élaboration de critères et de procédures pour le paiement d'indemnités adéquates, prévoyant, par exemple, une assurance obligatoire ou des fonds d'indemnisation.

Section 10. Immunité souveraine

Article 236
Immunité souveraine

Les dispositions de la Convention relatives à la protection et à la préservation du milieu marin ne s'appliquent ni aux navires de guerre ou navires auxiliaires,

vessels in ice-covered areas within the limits of the exclusive economic zone, where particularly severe climatic conditions and the presence of ice covering such areas for most of the year create obstructions or exceptional hazards to navigation, and pollution of the marine environment could cause major harm to or irreversible disturbance of the ecological balance. Such laws and regulations shall have due regard to navigation and the protection and preservation of the marine environment based on the best available scientific evidence.

Section 9. Responsibility and Liability

Article 235
Responsibility and liability

1. States are responsible for the fulfilment of their international obligations concerning the protection and preservation of the marine environment. They shall be liable in accordance with international law.
2. States shall ensure that recourse is available in accordance with their legal systems for prompt and adequate compensation or other relief in respect of damage caused by pollution of the marine environment by natural or juridical persons under their jurisdiction.
3. With the objective of assuring prompt and adequate compensation in respect of all damage caused by pollution of the marine environment, States shall cooperate in the implementation of existing international law and the further development of international law relating to responsibility and liability for the assessment of and compensation for damage and the settlement of related disputes, as well as, where appropriate, development of criteria and procedures for payment of adequate compensation, such as compulsory insurance or compensation funds.

Section 10. Sovereign Immunity

Article 236
Sovereign immunity

The provisions of this Convention regarding the protection and preservation of the marine environment do not apply to any warship, naval auxiliary, other vessels or aircraft owned or operated by a State and used, for the time being, only on government non-commercial service. However, each State shall

ni aux autres navires ou aux aéronefs appartenant à un Etat ou exploités par lui lorsque celui-ci les utilise, au moment considéré, exclusivement à des fins de service public non commerciales. Cependant, chaque Etat prend les mesures appropriées n'affectant pas les opérations ou la capacité opérationnelle des navires ou aéronefs lui appartenant ou exploités par lui de façon à ce que ceux-ci agissent, autant que faire se peut, d'une manière compatible avec la Convention.

Section 11. Obligations découlant d'autres conventions sur la protection et la préservation du milieu marin

Article 237
Obligations découlant d'autres conventions sur la protection et la préservation du milieu marin

1. La présente partie n'affecte pas les obligations particulières qui incombent aux Etats en vertu de conventions et d'accords spécifiques conclus antérieurement en matière de protection et de préservation du milieu marin, ni les accords qui peuvent être conclus en application des principes généraux énoncés dans la Convention.
2. Les Etats s'acquittent des obligations particulières qui leur incombent en ce qui concerne la protection et la préservation du milieu marin en vertu de conventions spéciales d'une manière compatible avec les principes et objectifs généraux de la Convention.

Partie XIII
Recherche scientifique marine

Section 1. Dispositions générales

Article 238
Droit d'effectuer des recherches scientifiques marines

Tous les Etats, quelle que soit leur situation géographique, ainsi que les organisations internationales compétentes ont le droit d'effectuer des recherches scientifiques marines, sous réserve des droits et obligations des autres Etats tels qu'ils sont définis dans la Convention.

ensure, by the adoption of appropriate measures not impairing operations or operational capabilities of such vessels or aircraft owned or operated by it, that such vessels or aircraft act in a manner consistent, so far as is reasonable and practicable, with this Convention.

Section 11. Obligations under Other Conventions on the Protection and Preservation of the Marine Environment

Article 237
Obligations under other conventions on the protection and preservation of the marine environment

1. The provisions of this Part are without prejudice to the specific obligations assumed by States under special conventions and agreements concluded previously which relate to the protection and preservation of the marine environment and to agreements which may be concluded in furtherance of the general principles set forth in this Convention.
2. Specific obligations assumed by States under special conventions, with respect to the protection and preservation of the marine environment, should be carried out in a manner consistent with the general principles and objectives of this Convention.

Part XIII
Marine Scientific Research

Section 1. General Provisions

Article 238
Right to conduct marine scientific research

All States, irrespective of their geographical location, and competent international organizations have the right to conduct marine scientific research subject to the rights and duties of other States as provided for in this Convention.

Article 239
Obligation de favoriser la recherche scientifique marine

Les Etats et les organisations internationales compétentes encouragent et facilitent le développement et la conduite de la recherche scientifique marine conformément à la Convention.

Article 240
Principes généraux régissant la conduite de la recherche scientifique marine

La recherche scientifique marine obéit aux principes suivants :

a)   elle est menée à des fins exclusivement pacifiques ;
b)   elle est menée en utilisant des méthodes et moyens scientifiques appropriés compatibles avec la Convention ;
c)   elle ne gêne pas de façon injustifiable les autres utilisations légitimes de la mer compatibles avec la Convention et elle est dûment prise en considération lors de ces utilisations ;
d)   elle est menée conformément à tous les règlements pertinents adoptés en application de la Convention, y compris ceux visant à protéger et à préserver le milieu marin.

Article 241
Non-reconnaissance de la recherche scientifique marine en tant que fondement juridique d'une revendication quelconque

La recherche scientifique marine ne constitue le fondement juridique d'aucune revendication sur une partie quelconque du milieu marin ou de ses ressources.

Section 2. Coopération internationale

Article 242
Obligation de favoriser la coopération internationale

1.   En se conformant au principe du respect de la souveraineté et de la juridiction, et sur la base de la réciprocité des avantages, les Etats et les organisations internationales compétentes favorisent la coopération

Article 239
Promotion of marine scientific research

States and competent international organizations shall promote and facilitate the development and conduct of marine scientific research in accordance with this Convention.

Article 240
General principles for the conduct of marine scientific research

In the conduct of marine scientific research the following principles shall apply:

(a)   marine scientific research shall be conducted exclusively for peaceful purposes;

(b)   marine scientific research shall be conducted with appropriate scientific methods and means compatible with this Convention;

(c)   marine scientific research shall not unjustifiably interfere with other legitimate uses of the sea compatible with this Convention and shall be duly respected in the course of such uses;

(d)   marine scientific research shall be conducted in compliance with all relevant regulations adopted in conformity with this Convention including those for the protection and preservation of the marine environment.

Article 241
Non-recognition of marine scientific research activities
as the legal basis for claims

Marine scientific research activities shall not constitute the legal basis for any claim to any part of the marine environment or its resources.

Section 2. International Cooperation

Article 242
Promotion of international cooperation

1.   States and competent international organizations shall, in accordance with the principle of respect for sovereignty and jurisdiction and on the

internationale en matière de recherche scientifique marine à des fins pacifiques.

2. Dans ce contexte et sans préjudice des droits et obligations des Etats en vertu de la Convention, un Etat, agissant en application de la présente partie, offre aux autres Etats, selon qu'il convient, des possibilités raisonnables d'obtenir de lui ou avec sa coopération les informations nécessaires pour prévenir et maîtriser les effets dommageables à la santé et à la sécurité des personnes et au milieu marin.

Article 243
Instauration de conditions favorables

Les Etats et les organisations internationales compétentes coopèrent, par la conclusion d'accords bilatéraux et multilatéraux, pour créer des conditions favorables à la conduite de la recherche scientifique marine dans le milieu marin et unir les efforts des chercheurs qui étudient la nature des phénomènes et processus dont il est le lieu et leurs interactions.

Article 244
Publication et diffusion d'informations et de connaissances

1. Les Etats et les organisations internationales compétentes publient et diffusent, par les voies appropriées et conformément à la Convention, des renseignements concernant les principaux programmes envisagés et leurs objectifs, ainsi que les connaissances tirées de la recherche scientifique marine.

2. A cette fin, les Etats, tant individuellement qu'en coopération avec d'autres Etats et avec les organisations internationales compétentes, favorisent activement la communication de données et d'informations scientifiques, et le transfert, en particulier aux Etats en développement, des connaissances tirées de la recherche scientifique marine, ainsi que le renforcement de la capacité propre de ces Etats de mener des recherches scientifiques marines, notamment au moyen de programmes visant à dispenser un enseignement et une formation appropriés à leur personnel technique et scientifique.

basis of mutual benefit, promote international cooperation in marine scientific research for peaceful purposes.

2.   In this context, without prejudice to the rights and duties of States under this Convention, a State, in the application of this Part, shall provide, as appropriate, other States with a reasonable opportunity to obtain from it, or with its cooperation, information necessary to prevent and control damage to the health and safety of persons and to the marine environment.

Article 243
Creation of favourable conditions

States and competent international organizations shall cooperate, through the conclusion of bilateral and multilateral agreements, to create favourable conditions for the conduct of marine scientific research in the marine environment and to integrate the efforts of scientists in studying the essence of phenomena and processes occurring in the marine environment and the interrelations between them.

Article 244
Publication and dissemination of information and knowledge

1.   States and competent international organizations shall, in accordance with this Convention, make available by publication and dissemination through appropriate channels information on proposed major programmes and their objectives as well as knowledge resulting from marine scientific research.

2.   For this purpose, States, both individually and in cooperation with other States and with competent international organizations, shall actively promote the flow of scientific data and information and the transfer of knowledge resulting from marine scientific research, especially to developing States, as well as the strengthening of the autonomous marine scientific research capabilities of developing States through, *inter alia,* programmes to provide adequate education and training of their technical and scientific personnel.

Section 3. Conduite de la recherche scientifique marine et action visant à la favoriser

Article 245
Recherche scientifique marine dans la mer territoriale

Les Etats côtiers, dans l'exercice de leur souveraineté, ont le droit exclusif de réglementer, d'autoriser et de mener des recherches scientifiques marines dans leur mer territoriale. La recherche scientifique marine dans la mer territoriale n'est menée qu'avec le consentement exprès de l'Etat côtier et dans les conditions fixées par lui.

Article 246
Recherche scientifique marine dans la zone économique exclusive et sur le plateau continental

1. Les Etats côtiers, dans l'exercice de leur juridiction, ont le droit de réglementer, d'autoriser et de mener des recherches scientifiques marines dans leur zone économique exclusive et sur leur plateau continental conformément aux dispositions pertinentes de la Convention.

2. La recherche scientifique marine dans la zone économique exclusive et sur le plateau continental est menée avec le consentement de l'Etat côtier.

3. Dans des circonstances normales, les Etats côtiers consentent à la réalisation des projets de recherche scientifique marine que d'autres Etats ou les organisations internationales compétentes se proposent d'entreprendre dans leur zone économique exclusive ou sur leur plateau continental conformément à la Convention, à des fins exclusivement pacifiques et en vue d'accroître les connaissances scientifiques sur le milieu marin dans l'intérêt de l'humanité tout entière. A cette fin, les Etats côtiers adoptent des règles et des procédures garantissant que leur consentement sera accordé dans des délais raisonnables et ne sera pas refusé abusivement.

4. Aux fins de l'application du paragraphe 3, les circonstances peuvent être considérées comme normales même en l'absence de relations diplomatiques entre l'Etat côtier et l'Etat qui se propose d'effectuer des recherches.

5. Les Etats côtiers peuvent cependant, à leur discrétion, refuser leur consentement à l'exécution d'un projet de recherche scientifique marine par un autre Etat ou par une organisation internationale compétente dans leur zone économique exclusive ou sur leur plateau continental dans les cas suivants :

Section 3. Conduct and Promotion of Marine Scientific Research

Article 245
Marine scientific research in the territorial sea

Coastal States, in the exercise of their sovereignty, have the exclusive right to regulate, authorize and conduct marine scientific research in their territorial sea. Marine scientific research therein shall be conducted only with the express consent of and under the conditions set forth by the coastal State.

Article 246
Marine scientific research in the exclusive economic zone
and on the continental shelf

1. Coastal States, in the exercise of their jurisdiction, have the right to regulate, authorize and conduct marine scientific research in their exclusive economic zone and on their continental shelf in accordance with the relevant provisions of this Convention.

2. Marine scientific research in the exclusive economic zone and on the continental shelf shall be conducted with the consent of the coastal State.

3. Coastal States shall, in normal circumstances, grant their consent for marine scientific research projects by other States or competent international organizations in their exclusive economic zone or on their continental shelf to be carried out in accordance with this Convention exclusively for peaceful purposes and in order to increase scientific knowledge of the marine environment for the benefit of all mankind. To this end, coastal States shall establish rules and procedures ensuring that such consent will not be delayed or denied unreasonably.

4. For the purposes of applying paragraph 3, normal circumstances may exist in spite of the absence of diplomatic relations between the coastal State and the researching State.

5. Coastal States may however in their discretion withhold their consent to the conduct of a marine scientific research project of another State or competent international organization in the exclusive economic zone or on the continental shelf of the coastal State if that project:

a)   si le projet a une incidence directe sur l'exploration et l'exploitation des ressources naturelles, biologiques ou non biologiques ;

b)   si le projet prévoit des forages dans le plateau continental, l'utilisation d'explosifs ou l'introduction de substances nocives dans le milieu marin ;

c)   si le projet prévoit la construction, l'exploitation ou l'utilisation des îles artificielles, installations et ouvrages visés aux articles 60 et 80 ;

d)   si les renseignements communiqués quant à la nature et aux objectifs du projet en vertu de l'article 248 sont inexacts ou si l'Etat ou l'organisation internationale compétente auteur du projet ne s'est pas acquitté d'obligations contractées vis-à-vis de l'Etat côtier concerné au titre d'un projet de recherche antérieur.

6.   Nonobstant le paragraphe 5, les Etats côtiers ne peuvent pas exercer leur pouvoir discrétionnaire de refuser leur consentement en vertu de la lettre a) de ce paragraphe, en ce qui concerne les projets de recherche scientifique marine devant être entrepris, conformément à la présente partie, sur le plateau continental, à plus de 200 milles marins des lignes de base à partir desquelles est mesurée la largeur de la mer territoriale, en dehors de zones spécifiques qu'ils peuvent à tout moment, désigner officiellement comme faisant l'objet, ou devant faire l'objet dans un délai raisonnable, de travaux d'exploitation ou de travaux d'exploration poussée. Les Etats côtiers notifient dans des délais raisonnables les zones qu'ils désignent ainsi que toutes modifications s'y rapportant, mais ne sont pas tenus de fournir des détails sur les travaux dont elles font l'objet.

7.   Le paragraphe 6 s'applique sans préjudice des droits sur le plateau continental reconnus aux Etats côtiers à l'article 77.

8.   Les recherches scientifiques marines visées au présent article ne doivent pas gêner de façon injustifiable les activités entreprises par les Etats côtiers dans l'exercice des droits souverains et de la juridiction que prévoit la Convention.

Article 247
Projets de recherche réalisés par des organisations internationales ou sous leurs auspices

Un Etat côtier qui est membre d'une organisation internationale ou lié à une telle organisation par un accord bilatéral et dans la zone économique exclusive ou sur le plateau continental duquel cette organisation veut exécuter directement ou faire exécuter sous ses auspices un projet de recherche scientifique marine, est réputé avoir autorisé l'exécution du projet conformément aux spécifications convenues s'il a approuvé le projet détaillé lorsque l'organisa-

(a) is of direct significance for the exploration and exploitation of natural resources, whether living or non-living;

(b) involves drilling into the continental shelf, the use of explosives or the introduction of harmful substances into the marine environment;

(c) involves the construction, operation or use of artificial islands, installations and structures referred to in articles 60 and 80;

(d) contains information communicated pursuant to article 248 regarding the nature and objectives of the project which is inaccurate or if the researching State or competent inter-national organization has outstanding obligations to the coastal State from a prior research project.

6. Notwithstanding the provisions of paragraph 5, coastal States may not exercise their discretion to withhold consent under subparagraph (a) of that paragraph in respect of marine scientific research projects to be undertaken in accordance with the provisions of this Part on the continental shelf, beyond 200 nautical miles from the baselines from which the breadth of the territorial sea is measured, outside those specific areas which coastal States may at any time publicly designate as areas in which exploitation or detailed exploratory operations focused on those areas are occurring or will occur within a reasonable period of time. Coastal States shall give reasonable notice of the designation of such areas, as well as any modifications thereto, but shall not be obliged to give details of the operations therein.

7. The provisions of paragraph 6 are without prejudice to the rights of coastal States over the continental shelf as established in article 77.

8. Marine scientific research activities referred to in this article shall not unjustifiably interfere with activities undertaken by coastal States in the exercise of their sovereign rights and jurisdiction provided for in this Convention.

Article 247
Marine scientific research projects undertaken by or under the auspices of international organizations

A coastal State which is a member of or has a bilateral agreement with an international organization, and in whose exclusive economic zone or on whose continental shelf that organization wants to carry out a marine scientific research project, directly or under its auspices, shall be deemed to have authorized the project to be carried out in conformity with the agreed specifications

tion a pris la décision de l'entreprendre ou s'il est disposé à y participer et n'a émis aucune objection à l'expiration d'un délai de quatre mois à compter du moment où notification du projet lui a été faite par l'organisation.

Article 248
Obligation de fournir des renseignements à l'Etat côtier

Les Etats et les organisations internationales compétentes qui ont l'intention d'entreprendre des recherches scientifiques marines dans la zone économique exclusive ou sur le plateau continental d'un Etat côtier fournissent à ce dernier, six mois au plus tard avant la date prévue pour le début du projet de recherche scientifique marine, un descriptif complet indiquant :

a)   la nature et les objectifs du projet ;
b)   la méthode et les moyens qui seront utilisés, en précisant le nom, le tonnage, le type et la catégorie des navires, et un descriptif du matériel scientifique ;
c)   les zones géographiques précises où le projet sera exécuté ;
d)   les dates prévues de la première arrivée et du dernier départ des navires de recherche ou celles de l'installation et du retrait du matériel de recherche, selon le cas ;
e)   le nom de l'institution qui patronne le projet de recherche, du Directeur de cette institution et du responsable du projet ;
f)   la mesure dans laquelle on estime que l'Etat côtier peut participer au projet ou se faire représenter.

Article 249
Obligation de satisfaire à certaines conditions

1.   Les Etats et les organisations internationales compétentes qui effectuent des recherches scientifiques marines dans la zone économique exclusive ou sur le plateau continental d'un Etat côtier doivent satisfaire aux conditions suivantes :
    a)   garantir à l'Etat côtier, si celui-ci le désire, le droit de participer au projet de recherche scientifique marine ou de se faire représenter, en particulier, lorsque cela est possible, à bord des navires et autres embarcations de recherche ou sur les installations de recherche scientifique, mais sans qu'il y ait paiement d'aucune rémunération aux chercheurs de cet Etat et sans que ce dernier soit obligé de participer aux frais du projet ;

if that State approved the detailed project when the decision was made by the organization for the undertaking of the project, or is willing to participate in it, and has not expressed any objection within four months of notification of the project by the organization to the coastal State.

Article 248
Duty to provide information to the coastal State

States and competent international organizations which intend to undertake marine scientific research in the exclusive economic zone or on the continental shelf of a coastal State shall, not less than six months in advance of the expected starting date of the marine scientific research project, provide that State with a full description of:

(a) the nature and objectives of the project;
(b) the method and means to be used, including name, tonnage, type and class of vessels and a description of scientific equipment;
(c) the precise geographical areas in which the project is to be conducted;
(d) the expected date of first appearance and final departure of the research vessels, or deployment of the equipment and its removal, as appropriate;
(e) the name of the sponsoring institution, its director, and the person in charge of the project; and
(f) the extent to which it is considered that the coastal State should be able to participate or to be represented in the project.

Article 249
Duty to comply with certain conditions

1. States and competent international organizations when undertaking marine scientific research in the exclusive economic zone or on the continental shelf of a coastal State shall comply with the following conditions:
   (a) ensure the right of the coastal State, if it so desires, to participate or be represented in the marine scientific research project, especially on board research vessels and other craft or scientific research installations, when practicable, without payment of any remuneration to the scientists of the coastal State and without obligation to contribute towards the costs of the project;

b) fournir à l'Etat côtier, sur sa demande, des rapports préliminaires, aussitôt que possible, ainsi que les résultats et conclusions finales, une fois les recherches terminées ;

c) s'engager à donner à l'Etat côtier, sur sa demande, accès à tous les échantillons et données obtenus dans le cadre du projet de recherche scientifique marine, ainsi qu'à lui fournir des données pouvant être reproduites et des échantillons pouvant être fractionnés sans que cela nuise à leur valeur scientifique ;

d) fournir à l'Etat côtier, sur sa demande, une évaluation de ces données, échantillons et résultats de recherche, ou l'aider à les évaluer ou à les interpréter ;

e) faire en sorte, sous réserve du paragraphe 2, que les résultats des recherches soient rendus disponibles aussitôt que possible sur le plan international par les voies nationales ou internationales appropriées ;

f) informer immédiatement l'Etat côtier de toute modification majeure apportée au projet de recherche ;

g) enlever les installations ou le matériel de recherche scientifique, une fois les recherches terminées, à moins qu'il n'en soit convenu autrement.

2. Le présent article s'applique sans préjudice des conditions fixées par les lois et règlements de l'Etat côtier en ce qui concerne l'exercice de son pouvoir discrétionnaire d'accorder ou de refuser son consentement en application de l'article 246, paragraphe 5, y compris l'obligation d'obtenir son accord préalable pour diffuser sur le plan international les résultats des recherches relevant d'un projet intéressant directement l'exploration et l'exploitation de ressources naturelles.

Article 250
Communications concernant les projets de recherche scientifique marine

Les communications concernant les projets de recherche scientifique marine sont faites par les voies officielles appropriées, à moins qu'il n'en soit convenu autrement.

Article 251
Critères généraux et principes directeurs

Les Etats s'efforcent de promouvoir, par l'intermédiaire des organisations internationales compétentes, l'établissement de critères généraux et de principes directeurs propres à les aider à déterminer la nature et les implications des travaux de recherche scientifique marine.

(b) provide the coastal State, at its request, with preliminary reports, as soon as practicable, and with the final results and conclusions after the completion of the research;

(c) undertake to provide access for the coastal State, at its request, to all data and samples derived from the marine scientific research project and likewise to furnish it with data which may be copied and samples which may be divided without detriment to their scientific value;

(d) if requested, provide the coastal State with an assessment of such data, samples and research results or provide assistance in their assessment or interpretation;

(e) ensure, subject to paragraph 2, that the research results are made internationally available through appropriate national or international channels, as soon as practicable;

(f) inform the coastal State immediately of any major change in the research programme;

(g) unless otherwise agreed, remove the scientific research installations or equipment once the research is completed.

2. This article is without prejudice to the conditions established by the laws and regulations of the coastal State for the exercise of its discretion to grant or withhold consent pursuant to article 246, paragraph 5, including requiring prior agreement for making internationally available the research results of a project of direct significance for the exploration and exploitation of natural resources.

Article 250
Communications concerning marine scientific research projects

Communications concerning the marine scientific research projects shall be made through appropriate official channels, unless otherwise agreed.

Article 251
General criteria and guidelines

States shall seek to promote through competent international organizations the establishment of general criteria and guidelines to assist States in ascertaining the nature and implications of marine scientific research.

Article 252
Consentement tacite

Les Etats ou les organisations internationales compétentes peuvent mettre à exécution un projet de recherche scientifique marine à l'expiration d'un délai de six mois à compter de la date à laquelle les renseignements requis en vertu de l'article 248 ont été communiqués à l'Etat côtier, à moins que, dans un délai de quatre mois à compter de la réception de ces renseignements, celui-ci n'ait fait savoir à l'Etat ou à l'organisation qui se propose d'effectuer les recherches :

a)   qu'il refuse son consentement, en vertu de l'article 246 ; ou

b)   que les renseignements fournis par cet Etat ou cette organisation internationale compétente quant à la nature ou aux objectifs du projet ne correspondent pas aux faits patents ; ou

c)   qu'il a besoin d'un complément d'information à propos des renseignements ou des conditions visés aux articles 248 et 249 ; ou

d)   que des obligations découlant des conditions fixées à l'article 249 pour un projet de recherche scientifique marine précédemment exécuté par cet Etat ou cette organisation n'ont pas été remplies.

Article 253
Suspension ou cessation des travaux de recherche scientifique marine

1.   L'Etat côtier a le droit d'exiger la suspension des travaux de recherche scientifique marine en cours dans sa zone économique exclusive ou sur son plateau continental :

    a)   si ces travaux ne sont pas menés conformément aux renseignements communiqués en vertu de l'article 248, sur lesquels l'Etat côtier s'est fondé pour donner son consentement ; ou

    b)   si l'Etat ou l'organisation internationale compétente qui les mène ne respecte pas les dispositions de l'article 249 relatives aux droits de l'Etat côtier en ce qui concerne le projet de recherche scientifique marine.

2.   L'Etat côtier a le droit d'exiger la cessation de tous travaux de recherche scientifique marine dans tous les cas où l'inobservation de l'article 248 équivaut à modifier de façon importante le projet ou les travaux de recherche.

3.   L'Etat côtier peut également exiger la cessation des travaux de recherche scientifique marine s'il n'est pas remédié dans un délai raisonnable à l'une quelconque des situations visées au paragraphe 1.

Article 252
Implied consent

States or competent international organizations may proceed with a marine scientific research project six months after the date upon which the information required pursuant to article 248 was provided to the coastal State unless within four months of the receipt of the communication containing such information the coastal State has informed the State or organization conducting the research that:

(a) it has withheld its consent under the provisions of article 246; or
(b) the information given by that State or competent international organization regarding the nature or objectives of the project does not conform to the manifestly evident facts; or
(c) it requires supplementary information relevant to conditions and the information provided for under articles 248 and 249; or
(d) outstanding obligations exist with respect to a previous marine scientific research project carried out by that State or organization, with regard to conditions established in article 249.

Article 253
Suspension or cessation of marine scientific research activities

1. A coastal State shall have the right to require the suspension of any marine scientific research activities in progress within its exclusive economic zone or on its continental shelf if:
   (a) the research activities are not being conducted in accordance with the information communicated as provided under article 248 upon which the consent of the coastal State was based; or
   (b) the State or competent international organization conducting the research activities fails to comply with the provisions of article 249 concerning the rights of the coastal State with respect to the marine scientific research project.
2. A coastal State shall have the right to require the cessation of any marine scientific research activities in case of any non-compliance with the provisions of article 248 which amounts to a major change in the research project or the research activities.
3. A coastal State may also require cessation of marine scientific research activities if any of the situations contemplated in paragraph 1 are not rectified within a reasonable period of time.

4.   Après avoir reçu notification par l'Etat côtier de sa décision d'exiger la suspension ou la cessation de travaux de recherche scientifique marine, les Etats ou les organisations internationales compétentes autorisés à mener ces travaux mettent fin à ceux qui font l'objet de la notification.

5.   L'ordre de suspension donné en vertu du paragraphe 1 est levé par l'Etat côtier et le projet de recherche scientifique marine peut se poursuivre dès que l'Etat ou l'organisation internationale compétente qui effectue ces travaux de recherche scientifique marine s'est conformé aux conditions prévues aux articles 248 et 249.

Article 254
Droits des Etats voisins sans littoral et des Etats voisins géographiquement désavantagés

1.   Les Etats et les organisations internationales compétentes qui ont présenté à un Etat côtier un projet de recherche scientifique marine visé à l'article 246, paragraphe 3, en avisent les Etats voisins sans littoral et les Etats voisins géographiquement désavantagés et notifient à l'Etat côtier l'envoi de ces avis.

2.   Une fois que l'Etat côtier concerné a donné son consentement au projet, conformément à l'article 246 et aux autres dispositions pertinentes de la Convention, les Etats et les organisations internationales compétentes qui entreprennent le projet fournissent aux Etats voisins sans littoral et aux Etats voisins géographiquement désavantagés, sur leur demande et selon qu'il convient, les renseignements spécifiés à l'article 248 et à l'article 249, paragraphe 1, lettre f).

3.   Les Etats sans littoral et les Etats géographiquement désavantagés susvisés se voient accorder, sur leur demande, la possibilité de participer autant que faire se peut au projet de recherche scientifique marine envisagé par l'intermédiaire d'experts qualifiés désignés par eux et non récusés par l'Etat côtier, selon les conditions dont l'Etat côtier et l'Etat ou les organisations internationales compétentes qui mènent les travaux de recherche scientifique marine sont convenus pour l'exécution du projet, en conformité de la Convention.

4.   Les Etats et les organisations internationales compétentes visés au paragraphe 1 fournissent, sur leur demande, aux Etats sans littoral et aux Etats géographiquement désavantagés susvisés les renseignements et l'assistance spécifiés à l'article 249, paragraphe 1, lettre d), sous réserve du paragraphe 2 du même article.

4. Following notification by the coastal State of its decision to order suspension or cessation, States or competent international organizations authorized to conduct marine scientific research activities shall terminate the research activities that are the subject of such a notification.

5. An order of suspension under paragraph 1 shall be lifted by the coastal State and the marine scientific research activities allowed to continue once the researching State or competent international organization has complied with the conditions required under articles 248 and 249.

Article 254
Rights of neighbouring land-locked and geographically disadvantaged States

1. States and competent international organizations which have submitted to a coastal State a project to undertake marine scientific research referred to in article 246, paragraph 3, shall give notice to the neighbouring land-locked and geographically disadvantaged States of the proposed research project, and shall notify the coastal State thereof.

2. After the consent has been given for the proposed marine scientific research project by the coastal State concerned, in accordance with article 246 and other relevant provisions of this Convention, States and competent international organizations undertaking such a project shall provide to the neighbouring land-locked and geographically disadvantaged States, at their request and when appropriate, relevant information as specified in article 248 and article 249, paragraph 1(f).

3. The neighbouring land-locked and geographically disadvantaged States referred to above shall, at their request, be given the opportunity to participate, whenever feasible, in the proposed marine scientific research project through qualified experts appointed by them and not objected to by the coastal State, in accordance with the conditions agreed for the project, in conformity with the provisions of this Convention, between the coastal State concerned and the State or competent international organizations conducting the marine scientific research.

4. States and competent international organizations referred to in paragraph 1 shall provide to the above-mentioned land-locked and geographically disadvantaged States, at their request, the information and assistance specified in article 249, paragraph 1(d), subject to the provisions of article 249, paragraph 2.

Article 255
Mesures visant à faciliter la recherche scientifique marine et l'assistance aux navires de recherche

Les Etats s'efforcent d'adopter des règles, règlements et procédures raisonnables en vue d'encourager et de faciliter la recherche scientifique marine menée conformément à la Convention au-delà de leur mer territoriale et, si besoin est, de faciliter aux navires de recherche scientifique marine qui se conforment aux dispositions pertinentes de la présente partie l'accès à leurs ports, sous réserve de leurs lois et règlements, et de promouvoir l'assistance à ces navires.

Article 256
Recherche scientifique marine dans la Zone

Tous les Etats, quelle que soit leur situation géographique, ainsi que les organisations internationales compétentes, ont le droit d'effectuer des recherches scientifiques marines dans la Zone, conformément à la partie XI.

Article 257
Recherche scientifique marine dans la colonne d'eau au-delà des limites de la zone économique exclusive

Tous les Etats, quelle que soit leur situation géographique, ainsi que les organisations internationales compétentes, ont le droit, conformément à la Convention, d'effectuer des recherches scientifiques marines dans la colonne d'eau au-delà des limites de la zone économique exclusive.

Section 4. Installations et matériel de recherche scientifique dans le milieu marin

Article 258
Mise en place et utilisation

La mise en place et l'utilisation d'installations ou de matériel de recherche scientifique de tout type dans une zone quelconque du milieu marin sont subordonnées aux mêmes conditions que celles prévues par la Convention pour la conduite de la recherche scientifique marine dans la zone considérée.

Article 255
Measures to facilitate marine scientific research and assist
research vessels

States shall endeavour to adopt reasonable rules, regulations and procedures to promote and facilitate marine scientific research conducted in accordance with this Convention beyond their territorial sea and, as appropriate, to facilitate, subject to the provisions of their laws and regulations, access to their harbours and promote assistance for marine scientific research vessels which comply with the relevant provisions of this Part.

Article 256
Marine scientific research in the Area

All States, irrespective of their geographical location, and competent international organizations have the right, in conformity with the provisions of Part XI, to conduct marine scientific research in the Area.

Article 257
Marine scientific research in the water column beyond the exclusive
economic zone

All States, irrespective of their geographical location, and competent international organizations have the right, in conformity with this Convention, to conduct marine scientific research in the water column beyond the limits of the exclusive economic zone.

Section 4. Scientific Research Installations or Equipment in the Marine Environment

Article 258
Deployment and use

The deployment and use of any type of scientific research installations or equipment in any area of the marine environment shall be subject to the same conditions as are prescribed in this Convention for the conduct of marine scientific research in any such area.

Article 259
Régime juridique

Les installations ou le matériel visés dans la présente section n'ont pas le statut d'îles. Elles n'ont pas de mer territoriale qui leur soit propre, et leur présence n'influe pas sur la délimitation de la mer territoriale, de la zone économique exclusive ou du plateau continental.

Article 260
Zones de sécurité

Des zones de sécurité d'une largeur raisonnable ne dépassant pas 500 mètres peuvent être établies autour des installations de recherche scientifique, conformément aux dispositions pertinentes de la Convention. Tous les Etats veillent à ce que leurs navires respectent ces zones de sécurité.

Article 261
Obligation de ne pas créer d'obstacle à la navigation internationale

La mise en place et l'utilisation d'installations ou de matériel de recherche scientifique de tout type ne doivent pas entraver la navigation par les routes internationalement pratiquées.

Article 262
Marques d'identification et moyens de signalisation

Les installations ou le matériel visés dans la présente section sont munis de marques d'identification indiquant l'Etat d'immatriculation ou l'organisation internationale à laquelle ils appartiennent, ainsi que de moyens appropriés de signalisation internationalement convenus pour assurer la sécurité de la navigation maritime et aérienne, compte tenu des règles et normes établis par les organisations internationales compétentes.

Section 5. Responsabilité

Article 263
Responsabilité

1.   Il incombe aux Etats et aux organisations internationales compétentes de veiller à ce que les recherches scientifiques marines, qu'elles soient entreprises par eux ou pour leur compte, soient menées conformément à la Convention.

Article 259
Legal status

The installations or equipment referred to in this section do not possess the status of islands. They have no territorial sea of their own, and their presence does not affect the delimitation of the territorial sea, the exclusive economic zone or the continental shelf.

Article 260
Safety zones

Safety zones of a reasonable breadth not exceeding a distance of 500 metres may be created around scientific research installations in accordance with the relevant provisions of this Convention. All States shall ensure that such safety zones are respected by their vessels.

Article 261
Non-interference with shipping routes

The deployment and use of any type of scientific research installations or equipment shall not constitute an obstacle to established international shipping routes.

Article 262
Identification markings and warning signals

Installations or equipment referred to in this section shall bear identification markings indicating the State of registry or the international organization to which they belong and shall have adequate internationally agreed warning signals to ensure safety at sea and the safety of air navigation, taking into account rules and standards established by competent international organizations.

Section 5. Responsibility and Liability

Article 263
Responsibility and liability

1. States and competent international organizations shall be responsible for ensuring that marine scientific research, whether undertaken by them or on their behalf, is conducted in accordance with this Convention.

2.   Les Etats et les organisations internationales compétentes sont responsables des mesures qu'ils prennent en violation de la Convention en ce
qui concerne les travaux de recherche scientifique marine menés par
d'autres Etats, par des personnes physiques ou morales ayant la nationalité de ces Etats ou par les organisations internationales compétentes, et
ils réparent les dommages découlant de telles mesures.

3.   Les Etats et les organisations internationales compétentes sont responsables, en vertu de l'article 235, des dommages causés par la pollution du
milieu marin résultant de recherches scientifiques marines effectuées
par eux ou pour leur compte.

Section 6. Règlement des différends et mesures conservatoires

Article 264
Règlement des différends

Les différends relatifs à l'interprétation ou à l'application des dispositions de la
Convention visant la recherche scientifique marine sont réglés conformément
aux sections 2 et 3 de la partie XV.

Article 265
Mesures conservatoires

Tant qu'un différend n'est pas réglé conformément aux sections 2 et 3 de la partie
XV, l'Etat ou l'organisation internationale compétente autorisé à exécuter le projet de recherche scientifique marine ne permet pas d'entreprendre ou de poursuivre les recherches sans le consentement exprès de l'Etat côtier concerné.

Partie XIV
Développement et transfert des techniques marines

Section 1. Dispositions générales

Article 266
Promotion du développement et du transfert des techniques marines

1.   Les Etats, directement ou par l'intermédiaire des organisations internationales compétentes, coopèrent, dans la mesure de leurs capacités, en
vue de favoriser activement le développement et le transfert des sciences

2.   States and competent international organizations shall be responsible and liable for the measures they take in contravention of this Convention in respect of marine scientific research conducted by other States, their natural or juridical persons or by competent international organizations, and shall provide compensation for damage resulting from such measures.

3.   States and competent international organizations shall be responsible and liable pursuant to article 235 for damage caused by pollution of the marine environment arising out of marine scientific research undertaken by them or on their behalf.

Section 6. Settlement of Disputes and Interim Measures

Article 264
Settlement of disputes

Disputes concerning the interpretation or application of the provisions of this Convention with regard to marine scientific research shall be settled in accordance with Part XV, sections 2 and 3.

Article 265
Interim measures

Pending settlement of a dispute in accordance with Part XV, sections 2 and 3, the State or competent international organization authorized to conduct a marine scientific research project shall not allow research activities to commence or continue without the express consent of the coastal State concerned.

Part XIV
Development and Transfer of Marine Technology

Section 1. General Provisions

Article 266
Promotion of the development and transfer of marine technology

1.   States, directly or through competent international organizations, shall cooperate in accordance with their capabilities to promote actively the

et techniques de la mer selon des modalités et à des conditions justes et raisonnables.

2. Les Etats favorisent le développement de la capacité, dans le domaine des sciences et techniques marines, de ceux d'entre eux qui ont besoin et demandent à bénéficier d'une assistance technique dans ce domaine, notamment les Etats en développement, y compris les Etats sans littoral ou géographiquement désavantagés, en ce qui concerne l'exploration, l'exploitation, la conservation et la gestion des ressources de la mer, la protection et la préservation du milieu marin, la recherche scientifique marine et autres activités s'exerçant dans le milieu marin qui sont compatibles avec la Convention, en vue d'accélérer le progrès social et économique des Etats en développement.

3. Les Etats s'efforcent de favoriser l'instauration de conditions économiques et juridiques propices au transfert des techniques marines, sur une base équitable, au profit de toutes les parties concernées.

Article 267
Protection des intérêts légitimes

Les Etats, en favorisant la coopération en application de l'article 266, tiennent dûment compte de tous les intérêts légitimes, ainsi que des droits et obligations des détenteurs, des fournisseurs et des acquéreurs de techniques marines.

Article 268
Objectifs fondamentaux

Les Etats, directement ou par l'intermédiaire des organisations internationales compétentes, doivent promouvoir :

a) l'acquisition, l'évaluation et la diffusion de connaissances dans le domaine des techniques marines ; ils facilitent l'accès à l'information et aux données pertinentes ;

b) le développement de techniques marines appropriées ;

c) le développement de l'infrastructure technique nécessaire pour faciliter le transfert des techniques marines ;

d) la mise en valeur des ressources humaines par la formation et l'enseignement dispensés aux ressortissants des Etats et pays en développement, en particulier de ceux d'entre eux qui sont les moins avancés ;

e) la coopération internationale à tous les niveaux, notamment la coopération régionale, sous-régionale et bilatérale.

development and transfer of marine science and marine technology on fair and reasonable terms and conditions.

2.   States shall promote the development of the marine scientific and technological capacity of States which may need and request technical assistance in this field, particularly developing States, including land-locked and geographically disadvantaged States, with regard to the exploration, exploitation, conservation and management of marine resources, the protection and preservation of the marine environment, marine scientific research and other activities in the marine environment compatible with this Convention, with a view to accelerating the social and economic development of the developing States.

3.   States shall endeavour to foster favourable economic and legal conditions for the transfer of marine technology for the benefit of all parties concerned on an equitable basis.

Article 267
Protection of legitimate interests

States, in promoting cooperation pursuant to article 266, shall have due regard for all legitimate interests including, inter alia, the rights and duties of holders, suppliers and recipients of marine technology.

Article 268
Basic objectives

States, directly or through competent international organizations, shall promote:

(a)   the acquisition, evaluation and dissemination of marine technological knowledge and facilitate access to such information and data;

(b)   the development of appropriate marine technology;

(c)   the development of the necessary technological infrastructure to facilitate the transfer of marine technology;

(d)   the development of human resources through training and education of nationals of developing States and countries and especially the nationals of the least developed among them;

(e)   international cooperation at all levels, particularly at the regional, subregional and bilateral levels.

Article 269
Mesures à prendre en vue d'atteindre les objectifs fondamentaux

En vue d'atteindre les objectifs visés à l'article 268, les Etats s'emploient, entre autres, directement ou par l'intermédiaire des organisations internationales compétentes à :

a)   établir des programmes de coopération technique en vue du transfert effectif de techniques marines de tous ordres aux Etats qui ont besoin et demandent à bénéficier d'une assistance technique dans ce domaine, notamment aux Etats en développement sans littoral ou géographique-ment désavantagés, ainsi qu'à d'autres Etats en développement qui n'ont pas été en mesure soit de créer, soit de développer leur propre capacité technique dans le domaine des sciences de la mer et dans celui de l'explo-ration et l'exploitation des ressources marines, ni de développer l'in-frastructure qu'impliquent ces techniques ;

b)   favoriser l'instauration de conditions propices à la conclusion d'accords, de contrats ou d'autres arrangements similaires, dans des conditions équitables et raisonnables ;

c)   tenir des conférences, des séminaires et des colloques sur des sujets scientifiques et techniques, notamment sur les politiques et les méthodes à adopter pour le transfert des techniques marines ;

d)   favoriser l'échange de scientifiques, techniciens et autres experts ;

e)   entreprendre des projets et promouvoir les entreprises conjointes et autres formes de coopération bilatérale et multilatérale.

Section 2. Coopération internationale

Article 270
Cadre de la coopération internationale

La coopération internationale pour le développement et le transfert des tech-niques marines s'exerce, lorsque cela est possible et approprié, aussi bien dans le cadre des programmes bilatéraux, régionaux et multilatéraux existants que dans le cadre de programmes élargis et de nouveaux programmes visant à faci-liter la recherche scientifique marine et le transfert des techniques marines, en particulier dans de nouveaux domaines, et le financement international approprié de la recherche océanique et de la mise en valeur des océans.

Article 269
Measures to achieve the basic objectives

In order to achieve the objectives referred to in article 268, States, directly or through competent international organizations, shall endeavour, inter alia, to:

(a) establish programmes of technical cooperation for the effective transfer of all kinds of marine technology to States which may need and request technical assistance in this field, particularly the developing land-locked and geographically disadvantaged States, as well as other developing States which have not been able either to establish or develop their own technological capacity in marine science and in the exploration and exploitation of marine resources or to develop the infrastructure of such technology;

(b) promote favourable conditions for the conclusion of agreements, contracts and other similar arrangements, under equitable and reasonable conditions;

(c) hold conferences, seminars and symposia on scientific and technological subjects, in particular on policies and methods for the transfer of marine technology;

(d) promote the exchange of scientists and of technological and other experts;

(e) undertake projects and promote joint ventures and other forms of bilateral and multilateral cooperation.

Section 2. International Cooperation

Article 270
Ways and means of international cooperation

International cooperation for the development and transfer of marine technology shall be carried out, where feasible and appropriate, through existing bilateral, regional or multilateral programmes, and also through expanded and new programmes in order to facilitate marine scientific research, the transfer of marine technology, particularly in new fields, and appropriate international funding for ocean research and development.

Article 271
Principes directeurs, critères et normes

Les Etats, directement ou par l'intermédiaire des organisations internationales compétentes, s'emploient à promouvoir l'élaboration de principes directeurs, critères et normes généralement acceptés pour le transfert des techniques marines dans le cadre d'arrangements bilatéraux ou dans le cadre d'organisations internationales et d'autres organismes, compte tenu en particulier des intérêts et besoins des Etats en développement.

Article 272
Coordination des programmes internationaux

Dans le domaine du transfert des techniques marines, les Etats s'efforcent de faire en sorte que les organisations internationales compétentes coordonnent leurs activités, y compris tous programmes régionaux ou mondiaux, en tenant compte des intérêts et besoins des Etats en développement, en particulier des Etats sans littoral ou géographiquement désavantagés.

Article 273
Coopération avec les organisations internationales et l'Autorité

Les Etats coopèrent activement avec les organisations internationales compétentes et avec l'Autorité en vue d'encourager et de faciliter le transfert aux Etats en développement, à leurs ressortissants et à l'Entreprise de connaissances pratiques et de techniques marines se rapportant aux activités menées dans la Zone.

Article 274
Objectifs de l'Autorité

Compte tenu de tous les intérêts légitimes, ainsi que des droits et obligations des détenteurs, des fournisseurs et des acquéreurs de techniques, l'Autorité, en ce qui concerne les activités menées dans la Zone, fait en sorte que :

a)   conformément au principe d'une répartition géographique équitable, des ressortissants d'Etats en développement, qu'il s'agisse d'Etats côtiers, sans littoral ou géographiquement désavantagés, soient engagés comme stagiaires parmi les membres du personnel technique, de gestion et de recherche recruté pour les besoins de ses activités ;

Article 271
Guidelines, criteria and standards

States, directly or through competent international organizations, shall promote the establishment of generally accepted guidelines, criteria and standards for the transfer of marine technology on a bilateral basis or within the framework of international organizations and other fora, taking into account, in particular, the interests and needs of developing States.

Article 272
Coordination of international programmes

In the field of transfer of marine technology, States shall endeavour to ensure that competent international organizations coordinate their activities, including any regional or global programmes, taking into account the interests and needs of developing States, particularly land-locked and geographically disadvantaged States.

Article 273
Cooperation with international organizations and the Authority

States shall cooperate actively with competent international organizations and the Authority to encourage and facilitate the transfer to developing States, their nationals and the Enterprise of skills and marine technology with regard to activities in the Area.

Article 274
Objectives of the Authority

Subject to all legitimate interests including, *inter alia*, the rights and duties of holders, suppliers and recipients of technology, the Authority, with regard to activities in the Area, shall ensure that:

(a) on the basis of the principle of equitable geographical distribution, nationals of developing States, whether coastal, land-locked or geographically disadvantaged, shall be taken on for the purposes of training as members of the managerial, research and technical staff constituted for its undertakings;

b)   la documentation technique sur le matériel, les machines, les dispositifs et les procédés employés soit mise à la disposition de tous les Etats, notamment des Etats en développement qui ont besoin et demandent à bénéficier d'une assistance technique dans ce domaine ;

c)   des dispositions appropriées soient prises en son sein pour faciliter l'acquisition par les Etats qui ont besoin et demandent à bénéficier d'une assistance technique dans le domaine des techniques marines, notamment les Etats en développement, et par leurs ressortissants, des connaissances et du savoir-faire nécessaires, y compris l'acquisition d'une formation professionnelle ;

d)   les Etats qui ont besoin et demandent à bénéficier d'une assistance technique dans ce domaine, notamment les Etats en développement, reçoivent une assistance pour l'acquisition de l'équipement, des procédés, du matériel et du savoir-faire technique nécessaires, dans le cadre des arrangements financiers prévus dans la Convention.

Section 3. Centres nationaux et régionaux de recherche scientifique et technique marine

Article 275
Création de centres nationaux

1.   Les Etats, directement ou par l'intermédiaire des organisations internationales compétentes et de l'Autorité, favorisent la création, notamment dans les Etats côtiers en développement, de centres nationaux de recherche scientifique et technique marine, et le renforcement des centres nationaux existants, afin de stimuler et faire progresser la recherche scientifique marine dans ces Etats et d'accroître leurs capacités respectives d'utiliser et de préserver leurs ressources marines à des fins économiques.

2.   Les Etats, par l'intermédiaire des organisations internationales compétentes et de l'Autorité, apportent un appui adéquat pour faciliter la création et le renforcement de centres nationaux afin de mettre des moyens de formation poussée, l'équipement, les connaissances pratiques et le savoir-faire nécessaires ainsi que des experts techniques à la disposition des Etats qui ont besoin et demandent à bénéficier d'une telle assistance.

(b) the technical documentation on the relevant equipment, machinery, devices and processes is made available to all States, in particular developing States which may need and request technical assistance in this field;

(c) adequate provision is made by the Authority to facilitate the acquisition of technical assistance in the field of marine technology by States which may need and request it, in particular developing States, and the acquisition by their nationals of the necessary skills and know-how, including professional training;

(d) States which may need and request technical assistance in this field, in particular developing States, are assisted in the acquisition of necessary equipment, processes, plant and other technical know-how through any financial arrangements provided for in this Convention.

Section 3. National and Regional Marine Scientific and Technological Centres

Article 275
Establishment of national centres

1. States, directly or through competent international organizations and the Authority, shall promote the establishment, particularly in developing coastal States, of national marine scientific and technological research centres and the strengthening of existing national centres, in order to stimulate and advance the conduct of marine scientific research by developing coastal States and to enhance their national capabilities to utilize and preserve their marine resources for their economic benefit.

2. States, through competent international organizations and the Authority, shall give adequate support to facilitate the establishment and strengthening of such national centres so as to provide for advanced training facilities and necessary equipment, skills and know-how as well as technical experts to such States which may need and request such assistance.

Article 276
Création de centres régionaux

1.   Les Etats facilitent, en coordination avec les organisations internationales compétentes, l'Autorité et les instituts nationaux de recherche scientifique et technique marine, la création, notamment dans les Etats en développement, de centres régionaux de recherche scientifique et technique marine, afin de stimuler et faire progresser la recherche scientifique marine dans ces Etats et de favoriser le transfert des techniques marines.

2.   Tous les Etats d'une même région coopèrent avec les centres régionaux pour mieux assurer la réalisation de leurs objectifs.

Article 277
Fonctions des centres régionaux

Les centres régionaux, entre autres fonctions, sont chargés d'assurer :

a)   des programmes de formation et d'enseignement à tous les niveaux dans divers domaines de la recherche scientifique et technique marine, en particulier la biologie marine, portant notamment sur la conservation et la gestion des ressources biologiques, l'océanographie, l'hydrographie, l'ingénierie, l'exploration géologique des fonds marins, l'extraction minière et les techniques de dessalement de l'eau ;

b)   des études de gestion ;

c)   des programmes d'études ayant trait à la protection et à la préservation du milieu marin et à la prévention, la réduction et la maîtrise de la pollution ;

d)   l'organisation de conférences, séminaires et colloques régionaux ;

e)   le rassemblement et le traitement de données et d'informations dans le domaine des sciences et techniques marines ;

f)   la diffusion rapide des résultats de la recherche scientifique et technique marine dans des publications facilement accessibles ;

g)   la diffusion d'informations sur les politiques nationales concernant le transfert des techniques marines, et l'étude comparative systématique de ces politiques ;

h)   la compilation et la systématisation des informations relatives à la commercialisation des techniques ainsi qu'aux contrats et aux autres arrangements relatifs aux brevets ;

i)   la coopération technique avec d'autres Etats et la région.

Article 276
Establishment of regional centres

1. States, in coordination with the competent international organizations, the Authority and national marine scientific and technological research institutions, shall promote the establishment of regional marine scientific and technological research centres, particularly in developing States, in order to stimulate and advance the conduct of marine scientific research by developing States and foster the transfer of marine technology.

2. All States of a region shall cooperate with the regional centres therein to ensure the more effective achievement of their objectives.

Article 277
Functions of regional centres

The functions of such regional centres shall include, inter alia:

(a) training and educational programmes at all levels on various aspects of marine scientific and technological research, particularly marine biology, including conservation and management of living resources, oceanography, hydrography, engineering, geological exploration of the seabed, mining and desalination technologies;

(b) management studies;

(c) study programmes related to the protection and preservation of the marine environment and the prevention, reduction and control of pollution;

(d) organization of regional conferences, seminars and symposia;

(e) acquisition and processing of marine scientific and technological data and information;

(f) prompt dissemination of results of marine scientific and technological research in readily available publications;

(g) publicizing national policies with regard to the transfer of marine technology and systematic comparative study of those policies;

(h) compilation and systematization of information on the marketing of technology and on contracts and other arrangements concerning patents;

(i) technical cooperation with other States of the region.

Section 4. Coopération entre organisations internationales

Article 278
Coopération entre organisations internationales

Les organisations internationales compétentes visées dans la présente partie et la partie XIII prennent toutes les mesures voulues pour s'acquitter directement ou en étroite coopération, des fonctions et des responsabilités dont elles sont chargées en vertu de la présente partie.

Partie XV
Règlement des différends

Section 1. Dispositions générales

Article 279
Obligation de régler les différends par des moyens pacifiques

Les Etats Parties règlent tout différend surgissant entre eux à propos de l'interprétation ou de l'application de la Convention par des moyens pacifiques conformément à l'Article 2, paragraphe 3, de la Charte des Nations Unies et, à cette fin, doivent en rechercher la solution par les moyens indiqués à l'Article 33, paragraphe 1, de la Charte.

Article 280
Règlement des différends par tout moyen pacifique choisi
par les parties

Aucune disposition de la présente partie n'affecte le droit des Etats Parties de convenir à tout moment de régler par tout moyen pacifique de leur choix un différend surgissant entre eux à propos de l'interprétation ou de l'application de la Convention.

Article 281
Procédure à suivre lorsque les parties ne sont pas parvenues à un
règlement

1.   Lorsque les Etats Parties qui sont parties à un différend relatif à l'interprétation ou à l'application de la Convention sont convenues de chercher à le régler par un moyen pacifique de leur choix, les procédures prévues

Section 4. Cooperation among International Organizations

Article 278
Cooperation among international organizations

The competent international organizations referred to in this Part and in Part XIII shall take all appropriate measures to ensure, either directly or in close cooperation among themselves, the effective discharge of their functions and responsibilities under this Part.

Part XV
Settlement of Disputes

Section 1. General Provisions

Article 279
Obligation to settle disputes by peaceful means

States Parties shall settle any dispute between them concerning the interpretation or application of this Convention by peaceful means in accordance with Article 2, paragraph 3, of the Charter of the United Nations and, to this end, shall seek a solution by the means indicated in Article 33, paragraph 1, of the Charter.

Article 280
Settlement of disputes by any peaceful means chosen by the parties

Nothing in this Part impairs the right of any States Parties to agree at any time to settle a dispute between them concerning the interpretation or application of this Convention by any peaceful means of their own choice.

Article 281
Procedure where no settlement has been reached by the parties

1.   If the States Parties which are parties to a dispute concerning the interpretation or application of this Convention have agreed to seek settlement of the dispute by a peaceful means of their own choice, the procedures provided for in this Part apply only where no settlement has

dans la présente partie ne s'appliquent que si l'on n'est pas parvenu à un règlement par ce moyen et si l'accord entre les parties n'exclut pas la possibilité d'engager une autre procédure.

2. Si les parties sont également convenues d'un délai, le paragraphe 1 ne s'applique qu'à compter de l'expiration de ce délai.

Article 282
Obligations résultant d'accords généraux, régionaux ou bilatéraux

Lorsque les Etats Parties qui sont parties à un différend relatif à l'interprétation ou à l'application de la Convention sont convenus, dans le cadre d'un accord général, régional ou bilatéral ou de toute autre manière, qu'un tel différend sera soumis, à la demande d'une des parties, à une procédure aboutissant à une décision obligatoire, cette procédure s'applique au lieu de celles prévues dans la présente partie, à moins que les parties en litige n'en conviennent autrement.

Article 283
Obligation de procéder à des échanges de vues

1. Lorsqu'un différend surgit entre des Etats Parties à propos de l'interprétation ou de l'application de la Convention, les parties en litige procèdent promptement à un échange de vues concernant le règlement du différend par la négociation ou par d'autres moyens pacifiques.

2. De même, les parties procèdent promptement à un échange de vues chaque fois qu'il a été mis fin à une procédure de règlement d'un tel différend sans que celui-ci ait été réglé ou chaque fois qu'un règlement est intervenu et que les circonstances exigent des consultations concernant la manière de le mettre en œuvre.

Article 284
Conciliation

1. Tout Etat Partie qui est partie à un différend relatif à l'interprétation ou à l'application de la Convention peut inviter l'autre ou les autres parties à soumettre le différend à la conciliation selon la procédure prévue à la section 1 de l'annexe V ou selon une autre procédure de conciliation.

2. Lorsque l'invitation est acceptée et que les parties s'accordent sur la procédure de conciliation qui sera appliquée, toute partie peut soumettre le différend à la conciliation selon cette procédure.

been reached by recourse to such means and the agreement between the parties does not exclude any further procedure.

2.   If the parties have also agreed on a time-limit, paragraph 1 applies only upon the expiration of that time-limit.

Article 282
Obligations under general, regional or bilateral agreements

If the States Parties which are parties to a dispute concerning the interpretation or application of this Convention have agreed, through a general, regional or bilateral agreement or otherwise, that such dispute shall, at the request of any party to the dispute, be submitted to a procedure that entails a binding decision, that procedure shall apply in lieu of the procedures provided for in this Part, unless the parties to the dispute otherwise agree.

Article 283
Obligation to exchange views

1.   When a dispute arises between States Parties concerning the interpretation or application of this Convention, the parties to the dispute shall proceed expeditiously to an exchange of views regarding its settlement by negotiation or other peaceful means.

2.   The parties shall also proceed expeditiously to an exchange of views where a procedure for the settlement of such a dispute has been terminated without a settlement or where a settlement has been reached and the circumstances require consultation regarding the manner of implementing the settlement.

Article 284
Conciliation

1.   A State Party which is a party to a dispute concerning the interpretation or application of this Convention may invite the other party or parties to submit the dispute to conciliation in accordance with the procedure under Annex V, section 1, or another conciliation procedure.

2.   If the invitation is accepted and if the parties agree upon the conciliation procedure to be applied, any party may submit the dispute to that procedure.

3.   Lorsque l'invitation n'est pas acceptée ou que les parties ne s'accordent pas sur la procédure de conciliation, il est réputé avoir été mis fin à la conciliation.

4.   Lorsqu'un différend a été soumis à la conciliation, il ne peut être mis fin à celle-ci que conformément à la procédure de conciliation convenue, sauf accord contraire entre les parties.

Article 285
Application de la présente section aux différends soumis en vertu de la partie XI

La présente section s'applique à tout différend qui, en vertu de la section 5 de la partie XI, doit être réglé conformément aux procédures prévues dans la présente partie. Si une entité autre qu'un Etat Partie est partie à un tel différend, la présente section s'applique *mutatis mutandis*.

Section 2. Procédures obligatoires aboutissant à des décisions obligatoires

Article 286
Champ d'application de la présente section

Sous réserve de la section 3, tout différend relatif à l'interprétation ou à l'application de la Convention qui n'a pas été réglé par l'application de la section 1 est soumis, à la demande d'une partie au différend, à la cour ou au tribunal ayant compétence en vertu de la présente section.

Article 287
Choix de la procédure

1.   Lorsqu'il signe ou ratifie la Convention ou y adhère, ou à n'importe quel moment par la suite, un Etat est libre de choisir, par voie de déclaration écrite, un ou plusieurs des moyens suivants pour le règlement des différends relatifs à l'interprétation ou à l'application de la Convention :
   a)   le Tribunal international du droit de la mer constitué conformément à l'annexe VI ;
   b)   la Cour internationale de Justice ;
   c)   un tribunal arbitral constitué conformément à l'annexe VII ;
   d)   un tribunal arbitral spécial, constitué conformément à l'annexe VIII, pour une ou plusieurs des catégories de différends qui y sont spécifiés.

3.   If the invitation is not accepted or the parties do not agree upon the procedure, the conciliation proceedings shall be deemed to be terminated.

4.   Unless the parties otherwise agree, when a dispute has been submitted to conciliation, the proceedings may be terminated only in accordance with the agreed conciliation procedure.

Article 285
Application of this section to disputes submitted pursuant to Part XI

This section applies to any dispute which pursuant to Part XI, section 5, is to be settled in accordance with procedures provided for in this Part. If an entity other than a State Party is a party to such a dispute, this section applies *mutatis mutandis*.

Section 2. Compulsory Procedures Entailing Binding Decisions

Article 286
Application of procedures under this section

Subject to section 3, any dispute concerning the interpretation or application of this Convention shall, where no settlement has been reached by recourse to section 1, be submitted at the request of any party to the dispute to the court or tribunal having jurisdiction under this section.

Article 287
Choice of procedure

1.   When signing, ratifying or acceding to this Convention or at any time thereafter, a State shall be free to choose, by means of a written declaration, one or more of the following means for the settlement of disputes concerning the interpretation or application of this Convention:

(a)   the International Tribunal for the Law of the Sea established in accordance with Annex VI;

(b)   the International Court of Justice;

(c)   an arbitral tribunal constituted in accordance with Annex VII;

(d)   a special arbitral tribunal constituted in accordance with Annex VIII for one or more of the categories of disputes specified therein.

2.   Une déclaration faite en vertu du paragraphe 1 n'affecte pas l'obligation d'un Etat Partie d'accepter, dans la mesure et selon les modalités prévues à la section 5 de la partie XI, la compétence de la Chambre pour le règlement des différends relatifs aux fonds marins du Tribunal international du droit de la mer, et n'est pas affectée par cette obligation.

3.   Un Etat Partie qui est partie à un différend non couvert par une déclaration en vigueur est réputé avoir accepté la procédure d'arbitrage prévue à l'annexe VII.

4.   Si les parties en litige ont accepté la même procédure pour le règlement du différend, celui-ci ne peut être soumis qu'à cette procédure, à moins que les parties n'en conviennent autrement.

5.   Si les parties en litige n'ont pas accepté la même procédure pour le règlement du différend, celui-ci ne peut être soumis qu'à la procédure d'arbitrage prévue à l'annexe VII, à moins que les parties n'en conviennent autrement.

6.   Une déclaration faite conformément au paragraphe 1 reste en vigueur pendant trois mois après le dépôt d'une notification de révocation auprès du Secrétaire général de l'Organisation des Nations Unies.

7.   Une nouvelle déclaration, une notification de révocation ou l'expiration d'une déclaration n'affecte en rien la procédure en cours devant une cour ou un tribunal ayant compétence en vertu du présent article, à moins que les parties n'en conviennent autrement.

8.   Les déclarations et notifications visées au présent article sont déposées auprès du Secrétaire général de l'Organisation des Nations Unies, qui en transmet copie aux Etats Parties.

Article 288
Compétence

1.   Une cour ou un tribunal visé à l'article 287 à compétence pour connaître de tout différend relatif à l'interprétation ou à l'application de la Convention qui lui est soumis conformément à la présente partie.

2.   Une cour ou un tribunal visé à l'article 287 a aussi compétence pour connaître de tout différend qui est relatif à l'interprétation ou à l'application d'un accord international se rapportant aux buts de la Convention et qui lui est soumis conformément à cet accord.

3.   La Chambre pour le règlement des différends relatifs aux fonds marins constituée conformément à l'annexe VI et toute autre chambre ou tout autre tribunal arbitral visé à la section 5 de la partie XI ont compétence pour connaître de toute question qui leur est soumise conformément à celle-ci.

4.   En cas de contestation sur le point de savoir si une cour ou un tribunal est compétent, la cour ou le tribunal décide.

2. A declaration made under paragraph 1 shall not affect or be affected by the obligation of a State Party to accept the jurisdiction of the Seabed Disputes Chamber of the International Tribunal for the Law of the Sea to the extent and in the manner provided for in Part XI, section 5.

3. A State Party, which is a party to a dispute not covered by a declaration in force, shall be deemed to have accepted arbitration in accordance with Annex VII.

4. If the parties to a dispute have accepted the same procedure for the settlement of the dispute, it may be submitted only to that procedure, unless the parties otherwise agree.

5. If the parties to a dispute have not accepted the same procedure for the settlement of the dispute, it may be submitted only to arbitration in accordance with Annex VII, unless the parties otherwise agree.

6. A declaration made under paragraph 1 shall remain in force until three months after notice of revocation has been deposited with the Secretary-General of the United Nations.

7. A new declaration, a notice of revocation or the expiry of a declaration does not in any way affect proceedings pending before a court or tribunal having jurisdiction under this article, unless the parties otherwise agree.

8. Declarations and notices referred to in this article shall be deposited with the Secretary-General of the United Nations, who shall transmit copies thereof to the States Parties.

Article 288
Jurisdiction

1. A court or tribunal referred to in article 287 shall have jurisdiction over any dispute concerning the interpretation or application of this Convention which is submitted to it in accordance with this Part.

2. A court or tribunal referred to in article 287 shall also have jurisdiction over any dispute concerning the interpretation or application of an international agreement related to the purposes of this Convention, which is submitted to it in accordance with the agreement.

3. The Seabed Disputes Chamber of the International Tribunal for the Law of the Sea established in accordance with Annex VI, and any other chamber or arbitral tribunal referred to in Part XI, section 5, shall have jurisdiction in any matter which is submitted to it in accordance therewith.

4. In the event of a dispute as to whether a court or tribunal has jurisdiction, the matter shall be settled by decision of that court or tribunal.

Article 289
Experts

Pour tout différend portant sur des questions scientifiques ou techniques, une cour ou un tribunal exerçant sa compétence en vertu de la présente section peut, à la demande d'une partie ou d'office, et en consultation avec les parties, choisir, de préférence sur la liste appropriée établie conformément à l'article 2 de l'annexe VIII, au moins deux experts scientifiques ou techniques qui siègent à la cour ou au tribunal sans droit de vote.

Article 290
Mesures conservatoires

1. Si une cour ou un tribunal dûment saisi d'un différend considère, *prima facie*, avoir compétence en vertu de la présente partie ou de la section 5 de la partie XI, cette cour ou ce tribunal peut prescrire toutes mesures conservatoires qu'il juge appropriées en la circonstance pour préserver les droits respectifs des parties en litige ou pour empêcher que le milieu marin ne subisse de dommages graves en attendant la décision définitive.

2. Les mesures conservatoires peuvent être modifiées ou rapportées dès que les circonstances les justifiant ont changé ou cessé d'exister.

3. Des mesures conservatoires ne peuvent être prescrites, modifiées ou rapportées en vertu du présent article qu'à la demande d'une partie au différend et après que la possibilité de se faire entendre a été donnée aux parties.

4. La cour ou le tribunal notifie immédiatement toute mesure conservatoire ou toute décision la modifiant ou la rapportant aux parties au différend et, s'il le juge approprié, à d'autres Etats Parties.

5. En attendant la constitution d'un tribunal arbitral saisi d'un différend en vertu de la présente section, toute cour ou tout tribunal désigné d'un commun accord par les parties ou, à défaut d'accord dans un délai de deux semaines à compter de la date de la demande de mesures conservatoires, le Tribunal international du droit de la mer ou, dans le cas d'activités menées dans la Zone, la Chambre pour le règlement des différends relatifs aux fonds marins, peut prescrire, modifier ou rapporter des mesures conservatoires conformément au présent article s'il considère, *prima facie*, que le tribunal devant être constitué aurait compétence et s'il estime que l'urgence de la situation l'exige. Une fois constitué, le tribunal saisi du différend, agissant conformément aux paragraphes 1 à 4, peut modifier, rapporter ou confirmer ces mesures conservatoires.

6. Les parties au différend se conforment sans retard à toutes mesures conservatoires prescrites en vertu du présent article.

Article 289
Experts

In any dispute involving scientific or technical matters, a court or tribunal exercising jurisdiction under this section may, at the request of a party or *proprio motu*, select in consultation with the parties no fewer than two scientific or technical experts chosen preferably from the relevant list prepared in accordance with Annex VIII, article 2, to sit with the court or tribunal but without the right to vote.

Article 290
Provisional measures

1. If a dispute has been duly submitted to a court or tribunal which considers that *prima facie* it has jurisdiction under this Part or Part XI, section 5, the court or tribunal may prescribe any provisional measures which it considers appropriate under the circumstances to preserve the respective rights of the parties to the dispute or to prevent serious harm to the marine environment, pending the final decision.

2. Provisional measures may be modified or revoked as soon as the circumstances justifying them have changed or ceased to exist.

3. Provisional measures may be prescribed, modified or revoked under this article only at the request of a party to the dispute and after the parties have been given an opportunity to be heard.

4. The court or tribunal shall forthwith give notice to the parties to the dispute, and to such other States Parties as it considers appropriate, of the prescription, modification or revocation of provisional measures.

5. Pending the constitution of an arbitral tribunal to which a dispute is being submitted under this section, any court or tribunal agreed upon by the parties or, failing such agreement within two weeks from the date of the request for provisional measures, the International Tribunal for the Law of the Sea or, with respect to activities in the Area, the Seabed Disputes Chamber, may prescribe, modify or revoke provisional measures in accordance with this article if it considers that *prima facie* the tribunal which is to be constituted would have jurisdiction and that the urgency of the situation so requires. Once constituted, the tribunal to which the dispute has been submitted may modify, revoke or affirm those provisional measures, acting in conformity with paragraphs 1 to 4.

6. The parties to the dispute shall comply promptly with any provisional measures prescribed under this article.

Article 291
Accès aux procédures de règlement des différends

1. Toutes les procédures de règlement des différends prévues dans la présente partie sont ouvertes aux Etats Parties.

2. Les procédures de règlement des différends prévues dans la présente partie ne sont ouvertes à des entités autres que les Etats Parties que dans la mesure où la Convention le prévoit expressément.

Article 292
Prompte mainlevée de l'immobilisation du navire ou prompte libération de son équipage

1. Lorsque les autorités d'un Etat Partie ont immobilisé un navire battant pavillon d'un autre Etat Partie et qu'il est allégué que l'Etat qui a immobilisé le navire n'a pas observé les dispositions de la Convention prévoyant la prompte mainlevée de l'immobilisation du navire ou la mise en liberté de son équipage dès le dépôt d'une caution raisonnable ou d'une autre garantie financière, la question de la mainlevée ou de la mise en liberté peut être portée devant une cour ou un tribunal désigné d'un commun accord par les parties ; à défaut d'accord dans un délai de 10 jours à compter du moment de l'immobilisation du navire ou de l'arrestation de l'équipage, cette question peut être portée devant une cour ou un tribunal accepté conformément à l'article 287 par l'Etat qui a procédé à l'immobilisation ou à l'arrestation, ou devant le Tribunal international du droit de la mer, à moins que les parties n'en conviennent autrement.

2. La demande de mainlevée ou de mise en liberté ne peut être faite que par l'Etat du pavillon ou en son nom.

3. La cour ou le tribunal examine promptement cette demande et n'a à connaître que de la question de la mainlevée ou de la mise en liberté, sans préjudice de la suite qui sera donnée à toute action dont le navire, son propriétaire ou son équipage peuvent être l'objet devant la juridiction nationale appropriée. Les autorités de l'Etat qui a procédé à l'immobilisation ou à l'arrestation demeurent habilitées à ordonner à tout moment la mainlevée de l'immobilisation du navire ou la mise en liberté de son équipage.

4. Dès le dépôt de la caution ou de l'autre garantie financière déterminée par la cour ou le tribunal, les autorités de l'Etat qui a immobilisé le navire se conforment à la décision de la cour ou du tribunal concernant la mainlevée de l'immobilisation du navire ou de la mise en liberté de son équipage.

Article 291
Access

1. All the dispute settlement procedures specified in this Part shall be open to States Parties.
2. The dispute settlement procedures specified in this Part shall be open to entities other than States Parties only as specifically provided for in this Convention.

Article 292
Prompt release of vessels and crews

1. Where the authorities of a State Party have detained a vessel flying the flag of another State Party and it is alleged that the detaining State has not complied with the provisions of this Convention for the prompt release of the vessel or its crew upon the posting of a reasonable bond or other financial security, the question of release from detention may be submitted to any court or tribunal agreed upon by the parties or, failing such agreement within 10 days from the time of detention, to a court or tribunal accepted by the detaining State under article 287 or to the International Tribunal for the Law of the Sea, unless the parties otherwise agree.
2. The application for release may be made only by or on behalf of the flag State of the vessel.
3. The court or tribunal shall deal without delay with the application for release and shall deal only with the question of release, without prejudice to the merits of any case before the appropriate domestic forum against the vessel, its owner or its crew. The authorities of the detaining State remain competent to release the vessel or its crew at any time.
4. Upon the posting of the bond or other financial security determined by the court or tribunal, the authorities of the detaining State shall comply promptly with the decision of the court or tribunal concerning the release of the vessel or its crew.

Article 293
Droit applicable

1.   Une cour ou un tribunal ayant compétence en vertu de la présente section applique les dispositions de la Convention et les autres règles du droit international qui ne sont pas incompatibles avec celle-ci.
2.   Le paragraphe 1 ne porte pas atteinte à la faculté qu'a la cour ou le tribunal ayant compétence en vertu de la présente section de statuer *ex aequo et bono* si les parties sont d'accord.

Article 294
Procédures préliminaires

1.   La cour ou le tribunal prévu à l'article 287 saisi d'une demande au sujet d'un différend visé à l'article 297 décide, à la requête d'une partie, ou peut décider d'office, si cette demande constitue un abus des voies de droit ou s'il est établi *prima facie* qu'elle est fondée. Si la cour ou le tribunal décide que la demande constitue un abus des voies de droit ou qu'elle est *prima facie* dénuée de fondement, il cesse d'examiner la demande.
2.   A la réception de la demande, la cour ou le tribunal la notifie immédiatement à l'autre ou aux autres parties et fixe un délai raisonnable dans lequel elles peuvent lui demander de statuer sur les points visés au paragraphe 1.
3.   Le présent article ne porte en rien atteinte au droit d'une partie à un différend de soulever des exceptions préliminaires conformément aux règles de procédure applicables.

Article 295
Epuisement des recours internes

Un différend entre Etats Parties relatif à l'interprétation ou à l'application de la Convention peut être soumis aux procédures prévues à la présente section seulement après que les recours internes ont été épuisés selon ce que requiert le droit international.

Article 296
Caractère définitif et force obligatoire des décisions

1.   Les décisions rendues par une cour ou un tribunal ayant compétence en vertu de la présente section sont définitives, et toutes les parties au différend doivent s'y conformer.
2.   Ces décisions n'ont force obligatoire que pour les parties et dans le cas d'espèce considéré.

Article 293
Applicable law

1. A court or tribunal having jurisdiction under this section shall apply this Convention and other rules of international law not incompatible with this Convention.

2. Paragraph 1 does not prejudice the power of the court or tribunal having jurisdiction under this section to decide a case *ex aequo et bono*, if the parties so agree.

Article 294
Preliminary proceedings

1. A court or tribunal provided for in article 287 to which an application is made in respect of a dispute referred to in article 297 shall determine at the request of a party, or may determine *proprio motu*, whether the claim constitutes an abuse of legal process or whether *prima facie* it is well founded. If the court or tribunal determines that the claim constitutes an abuse of legal process or is *prima facie* unfounded, it shall take no further action in the case.

2. Upon receipt of the application, the court or tribunal shall immediately notify the other party or parties of the application, and shall fix a reasonable time-limit within which they may request it to make a determination in accordance with paragraph 1.

3. Nothing in this article affects the right of any party to a dispute to make preliminary objections in accordance with the applicable rules of procedure.

Article 295
Exhaustion of local remedies

Any dispute between States Parties concerning the interpretation or application of this Convention may be submitted to the procedures provided for in this section only after local remedies have been exhausted where this is required by international law.

Article 296
Finality and binding force of decisions

1. Any decision rendered by a court or tribunal having jurisdiction under this section shall be final and shall be complied with by all the parties to the dispute.

2. Any such decision shall have no binding force except between the parties and in respect of that particular dispute.

Section 3. Limitations et exceptions à l'application de la section 2

Article 297
Limitations à l'application de la section 2

1. Les différends relatifs à l'interprétation ou à l'application de la Convention quant à l'exercice par un Etat côtier de ses droits souverains ou de sa juridiction tels que prévus dans la Convention sont soumis aux procédures de règlement prévues à la section 2 dans les cas où :

    a) il est allégué que l'Etat côtier a contrevenu à la Convention en ce qui concerne la liberté et le droit de navigation ou de survol ou la liberté et le droit de poser des câbles et des pipelines sous-marins, ainsi qu'en ce qui concerne les utilisations de la mer aux autres fins internationalement licites visées à l'article 58 ;

    b) il est allégué que, dans l'exercice de ces libertés et droits ou dans ces utilisations, un Etat a contrevenu à la Convention ou aux lois ou règlements adoptés par l'Etat côtier en conformité avec les dispositions de la Convention et les autres règles du droit international qui ne sont pas incompatibles avec celle-ci ; ou

    c) il est allégué que l'Etat côtier a contrevenu à des règles ou normes internationales déterminées visant à protéger et à préserver le milieu marin qui lui sont applicables et qui ont été établies par la Convention, ou par l'intermédiaire d'une organisation internationale compétente ou d'une conférence diplomatique agissant en conformité avec la Convention.

2. a) les différends relatifs à l'interprétation ou à l'application des dispositions de la Convention concernant la recherche scientifique marine sont réglés conformément à la section 2, sauf que l'Etat côtier n'est pas tenu d'accepter que soit soumis à un tel règlement un différend découlant :

    i) de l'exercice par cet Etat d'un droit ou d'un pouvoir discrétionnaire conformément à l'article 246 ; ou

    ii) de la décision de cet Etat d'ordonner la suspension ou la cessation d'un projet de recherche conformément à l'article 253.

    b) les différends découlant d'une allégation de l'Etat chercheur que l'Etat côtier n'exerce pas, dans le cas d'un projet particulier, les droits que lui confèrent les articles 246 et 253 d'une manière compatible avec la Convention sont soumis, à la demande de l'une ou l'autre partie, à la conciliation selon la procédure prévue à la section 2 de l'annexe V, étant entendu que la commission de conciliation ne

Section 3. Limitations and Exceptions to Applicability of Section 2

Article 297
Limitations on applicability of section 2

1. Disputes concerning the interpretation or application of this Convention with regard to the exercise by a coastal State of its sovereign rights or jurisdiction provided for in this Convention shall be subject to the procedures provided for in section 2 in the following cases:

    (a) when it is alleged that a coastal State has acted in contravention of the provisions of this Convention in regard to the freedoms and rights of navigation, overflight or the laying of submarine cables and pipelines, or in regard to other internationally lawful uses of the sea specified in article 58;

    (b) when it is alleged that a State in exercising the aforementioned freedoms, rights or uses has acted in contravention of this Convention or of laws or regulations adopted by the coastal State in conformity with this Convention and other rules of international law not incompatible with this Convention; or

    (c) when it is alleged that a coastal State has acted in contravention of specified international rules and standards for the protection and preservation of the marine environment which are applicable to the coastal State and which have been established by this Convention or through a competent international organization or diplomatic conference in accordance with this Convention.

2. (a) Disputes concerning the interpretation or application of the provisions of this Convention with regard to marine scientific research shall be settled in accordance with section 2, except that the coastal State shall not be obliged to accept the submission to such settlement of any dispute arising out of:

    (i) the exercise by the coastal State of a right or discretion in accordance with article 246; or

    (ii) a decision by the coastal State to order suspension or cessation of a research project in accordance with article 253.

    (b) A dispute arising from an allegation by the researching State that with respect to a specific project the coastal State is not exercising its rights under articles 246 and 253 in a manner compatible with this Convention shall be submitted, at the request of either party, to

doit mettre en cause ni l'exercice par l'Etat côtier de son pouvoir discrétionnaire de désigner des zones spécifiques, tel qu'il est prévu à l'article 246, paragraphe 6, ni l'exercice de son pouvoir discrétionnaire de refuser son consentement conformément au paragraphe 5 du même article.

3. a) Les différends relatifs à l'interprétation ou à l'application des dispositions de la Convention concernant la pêche sont réglés conformément à la section 2, sauf que l'Etat côtier n'est pas tenu d'accepter que soit soumis à un tel règlement un différend relatif à ses droits souverains sur les ressources biologiques de sa zone économique exclusive ou à l'exercice de ces droits, y compris son pouvoir discrétionnaire de fixer le volume admissible des captures et sa capacité de pêche, de répartir le reliquat entre d'autres Etats et d'arrêter les modalités et conditions établies dans ses lois et règlements en matière de conservation et de gestion.

b) Si le recours à la section 1 n'a pas permis d'aboutir à un règlement, le différend est soumis, à la demande de l'une quelconque des parties en litige, à la conciliation selon la procédure prévue à la section 2 de l'annexe V, lorsqu'il est allégué que l'Etat côtier :

i) a manifestement failli à son obligation d'assurer, par des mesures appropriées de conservation et de gestion, que le maintien des ressources biologiques de la zone économique exclusive ne soit pas sérieusement compromis ;

ii) a refusé arbitrairement de fixer, à la demande d'un autre Etat, le volume admissible des captures et sa capacité d'exploiter les ressources biologiques pour ce qui est des stocks dont l'exploitation intéresse cet autre Etat ; ou

iii) a refusé arbitrairement à un Etat quelconque de lui attribuer, comme le prévoient les articles 62, 69 et 70 et selon les modalités et conditions qu'il a lui-même arrêtées et qui sont compatibles avec la Convention, tout ou partie du reliquat qu'il a déclaré exister.

c) En aucun cas la commission de conciliation ne substitue son pouvoir discrétionnaire à celui de l'Etat côtier.

d) Le rapport de la commission de conciliation doit être communiqué aux organisations internationales appropriées.

e) Lorsqu'ils négocient les accords prévus aux articles 69 et 70, les Etats Parties, à moins qu'ils n'en conviennent autrement, y incluent une clause prévoyant les mesures qu'ils doivent prendre pour réduire à un minimum les possibilités de divergence quant à l'interprétation ou à l'application de l'accord, ainsi que la procédure à suivre au cas où il y aurait néanmoins divergence.

conciliation under Annex V, section 2, provided that the conciliation commission shall not call in question the exercise by the coastal State of its discretion to designate specific areas as referred to in article 246, paragraph 6, or of its discretion to withhold consent in accordance with article 246, paragraph 5.

3. (a) Disputes concerning the interpretation or application of the provisions of this Convention with regard to fisheries shall be settled in accordance with section 2, except that the coastal State shall not be obliged to accept the submission to such settlement of any dispute relating to its sovereign rights with respect to the living resources in the exclusive economic zone or their exercise, including its discretionary powers for determining the allowable catch, its harvesting capacity, the allocation of surpluses to other States and the terms and conditions established in its conservation and management laws and regulations.

(b) Where no settlement has been reached by recourse to section 1 of this Part, a dispute shall be submitted to conciliation under Annex V, section 2, at the request of any party to the dispute, when it is alleged that:

(i) a coastal State has manifestly failed to comply with its obligations to ensure through proper conservation and management measures that the maintenance of the living resources in the exclusive economic zone is not seriously endangered;

(ii) a coastal State has arbitrarily refused to determine, at the request of another State, the allowable catch and its capacity to harvest living resources with respect to stocks which that other State is interested in fishing; or

(iii) a coastal State has arbitrarily refused to allocate to any State, under articles 62, 69 and 70 and under the terms and conditions established by the coastal State consistent with this Convention, the whole or part of the surplus it has declared to exist.

(c) In no case shall the conciliation commission substitute its discretion for that of the coastal State.

(d) The report of the conciliation commission shall be communicated to the appropriate international organizations.

(e) In negotiating agreements pursuant to articles 69 and 70, States Parties, unless they otherwise agree, shall include a clause on measures which they shall take in order to minimize the possibility of a disagreement concerning the interpretation or application of the agreement, and on how they should proceed if a disagreement nevertheless arises.

Article 298
Exceptions facultatives à l'application de la section 2

1. Lorsqu'il signe ou ratifie la Convention ou y adhère, ou à n'importe quel moment par la suite, un Etat peut, sans préjudice des obligations découlant de la section 1, déclarer par écrit qu'il n'accepte pas une ou plusieurs des procédures de règlement des différends prévues à la section 2 en ce qui concerne une ou plusieurs des catégories suivantes de différends :

    a)   i)   les différends concernant l'interprétation ou l'application des articles 15, 74 et 83 relatifs à la délimitation de zones maritimes ou les différends qui portent sur des baies ou titres historiques, pourvu que l'Etat qui a fait la déclaration accepte, lorsqu'un tel différend surgit après l'entrée en vigueur de la Convention et si les parties ne parviennent à aucun accord par voie de négociations dans un délai raisonnable, de le soumettre, à la demande de l'une d'entre elles, à la conciliation selon la procédure prévue à la section 2 de l'annexe V, et étant entendu que ne peut être soumis à cette procédure aucun différend impliquant nécessairement l'examen simultané d'un différend non réglé relatif à la souveraineté ou à d'autres droits sur un territoire continental ou insulaire ;

           ii)   une fois que la commission de conciliation a présenté son rapport, qui doit être motivé, les parties négocient un accord sur la base de ce rapport ; si les négociations n'aboutissent pas, les parties soumettent la question, par consentement mutuel, aux procédures prévues à la section 2, à moins qu'elles n'en conviennent autrement ;

           iii)   le présent alinéa ne s'applique ni aux différends relatifs à la délimitation de zones maritimes qui ont été définitivement réglés par un arrangement entre les parties, ni aux différends qui doivent être réglés conformément à un accord bilatéral ou multilatéral liant les parties ;

    b)   les différends relatifs à des activités militaires, y compris les activités militaires des navires et aéronefs d'Etat utilisés pour un service non commercial, et les différends qui concernent les actes d'exécution forcée accomplis dans l'exercice de droits souverains ou de la juridiction et que l'article 297, paragraphe 2 ou 3, exclut de la compétence d'une cour ou d'un tribunal ;

    c)   les différends pour lesquels le Conseil de sécurité de l'Organisation des Nations Unies exerce les fonctions qui lui sont conférées par la Charte des Nations Unies, à moins que le Conseil de sécurité ne

Article 298
Optional exceptions to applicability of section 2

1. When signing, ratifying or acceding to this Convention or at any time thereafter, a State may, without prejudice to the obligations arising under section 1, declare in writing that it does not accept any one or more of the procedures provided for in section 2 with respect to one or more of the following categories of disputes:

   (a) (i) disputes concerning the interpretation or application of articles 15, 74 and 83 relating to sea boundary delimitations, or those involving historic bays or titles, provided that a State having made such a declaration shall, when such a dispute arises subsequent to the entry into force of this Convention and where no agreement within a reasonable period of time is reached in negotiations between the parties, at the request of any party to the dispute, accept submission of the matter to conciliation under Annex V, section 2; and provided further that any dispute that necessarily involves the concurrent consideration of any unsettled dispute concerning sovereignty or other rights over continental or insular land territory shall be excluded from such submission;

   (ii) after the conciliation commission has presented its report, which shall state the reasons on which it is based, the parties shall negotiate an agreement on the basis of that report; if these negotiations do not result in an agreement, the parties shall, by mutual consent, submit the question to one of the procedures provided for in section 2, unless the parties otherwise agree;

   (iii) this subparagraph does not apply to any sea boundary dispute finally settled by an arrangement between the parties, or to any such dispute which is to be settled in accordance with a bilateral or multilateral agreement binding upon those parties;

   (b) disputes concerning military activities, including military activities by government vessels and aircraft engaged in non-commercial service, and disputes concerning law enforcement activities in regard to the exercise of sovereign rights or jurisdiction excluded from the jurisdiction of a court or tribunal under article 297, paragraph 2 or 3;

   (c) disputes in respect of which the Security Council of the United Nations is exercising the functions assigned to it by the Charter of

décide de rayer la question de son ordre du jour ou n'invite les parties à régler leur différend par les moyens prévus dans la Convention.

2.   Un Etat Partie qui a fait une déclaration en vertu du paragraphe 1 peut à tout moment le retirer ou convenir de soumettre un différend exclu par cette déclaration à toute procédure de règlement prévue dans la Convention.

3.   Un Etat Partie qui a fait une déclaration en vertu du paragraphe 1 ne peut soumettre un différend entrant dans une catégorie de différends exclus à l'une quelconque des procédures prévues dans la Convention sans le consentement de l'Etat Partie avec lequel il est en litige.

4.   Si un Etat Partie a fait une déclaration en vertu du paragraphe 1, lettre a), tout autre Etat Partie peut soumettre à la procédure spécifiée dans cette déclaration tout différend qui l'oppose à l'Etat auteur de la déclaration et qui entre dans une catégorie de différends exclus.

5.   Une nouvelle déclaration ou une notification de retrait d'une déclaration n'affecte en rien la procédure en cours devant une cour ou un tribunal saisi conformément au présent article, à moins que les parties n'en conviennent autrement.

6.   Les déclarations ou les notifications de leur retrait visées au présent article sont déposées auprès du Secrétaire général de l'Organisation des Nations Unies, qui en transmet copie aux Etats Parties.

Article 299
Droit des parties de convenir de la procédure

1.   Tout différend qui a été exclu des procédures de règlement des différends prévues à la section 2 en vertu de l'article 297 ou par une déclaration faite conformément à l'article 298 ne peut être soumis à ces procédures que par accord des parties au différend.

2.   Aucune disposition de la présente section ne porte atteinte au droit des parties à un différend de convenir d'une autre procédure de règlement de ce différend ou de le régler à l'amiable.

Partie XVI
Dispositions générales

Article 300
Bonne foi et abus de droit

Les Etats Parties doivent remplir de bonne foi les obligations qu'ils ont assumées aux termes de la Convention et exercer les droits, les compétences et les libertés reconnus dans la Convention d'une manière qui ne constitue pas un abus de droit.

the United Nations, unless the Security Council decides to remove the matter from its agenda or calls upon the parties to settle it by the means provided for in this Convention.

2.   A State Party which has made a declaration under paragraph 1 may at any time withdraw it, or agree to submit a dispute excluded by such declaration to any procedure specified in this Convention.

3.   A State Party which has made a declaration under paragraph 1 shall not be entitled to submit any dispute falling within the excepted category of disputes to any procedure in this Convention as against another State Party, without the consent of that party.

4.   If one of the States Parties has made a declaration under paragraph 1(a), any other State Party may submit any dispute falling within an excepted category against the declarant party to the procedure specified in such declaration.

5.   A new declaration, or the withdrawal of a declaration, does not in any way affect proceedings pending before a court or tribunal in accordance with this article, unless the parties otherwise agree.

6.   Declarations and notices of withdrawal of declarations under this article shall be deposited with the Secretary-General of the United Nations, who shall transmit copies thereof to the States Parties.

Article 299
Right of the parties to agree upon a procedure

1.   A dispute excluded under article 297 or excepted by a declaration made under article 298 from the dispute settlement procedures provided for in section 2 may be submitted to such procedures only by agreement of the parties to the dispute.

2.   Nothing in this section impairs the right of the parties to the dispute to agree to some other procedure for the settlement of such dispute or to reach an amicable settlement.

Part XVI
General Provisions

Article 300
Good faith and abuse of rights

States Parties shall fulfil in good faith the obligations assumed under this Convention and shall exercise the rights, jurisdiction and freedoms recognized in this Convention in a manner which would not constitute an abuse of right.

Article 301
Utilisation des mers à des fins pacifiques

Dans l'exercice de leurs droits et l'exécution de leurs obligations en vertu de la Convention, les Etats Parties s'abstiennent de recourir à la menace ou à l'emploi de la force contre l'intégrité territoriale ou l'indépendance politique de tout Etat, ou de toute autre manière incompatible avec les principes de droit international énoncés dans la Charte des Nations Unies.

Article 302
Divulgation de renseignements

Sans préjudice du droit de tout Etat Partie de recourir aux procédures de règlement des différends prévues dans la Convention, aucune disposition de celle-ci ne peut être interprétée comme obligeant un Etat Partie, dans l'exécution des obligations qui lui incombent en vertu de la Convention, à fournir des renseignements dont la divulgation serait contraire à ses intérêts essentiels en matière de sécurité.

Article 303
Objets archéologiques et historiques découverts en mer

1. Les Etats ont l'obligation de protéger les objets de caractère archéologique ou historique découverts en mer et coopèrent à cette fin.
2. Pour contrôler le commerce de ces objets, l'Etat côtier peut, en faisant application de l'article 33, considérer que leur enlèvement du fond de la mer dans la zone visée à cet article, sans son approbation, serait cause d'une infraction sur son territoire ou dans sa mer territoriale, aux lois et règlements de l'Etat côtier visés à ce même article.
3. Le présent article ne porte atteinte ni aux droits des propriétaires identifiables, au droit de récupérer des épaves et aux autres règles du droit maritime, ni aux lois et pratiques en matière d'échanges culturels.
4. Le présent article est sans préjudice des autres accords internationaux et règles du droit international concernant la protection des objets de caractère archéologique ou historique.

Article 304
Responsabilité en cas de dommages

Les dispositions de la Convention relatives à la responsabilité encourue en cas de dommages sont sans préjudice de l'application des règles existantes et de l'établissement de nouvelles règles concernant la responsabilité en vertu du droit international.

Article 301
Peaceful uses of the seas

In exercising their rights and performing their duties under this Convention, States Parties shall refrain from any threat or use of force against the territorial integrity or political independence of any State, or in any other manner inconsistent with the principles of international law embodied in the Charter of the United Nations.

Article 302
Disclosure of information

Without prejudice to the right of a State Party to resort to the procedures for the settlement of disputes provided for in this Convention, nothing in this Convention shall be deemed to require a State Party, in the fulfilment of its obligations under this Convention, to supply information the disclosure of which is contrary to the essential interests of its security.

Article 303
Archaeological and historical objects found at sea

1. States have the duty to protect objects of an archaeological and historical nature found at sea and shall cooperate for this purpose.
2. In order to control traffic in such objects, the coastal State may, in applying article 33, presume that their removal from the seabed in the zone referred to in that article without its approval would result in an infringement within its territory or territorial sea of the laws and regulations referred to in that article.
3. Nothing in this article affects the rights of identifiable owners, the law of salvage or other rules of admiralty, or laws and practices with respect to cultural exchanges.
4. This article is without prejudice to other international agreements and rules of international law regarding the protection of objects of an archaeological and historical nature.

Article 304
Responsibility and liability for damage

The provisions of this Convention regarding responsibility and liability for damage are without prejudice to the application of existing rules and the development of further rules regarding responsibility and liability under international law.

Partie XVII
Dispositions finales

Article 305
Signature

1.   La Convention est ouverte à la signature :
    a)   de tous les Etats ;
    b)   de la Namibie, représentée par le Conseil des Nations Unies pour la Namibie ;
    c)   de tous les Etats associés autonomes qui ont choisi ce régime par un acte d'autodétermination supervisé et approuvé par l'Organisation des Nations Unies, conformément à la résolution 1514 (XV) de l'Assemblée générale et qui ont compétence pour les matières dont traite la Convention, y compris la compétence pour conclure des traités sur ces matières ;
    d)   de tous les Etats associés autonomes qui, en vertu de leurs instruments d'association, ont compétence pour les matières dont traite la Convention, y compris la compétence pour conclure des traités sur ces matières ;
    e)   de tous les territoires qui jouissent d'une complète autonomie interne, reconnue comme telle par l'Organisation des Nations Unies, mais qui n'ont pas accédé à la pleine indépendance conformément à la résolution 1514 (XV) de l'Assemblée générale, et qui ont compétence pour les matières dont traite la Convention, y compris la compétence pour conclure des traités sur ces matières ;
    f)   des organisations internationales, conformément à l'annexe IX.
2.   La Convention est ouverte à la signature, au Ministère des affaires étrangères de la Jamaïque jusqu'au 9 décembre 1984, ainsi qu'au Siège de l'Organisation des Nations Unies à New York, du 1er juillet 1983 au 9 décembre 1984.

Article 306
Ratification et confirmation formelle

La Convention est soumise à ratification par les Etats et les autres entités visées à l'article 305, paragraphe 1, lettres b), c), d) et e), et à confirmation formelle, conformément à l'annexe IX, par les entités visées au paragraphe 1, lettre f), de cet article. Les instruments de ratification et de confirmation formelle sont déposés auprès du Secrétaire général de l'Organisation des Nations Unies.

Part XVII
Final Provisions

Article 305
Signature

1. This Convention shall be open for signature by:
    (a) all States;
    (b) Namibia, represented by the United Nations Council for Namibia;
    (c) all self-governing associated States which have chosen that status in an act of self-determination supervised and approved by the United Nations in accordance with General Assembly resolution 1514 (XV) and which have competence over the matters governed by this Convention, including the competence to enter into treaties in respect of those matters;
    (d) all self-governing associated States which, in accordance with their respective instruments of association, have competence over the matters governed by this Convention, including the competence to enter into treaties in respect of those matters;
    (e) all territories which enjoy full internal self-government, recognized as such by the United Nations, but have not attained full independence in accordance with General Assembly resolution 1514 (XV) and which have competence over the matters governed by this Convention, including the competence to enter into treaties in respect of those matters;
    (f) international organizations, in accordance with Annex IX.
2. This Convention shall remain open for signature until 9 December 1984 at the Ministry of Foreign Affairs of Jamaica and also, from 1 July 1983 until 9 December 1984, at United Nations Headquarters in New York.

Article 306
Ratification and formal confirmation

This Convention is subject to ratification by States and the other entities referred to in article 305, paragraph 1(b), (c), (d) and (e), and to formal confirmation, in accordance with Annex IX, by the entities referred to in article 305, paragraph 1(f). The instruments of ratification and of formal confirmation shall be deposited with the Secretary-General of the United Nations.

Article 307
Adhésion

La Convention reste ouverte à l'adhésion des Etats et des autres entités visées à l'article 305. L'adhésion des entités visées à l'article 305, paragraphe 1, lettre f), est régie par l'annexe IX. Les instruments d'adhésion sont déposés auprès du Secrétaire général de l'Organisation des Nations Unies.

Article 308
Entrée en vigueur

1. La Convention entre en vigueur 12 mois après la date de dépôt du soixantième instrument de ratification ou d'adhésion.
2. Pour chaque Etat qui ratifie la Convention ou y adhère après le dépôt du soixantième instrument de ratification ou d'adhésion, la Convention entre en vigueur le trentième jour qui suit la date de dépôt de l'instrument de ratification ou d'adhésion, sous réserve du paragraphe 1.
3. L'Assemblée de l'Autorité se réunit à la date d'entrée en vigueur de la Convention et élit le Conseil de l'Autorité. Au cas où l'article 161 ne pourrait être strictement appliqué, le premier Conseil est constitué de manière compatible avec les fins visées à cet article.
4. Les règles, règlements et procédures élaborés par la Commission préparatoire s'appliquent provisoirement en attendant qu'ils soient officiellement adoptés par l'Autorité conformément à la partie XI.
5. L'Autorité et ses organes agissent conformément à la résolution II de la troisième Conférence des Nations Unies sur le droit de la mer, relative aux investissements préparatoires, et aux décisions prises par la Commission préparatoire en application de cette résolution.

Article 309
Réserves et exceptions

La Convention n'admet ni réserves ni exceptions autres que celles qu'elle autorise expressément dans d'autres articles.

Article 310
Déclarations

L'article 309 n'interdit pas à un Etat, au moment où il signe ou ratifie la Convention, ou adhère à celle-ci, de faire des déclarations, quels qu'en soient le libellé ou la dénomination, notamment en vue d'harmoniser ses lois et règle-

Article 307
Accession

This Convention shall remain open for accession by States and the other entities referred to in article 305. Accession by the entities referred to in article 305, paragraph l(f), shall be in accordance with Annex IX. The instruments of accession shall be deposited with the Secretary-General of the United Nations.

Article 308
Entry into force

1. This Convention shall enter into force 12 months after the date of deposit of the sixtieth instrument of ratification or accession.
2. For each State ratifying or acceding to this Convention after the deposit of the sixtieth instrument of ratification or accession, the Convention shall enter into force on the thirtieth day following the deposit of its instrument of ratification or accession, subject to paragraph 1.
3. The Assembly of the Authority shall meet on the date of entry into force of this Convention and shall elect the Council of the Authority. The first Council shall be constituted in a manner consistent with the purpose of article 161 if the provisions of that article cannot be strictly applied.
4. The rules, regulations and procedures drafted by the Preparatory Commission shall apply provisionally pending their formal adoption by the Authority in accordance with Part XI.
5. The Authority and its organs shall act in accordance with resolution II of the Third United Nations Conference on the Law of the Sea relating to preparatory investment and with decisions of the Preparatory Commission taken pursuant to that resolution.

Article 309
Reservations and exceptions

No reservations or exceptions may be made to this Convention unless expressly permitted by other articles of this Convention.

Article 310
Declarations and statements

Article 309 does not preclude a State, when signing, ratifying or acceding to this Convention, from making declarations or statements, however phrased or named, with a view, *inter alia*, to the harmonization of its laws and regula-

ments avec la Convention, à condition que ces déclarations ne visent pas à exclure ou à modifier l'effet juridique des dispositions de la Convention dans leur application à cet Etat.

Article 311
Relation avec d'autres conventions et accords internationaux

1. La Convention l'emporte, entre les Etats Parties, sur les Conventions de Genève du 29 avril 1958 sur le droit de la mer.

2. La Convention ne modifie en rien les droits et obligations des Etats Parties qui découlent d'autres traités compatibles avec elle, et qui ne portent atteinte ni à la jouissance par les autres Etats Parties des droits qu'ils tiennent de la Convention, ni à l'exécution de leurs obligations découlant de celle-ci.

3. Deux ou plus de deux Etats Parties peuvent conclure des accords qui modifient ou suspendent l'application des dispositions de la Convention et qui s'appliquent uniquement à leurs relations mutuelles, à condition que ces accords ne portent pas sur une des dispositions de la Convention dont le non-respect serait incompatible avec la réalisation de son objet et de son but, et à condition également que ces accords n'affectent pas l'application des principes fondamentaux énoncés dans la Convention et ne portent atteinte ni à la jouissance par les autres Etats Parties des droits qu'ils tiennent de la Convention, ni à l'exécution de leurs obligations découlant de celle-ci.

4. Les Etats Parties qui se proposent de conclure un accord visé au paragraphe 3 notifient aux autres Parties, par l'entremise du dépositaire de la Convention, leur intention de conclure l'accord ainsi que les modifications ou la suspension de l'application des dispositions de la Convention qu'il prévoirait.

5. Le présent article ne porte pas atteinte aux accords internationaux expressément autorisés ou maintenus par d'autres articles de la Convention.

6. Les Etats Parties conviennent qu'aucune modification ne peut être apportée au principe fondamental concernant le patrimoine commun de l'humanité énoncé à l'article 136 et qu'ils ne seront parties à aucun accord dérogeant à ce principe.

Article 312
Amendement

1. A l'expiration d'une période de 10 ans à compter de la date d'entrée en vigueur de la Convention, tout Etat Partie peut proposer, par voie de com-

tions with the provisions of this Convention, provided that such declarations or statements do not purport to exclude or to modify the legal effect of the provisions of this Convention in their application to that State.

Article 311
Relation to other conventions and international agreements

1. This Convention shall prevail, as between States Parties, over the Geneva Conventions on the Law of the Sea of 29 April 1958.
2. This Convention shall not alter the rights and obligations of States Parties which arise from other agreements compatible with this Convention and which do not affect the enjoyment by other States Parties of their rights or the performance of their obligations under this Convention.
3. Two or more States Parties may conclude agreements modifying or suspending the operation of provisions of this Convention, applicable solely to the relations between them, provided that such agreements do not relate to a provision derogation from which is incompatible with the effective execution of the object and purpose of this Convention, and provided further that such agreements shall not affect the application of the basic principles embodied herein, and that the provisions of such agreements do not affect the enjoyment by other States Parties of their rights or the performance of their obligations under this Convention.
4. States Parties intending to conclude an agreement referred to in paragraph 3 shall notify the other States Parties through the depositary of this Convention of their intention to conclude the agreement and of the modification or suspension for which it provides.
5. This article does not affect international agreements expressly permitted or preserved by other articles of this Convention.
6. States Parties agree that there shall be no amendments to the basic principle relating to the common heritage of mankind set forth in article 136 and that they shall not be party to any agreement in derogation thereof.

Article 312
Amendment

1. After the expiry of a period of 10 years from the date of entry into force of this Convention, a State Party may, by written communication addressed to the Secretary-General of the United Nations, propose specific amendments to this Convention, other than those relating to activities in the Area, and request the convening of a conference to consider such proposed amendments. The Secretary-General shall circulate such commu-

munication écrite adressée au Secrétaire général de l'Organisation des Nations Unies, des amendements à la Convention sur des points précis, pour autant qu'ils ne portent pas sur les activités menées dans la zone, et demander la convocation d'une conférence chargée d'examiner les amendements ainsi proposés. Le Secrétaire général transmet cette communication à tous les Etats Parties. Il convoque la conférence si, dans les 12 mois qui suivent la date de transmission de la communication, la moitié au moins des Etats Parties répondent favorablement à cette demande.

2.   A moins qu'elle n'en décide autrement, la conférence d'amendement applique la procédure de prise de décisions suivie par la troisième Conférence des Nations Unies sur le droit de la mer. Elle ne devrait ménager aucun effort pour aboutir à un accord sur les amendements par voie de consensus et il ne devrait pas y avoir de vote sur ces amendements tant que tous les efforts en vue d'aboutir à un consensus n'auront pas été épuisés.

Article 313
Amendement par procédure simplifiée

1.   Tout Etat Partie peut proposer, par voie de communication écrite adressée au Secrétaire général de l'Organisation des Nations Unies, un amendement à la Convention, autre qu'un amendement portant sur les activités menées dans la Zone, et demander qu'il soit adopté selon la procédure simplifiée prévue au présent article, sans convocation d'une conférence. Le Secrétaire général transmet la communication à tous les Etats Parties.

2.   Si, dans les 12 mois qui suivent la date de transmission de la communication, un Etat Partie fait une objection à l'amendement proposé ou à la proposition tendant à le faire adopter selon la procédure simplifiée, l'amendement proposé est considéré comme rejeté. Le Secrétaire général en adresse notification à tous les Etats Parties.

3.   Si, 12 mois après la date de transmission de la communication, aucun Etat Partie n'a fait d'objection à l'amendement proposé ou à la proposition tendant à le faire adopter selon la procédure simplifiée, l'amendement proposé est considéré comme adopté. Le Secrétaire général en adresse notification à tous les Etats Parties.

Article 314
Amendements aux dispositions de la Convention portant exclusivement sur les activités menées dans la Zone

1.   Tout Etat Partie peut présenter, par voie de communication écrite adressée au Secrétaire général de l'Autorité, une proposition d'amendement

nication to all States Parties. If, within 12 months from the date of the circulation of the communication, not less than one half of the States Parties reply favourably to the request, the Secretary-General shall convene the conference.

2. The decision-making procedure applicable at the amendment conference shall be the same as that applicable at the Third United Nations Conference on the Law of the Sea unless otherwise decided by the conference. The conference should make every effort to reach agreement on any amendments by way of consensus and there should be no voting on them until all efforts at consensus have been exhausted.

Article 313
Amendment by simplified procedure

1. A State Party may, by written communication addressed to the Secretary-General of the United Nations, propose an amendment to this Convention, other than an amendment relating to activities in the Area, to be adopted by the simplified procedure set forth in this article without convening a conference. The Secretary-General shall circulate the communication to all States Parties.

2. If, within a period of 12 months from the date of the circulation of the communication, a State Party objects to the proposed amendment or to the proposal for its adoption by the simplified procedure, the amendment shall be considered rejected. The Secretary-General shall immediately notify all States Parties accordingly.

3. If, 12 months from the date of the circulation of the communication, no State Party has objected to the proposed amendment or to the proposal for its adoption by the simplified procedure, the proposed amendment shall be considered adopted. The Secretary-General shall notify all States Parties that the proposed amendment has been adopted.

Article 314
Amendments to the provisions of this Convention relating exclusively to activities in the Area

1. A State Party may, by written communication addressed to the Secretary-General of the Authority, propose an amendment to the provisions of this Convention relating exclusively to activities in the Area, including Annex VI, section 4. The Secretary-General shall circulate such

aux dispositions de la Convention portant exclusivement sur les activités menées dans la Zone, y compris les dispositions de la section 4 de l'annexe VI. Le Secrétaire général transmet cette communication à tous les Etats Parties. Une fois approuvé par le Conseil, l'amendement proposé doit être approuvé par l'Assemblée. Les représentants des Etats Parties sont munis des pleins pouvoirs pour examiner et approuver l'amendement proposé. La proposition d'amendement, telle qu'elle a été approuvée par le Conseil et l'Assemblée, est considérée comme adoptée.

2. Avant d'approuver un amendement conformément au paragraphe 1, le Conseil et l'Assemblée s'assurent qu'il ne porte pas atteinte au système d'exploration et d'exploitation des ressources de la Zone, en attendant la convocation de la Conférence de révision conformément à l'article 155.

Article 315
Amendements : signature, ratification, adhésion et textes faisant foi

1. Les amendements à la Convention, une fois adoptés, sont ouverts à la signature des Etats Parties au Siège de l'Organisation des Nations Unies à New York, pendant une période de 12 mois à compter de la date de leur adoption, à moins que ces amendements n'en disposent autrement.

2. Les articles 306, 307 et 320 s'appliquent à tous les amendements à la Convention.

Article 316
Entrée en vigueur des amendements

1. Pour les Etats Parties qui les ont ratifiés ou y ont adhéré, les amendements à la Convention, autres que ceux qui sont visés au paragraphe 5, entrent en vigueur le trentième jour qui suit la date de dépôt des instruments de ratification ou d'adhésion des deux tiers des Etats Parties ou de 60 Etats Parties, le plus élevé de ces deux nombres étant retenu. Les amendements ne portent atteinte ni à la jouissance par les autres Etats Parties des droits qu'ils tiennent de la Convention, ni à l'exécution de leurs obligations découlant de celle-ci.

2. Un amendement peut prévoir que son entrée en vigueur requiert un nombre de ratifications ou d'adhésions plus élevé que celui exigé par le présent article.

3. Pour chaque Etat Partie qui a ratifié un amendement visé au paragraphe 1 ou y a adhéré après la date de dépôt du nombre requis d'instruments de ratification ou d'adhésion, cet amendement entre en vigueur le trentième

communication to all States Parties. The proposed amendment shall be subject to approval by the Assembly following its approval by the Council. Representatives of States Parties in those organs shall have full powers to consider and approve the proposed amendment. The proposed amendment as approved by the Council and the Assembly shall be considered adopted.

2. Before approving any amendment under paragraph 1, the Council and the Assembly shall ensure that it does not prejudice the system of exploration for and exploitation of the resources of the Area, pending the Review Conference in accordance with article 155.

Article 315
Signature, ratification of, accession to and authentic texts of amendments

1. Once adopted, amendments to this Convention shall be open for signature by States Parties for 12 months from the date of adoption, at United Nations Headquarters in New York, unless otherwise provided in the amendment itself.

2. Articles 306, 307 and 320 apply to all amendments to this Convention.

Article 316
Entry into force of amendments

1. Amendments to this Convention, other than those referred to in paragraph 5, shall enter into force for the States Parties ratifying or acceding to them on the thirtieth day following the deposit of instruments of ratification or accession by two thirds of the States Parties or by 60 States Parties, whichever is greater. Such amendments shall not affect the enjoyment by other States Parties of their rights or the performance of their obligations under this Convention.

2. An amendment may provide that a larger number of ratifications or accessions shall be required for its entry into force than are required by this article.

3. For each State Party ratifying or acceding to an amendment referred to in paragraph 1 after the deposit of the required number of instruments of ratification or accession, the amendment shall enter into force on the thirtieth day following the deposit of its instrument of ratification or accession.

jour qui suit la date de dépôt par l'Etat Partie de son instrument de ratification ou d'adhésion.

4.   Tout Etat qui devient Partie à la Convention après l'entrée en vigueur d'un amendement conformément au paragraphe 1 est, faute d'avoir exprimé une intention différente, considéré comme étant :
   a)   Partie à la Convention telle qu'elle est amendée ; et
   b)   Partie à la Convention non amendée au regard de tout Etat Partie qui n'est pas lié par cet amendement.

5.   Les amendements portant exclusivement sur les activités menées dans la Zone et les amendements à l'annexe VI entrent en vigueur pour tous les Etats Parties un an après la date de dépôt des instruments de ratification ou d'adhésion des trois quarts des Etats Parties.

6.   Tout Etat qui devient Partie à la Convention après l'entrée en vigueur d'amendements visés au paragraphe 5 est considéré comme étant Partie à la Convention telle qu'elle est amendée.

Article 317
Dénonciation

1.   Un Etat Partie peut dénoncer la Convention, par voie de notification écrite adressée au Secrétaire général de l'Organisation des Nations Unies, et indiquer les motifs de la dénonciation. Le fait de ne pas indiquer de motifs n'affecte pas la validité de la dénonciation. Celle-ci prend effet un an après la date de réception de la notification, à moins qu'elle ne prévoit une date ultérieure.

2.   La dénonciation ne dégage pas un Etat des obligations financières et contractuelles encourues par lui alors qu'il était Partie à la Convention, et la dénonciation n'affecte pas non plus les droits, obligations ou situations juridiques découlant pour cet Etat de l'application de la Convention avant que celle-ci ne cesse d'être en vigueur à son égard.

3.   La dénonciation n'affecte en rien le devoir de tout Etat Partie de remplir toute obligation énoncée dans la Convention à laquelle il serait soumis en vertu du droit international indépendamment de celle-ci.

Article 318
Statut des annexes

Les annexes font partie intégrante de la Convention et, sauf disposition contraire expresse, une référence à la Convention renvoie également à ses annexes, et une référence à une partie de la Convention renvoie aussi aux annexes qui s'y rapportent.

4. A State which becomes a Party to this Convention after the entry into force of an amendment in accordance with paragraph 1 shall, failing an expression of a different intention by that State:

   (a) be considered as a Party to this Convention as so amended; and

   (b) be considered as a Party to the unamended Convention in relation to any State Party not bound by the amendment.

5. Any amendment relating exclusively to activities in the Area and any amendment to Annex VI shall enter into force for all States Parties one year following the deposit of instruments of ratification or accession by three fourths of the States Parties.

6. A State which becomes a Party to this Convention after the entry into force of amendments in accordance with paragraph 5 shall be considered as a Party to this Convention as so amended.

Article 317
Denunciation

1. A State Party may, by written notification addressed to the Secretary-General of the United Nations, denounce this Convention and may indicate its reasons. Failure to indicate reasons shall not affect the validity of the denunciation. The denunciation shall take effect one year after the date of receipt of the notification, unless the notification specifies a later date.

2. A State shall not be discharged by reason of the denunciation from the financial and contractual obligations which accrued while it was a Party to this Convention, nor shall the denunciation affect any right, obligation or legal situation of that State created through the execution of this Convention prior to its termination for that State.

3. The denunciation shall not in any way affect the duty of any State Party to fulfil any obligation embodied in this Convention to which it would be subject under international law independently of this Convention.

Article 318
Status of Annexes

The Annexes form an integral part of this Convention and, unless expressly provided otherwise, a reference to this Convention or to one of its Parts includes a reference to the Annexes relating thereto.

Article 319
Dépositaire

1. Le Secrétaire général de l'Organisation des Nations Unies est le dépositaire de la Convention et des amendements qui s'y rapportent.

2. Outre ses fonctions de dépositaire, le Secrétaire général :
   a) fait rapport à tous les Etats Parties, à l'Autorité et aux organisations internationales compétentes sur les questions de caractère général qui ont surgi à propos de la Convention ;
   b) notifie à l'Autorité les ratifications, confirmations formelles et adhésions dont la Convention et les amendements qui s'y rapportent font l'objet, ainsi que les dénonciations de la Convention ;
   c) notifie aux Etats Parties les accords conclus conformément à l'article 311, paragraphe 4 ;
   d) transmet aux Etats Parties, pour ratification ou adhésion, les amendements adoptés conformément à la Convention ;
   e) convoque les réunions nécessaires des Etats Parties conformément à la Convention.

3. a) Le Secrétaire général transmet également aux observateurs visés à l'article 156 :
   i) les rapports visés au paragraphe 2, lettre a) ;
   ii) les notifications visées au paragraphe 2, lettres b) et c) ;
   iii) à titre d'information, le texte des amendements visés au paragraphe 2, lettre d).
   b) Le Secrétaire général invite également ces observateurs à participer en qualité d'observateurs aux réunions des Etats Parties visées au paragraphe 2, lettre e).

Article 320
Textes faisant foi

L'original de la Convention, dont les textes anglais, arabe, chinois, espagnol, français et russe font également foi, est déposé, compte tenu de l'article 305, paragraphe 2, auprès du Secrétaire général de l'Organisation des Nations Unies.

EN FOI DE QUOI, les plénipotentiaires soussignés, dûment autorisés à cet effet, ont signé la Convention.

FAIT À MONTEGO BAY, le dix décembre mil neuf cent quatre-vingt-deux.

Article 319
Depositary

1. The Secretary-General of the United Nations shall be the depositary of this Convention and amendments thereto.

2. In addition to his functions as depositary, the Secretary-General shall:

   (a) report to all States Parties, the Authority and competent international organizations on issues of a general nature that have arisen with respect to this Convention;

   (b) notify the Authority of ratifications and formal confirmations of and accessions to this Convention and amendments thereto, as well as of denunciations of this Convention;

   (c) notify States Parties of agreements in accordance with article 311, paragraph 4;

   (d) circulate amendments adopted in accordance with this Convention to States Parties for ratification or accession;

   (e) convene necessary meetings of States Parties in accordance with this Convention.

3. (a) The Secretary-General shall also transmit to the observers referred to in article 156:

      (i) reports referred to in paragraph 2(a);

      (ii) notifications referred to in paragraph 2(b) and (c); and

      (iii) texts of amendments referred to in paragraph 2(d), for their information.

   (b) The Secretary-General shall also invite those observers to participate as observers at meetings of States Parties referred to in paragraph 2(e).

Article 320
Authentic texts

The original of this Convention, of which the Arabic, Chinese, English, French, Russian and Spanish texts are equally authentic, shall, subject to article 305, paragraph 2, be deposited with the Secretary-General of the United Nations.

IN WITNESS WHEREOF, the undersigned Plenipotentiaries, being duly authorized thereto, have signed this Convention.

DONE AT MONTEGO BAY, this tenth day of December, one thousand nine hundred and eighty-two.

Annexes de la Convention des Nations Unies sur le droit de la mer

∵

*Annexes of the United Nations Convention
on the Law of the Sea*

∴

Annexe I
Grands migrateurs

1. Thon blanc germon : *Thunnus alalunga*.
2. Thon rouge : *Thunnus thynnus*.
3. Thon obèse à gros œil : *Thunnus obesus*.
4. Bonite à ventre rayé : *Katsuwonus pelamis*.
5. Thon à nageoire jaune : *Thunnus albacares*.
6. Thon noir : *Thunnus atlanticus*.
7. Thonine : *Euthynnus alletteratus ; Euthynnus affinis*.
8. Thon à nageoire bleue : *Thunnus maccoyii*.
9. Auxide : *Auxis thazard ; Auxis rochei*.
10. Brème de mer : *Bramidae*.
11. Martin : *Tetrapturus angustirostris ; Tetrapturus belone ; Tetrapturus pfluegeri ; Tetrapturus albidus ; Tetrapturus audax ; Tetrapturus georgei ; Makaira mazara ; Makaira indica ; Makaira nigricans*.
12. Voilier : *Istiophorus platypterus ; Istiophorus albicans*.
13. Espadon : *Xiphias gladius*.
14. Sauri ou balaou : *Scomberesox saurus ; Cololabis saira ; Cololabis adocetus ; Scomberesox saurus scombroides*.
15. Coryphène ou dorade tropicale : *Coryphaena hippurus ; Coryphaena equiselis*.
16. Requin : *Hexanchus griseus ; Cetorhinus maximus ; Alopiidae ; Rhincodon typus ; Carchahinidae ; Sphyrnidae ; Isuridae*.
17. Cétacés (baleines et marsouins) : *Physeteridae ; Belaenopteridae ; Balaenidae ; Eschrichtiidae ; Monodontidae ; Ziphiidae ; Delphinidae*.

Annexe II
Commission des limites du plateau continental

Article premier

En application de l'article 76, une Commission des limites du plateau continental au-delà de 200 milles marins est créée conformément aux articles suivants.

Annex I
Highly Migratory Species

1. Albacore tuna: *Thunnus alalunga.*
2. Bluefin tuna: *Thunnus thynnus.*
3. Bigeye tuna: *Thunnus obesus.*
4. Skipjack tuna: *Katsuwonus pelamis.*
5. Yellowfin tuna: *Thunnus albacares.*
6. Blackfin tuna: *Thunnus atlanticus.*
7. Little tuna: *Euthynnus alletteratus; Euthynnus affinis.*
8. Southern bluefin tuna: *Thunnus maccoyii.*
9. Frigate mackerel: *Auxis thazard; Auxis rochei.*
10. Pomfrets: Family *Bramidae.*
11. Marlins: *Tetrapturus angustirostris; Tetrapturus belone; Tetrapturus pflue-geri; Tetrapturus albidus; Tetrapturus audax; Tetrapturus georgei; Makaira mazara; Makaira indica; Makaira nigricans.*
12. Sail-fishes: *Istiophorus platypterus; Istiophorus albicans.*
13. Swordfish: *Xiphias gladius.*
14. Sauries: *Scomberesox saurus; Cololabis saira; Cololabis adocetus; Scombe-resox saurus scombroides.*
15. Dolphin: *Coryphaena hippurus; Coryphaena equiselis.*
16. Oceanic sharks: *Hexanchus griseus; Cetorhinus maximus;* Family *Alopiidae; Rhincodon typus;* Family *Carcharhinidae;* Family *Sphyrnidae;* Family *Isurida.*
17. Cetaceans: Family *Physeteridae;* Family *Balaenopteridae;* Family *Balaenidae;* Family *Eschrichtiidae;* Family *Monodontidae;* Family *Ziphiidae;* Family *Delphinidae.*

Annex II
Commission on the Limits of the Continental Shelf

Article 1

In accordance with the provisions of article 76, a Commission on the Limits of the Continental Shelf beyond 200 nautical miles shall be established in conformity with the following articles.

Article 2

1. La Commission comprend 21 membres, experts en matière de géologie, de géophysique ou d'hydrographie, élus par les Etats Parties à la Convention parmi leurs ressortissants, compte dûment tenu de la nécessité d'assurer une représentation géographique équitable, ces membres exerçant leurs fonctions à titre individuel.

2. La première élection aura lieu dès que possible et, en tout état de cause, dans un délai de 18 mois à compter de l'entrée en vigueur de la Convention. Le Secrétaire général de l'Organisation des Nations Unies adresse, trois mois au moins avant la date de chaque élection, une lettre aux Etats Parties pour les inviter à soumettre des candidatures après les consultations régionales appropriées, et ce dans un délai de trois mois. Le Secrétaire général établit dans l'ordre alphabétique une liste de tous les candidats ainsi désignés et soumet cette liste à tous les Etats Parties.

3. L'élection des membres de la Commission a lieu lors d'une réunion des Etats Parties convoquée par le Secrétaire général au Siège de l'Organisation des Nations Unies. Le quorum est constitué par les deux tiers des Etats Parties. Sont élus membres de la Commission les candidats qui recueillent les suffrages des deux tiers des membres présents et votants. Trois membres au moins de chaque région géographique sont élus.

4. Les membres de la Commission sont élus pour un mandat de cinq ans. Ils sont rééligibles.

5. L'Etat Partie qui a soumis la candidature d'un membre de la Commission prend à sa charge les dépenses qu'encourt celui-ci lorsqu'il s'acquitte de ses fonctions pour le compte de la Commission. L'Etat côtier concerné prend à sa charge les dépenses encourues en ce qui concerne les avis visés à l'article 3, paragraphe 1, lettre b) de la présente annexe. Le secrétariat de la Commission est assuré par les soins du Secrétaire général de l'Organisation des Nations Unies.

Article 3

1. Les fonctions de la Commission sont les suivantes :
    a) examiner les données et autres renseignements présentés par les Etats côtiers en ce qui concerne la limite extérieure du plateau continental lorsque ce plateau s'étend au-delà de 200 milles marins et soumettre des recommandations conformément à l'article 76, et au Mémorandum d'accord adopté le 29 août 1980 par la troisième Conférence des Nations Unies sur le droit de la mer ;

Article 2

1. The Commission shall consist of 21 members who shall be experts in the field of geology, geophysics or hydrography, elected by States Parties to this Convention from among their nationals, having due regard to the need to ensure equitable geographical representation, who shall serve in their personal capacities.

2. The initial election shall be held as soon as possible but in any case within 18 months after the date of entry into force of this Convention. At least three months before the date of each election, the Secretary-General of the United Nations shall address a letter to the States Parties, inviting the submission of nominations, after appropriate regional consultations, within three months. The Secretary-General shall prepare a list in alphabetical order of all persons thus nominated and shall submit it to all the States Parties.

3. Elections of the members of the Commission shall be held at a meeting of States Parties convened by the Secretary-General at United Nations Headquarters. At that meeting, for which two thirds of the States Parties shall constitute a quorum, the persons elected to the Commission shall be those nominees who obtain a two-thirds majority of the votes of the representatives of States Parties present and voting. Not less than three members shall be elected from each geographical region.

4. The members of the Commission shall be elected for a term of five years. They shall be eligible for re-election.

5. The State Party which submitted the nomination of a member of the Commission shall defray the expenses of that member while in performance of Commission duties. The coastal State concerned shall defray the expenses incurred in respect of the advice referred to in article 3, paragraph 1(b), of this Annex. The secretariat of the Commission shall be provided by the Secretary-General of the United Nations.

Article 3

1. The functions of the Commission shall be:
    (a) to consider the data and other material submitted by coastal States concerning the outer limits of the continental shelf in areas where those limits extend beyond 200 nautical miles, and to make recommendations in accordance with article 76 and the Statement of Understanding adopted on 29 August 1980 by the Third United Nations Conference on the Law of the Sea;

b) émettre, à la demande de l'Etat côtier concerné, des avis scientifiques et techniques en vue de l'établissement des données visées à la lettre précédente.

2. La Commission peut coopérer, dans la mesure jugée nécessaire ou utile, avec la Commission océanographique intergouvernementale de l'Unesco, l'Organisation hydrographique internationale et d'autres organisations internationales compétentes en vue de se procurer des données scientifiques et techniques susceptibles de l'aider à s'acquitter de ses responsabilités.

Article 4

L'Etat côtier qui se propose de fixer, en application de l'article 76, la limite extérieure de son plateau continental au-delà de 200 milles marins, soumet à la Commission les caractéristiques de cette limite, avec données scientifiques et techniques à l'appui dès que possible et, en tout état de cause, dans un délai de 10 ans à compter de l'entrée en vigueur de la Convention pour cet Etat. L'Etat côtier communique en même temps les noms de tous membres de la Commission qui lui ont fourni des avis scientifiques et techniques.

Article 5

A moins qu'elle n'en décide autrement, la Commission fonctionne par l'intermédiaire de sous-commissions composées de sept membres désignés d'une manière équilibrée compte tenu des éléments spécifiques de chaque demande soumise par un Etat côtier. Les membres de la Commission qui sont ressortissants de l'Etat côtier qui a soumis une demande, non plus qu'un membre de la Commission qui a aidé l'Etat côtier en lui fournissant des avis scientifiques et techniques au sujet du tracé, ne peuvent faire partie de la Sous-Commission chargée d'examiner la demande, mais ils ont le droit de participer en tant que membres aux travaux de la Commission concernant celle-ci. L'Etat côtier qui a soumis une demande à la Commission peut y envoyer des représentants qui participeront aux travaux pertinents sans droit de vote.

Article 6

1. La Sous-Commission soumet ses recommandations à la Commission.

2. La Commission approuve les recommandations de la Sous-Commission à la majorité des deux tiers des membres présents et votants.

(b) to provide scientific and technical advice, if requested by the coastal State concerned during the preparation of the data referred to in subparagraph (a).

2.   The Commission may cooperate, to the extent considered necessary and useful, with the Intergovernmental Oceanographic Commission of UNESCO, the International Hydrographic Organization and other competent international organizations with a view to exchanging scientific and technical information which might be of assistance in discharging the Commission's responsibilities.

Article 4

Where a coastal State intends to establish, in accordance with article 76, the outer limits of its continental shelf beyond 200 nautical miles, it shall submit particulars of such limits to the Commission along with supporting scientific and technical data as soon as possible but in any case within 10 years of the entry into force of this Convention for that State. The coastal State shall at the same time give the names of any Commission members who have provided it with scientific and technical advice.

Article 5

Unless the Commission decides otherwise, the Commission shall function by way of sub-commissions composed of seven members, appointed in a balanced manner taking into account the specific elements of each submission by a coastal State. Nationals of the coastal State making the submission who are members of the Commission and any Commission member who has assisted a coastal State by providing scientific and technical advice with respect to the delineation shall not be a member of the sub-commission dealing with that submission but has the right to participate as a member in the proceedings of the Commission concerning the said submission. The coastal State which has made a submission to the Commission may send its representatives to participate in the relevant proceedings without the right to vote.

Article 6

1.   The sub-commission shall submit its recommendations to the Commission.

2.   Approval by the Commission of the recommendations of the sub-commission shall be by a majority of two thirds of Commission members present and voting.

3. Les recommandations de la Commission sont soumises par écrit à l'Etat côtier qui a présenté la demande ainsi qu'au Secrétaire général de l'Organisation des Nations Unies.

Article 7

Les Etats côtiers fixent la limite extérieure de leur plateau continental conformément à l'article 76, paragraphe 8 et aux procédures nationales appropriées.

Article 8

S'il est en désaccord avec les recommandations de la Commission, l'Etat côtier lui soumet, dans un délai raisonnable, une demande révisée ou une nouvelle demande.

Article 9

Les actes de la Commission ne préjugent pas les questions relatives à l'établissement des limites entre Etats dont les côtes sont adjacentes ou se font face.

Annexe III
Dispositions de base régissant la prospection, l'exploration et l'exploitation

Article premier
Droits sur les minéraux

Le transfert des droits sur les minéraux intervient au moment de l'extraction de ceux-ci conformément à la Convention.

Article 2
Prospection

1. a) L'Autorité encourage la prospection dans la Zone.
    b) La prospection ne peut être entreprise que lorsque l'Autorité a reçu du futur prospecteur un engagement écrit satisfaisant indiquant qu'il respectera la Convention et les règles, règlements et procédures de l'Autorité concernant la coopération aux programmes de formation visés aux articles 143 et 144, et la protection du milieu marin et qu'il accepte que l'Autorité en vérifie le respect. Le futur

© 2015 BY INTERNATIONAL TRIBUNAL FOR THE LAW OF THE SEA | DOI 10.1163/9789004304710_010

3.   The recommendations of the Commission shall be submitted in writing to the coastal State which made the submission and to the Secretary-General of the United Nations.

Article 7

Coastal States shall establish the outer limits of the continental shelf in conformity with the provisions of article 76, paragraph 8, and in accordance with the appropriate national procedures.

Article 8

In the case of disagreement by the coastal State with the recommendations of the Commission, the coastal State shall, within a reasonable time, make a revised or new submission to the Commission.

Article 9

The actions of the Commission shall not prejudice matters relating to delimitation of boundaries between States with opposite or adjacent coasts.

Annex III
Basic Conditions of Prospecting, Exploration and Exploitation

Article 1
Title to minerals

Title to minerals shall pass upon recovery in accordance with this Convention.

Article 2
Prospecting

1.   (a)   The Authority shall encourage prospecting in the Area.
      (b)   Prospecting shall be conducted only after the Authority has received a satisfactory written undertaking that the proposed prospector will comply with this Convention and the relevant rules, regulations and procedures of the Authority concerning cooperation in the training programmes referred to in articles 143 and 144 and the protection of the marine environment, and will accept verification by

© 2015 BY INTERNATIONAL TRIBUNAL FOR THE LAW OF THE SEA | DOI 10.1163/9789004304710_010

prospecteur notifie à l'Autorité, en même temps que cet engagement, les limites approximatives de la zone ou des zones devant être prospectées.

c)   La prospection peut être réalisée simultanément par plusieurs prospecteurs dans la même zone ou les mêmes zones.

2.   La prospection ne confère au prospecteur aucun droit sur les ressources. Le prospecteur peut toutefois extraire une quantité raisonnable de minéraux à titre d'échantillons.

Article 3
Exploration et exploitation

1.   L'Entreprise, les Etats Parties et les autres entités ou personnes visées à l'article 153, paragraphe 2, lettre b), peuvent demander à l'Autorité d'approuver des plans de travail portant sur les activités à mener dans la zone.

2.   L'Entreprise peut faire une demande portant sur n'importe quelle partie de la zone, mais les demandes présentées par d'autres entités ou personnes pour des secteurs réservés doivent satisfaire en outre aux conditions énoncés à l'article 9 de la présente annexe.

3.   L'exploration et l'exploitation ne sont menées que dans les secteurs spécifiés par les plans de travail visés à l'article 153, paragraphe 3, et approuvés par l'Autorité conformément à la Convention et aux règles, règlements et procédures pertinents de l'Autorité.

4.   Tout plan de travail approuvé doit :
a)   être conforme à la Convention et aux règles, règlements et procédures de l'Autorité ;
b)   prévoir le contrôle de l'Autorité sur les activités menées dans la Zone, conformément à l'article 153, paragraphe 4 ;
c)   conférer à l'exploitant, conformément aux règles, règlements et procédures de l'Autorité, des droits exclusifs pour l'exploration et l'exploitation dans le secteur visé par le plan de travail, des catégories de ressources qui y sont spécifiées. Si un demandeur soumet un plan de travail ne portant que sur la phase d'exploration ou celle d'exploitation, des droits exclusifs lui sont conférés pour cette seule phase.

5.   Une fois approuvé par l'Autorité, tout plan de travail, à moins qu'il n'ait été soumis par l'Entreprise, revêt la forme d'un contrat conclu entre l'Autorité et le ou les demandeurs.

the Authority of compliance therewith. The proposed prospector shall, at the same time, notify the Authority of the approximate area or areas in which prospecting is to be conducted.

(c) Prospecting may be conducted simultaneously by more than one prospector in the same area or areas.

2. Prospecting shall not confer on the prospector any rights with respect to resources. A prospector may, however, recover a reasonable quantity of minerals to be used for testing.

Article 3
Exploration and exploitation

1. The Enterprise, States Parties, and the other entities referred to in article 153, paragraph 2(b), may apply to the Authority for approval of plans of work for activities in the Area.

2. The Enterprise may apply with respect to any part of the Area, but applications by others with respect to reserved areas are subject to the additional requirements of article 9 of this Annex.

3. Exploration and exploitation shall be carried out only in areas specified in plans of work referred to in article 153, paragraph 3, and approved by the Authority in accordance with this Convention and the relevant rules, regulations and procedures of the Authority.

4. Every approved plan of work shall:
    (a) be in conformity with this Convention and the rules, regulations and procedures of the Authority;
    (b) provide for control by the Authority of activities in the Area in accordance with article 153, paragraph 4;
    (c) confer on the operator, in accordance with the rules, regulations and procedures of the Authority, the exclusive right to explore for and exploit the specified categories of resources in the area covered by the plan of work. If, however, the applicant presents for approval a plan of work covering only the stage of exploration or the stage of exploitation, the approved plan of work shall confer such exclusive right with respect to that stage only.

5. Upon its approval by the Authority, every plan of work, except those presented by the Enterprise, shall be in the form of a contract concluded between the Authority and the applicant or applicants.

Article 4
Conditions de qualification des demandeurs

1. Sont qualifiés les demandeurs, autres que l'Entreprise, qui remplissent les conditions énoncées à l'article 153, paragraphe 2, lettre b), en matière de nationalité ou de contrôle et de patronage et doivent suivre les procédures et répondre aux critères de qualification énoncés dans les règles, règlements et procédures de l'Autorité.

2. Sous réserve du paragraphe 6, ces critères de qualification se rapportent à la capacité financière et technique du demandeur ainsi qu'à la façon dont celui-ci a exécuté les contrats antérieurement avec l'Autorité.

3. Tout demandeur est patronné par l'Etat Partie dont il est ressortissant, sauf si le demandeur a plus d'une nationalité, comme c'est le cas pour une association ou un consortium composé d'entités ou personnes relevant de différents Etats, auquel cas tous les Etats Parties concernés doivent patronner la demande, ou si le demandeur est effectivement contrôlé par un autre Etat Partie ou par ses ressortissants, auquel cas les deux Etats Parties doivent patronner la demande. Les critères et procédures d'application des conditions de patronage sont énoncés dans les règles, règlements et procédures de l'Autorité.

4. Il incombe à l'Etat Partie ou aux Etats Parties qui patronnent une demande de veiller, en application de l'article 139 et au regard de leurs systèmes juridiques, à ce que les activités menées dans la zone par un contractant que cet Etat ou ces Etats patronnent le soient conformément aux obligations qui lui incombent en vertu du contrat et à la Convention. Toutefois, un Etat Partie n'est pas responsable des dommages résultant du manquement de la part d'un contractant patronné par lui à ses obligations s'il a adopté les lois et règlements et pris les mesures administratives qui, au regard de son système juridique, sont raisonnablement appropriées pour assurer le respect effectif de ces obligations par les personnes relevant de sa juridiction.

5. Les procédures pour apprécier les demandes présentées par des Etats Parties doivent tenir compte de leur qualité d'Etats.

6. Les critères de qualification exigent que tout demandeur, sans exception, s'engage dans sa demande à :

    a) accepter comme exécutoires et à respecter les obligations qui lui incombent en vertu de la partie XI, des règles, règlements et procédures de l'Autorité, des décisions des organes de celle-ci et des clauses des contrats qu'il a conclus avec l'Autorité ;

    b) accepter que l'Autorité exerce sur les activités menées dans la zone le contrôle autorisé par la Convention ;

Article 4
Qualifications of applicants

1. Applicants, other than the Enterprise, shall be qualified if they have the nationality or control and sponsorship required by article 153, paragraph 2(b), and if they follow the procedures and meet the qualification standards set forth in the rules, regulations and procedures of the Authority.

2. Except as provided in paragraph 6, such qualification standards shall relate to the financial and technical capabilities of the applicant and his performance under any previous contracts with the Authority.

3. Each applicant shall be sponsored by the State Party of which it is a national unless the applicant has more than one nationality, as in the case of a partnership or consortium of entities from several States, in which event all States Parties involved shall sponsor the application, or unless the applicant is effectively controlled by another State Party or its nationals, in which event both States Parties shall sponsor the application. The criteria and procedures for implementation of the sponsorship requirements shall be set forth in the rules, regulations and procedures of the Authority.

4. The sponsoring State or States shall, pursuant to article 139, have the responsibility to ensure, within their legal systems, that a contractor so sponsored shall carry out activities in the Area in conformity with the terms of its contract and its obligations under this Convention. A sponsoring State shall not, however, be liable for damage caused by any failure of a contractor sponsored by it to comply with its obligations if that State Party has adopted laws and regulations and taken administrative measures which are, within the framework of its legal system, reasonably appropriate for securing compliance by persons under its jurisdiction.

5. The procedures for assessing the qualifications of States Parties which are applicants shall take into account their character as States.

6. The qualification standards shall require that every applicant, without exception, shall as part of his application undertake:
    (a) to accept as enforceable and comply with the applicable obligations created by the provisions of Part XI, the rules, regulations and procedures of the Authority, the decisions of the organs of the Authority and terms of his contracts with the Authority;
    (b) to accept control by the Authority of activities in the Area, as authorized by this Convention;

c) fournir à l'Autorité l'assurance écrite qu'il remplira de bonne foi les obligations qui lui incombent en vertu du contrat ;

d) respecter les dispositions relatives au transfert des techniques énoncées à l'article 5 de la présente annexe.

Article 5
Transfert des techniques

1. Lorsqu'il soumet un plan de travail, tout demandeur met à la disposition de l'Autorité une description générale de l'équipement et des méthodes qui seront utilisées pour les activités menées dans la zone et autres informations pertinentes qui ne sont pas propriété industrielle et qui portent sur les caractéristiques des techniques envisagées, ainsi que des informations indiquant où ces techniques sont disponibles.

2. Tout exploitant communique à l'Autorité les changements apportés à la description, aux données et aux informations mises à la disposition de l'Autorité en vertu du paragraphe 1 chaque fois qu'une modification ou une innovation technique importante est introduite.

3. Tout contrat portant sur des activités à mener dans la zone contient des clauses par lesquelles le contractant s'engage à :

a) mettre à la disposition de l'Entreprise, à la demande de l'Autorité et selon des modalités et à des conditions commerciales justes et raisonnables, les techniques qu'il utilise pour mener des activités dans la zone au titre du contrat et qu'il est en droit de transférer. Le transfert s'effectue par voie d'accords de licence ou d'autres arrangements appropriés que le contractant négocie avec l'Entreprise et qui sont consignés dans un accord spécial complétant le contrat. Cet engagement ne peut être évoqué que si l'Entreprise constate qu'elle n'est pas en mesure d'obtenir sur le marché libre, selon des modalités et à des conditions commerciales justes et raisonnables, les mêmes techniques ou des techniques aussi efficaces et appropriées ;

b) obtenir du propriétaire de toute technique à utiliser pour mener des activités dans la Zone au titre du contrat, et qui n'est ni visée à la lettre a), ni généralement disponible sur le marché libre, l'assurance écrite qu'à la demande de l'Autorité, il autorisera l'Entreprise, par voie d'accords de licence ou d'autres arrangements appropriés, à utiliser cette technique dans la même mesure que le contractant, et selon des modalités et à des conditions commerciales justes et raisonnables. En l'absence d'une telle assurance, ces techniques ne

(c) to provide the Authority with a written assurance that his obligations under the contract will be fulfilled in good faith;

(d) to comply with the provisions on the transfer of technology set forth in article 5 of this Annex.

Article 5
Transfer of technology

1. When submitting a plan of work, every applicant shall make available to the Authority a general description of the equipment and methods to be used in carrying out activities in the Area, and other relevant non-proprietary information about the characteristics of such technology and information as to where such technology is available.

2. Every operator shall inform the Authority of revisions in the description and information made available pursuant to paragraph 1 whenever a substantial technological change or innovation is introduced.

3. Every contract for carrying out activities in the Area shall contain the following undertakings by the contractor:

(a) to make available to the Enterprise on fair and reasonable commercial terms and conditions, whenever the Authority so requests, the technology which he uses in carrying out activities in the Area under the contract, which the contractor is legally entitled to transfer. This shall be done by means of licences or other appropriate arrangements which the contractor shall negotiate with the Enterprise and which shall be set forth in a specific agreement supplementary to the contract. This undertaking may be invoked only if the Enterprise finds that it is unable to obtain the same or equally efficient and useful technology on the open market on fair and reasonable commercial terms and conditions;

(b) to obtain a written assurance from the owner of any technology used in carrying out activities in the Area under the contract, which is not generally available on the open market and which is not covered by subparagraph (a), that the owner will, whenever the Authority so requests, make that technology available to the Enterprise under licence or other appropriate arrangements and on fair and reasonable commercial terms and conditions, to the same extent as made available to the contractor. If this assurance is not

peuvent être utilisées par le contractant pour mener des activités dans la Zone ;

c)   acquérir, par un contrat exécutoire, à la demande de l'Entreprise et s'il peut le faire sans que cela entraîne pour lui des frais importants, le droit de transférer à l'Entreprise toute technique qu'il utilise pour mener des activités dans la Zone au titre du contrat, qu'il n'est pas déjà en droit de transférer et qui n'est pas généralement disponible sur le marché libre. Si, dans le cadre d'une société, il existe un lien substantiel entre le contractant et le propriétaire de la technique, l'étroitesse de ce lien et le degré de contrôle ou d'influence sont pris en considération lorsqu'il s'agit de déterminer si toutes les dispositions possibles ont été prises pour l'acquisition d'un tel droit. Si le contractant exerce un contrôle effectif sur le propriétaire et n'acquiert pas ce droit auprès de lui, il en est tenu compte pour déterminer si le contractant est qualifié lorsqu'il soumet une nouvelle demande d'approbation d'un plan de travail ;

d)   faciliter à l'Entreprise, à sa demande, l'acquisition de toute technique visée à la lettre b), par voie d'accords de licence ou d'autres arrangements appropriés, selon des modalités et à des conditions commerciales justes et raisonnables, au cas où elle déciderait de négocier directement avec le propriétaire ;

e)   prendre à l'égard d'un Etat ou groupe d'Etats en développement qui a sollicité un contrat en vertu de l'article 9 de la présente annexe, les mêmes dispositions que celles prescrites aux lettres a), b), c) et d), à condition qu'elles se limitent à l'exploitation de la partie de la zone proposée par le contractant qui a été réservée en application de l'article 8 de la présente annexe et que les activités, prévues dans le contrat sollicité par l'Etat ou groupe d'Etats en développement, n'impliquent pas de transfert de techniques au profit d'un Etat tiers ou de ressortissants d'un Etat tiers. L'obligation prévue par la présente disposition ne s'applique qu'aux contractants dont les techniques n'ont pas fait l'objet d'une demande de transfert à l'Entreprise ou n'ont pas déjà été transférées à celle-ci.

4.   Les différends qui concernent les engagements requis au paragraphe 3, tout comme ceux qui concernent les autres clauses des contrats, sont soumis à la procédure de règlement obligatoire des différends prévue à la partie XI, et le non-respect de ces engagements peut entraîner des peines d'amende et la suspension ou la résiliation du contrat conformément à l'article 18 de la présente annexe. Les différends portant sur le point de savoir si les offres faites par le contractant comportent des modalités et conditions commerciales justes et raisonnables peuvent être soumis par

obtained, the technology in question shall not be used by the contractor in carrying out activities in the Area;

(c)   to acquire from the owner by means of an enforceable contract, upon the request of the Enterprise and if it is possible to do so without substantial cost to the contractor, the legal right to transfer to the Enterprise any technology used by the contractor, in carrying out activities in the Area under the contract, which the contractor is otherwise not legally entitled to transfer and which is not generally available on the open market. In cases where there is a substantial corporate relationship between the contractor and the owner of the technology, the closeness of this relationship and the degree of control or influence shall be relevant to the determination whether all feasible measures have been taken to acquire such a right. In cases where the contractor exercises effective control over the owner, failure to acquire from the owner the legal right shall be considered relevant to the contractor's qualification for any subsequent application for approval of a plan of work;

(d)   to facilitate, upon the request of the Enterprise, the acquisition by the Enterprise of any technology covered by subparagraph (b), under licence or other appropriate arrangements and on fair and reasonable commercial terms and conditions, if the Enterprise decides to negotiate directly with the owner of the technology;

(e)   to take the same measures as are prescribed in subparagraphs (a), (b), (c) and (d) for the benefit of a developing State or group of developing States which has applied for a contract under article 9 of this Annex, provided that these measures shall be limited to the exploitation of the part of the area proposed by the contractor which has been reserved pursuant to article 8 of this Annex and provided that activities under the contract sought by the developing State or group of developing States would not involve transfer of technology to a third State or the nationals of a third State. The obligation under this provision shall only apply with respect to any given contractor where technology has not been requested by the Enterprise or transferred by that contractor to the Enterprise.

4.   Disputes concerning undertakings required by paragraph 3, like other provisions of the contracts, shall be subject to compulsory settlement in accordance with Part XI and, in cases of violation of these undertakings, suspension or termination of the contract or monetary penalties may be ordered in accordance with article 18 of this Annex. Disputes as to whether offers made by the contractor are within the range of fair

l'une quelconque des parties à la procédure d'arbitrage commercial obligatoire prévue dans le Règlement d'arbitrage de la CNUDCI ou à toute autre procédure d'arbitrage prescrite dans les règles, règlements et procédures de l'Autorité. Si l'arbitrage aboutit à une décision négative sur ce point, le contractant dispose de 45 jours pour modifier son offre afin qu'elle comporte des modalités et conditions commerciales justes et raisonnables avant que l'Autorité ne prenne une décision en application de l'article 18 de la présente annexe.

5. Si l'Entreprise n'est pas en mesure d'obtenir, selon des modalités et à des conditions commerciales justes et raisonnables, des techniques appropriées pour entreprendre, en temps opportun, l'extraction et le traitement des minéraux de la Zone, le Conseil ou l'Assemblée peut convoquer un groupe d'Etats Parties composé des Etats qui mènent des activités dans la Zone, de ceux qui patronnent des entités ou personnes menant de telles activités et d'autres Etats Parties qui ont accès à ces techniques. Ce groupe prend, après consultations, des mesures efficaces pour faire en sorte que ces techniques soient mises à la disposition de l'Entreprise selon des modalités et à des conditions commerciales justes et raisonnables. Chacun de ces Etats Parties prend, à cette fin, toutes les mesures possibles dans la pratique au regard de son système juridique.

6. Dans le cas d'entreprises conjointes avec l'Entreprise, le transfert des techniques s'effectue conformément à l'accord régissant ces entreprises.

7. Les engagements requis au paragraphe 3 sont inclus dans chaque contrat portant sur des activités à mener dans la Zone jusqu'à expiration d'une période de 10 ans après le démarrage de la production commerciale par l'Entreprise et peuvent être invoqués au cours de cette période.

8. Aux fins du présent article, on entend par « techniques » l'équipement spécialisé et le savoir-faire technique, y compris les descriptifs, les manuels, les notices explicatives, la formation, les conseils et l'assistance techniques nécessaires au montage, à l'entretien et au fonctionnement d'un système viable ainsi que le droit d'utiliser ces éléments à cette fin sur une base non exclusive.

Article 6
Approbation des plans de travail

1. L'Autorité entreprendra l'examen des plans de travail proposés six mois après l'entrée en vigueur de la Convention, puis tous les quatre mois.

2. Lors de l'examen d'une demande d'approbation d'un plan de travail revêtant la forme d'un contrat, l'Autorité s'assure tout d'abord que :

and reasonable commercial terms and conditions may be submitted by either party to binding commercial arbitration in accordance with the UNCITRAL Arbitration Rules or such other arbitration rules as may be prescribed in the rules, regulations and procedures of the Authority. If the finding is that the offer made by the contractor is not within the range of fair and reasonable commercial terms and conditions, the contractor shall be given 45 days to revise his offer to bring it within that range before the Authority takes any action in accordance with article 18 of this Annex.

5.   If the Enterprise is unable to obtain on fair and reasonable commercial terms and conditions appropriate technology to enable it to commence in a timely manner the recovery and processing of minerals from the Area, either the Council or the Assembly may convene a group of States Parties composed of those which are engaged in activities in the Area, those which have sponsored entities which are engaged in activities in the Area and other States Parties having access to such technology. This group shall consult together and shall take effective measures to ensure that such technology is made available to the Enterprise on fair and reasonable commercial terms and conditions. Each such State Party shall take all feasible measures to this end within its own legal system.

6.   In the case of joint ventures with the Enterprise, transfer of technology will be in accordance with the terms of the joint venture agreement.

7.   The undertakings required by paragraph 3 shall be included in each contract for the carrying out of activities in the Area until 10 years after the commencement of commercial production by the Enterprise, and may be invoked during that period.

8.   For the purposes of this article, "technology" means the specialized equipment and technical know-how, including manuals, designs, operating instructions, training and technical advice and assistance, necessary to assemble, maintain and operate a viable system and the legal right to use these items for that purpose on a non-exclusive basis.

Article 6
Approval of plans of work

1.   Six months after the entry into force of this Convention, and thereafter each fourth month, the Authority shall take up for consideration proposed plans of work.

2.   When considering an application for approval of a plan of work in the form of a contract, the Authority shall first ascertain whether:

a) le demandeur a suivi les procédures de présentation des demandes visées à l'article 4 de la présente annexe et qu'il a pris envers l'Autorité les engagements et lui a donné les assurances que requiert cet article. Si ces procédures n'ont pas été suivies, ou si l'un quelconque de ces engagements et assurances fait défaut, le demandeur dispose d'un délai de 45 jours pour remédier à ces carences ;

b) le demandeur est qualifié au sens de l'article 4 de la présente annexe.

3. Tous les plans de travail proposés sont examinés dans l'ordre de leur réception. Les plans de travail proposés doivent être conformes et sont soumis aux dispositions pertinentes de la Convention ainsi qu'aux règles, règlements et procédures de l'Autorité, y compris les conditions relatives aux opérations, les contributions financières et les engagements en matière de transfert de techniques. Si les plans de travail proposés sont conformes à ces dispositions, l'Autorité les approuve, à condition qu'ils soient également conformes aux conditions uniformes et non discriminatoires énoncées dans les règles, règlements et procédures de l'Autorité, à moins :

a) qu'une partie ou la totalité de la zone visée par le plan de travail proposé ne soit comprise dans un plan de travail déjà approuvé ou dans un plan de travail précédemment proposé sur lequel l'Autorité n'a pas encore statué définitivement ;

b) que la mise en exploitation d'une partie ou de la totalité de la zone visée par le plan de travail proposé n'ait été exclue par l'Autorité en application de l'article 162, paragraphe 2, lettre x) ; ou

c) que le plan de travail proposé ne soit soumis ou patronné par un Etat Partie qui a déjà fait approuver :

   i) des plans de travail relatifs à l'exploration et à l'exploitation de gisements de nodules polymétalliques dans des secteurs non réservés dont la superficie, ajoutée à celle de l'une ou l'autre partie de la zone visée par le plan de travail proposé, dépasserait 30 p. 100 de la superficie d'une zone circulaire de 400 000 km² déterminés à partir du centre de l'une ou l'autre partie de la zone visée par le plan de travail proposé ;

   ii) plans de travail relatifs à l'exploration et à l'exploitation de gisements de nodules polymétalliques dans des secteurs non réservés représentant ensemble 2 p. 100 de la superficie totale de la Zone qui n'a pas été réservée et dont la mise en exploitation n'a pas été exclue en application de l'article 162, paragraphe 2, lettre x).

4. Aux fins de l'application de la règle énoncée au paragraphe 3, lettre c), un plan de travail soumis par une association ou un consortium est imputé sur une base proportionnelle aux Etats Parties qui patronnent l'associa-

(a) the applicant has complied with the procedures established for applications in accordance with article 4 of this Annex and has given the Authority the undertakings and assurances required by that article. In cases of non-compliance with these procedures or in the absence of any of these undertakings and assurances, the applicant shall be given 45 days to remedy these defects;

(b) the applicant possesses the requisite qualifications provided for in article 4 of this Annex.

3. All proposed plans of work shall be taken up in the order in which they are received. The proposed plans of work shall comply with and be governed by the relevant provisions of this Convention and the rules, regulations and procedures of the Authority, including those on operational requirements, financial contributions and the undertakings concerning the transfer of technology. If the proposed plans of work conform to these requirements, the Authority shall approve them provided that they are in accordance with the uniform and non-discriminatory requirements set forth in the rules, regulations and procedures of the Authority, unless:

(a) part or all of the area covered by the proposed plan of work is included in an approved plan of work or a previously submitted proposed plan of work which has not yet been finally acted on by the Authority;

(b) part or all of the area covered by the proposed plan of work is disapproved by the Authority pursuant to article 162, paragraph 2(x); or

(c) the proposed plan of work has been submitted or sponsored by a State Party which already holds:

(i) plans of work for exploration and exploitation of polymetallic nodules in non-reserved areas that, together with either part of the area covered by the application for a plan of work, exceed in size 30 per cent of a circular area of 400,000 square kilometres surrounding the centre of either part of the area covered by the proposed plan of work;

(ii) plans of work for the exploration and exploitation of polymetallic nodules in non-reserved areas which, taken together, constitute 2 per cent of the total seabed area which is not reserved or disapproved for exploitation pursuant to article 162, paragraph (2)(x).

4. For the purpose of the standard set forth in paragraph 3(c), a plan of work submitted by a partnership or consortium shall be counted on a *pro rata*

tion ou le consortium conformément à l'article 4, paragraphe 3, de la présente annexe. L'Autorité peut approuver des plans de travail régis par le paragraphe 3, lettre c), si elle établit que cette approbation ne donne pas à un Etat Partie ou à des entités ou personnes qu'il patronne la possibilité de monopoliser des activités menées dans la Zone ou d'empêcher d'autres Etats Parties d'y mener des activités.

5. Nonobstant le paragraphe 3, lettre a), l'Autorité peut, après la fin de la période intérimaire visée à l'article 151, paragraphe 3, adopter, au moyen de règles, règlements et procédures, d'autres procédures et critères compatibles avec la Convention pour déterminer, en cas de choix entre les demandeurs pour une zone donnée, ceux dont les plans de travail seront approuvés. Ces procédures et critères doivent assurer l'approbation des plans de travail sur une base équitable et non discriminatoire.

Article 7
Choix entre les demandeurs d'autorisations de production

1. Au terme d'une période de six mois après l'entrée en vigueur de la Convention, puis tous les quatre mois, l'Autorité examine les demandes d'autorisations de production présentées au cours de la période précédente. Si toutes ces demandes peuvent être approuvées sans que les limites de production soient dépassées et sans que l'Autorité contrevienne aux obligations qu'elle a assumées au titre d'un accord ou arrangement de produit auquel elle est devenue partie, comme le prévoit l'article 151, l'Autorité délivre les autorisations demandées.

2. Lorsqu'un choix doit être fait entre les demandeurs d'autorisations de production en raison de la limitation de production prévue à l'article 151, paragraphes 2 à 7, ou des obligations qui lui incombent en vertu d'un accord ou arrangement de produit auquel elle est devenue partie comme le prévoit l'article 151, paragraphe 1, l'Autorité procède à ce choix sur la base de critères objectifs et non discriminatoires fixés dans ses règles, règlements et procédures.

3. Dans l'application du paragraphe 2, l'Autorité donne la priorité aux demandeurs qui :
   a) offrent les meilleures garanties d'efficacité, compte tenu de leur capacité financière et technique et de la façon dont ils ont exécuté, le cas échéant, des plans de travail précédemment approuvés ;
   b) offrent à l'Autorité la perspective de gains financiers plus rapides, compte tenu de la date prévue pour le démarrage de la production commerciale ;

basis among the sponsoring States Parties involved in accordance with article 4, paragraph 3, of this Annex. The Authority may approve plans of work covered by paragraph 3(c) if it determines that such approval would not permit a State Party or entities sponsored by it to monopolize the conduct of activities in the Area or to preclude other States Parties from activities in the Area.

5.   Notwithstanding paragraph 3(a), after the end of the interim period specified in article 151, paragraph 3, the Authority may adopt by means of rules, regulations and procedures other procedures and criteria consistent with this Convention for deciding which applicants shall have plans of work approved in cases of selection among applicants for a proposed area. These procedures and criteria shall ensure approval of plans of work on an equitable and non-discriminatory basis.

Article 7
Selection among applicants for production authorizations

1.   Six months after the entry into force of this Convention, and thereafter each fourth month, the Authority shall take up for consideration applications for production authorizations submitted during the immediately preceding period. The Authority shall issue the authorizations applied for if all such applications can be approved without exceeding the production limitation or contravening the obligations of the Authority under a commodity agreement or arrangement to which it has become a party, as provided in article 151.

2.   When a selection must be made among applicants for production authorizations because of the production limitation set forth in article 151, paragraphs 2 to 7, or because of the obligations of the Authority under a commodity agreement or arrangement to which it has become a party, as provided for in article 151, paragraph 1, the Authority shall make the selection on the basis of objective and non-discriminatory standards set forth in its rules, regulations and procedures.

3.   In the application of paragraph 2, the Authority shall give priority to those applicants which:
   (a)   give better assurance of performance, taking into account their financial and technical qualifications and their performance, if any, under previously approved plans of work;
   (b)   provide earlier prospective financial benefits to the Authority, taking into account when commercial production is scheduled to begin;

c) ont déjà investi le plus de moyens et d'efforts dans la prospection ou l'exploration.

4. Les demandeurs qui n'ont pas été choisis au cours d'une période quelconque ont priorité lors des périodes ultérieures jusqu'à ce qu'ils reçoivent une autorisation de production.

5. Le choix est fait compte tenu de la nécessité d'offrir à tous les Etats Parties une meilleure possibilité de participer aux activités menées dans la Zone et de la nécessité d'éviter la monopolisation de ces activités, indépendamment du système économique et social de ces Etats ou de leur situation géographique, de manière qu'il n'y ait de discrimination à l'encontre d'aucun Etat ou système.

6. Chaque fois qu'il y a en exploitation moins de secteurs réservés que de secteurs non réservés, les demandes d'autorisations de production concernant les secteurs réservés ont priorité.

7. Les décisions visées au présent article sont prises aussitôt que possible après l'expiration de chaque période.

Article 8
Réservation de secteurs

Chaque demande, autre que celles présentées par l'Entreprise ou par toutes autres entités ou personnes et portant sur des secteurs réservés, doit couvrir une zone, pas nécessairement d'un seul tenant, ayant une superficie totale et une valeur commerciale estimative suffisantes pour permettre deux opérations d'extraction minière. Le demandeur indique les coordonnées permettant de diviser la zone en deux parties de valeur commerciale estimative égale et communique toutes les données qu'il a recueillies pour les deux parties de la zone. Sans préjudice des pouvoirs que détient l'Autorité en application de l'article 17 de la présente annexe, les données qui doivent lui être communiqués en ce qui concerne les nodules polymé-talliques portent sur les levés, les échantillons, la concentration de nodules et les métaux qu'ils contiennent. Dans les 45 jours suivant la réception de ces données, l'Autorité désigne la partie qui sera réservée exclusivement à des activités qu'elle mènera par l'intermédiaire de l'Entreprise ou en association avec des Etats en développement. Cette désignation peut être différée de 45 jours supplémentaires si l'Autorité charge un expert indépendant de déterminer si toutes les données requises par le présent article lui ont été communiquées. Le secteur désigné devient un secteur réservé dès que le plan de travail concernant le secteur non réservé est approuvé et le contrat signé.

(c) have already invested the most resources and effort in prospecting or exploration.

4. Applicants which are not selected in any period shall have priority in subsequent periods until they receive a production authorization.

5. Selection shall be made taking into account the need to enhance opportunities for all States Parties, irrespective of their social and economic systems or geographical locations so as to avoid discrimination against any State or system, to participate in activities in the Area and to prevent monopolization of those activities.

6. Whenever fewer reserved areas than non-reserved areas are under exploitation, applications for production authorizations with respect to reserved areas shall have priority.

7. The decisions referred to in this article shall be taken as soon as possible after the close of each period.

Article 8
Reservation of areas

Each application, other than those submitted by the Enterprise or by any other entities for reserved areas, shall cover a total area, which need not be a single continuous area, sufficiently large and of sufficient estimated commercial value to allow two mining operations. The applicant shall indicate the coordinates dividing the area into two parts of equal estimated commercial value and submit all the data obtained by him with respect to both parts. Without prejudice to the powers of the Authority pursuant to article 17 of this Annex, the data to be submitted concerning polymetallic nodules shall relate to mapping, sampling, the abundance of nodules, and their metal content. Within 45 days of receiving such data, the Authority shall designate which part is to be reserved solely for the conduct of activities by the Authority through the Enterprise or in association with developing States. This designation may be deferred for a further period of 45 days if the Authority requests an independent expert to assess whether all data required by this article has been submitted. The area designated shall become a reserved area as soon as the plan of work for the non-reserved area is approved and the contract is signed.

Article 9
Activités menées dans les secteurs réservés

1. Il appartient à l'Entreprise de décider si elle désire mener elle-même les activités dans chaque secteur réservé. Cette décision peut être prise à n'importe quel moment, à moins que l'Autorité ne reçoive une notification conformément au paragraphe 4, auquel cas l'Entreprise prend sa décision dans un délai raisonnable. L'Entreprise peut décider d'exploiter ces secteurs, au titre d'entreprises conjointes avec l'Etat ou l'entité ou personne intéressé.

2. L'Entreprise peut conclure des contrats pour l'exécution d'une partie de ses activités conformément à l'article 12 de l'annexe IV. Elle peut également, pour mener ces activités, s'associer dans des entreprises conjointes avec toute entité ou personne qui est habilitée à mener des activités dans la Zone en application de l'article 153, paragraphe 2, lettre b). Lorsqu'elle envisage de telles entreprises conjointes, l'Entreprise offre la possibilité d'une participation effective aux Etats Parties qui sont des Etats en développement ainsi qu'à leurs ressortissants.

3. L'Autorité peut prescrire, dans ses règles, règlements et procédures, des conditions de fond et de procédure régissant de tels contrats et entreprises conjointes.

4. Tout Etat Partie qui est un Etat en développement, ou toute personne physique ou morale patronnée par lui et effectivement contrôlée par lui ou par un autre Etat en développement, qui est un demandeur qualifié, ou tout groupe des catégories précitées, peut notifier à l'Autorité son désir de soumettre un plan de travail pour un secteur réservé en application de l'article 6 de la présente annexe. Le plan de travail est examiné si l'Entreprise décide, en application du paragraphe 1, de ne pas mener d'activités dans ce secteur.

Article 10
Préférence et priorité accordées à certains demandeurs

Lorsque, en application de l'article 3, paragraphe 4, lettre c) de la présente annexe, un plan de travail a été approuvé uniquement pour l'exploration, son détenteur a préférence et priorité sur les autres demandeurs s'il soumet un plan de travail portant sur l'exploitation du même secteur et des mêmes ressources. Cette préférence et ce rang de priorité peuvent toutefois lui être retirés au cas où il n'aurait pas exécuté le plan de travail de façon satisfaisante.

Article 9
Activities in reserved areas

1.   The Enterprise shall be given an opportunity to decide whether it intends to carry out activities in each reserved area. This decision may be taken at any time, unless a notification pursuant to paragraph 4 is received by the Authority, in which event the Enterprise shall take its decision within a reasonable time. The Enterprise may decide to exploit such areas in joint ventures with the interested State or entity.

2.   The Enterprise may conclude contracts for the execution of part of its activities in accordance with Annex IV, article 12. It may also enter into joint ventures for the conduct of such activities with any entities which are eligible to carry out activities in the Area pursuant to article 153, paragraph 2(b). When considering such joint ventures, the Enterprise shall offer to States Parties which are developing States and their nationals the opportunity of effective participation.

3.   The Authority may prescribe, in its rules, regulations and procedures, substantive and procedural requirements and conditions with respect to such contracts and joint ventures.

4.   Any State Party which is a developing State or any natural or juridical person sponsored by it and effectively controlled by it or by other developing State which is a qualified applicant, or any group of the foregoing, may notify the Authority that it wishes to submit a plan of work pursuant to article 6 of this Annex with respect to a reserved area. The plan of work shall be considered if the Enterprise decides, pursuant to paragraph 1, that it does not intend to carry out activities in that area.

Article 10
Preference and priority among applicants

An operator who has an approved plan of work for exploration only, as provided in article 3, paragraph 4(c), of this Annex shall have a preference and a priority among applicants for a plan of work covering exploitation of the same area and resources. However, such preference or priority may be withdrawn if the operator's performance has not been satisfactory.

Article 11
Accords de coentreprise

1. Les contrats peuvent prévoir des accords de coentreprise entre le contractant et l'Autorité, agissant par l'intermédiaire de l'Entreprise, sous la forme d'entreprises conjointes ou de partage de production, ainsi que toute autre forme d'accords de coentreprise, qui jouissent de la même protection en matière de révision, de suspension ou de résiliation que les contrats passés avec l'Autorité.

2. Les contractants qui concluent avec l'Entreprise de tels accords de coentreprises peuvent bénéficier des incitations financières prévues à l'article 13 de la présente annexe.

3. Les partenaires de l'Entreprise dans une entreprise conjointe sont tenus aux paiements prescrits à l'article 13 de la présente annexe, au prorata de leur participation à l'entreprise conjointe, sous réserve des incitations financières prévues à cet article.

Article 12
Activités menées par l'Entreprise

1. Les activités menées dans la Zone par l'Entreprise en application de l'article 153, paragraphe 2, lettre a), sont régies par la partie XI, les règles, règlements et procédures de l'Autorité et les décisions pertinentes de celle-ci.

2. Tout plan de travail soumis par l'Entreprise doit être accompagné des preuves de sa capacité financière et technique.

Article 13
Clauses financières des contrats

1. Lorsqu'elle adopte des règles, règlements et procédures relatifs aux clauses financières des contrats entre l'Autorité et les entités ou personnes visées à l'article 153, paragraphe 2, lettre b), et lorsqu'elle négocie les clauses financières d'un tel contrat conformément à la partie XI et à ces règles, règlements et procédures, l'Autorité vise les objectifs suivants :

   a) s'assurer le maximum de recettes provenant de la production commerciale ;

   b) faire en sorte que des investissements et des techniques appropriés soient consacrés à l'exploration et à l'exploitation des ressources de la Zone ;

Article 11
Joint arrangements

1. Contracts may provide for joint arrangements between the contractor and the Authority through the Enterprise, in the form of joint ventures or production sharing, as well as any other form of joint arrangement, which shall have the same protection against revision, suspension or termination as contracts with the Authority.
2. Contractors entering into such joint arrangements with the Enterprise may receive financial incentives as provided for in article 13 of this Annex.
3. Partners in joint ventures with the Enterprise shall be liable for the payments required by article 13 of this Annex to the extent of their share in the joint ventures, subject to financial incentives as provided for in that article.

Article 12
Activities carried out by the Enterprise

1. Activities in the Area carried out by the Enterprise pursuant to article 153, paragraph 2(a), shall be governed by Part XI, the rules, regulations and procedures of the Authority and its relevant decisions.
2. Any plan of work submitted by the Enterprise shall be accompanied by evidence supporting its financial and technical capabilities.

Article 13
Financial terms of contracts

1. In adopting rules, regulations and procedures concerning the financial terms of a contract between the Authority and the entities referred to in article 153, paragraph 2(b), and in negotiating those financial terms in accordance with Part XI and those rules, regulations and procedures, the Authority shall be guided by the following objectives:
    (a) to ensure optimum revenues for the Authority from the proceeds of commercial production;
    (b) to attract investments and technology to the exploration and exploitation of the Area;

c) faire en sorte que les contractants soient traités sur un pied d'égalité du point de vue financier et que leurs obligations financières soient comparables ;

d) fournir des incitations sur une base uniforme et non discriminatoire pour encourager les contractants à conclure des accords de coentreprise avec l'Entreprise et avec les Etats en développement ou leurs ressortissants, stimuler le transfert de techniques à l'Entreprise, aux Etats en développement ou à leurs ressortissants et former le personnel de l'Autorité et des Etats en développement ;

e) permettre à l'Entreprise d'entreprendre l'extraction des ressources en même temps que les entités ou personnes visées à l'article 153, paragraphe 2, lettre b) ; et

f) éviter que, par le jeu des incitations financières qui leur sont fournies en vertu du paragraphe 14 ou des clauses des contrats révisés conformément à l'article 19 de la présente annexe, ou encore en application de l'article 11 de cette même annexe relatif aux entreprises conjointes, les contractants ne soient subventionnés de manière telle qu'ils se trouvent artificiellement avantagés dans la concurrence avec les exploitants de gisements terrestres.

2. Il est perçu, au titre des dépenses administratives relatives à l'étude des demandes d'approbation de plans de travail revêtant la forme de contrats, un droit dont le montant est fixé à 500 000 dollars des Etats-Unis par demande. Le montant de ce droit est révisé de temps à autre par le Conseil afin qu'il couvre les dépenses administratives encourues. Si les dépenses engagées par elle pour l'étude d'une demande sont inférieures au montant fixé, l'Autorité rembourse la différence au demandeur.

3. Le contractant acquitte un droit annuel fixe d'un million de dollars des Etats-Unis à compter de la date de prise d'effet du contrat. Si la date approuvée pour le démarrage de la production commerciale est reportée par suite d'un retard dans la délivrance de l'autorisation de production, conformément à l'article 151, le contractant est exonéré de la fraction du droit annuel fixe correspondant à la durée du report. Dès le démarrage de la production commerciale, le contractant acquitte soit la redevance sur la production, soit le droit annuel fixe, si celui-ci est plus élevé.

4. Dans un délai d'un an à compter du démarrage de la production commerciale, conformément au paragraphe 3, le contractant choisit de verser sa contribution financière à l'Autorité :

a) soit en acquittant seulement une redevance sur la production ;

b) soit en acquittant une redevance sur la production et en versant une part de ses recettes nettes.

(c)   to ensure equality of financial treatment and comparable financial obligations for contractors;

(d)   to provide incentives on a uniform and non-discriminatory basis for contractors to undertake joint arrangements with the Enterprise and developing States or their nationals, to stimulate the transfer of technology thereto, and to train the personnel of the Authority and of developing States;

(e)   to enable the Enterprise to engage in seabed mining effectively at the same time as the entities referred to in article 153, paragraph 2(b); and

(f)   to ensure that, as a result of the financial incentives provided to contractors under paragraph 14, under the terms of contracts reviewed in accordance with article 19 of this Annex or under the provisions of article 11 of this Annex with respect to joint ventures, contractors are not subsidized so as to be given an artificial competitive advantage with respect to land-based miners.

2.   A fee shall be levied for the administrative cost of processing an application for approval of a plan of work in the form of a contract and shall be fixed at an amount of $US 500,000 per application. The amount of the fee shall be reviewed from time to time by the Council in order to ensure that it covers the administrative cost incurred. If such administrative cost incurred by the Authority in processing an application is less than the fixed amount, the Authority shall refund the difference to the applicant.

3.   A contractor shall pay an annual fixed fee of $US 1 million from the date of entry into force of the contract. If the approved date of commencement of commercial production is postponed because of a delay in issuing the production authorization, in accordance with article 151, the annual fixed fee shall be waived for the period of postponement. From the date of commencement of commercial production, the contractor shall pay either the production charge or the annual fixed fee, whichever is greater.

4.   Within a year of the date of commencement of commercial production, in conformity with paragraph 3, a contractor shall choose to make his financial contribution to the Authority by either:

(a)   paying a production charge only; or

(b)   paying a combination of a production charge and a share of net proceeds.

5. a) Si le contractant choisit de verser sa contribution financière à l'Autorité en acquittant seulement une redevance sur la production, le montant de cette redevance est égal à un certain pourcentage de la valeur marchande des métaux traités qui proviennent des nodules polymétalliques extraits du secteur visé par le contrat, ce pourcentage est fixé à :

    i) 5 p. 100 de la première à la dixième année de production commerciale ;

    ii) 12 p. 100 de la 11ème année à la fin de la production commerciale.

   b) La valeur marchande des métaux traités est calculée en multipliant la quantité de métaux traités qui proviennent des nodules polymétalliques extraits du secteur visé par le contrat par le prix moyen de ces métaux, déterminé conformément aux paragraphes 7 et 8, pendant l'exercice comptable considéré.

6. Si le contractant choisit de verser sa contribution financière à l'Autorité en acquittant une redevance sur la production et en versant une part de ses recettes nettes, le montant de ces paiements est déterminé comme suit :

   a) le montant de la redevance sur la production est égal à un certain pourcentage de la valeur marchande, déterminée conformément à la lettre b), des métaux traités qui proviennent des nodules polymétalliques extraits du secteur visé par le contrat ; ce pourcentage est fixé à :

    i) 2 p. 100 pour la première période de production commerciale ;

    ii) 4 p. 100 pour la deuxième période de production commerciale.

    Si, pendant la deuxième période de production commerciale, telle qu'elle est définie à la lettre d), le rendement de l'investissement pour un exercice comptable donné, selon la définition figurant à la lettre m), est, par suite du paiement de la redevance sur la production au taux de 4 p. 100, inférieur à 15 p. 100, le taux de la redevance sur la production est fixé à 2 p. 100 au lieu de 4 p. 100 pour cet exercice ;

   b) la valeur marchande des métaux traités est calculée en multipliant la quantité de métaux traités qui proviennent des nodules polymétalliques extraits du secteur visé par le contrat par le prix moyen de ces métaux déterminé conformément aux paragraphes 7 et 8, pendant l'exercice comptable considéré ;

   c) i) la part des recettes revenant à l'Autorité est prélevée sur la part des recettes nettes du contractant imputables aux acti-

5. (a) If a contractor chooses to make his financial contribution to the Authority by paying a production charge only, it shall be fixed at a percentage of the market value of the processed metals produced from the polymetallic nodules recovered from the area covered by the contract. This percentage shall be fixed as follows:
    (i)   years 1-10 of commercial production
          5 per cent
    (ii) years 11 to the end of commercial production
          12 per cent

  (b) The said market value shall be the product of the quantity of the processed metals produced from the polymetallic nodules extracted from the area covered by the contract and the average price for those metals during the relevant accounting year, as defined in paragraphs 7 and 8.

6. If a contractor chooses to make his financial contribution to the Authority by paying a combination of a production charge and a share of net proceeds, such payments shall be determined as follows:

  (a) The production charge shall be fixed at a percentage of the market value, determined in accordance with subparagraph (b), of the processed metals produced from the polymetallic nodules recovered from the area covered by the contract. This percentage shall be fixed as follows:
    (i)   first period of commercial production
          2 per cent
    (ii) second period of commercial production
          4 per cent
    If, in the second period of commercial production, as defined in subparagraph (d), the return on investment in any accounting year as defined in subparagraph (m) falls below 15 per cent as a result of the payment of the production charge at 4 per cent, the production charge shall be 2 per cent instead of 4 per cent in that accounting year.

  (b) The said market value shall be the product of the quantity of the processed metals produced from the polymetallic nodules recovered from the area covered by the contract and the average price for those metals during the relevant accounting year as defined in paragraphs 7 and 8.

  (c) (i) The Authority's share of net proceeds shall be taken out of that portion of the contractor's net proceeds which is attribut-

vités d'extraction des ressources du secteur visé par le contrat, ci-après dénommées recettes nettes imputables ;

ii) la part des recettes nettes imputables revenant à l'Autorité est déterminée conformément au barème progressif suivant :

	Part des recettes nettes imputables revenant à l'Autorité	
Recettes nettes imputables	Première période de production commerciale	Deuxième période de production commerciale
Tranche représentant un rendement de l'investissement supérieur à 0 p. 100 mais inférieur à 10 p. 100	35 p. 100	40 p. 100
Tranche représentant un rendement de l'investissement égal ou supérieur à 10 p. 100 mais inférieur à 20 p. 100	42,5 p. 100	50 p. 100
Tranche représentant un rendement de l'investissement égal ou supérieur à 20 p. 100	50 p. 100	70 p. 100

d) i) la première période de production commerciale visée aux lettres a) et c), commence au premier exercice comptable de la période de production commerciale et se termine avec l'exercice comptable pour lequel les dépenses de mise en valeur du contractant ajustées, compte tenu de l'intérêt afférent à la part de ces dépenses non amortie précédemment, sont entièrement amorties au moyen de l'excédent réel, comme indiqué ci-après :

able to the mining of the resources of the area covered by the contract, referred to hereinafter as attributable net proceeds.

(ii)   The Authority's share of attributable net proceeds shall be determined in accordance with the following incremental schedule:

	Share of the Authority	
Portion of attributable net proceeds	*First period of commercial production*	*Second period of commercial production*
That portion representing a return on investment which is greater than 0 per cent, but less than 10 per cent	35 per cent	40 per cent
That portion representing a return on investment which is 10 per cent or greater, but less than 20 per cent	42.5 per cent	50 per cent
That portion representing a return on investment which is 20 per cent or greater	50 per cent	70 per cent

(d)   (i)   The first period of commercial production referred to in sub-paragraphs (a) and (c) shall commence in the first accounting year of commercial production and terminate in the accounting year in which the contractor's development costs with interest on the unrecovered portion thereof are fully recovered by his cash surplus, as follows:

pour le premier exercice comptable donnant lieu à des dépenses de mise en valeur, les dépenses de mise en valeur non amorties sont les dépenses de mise en valeur diminuées du montant des excédents réels pour l'exercice comptable considéré. Pour chacun des exercices suivants, on calcule les dépenses de mise en valeur non amorties en ajoutant aux dépenses de mise en valeur non amorties à l'issue de l'exercice précédent, majorées d'un intérêt annuel de 10 p. 100, les dépenses de mise en valeur engagées pendant l'exercice comptable en cours et en déduisant de ce total l'excédent réel du contractant pour cet exercice. L'exercice comptable pour lequel les dépenses de mise en valeur majorées de l'intérêt afférent à la part de ces dépenses non amortie sont entièrement amorties, est le premier exercice pour lequel les dépenses de mise en valeur sont nulles ; l'excédent réel du contractant pour tout exercice comptable s'entend de ses recettes brutes diminuées de ses charges d'exploitation et des paiements faits par lui à l'Autorité conformément à la lettre c) ;

ii)   la deuxième période de production commerciale commence à l'exercice comptable entamé à l'expiration de la première période et dure jusqu'à la fin du contrat ;

e)   par « recettes nettes imputables », on entend les recettes nettes du contractant multipliées par le rapport entre les dépenses de mise en valeur liées à l'extraction et le total des dépenses de mise en valeur du contractant. Lorsque les activités du contractant portent sur l'extraction et le transport de nodules polymétalliques ainsi que sur la production commerciale, à titre principal, de trois métaux traités, à savoir le cobalt, le cuivre et le nickel, le montant des recettes nettes imputables du contractant ne peut être inférieur à 25 p. 100 de ses recettes nettes. Sous réserve des modalités visées à la lettre n), dans tous les autres cas, y compris celui où les activités du contractant portent sur l'extraction et le transport de nodules poly-métalliques et sur la production commerciale de quatre métaux traités, à savoir le cobalt, le cuivre, le manganèse et le nickel, l'Autorité peut, dans ses règles, règlements et procédures, prescrire des taux planchers appropriés en appliquant la même formule de proportionnalité que pour la fixation du taux plancher de 25 p. 100 dans le cas des trois métaux ;

f)   par « recettes nettes au contractant », on entend les recettes brutes du contractant, diminuées de ses charges d'exploitation et de l'amortissement de ses dépenses de mise en valeur selon les modalités prévues à la lettre j) ;

In the first accounting year during which development costs are incurred, unrecovered development costs shall equal the development costs less cash surplus in that year. In each subsequent accounting year, unrecovered development costs shall equal the unrecovered development costs at the end of the preceding accounting year, plus interest thereon at the rate of 10 per cent per annum, plus development costs incurred in the current accounting year and less contractor's cash surplus in the current accounting year. The accounting year in which unrecovered development costs become zero for the first time shall be the accounting year in which the contractor's development costs with interest on the unrecovered portion thereof are fully recovered by his cash surplus. The contractor's cash surplus in any accounting year shall be his gross proceeds less his operating costs and less his payments to the Authority under subparagraph (c).

(ii)   The second period of commercial production shall commence in the accounting year following the termination of the first period of commercial production and shall continue until the end of the contract.

(e)   "Attributable net proceeds" means the product of the contractor's net proceeds and the ratio of the development costs in the mining sector to the contractor's development costs. If the contractor engages in mining, transporting polymetallic nodules and production primarily of three processed metals, namely, cobalt, copper and nickel, the amount of attributable net proceeds shall not be less than 25 per cent of the contractor's net proceeds. Subject to subparagraph (n), in all other cases, including those where the contractor engages in mining, transporting polymetallic nodules, and production primarily of four processed metals, namely, cobalt, copper, manganese and nickel, the Authority may, in its rules, regulations and procedures, prescribe appropriate floors which shall bear the same relationship to each case as the 25 per cent floor does to the three-metal case.

(f)   "Contractor's net proceeds" means the contractor's gross proceeds less his operating costs and less the recovery of his development costs as set out in subparagraph (j).

g) i) si les activités du contractant portent sur l'extraction, le transport de nodules polymétalliques et la production commerciale de métaux traités, on entend par « recettes brutes du contractant » le produit brut de la vente des métaux traités et de toutes autres recettes considérées comme étant raisonnablement imputables aux opérations effectuées au titre du contrat conformément aux règles, règlements et procédures financiers de l'Autorité ;

ii) dans tous les cas autres que ceux spécifiés à la lettre g), i), et à la lettre n), iii), on entend par « recettes brutes du contractant » le produit brut de la vente des métaux semi-traités provenant des nodules polymétalliques extraits du secteur visé par le contrat et toutes autres recettes considérées comme étant raisonnablement imputables aux opérations effectuées au titre du contrat conformément aux règles, règlements et procédures financiers de l'Autorité ;

h) par « dépenses de mise en valeur du contractant », on entend :

i) toutes les dépenses engagées avant le démarrage et la production commerciale qui sont directement liées au développement de la capacité de production du secteur visé par le contrat et aux activités connexes au titre des opérations prévues par le contrat dans tous les cas autres que ceux spécifiés à la lettre n), conformément aux principes comptables généralement admis, y compris, entre autres, les dépenses d'équipement, les achats de matériel, de navires, d'installations de traitement, les dépenses relatives aux travaux de construction, les achats de bâtiments, de terrains, les dépenses relatives à la construction de routes, à la prospection et à l'exploration du secteur visé par le contrat, à la recherche-développement, aux intérêts, aux baux éventuels, aux licences, aux droits ; et

ii) les dépenses semblables à celles visées à la lettre n), i), engagées après le démarrage de la production commerciale, pour pouvoir mettre à exécution le plan de travail, à l'exception de celles relevant des charges d'exploitation ;

i) les recettes provenant de l'aliénation de biens d'équipement et la valeur marchande des biens d'équipement qui ne sont plus nécessaires au titre des opérations prévues par le contrat et qui ne sont pas vendus sont déduites des dépenses de mise en valeur du contractant pour l'exercice comptable considéré. Lorsque le montant de ces déductions dépasse celui des dépenses de mise en valeur, l'excédent est ajouté aux recettes brutes ;

(g) (i)   If the contractor engages in mining, transporting polymetallic nodules and production of processed metals, "contractor's gross proceeds" means the gross revenues from the sale of the processed metals and any other monies deemed reasonably attributable to operations under the contract in accordance with the financial rules, regulations and procedures of the Authority.

     (ii)   In all cases other than those specified in subparagraphs (g) (i) and (n)(iii), "contractor's gross proceeds" means the gross revenues from the sale of the semi-processed metals from the polymetallic nodules recovered from the area covered by the contract, and any other monies deemed reasonably attributable to operations under the contract in accordance with the financial rules, regulations and procedures of the Authority.

(h) "Contractor's development costs" means:

     (i)   all expenditures incurred prior to the commencement of commercial production which are directly related to the development of the productive capacity of the area covered by the contract and the activities related thereto for operations under the contract in all cases other than that specified in subparagraph (n), in conformity with generally recognized accounting principles, including, *inter alia*, costs of machinery, equipment, ships, processing plant, construction, buildings, land, roads, prospecting and exploration of the area covered by the contract, research and development, interest, required leases, licences and fees; and

     (ii)   expenditures similar to those set forth in (i) above incurred subsequent to the commencement of commercial production and necessary to carry out the plan of work, except those chargeable to operating costs.

(i) The proceeds from the disposal of capital assets and the market value of those capital assets which are no longer required for operations under the contract and which are not sold shall be deducted from the contractor's development costs during the relevant accounting year. When these deductions exceed the contractor's development costs the excess shall be added to the contractor's gross proceeds.

j)   les dépenses de mise en valeur du contractant engagées avant le démarrage de la production commerciale qui sont visées à la lettre h), i), et à la lettre n), iv), sont amorties en dix annuités égales à compter de la date du démarrage de la production commerciale. Les dépenses de mise en valeur du contractant visée à la lettre h), ii), et à la lettre n), iv), engagées après le démarrage de la production commerciale, sont amorties en dix annuités égales ou en un nombre inférieur d'annuités égales de manière qu'elles soient entièrement amorties à l'expiration du contrat ;

k)   par « charges d'exploitation du contractant », on entend toutes les dépenses engagées après le démarrage de la production commerciale pour exploiter la capacité de production du secteur visé par le contrat et pour les activités connexes au titre des opérations prévues par le contrat, conformément aux principes comptables généralement admis, y compris, notamment, la redevance sur la production ou le droit fixe annuel, si celui-ci est plus élevé, les dépenses relatives aux traitements, aux salaires et prestations connexes, aux matériels, aux services, aux transports, au traitement et à la commercialisation, aux intérêts, aux services publics, à la préservation du milieu marin, aux frais généraux et aux frais d'administration directement liés aux opérations prévues par le contrat, ainsi que tout déficit d'exploitation reporté dans un sens ou dans l'autre comme indiqué ci-après. Le déficit d'exploitation peut être reporté deux fois consécutivement, d'un exercice sur l'autre, à l'exception des deux dernières années du contrat, où il peut être imputé rétroactivement sur les deux exercices précédents ;

l)   si le contractant assure principalement l'extraction, le transport de nodules polymétalliques et la production commerciale de métaux traités et semi-traités, l'expression « dépenses de mise en valeur liées à l'extraction » s'entend de la part des dépenses de mise en valeur engagées par le contractant qui est directement liée à l'extraction des ressources du secteur visé par le contrat, conformément aux principes comptables généralement admis et aux règles de gestion financière ainsi qu'aux règles, règlements et procédures financiers de l'Autorité, y compris le droit perçu pour l'étude de la demande de contrat, le droit annuel fixe et, le cas échéant, les dépenses engagées pour la prospection et l'exploration du secteur visé par le contrat et une fraction des dépenses de recherche-développement ;

m)   par « rendement de l'investissement », on entend, pour un exercice comptable donné, le rapport entre les recettes nettes imputables de cet exercice et les dépenses de mise en valeur liées à l'extraction.

(j) The contractor's development costs incurred prior to the commencement of commercial production referred to in subparagraphs (h)(i) and (n)(iv) shall be recovered in 10 equal annual instalments from the date of commencement of commercial production. The contractor's development costs incurred subsequent to the commencement of commercial production referred to in subparagraphs (h)(ii) and (n)(iv) shall be recovered in 10 or fewer equal annual instalments so as to ensure their complete recovery by the end of the contract.

(k) "Contractor's operating costs" means all expenditures incurred after the commencement of commercial production in the operation of the productive capacity of the area covered by the contract and the activities related thereto for operations under the contract, in conformity with generally recognized accounting principles, including, *inter alia*, the annual fixed fee or the production charge, whichever is greater, expenditures for wages, salaries, employee benefits, materials, services, transporting, processing and marketing costs, interest, utilities, preservation of the marine environment, overhead and administrative costs specifically related to operations under the contract, and any net operating losses carried forward or backward as specified herein. Net operating losses may be carried forward for two consecutive years except in the last two years of the contract in which case they may be carried backward to the two preceding years.

(l) If the contractor engages in mining, transporting of polymetallic nodules, and production of processed and semi-processed metals, "development costs of the mining sector" means the portion of the contractor's development costs which is directly related to the mining of the resources of the area covered by the contract, in conformity with generally recognized accounting principles, and the financial rules, regulations and procedures of the Authority, including, *inter alia*, application fee, annual fixed fee and, where applicable, costs of prospecting and exploration of the area covered by the contract, and a portion of research and development costs.

(m) "Return on investment" in any accounting year means the ratio of attributable net proceeds in that year to the development costs of the mining sector. For the purpose of computing this ratio the

Aux fins du calcul de ce rapport, les dépenses de mise en valeur liées à l'extraction comprennent les dépenses engagées pour l'achat de matériel nouveau ou pour le remplacement de matériel dont l'utilisation est liée aux activités d'extraction, déduction faire du coût initial du matériel remplacé ;

n) si le contractant assure uniquement l'extraction ;

   i)   par « recettes nettes imputables », on entend la totalité des recettes nettes du contractant ;

   ii) l'expression « recettes nettes du contractant » s'entend telle qu'elle est définie à la lettre f) ;

   iii) par « recettes brutes de contractant », on entend le produit brut de la vente des nodules polymétalliques et toutes autres recettes considérées comme étant raisonnablement imputables aux opérations effectuées au titre du contrat conformément aux règles, règlements et procédures financiers de l'Autorité ;

   iv) par « dépenses de mise en valeur du contractant », on entend toutes les dépenses engagées avant le démarrage de la production commerciale comme indiqué à la lettre h), i), et toutes les dépenses engagées après le démarrage de la production commerciale, comme indiqué à la lettre h), ii), qui sont directement liées à l'extraction des ressources du secteur visé par le contrat, calculées conformément aux principes comptables généralement admis ;

   v)   par « charges d'exploitation du contractant », on entend celles des charges d'exploitation du contractant visées à la lettre k), qui sont directement liées à l'extraction des ressources du secteur visé par le contrat, calculées conformément aux principes comptables généralement admis ;

   vi) par « rendement de l'investissement », on entend, pour un exercice comptable donné, le rapport entre les recettes nettes de cet exercice et les dépenses de mise en valeur engagées par le contractant. Aux fins du calcul de ce rapport, les dépenses de mise en valeur comprennent les dépenses engagées pour l'achat de matériel nouveau ou pour le remplacement de matériel, déduction faite du coût initial du matériel remplacé ;

o) la prise en compte des charges relatives au service d'intérêts par le contractant qui sont visées aux lettres h), k), l) et n) est autorisée dans la mesure où, dans tous les cas, l'Autorité, conformément à l'article 4, paragraphe 1, de la présente annexe, admet que le rapport entre capital social et endettement ainsi que les taux d'intérêt sont raisonnables, compte tenu des pratiques commerciales en vigueur ;

development costs of the mining sector shall include expenditures on new or replacement equipment in the mining sector less the original cost of the equipment replaced.

(n) If the contractor engages in mining only:

(i) "attributable net proceeds" means the whole of the contractor's net proceeds;

(ii) "contractor's net proceeds" shall be as defined in subparagraph (f);

(iii) "contractor's gross proceeds" means the gross revenues from the sale of the polymetallic nodules, and any other monies deemed reasonably attributable to operations under the contract in accordance with the financial rules, regulations and procedures of the Authority;

(iv) "contractor's development costs" means all expenditures incurred prior to the commencement of commercial production as set forth in subparagraph (h)(i), and all expenditures incurred subsequent to the commencement of commercial production as set forth in subparagraph (h)(ii), which are directly related to the mining of the resources of the area covered by the contract, in conformity with generally recognized accounting principles;

(v) "contractor's operating costs" means the contractor's operating costs as in subparagraph (k) which are directly related to the mining of the resources of the area covered by the contract in conformity with generally recognized accounting principles;

(vi) "return on investment" in any accounting year means the ratio of the contractor's net proceeds in that year to the contractor's development costs. For the purpose of computing this ratio, the contractor's development costs shall include expenditures on new or replacement equipment less the original cost of the equipment replaced.

(o) The costs referred to in subparagraphs (h), (k), (l) and (n) in respect of interest paid by the contractor shall be allowed to the extent that, in all the circumstances, the Authority approves, pursuant to article 4, paragraph 1, of this Annex, the debt-equity ratio and the rates of interest as reasonable, having regard to existing commercial practice.

p)   les dépenses visées au présent paragraphe ne comprennent pas les sommes payées au titre de l'impôt sur les sociétés ou de taxes analogues perçues par des Etats à raison des opérations du contractant.

7.   a)   L'expression « métaux traités » utilisée aux paragraphes 5 et 6 s'entend des métaux sous la forme la plus courante sous laquelle ils sont habituellement échangés sur les marchés finals internationaux. Aux fins de la présente lettre, l'Autorité spécifie dans les règles, règlements et procédures financiers, les marchés finals internationaux pertinents. Pour les métaux qui ne sont pas échangés sur ces marchés, l'expression « métaux traités » s'entend des métaux sous la forme la plus courante sous laquelle ils sont habituellement échangés dans le cadre de transactions normales conformes aux principes de l'entreprise indépendante.

b)   Si l'Autorité n'est pas en mesure de déterminer d'une autre manière la quantité de métaux traités produite à partir des nodules polymétalliques extraits du secteur visé par le contrat mentionnée au paragraphe 5, lettre b), et au paragraphe 6, lettre b), cette quantité est déterminée d'après la teneur en métal de ces nodules, le coefficient de récupération après traitement et les autres facteurs pertinents, conformément aux règles, règlements et procédures de l'Autorité et aux principes comptables généralement admis.

8.   Si un marché final international offre un mécanisme adéquat de fixation des prix des métaux traités, des nodules polymétalliques et des métaux semi-traités provenant de nodules, l'Autorité utilise le cours moyen pratiqué sur ce marché. Dans tous les autres cas, elle fixe, après avoir consulté le contractant, un juste prix pour ces produits, conformément au paragraphe 9.

9.   a)   Toutes les charges, dépenses et recettes ainsi que tous les prix et valeurs visés au présent article, procèdent de transactions conformes aux principes du marché libre ou de l'entreprise indépendante. Si tel n'est pas le cas, ils sont déterminés par l'Autorité après consultation du contractant, comme s'ils procédaient de transactions conformes aux principes du marché libre ou de l'entreprise indépendante, compte tenu des transactions pertinentes sur d'autres marchés.

b)   Pour assurer le respect du présent paragraphe et sa mise en application, l'Autorité s'inspire des principes adoptés et de l'interprétation donnée pour les transactions conformes aux principes de l'entreprise indépendante par la Commission des sociétés transnationales des Nations Unies, par le Groupe d'experts des conventions fiscales entre

(p) The costs referred to in this paragraph shall not be interpreted as including payments of corporate income taxes or similar charges levied by States in respect of the operations of the contractor.

7. (a) "Processed metals", referred to in paragraphs 5 and 6, means the metals in the most basic form in which they are customarily traded on international terminal markets. For this purpose, the Authority shall specify, in its financial rules, regulations and procedures, the relevant international terminal market. For the metals which are not traded on such markets, "processed metals" means the metals in the most basic form in which they are customarily traded in representative arm's length transactions.

(b) If the Authority cannot otherwise determine the quantity of the processed metals produced from the polymetallic nodules recovered from the area covered by the contract referred to in paragraphs 5(b) and 6(b), the quantity shall be determined on the basis of the metal content of the nodules, processing recovery efficiency and other relevant factors, in accordance with the rules, regulations and procedures of the Authority and in conformity with generally recognized accounting principles.

8. If an international terminal market provides a representative pricing mechanism for processed metals, polymetallic nodules and semi-processed metals from the nodules, the average price on that market shall be used. In all other cases, the Authority shall, after consulting the contractor, determine a fair price for the said products in accordance with paragraph 9.

9. (a) All costs, expenditures, proceeds and revenues and all determinations of price and value referred to in this article shall be the result of free market or arm's length transactions. In the absence thereof, they shall be determined by the Authority, after consulting the contractor, as though they were the result of free market or arm's length transactions, taking into account relevant transactions in other markets.

(b) In order to ensure compliance with and enforcement of the provisions of this paragraph, the Authority shall be guided by the principles adopted for, and the interpretation given to, arm's length transactions by the Commission on Transnational Corporations of the United Nations, the Group of Experts on Tax Treaties between Developing and Developed Countries and other international orga-

pays développés et pays en développement et d'autres organismes internationaux, et elle détermine dans ses règles, règlements et procédures, des règles et procédures comptables uniformes et acceptables sur le plan international, ainsi que les méthodes que devra suivre le contractant pour choisir des experts comptables indépendants qui soient acceptables pour l'Autorité aux fins de vérification des comptes conformément à ces règles, règlements et procédures.

10. Le contractant fournit aux experts comptables, conformément aux règles, règlements et procédures financiers de l'Autorité, les données financières nécessaires pour permettre d'établir si le présent article a été respecté.

11. Toutes les charges, dépenses et recettes ainsi que tous les prix et valeurs visés au présent article sont déterminés conformément aux principes comptables généralement admis et aux règles, règlements et procédures financiers de l'Autorité.

12. Les sommes versées à l'Autorité en application des paragraphes 5 et 6 le sont en monnaies librement utilisables ou en monnaies librement disponibles et effectivement utilisables sur les principaux marchés des changes ou, au choix du contractant, sous forme de l'équivalent en métaux traités, calculé sur la base de la valeur marchande. La valeur marchande est déterminée conformément au paragraphe 5, lettre b). Les monnaies librement utilisables et les monnaies librement disponibles et effectivement utilisables sur les principaux marchés des changes sont définies dans les règles, règlements et procédures de l'Autorité conformément aux pratiques monétaires internationales dominantes.

13. Toutes les obligations financières du contractant envers l'Autorité, ainsi que tous les droits, charges, dépenses et recettes visés au présent article, sont ajustés en étant exprimés en valeur constante par rapport à une année de référence.

14. Afin de servir les objectifs énoncés au paragraphe 1, l'Autorité peut, comme suite à des recommandations de la Commission de planification économique et de la Commission juridique et technique, adopter des règles, règlements et procédures prévoyant des incitations à accorder aux contractants sur une base uniforme et non discriminatoire.

15. Lorsqu'un différend surgit entre l'Autorité et un contractant à propos de l'interprétation ou de l'application des clauses financières d'un contrat, l'une ou l'autre partie peut le soumettre à un arbitrage commercial ayant force obligatoire, à moins que les deux parties ne conviennent de le régler par d'autres moyens conformément à l'article 188, paragraphe 2.

nizations, and shall, in its rules, regulations and procedures, specify uniform and internationally acceptable accounting rules and procedures, and the means of selection by the contractor of certified independent accountants acceptable to the Authority for the purpose of carrying out auditing in compliance with those rules, regulations and procedures.

10. The contractor shall make available to the accountants, in accordance with the financial rules, regulations and procedures of the Authority, such financial data as are required to determine compliance with this article.

11. All costs, expenditures, proceeds and revenues, and all prices and values referred to in this article, shall be determined in accordance with generally recognized accounting principles and the financial rules, regulations and procedures of the Authority.

12. Payments to the Authority under paragraphs 5 and 6 shall be made in freely usable currencies or currencies which are freely available and effectively usable on the major foreign exchange markets or, at the contractor's option, in the equivalents of processed metals at market value. The market value shall be determined in accordance with paragraph 5(b). The freely usable currencies and currencies which are freely available and effectively usable on the major foreign exchange markets shall be defined in the rules, regulations and procedures of the Authority in accordance with prevailing international monetary practice.

13. All financial obligations of the contractor to the Authority, as well as all his fees, costs, expenditures, proceeds and revenues referred to in this article, shall be adjusted by expressing them in constant terms relative to a base year.

14. The Authority may, taking into account any recommendations of the Economic Planning Commission and the Legal and Technical Commission, adopt rules, regulations and procedures that provide for incentives, on a uniform and non-discriminatory basis, to contractors to further the objectives set out in paragraph 1.

15. In the event of a dispute between the Authority and a contractor over the interpretation or application of the financial terms of a contract, either party may submit the dispute to binding commercial arbitration, unless both parties agree to settle the dispute by other means, in accordance with article 188, paragraph 2.

Article 14
Communication de données

1. Conformément aux règles, règlements et procédures de l'Autorité et selon les conditions et modalités du plan de travail, l'exploitant communique à l'Autorité, à des intervalles fixés par elle, toutes les données qui sont à la fois nécessaires et pertinentes en vue de l'exercice effectif par les principaux organes de l'Autorité de leurs pouvoirs et fonctions en ce qui concerne le secteur visé par le plan de travail.

2. Les données communiquées au sujet du secteur visé par le plan de travail et réputées être propriété industrielle ne peuvent être utilisées qu'aux fins énoncées au présent article. Les données qui sont nécessaires à l'élaboration par l'Autorité des règles, règlements et procédures relatifs à la protection du milieu marin et à la sécurité, autres que les données relatives à la conception de l'équipement, ne sont pas réputées être propriété industrielle.

3. L'Autorité s'abstient de communiquer à l'Entreprise ou à quiconque est étranger à l'Autorité les données qui lui sont fournies par des prospecteurs, des demandeurs de contrat et des contractants et qui sont réputés être propriété industrielle, mais les données concernant le secteur réservé peuvent être communiquées à l'Entreprise. L'Entreprise s'abstient de communiquer à l'Autorité ou à quiconque est étranger à l'Autorité les données de ce type qui lui sont fournies de la même façon.

Article 15
Programmes de formation

Le contractant établit des programmes pratiques de formation du personnel de l'Autorité et des Etats en développement, prévoyant notamment la participation de celui-ci à toutes les activités menées dans la Zone qui font l'objet du contrat, conformément à l'article 144, paragraphe 2.

Article 16
Droit exclusif d'exploration et d'exploitation

L'Autorité accorde à l'exploitant, en application de la partie XI et de ses règles, règlements et procédures, le droit exclusif d'explorer et d'exploiter une catégorie déterminée de ressources dans le secteur visé par le plan de travail ; elle veille à ce qu'aucune autre entité ou personne n'exerce dans le même secteur des activités portant sur une catégorie différente de ressources d'une façon qui puisse gêner les activités de l'exploitant. Celui-ci a la garantie du titre conformément à l'article 153, paragraphe 6.

Article 14
Transfer of data

1. The operator shall transfer to the Authority, in accordance with its rules, regulations and procedures and the terms and conditions of the plan of work, at time intervals determined by the Authority all data which are both necessary for and relevant to the effective exercise of the powers and functions of the principal organs of the Authority in respect of the area covered by the plan of work.

2. Transferred data in respect of the area covered by the plan of work, deemed proprietary, may only be used for the purposes set forth in this article. Data necessary for the formulation by the Authority of rules, regulations and procedures concerning protection of the marine environment and safety, other than equipment design data, shall not be deemed proprietary.

3. Data transferred to the Authority by prospectors, applicants for contracts or contractors, deemed proprietary, shall not be disclosed by the Authority to the Enterprise or to anyone external to the Authority, but data on the reserved areas may be disclosed to the Enterprise. Such data transferred by such persons to the Enterprise shall not be disclosed by the Enterprise to the Authority or to anyone external to the Authority.

Article 15
Training programmes

The contractor shall draw up practical programmes for the training of personnel of the Authority and developing States, including the participation of such personnel in all activities in the Area which are covered by the contract, in accordance with article 144, paragraph 2.

Article 16
Exclusive right to explore and exploit

The Authority shall, pursuant to Part XI and its rules, regulations and procedures, accord the operator the exclusive right to explore and exploit the area covered by the plan of work in respect of a specified category of resources and shall ensure that no other entity operates in the same area for a different category of resources in a manner which might interfere with the operations of the operator. The operator shall have security of tenure in accordance with article 153, paragraph 6.

Article 17
Règles, règlements et procédures de l'Autorité

1. L'Autorité adopte, et applique d'une manière uniforme, des règles, règlements et procédures en vertu de l'article 160, paragraphe 2, lettre f), ii), et de l'article 162, paragraphe 2, lettre o), ii), pour l'exercice de ses fonctions telles qu'elles sont énoncées à la partie XI, notamment en ce qui concerne les questions ci-après :
    a) Procédures administratives relatives à la prospection de la Zone, son exploration et son exploitation ;
    b) Opérations :
        i)   superficie des secteurs ;
        ii)   durée des opérations ;
        iii)   normes d'efficacité, y compris les assurances prévues à l'article 4, paragraphe 6, lettre c), de la présente annexe ;
        iv)   catégories de ressources ;
        v)   renonciation à des secteurs ;
        vi)   rapports sur l'état d'avancement des travaux ;
        vii)   communication de données ;
        viii)   inspection et surveillance des opérations ;
        ix)   mesures à prendre pour ne pas gêner les autres activités s'exerçant dans le milieu marin ;
        x)   transfert de ses droits et obligations par un contractant ;
        xi)   procédures relatives au transfert de techniques aux Etats en développement conformément à l'article 144, ainsi qu'à la participation directe de ces derniers ;
        xii)   normes et pratiques d'exploitation minière, y compris celles qui ont trait à la sécurité des opérations, à la conservation des ressources et à la protection du milieu marin ;
        xiii)   définition de la production commerciale ;
        xiv)   critères de qualification des demandeurs ;
    c) Questions financières :
        i)   élaboration de règles uniformes et non discriminatoires de calcul des coûts et de comptabilité et mode de sélection des contrôleurs ;
        ii)   répartition des recettes tirées des opérations ;
        iii)   incitations visées à l'article 13 de la présente annexe ;
    d) Application des décisions prises en vertu de l'article 151, paragraphe 10, et de l'article 164, paragraphe 2, lettre d).

Article 17
Rules, regulations and procedures of the Authority

1.   The Authority shall adopt and uniformly apply rules, regulations and procedures in accordance with article 160, paragraph 2(f)(ii), and article 162,
paragraph 2(o)(ii), for the exercise of its functions as set forth in Part XI
on, *inter alia*, the following matters:
(a)   administrative procedures relating to prospecting, exploration and
exploitation in the Area;
(b)   operations:
(i)   size of area;
(ii)   duration of operations;
(iii)   performance requirements including assurances pursuant
to article 4, paragraph 6(c), of this Annex;
(iv)   categories of resources;
(v)   renunciation of areas;
(vi)   progress reports;
(vii)   submission of data;
(viii)   inspection and supervision of operations;
(ix)   prevention of interference with other activities in the
marine environment;
(x)   transfer of rights and obligations by a contractor;
(xi)   procedures for transfer of technology to developing
States in accordance with article 144 and for their direct
participation;
(xii)   mining standards and practices, including those relating to
operational safety, conservation of the resources and the
protection of the marine environment;
(xiii)   definition of commercial production;
(xiv)   qualification standards for applicants;
(c)   financial matters:
(i)   establishment of uniform and non-discriminatory costing and
accounting rules and the method of selection of auditors;
(ii)   apportionment of proceeds of operations;
(iii)   the incentives referred to in article 13 of this Annex;
(d)   implementation of decisions taken pursuant to article 151, paragraph 10, and article 164, paragraph 2(d).

2. Les règles, règlements et procédures relatifs aux questions suivantes doivent satisfaire pleinement aux critères objectifs énoncés ci-dessous :

a) Superficie des secteurs :

L'Autorité fixe la superficie des secteurs d'exploration, qui peut aller jusqu'au double de celle des secteurs d'exploitation, de manière à permettre une exploration intensive. La superficie des secteurs d'exploitation est calculée de façon à répondre aux exigences de l'article 8 de la présente annexe concernant la réservation des secteurs ainsi qu'aux exigences de production prévues, qui devront être compatibles avec l'article 151 et les clauses du contrat, compte tenu de l'état des techniques disponibles dans le domaine de l'exploitation minière des fonds marins et des caractéristique physiques pertinentes du secteur. La superficie des secteurs ne peut être ni inférieure ni supérieure à ce qui est nécessaire pour répondre à cet objectif.

b) Durée des opérations :

i) la durée de la prospection n'est pas limitée ;

ii) la durée de la phase d'exploration devrait être suffisante pour permettre l'étude approfondie du secteur visé, l'étude et la construction de matériel d'extraction minière pour ce secteur et l'établissement des plans et la construction d'usines de transformation de petite et moyenne capacité pour procéder à des essais des systèmes d'extraction minière et de traitement des minéraux ;

iii) la durée de l'exploitation devrait être fonction de la durée de vie économique du projet d'extraction minière, compte tenu de facteurs tels que l'épuisement de gisement, la longévité du matériel d'exploitation et des installations de traitement et la viabilité commerciale. La durée de la phase d'exploitation devrait être suffisante pour permettre l'extraction commerciale des minéraux du secteur et devrait comprendre un délai raisonnable pour la construction d'installations d'extraction minière et de traitement à l'échelle commerciale, délai pendant lequel aucune production commerciale ne devrait être exigée. Toutefois, la durée totale de l'exploitation devrait également être suffisamment brève pour que l'Autorité puisse modifier les conditions et modalités du plan de travail au moment où elle étudie son renouvellement, conformément aux règles, règlements et procédures qu'elle a adoptés après l'approbation du plan de travail.

c) Normes d'efficacité :

2. Rules, regulations and procedures on the following items shall fully reflect the objective criteria set out below:

(a) Size of areas:

The Authority shall determine the appropriate size of areas for exploration which may be up to twice as large as those for exploitation in order to permit intensive exploration operations. The size of area shall be calculated to satisfy the requirements of article 8 of this Annex on reservation of areas as well as stated production requirements consistent with article 151 in accordance with the terms of the contract taking into account the state of the art of technology then available for seabed mining and the relevant physical characteristics of the areas. Areas shall be neither smaller nor larger than are necessary to satisfy this objective.

(b) Duration of operations:

(i) Prospecting shall be without time-limit;

(ii) Exploration should be of sufficient duration to permit a thorough survey of the specific area, the design and construction of mining equipment for the area and the design and construction of small and medium-size processing plants for the purpose of testing mining and processing systems;

(iii) The duration of exploitation should be related to the economic life of the mining project, taking into consideration such factors as the depletion of the ore, the useful life of mining equipment and processing facilities and commercial viability. Exploitation should be of sufficient duration to permit commercial extraction of minerals of the area and should include a reasonable time period for construction of commercial-scale mining and processing systems, during which period commercial production should not be required. The total duration of exploitation, however, should also be short enough to give the Authority an opportunity to amend the terms and conditions of the plan of work at the time it considers renewal in accordance with rules, regulations and procedures which it has adopted subsequent to approving the plan of work.

(c) Performance requirements:

L'Autorité exige que, pendant la phase d'exploration, l'exploitant procède périodiquement aux dépenses qui correspondent raisonnablement à la superficie du secteur visé par le plan de travail et des dépenses qu'engagerait un exploitant de bonne foi se proposant de lancer la production commerciale dans ce secteur dans les délais fixés par l'Autorité. Les dépenses jugées nécessaires ne devraient pas être fixées à un niveau qui soit de nature à décourager d'éventuels exploitants disposant de techniques moins coûteuses que les techniques couramment utilisées. L'Autorité fixe un délai maximum pour le dé-marrage de la production commerciale, qui commence à courir après la fin de la phase d'exploration et les premières opérations d'exploitation. Pour déterminer ce délai, l'Autorité devrait tenir compte du fait que la construction d'importantes installations d'exploitation et de traitement ne peut être entreprise que lorsque la phase d'exploration est terminée et que la phase d'exploitation a commencé. En conséquence, le délai imparti pour faire démarrer la production commerciale d'un secteur devrait être fixé compte tenu du temps nécessaire à la construction de ces installations après la phase d'exploration ; il conviendrait en outre de prévoir des délais raisonnables pour les retards inévitables intervenant dans le pro-gramme de con-struction. Une fois le stade de la production commerciale atteint, l'Autorité demande à l'exploitant, en restant dans des limites raisonnables et en prenant en considération tous les facteurs pertinents, de poursuivre cette production commerciale pendant toute la durée du plan de travail.

d)   Catégories de ressources :

Pour déterminer les catégories de ressources pour lesquelles des plans de travail peuvent être approuvés, l'Autorité se fonde, entre autres, sur les éléments suivants :

i)   le fait que des ressources différentes nécessitent le recours à des méthodes d'extraction semblables ; et

ii)   le fait que des ressources différentes peuvent être mises en valeur simultanément par plusieurs exploitants dans un même secteur sans qu'ils se gênent de façon excessive.

La présente disposition n'empêche pas l'Autorité d'approuver un plan de travail portant sur plusieurs catégories de ressources se trouvant dans le même secteur.

e)   Renonciation à des secteurs :

The Authority shall require that during the exploration stage periodic expenditures be made by the operator which are reasonably related to the size of the area covered by the plan of work and the expenditures which would be expected of a *bona fide* operator who intended to bring the area into commercial production within the time-limits established by the Authority. The required expenditures should not be established at a level which would discourage prospective operators with less costly technology than is prevalently in use. The Authority shall establish a maximum time interval, after the exploration stage is completed and the exploitation stage begins, to achieve commercial production. To determine this interval, the Authority should take into consideration that construction of large-scale mining and processing systems cannot be initiated until after the termination of the exploration stage and the commencement of the exploitation stage. Accordingly, the interval to bring an area into commercial production should take into account the time necessary for this construction after the completion of the exploration stage and reasonable allowance should be made for unavoidable delays in the construction schedule. Once commercial production is achieved, the Authority shall within reasonable limits and taking into consideration all relevant factors require the operator to maintain commercial production throughout the period of the plan of work.

(d) Categories of resources:

In determining the category of resources in respect of which a plan of work may be approved, the Authority shall give emphasis *inter alia* to the following characteristics:

(i)   that certain resources require the use of similar mining methods; and

(ii)   that some resources can be developed simultaneously without undue interference between operators developing different resources in the same area.

Nothing in this subparagraph shall preclude the Authority from approving a plan of work with respect to more than one category of resources in the same area to the same applicant.

(e) Renunciation of areas:

L'exploitant peut à tout moment renoncer à tout ou partie de ses droits sur le secteur visé par le plan de travail sans encourir de sanctions.

f) Protection du milieu marin :

Il est établi des règles, règlements et procédures afin de protéger efficacement le milieu marin des effets nocifs résultant directement d'activités menées dans la Zone ou du traitement de minéraux extraits d'un site minier à bord d'un navire se trouvant juste au-dessus de celui-ci, en tenant compte de la mesure dans laquelle de tels effets nocifs peuvent résulter directement d'activités de forage, de dragage, de carottage et d'excavation ainsi que du déversement, de l'immersion et du rejet dans le milieu marin de sédiments, de déchets ou d'autres effluents.

g) Production commerciale :

La production commerciale est réputée avoir démarré lorsqu'un exploitant a entrepris des opérations d'extraction suivies et à grande échelle qui produisent une quantité de matériaux suffisante pour indiquer clairement que le principal objet de ces opérations est une production à grande échelle et non pas une production ayant pour but la collecte d'informations, l'exécution de travaux d'analyse ou l'essai de matériel ou d'installations.

Article 18
Sanctions

1. Les droits du contractant en vertu du contrat ne peuvent être suspendus ou il ne peut y être mis fin que dans les cas suivants :

   a) lorsque, malgré les avertissements de l'Autorité, le contractant a mené ses activités de telle manière qu'elles entraînent des infractions graves, réitérées et délibérées, aux clauses fondamentales du contrat, aux règles, règlements et procédures de l'Autorité et à la partie XI ; ou

   b) lorsque le contractant ne s'est pas conformé à une décision définitive et obligatoire prise à son égard par l'organe de règlement des différends.

2. L'Autorité peut, dans les cas d'infraction aux clauses du contrat autres que ceux visés au paragraphe 1, lettre a), ou au lieu de prononcer la suspension ou la résiliation du contrat dans les cas visés au paragraphe 1, lettre a), infliger au contractant des peines d'amende proportionnelles à la gravité de l'infraction.

The operator shall have the right at any time to renounce without penalty the whole or part of his rights in the area covered by a plan of work.

(f) Protection of the marine environment:

Rules, regulations and procedures shall be drawn up in order to secure effective protection of the marine environment from harmful effects directly resulting from activities in the Area or from shipboard processing immediately above a mine site of minerals derived from that mine site, taking into account the extent to which such harmful effects may directly result from drilling, dredging, coring and excavation and from disposal, dumping and discharge into the marine environment of sediment, wastes or other effluents.

(g) Commercial production:

Commercial production shall be deemed to have begun if an operator engages in sustained large-scale recovery operations which yield a quantity of materials sufficient to indicate clearly that the principal purpose is large-scale production rather than production intended for information gathering, analysis or the testing of equipment or plant.

Article 18
Penalties

1. A contractor's rights under the contract may be suspended or terminated only in the following cases:

   (a) if, in spite of warnings by the Authority, the contractor has conducted his activities in such a way as to result in serious, persistent and wilful violations of the fundamental terms of the contract, Part XI and the rules, regulations and procedures of the Authority; or

   (b) if the contractor has failed to comply with a final binding decision of the dispute settlement body applicable to him.

2. In the case of any violation of the contract not covered by paragraph 1(a), or in lieu of suspension or termination under paragraph 1(a), the Authority may impose upon the contractor monetary penalties proportionate to the seriousness of the violation.

3. Sauf s'il s'agit des ordres émis en cas d'urgence en vertu de l'article 162, paragraphe 2, lettre w), l'Autorité ne peut faire exécuter une décision relative à des peines pécuniaires ou à la suspension ou à la résiliation du contrat tant que le contractant n'a pas eu raisonnablement la possibilité d'épuiser les recours judiciaires dont il dispose conformément à la section 5 de la partie XI.

Article 19
Révision du contrat

1. Lorsqu'il se présente ou qu'il pourrait se présenter des circonstances qui, de l'avis de l'une ou l'autre des parties, auraient pour effet de rendre un contrat inéquitable ou de compromettre ou d'empêcher la réalisation des objectifs prévus par celui-ci ou par la partie XI, les parties en-gagent des négociations en vue de réviser le contrat en conséquence.
2. Un contrat conclu conformément à l'article 153, paragraphe 3, ne peut être révisé qu'avec le consentement des parties.

Article 20
Transfert des droits et obligations

Les droits et obligations découlant d'un contrat ne peuvent être transférés qu'avec le consentement de l'Autorité et conformément à ses règles, règlements et procédures. L'Autorité ne refuse pas sans motifs suffisants son consentement au transfert si le concessionnaire éventuel est, à tous égards, un demandeur qualifié et assume toutes les obligations du cédant et si le transfert n'attribue pas au concessionnaire un plan de travail dont l'approbation est interdite par l'article 6, paragraphe 3, lettre c), de la présente annexe.

Article 21
Droit applicable

1. Le contrat est régi par les clauses du contrat, les règles, règlements et procédures de l'Autorité, la partie XI ainsi que les autres règles de droit international qui ne sont pas incompatibles avec la Convention.
2. Toute décision définitive rendue par une cour ou un tribunal ayant compétence en vertu de la Convention au sujet des droits et obligations de l'Autorité et du contractant est exécutoire sur le territoire de tout Etat Partie.
3. Un Etat Partie ne peut imposer à un contractant des conditions incompatibles avec la partie XI. Toutefois, l'application par un Etat Partie aux

3. Except for emergency orders under article 162, paragraph 2(w), the Authority may not execute a decision involving monetary penalties, suspension or termination until the contractor has been accorded a reasonable opportunity to exhaust the judicial remedies available to him pursuant to Part XI, section 5.

Article 19
Revision of contract

1. When circumstances have arisen or are likely to arise which, in the opinion of either party, would render the contract inequitable or make it impracticable or impossible to achieve the objectives set out in the contract or in Part XI, the parties shall enter into negotiations to revise it accordingly.
2. Any contract entered into in accordance with article 153, paragraph 3, may be revised only with the consent of the parties.

Article 20
Transfer of rights and obligations

The rights and obligations arising under a contract may be transferred only with the consent of the Authority, and in accordance with its rules, regulations and procedures. The Authority shall not unreasonably withhold consent to the transfer if the proposed transferee is in all respects a qualified applicant and assumes all of the obligations of the transferor and if the transfer does not confer to the transferee a plan of work, the approval of which would be forbidden by article 6, paragraph 3(c), of this Annex.

Article 21
Applicable law

1. The contract shall be governed by the terms of the contract, the rules, regulations and procedures of the Authority, Part XI and other rules of international law not incompatible with this Convention.
2. Any final decision rendered by a court or tribunal having jurisdiction under this Convention relating to the rights and obligations of the Authority and of the contractor shall be enforceable in the territory of each State Party.
3. No State Party may impose conditions on a contractor that are inconsistent with Part XI. However, the application by a State Party to contractors

contractants patronnés par lui ou aux navires battant son pavillon des lois et règlements relatifs à la protection du milieu marin ou d'autres, plus strictes que les règles, règlements et procédures adoptés par l'Autorité en application de l'article 17, paragraphe 2, lettre f), de la présente annexe, n'est pas considérée comme incompatible avec la partie XI.

Article 22
Responsabilité

Tout dommage causé par un acte illicite du contractant dans la conduite des opérations engage sa responsabilité, compte tenu de la part de responsabilité imputable à l'Autorité à raison de ses actes ou omissions. Celle-ci est de même responsable des dommages causés par les actes illicites qu'elle commet dans l'exercice de ses pouvoirs et fonctions, y compris les violations de l'article 168, paragraphe 2, compte tenu de la part de responsabilité imputable au contractant à raison de ses actes ou omissions. Dans tous les cas, la réparation doit correspondre au dommage effectif.

Annexe IV
Statut de L'entreprise

Article premier
Buts

1. L'Entreprise est l'organe de l'Autorité qui mène des activités dans la Zone directement en application de l'article 153, paragraphe 2, lettre a), ainsi que des activités de transport, de traitement et de commercialisation des minéraux tirés de la Zone.
2. Pour réaliser ses buts et exercer ses fonctions, l'Entreprise agit conformément à la Convention et aux règles, règlements et procédures de l'Autorité.
3. Pour mettre en valeur les ressources de la Zone en application du paragraphe 1, l'Entreprise, sous réserve de la Convention, mène ses opérations conformément aux principes d'une saine gestion commerciale.

Article 2
Rapports avec l'Autorité

1. En application de l'article 170, l'Entreprise agit conformément à la politique générale arrêtée par l'Assemblée et aux directives du Conseil.

© 2015 BY INTERNATIONAL TRIBUNAL FOR THE LAW OF THE SEA | DOI 10.1163/9789004304710_011

sponsored by it, or to ships flying its flag, of environmental or other laws and regulations more stringent than those in the rules, regulations and procedures of the Authority adopted pursuant to article 17, paragraph 2(f), of this Annex shall not be deemed inconsistent with Part XI.

Article 22
Responsibility

The contractor shall have responsibility or liability for any damage arising out of wrongful acts in the conduct of its operations, account being taken of contributory acts or omissions by the Authority. Similarly, the Authority shall have responsibility or liability for any damage arising out of wrongful acts in the exercise of its powers and functions, including violations under article 168, paragraph 2, account being taken of contributory acts or omissions by the contractor. Liability in every case shall be for the actual amount of damage.

Annex IV
Statute of the Enterprise

Article 1
Purposes

1. The Enterprise is the organ of the Authority which shall carry out activities in the Area directly, pursuant to article 153, paragraph 2(a), as well as the transporting, processing and marketing of minerals recovered from the Area.
2. In carrying out its purposes and in the exercise of its functions, the Enterprise shall act in accordance with this Convention and the rules, regulations and procedures of the Authority.
3. In developing the resources of the Area pursuant to paragraph 1, the Enterprise shall, subject to this Convention, operate in accordance with sound commercial principles.

Article 2
Relationship to the Authority

1. Pursuant to article 170, the Enterprise shall act in accordance with the general policies of the Assembly and the directives of the Council.

© 2015 BY INTERNATIONAL TRIBUNAL FOR THE LAW OF THE SEA | DOI 10.1163/9789004304710_011

2. Sous réserve du paragraphe 1, l'Entreprise agit de façon autonome.

3. Aucune disposition de la Convention ne rend l'Entreprise responsable des actes ou obligations de l'Autorité, ni l'Autorité responsable des actes ou obligations de l'Entreprise.

Article 3
Limitation de responsabilité

Sans préjudice de l'article 11, paragraphe 3, de la présente annexe, aucun membre de l'Autorité n'est responsable des actes ou obligations de l'Entreprise du seul fait de sa qualité de membre.

Article 4
Structure

L'Entreprise a un Conseil d'administration, un Directeur général et le personnel nécessaire à l'exercice de ses fonctions.

Article 5
Le Conseil d'administration

1. Le Conseil d'administration se compose de 15 membres élus par l'Assemblée conformément à l'article 160, paragraphe 2, lettre c). Pour l'élection des membres du Conseil d'administration, il est dûment tenu compte du principe de la répartition géographique équitable. En proposant des candidatures au Conseil, les membres de l'Autorité tiennent compte de la nécessité de désigner des candidats ayant les plus hautes compétences et les qualifications requises dans les domaines voulus pour assurer la viabilité et le succès de l'Entreprise.

2. Les membres du Conseil d'administration sont élus pour quatre ans et sont rééligibles. Lors des élections et des réélections, il est dûment tenu compte du principe de la rotation des sièges.

3. Les membres du Conseil d'administration demeurent en fonction jusqu'à l'élection de leurs successeurs. Si le siège d'un membre du Conseil d'administration devient vacant, l'Assemblée, conformément à l'article 160, paragraphe 2, lettre c), élit un nouveau membre pour la durée du mandat restant à courir.

4. Les membres du Conseil d'administration agissent à titre personnel. Dans l'exercice de leurs fonctions, ils ne sollicitent ni n'acceptent d'instructions d'aucun gouvernement ni d'aucune autre source. Les membres de l'Autorité respectent l'indépendance des membres du Conseil d'administration

2.   Subject to paragraph 1, the Enterprise shall enjoy autonomy in the conduct of its operations.

3.   Nothing in this Convention shall make the Enterprise liable for the acts or obligations of the Authority, or make the Authority liable for the acts or obligations of the Enterprise.

Article 3
Limitation of liability

Without prejudice to article 11, paragraph 3, of this Annex, no member of the Authority shall be liable by reason only of its membership for the acts or obligations of the Enterprise.

Article 4
Structure

The Enterprise shall have a Governing Board, a Director-General and the staff necessary for the exercise of its functions.

Article 5
Governing Board

1.   The Governing Board shall be composed of 15 members elected by the Assembly in accordance with article 160, paragraph 2(c). In the election of the members of the Board, due regard shall be paid to the principle of equitable geographical distribution. In submitting nominations of candidates for election to the Board, members of the Authority shall bear in mind the need to nominate candidates of the highest standard of competence, with qualifications in relevant fields, so as to ensure the viability and success of the Enterprise.

2.   Members of the Board shall be elected for four years and may be re-elected; and due regard shall be paid to the principle of rotation of membership.

3.   Members of the Board shall continue in office until their successors are elected. If the office of a member of the Board becomes vacant, the Assembly shall, in accordance with article 160, paragraph 2(c), elect a new member for the remainder of his predecessor's term.

4.   Members of the Board shall act in their personal capacity. In the performance of their duties they shall not seek or receive instructions from any government or from any other source. Each member of the Authority shall respect the independent character of the members of the Board and

et s'abstiennent de toute tentative de les influencer dans l'exercice de leurs fonctions.

5. Chaque membre du Conseil d'administration reçoit une rémunération imputée sur les ressources financières de l'entreprise. Le montant de cette rémunération est fixé par l'Assemblée sur recommandation du Conseil.

6. Le Conseil d'administration exerce normalement ses fonctions au siège de l'établissement principal de l'Entreprise ; il se réunit aussi souvent que l'exigent les affaires de celle-ci.

7. Le quorum est constitué par les deux tiers des membres du Conseil d'administration.

8. Chaque membre du Conseil d'administration a une voix. Les décisions du Conseil d'administration sur toutes les questions dont il est saisi sont prises à la majorité de ses membres. Si une question suscite un conflit d'intérêts pour l'un de ses membres, celui-ci ne participe pas au vote.

9. Tout membre de l'Autorité peut demander au Conseil d'administration des renseignements au sujet des opérations qui le concernent particuliè-rement. Le Conseil s'efforce de fournir ces renseignements.

Article 6
Pouvoirs et fonctions du Conseil d'administration

Le Conseil d'administration dirige l'Entreprise. Sous réserve de la Convention, il exerce les pouvoirs nécessaires à la réalisation des buts de l'Entreprise, y compris le pouvoir :

a) d'élire son Président parmi ses membres ;

b) d'adopter son règlement intérieur ;

c) d'établir et de soumettre au Conseil des plans de travail formels et écrits conformément à l'article 153, paragraphe 3, et à l'article 162, para-graphe 2, lettre j) ;

d) d'élaborer des plans de travail et des programmes afin de réaliser les activités visées à l'article 170 ;

e) d'établir et de présenter au Conseil des demandes d'autorisations de production, conformément à l'article 151, paragraphes 2 à 7 ;

f) d'autoriser les négociations relatives à l'acquisition des techniques, notamment celles prévues à l'article 5, paragraphe 3, lettres a), c) et d), de l'annexe III, et d'approuver les résultats de ces négociations ;

g) de fixer les conditions et modalités et d'autoriser les négociations concernant des entreprises conjointes et d'autres formes d'accords de

shall refrain from all attempts to influence any of them in the discharge of their duties.

5. Each member of the Board shall receive remuneration to be paid out of the funds of the Enterprise. The amount of remuneration shall be fixed by the Assembly, upon the recommendation of the Council.

6. The Board shall normally function at the principal office of the Enterprise and shall meet as often as the business of the Enterprise may require.

7. Two thirds of the members of the Board shall constitute a quorum.

8. Each member of the Board shall have one vote. All matters before the Board shall be decided by a majority of its members. If a member has a conflict of interest on a matter before the Board he shall refrain from voting on that matter.

9. Any member of the Authority may ask the Board for information in respect of its operations which particularly affect that member. The Board shall endeavour to provide such information.

Article 6
Powers and functions of the Governing Board

The Governing Board shall direct the operations of the Enterprise. Subject to this Convention, the Governing Board shall exercise the powers necessary to fulfil the purposes of the Enterprise, including powers:

(a) to elect a Chairman from among its members;

(b) to adopt its rules of procedure;

(c) to draw up and submit formal written plans of work to the Council in accordance with article 153, paragraph 3, and article 162, paragraph 2(j);

(d) to develop plans of work and programmes for carrying out the activities specified in article 170;

(e) to prepare and submit to the Council applications for production authorizations in accordance with article 151, paragraphs 2 to 7;

(f) to authorize negotiations concerning the acquisition of technology, including those provided for in Annex III, article 5, paragraph 3(a), (c) and (d), and to approve the results of those negotiations;

(g) to establish terms and conditions, and to authorize negotiations, concerning joint ventures and other forms of joint arrangements

coentreprise visés aux articles 9 et 11 de l'annexe III et d'approuver les résultats de ces négociations ;

h) de faire à l'Assemblée des recommandations quant à la part du revenu net de l'Entreprise qui doit être conservée pour la constitution de réserves conformément à l'article 160, paragraphe 2, lettre f), et à l'article 10 de la présente annexe ;

i) d'approuver le budget annuel de l'Entreprise ;

j) d'autoriser l'achat de biens et l'emploi de services, conformément à l'article 12, paragraphe 3, de la présente annexe ;

k) de présenter un rapport annuel au Conseil conformément à l'article 9 de la présente annexe ;

l) de présenter au Conseil, pour approbation par l'Assemblée, des projets de règles concernant l'organisation, l'administration, la nomination et le licenciement du personnel de l'Entreprise, et d'adopter des règlements donnant effet à ces règles ;

m) de contracter des emprunts et de fournir les garanties et autres sûretés qu'il détermine conformément à l'article 11, paragraphe 2, de la présente annexe ;

n) de décider des actions en justice, de conclure des accords, d'effectuer des transactions et de prendre toutes autres mesures, comme le prévoit l'article 13 de la présente annexe ;

o) de déléguer, sous réserve de l'approbation du Conseil, tout pouvoir non discrétionnaire à ses comités ou au Directeur général.

Article 7
Le Directeur général et personnel

1. L'Assemblée élit, sur recommandation du Conseil, parmi les candidats proposés par le Conseil d'administration, le Directeur général de l'Entreprise ; celui-ci ne doit pas être membre du Conseil d'administration. Le Directeur général est élu pour un mandat de durée déterminée, ne dépassant pas cinq ans, et il est rééligible pour de nouveaux mandats.

2. Le Directeur général est le représentant légal de l'Entreprise et en est l'administrateur en chef ; il est directement responsable devant le Conseil d'administration de la conduite des opérations de l'Entreprise. Il est chargé de l'organisation, de l'administration, de la nomination et du licenciement du personnel de l'Entreprise, conformément aux règles et règlements visés à l'article 6, lettre l), de la présente annexe. Il participe aux réunions du Conseil d'administration sans droit de vote. Il peut participer, sans droit de vote, aux réunions de l'Assemblée et du Conseil lorsque ces organes examinent des questions intéressant l'Entreprise.

referred to in Annex III, articles 9 and 11, and to approve the results of such negotiations;

(h) to recommend to the Assembly what portion of the net income of the Enterprise should be retained as its reserves in accordance with article 160, paragraph 2(f), and article 10 of this Annex;

(i) to approve the annual budget of the Enterprise;

(j) to authorize the procurement of goods and services in accordance with article 12, paragraph 3, of this Annex;

(k) to submit an annual report to the Council in accordance with article 9 of this Annex;

(l) to submit to the Council for the approval of the Assembly draft rules in respect of the organization, management, appointment and dismissal of the staff of the Enterprise and to adopt regulations to give effect to such rules;

(m) to borrow funds and to furnish such collateral or other security as it may determine in accordance with article 11, paragraph 2, of this Annex;

(n) to enter into any legal proceedings, agreements and transactions and to take any other actions in accordance with article 13 of this Annex;

(o) to delegate, subject to the approval of the Council, any non-discretionary powers to the Director-General and to its committees.

Article 7
Director-General and staff of the Enterprise

1. The Assembly shall, upon the recommendation of the Council and the nomination of the Governing Board, elect the Director-General of the Enterprise who shall not be a member of the Board. The Director-General shall hold office for a fixed term, not exceeding five years, and may be re-elected for further terms.

2. The Director-General shall be the legal representative and chief executive of the Enterprise and shall be directly responsible to the Board for the conduct of the operations of the Enterprise. He shall be responsible for the organization, management, appointment and dismissal of the staff of the Enterprise in accordance with the rules and regulations referred to in article 6, subparagraph (l), of this Annex. He shall participate, without the right to vote, in the meetings of the Board and may participate, without the right to vote, in the meetings of the Assembly and the Council when these organs are dealing with matters concerning the Enterprise.

3. La considération dominante dans le recrutement et la fixation des conditions d'emploi du personnel est d'assurer à l'Entreprise les services de personnes possédant les plus hautes qualités de travail et de compétence technique. Sous cette réserve, il est dûment tenu compte de l'importance d'un recrutement effectué sur une base géographique équitable.

4. Dans l'exercice de leurs fonctions, le Directeur général et le personnel ne sollicitent ni n'acceptent d'instructions d'aucun gouvernement ni d'aucune autre source étrangère à l'Entreprise. Ils s'abstiennent de tout acte incompatible avec leur qualité de fonctionnaires internationaux de l'Entreprise et ne sont responsables qu'envers celle-ci. Chaque Etat Partie s'engage à respecter le caractère exclusivement international des fonctions du Directeur général et du personnel et à ne pas chercher à les influencer dans l'exécution de leur tâche.

5. Les obligations énoncées à l'article 168, paragraphe 2, incombent également au personnel de l'Entreprise.

Article 8
Emplacement

L'Entreprise a son bureau principal au siège de l'Autorité. Elle peut établir d'autres bureaux et des installations sur le territoire de tout Etat Partie avec le consentement de celui-ci.

Article 9
Rapports et états financiers

1. L'Entreprise soumet à l'examen du Conseil, dans les trois mois qui suivent la fin de chaque exercice, un rapport annuel contenant un état vérifié de ses comptes, et lui communique, à des intervalles appropriés, un état récapitulatif de sa situation financière et un état des pertes et profits faisant apparaître ses résultats d'exploitation.

2. L'Entreprise publie son rapport annuel et tous autres rapports qu'elle juge appropriés.

3. Tous les rapports et états financiers visés au présent article sont communiqués aux membres de l'Autorité.

3. The paramount consideration in the recruitment and employment of the staff and in the determination of their conditions of service shall be the necessity of securing the highest standards of efficiency and of technical competence. Subject to this consideration, due regard shall be paid to the importance of recruiting the staff on an equitable geographical basis.

4. In the performance of their duties the Director-General and the staff shall not seek or receive instructions from any government or from any other source external to the Enterprise. They shall refrain from any action which might reflect on their position as international officials of the Enterprise responsible only to the Enterprise. Each State Party undertakes to respect the exclusively international character of the responsibilities of the Director-General and the staff and not to seek to influence them in the discharge of their responsibilities.

5. The responsibilities set forth in article 168, paragraph 2, are equally applicable to the staff of the Enterprise.

Article 8
Location

The Enterprise shall have its principal office at the seat of the Authority. The Enterprise may establish other offices and facilities in the territory of any State Party with the consent of that State Party.

Article 9
Reports and financial statements

1. The Enterprise shall, not later than three months after the end of each financial year, submit to the Council for its consideration an annual report containing an audited statement of its accounts and shall transmit to the Council at appropriate intervals a summary statement of its financial position and a profit and loss statement showing the results of its operations.

2. The Enterprise shall publish its annual report and such other reports as it finds appropriate.

3. All reports and financial statements referred to in this article shall be distributed to the members of the Authority.

Article 10
Répartition du revenu net

1. Sous réserve du paragraphe 3, l'Entreprise verse à l'Autorité les sommes prévues à l'article 13 de l'annexe III ou leur équivalent.

2. L'Assemblée, sur recommandation du Conseil d'administration, fixe la proportion du revenu net de l'Entreprise qui sera conservée pour la constitution de réserves, le solde étant viré à l'Autorité.

3. Pendant la période initiale requise pour que l'Entreprise parvienne à se suffire à elle-même, dont la durée ne peut dépasser 10 ans à compter du démarrage de la production commerciale, l'Assemblée exempte l'Entreprise des versements visés au paragraphe 1 et laisse la totalité du revenu net de l'entreprise dans les réserves de celle-ci.

Article 11
Finances

1. Les ressources financières de l'Entreprise comprennent :
   a) les sommes reçues de l'Autorité conformément à l'article 173, paragraphe 2, lettre b) ;
   b) les contributions volontaires versées par les Etats Parties aux fins du financement des activités de l'Entreprise ;
   c) le montant des emprunts contractés par l'Entreprise conformément aux paragraphes 2 et 3 ;
   d) le revenu que l'Entreprise tire de ces opérations ;
   e) les autres ressources financières mises à la disposition de l'Entreprise pour lui permettre de commencer ses opérations le plus tôt possible et d'exercer ses fonctions.

2. a) L'Entreprise a la capacité de contracter des emprunts et de fournir telle garantie ou autre sûreté qu'elle peut déterminer. Avant de procéder à une vente publique de ses obligations sur les marchés financiers ou dans la monnaie d'un Etat Partie, l'Entreprise obtient l'assentiment de cet Etat. Le montant total des emprunts est approuvé par le Conseil sur recommandation du Conseil d'administration.

   b) Les Etats Parties s'efforcent, dans toute la mesure du raisonnable, d'appuyer les demandes de prêts de l'Entreprise sur les marchés financiers et auprès d'institutions financières internationales.

3. a) L'Entreprise est dotée des ressources financières qui lui sont nécessaires pour explorer et exploiter un site minier, pour assurer le trans-

Article 10
Allocation of net income

1. Subject to paragraph 3, the Enterprise shall make payments to the Authority under Annex III, article 13, or their equivalent.
2. The Assembly shall, upon the recommendation of the Governing Board, determine what portion of the net income of the Enterprise shall be retained as reserves of the Enterprise. The remainder shall be transferred to the Authority.
3. During an initial period required for the Enterprise to become self-supporting, which shall not exceed 10 years from the commencement of commercial production by it, the Assembly shall exempt the Enterprise from the payments referred to in paragraph 1, and shall leave all of the net income of the Enterprise in its reserves.

Article 11
Finances

1. The funds of the Enterprise shall include:
    (a) amounts received from the Authority in accordance with article 173, paragraph 2(b);
    (b) voluntary contributions made by States Parties for the purpose of financing activities of the Enterprise;
    (c) amounts borrowed by the Enterprise in accordance with paragraphs 2 and 3;
    (d) income of the Enterprise from its operations;
    (e) other funds made available to the Enterprise to enable it to commence operations as soon as possible and to carry out its functions.
2. (a) The Enterprise shall have the power to borrow funds and to furnish such collateral or other security as it may determine. Before making a public sale of its obligations in the financial markets or currency of a State Party, the Enterprise shall obtain the approval of that State Party. The total amount of borrowings shall be approved by the Council upon the recommendation of the Governing Board.
    (b) States Parties shall make every reasonable effort to support applications by the Enterprise for loans on capital markets and from international financial institutions.
3. (a) The Enterprise shall be provided with the funds necessary to explore and exploit one mine site, and to transport, process and

port, le traitement et la commercialisation des minéraux qu'elle en extrait, et du nickel, du cuivre, du cobalt et du manganèse qu'elle tire de ces minéraux et pour couvrir ses dépenses d'administration initiales. La Commission préparatoire indique, dans le projet de règles, règlements et procédures de l'Autorité, le montant de ces ressources ainsi que les critères et facteurs retenus pour opérer les ajustements nécessaires.

b)   Tous les Etats Parties fournissent à l'Entreprise une somme équivalente à la moitié des ressources financières visées à la lettre a), sous forme de prêts à long terme ne portant pas intérêt, conformément au barème des contributions au budget ordinaire de l'Organisation des Nations Unies en vigueur au moment du versement de ces contributions, des ajustements étant opérés pour tenir compte des Etats qui ne sont pas membres de l'Organisation des Nations Unies. L'autre moitié des ressources financières est obtenue au moyen d'emprunts garantis par les Etats Parties selon ce barème.

c)   Si le montant des contributions des Etats Parties est inférieur à celui des ressources financières devant être fournies à l'Entreprise en vertu de la lettre a), l'Assemblée examine à sa première session le manque à recevoir et, tenant compte des obligations incombant aux Etats Parties en vertu des lettres a) et b), et des recommandations de la Commission préparatoire, adopte, par consensus, des mesures au sujet de ce manque.

d)   i)   Dans les 60 jours qui suivent l'entrée en vigueur de la Convention ou dans les 30 jours qui suivent la date de dépôt de ses instruments de ratification ou d'adhésion, la date la plus éloignée étant retenue, chaque Etat Partie dépose auprès de l'Entreprise des billets à ordre irrévocables, non négociables et ne portant pas intérêt à concurrence du montant de sa part en ce qui concerne les prêts ne portant pas intérêt prévus à la lettre b).

        ii)   Aussitôt que possible après l'entrée en vigueur de la Convention, puis annuellement ou à d'autres intervalles appropriés, le Conseil d'administration établit un état quantitatif des besoins de l'Entreprise assorti d'un échéancier pour le financement des dépenses administratives de celle-ci et des activités qu'elle réalise conformément à l'article 170 et à l'article 12 de la présente annexe.

        iii)   L'Entreprise notifie aux Etats Parties, par l'intermédiaire de l'Autorité, le montant de leurs participations respectives à ces dépenses, déterminé conformément à la lettre b). L'Entreprise

market the minerals recovered therefrom and the nickel, copper, cobalt and manganese obtained, and to meet its initial administrative expenses. The amount of the said funds, and the criteria and factors for its adjustment, shall be included by the Preparatory Commission in the draft rules, regulations and procedures of the Authority.

(b)   All States Parties shall make available to the Enterprise an amount equivalent to one half of the funds referred to in subparagraph (a) by way of long-term interest-free loans in accordance with the scale of assessments for the United Nations regular budget in force at the time when the assessments are made, adjusted to take into account the States which are not members of the United Nations. Debts incurred by the Enterprise in raising the other half of the funds shall be guaranteed by all States Parties in accordance with the same scale.

(c)   If the sum of the financial contributions of States Parties is less than the funds to be provided to the Enterprise under subparagraph (a), the Assembly shall, at its first session, consider the extent of the shortfall and adopt by consensus measures for dealing with this shortfall, taking into account the obligation of States Parties under subparagraphs (a) and (b) and any re-commendations of the Preparatory Commission.

(d)   (i)   Each State Party shall, within 60 days after the entry into force of this Convention, or within 30 days after the deposit of its instrument of ratification or accession, whichever is later, deposit with the Enterprise irrevocable, non-negotiable, non-interest- bearing promissory notes in the amount of the share of such State Party of interest-free loans pursuant to subparagraph (b).

(ii)   The Board shall prepare, at the earliest practicable date after this Convention enters into force, and thereafter at annual or other appropriate intervals, a schedule of the magnitude and timing of its requirements for the funding of its administrative expenses and for activities carried out by the Enterprise in accordance with article 170 and article 12 of this Annex.

(iii) The States Parties shall, thereupon, be notified by the Enterprise, through the Authority, of their respective shares of the funds in accordance with subparagraph (b), required for such expenses. The Enterprise shall encash such amounts of

encaisse les billets à ordre à concurrence des montants néces-saires pour financer les dépenses mentionnées dans l'échéan-cier eu égard aux prêts ne portant pas intérêt.

iv) Dès réception de la notification, les Etats Parties mettent à la disposition de l'Entreprise leurs parts respectives des garan-ties de dette conformément à la lettre b).

e) i) Si l'Entreprise le demande, les Etats Parties peuvent fournir des garanties de dette venant s'ajouter à celles qu'ils four-nissent selon le barème visé à la lettre b).

ii) En lieu et place d'une garantie de dette, un Etat Partie peut verser à l'Entreprise une contribution volontaire d'un mon-tant équivalent à la fraction des dettes qu'il aurait été tenu de garantir.

f) Le remboursement des prêts portant intérêt a priorité sur celui des prêts qui ne portent pas intérêt. Les prêts ne portant pas intérêt sont remboursés selon un calendrier adopté par l'Assemblée sur recom-mandation du Conseil et après avis du Conseil d'administration. Le Conseil d'administration exerce cette fonction conformément aux dispositions pertinentes des règles, règlements et procédures de l'Autorité qui tiennent compte de la nécessité fondamentale d'assu-rer le bon fonctionnement de l'Entreprise et, en particulier, d'assu-rer son indépendance financière.

g) Les sommes versées à l'Entreprise le sont en monnaies librement utilisables ou en monnaies librement disponibles et effectivement utilisables sur les principaux marchés des changes. Ces monnaies sont définies dans les règles, règlements et procédures de l'Auto-rité conformément aux pratiques monétaires internationales domi-nantes. Sous réserve du paragraphe 2, aucun Etat Partie n'applique ou n'impose de restrictions en ce qui concerne la possibilité pour l'Entreprise de détenir, d'utiliser ou d'échanger ces sommes.

h) Par « garantie de dette », on entend la promesse faite par un Etat Partie aux créanciers de l'Entreprise d'honorer, dans la mesure pré-vue par le barème approprié, les obligations financières de l'Entre-prise couvertes par la garantie, après notification par les créanciers du manquement de l'Entreprise à ces obligations. Les procédures d'exécution de ces obligations doivent être conformes aux règles, règlements et procédures de l'Autorité.

4. Les ressources financières, avoirs et dépenses de l'Entreprise doivent être séparés de ceux de l'Autorité. L'Entreprise peut néanmoins conclure avec l'Autorité des accords concernant les installations, le personnel et les ser-

the promissory notes as may be required to meet the expenditure referred to in the schedule with respect to interest-free loans.

(iv) States Parties shall, upon receipt of the notification, make available their respective shares of debt guarantees for the Enterprise in accordance with subparagraph (b).

(e) (i) If the Enterprise so requests, States Parties may provide debt guarantees in addition to those provided in accordance with the scale referred to in subparagraph (b).

(ii) In lieu of debt guarantees, a State Party may make a voluntary contribution to the Enterprise in an amount equivalent to that portion of the debts which it would otherwise be liable to guarantee.

(f) Repayment of the interest-bearing loans shall have priority over the repayment of the interest-free loans. Repayment of interest-free loans shall be in accordance with a schedule adopted by the Assembly, upon the recommendation of the Council and the advice of the Board. In the exercise of this function the Board shall be guided by the relevant provisions of the rules, regulations and procedures of the Authority, which shall take into account the paramount importance of ensuring the effective functioning of the Enterprise and, in particular, ensuring its financial independence.

(g) Funds made available to the Enterprise shall be in freely usable currencies or currencies which are freely available and effectively usable in the major foreign exchange markets. These currencies shall be defined in the rules, regulations and procedures of the Authority in accordance with prevailing international monetary practice. Except as provided in paragraph 2, no State Party shall maintain or impose restrictions on the holding, use or exchange by the Enterprise of these funds.

(h) "Debt guarantee" means a promise of a State Party to creditors of the Enterprise to pay, *pro rata* in accordance with the appropriate scale, the financial obligations of the Enterprise covered by the guarantee following notice by the creditors to the State Party of a default by the Enterprise. Procedures for the payment of those obligations shall be in conformity with the rules, regulations and procedures of the Authority.

4. The funds, assets and expenses of the Enterprise shall be kept separate from those of the Authority. This article shall not prevent the Enterprise from making arrangements with the Authority regarding facilities, per-

vices ou des accords portant sur le remboursement des dépenses d'administration réglées par l'une pour le compte de l'autre.

5. Les documents, livres et comptes de l'Entreprise, y compris ses états financiers annuels, sont vérifiés chaque année par un contrôleur indépendant, nommé par le Conseil.

Article 12
Opérations

1. L'Entreprise soumet au Conseil des projets relatifs aux activités visées à l'article 170. Ces projets comprennent un plan de travail formel et écrit pour les activités à mener dans la Zone, conformément à l'article 153, paragraphe 3, ainsi que tous autres renseignements ou données qui peuvent être nécessaires pour leur évaluation par la Commission juridique et technique et leur approbation par le Conseil.

2. Une fois que le projet a été approuvé par le Conseil, l'Entreprise l'exécute selon le plan de travail formel et écrit visé au paragraphe 1.

3. a) Si l'Entreprise ne dispose pas de biens et services qui lui sont nécessaires pour ses opérations, elle peut se procurer de tels biens ou services. A cette fin, elle lance des appels d'offre et passe des marchés avec les soumissionnaires dont l'offre est la plus avantageuse à la fois du point de vue de la qualité, du prix et de la date de livraison.

    b) Si plusieurs offres répondent à ces conditions, le marché est adjugé conformément :

    i) au principe de l'interdiction de toute discrimination fondée sur des considérations politiques ou autres qui sont sans rapport avec l'exécution diligente et efficace des opérations ;

    ii) aux directives arrêtées par le Conseil en ce qui concerne la préférence à accorder aux biens et services provenant d'Etats en développement, particulièrement de ceux d'entre eux qui sont sans littoral ou géographiquement désavantagés.

    c) Le Conseil d'administration peut adopter des règles définissant les circonstances particulières dans lesquelles il peut être dérogé, dans l'intérêt de l'Entreprise, à l'obligation de lancer des appels d'offres.

4. L'Entreprise a la propriété de tous les minéraux et de toutes les substances traitées qu'elle produit.

5. L'Entreprise vend ses produits sur une base non discriminatoire. Elle n'accorde pas de remises de caractère non commercial.

6. Sans préjudice des pouvoirs généraux ou spéciaux que lui confèrent d'autres dispositions de la Convention, l'Entreprise exerce les pouvoirs nécessaires pour la conduite de ses affaires.

sonnel and services and arrangements for reimbursement of administrative expenses paid by either on behalf of the other.

5. The records, books and accounts of the Enterprise, including its annual financial statements, shall be audited annually by an independent auditor appointed by the Council.

Article 12
Operations

1. The Enterprise shall propose to the Council projects for carrying out activities in accordance with article 170. Such proposals shall include a formal written plan of work for activities in the Area in accordance with article 153, paragraph 3, and all such other information and data as may be required from time to time for its appraisal by the Legal and Technical Commission and approval by the Council.

2. Upon approval by the Council, the Enterprise shall execute the project on the basis of the formal written plan of work referred to in paragraph 1.

3. (a) If the Enterprise does not possess the goods and services required for its operations it may procure them. For that purpose, it shall issue invitations to tender and award contracts to bidders offering the best combination of quality, price and delivery time.

   (b) If there is more than one bid offering such a combination, the contract shall be awarded in accordance with:

   (i) the principle of non-discrimination on the basis of political or other considerations not relevant to the carrying out of operations with due diligence and efficiency; and

   (ii) guidelines approved by the Council with regard to the preferences to be accorded to goods and services originating in developing States, including the land-locked and geographically disadvantaged among them.

   (c) The Governing Board may adopt rules determining the special circumstances in which the requirement of invitations to bid may, in the best interests of the Enterprise, be dispensed with.

4. The Enterprise shall have title to all minerals and processed substances produced by it.

5. The Enterprise shall sell its products on a non-discriminatory basis. It shall not give non-commercial discounts.

6. Without prejudice to any general or special power conferred on the Enterprise under any other provision of this Convention, the Enterprise shall exercise such powers incidental to its business as shall be necessary.

7. L'Entreprise ne s'ingère pas dans les affaires politiques des Etats Parties et ne se laisse pas influencer dans ses décisions par l'orientation politique des Etats à qui elle a affaire. Ses décisions sont fondées exclusivement sur des considérations d'ordre commercial, qu'elle prend en compte impartialement en vue d'atteindre les buts indiqués à l'article premier de la présente annexe.

Article 13
Statut juridique, privilèges et immunités

1. Pour permettre à l'Entreprise d'exercer ses fonctions, le statut juridique, les privilèges et les immunités définis au présent article lui sont reconnus sur le territoire des Etats Parties. Pour donner effet à ce principe, l'Entreprise et les Etats Parties peuvent conclure les accords spéciaux qu'ils jugent nécessaires.

2. L'Entreprise a la capacité juridique qui lui est nécessaire pour exercer ses fonctions et atteindre ses buts, et notamment celle :

   a) de conclure des contrats et des accords de coentreprise ou autres, y compris des accords avec des Etats ou des organisations internationales ;

   b) d'acquérir, louer, détenir et aliéner des biens mobiliers et immobiliers ;

   c) d'ester en justice.

3. a) L'Entreprise ne peut être poursuivie que devant les tribunaux compétents dans un Etat Partie sur le territoire duquel elle :

   i) a un bureau ou des installations ;

   ii) a nommé un agent aux fins de recevoir signification d'exploits de justice ;

   iii) a passé un marché de biens ou de services ;

   iv) a émis des titres ; ou

   v) exerce une activité commerciale sous toute autre forme.

   b) Les biens et les avoirs de l'Entreprise, où qu'ils se trouvent et quel qu'en soit le détenteur, sont exempts de toute forme de saisie ou autres voies d'exécution tant qu'un jugement définitif contre l'Entreprise n'a pas été rendu.

4. a) Les biens et avoirs de l'Entreprise, où qu'ils se trouvent et quel qu'en soit le détenteur, sont exempts de réquisition, confiscation, expropriation, ou toute autre forme de contrainte procédant d'une mesure du pouvoir exécutif ou du pouvoir législatif.

7. The Enterprise shall not interfere in the political affairs of any State Party; nor shall it be influenced in its decisions by the political character of the State Party concerned. Only commercial considerations shall be relevant to its decisions, and these considerations shall be weighed impartially in order to carry out the purposes specified in article 1 of this Annex.

Article 13
Legal status, privileges and immunities

1. To enable the Enterprise to exercise its functions, the status, privileges and immunities set forth in this article shall be accorded to the Enterprise in the territories of States Parties. To give effect to this principle the Enterprise and States Parties may, where necessary, enter into special agreements.

2. The Enterprise shall have such legal capacity as is necessary for the exercise of its functions and the fulfilment of its purposes and, in particular, the capacity:
    (a) to enter into contracts, joint arrangements or other arrangements, including agreements with States and international organizations;
    (b) to acquire, lease, hold and dispose of immovable and movable property;
    (c) to be a party to legal proceedings.

3. (a) Actions may be brought against the Enterprise only in a court of competent jurisdiction in the territory of a State Party in which the Enterprise:
    (i) has an office or facility;
    (ii) has appointed an agent for the purpose of accepting service or notice of process;
    (iii) has entered into a contract for goods or services;
    (iv) has issued securities; or
    (v) is otherwise engaged in commercial activity.
    (b) The property and assets of the Enterprise, wherever located and by whomsoever held, shall be immune from all forms of seizure, attachment or execution before the delivery of final judgment against the Enterprise.

4. (a) The property and assets of the Enterprise, wherever located and by whomsoever held, shall be immune from requisition, confiscation, expropriation or any other form of seizure by executive or legislative action.

b) Les biens et avoirs de l'Entreprise, où qu'ils se trouvent et quel qu'en soit le détenteur, ne sont astreints à aucun contrôle, restriction, réglementation ou moratoire de caractère discriminatoire, de quelque nature que ce soit.

c) L'Entreprise et son personnel respectent les lois et règlements de tout Etat ou territoire dans lequel ils exercent des activités industrielles et commerciales ou autres.

d) Les Etats Parties font en sorte que l'Entreprise jouisse de tous les droits, privilèges et immunités qu'ils accordent à des entités exerçant des activités commerciales sur leur territoire. Ces droits, privilèges et immunités sont accordés à l'Entreprise selon des modalités non moins favorables que celles appliquées aux entités exerçant des activités commerciales similaires. Lorsque des Etats accordent des privilèges spéciaux à des Etats en développement ou à leurs entités commerciales, l'Entreprise bénéficie de ces privilèges sur une base préférentielle analogue.

e) Les Etats Parties peuvent accorder à l'Entreprise des incitations, droits, privilèges et immunités spéciaux sans être tenus de les accorder à d'autres entités commerciales.

5. L'entreprise négocie avec les Etats sur le territoire desquels elle a des bureaux et installations pour obtenir l'exemption d'impôts directs et indirects.

6. Chaque Etat Partie prend les dispositions voulues pour donner effet, dans sa législation, aux principes énoncés dans la présente annexe, et informe l'Entreprise des dispositions concrètes qu'il a prises.

7. L'Entreprise peut renoncer, dans la mesure et selon les conditions décidées par elle, à tout privilège ou à toute immunité que lui confèrent le présent article ou les accords spéciaux visés au paragraphe 1.

**Annexe V
Conciliation**

Section 1. Conciliation conformément à la section 1 de la partie XV

*Article premier
Ouverture de la procédure*

Si les parties à un différend sont convenues, conformément à l'article 284, de le soumettre à la conciliation selon la procédure prévue à la présente section, toute partie à ce différend peut engager la procédure par une notification écrite adressée à l'autre ou aux autres parties au différend.

(b) The property and assets of the Enterprise, wherever located and by whomsoever held, shall be free from discriminatory restrictions, regulations, controls and moratoria of any nature.

(c) The Enterprise and its employees shall respect local laws and regulations in any State or territory in which the Enterprise or its employees may do business or otherwise act.

(d) States Parties shall ensure that the Enterprise enjoys all rights, privileges and immunities accorded by them to entities conducting commercial activities in their territories. These rights, privileges and immunities shall be accorded to the Enterprise on no less favourable a basis than that on which they are accorded to entities engaged in similar commercial activities. If special privileges are provided by States Parties for developing States or their commercial entities, the Enterprise shall enjoy those privileges on a similarly preferential basis.

(e) States Parties may provide special incentives, rights, privileges and immunities to the Enterprise without the obligation to provide such incentives, rights, privileges and immunities to other commercial entities.

5.   The Enterprise shall negotiate with the host countries in which its offices and facilities are located for exemption from direct and indirect taxation.

6.   Each State Party shall take such action as is necessary for giving effect in terms of its own law to the principles set forth in this Annex and shall inform the Enterprise of the specific action which it has taken.

7.   The Enterprise may waive any of the privileges and immunities conferred under this article or in the special agreements referred to in paragraph 1 to such extent and upon such conditions as it may determine.

Annex V
Conciliation

Section 1. Conciliation Procedure Pursuant to Section 1 of Part XV

Article 1
Institution of proceedings

If the parties to a dispute have agreed, in accordance with article 284, to submit it to conciliation under this section, any such party may institute the proceedings by written notification addressed to the other party or parties to the dispute.

Article 2
Liste de conciliateurs

1. Le Secrétaire général de l'Organisation des Nations Unies dresse et tient une liste de conciliateurs. Chaque Etat Partie est habilité à désigner quatre conciliateurs jouissant de la plus haute réputation d'impartialité, de compétence et d'intégrité. Le nom des personnes ainsi désignées est inscrit sur la liste.
2. Si, à un moment quelconque, le nombre des conciliateurs désignés par un Etat Partie et figurant sur la liste est inférieur à quatre, cet Etat peut procéder aux désignations supplémentaires auxquelles il a droit.
3. Le nom d'un conciliateur reste sur la liste jusqu'à ce qu'il en soit retiré par l'Etat partie qui l'a désigné, étant entendu que ce conciliateur continue de siéger à toute commission de conciliation à laquelle il a été nommé jusqu'à ce que la procédure devant cette commission soit achevée.

Article 3
Constitution de la commission de conciliation

A moins que les parties n'en conviennent autrement, la commission de conciliation est constituée de la façon suivante :

a) sous réserve de la lettre g), la commission de conciliation se compose de cinq membres ;
b) la partie qui engage la procédure nomme deux conciliateurs qui sont choisis de préférence sur la liste visée à l'article 2 de la présente annexe et dont l'un peut être de ses ressortissants, à moins que les parties n'en conviennent autrement. Ces nominations sont indiquées dans la notification prévue à l'article premier ;
c) l'autre partie au différend, dans un délai de 21 jours à compter de la réception de la notification visée à l'article premier, nomme deux conciliateurs de la manière prévue à la lettre b). Si les nominations n'interviennent pas dans le délai prescrit, la partie qui a engagé la procédure peut, dans la semaine qui suit l'expiration de ce délai, soit mettre fin à la procédure par notification adressée à l'autre partie, soit demander au Secrétaire général de l'Organisation des Nations Unies de procéder à ces nominations conformément à la lettre e) ;
d) dans un délai de 30 jours à compter de la date de la dernière nomination, les quatre conciliateurs en nomment un cinquième, choisi sur la liste visée à l'article 2 de la présente annexe, qui sera président. Si la nomination n'intervient pas dans le délai prescrit, chaque partie peut, dans la

Article 2
List of conciliators

A list of conciliators shall be drawn up and maintained by the Secretary-General of the United Nations. Every State Party shall be entitled to nominate four conciliators, each of whom shall be a person enjoying the highest reputation for fairness, competence and integrity. The names of the persons so nominated shall constitute the list. If at any time the conciliators nominated by a State Party in the list so constituted shall be fewer than four, that State Party shall be entitled to make further nominations as necessary. The name of a conciliator shall remain on the list until withdrawn by the State Party which made the nomination, provided that such conciliator shall continue to serve on any conciliation commission to which that conciliator has been appointed until the completion of the proceedings before that commission.

Article 3
Constitution of conciliation commission

The conciliation commission shall, unless the parties otherwise agree, be constituted as follows:

(a) Subject to subparagraph (g), the conciliation commission shall consist of five members.

(b) The party instituting the proceedings shall appoint two conciliators to be chosen preferably from the list referred to in article 2 of this Annex, one of whom may be its national, unless the parties otherwise agree. Such appointments shall be included in the notification referred to in article 1 of this Annex.

(c) The other party to the dispute shall appoint two conciliators in the manner set forth in subparagraph (b) within 21 days of receipt of the notification referred to in article 1 of this Annex. If the appointments are not made within that period, the party instituting the proceedings may, within one week of the expiration of that period, either terminate the proceedings by notification addressed to the other party or request the Secretary-General of the United Nations to make the appointments in accordance with subparagraph (e).

(d) Within 30 days after all four conciliators have been appointed, they shall appoint a fifth conciliator chosen from the list referred to in article 2 of this Annex, who shall be chairman. If the appointment is not made

semaine qui suit l'expiration de ce délai, demander au Secrétaire général de l'Organisation des Nations Unies de procéder à cette nomination conformément à la lettre e) ;

e) dans un délai de 30 jours à compter de la réception d'une demande faite en vertu des lettres c) ou d), le Secrétaire général de l'Organisation des Nations Unies procède aux nominations nécessaires en choisissant, en consultation avec les parties au différend, des personnes figurant sur la liste visée à l'article 2 de la présente annexe ;

f) il est pourvu à tout siège vacant de la manière prévue pour la nomination initiale ;

g) lorsque deux parties ou plus s'entendent pour faire cause commune, elles nomment conjointement deux conciliateurs. Lorsque deux parties ou plus font cause séparée ou ne peuvent s'entendre sur le point de savoir si elles doivent faire cause commune, elles nomment des conciliateurs séparément ;

h) lorsque plus de deux parties font cause séparée ou ne peuvent s'entendre sur le point de savoir si elles doivent faire cause commune, les parties au différend appliquent les lettres a) à f) dans toute la mesure du possible.

Article 4
Procédure

A moins que les parties en cause n'en conviennent autrement, la commission de conciliation arrête elle-même sa procédure. Elle peut, avec le consentement des parties au différend, inviter tout Etat Partie à lui soumettre ses vues oralement ou par écrit. Les décisions de procédure, les recommandations et le rapport de la commission sont adoptés à la majorité de ses membres.

Article 5
Règlement amiable

La commission peut signaler à l'attention des parties toute mesure susceptible de faciliter le règlement amiable du différend.

Article 6
Fonctions de la commission

La commission entend les parties, examine leurs prétentions et objections et leur fait des propositions en vue de les aider à parvenir à un règlement amiable du différend.

within that period, either party may, within one week of the expiration of that period, request the Secretary-General of the United Nations to make the appointment in accordance with subparagraph (e).

(e)   Within 30 days of the receipt of a request under subparagraph (c) or (d), the Secretary-General of the United Nations shall make the necessary appointments from the list referred to in article 2 of this Annex in consultation with the parties to the dispute.

(f)   Any vacancy shall be filled in the manner prescribed for the initial appointment.

(g)   Two or more parties which determine by agreement that they are in the same interest shall appoint two conciliators jointly. Where two or more parties have separate interests or there is a disagreement as to whether they are of the same interest, they shall appoint conciliators separately.

(h)   In disputes involving more than two parties having separate interests, or where there is disagreement as to whether they are of the same interest, the parties shall apply subparagraphs (a) to (f) in so far as possible.

Article 4
Procedure

The conciliation commission shall, unless the parties otherwise agree, determine its own procedure. The commission may, with the consent of the parties to the dispute, invite any State Party to submit to it its views orally or in writing. Decisions of the commission regarding procedural matters, the report and recommendations shall be made by a majority vote of its members.

Article 5
Amicable settlement

The commission may draw the attention of the parties to any measures which might facilitate an amicable settlement of the dispute.

Article 6
Functions of the commission

The commission shall hear the parties, examine their claims and objections, and make proposals to the parties with a view to reaching an amicable settlement.

Article 7
Rapport

1. La commission fait rapport dans les 12 mois qui suivent sa constitution. Son rapport contient tout accord intervenu et, à défaut d'accord, ses conclusions sur tous les points de fait ou de droit se rapportant à l'objet du différend, ainsi que les recommandations qu'elle juge appropriées au fins d'un règlement amiable. Le rapport est déposé auprès du Secrétaire général de l'Organisation des Nations Unies et transmis aux parties au différend.

2. Le rapport de la commission, y compris toutes conclusions ou recommandations y figurant, ne lie pas les parties.

Article 8
Fin de la procédure

La procédure de conciliation est terminée lorsque le différend a été réglé, que les parties ont accepté ou qu'une partie a rejeté les recommandations figurant dans le rapport par voie de notification écrite adressée au Secrétaire général de l'Organisation des Nations Unies ou qu'une période de trois mois s'est écoulée depuis la date de la communication du rapport aux parties.

Article 9
Honoraires et frais

Les honoraires et les frais de la commission sont à la charge des parties au différend.

Article 10
Droit des parties de déroger à la procédure

Les parties au différend, par un accord applicable à ce seul différend, peuvent convenir de déroger à toute disposition de la présente annexe.

Article 7
Report

1. The commission shall report within 12 months of its constitution. Its report shall record any agreements reached and, failing agreement, its conclusions on all questions of fact or law relevant to the matter in dispute and such recommendations as the commission may deem appropriate for an amicable settlement. The report shall be deposited with the Secretary-General of the United Nations and shall immediately be transmitted by him to the parties to the dispute.
2. The report of the commission, including its conclusions or recommendations, shall not be binding upon the parties.

Article 8
Termination

The conciliation proceedings are terminated when a settlement has been reached, when the parties have accepted or one party has rejected the recommendations of the report by written notification addressed to the Secretary-General of the United Nations, or when a period of three months has expired from the date of transmission of the report to the parties.

Article 9
Fees and expenses

The fees and expenses of the commission shall be borne by the parties to the dispute.

Article 10
Right of parties to modify procedure

The parties to the dispute may by agreement applicable solely to that dispute modify any provision of this Annex.

Section 2.   Soumission obligatoire à la procédure de conciliation conformément à la section 3 de la partie XV

Article 11
Ouverture de la procédure

1.   Toute partie à un différend qui, conformément à la section 3 de la partie XV, peut être soumis à la conciliation selon la procédure prévue à la présente section, peut engager la procédure par une notification écrite adressée à l'autre ou aux autres parties au différend.
2.   Toute partie au différend qui a reçu la notification prévue au paragraphe 1 est obligée de se soumettre à la procédure de conciliation.

Article 12
Absence de réponse ou refus de se soumettre à la procédure

Le fait pour une ou plusieurs parties au différend de ne pas répondre à la notification d'engagement d'une procédure de conciliation ou de ne pas se soumettre à une telle procédure ne constitue pas un obstacle à la procédure.

Article 13
Compétence

En cas de contestation sur le point de savoir si une commission de conciliation constituée en vertu de la présente section est compétente, cette commission décide.

Article 14
Application de la section 1

Les articles 2 à 10 de la section 1 de la présente annexe s'appliquent sous réserve des dispositions de la présente section.

Annexe VI
Statut du Tribunal international du droit de la mer

Reproduit aux pages 1–13.

© 2015 BY INTERNATIONAL TRIBUNAL FOR THE LAW OF THE SEA | DOI 10.1163/9789004304710_013

Section 2. Compulsory Submission to Conciliation Procedure Pursuant to Section 3 of Part XV

Article 11
Institution of proceedings

1. Any party to a dispute which, in accordance with Part XV, section 3, may be submitted to conciliation under this section, may institute the proceedings by written notification addressed to the other party or parties to the dispute.
2. Any party to the dispute, notified under paragraph 1, shall be obliged to submit to such proceedings.

Article 12
Failure to reply or to submit to conciliation

The failure of a party or parties to the dispute to reply to notification of institution of proceedings or to submit to such proceedings shall not constitute a bar to the proceedings.

Article 13
Competence

A disagreement as to whether a conciliation commission acting under this section has competence shall be decided by the commission.

Article 14
Application of section 1

Articles 2 to 10 of section l of this Annex apply subject to this section.

Annex VI
Statute of the International Tribunal for the Law of the Sea

Reproduced in pages 1–14.

© 2015 BY INTERNATIONAL TRIBUNAL FOR THE LAW OF THE SEA | DOI 10.1163/9789004304710_013

Annexe VII
Arbitrage

Article premier
Ouverture de la procédure

Sous réserve de la partie XV, toute partie à un différend peut soumettre celui-ci à la procédure d'arbitrage prévue dans la présente annexe par notification écrite adressée à l'autre ou aux autres parties au différend. La notification est accompagnée de l'exposé des conclusions et des motifs sur lesquels elles se fondent.

Article 2
Liste d'arbitres

1. Le Secrétaire général de l'Organisation des Nations Unies dresse et tient une liste d'arbitres. Chaque Etat Partie peut désigner quatre arbitres ayant l'expérience des questions maritimes et jouissant de la plus haute réputation d'impartialité, de compétence et d'intégrité. Le nom des personnes ainsi désignées est inscrit sur la liste.
2. Si, à un moment quelconque, le nombre des arbitres désignés par un Etat Partie et figurant sur la liste est inférieur à quatre, cet Etat peut procéder aux désignations supplémentaires auxquelles il a droit.
3. Le nom d'un arbitre reste sur la liste jusqu'à ce qu'il en soit retiré par l'Etat Partie qui l'a désigné, étant entendu que cet arbitre continue de siéger au sein de tout tribunal arbitral auquel il a été nommé jusqu'à ce que la procédure devant ce tribunal soit achevée.

Article 3
Constitution du tribunal arbitral

Aux fins de la procédure prévue dans la présente annexe, le tribunal arbitral, à moins que les parties n'en conviennent autrement, est constitué de la façon suivante :

a) sous réserve de la lettre g), le tribunal arbitral se compose de cinq membres ;
b) la partie qui ouvre la procédure nomme un membre qui est choisi de préférence sur la liste visée à l'article 2 de la présente annexe et qui peut être de ses ressortissants. Le nom du membre ainsi nommé figure dans la notification visée à l'article premier de la présente annexe ;

Annex VII
Arbitration

Article 1
Institution of proceedings

Subject to the provisions of Part XV, any party to a dispute may submit the dispute to the arbitral procedure provided for in this Annex by written notification addressed to the other party or parties to the dispute. The notification shall be accompanied by a statement of the claim and the grounds on which it is based.

Article 2
List of arbitrators

1. A list of arbitrators shall be drawn up and maintained by the Secretary-General of the United Nations. Every State Party shall be entitled to nominate four arbitrators, each of whom shall be a person experienced in maritime affairs and enjoying the highest reputation for fairness, competence and integrity. The names of the persons so nominated shall constitute the list.
2. If at any time the arbitrators nominated by a State Party in the list so constituted shall be fewer than four, that State Party shall be entitled to make further nominations as necessary.
3. The name of an arbitrator shall remain on the list until withdrawn by the State Party which made the nomination, provided that such arbitrator shall continue to serve on any arbitral tribunal to which that arbitrator has been appointed until the completion of the proceedings before that arbitral tribunal.

Article 3
Constitution of arbitral tribunal

For the purpose of proceedings under this Annex, the arbitral tribunal shall, unless the parties otherwise agree, be constituted as follows:

(a) Subject to subparagraph (g), the arbitral tribunal shall consist of five members.
(b) The party instituting the proceedings shall appoint one member to be chosen preferably from the list referred to in article 2 of this Annex, who

c)   l'autre partie au différend nomme, dans un délai de 30 jours à compter de la réception de la notification visée à l'article premier de la présente annexe, un membre qui est choisi de préférence sur la liste et qui peut être de ses ressortissants. Si la nomination n'intervient pas dans ce délai, la partie qui a ouvert la procédure peut, dans les deux semaines qui suivent l'expiration du délai, demander qu'il soit procédé à cette nomination conformément à la lettre e) ;

d)   les trois autres membres sont nommés d'un commun accord par les parties. Ils sont choisis de préférence sur la liste et sont ressortissants d'Etats tiers, à moins que les parties n'en conviennent autrement. Les parties nomment le président du tribunal arbitral parmi ces trois membres. Si, dans un délai de 60 jours à compter de la réception de la notification visée à l'article premier de la présente annexe, les parties n'ont pu s'entendre sur la nomination d'un ou de plusieurs des membres du tribunal à désigner d'un commun accord, ou sur celle du président, il est procédé à cette nomination ou à ces nominations conformément à la lettre e), à la demande de toute partie au différend. Cette demande est présentée dans les deux semaines qui suivent l'expiration du délai précité ;

e)   à moins que les parties ne conviennent de charger une personne ou un Etat tiers choisi par elles de procéder aux nominations nécessaires en application des lettres c) et d), le Président du Tribunal international du droit de la mer y procède. Si celui-ci est empêché ou est ressortissant de l'une des parties, les nominations sont effectuées par le membre le plus ancien du Tribunal qui est disponible et qui n'est ressortissant d'aucune des parties. Il est procédé à ces nominations en choisissant sur la liste visée à l'article 2 de la présente annexe dans un délai de 30 jours à compter de la réception de la demande et en consultation avec les parties. Les membres ainsi nommés doivent être de nationalités différentes et n'être au service d'aucune des parties au différend ; ils ne doivent pas résider habituellement sur le territoire de l'une des parties, ni être ressortissants d'aucune d'elles ;

f)   il est pourvu à tout siège vacant de la manière prévue pour la nomination initiale ;

g)   les parties qui font cause commune nomment conjointement un membre du tribunal d'un commun accord. Lorsqu'il y a en présence plusieurs parties qui font cause séparée, ou en cas de désaccord sur le point de savoir si elles font cause commune, chacune d'entre elles nomme un membre du tribunal. Le nombre des membres du tribunal nommés séparément par

may be its national. The appointment shall be included in the notification referred to in article l of this Annex.

(c)   The other party to the dispute shall, within 30 days of receipt of the notification referred to in article l of this Annex, appoint one member to be chosen preferably from the list, who may be its national. If the appointment is not made within that period, the party instituting the proceedings may, within two weeks of the expiration of that period, request that the appointment be made in accordance with subparagraph (e).

(d)   The other three members shall be appointed by agreement between the parties. They shall be chosen preferably from the list and shall be nationals of third States unless the parties otherwise agree. The parties to the dispute shall appoint the President of the arbitral tribunal from among those three members. If, within 60 days of receipt of the notification referred to in article l of this Annex, the parties are unable to reach agreement on the appointment of one or more of the members of the tribunal to be appointed by agreement, or on the appointment of the President, the remaining appointment or appointments shall be made in accordance with subparagraph (e), at the request of a party to the dispute. Such request shall be made within two weeks of the expiration of the aforementioned 60-day period.

(e)   Unless the parties agree that any appointment under subparagraphs (c) and (d) be made by a person or a third State chosen by the parties, the President of the International Tribunal for the Law of the Sea shall make the necessary appointments. If the President is unable to act under this subparagraph or is a national of one of the parties to the dispute, the appointment shall be made by the next senior member of the International Tribunal for the Law of the Sea who is available and is not a national of one of the parties. The appointments referred to in this subparagraph shall be made from the list referred to in article 2 of this Annex within a period of 30 days of the receipt of the request and in consultation with the parties. The members so appointed shall be of different nationalities and may not be in the service of, ordinarily resident in the territory of, or nationals of, any of the parties to the dispute.

(f)   Any vacancy shall be filled in the manner prescribed for the initial appointment.

(g)   Parties in the same interest shall appoint one member of the tribunal jointly by agreement. Where there are several parties having separate interests or where there is disagreement as to whether they are of the same interest, each of them shall appoint one member of the tribunal. The number of members of the tribunal appointed separately by the

les parties doit toujours être inférieur d'un au nombre des membres du tribunal nommés conjointement par les parties ;

h)   les lettres a) à f) s'appliquent dans toute la mesure du possible aux différends opposant plus de deux parties.

Article 4
Fonctions du tribunal arbitral

Un tribunal arbitral constitué selon l'article 3 de la présente annexe exerce ses fonctions conformément à la présente annexe et aux autres dispositions de la Convention.

Article 5
Procédure

A moins que les parties n'en conviennent autrement, le tribunal arbitral arrête lui-même sa procédure en donnant à chaque partie la possibilité d'être entendue et d'exposer sa cause.

Article 6
Obligations des parties

Les parties au différend facilitent la tâche du tribunal arbitral et, en particulier, conformément à leur législation et par tous les moyens à leur disposition :

a)   lui fournissent tous les documents, facilités et renseignements pertinents ; et

b)   lui donnent la possibilité, lorsque cela est nécessaire, de citer et d'entendre des témoins ou experts et de se rendre sur les lieux.

Article 7
Frais

A moins que le tribunal arbitral n'en décide autrement en raison des circonstances particulières de l'espèce, les frais du tribunal, y compris la rémunération de ses membres, sont supportés à parts égales par les parties au différend.

parties shall always be smaller by one than the number of members of the tribunal to be appointed jointly by the parties.

(h) In disputes involving more than two parties, the provisions of subparagraphs (a) to (f) shall apply to the maximum extent possible.

Article 4
Functions of arbitral tribunal

An arbitral tribunal constituted under article 3 of this Annex shall function in accordance with this Annex and the other provisions of this Convention.

Article 5
Procedure

Unless the parties to the dispute otherwise agree, the arbitral tribunal shall determine its own procedure, assuring to each party a full opportunity to be heard and to present its case.

Article 6
Duties of parties to a dispute

The parties to the dispute shall facilitate the work of the arbitral tribunal and, in particular, in accordance with their law and using all means at their disposal, shall:

(a) provide it with all relevant documents, facilities and information; and
(b) enable it when necessary to call witnesses or experts and receive their evidence and to visit the localities to which the case relates.

Article 7
Expenses

Unless the arbitral tribunal decides otherwise because of the particular circumstances of the case, the expenses of the tribunal, including the remuneration of its members, shall be borne by the parties to the dispute in equal shares.

Article 8
Majorité requise pour la prise de décisions

Les décisions du tribunal arbitral sont prises à la majorité de ses membres. L'absence ou l'abstention de moins de la moitié de ses membres n'empêche pas le tribunal de statuer. En cas de partage égal des voix, la voix du président est prépondérante.

Article 9
Défaut

Lorsqu'une des parties au différend ne se présente pas ou ne fait pas valoir ses moyens, l'autre partie peut demander au tribunal de poursuivre la procédure et de rendre sa sentence. L'absence d'une partie ou le fait pour une partie de ne pas faire valoir ses moyens ne fait pas obstacle au déroulement de la procédure. Avant de rendre sa sentence, le tribunal arbitral doit s'assurer non seulement qu'il a compétence pour connaître du différend, mais que la demande est fondée en fait et en droit.

Article 10
Sentence

La sentence du tribunal arbitral est limitée à l'objet du différend ; elle est motivée. Elle mentionne les noms des membres du tribunal arbitral qui y ont pris part et la date à laquelle elle est rendue. Tout membre du tribunal peut joindre à la sentence l'exposé de son opinion individuelle ou dissidente.

Article 11
Caractère définitif de la sentence

La sentence est définitive et sans appel, à moins que les parties au différend ne soient convenues à l'avance d'une procédure d'appel. Toutes les parties au différend doivent s'y conformer.

Article 12
Interprétation ou exécution de la sentence

1. Toute contestation pouvant surgir entre les parties au différend en ce qui concerne l'interprétation ou la manière d'exécuter la sentence peut être soumise par l'une ou l'autre des parties à la décision du tribunal

Article 8
Required majority for decisions

Decisions of the arbitral tribunal shall be taken by a majority vote of its members. The absence or abstention of less than half of the members shall not constitute a bar to the tribunal reaching a decision. In the event of an equality of votes, the President shall have a casting vote.

Article 9
Default of appearance

If one of the parties to the dispute does not appear before the arbitral tribunal or fails to defend its case, the other party may request the tribunal to continue the proceedings and to make its award. Absence of a party or failure of a party to defend its case shall not constitute a bar to the proceedings. Before making its award, the arbitral tribunal must satisfy itself not only that it has jurisdiction over the dispute but also that the claim is well founded in fact and law.

Article 10
Award

The award of the arbitral tribunal shall be confined to the subject-matter of the dispute and state the reasons on which it is based. It shall contain the names of the members who have participated and the date of the award. Any member of the tribunal may attach a separate or dissenting opinion to the award.

Article 11
Finality of award

The award shall be final and without appeal, unless the parties to the dispute have agreed in advance to an appellate procedure. It shall be complied with by the parties to the dispute.

Article 12
Interpretation or implementation of award

1. Any controversy which may arise between the parties to the dispute as regards the interpretation or manner of implementation of the award may be submitted by either party for decision to the arbitral tribunal

arbitral qui a prononcé la sentence. A cet effet, il est pourvu aux sièges devenus vacants selon la méthode prévue pour la nomination initiale des membres du tribunal.

2. Si toutes les parties au différend en conviennent, toute contestation de ce genre peut être soumise à une autre cour ou à un autre tribunal, conformément à l'article 287.

Article 13
Application à des entités autres que les Etats Parties

La présente annexe s'applique *mutatis mutandis* à tout différend mettant en cause des entités autres que les Etats Parties.

Annexe VIII
Arbitrage spécial

Article premier
Ouverture de la procédure

Sous réserve de la partie XV, toute partie à un différend relatif à l'interprétation ou à l'application des articles de la Convention concernant : 1) la pêche, 2) la protection et la préservation du milieu marin, 3) la recherche scientifique marine ou 4) la navigation, y compris la pollution par les navires ou par immersion, peut soumettre ce différend à la procédure d'arbitrage spécial prévue dans la présente annexe par notification écrite adressée à l'autre ou aux autres parties au différend. La notification est accompagnée de l'exposé des conclusions et des motifs sur lesquels elles se fondent.

Article 2
Listes d'experts

1. Une liste d'experts est dressée et tenue pour chacun des domaines suivants : 1) la pêche, 2) la protection et la préservation du milieu marin, 3) la recherche scientifique marine ou 4) la navigation, y compris la pollution par les navires ou par immersion.

2. En matière de pêche, la liste d'experts est dressée et tenue par l'Organisation des Nations Unies pour l'alimentation et l'agriculture, en matière de protection et de préservation du milieu marin par le Programme des Nations Unies pour l'environnement, en matière de recherche scientifique marine par la Commission océanographique intergouvernemen-

which made the award. For this purpose, any vacancy in the tribunal shall be filled in the manner provided for in the original appointments of the members of the tribunal.

2.   Any such controversy may be submitted to another court or tribunal under article 287 by agreement of all the parties to the dispute.

Article 13
Application to entities other than States Parties

The provisions of this Annex shall apply *mutatis mutandis* to any dispute involving entities other than States Parties.

Annex VIII
Special Arbitration

Article 1
Institution of proceedings

Subject to Part XV, any party to a dispute concerning the interpretation or application of the articles of this Convention relating to (1) fisheries, (2) protection and preservation of the marine environment, (3) marine scientific research, or (4) navigation, including pollution from vessels and by dumping, may submit the dispute to the special arbitral procedure provided for in this Annex by written notification addressed to the other party or parties to the dispute. The notification shall be accompanied by a statement of the claim and the grounds on which it is based.

Article 2
Lists of experts

1.   A list of experts shall be established and maintained in respect of each of the fields of (1) fisheries, (2) protection and preservation of the marine environment, (3) marine scientific research, and (4) navigation, including pollution from vessels and by dumping.

2.   The lists of experts shall be drawn up and maintained, in the field of fisheries by the Food and Agriculture Organization of the United Nations, in the field of protection and preservation of the marine environment by the United Nations Environment Programme, in the field of marine scientific research by the Intergovernmental Oceanographic Commission, in the field of navigation, including pollution from vessels and by dump-

© 2015 BY INTERNATIONAL TRIBUNAL FOR THE LAW OF THE SEA | DOI 10.1163/9789004304710_015

tale, en matière de navigation, y compris la pollution par les navires ou par immersion, par l'Organisation maritime internationale, ou, dans chaque cas, par l'organe subsidiaire approprié auquel l'organisation, le programme ou la commission en question a délégué cette fonction.

3. Chaque Etat Partie peut désigner, dans chacun de ces domaines, deux experts qui ont une compétence juridique, scientifique ou technique établie et généralement reconnue en la matière et qui jouissent de la plus haute réputation d'impartialité et d'intégrité. Dans chaque domaine, la liste est composée des noms des personnes ainsi désignées.

4. Si, à un moment quelconque, le nombre des experts désignés par un Etat Partie et figurant sur une liste est inférieur à deux, cet Etat peut procéder aux désignations supplémentaires auxquelles il a droit.

5. Le nom d'un expert reste sur la liste jusqu'à ce qu'il soit retiré par l'Etat Partie qui l'a désigné, étant entendu que cet expert continue de siéger au sein de tout tribunal arbitral spécial auquel il a été nommé jusqu'à ce que la procédure devant ce tribunal soit achevée.

Article 3
Constitution du tribunal arbitral spécial

Aux fins de la procédure prévue dans la présente annexe, le tribunal arbitral spécial, à moins que les parties n'en conviennent autrement, est constitué de la façon suivante :

a) sous réserve de la lettre g), le tribunal arbitral spécial se compose de cinq membres ;

b) la partie qui ouvre la procédure nomme deux membres, qui sont choisis de préférence sur la ou les listes visées à l'article 2 de la présente annexe se rapportant à l'objet du différend, et dont l'un peut être de ses ressortissants. Le nom des membres ainsi nommés figure dans la notification visée à l'article premier de la présente annexe ;

c) l'autre partie au différend nomme, dans un délai de 30 jours à compter de la réception de la notification visée à l'article premier de la présente annexe, deux membres qui sont choisis de préférence sur la liste ou les listes se rapportant à l'objet du différend, et dont l'un peut être de ses ressortissants. Si la nomination n'intervient pas dans ce délai, la partie qui a ouvert la procédure peut, dans les deux semaines qui suivent l'expiration du délai, demander qu'il soit procédé à cette nomination conformément à la lettre e) ;

d) les parties nomment d'un commun accord le Président du Tribunal arbitral spécial, qui est choisi de préférence sur la liste appropriée et est

ing, by the International Maritime Organization, or in each case by the appropriate subsidiary body concerned to which such organization, programme or commission has delegated this function.

3. Every State Party shall be entitled to nominate two experts in each field whose competence in the legal, scientific or technical aspects of such field is established and generally recognized and who enjoy the highest reputation for fairness and integrity. The names of the persons so nominated in each field shall constitute the appropriate list.

4. If at any time the experts nominated by a State Party in the list so constituted shall be fewer than two, that State Party shall be entitled to make further nominations as necessary.

5. The name of an expert shall remain on the list until withdrawn by the State Party which made the nomination, provided that such expert shall continue to serve on any special arbitral tribunal to which that expert has been appointed until the completion of the proceedings before that special arbitral tribunal.

Article 3
Constitution of special arbitral tribunal

For the purpose of proceedings under this Annex, the special arbitral tribunal shall, unless the parties otherwise agree, be constituted as follows:

(a) Subject to subparagraph (g), the special arbitral tribunal shall consist of five members.

(b) The party instituting the proceedings shall appoint two members to be chosen preferably from the appropriate list or lists referred to in article 2 of this Annex relating to the matters in dispute, one of whom may be its national. The appointments shall be included in the notification referred to in article 1 of this Annex.

(c) The other party to the dispute shall, within 30 days of receipt of the notification referred to in article 1 of this Annex, appoint two members to be chosen preferably from the appropriate list or lists relating to the matters in dispute, one of whom may be its national. If the appointments are not made within that period, the party instituting the proceedings may, within two weeks of the expiration of that period, request that the appointments be made in accordance with subparagraph (e).

(d) The parties to the dispute shall by agreement appoint the President of the special arbitral tribunal, chosen preferably from the appropriate list, who

ressortissant d'un Etat tiers, à moins que les parties n'en conviennent autrement. Si, dans un délai de 30 jours à compter de la réception de la notification visée à l'article premier de la présente annexe, les parties n'ont pu s'entendre sur la nomination du président, il est procédé à cette nomination conformément à la lettre e), à la demande de toute partie au différend. Cette demande est présentée dans les deux semaines qui suivent l'expiration du délai précité ;

e)   à moins que les parties ne conviennent d'en charger une personne ou un Etat tiers choisi par elles, le Secrétaire général de l'Organisation des Nations Unies procède aux nominations nécessaires dans un délai de 30 jours à compter de la réception d'une demande faite en application des lettres c) ou d). Il est procédé à ces nominations en choisissant sur la ou les listes d'experts visées à l'article 2 de la présente annexe qui sont appropriées, en consultation avec les parties au différend et avec l'organisation internationale appropriée. Les membres ainsi nommés doivent être de nationalités différentes et n'être au service d'aucune des parties au différend ; ils ne doivent pas résider habituellement sur le territoire de l'une des parties, ni être ressortissants d'aucune d'elles ;

f)   il est pourvu à tout siège vacant de la manière prévue pour la nomination initiale ;

g)   les parties qui font cause commune nomment conjointement deux membres du tribunal d'un commun accord. Lorsqu'il y a en présence plusieurs parties qui font cause séparée, ou en cas de désaccord sur le point de savoir si elles font cause commune, chacune d'entre elles nomme un membre du tribunal ;

h)   les lettres a) à f) s'appliquent dans toute la mesure du possible aux différends opposant plus de deux parties.

Article 4
Dispositions générales

Les articles 4 à 13 de l'annexe VII s'appliquent *mutatis mutandis* à la procédure d'arbitrage spécial prévue dans la présente annexe.

Article 5
Etablissement des faits

1.   Les parties à un différend relatif à l'interprétation ou à l'application des dispositions de la Convention qui concernent 1) la pêche, 2) la protection et la préservation du milieu marin, 3) la recherche scientifique marine ou 4) la navigation, y compris la pollution par les navires ou par immersion,

shall be a national of a third State, unless the parties otherwise agree. If, within 30 days of receipt of the notification referred to in article l of this Annex, the parties are unable to reach agreement on the appointment of the President, the appointment shall be made in accordance with subparagraph (e), at the request of a party to the dispute. Such request shall be made within two weeks of the expiration of the aforementioned 30-day period.

(e) Unless the parties agree that the appointment be made by a person or a third State chosen by the parties, the Secretary-General of the United Nations shall make the necessary appointments within 30 days of receipt of a request under subparagraphs (c) and (d). The appointments referred to in this subparagraph shall be made from the appropriate list or lists of experts referred to in article 2 of this Annex and in consultation with the parties to the dispute and the appropriate international organization. The members so appointed shall be of different nationalities and may not be in the service of, ordinarily resident in the territory of, or nationals of, any of the parties to the dispute.

(f) Any vacancy shall be filled in the manner prescribed for the initial appointment.

(g) Parties in the same interest shall appoint two members of the tribunal jointly by agreement. Where there are several parties having separate interests or where there is disagreement as to whether they are of the same interest, each of them shall appoint one member of the tribunal.

(h) In disputes involving more than two parties, the provisions of subparagraphs (a) to (f) shall apply to the maximum extent possible.

Article 4
General provisions

Annex VII, articles 4 to 13, apply *mutatis mutandis* to the special arbitration proceedings in accordance with this Annex.

Article 5
Fact finding

1. The parties to a dispute concerning the interpretation or application of the provisions of this Convention relating to (1) fisheries, (2) protection and preservation of the marine environment, (3) marine scientific research, or (4) navigation, including pollution from vessels and by dumping, may at any time agree to request a special arbitral tribunal con-

peuvent à tout moment convenir de demander à un tribunal arbitral spécial constitué conformément à l'article 3 de la présente annexe de procéder à une enquête et à l'établissement des faits à l'origine du différend.

2. A moins que les parties n'en conviennent autrement, les faits constatés par le tribunal arbitral spécial en application du paragraphe 1 sont considérés comme établis entre les parties.

3. Si toutes les parties au différend le demandent, le tribunal arbitral spécial peut formuler des recommandations qui n'ont pas valeur de décision et constituent seulement la base d'un réexamen par les parties des questions à l'origine du différend.

4. Sous réserve du paragraphe 2, le tribunal arbitral spécial se conforme à la présente annexe, à moins que les parties n'en conviennent autrement.

Annexe IX
Participation d'organisations internationales

Article premier
Emploi du terme « organisation internationale »

Aux fins de l'article 305 et de la présente annexe, on entend par « organisation internationale » une organisation intergouvernementale constituée d'Etats qui lui ont transféré compétence pour des matières dont traite la Convention, y compris la compétence pour conclure des traités sur ces matières.

Article 2
Signature

Une organisation internationale peut signer la Convention si la majorité de ses Etats membres en sont signataires. Au moment où elle signe la Convention, une organisation internationale fait une déclaration spécifiant les matières dont traite la Convention pour lesquelles ses Etats membres signataires lui ont transféré compétence, ainsi que la nature et l'étendue de cette compétence.

Article 3
Confirmation formelle et adhésion

1. Une organisation internationale peut déposer son instrument de confirmation formelle ou d'adhésion si la majorité de ses Etats membres déposent ou ont déposé leurs instruments de ratification ou d'adhésion.

stituted in accordance with article 3 of this Annex to carry out an inquiry and establish the facts giving rise to the dispute.

2. Unless the parties otherwise agree, the findings of fact of the special arbitral tribunal acting in accordance with paragraph 1, shall be considered as conclusive as between the parties.

3. If all the parties to the dispute so request, the special arbitral tribunal may formulate recommendations which, without having the force of a decision, shall only constitute the basis for a review by the parties of the questions giving rise to the dispute.

4. Subject to paragraph 2, the special arbitral tribunal shall act in accordance with the provisions of this Annex, unless the parties otherwise agree.

Annex IX
Participation by International Organizations

Article 1
Use of terms

For the purposes of article 305 and of this Annex, "international organization" means an intergovernmental organization constituted by States to which its member States have transferred competence over matters governed by this Convention, including the competence to enter into treaties in respect of those matters.

Article 2
Signature

An international organization may sign this Convention if a majority of its member States are signatories of this Convention. At the time of signature an international organization shall make a declaration specifying the matters governed by this Convention in respect of which competence has been transferred to that organization by its member States which are signatories, and the nature and extent of that competence.

Article 3
Formal confirmation and accession

1. An international organization may deposit its instrument of formal confirmation or of accession if a majority of its member States deposit or have deposited their instruments of ratification or accession.

© 2015 BY INTERNATIONAL TRIBUNAL FOR THE LAW OF THE SEA | DOI 10.1163/9789004304710_016

2. L'instrument déposé par l'organisation internationale doit contenir les engagements et déclarations prescrits aux articles 4 et 5 de la présente annexe.

Article 4
Etendue de la participation, droits et obligations

1. L'instrument de confirmation formelle ou d'adhésion déposé par une organisation internationale doit contenir l'engagement d'accepter, en ce qui concerne les matières pour lesquelles compétence lui a été transférée par ses Etats membres Parties à la Convention, les droits et obligations prévus par la Convention pour les Etats.

2. Une organisation internationale est Partie à la Convention dans les limites de la compétence définie dans les déclarations, communications ou notifications visées à l'article 5 de la présente annexe.

3. En ce qui concerne les matières pour lesquelles ses Etats membres Parties à la Convention lui ont transféré compétence, une organisation internationale exerce les droits et s'acquitte des obligations qui autrement seraient ceux de ces Etats en vertu de la Convention. Les Etats membres d'une organisation internationale n'exercent pas la compétence qu'ils lui ont transférée.

4. La participation d'une organisation internationale n'entraîne en aucun cas une représentation supérieure à celle à laquelle ses Etats membres Parties à la Convention pourraient autrement prétendre ; cette disposition s'applique notamment aux droits en matière de prise de décisions.

5. La participation d'une organisation internationale ne confère à ses Etats membres qui ne sont pas Parties à la Convention aucun des droits prévus par celle-ci.

6. En cas de conflit entre les obligations qui incombent à une organisation internationale en vertu de la Convention et celles qui lui incombent en vertu de l'accord instituant cette organisation ou de tout acte connexe, les obligations découlant de la Convention l'emportent.

Article 5
Déclarations, notifications et communications

1. L'instrument de confirmation formelle ou d'adhésion d'une organisation internationale doit contenir une déclaration spécifiant les matières dont

2.   The instruments deposited by the international organization shall contain the undertakings and declarations required by articles 4 and 5 of this Annex.

Article 4
Extent of participation and rights and obligations

1.   The instrument of formal confirmation or of accession of an international organization shall contain an undertaking to accept the rights and obligations of States under this Convention in respect of matters relating to which competence has been transferred to it by its member States which are Parties to this Convention.

2.   An international organization shall be a Party to this Convention to the extent that it has competence in accordance with the declarations, communications of information or notifications referred to in article 5 of this Annex.

3.   Such an international organization shall exercise the rights and perform the obligations which its member States which are Parties would otherwise have under this Convention, on matters relating to which competence has been transferred to it by those member States. The member States of that international organization shall not exercise competence which they have transferred to it.

4.   Participation of such an international organization shall in no case entail an increase of the representation to which its member States which are States Parties would otherwise be entitled, including rights in decision-making.

5.   Participation of such an international organization shall in no case confer any rights under this Convention on member States of the organization which are not States Parties to this Convention.

6.   In the event of a conflict between the obligations of an international organization under this Convention and its obligations under the agreement establishing the organization or any acts relating to it, the obligations under this Convention shall prevail.

Article 5
Declarations, notifications and communications

1.   The instrument of formal confirmation or of accession of an international organization shall contain a declaration specifying the matters governed by this Convention in respect of which competence has been

traite la Convention pour lesquelles compétence lui a été transférée par ses Etats membres Parties à la Convention.

2. Un Etat membre d'une organisation internationale, au moment où il ratifie la Convention ou y adhère, ou au moment où l'organisation dépose son instrument de confirmation formelle ou d'adhésion, la date la plus tardive étant retenue, fait une déclaration spécifiant les matières dont traite la Convention pour lesquelles il a transféré compétence à l'organisation.

3. Les Etats Parties membres d'une organisation internationale qui est Partie à la Convention sont présumés avoir compétence en ce qui concerne toutes les matières traitées par la Convention pour lesquelles ils n'ont pas expressément indiqué, par une déclaration, communication ou notification faite conformément au présent article, qu'ils transféraient compétence à l'organisation.

4. L'organisation internationale et ses Etats membres Parties à la Convention notifient promptement au dépositaire toute modification de la répartition des compétences spécifiée dans les déclarations visées aux paragraphes 1 et 2, y compris les nouveaux transferts de compétence.

5. Tout Etat Partie peut demander à une organisation internationale et aux Etats membres de celle-ci qui sont Parties à la Convention d'indiquer qui, de l'organisation ou de ces Etats membres, a compétence pour une question précise qui s'est posée. L'organisation et les Etats membres concernés communiquent ce renseignement dans un délai raisonnable. Ils peuvent également communiquer un tel renseignement de leur propre initiative.

6. La nature et l'étendue des compétences transférées doivent être précisées dans les déclarations, notifications et communications faites en application du présent article.

Article 6
Responsabilité

1. Les Parties ayant compétence en vertu de l'article 5 de la présente annexe sont responsables de tous manquements aux obligations découlant de la Convention et de toutes autres violations de celle-ci.

2. Tout Etat Partie peut demander à une organisation internationale ou à ses Etats membres Parties à la Convention d'indiquer à qui incombe la responsabilité dans un cas particulier. L'organisation et les Etats membres concernés doivent communiquer ce renseignement. S'ils ne le font pas dans un délai raisonnable ou s'ils communiquent des renseignements contradictoires, ils sont tenus pour conjointement et solidairement responsables.

transferred to the organization by its member States which are Parties to this Convention.

2. A member State of an international organization shall, at the time it ratifies or accedes to this Convention or at the time when the organization deposits its instrument of formal confirmation or of accession, whichever is later, make a declaration specifying the matters governed by this Convention in respect of which it has transferred competence to the organization.

3. States Parties which are member States of an international organization which is a Party to this Convention shall be presumed to have competence over all matters governed by this Convention in respect of which transfers of competence to the organization have not been specifically declared, notified or communicated by those States under this article.

4. The international organization and its member States which are States Parties shall promptly notify the depositary of this Convention of any changes to the distribution of competence, including new transfers of competence, specified in the declarations under paragraphs 1 and 2.

5. Any State Party may request an international organization and its member States which are States Parties to provide information as to which, as between the organization and its member States, has competence in respect of any specific question which has arisen. The organization and the member States concerned shall provide this information within a reasonable time. The international organization and the member States may also, on their own initiative, provide this information.

6. Declarations, notifications and communications of information under this article shall specify the nature and extent of the competence transferred.

Article 6
Responsibility and liability

1. Parties which have competence under article 5 of this Annex shall have responsibility for failure to comply with obligations or for any other violation of this Convention.

2. Any State Party may request an international organization or its member States which are States Parties for information as to who has responsibility in respect of any specific matter. The organization and the member States concerned shall provide this information. Failure to provide this information within a reasonable time or the provision of contradictory information shall result in joint and several liability.

Article 7
Règlement de différends

1. Lorsqu'elle dépose son instrument de confirmation formelle ou d'adhésion, ou à n'importe quel moment par la suite, une organisation internationale est libre de choisir, par voie de déclaration écrite, un ou plusieurs des moyens visés à l'article 287, paragraphe 1, lettres a), c) et d), pour le règlement des différends relatifs à l'interprétation ou à l'application de la Convention.

2. La partie XV s'applique *mutatis mutandis* à tout différend entre des Parties à la Convention dont une ou plusieurs sont des organisations internationales.

3. Lorsqu'une organisation internationale et un ou plusieurs de ses Etats membres font cause commune, l'organisation est réputée avoir accepté les mêmes procédures de règlement des différends que ces Etats ; au cas où un de ces Etats a choisi uniquement la Cour internationale de Justice en application de l'article 287, l'organisation et cet Etat membre sont réputés avoir accepté l'arbitrage selon la procédure prévue à l'annexe VII, à moins que les parties au différend ne conviennent de choisir un autre moyen.

Article 8
Application de la partie XVII

La partie XVII s'applique *mutatis mutandis* aux organisations internationales, sous réserve des dispositions suivantes :

a) l'instrument de confirmation formelle ou d'adhésion d'une organisation internationale n'entre pas en ligne de compte pour l'application de l'article 308, paragraphe 1 ;

b)   i)   une organisation internationale a la capacité exclusive d'agir au titre des articles 312 à 315 si elle a compétence, en vertu de l'article 5 de la présente annexe, pour l'ensemble de la matière visée par l'amendement ;

     ii) lorsqu'une organisation internationale a compétence en vertu de l'article 5 de la présente annexe pour l'ensemble de la matière visée par l'amendement, son instrument de confirmation formelle ou d'adhésion concernant cet amendement est considéré, pour l'application de l'article 316, paragraphes 1, 2 et 3, comme constituant l'instrument de ratification ou d'adhésion de chacun de ses Etats membres Partie à la Convention ;

Article 7
Settlement of disputes

1.   At the time of deposit of its instrument of formal confirmation or of accession, or at any time thereafter, an international organization shall be free to choose, by means of a written declaration, one or more of the means for the settlement of disputes concerning the interpretation or application of this Convention, referred to in article 287, paragraph 1(a), (c) or (d).

2.   Part XV applies *mutatis mutandis* to any dispute between Parties to this Convention, one or more of which are international organizations.

3.   When an international organization and one or more of its member States are joint parties to a dispute, or parties in the same interest, the organization shall be deemed to have accepted the same procedures for the settlement of disputes as the member States; when, however, a member State has chosen only the International Court of Justice under article 287, the organization and the member State concerned shall be deemed to have accepted arbitration in accordance with Annex VII, unless the parties to the dispute otherwise agree.

Article 8
Applicability of Part XVII

Part XVII applies *mutatis mutandis* to an international organization, except in respect of the following:

(a)   the instrument of formal confirmation or of accession of an international organization shall not be taken into account in the application of article 308, paragraph 1;

(b)   (i)   an international organization shall have exclusive capacity with respect to the application of articles 312 to 315, to the extent that it has competence under article 5 of this Annex over the entire subject-matter of the amendment;

       (ii)   the instrument of formal confirmation or of accession of an international organization to an amendment, the entire subject-matter over which the international organization has competence under article 5 of this Annex, shall be considered to be the instrument of ratification or accession of each of the member States which are States Parties, for the purposes of applying article 316, paragraphs 1, 2 and 3;

iii)   l'instrument de confirmation formelle ou d'adhésion d'une organisation internationale n'entre pas en ligne de compte pour l'application de l'article 316, paragraphes 1 et 2, dans tous les autres cas ;

c)   i)   aux fins de l'article 317, une organisation internationale qui compte
parmi ses membres un Etat Partie à la Convention et qui continue
de remplir les conditions prévues à l'article premier de la présente
annexe ne peut pas dénoncer la Convention ;

ii)   une organisation internationale doit dénoncer la Convention si elle
ne compte plus parmi ses membres aucun Etat Partie ou si elle a
cessé de remplir les conditions prévues à l'article premier de la présente annexe. La dénonciation prend effet immédiatement.

(iii) the instrument of formal confirmation or of accession of the international organization shall not be taken into account in the application of article 316, paragraphs 1 and 2, with regard to all other amendments;

(c) (i) an international organization may not denounce this Convention in accordance with article 317 if any of its member States is a State Party and if it continues to fulfil the qualifications specified in article 1 of this Annex;

(ii) an international organization shall denounce this Convention when none of its member States is a State Party or if the international organization no longer fulfils the qualifications specified in article 1 of this Annex. Such denunciation shall take effect immediately.

Annexes de l'Acte final de la troisième Conférence des Nations Unies sur le droit de la mer (extraits)

Annexes of the Final Act of the Third United
Nations Conference on the Law of the Sea (excerpts)

∵

Annexe I
Résolutions I–IV

Résolution I
Création de la Commission préparatoire de l'Autorité internationale des fonds marins et du tribunal international du droit de la mer

La troisième Conférence des Nations Unies sur le droit de la mer,

Ayant adopté la Convention sur le droit de la mer, qui porte création de l'Autorité internationale des fonds marins et du Tribunal international du droit de la mer,

Ayant décidé de prendre toutes les mesures possibles pour que l'Autorité et le Tribunal commencent à fonctionner d'une manière effective et sans délai injustifié et d'arrêter les dispositions nécessaires pour leur entrée en fonction,

Ayant décidé de créer à ces fins une Commission préparatoire,

Décide ce qui suit :

1. Il est créé une Commission préparatoire de l'Autorité internationale des fonds marins et du Tribunal international du droit de la mer. La Commission sera convoquée par le Secrétaire général de l'Organisation des Nations Unies lorsque 50 Etats auront signé la Convention ou y auront adhéré; elle se réunira 60 jours au plus tôt et 90 jours au plus tard après cette convocation.
2. La Commission se compose des représentants des Etats et de la Namibie, représentée par le Conseil des Nations Unies pour la Namibie, qui ont signé la Convention ou y ont adhéré. Les représentants des signataires de l'Acte final peuvent participer pleinement à ses délibérations en qualité d'observateurs mais ne peuvent participer à la prise de décisions.
3. La Commission élit son président et les autres membres du Bureau.
4. Les dispositions du Règlement intérieur de la troisième Conférence des Nations Unies sur le droit de la mer s'appliquent *mutatis mutandis* pour l'adoption du règlement intérieur de la Commission.
5. La Commission :

Annex I

Resolutions I–IV

Resolution I
Establishment of the Preparatory Commission for the International Sea-Bed Authority and for the International Tribunal for the Law of the Sea

The Third United Nations Conference on the Law of the Sea,

Having adopted the Convention on the Law of the Sea which provides for the establishment of the International Seabed Authority and the International Tribunal for the Law of the Sea,

Having decided to take all possible measures to ensure the entry into effective operation without undue delay of the Authority and the Tribunal and to make the necessary arrangements for the commencement of their functions,

Having decided that a Preparatory Commission should be established for the fulfilment of these purposes,

Decides as follows:

1. There is hereby established the Preparatory Commission for the International Seabed Authority and for the International Tribunal for the Law of the Sea. Upon signature of or accession to the Convention by 50 States, the Secretary-General of the United Nations shall convene the Commission, and it shall meet no sooner than 60 days and no later than 90 days thereafter.

2. The Commission shall consist of the representatives of States and of Namibia, represented by the United Nations Council for Namibia, which have signed the Convention or acceded to it. The representatives of signatories of the Final Act may participate fully in the deliberations of the Commission as observers but shall not be entitled to participate in the taking of decisions.

3. The Commission shall elect its Chairman and other officers.

4. The Rules of Procedure of the Third United Nations Conference on the Law of the Sea shall apply *mutatis mutandis* to the adoption of the rules of procedure of the Commission.

5. The Commission shall:

© 2015 BY INTERNATIONAL TRIBUNAL FOR THE LAW OF THE SEA | DOI 10.1163/9789004304710_017

a)   établit l'ordre du jour provisoire de la première session de l'Assemblée et du Conseil et, le cas échéant, fait des recommandations relatives aux points de cet ordre du jour;

b)   établit un projet de règlement intérieur pour l'Assemblée et le Conseil;

c)   fait des recommandations concernant le budget pour le premier exercice financier de l'Autorité;

d)   fait des recommandations concernant les relations entre l'Autorité et l'Organisation des Nations Unies et d'autres organisations internationales;

e)   fait des recommandations concernant le Secrétariat de l'Autorité conformément aux dispositions pertinentes de la Convention;

f)   entreprend les études nécessaires relatives à l'établissement du siège permanent de l'Autorité et fait des recommandations à ce sujet;

g)   établit les projets de règles, règlements et procédures nécessaires pour que l'Autorité puisse commencer à fonctionner, y compris un projet de règlement concernant la gestion financière et l'administration interne de l'Autorité;

h)   exerce les pouvoirs et fonctions qui lui sont dévolus en ce qui concerne le traitement des investissements préparatoires par la résolution II de la Conférence des Nations Unies sur le droit de la mer relative aux investissements préparatoires;

i)   entreprend des études sur les problèmes auxquels risquent de se heurter les Etats en développement producteurs terrestres qui sont susceptibles d'être le plus gravement affectés par la production de minéraux provenant de la Zone afin de réduire à un minimum leurs difficultés et de les aider à opérer l'ajustement économique nécessaire, y compris des études sur la création d'un fonds de compensation; elle soumet des recommandations à l'Autorité sur ces questions.

6.   La Commission a la capacité juridique qui lui est nécessaire pour exercer ses fonctions et atteindre ses buts tels qu'ils sont énoncés dans la présente résolution.

7.   La Commission peut créer les organes subsidiaires qui lui sont nécessaires pour exercer ses fonctions et elle détermine leurs attributions et arrête leur règlement intérieur. Elle peut également faire appel, le cas échéant, au concours d'experts extérieurs, conformément aux pratiques de l'Organisation des Nations Unies, pour faciliter les travaux de tout organe ainsi créé.

(a)   prepare the provisional agenda for the first session of the Assembly and of the Council and, as appropriate, make recommendations relating to items thereon;

(b)   prepare draft rules of procedure of the Assembly and of the Council;

(c)   make recommendations concerning the budget for the first financial period of the Authority;

(d)   make recommendations concerning the relationship between the Authority and the United Nations and other international organizations;

(e)   make recommendations concerning the Secretariat of the Authority in accordance with the relevant provisions of the Convention;

(f)   undertake studies, as necessary, concerning the establishment of the headquarters of the Authority, and make recommendations relating thereto;

(g)   prepare draft rules, regulations and procedures, as necessary, to enable the Authority to commence its functions, including draft regulations concerning the financial management and the internal administration of the Authority;

(h)   exercise the powers and functions assigned to it by resolution II of the Third United Nations Conference on the Law of the Sea relating to preparatory investment;

(i)   undertake studies on the problems which would be encountered by developing land-based producer States likely to be most seriously affected by the production of minerals derived from the Area with a view to minimizing their difficulties and helping them to make the necessary economic adjustment, including studies on the establishment of a compensation fund, and submit recommendations to the Authority thereon.

6.   The Commission shall have such legal capacity as may be necessary for the exercise of its functions and the fulfilment of its purposes as set forth in this resolution.

7.   The Commission may establish such subsidiary bodies as are necessary for the exercise of its functions and shall determine their functions and rules of procedure. It may also make use, as appropriate, of outside

8. La Commission crée une commission spéciale pour l'Entreprise, chargée des fonctions visées au paragraphe 12 de la résolution II de la troisième Conférence des Nations Unies sur le droit de la mer, relative aux investissements préparatoires. Cette commission spéciale prend toutes les mesures nécessaires pour que l'Entreprise commence aussitôt que possible à fonctionner d'une manière effective.

9. La Commission crée une commission spéciale chargée d'étudier les problèmes auxquels risquent de se heurter les Etats en développement producteurs terrestres qui sont susceptibles d'être le plus gravement affectés par la production de minéraux provenant de la Zone et lui confie les fonctions visées au paragraphe 5, lettre i).

10. La Commission établit un rapport contenant les recommandations à présenter à la réunion des Etats Parties convoquée conformément à l'article 4 de l'annexe VI de la Convention au sujet des dispositions pratiques à prendre en vue de la création du Tribunal international du droit de la mer.

11. La Commission établit un rapport final sur toutes les questions relevant de son mandat, sous réserve du paragraphe 10, et le présente à l'Assemblée lors de sa première session. Toutes les mesures devant être prises sur la base du rapport doivent l'être en conformité avec les dispositions de la Convention concernant les pouvoirs et fonctions dévolus aux différents organes de l'Autorité.

12. La Commission se réunit au Siège de l'Autorité si les installations sont prêtes; elle se réunit aussi souvent qu'il est nécessaire pour exercer diligemment ses fonctions.

13. La Commission demeure en fonction jusqu'à la fin de la première session de l'Assemblée, après quoi ses biens et archives sont transférés à l'Autorité.

14. Sous réserve de l'approbation de l'Assemblée générale des Nations Unies, les dépenses de la Commission seront imputées sur le budget ordinaire de l'Organisation des Nations Unies.

15. Le Secrétaire général de l'Organisation des Nations Unies met à la disposition de la Commission les services de secrétariat qui peuvent être nécessaires.

16. Le Secrétaire général de l'Organisation des Nations Unies porte à l'attention de l'Assemblée générale la présente résolution, et notamment ses paragraphes 14 et 15, pour suite à donner.

sources of expertise in accordance with United Nations practice to facilitate the work of bodies so established.

8. The Commission shall establish a special commission for the Enterprise and entrust to it the functions referred to in paragraph 12 of resolution II of the Third United Nations Conference on the Law of the Sea relating to preparatory investment. The special commission shall take all measures necessary for the early entry into effective operation of the Enterprise.

9. The Commission shall establish a special commission on the problems which would be encountered by developing land-based producer States likely to be most seriously affected by the production of minerals derived from the Area and entrust to it the functions referred to in paragraph 5(i).

10. The Commission shall prepare a report containing recommendations for submission to the meeting of the States Parties to be convened in accordance with Annex VI, article 4, of the Convention regarding practical arrangements for the establishment of the International Tribunal for the Law of the Sea.

11. The Commission shall prepare a final report on all matters within its mandate, except as provided in paragraph 10, for the presentation to the Assembly at its first session. Any action which may be taken on the basis of the report must be in conformity with the provisions of the Convention concerning the powers and functions entrusted to the respective organs of the Authority.

12. The Commission shall meet at the seat of the Authority if facilities are available; it shall meet as often as necessary for the expeditious exercise of its functions.

13. The Commission shall remain in existence until the conclusion of the first session of the Assembly, at which time its property and records shall be transferred to the Authority.

14. The expenses of the Commission shall be met from the regular budget of the United Nations, subject to the approval of the General Assembly of the United Nations.

15. The Secretary-General of the United Nations shall make available to the Commission such secretariat services as may be required.

16. The Secretary-General of the United Nations shall bring this resolution, in particular paragraphs 14 and 15, to the attention of the General Assembly for necessary action.

Résolution II
Sur les investissements préparatoires dans des activités
préliminaires relatives aux nodules polymétalliques

La troisième Conférence des Nations Unies sur le droit de la mer,

Ayant adopté la Convention sur le droit de la mer (ci-après dénommée « la Convention »),

Ayant créé par la résolution I la Commission préparatoire de l'Autorité internationale des fonds marins et du Tribunal international du droit de la mer (ci-après dénommée « la Commission »), et l'ayant chargée d'élaborer les projets de règles, règlements et procédures nécessaires pour que l'Autorité puisse commencer à fonctionner, ainsi que de faire des recommandations en vue d'assurer rapidement le démarrage effectif des activités de l'Entreprise,

Désireuse de prendre des dispositions pour que des Etats et d'autres entités puissent, avant l'entrée en vigueur de la Convention, effectuer des investissements d'une manière compatible avec le régime international prévu à la partie XI de la Convention et aux annexes qui s'y rapportent,

Reconnaissant la nécessité de faire en sorte que l'Entreprise dispose des ressources financières, des techniques et des compétences dont elle a besoin pour être à même de mener des activités dans la Zone au même rythme que les Etats et les autres entités visées à l'alinéa précédent,

Décide ce qui suit :

1.   Aux fins de la présente résolution :
    a)   on entend par « investisseur pionnier » :
        i)   la France, l'Inde, le Japon et l'Union des Républiques socialistes soviétiques, ou l'une de leurs entreprises d'Etat ou toute personne physique ou morale ayant la nationalité d'un de ces Etat ou effectivement contrôlée par lui ou par un de ses ressortissants, à condition que l'Etat en question signe la Convention et que cet Etat ou l'entreprise d'Etat ou la personne physique ou morale ait investi, avant le 1er janvier 1983, 1'équivalent d'au moins 30 millions de dollars des Etats-Unis (dollars constants de 1982) dans des activités préliminaires, et ait consacré 10

Resolution II
Governing Preparatory Investment in Pioneer Activities relating to Polymetallic Nodules

The Third United Nations Conference on the Law of the Sea,

Having adopted the Convention on the Law of the Sea (the "Convention"),

Having established by resolution I the Preparatory Commission for the International Seabed Authority and for the International Tribunal for the Law of the Sea (the "Commission") and directed it to prepare draft rules, regulations and procedures, as necessary to enable the Authority to commence its functions, as well as to make recommendations for the early entry into effective operation of the Enterprise,

Desirous of making provision for investments by States and other entities made in a manner compatible with the international regime set forth in Part XI of the Convention and the Annexes relating thereto, before the entry into force of the Convention,

Recognizing the need to ensure that the Enterprise will be provided with the funds, technology and expertise necessary to enable it to keep pace with the States and other entities referred to in the preceding paragraph with respect to activities in the Area,

Decides as follows:

1.   For the purposes of this resolution:
    (a)   "pioneer investor" refers to:
        (i)   France, India, Japan and the Union of Soviet Socialist Republics, or a state enterprise of each of those States or one natural or juridical person which possesses the nationality of or is effectively controlled by each of those States, or their nationals, provided that the State concerned signs the Convention and the State or state enterprise or natural or juridical person has expended, before 1 January 1983, an amount equivalent to at least $US 30 million (United States dollars calculated in constant dollars relative to 1982) in pioneer activities and has expended no less than 10 per cent of

p. 100 au moins de ce montant à la localisation, à l'étude topographique et à l'évaluation du secteur visé au paragraphe 3, lettre a);

ii) quatre entités dont les composantes, qu'il s'agisse de personnes physiques ou morales[1], ont la nationalité d'un ou plusieurs des Etats suivants ou sont effectivement contrôlées par un ou plusieurs d'entre eux ou par leurs ressortissants : Belgique, Canada, Etats-Unis d'Amérique, Italie, Japon, Pays-Bas, République fédérale d'Allemagne et Royaume-Uni de Grande-Bretagne et d'Irlande du Nord, à condition que l'Etat ou les Etats certificateurs signent la Convention et que l'entité concernée ait, avant le 1er janvier 1983, investi les montants spécifiés au point i), dans les activités qui y sont visées;

iii) tout Etat en développement qui signe la Convention ou toute entreprise d'Etat ou personne physique ou morale ayant la nationalité d'un tel Etat ou effectivement contrôlée par lui ou ses ressortissants, ou tout groupe des catégories précitées qui, avant le 1er janvier 1985, a investi les montants spécifiés au point i), dans les activités qui y sont visées;

Les droits d'un investisseur pionnier peuvent être transmis à son successeur.

b) on entend par « activités préliminaires » les actions entreprises, les engagements financiers et autres, les recherches, les études, les travaux de synthèse, les travaux d'ingénierie et autres activités touchant l'identification, la découverte, l'analyse et l'évaluation systématique de gisements de nodules polymétalliques ainsi que la détermination de la possibilité technique et de la viabilité économique de leur exploitation. Les activités préliminaires comprennent :

i) toute activité d'observation ou d'évaluation en mer visant à établir et à documenter la nature, la forme et la teneur des nodules polymétalliques de même que l'emplacement des gisements et la concentration de nodules, ainsi que les facteurs écologiques et techniques et tous autres facteurs appropriés dont il faut tenir compte avant l'exploitation;

---

1 Pour leur identité et leur composition, voir « Mise en valeur des ressources des fonds marins : activités récentes des consortiums internationaux » et addendum, publié par le Département des affaires économiques et sociales de l'Organisation des Nations Unies (ST/ESA/107 et Add.1)

that amount in the location, survey and evaluation of the area referred to in paragraph 3(a);

(ii) four entities, whose components being natural or juridical persons[1] possess the nationality of one or more of the following States, or are effectively controlled by one or more of them or their nationals: Belgium, Canada, the Federal Republic of Germany, Italy, Japan, the Netherlands, the United Kingdom of Great Britain and Northern Ireland, and the United States of America, provided that the certifying State or States sign the Convention and the entity concerned has expended, before 1 January 1983, the levels of expenditure for the purpose stated in subparagraph (i);

(iii) any developing State which signs the Convention or any state enterprise or natural or juridical person which possesses the nationality of such State or is effectively controlled by it or its nationals, or any group of the foregoing, which, before 1 January 1985, has expended the levels of expenditure for the purpose stated in subparagraph (i);

The rights of the pioneer investor may devolve upon its successor in interest.

(b) "pioneer activities" means undertakings, commitments of financial and other assets, investigations, findings, research, engineering development and other activities relevant to the identification, discovery, and systematic analysis and evaluation of polymetallic nodules and to the determination of the technical and economic feasibility of exploitation. Pioneer activities include:

(i) an y at-sea observation and evaluation activity which has as its objective the establishment and documentation of the nature, shape, concentration, location and grade of polymetallic nodules and of the environmental, technical and other appropriate factors which must be taken into account before exploitation;

---

1 For their identity and composition see "Seabed mineral resource development: recent activities of the International Consortia" and addendum, published by the Department of International Economic and Social Affairs of the United Nations (ST/ESA/107 and Add.1).

ii)   le prélèvement de nodules polymétalliques dans la Zone en vue de la conception, de la fabrication et de l'essai du matériel à utiliser pour l'exploitation des gisements de nodules polymétalliques.

c)   on entend par « Etat certificateur » un Etat qui signe la Convention et qui certifie qu'un investisseur pionnier, vis-à-vis duquel il est dans la même position qu'un Etat patronnant une demande conformément à l'article 4, de 1'annexe III de la Convention, a dépensé les montants spécifiés à la lettre a);

d)   on entend par « nodules polymétalliques » l'une des ressources de la Zone, constituée par des dépôts ou concrétions à la surface des fonds marins ou juste en-dessous, sous forme de nodules contenant du manganèse, du nickel, du cobalt et du cuivre;

e)   on entend par « secteur d'activités préliminaires » un secteur attribué par la Commission à un investisseur pionnier pour qu'il y mène des activités préliminaires conformément à la présente résolution. La superficie de ce secteur ne doit pas dépasser 150 000 kilomètres carrés. L'investisseur pionnier restitue, par fractions successives, une portion du secteur d'activités préliminaires qui redevient partie intégrante de la Zone, selon le calendrier suivant :

i)   trois ans au plus après la date d'attribution, une fraction du secteur attribué égale à 20 p. 100 de sa superficie;

ii)   cinq ans au plus après la date d'attribution, une fraction supplémentaire du secteur attribué égale à 10 p. 100 de sa superficie;

iii)   huit ans après la date d'attribution du secteur ou celle de la délivrance de l'autorisation de production, la première de ces deux dates étant retenue, une fraction supplémentaire du secteur attribué égale à 20 p. 100 de sa superficie, ou une fraction plus importante, de manière que la superficie du secteur d'exploitation ne dépasse pas celle déterminée conformément aux règles, règlements et procédures de l'Autorité;

f)   les termes « Zone », « Autorité », « activités menées dans la Zone » et « ressources » ont la même signification que dans la Convention.

2.   Dès que la Commission commence à fonctionner, tout Etat qui a signé la Convention peut lui présenter, en son nom propre ou au nom de toute entité ou entreprise d'Etat ou personne physique ou morale visée au paragraphe 1, lettre a), une demande d'enregistrement en qualité d'investisseur pionnier. La Commission enregistre le demandeur en qualité d'investisseur pionnier si la demande :

(ii)   the recovery from the Area of polymetallic nodules with a view to the designing, fabricating and testing of equipment which is intended to be used in the exploitation of polymetallic nodules;

(c)   "certifying State" means a State which signs the Convention, standing in the same relation to a pioneer investor as would a sponsoring State pursuant to Annex III, article 4, of the Convention and which certifies the levels of expenditure specified in subparagraph (a);

(d)   "polymetallic nodules" means one of the resources of the Area consisting of any deposit or accretion of nodules, on or just below the surface of the deep seabed, which contain manganese, nickel, cobalt and copper;

(e)   "pioneer area" means an area allocated by the Commission to a pioneer investor for pioneer activities pursuant to this resolution. A pioneer area shall not exceed 150,000 square kilometres. The pioneer investor shall relinquish portions of the pioneer area to revert to the Area, in accordance with the following schedule:

(i)   20 per cent of the area allocated by the end of the third year from the date of the allocation;

(ii)   an additional 10 per cent of the area allocated by the end of the fifth year from the date of the allocation;

(iii)   an additional 20 per cent of the area allocated or such larger amount as would exceed the exploitation area decided upon by the Authority in its rules, regulations and procedures, after eight years from the date of the allocation of the area or the date of the award of a production authorization, whichever is earlier;

(f)   "Area", "Authority", "activities in the Area" and "resources" have the meanings assigned to those terms in the Convention.

2.   As soon as the Commission begins to function, any State which has signed the Convention may apply to the Commission on its behalf or on behalf of any state enterprise or entity or natural or juridical person specified in paragraph 1(a) for registration as a pioneer investor. The Commission shall register the applicant as a pioneer investor if the application:

a)   est accompagnée, dans le cas d'un Etat signataire, d'une déclaration certifiant le montant de l'investissement visé au paragraphe 1, lettre a), ou, dans tous les autres cas, d'une attestation de ces montants délivrée par un ou plusieurs Etats certificateurs; et

b)   est conforme aux autres dispositions de la présente résolution, y compris celles du paragraphe 5.

3.   a)   Chaque demande doit couvrir un secteur, pas nécessairement d'un seul tenant, ayant une superficie totale et une valeur commerciale estimative suffisantes pour permettre deux opérations d'extraction minière. La demande doit indiquer les coordonnées permettant de délimiter le secteur et de le diviser en deux parties de valeur commerciale estimative égale, et comprendre toutes les données dont dispose le demandeur sur les deux parties du secteur. Ces données portent notamment sur les levés, les échantillons, la concentration de nodules polymétalliques et la teneur en métaux des nodules. En ce qui concerne ces données, la Commission et son personnel se conforment aux dispositions de la Convention et de ses annexes traitant du caractère confidentiel des données;

b)   dans les 45 jours suivant la réception des données visées à la lettre a), la Commission désigne la partie du secteur qui, conformément à la Convention, sera réservée à des activités à mener dans la Zone par l'Autorité par l'intermédiaire de l'Entreprise ou en association avec des Etats en développement. L'autre partie du secteur est attribuée par la Commission à l'investisseur pionnier en tant que secteur d'activités préliminaires.

4.   Un investisseur pionnier ne peut être enregistré que pour un seul secteur d'activités préliminaires. Si l'investisseur pionnier est une entité composite, aucune de ses composantes ne peut présenter une demande d'enregistrement en qualité d'investisseur pionnier à titre individuel ou en vertu du paragraphe 1, lettre a), iii).

5.   a)   Tout Etat signataire qui envisage de devenir Etat certificateur s'assure, avant de présenter des demandes à la Commission en application du paragraphe 2, que les secteurs devant faire l'objet des demandes ne se chevauchent pas ou n'empiètent pas sur des secteurs déjà attribués en tant que secteurs d'activités préliminaires. Les Etats concernés tiennent la Commission régulièrement et pleinement informée des tentatives faites pour régler les différends

(a)   is accompanied, in the case of a State which has signed the Convention, by a statement certifying the level of expenditure made in accordance with paragraph 1(a), and, in all other cases, a certificate concerning such level of expenditure issued by a certifying State or States; and

(b)   is in conformity with the other provisions of this resolution, including paragraph 5.

3.   (a)   Every application shall cover a total area which need not be a single continuous area, sufficiently large and of sufficient estimated commercial value to allow two mining operations. The application shall indicate the coordinates of the area defining the total area and dividing it into two parts of equal estimated commercial value and shall contain all the data available to the applicant with respect to both parts of the area. Such data shall include, inter alia, information relating to mapping, testing, the density of polymetallic nodules and their metal content. In dealing with such data, the Commission and its staff shall act in accordance with the relevant provisions of the Convention and its Annexes concerning the confidentiality of data.

(b)   Within 45 days of receiving the data required by subparagraph (a), the Commission shall designate the part of the area which is to be reserved in accordance with the Convention for the conduct of activities in the Area by the Authority through the Enterprise or in association with developing States. The other part of the area shall be allocated to the pioneer investor as a pioneer area.

4.   No pioneer investor may be registered in respect of more than one pioneer area. In the case of a pioneer investor which is made up of two or more components, none of such components may apply to be registered as a pioneer investor in its own right or under paragraph 1(a)(iii).

5.   (a)   Any State which has signed the Convention and which is a prospective certifying State shall ensure, before making applications to the Commission under paragraph 2, that areas in respect of which applications are made do not overlap one another or areas previously allocated as pioneer areas. The States concerned shall keep the Commission currently and fully informed of any efforts

résultant du chevauchement des secteurs demandés, ainsi que des résultats de ces tentatives.

b)   Avant l'entrée en vigueur de la Convention, les Etats certificateurs veillent à ce que les activités préliminaires soient menées d'une manière compatible avec celle-ci.

c)   En appliquant la procédure prescrite à la lettre a), les Etats qui envisagent de devenir Etats certificateurs, avec tous les demandeurs potentiels s'efforcent de régler leurs différends par la négociation dans un délai raisonnable. Si ces différends ne sont pas réglés au 1er mars 1983, ces Etats prennent les dispositions nécessaires pour qu'ils soient soumis à la procédure d'arbitrage obligatoire prévue dans le Règlement d'arbitrage de la CNUDCI; cette procédure doit être engagée le 1er mai 1983 au plus tard et doit avoir abouti le 1er décembre 1984. Si l'un des Etats concernés décide de ne pas participer à l'arbitrage, il se fait représenter par une personne morale ayant sa nationalité. Le tribunal arbitral peut, pour un motif valable, prolonger une ou plusieurs fois de 30 jours le délai qui lui est imparti pour rendre sa sentence.

d)   Lorsqu'il décide à quel demandeur doit être attribué tout ou partie de chaque secteur en litige, le tribunal arbitral doit aboutir à une solution juste et équitable compte tenu, pour chaque demandeur qui est partie au différend, des facteurs suivants :

   i)   dépôt des listes des coordonnées auprès de l'Etat ou des Etats qui envisagent de devenir Etats certificateurs, au plus tard à la date de l'adoption de l'Acte final ou au 1er janvier 1983, la date la plus proche étant retenue;

   ii)   continuité et ampleur des activités déjà menées en ce qui concerne chaque partie de secteur en litige et l'ensemble de chacun des secteurs demandés;

   iii) date à laquelle chaque investisseur pionnier concerné ou son prédécesseur ou l'une des composantes d'une entité a entrepris des activités en mer dans le secteur demandé;

   iv)   coût, en dollars constants des Etats-Unis, des activités concernant chaque partie de secteur en litige et l'ensemble de chacun des secteurs demandés;

   v)   chronologie des activités déjà menées et leurs aspects qualitatifs.

6.   Un investisseur pionnier enregistré conformément à la présente résolution a le droit exclusif, à compter de la date d'enregistrement, de mener des activités préliminaires dans le secteur d'activités préliminaires qui lui a été attribué.

to resolve conflicts with respect to overlapping claims and of the results thereof.

(b) Certifying States shall ensure, before the entry into force of the Convention, that pioneer activities are conducted in a manner compatible with it.

(c) The prospective certifying States, including all potential claimants, shall resolve their conflicts as required under subparagraph (a) by negotiations within a reasonable period. If such conflicts have not been resolved by 1 March 1983, the prospective certifying States shall arrange for the submission of all such claims to binding arbitration in accordance with UNCITRAL Arbitration Rules to commence not later than 1 May 1983 and to be completed by 1 December 1984. If one of the States concerned does not wish to participate in the arbitration, it shall arrange for a juridical person of its nationality to represent it in the arbitration. The arbitral tribunal may, for good cause, extend the deadline for the making of the award for one or more 30-day periods.

(d) In determining the issue as to which applicant involved in a conflict shall be awarded all or part of each area in conflict, the arbitral tribunal shall find a solution which is fair and equitable, having regard, with respect to each applicant involved in the conflict, to the following factors:

   (i)   the deposit of the list of relevant coordinates with the prospective certifying State or States not later than the date of adoption of the Final Act or 1 January 1983, whichever is earlier;

   (ii)   the continuity and extent of past activities relevant to each area in conflict and to the application area of which it is a part;

   (iii)   the date on which each pioneer investor concerned or predecessor in interest or component organization thereof commenced activities at sea in the application area;

   (iv)   the financial cost of activities measured in constant United States dollars relevant to each area in conflict and to the application area of which it is a part; and

   (v)   the time when those activities were carried out and the quality of activities.

6. A pioneer investor registered pursuant to this resolution shall, from the date of registration, have the exclusive right to carry out pioneer activities in the pioneer area allocated to it.

7. a) Tout investisseur qui dépose une demande d'enregistrement en tant qu'investisseur pionnier verse un droit de 250 000 dollars des Etats-Unis à la Commission. Lorsque l'investisseur pionnier soumet à l'approbation de l'Autorité un plan de travail relatif à l'exploration et à l'exploitation, le droit visé à l'article 13, paragraphe 2, de 1'annexe III de la Convention est de 250 000 dollars des Etats-Unis.

   b) Chaque investisseur pionnier enregistré est assujetti à un droit annuel forfaitaire d'un million de dollars des Etats-Unis à compter de la date d'attribution du secteur d'activités préliminaires. Ce droit est versé à l'Autorité par l'investisseur pionnier lors de l'approbation de son plan de travail relatif à l'exploration et à l'exploitation. Les clauses financières de ce plan de travail sont ajustées pour tenir compte des sommes versées en application du présent paragraphe.

   c) Chaque investisseur pionnier enregistré accepte de consacrer périodiquement au secteur d'activités préliminaires qui lui a été attribué, jusqu'à ce que son plan de travail ait été approuvé conformément au paragraphe 8, des dépenses dont le montant est déterminé par la Commission. Ce montant devrait être en rapport avec la superficie de ce secteur et du même ordre que celui des dépenses qu'engagerait un exploitant de bonne foi se proposant d'entreprendre l'exploitation commerciale du secteur dans un délai raisonnable.

8. a) Dans les six mois qui suivent la date d'entrée en vigueur de la Convention et la délivrance par la Commission, conformément au paragraphe 11, d'un certificat de conformité avec la pré-sente résolution, l'investisseur pionnier ainsi enregistré pré-sente à l'Autorité une demande d'approbation d'un plan de travail relatif à l'exploration et à l'exploitation conformément à la Convention. Ce plan de travail doit être conforme et est soumis aux dispositions pertinentes de la Convention et aux règles, règlements et procédures de l'Autorité, notamment en ce qui concerne les conditions relatives aux opérations, les ob-ligations financières et les engagements à prendre en matière de transfert de techniques. Si le plan de travail satisfait à ces exigences, la demande est approuvée par l'Autorité.

   b) Lorsqu'une demande est présentée en application de la lettre a), par une entité autre qu'un Etat, l'Etat ou les Etats certificateurs sont considérés comme patronnant cette demande aux fins de l'article 4, de l'annexe III de la Convention, et assument les obligations qui leur incombent à ce titre.

   c) Un plan de travail relatif à l'exploration et à l'exploitation ne peut être approuvé si l'Etat certificateur n'est pas Partie à la Conven-

7. (a) Every applicant for registration as a pioneer investor shall pay to the Commission a fee of $US 250,000. When the pioneer investor applies to the Authority for a plan of work for exploration and exploitation the fee referred to in Annex III, article 13, paragraph 2, of the Convention shall be $US 250,000.

   (b) Every registered pioneer investor shall pay an annual fixed fee of $US 1 million commencing from the date of the allocation of the pioneer area. The payments shall be made by the pioneer investor to the Authority upon the approval of its plan of work for exploration and exploitation. The financial arrangements undertaken pursuant to such plan of work shall be adjusted to take account of the payments made pursuant to this paragraph.

   (c) Every registered pioneer investor shall agree to incur periodic expenditures, with respect to the pioneer area allocated to it, until approval of its plan of work pursuant to paragraph 8, of an amount to be determined by the Commission. The amount should be reasonably related to the size of the pioneer area and the expenditures which would be expected of a *bona fide* operator who intends to bring that area into commercial production within a reasonable time.

8. (a) Within six months of the entry into force of the Convention and certification by the Commission in accordance with paragraph 11, of compliance with this resolution, the pioneer investor so registered shall apply to the Authority for approval of a plan of work for exploration and exploitation, in accordance with the Convention. The plan of work in respect of such application shall comply with and be governed by the relevant provisions of the Convention and the rules, regulations and procedures of the Authority, including those on the operational requirements, the financial requirements and the undertakings concerning the transfer of technology. Accordingly, the Authority shall approve such application.

   (b) When an application for approval of a plan of work is submitted by an entity other than a State, pursuant to subparagraph (a), the certifying State or States shall be deemed to be the sponsoring State for the purposes of Annex III, article 4, of the Convention, and shall thereupon assume such obligations.

   (c) No plan of work for exploration and exploitation shall be approved unless the certifying State is a Party to the Convention. In the case of the entities referred to in paragraph 1(a)(ii), the plan of work for exploration and exploitation shall not be approved unless all the

tion. Dans le cas des entités visées au paragraphe 1, lettre a), ii), le plan de travail n'est approuvé que si tous les Etats dont relèvent les personnes physiques ou morales qui sont les composantes de ces entités sont Parties à la Conven-tion. Si l'un de ces Etats ne ratifie pas la Convention dans un délai de six mois à compter de la date à laquelle il a reçu de l'Autorité une notification lui signifiant qu'une demande présentée ou patronnée par lui est en souffrance, il perd sa qualité d'investisseur pionnier ou d'Etat certificateur, selon le cas, à moins que le Conseil de l'Autorité ne décide, à la majorité des trois quarts de ses membres présents et votants, de prolonger ce délai, la période de prolongation ne pouvant excéder six mois.

9. a) Pour la délivrance des autorisations de production conformément à l'article 151 de la Convention et à l'article 7 de 1'annexe III de celle-ci, les investisseurs pionniers dont les plans de travail ont été approuvés ont priorité sur tous les demandeurs autres que l'Entreprise, qui a droit à une autorisation de production pour deux sites miniers, y compris celle visée à l'article 151, paragraphe 5, de la Convention. Lorsque chacun des investisseurs pionniers a obtenu une autorisation de production pour son premier site minier, l'article 7, paragraphe 6, de l'annexe III de la Convention relatif à la priorité à accorder à l'Entreprise s'applique.

    b) Une autorisation de production est délivrée à chaque investisseur pionnier dans les 30 jours suivant la date à laquelle celui-ci a notifié à l'Autorité qu'il démarrerait la production commerciale dans les cinq ans. Si pour des raisons indépendantes de sa volonté, un investisseur pionnier n'est pas en mesure de démarrer cette production dans les cinq ans, il demande un délai supplémentaire à la Commission juridique et technique. Celle-ci lui accorde un délai supplémentaire non reconductible d'une durée maximale de cinq ans si elle constate qu'il n'est pas en mesure de démarrer une production commerciale viable dans le délai initialement prévu. Le présent alinéa n'empêche en rien l'Autorité d'accorder à l'Entreprise ou à tout autre investisseur pionnier qui lui a notifié son intention de démarrer la production commerciale dans un délai de cinq ans, la priorité sur un demandeur qui a obtenu un délai supplémentaire.

    c) Si l'Autorité, après réception de la notification visée à la lettre b), constate que le démarrage de la production commerciale dans les cinq ans entraînerait un dépassement du plafond de production prévu à l'article 151, paragraphes 2 à 7, de la Convention, le demandeur conserve la priorité sur tout autre demandeur pour la déli-

States whose natural or juridical persons comprise those entities are Parties to the Convention. If any such State fails to ratify the Convention within six months after it has received a notification from the Authority that an application by it, or sponsored by it, is pending, its status as a pioneer investor or certifying State, as the case may be, shall terminate, unless the Council, by a majority of three fourths of its members present and voting, decides to postpone the terminal date for a period not exceeding six months.

9.   (a)   In the allocation of production authorizations, in accordance with article 151 and Annex III, article 7, of the Convention, the pioneer investors who have obtained approval of plans of work for exploration and exploitation shall have priority over all applicants other than the Enterprise which shall be entitled to production authorizations for two mine sites including that referred to in article 151, paragraph 5, of the Convention. After each of the pioneer investors has obtained production authorization for its first mine site, the priority for the Enterprise contained in Annex III, article 7, paragraph 6, of the Convention shall apply.

(b)   Production authorizations shall be issued to each pioneer investor within 30 days of the date on which that pioneer investor notifies the Authority that it will commence commercial production within five years. If a pioneer investor is unable to begin production within the period of five years for reasons beyond its control, it shall apply to the Legal and Technical Commission for an extension of time. That Commission shall grant the extension of time, for a period not exceeding five years and not subject to further extension, if it is satisfied that the pioneer investor cannot begin on an economically viable basis at the time originally planned. Nothing in this subparagraph shall prevent the Enterprise or any other pioneer applicant, who has notified the Authority that it will commence commercial production within five years, from being given a priority over any applicant who has obtained an extension of time under this subparagraph.

(c)   If the Authority, upon being given notice, pursuant to subparagraph (b), determines that the commencement of commercial production within five years would exceed the production ceiling in article 151, paragraphs 2 to 7, of the Convention, the applicant shall

vrance de la prochaine autorisation de production compatible avec ce plafond de production.

d) Lorsque plusieurs investisseurs pionniers prévoient, dans leurs demandes d'autorisations de production, de démarrer simultanément la production commerciale et que cette simultanéité est incompatible avec l'article 151, paragraphes 2 à 7, de la Convention, l'Autorité le notifie à ces investisseurs. Dans les trois mois qui suivent la notification, ceux-ci décident s'ils vont se partager le tonnage autorisé, et de quelle manière.

e) Si, en application de la lettre d), les investisseurs pionniers concernés décident de ne pas se partager le tonnage autorisé, ils conviennent d'un ordre de priorité entre eux pour la délivrance des autorisations de production; ce n'est qu'après délivrance de ces autorisations qu'il peut être donné suite aux demandes d'autorisations, présentées ultérieurement.

f) Si, en application de la lettre d), les investisseurs pionniers concernés décident de se partager le tonnage autorisé, l'Autorité délivre à chacun d'eux une autorisation de production pour la quantité réduite dont ils sont convenus. En pareil cas, l'Autorité approuve néanmoins les objectifs de production énoncés dans la demande de chaque demandeur, qu'elle autorise à porter sa production au maximum prévu dès lors que le plafond de production le permet aux demandeurs en concurrence. Il n'est donné suite aux demandes d'autorisations de production présentées ultérieurement que lorsque les conditions requises par le présent alinéa sont remplies et que la réduction de production imposée aux demandeurs en concurrence en application du présent alinéa a été levée.

g) Si les demandeurs en concurrence ne parviennent pas à se mettre d'accord dans le délai prévu, l'affaire est réglée immédiatement par les moyens prévus au paragraphe 5, lettre c), selon les critères énoncés à l'article 7, paragraphes 3 et 5, de l'annexe III de la Convention.

10. a) Les droits acquis par des entités ou des personnes physiques ou morales, ayant la nationalité ou soumises au contrôle effectif d'un Etat ou d'Etats qui ont perdu leur qualité d'Etat certificateur, deviennent caducs à moins que l'investisseur pionnier ne change de nationalité et n'obtienne le patronage d'un autre ou d'autres Etats dans les six mois comme prévu à la lettre c).

hold a priority over any other applicant for the award of the next production authorization allowed by the production ceiling.

(d) If two or more pioneer investors apply for production authorizations to begin commercial production at the same time and article 151, paragraphs 2 to 7, of the Convention, would not permit all such production to commence simultaneously, the Authority shall notify the pioneer investors concerned. Within three months of such notification, they shall decide whether and, if so, to what extent they wish to apportion the allowable tonnage among themselves.

(e) If, pursuant to subparagraph (d), the pioneer investors concerned decide not to apportion the available production among themselves they shall agree on an order of priority for production authorizations and all subsequent applications for production authorizations will be granted after those referred to in this subparagraph have been approved.

(f) If, pursuant to subparagraph (d), the pioneer investors concerned decide to apportion the available production among themselves, the Authority shall award each of them a production authorization for such lesser quantity as they have agreed. In each case the stated production requirements of the applicant will be approved and their full production will be allowed as soon as the production ceiling admits of additional capacity sufficient for the applicants involved in the competition. All subsequent applications for production authorizations will only be granted after the requirements of this subparagraph have been met and the applicant is no longer subject to the reduction of production provided for in this subparagraph.

(g) If the parties fail to reach agreement within the stated time period, the matter shall be decided immediately by the means provided for in paragraph 5(c) in accordance with the criteria set forth in Annex III, article 7, paragraphs 3 and 5, of the Convention.

10. (a) Any rights acquired by entities or natural or juridical persons which possess the nationality of or are effectively controlled by a State or States whose status as certifying State has been terminated, shall lapse unless the pioneer investor changes its nationality and sponsorship within six months of the date of such termination, as provided for in subparagraph (b).

b)   Un investisseur pionnier peut renoncer à la nationalité qu'il avait et au patronage dont il bénéficiait au moment où il a été enregistré en qualité d'investisseur pionnier et adopter la nationalité et obtenir le patronage de tout Etat Partie à la Convention par lequel il est effectivement contrôlé au sens du paragraphe 1, lettre a).

c)   Un changement de nationalité et de patronage conforme au présent paragraphe n'affecte aucunement les droits ou le rang de priorité accordés à un investisseur pionnier en vertu des paragraphes 6 et 8.

11.   La Commission :

a)   délivre à chaque investisseur pionnier les certificats de conformité visés au paragraphe 8; et

b)   inclut dans son rapport final visé au paragraphe 11 de la résolution I de la Conférence, des renseignements détaillés concernant tous les investisseurs pionniers enregistrés et tous les secteurs d'activités préliminaires attribués en application de la présente résolution.

12.   Afin que l'Entreprise soit en mesure de mener des activités dans la Zone au même rythme que les Etats et d'autres entités :

a)   chaque investisseur pionnier enregistré :

i)   entreprend, à la requête de la Commission, des activités d'exploration dans la partie du secteur défini dans sa demande qui est réservée, en application du paragraphe 3, aux activités à mener dans la Zone par l'Autorité par l'intermédiaire de l'Entreprise ou en association avec des Etats en développement, moyennant remboursement des dépenses entraînées par ces activités d'exploration, majorées d'un intérêt annuel de 10 p. 100;

ii)   assure la formation à tous les niveaux du personnel désigné par la Commission;

iii) s'engage, avant l'entrée en vigueur de la Convention, à s'acquitter des obligations prévues par celle-ci en matière de transfert des techniques;

b)   chaque Etat certificateur :

i)   fait en sorte de mettre à la disposition de l'Entreprise, après l'entrée en vigueur de la Convention et en temps opportun, les moyens financiers nécessaires, conformément à la Convention; et

ii)   rend périodiquement compte à la Commission de ses activités ainsi que de celles des entités ou personnes physiques ou morales qui relèvent de lui.

    (b)   A pioneer investor may change its nationality and sponsorship from that existing at the time of its registration as a pioneer investor to that of any State Party to the Convention which has effective control over the pioneer investor in terms of paragraph l(a).

    (c)   Changes of nationality and sponsorship pursuant to this paragraph shall not affect any right or priority conferred on a pioneer investor pursuant to paragraphs 6 and 8.

11.   The Commission shall:

    (a)   provide each pioneer investor with the certificate of compliance with the provisions of this resolution referred to in paragraph 8; and

    (b)   include in its final report required by paragraph 11 of resolution I of the Conference details of all registrations of pioneer investors and allocations of pioneer areas pursuant to this resolution.

12.   In order to ensure that the Enterprise is able to carry out activities in the Area in such a manner as to keep pace with States and other entities:

    (a)   every registered pioneer investor shall:

        (i)   carry out exploration, at the request of the Commission, in the area reserved, pursuant to paragraph 3 in connection with its application, for activities in the Area by the Authority through the Enterprise or in association with developing States, on the basis that the costs so incurred plus interest thereon at the rate of 10 per cent per annum shall be reimbursed;

        (ii)   provide training at all levels for personnel designated by the Commission;

        (iii)   undertake before the entry into force of the Convention, to perform the obligations prescribed in the Convention relating to transfer of technology;

    (b)   every certifying State shall:

        (i)   ensure that the necessary funds are made available to the Enterprise in a timely manner in accordance with the Convention, upon its entry into force; and

        (ii)   report periodically to the Commission on the activities carried out by it, by its entities or natural or juridical persons.

13. L'Autorité et ses organes reconnaissent et respectent les droits et obligations découlant de la présente résolution et se conforment aux décisions prises par la Commission en application de celle-ci.

14. Sans préjudice du paragraphe 13, la présente résolution s'applique jusqu'à l'entrée en vigueur de la Convention.

15. La présente résolution ne porte en rien atteinte aux dispositions de l'article 6, paragraphe 3, lettre c), de l'annexe III de la Convention.

Résolution III

La troisième Conférence des Nations Unies sur le droit de la mer,

Compte tenu de la Convention sur le droit de la mer,

Ayant présente à l'esprit la Charte des Nations Unies, en particulier son Article 73,

1. *Déclare* que :
   a) dans le cas d'un territoire dont le peuple n'a pas accédé à la pleine indépendance ou à un autre régime d'autonomie reconnu par les Nations Unies, ou d'un territoire sous domination coloniale, les dispositions relatives à des droits ou intérêts visés dans la Convention sont appliquées au profit du peuple de ce territoire dans le but de promouvoir sa prospérité et son développement;
   b) en cas de différend entre Etats au sujet de la souveraineté sur un territoire auquel s'applique la présente résolution et à propos duquel l'Organisation des Nations Unies a recommandé des moyens de règlement spécifiques, des consultations ont lieu entre les parties à ce différend en ce qui concerne l'exercice des droits visés à la lettre a). Lors de ces consultations, les intérêts du peuple du territoire concerné sont un élément fondamental à prendre en considération. Quelle que soit la forme sous laquelle ces droits sont exercés, il est tenu compte des résolutions pertinentes de l'Organisation des Nations Unies, sans préjudice de la position de toute partie au différend. Les Etats concernés font tout leur possible pour conclure des arrangements provisoires de caractère pratique et ne font rien qui puisse compromettre le règlement définitif du différend ou y faire obstacle.

13. The Authority and its organs shall recognize and honour the rights and obligations arising from this resolution and the decisions of the Commission taken pursuant to it.

14. Without prejudice to paragraph 13, this resolution shall have effect until the entry into force of the Convention.

15. Nothing in this resolution shall derogate from Annex III, article 6, paragraph 3(c), of the Convention.

Resolution III

The Third United Nations Conference on the Law of the Sea,

Having regard to the Convention on the Law of the Sea,

Bearing in mind the Charter of the United Nations, in particular Article 73,

1. *Declares* that:
    (a) In the case of a territory whose people have not attained full independence or other self-governing status recognized by the United Nations, or a territory under colonial domination, provisions concerning rights and interests under the Convention shall be implemented for the benefit of the people of the territory with a view to promoting their well-being and development.
    (b) Where a dispute exists between States over the sovereignty of a territory to which this resolution applies, in respect of which the United Nations has recommended specific means of settlement, there shall be consultations between the parties to that dispute regarding the exercise of the rights referred to in subparagraph (a). In such consultations the interests of the people of the territory concerned shall be a fundamental consideration. Any exercise of those rights shall take into account the relevant resolutions of the United Nations and shall be without prejudice to the position of any party to the dispute. The States concerned shall make every effort to enter into provisional arrangements of a practical nature and shall not jeopardize or hamper the reaching of a final settlement of the dispute.

2. *Prie* le Secrétaire général de l'Organisation des Nations Unies de porter la présente résolution à l'attention de tous les Membres de l'Organisation et des autres participants à la Conférence, ainsi que des principaux organes de l'Organisation, en leur demandant de s'y conformer.

Résolution IV

La troisième Conférence des Nations Unies sur le droit de la mer,

Considérant que les mouvements de libération nationale ont été invités à participer à la Conférence en tant qu'observateurs conformément à l'article 62 de son règlement intérieur,

Décide que les mouvements de libération nationale qui ont participé à la troisième Conférence des Nations Unies sur le droit de la mer pourront signer l'Acte final de la Conférence en leur qualité d'observateurs.

2.   *Requests* the Secretary-General of the United Nations to bring this resolution to the attention of all Members of the United Nations and the other participants in the Conference, as well as the principal organs of the United Nations, and to request their compliance with it.

Resolution IV

The Third United Nations Conference on the Law of the Sea,

Bearing in mind that national liberation movements have been invited to participate in the Conference as observers in accordance with rule 62 of its rules of procedure,

Decides that the national liberation movements, which have been participating in the Third United Nations Conference on the Law of the Sea, shall be entitled to sign the Final Act of the Conference, in their capacity as observers.

Annexe II
Déclaration d'interprétation concernant une méthode déterminée à appliquer pour fixer le rebord externe de la marge continentale

La troisième Conférence des Nations Unies sur le droit de la mer,

Considérant les caractéristiques particulières que présente la marge continentale d'un Etat lorsque : 1) la distance moyenne à laquelle se situe 1'isobathe de 200 mètres ne dépasse pas 20 milles marins; 2) la plus grande partie des roches sédimentaires de la marge continentale se trouvent au-dessous du glacis; et

Tenant compte de l'injustice dont cet Etat serait victime si l'article 76 de la Convention était appliqué à sa marge continentale, en ce sens que la moyenne mathématique de l'épaisseur des roches sédimentaires le long d'une ligne tracée à la distance maximum autorisée par les dispositions du paragraphe 4, lettre a), i) et ii), dudit article et censée représenter la totalité du rebord externe de la marge continentale ne serait pas inférieure à 3 500 mètres et que plus de la moitié de la marge serait par conséquent exclue;

Reconnaît que cet Etat peut, nonobstant les dispositions de l'article 76, fixer le rebord externe de sa marge continentale en reliant par des lignes droites d'une longueur n'excédant pas 60 milles marins des points fixes définis par des coordonnées de latitude et de longitude, à chacun desquels l'épaisseur des roches sédimentaires ne sera pas inférieure à 1 000 mètres.

Lorsqu'un Etat fixe le rebord externe de sa marge continentale en appliquant la méthode prévue à l'alinéa précédent de la présente déclaration, cette méthode peut être utilisée également par un Etat voisin pour délimiter le rebord externe de sa marge continentale sur un élément géologique commun; la limite extérieure suivrait alors, sur ledit élément, une ligne tracée à la distance maximum autorisée conformément à l'article 76, paragraphe 4, lettre a), points i) et ii). Le long de laquelle la moyenne mathématique de l'épaisseur des roches sédimentaires ne serait pas inférieure à 3 500 mètres.

La Conférence prie la Commission des limites du plateau continental, créée conformément à l'annexe II de la présente Convention, de s'inspirer des termes de la présente déclaration lorsqu'elle formulera ses recommandations sur les questions relatives à la fixation du rebord externe de la marge continentale de ces Etats dans la partie sud du golfe du Bengale.

© 2015 BY INTERNATIONAL TRIBUNAL FOR THE LAW OF THE SEA | DOI 10.1163/9789004304710_018

Annex II

Statement of Understanding concerning a Specific Method to be Used in Establishing the Outer Edge of the Continental Margin

The Third United Nations Conference on the Law of the Sea,

Considering the special characteristics of a State's continental margin where: (1) the average distance at which the 200 metre isobath occurs is not more than 20 nautical miles; (2) the greater proportion of the sedimentary rock of the continental margin lies beneath the rise; and

Taking into account the inequity that would result to that State from the application to its continental margin of article 76 of the Convention, in that the mathematical average of the thickness of sedimentary rock along a line established at the maximum distance permissible in accordance with the provisions of paragraph 4(a)(i) and (ii) of that article as representing the entire outer edge of the continental margin would not be less than 3.5 kilometres; and that more than half of the margin would be excluded thereby;

Recognizes that such State may, notwithstanding the provisions of article 76, establish the outer edge of its continental margin by straight lines not exceeding 60 nautical miles in length connecting fixed points, defined by latitude and longitude, at each of which the thickness of sedimentary rock is not less than 1 kilometre,

Where a State establishes the outer edge of its continental margin by applying the method set forth in the preceding paragraph of this statement, this method may also be utilized by a neighbouring State for delineating the outer edge of its continental margin on a common geological feature, where its outer edge would lie on such feature on a line established at the maximum distance permissible in accordance with article 76, paragraph 4(a)(i) and (ii), along which the mathematical average of the thickness of sedimentary rock is not less than 3.5 kilometres,

The Conference requests the Commission on the Limits of the Continental Shelf set up pursuant to Annex II of the Convention, to be governed by the terms of this Statement when making its recommendations on matters related to the establishment of the outer edge of the continental margins of these States in the southern part of the Bay of Bengal.

© 2015 BY INTERNATIONAL TRIBUNAL FOR THE LAW OF THE SEA | DOI 10.1163/9789004304710_018

Annexe VI

Résolution sur la mise en place d'infrastructures nationales dans le domaine des sciences et des techniques marines et des services océanologiques

La troisième Conférence des Nations Unies sur le droit de la mer,

Reconnaissant que la Convention sur le droit de la mer a pour but d'établir un nouveau régime des mers et des océans qui contribue à l'instauration d'un ordre économique international juste et équitable prévoyant l'utilisation pacifique de l'espace océanique, la gestion et l'utilisation équitables et rationnelles de ses ressources et l'étude, la protection et la sauvegarde du milieu marin,

Considérant que le nouveau régime doit tenir compte, en particulier, des besoins et des intérêts spéciaux des pays en développement, qu'il s'agisse de pays côtiers, sans littoral ou géographiquement désavantagés,

Consciente des progrès rapides accomplis actuellement dans le domaine des sciences et des techniques marines ainsi que de la nécessité que les pays en développement, qu'il s'agisse de pays côtiers, sans littoral ou géographiquement désavantagés, y participent afin que puissent être atteints les objectifs susmentionnés,

Convaincue que, si l'on ne prend pas des mesures d'urgence, l'écart entre pays développés et pays en développement dans le domaine des sciences et des techniques marines s'accentuera encore, ce qui compromettrait les fondements mêmes du nouveau régime,

Estimant que, pour tirer le parti optimal des nouvelles possibilités de développement social et économique offertes par le nouveau régime, il faudrait notamment prendre des mesures sur le plan national et international pour renforcer la capacité des différents pays dans le domaine des sciences et des techniques marines et des services océanologiques, particulièrement celles des pays en développement, afin d'assurer l'assimilation rapide et l'application efficace des connaissances scientifiques et techniques auxquelles ils ont accès,

Considérant que des centres nationaux et régionaux pour les sciences et techniques marines devraient être les principales institutions permettant aux Etats, en particulier aux pays en développement, d'encourager et de mener des activités de recherche scientifique marine et d'acquérir et de diffuser les techniques marines,

© 2015 BY INTERNATIONAL TRIBUNAL FOR THE LAW OF THE SEA | DOI 10.1163/9789004304710_019

Annex VI

Resolution on Development of National Marine Science, Technology and Ocean Service Infrastructures

The Third United Nations Conference on the Law of the Sea,

Recognizing that the Convention on the Law of the Sea is intended to establish a new regime for the seas and oceans which will contribute to the realization of a just and equitable international economic order through making provision for the peaceful use of ocean space, the equitable and efficient management and utilization of its resources, and the study, protection and preservation of the marine environment,

Bearing in mind that the new régime must take into account, in particular, the special needs and interests of the developing countries, whether coastal, land-locked, or geographically disadvantaged,

Aware of the rapid advances being made in the field of marine science and technology, and the need for the developing countries, whether coastal, land-locked, or geographically disadvantaged, to share in these achievements if the aforementioned goals are to be met,

Convinced that, unless urgent measures are taken, the marine scientific and technological gap between the developed and the developing countries will widen further and thus endanger the very foundations of the new regime,

Believing that optimum utilization of the new opportunities for social and economic development offered by the new regime will be facilitated through action at the national and international level aimed at strengthening national capabilities in marine science, technology and ocean services, particularly in the developing countries, with a view to ensuring the rapid absorption and efficient application of technology and scientific knowledge available to them,

Considering that national and regional marine scientific and technological centres would be the principal institutions through which States and, in particular, the developing countries, foster and conduct marine scientific research, and receive and disseminate marine technology,

Reconnaissant le rôle particulier des organisations internationales compétentes prévues par la Convention sur le droit de la mer, notamment pour ce qui est de l'établissement et du développement de centres nationaux et régionaux pour les sciences et les techniques marines,

Notant que l'action menée actuellement dans le cadre du système des Nations Unies en matière de formation, d'éducation et d'assistance dans le domaine des sciences et des techniques marines et des services océanologiques est bien loin de répondre aux besoins actuels et sera tout à fait insuffisante pour faire face aux besoins découlant de l'entrée en vigueur de la Convention sur le droit de la mer,

Accueillant avec satisfaction les récentes initiatives prises par des organisations internationales en vue de développer et de coordonner leurs principaux programmes d'assistance internationale pour le renforcement de l'infrastructure des pays en développement dans le domaine des sciences de la mer,

1. *Invite* tous les Etats Membres à accorder une priorité appropriée dans leurs plans de développement, au renforcement de leurs services dans le domaine des sciences et des techniques marines et de l'océanologie;

2. *Invite* les pays en développement à établir des programmes tendant à promouvoir la coopération technique entre eux pour le développement de leurs capacités dans le domaine des sciences et des techniques marines et des services océanologiques;

3. *Prie instamment* les pays industrialisés d'aider les pays en développement à élaborer et exécuter leurs programmes de développement dans le domaine des sciences et des techniques marines et des services océanologiques;

4. *Recommande* à la Banque Mondiale, aux banques régionales, au Programme des Nations Unies pour le développement, au Système de financement des Nations Unies pour la science et la technique au service du développement et aux autres organismes multilatéraux de financement d'augmenter et de coordonner leur aide financière aux pays en déve-loppement pour l'élaboration et l'exécution de grands programmes visant à renforcer leurs capacités dans le domaine des sciences et des techniques marines et des services océanologiques;

Recognizing the special role of the competent international organizations envisaged by the Convention on the Law of the Sea, especially in relation to the establishment and development of national and regional marine scientific and technological centres,

Noting that present efforts undertaken within the United Nations system in training, education and assistance in the field of marine science and technology and ocean services are far below current requirements and would be particularly inadequate to meet the demands generated through operation of the Convention on the Law of the Sea,

Welcoming recent initiatives within international organizations to promote and coordinate their major international assistance programmes aimed at strengthening marine science infrastructures in developing countries,

1. *Calls upon* all Member States to determine appropriate priorities in their development plans for the strengthening of their marine science, technology and ocean services;
2. *Calls upon* the developing countries to establish programmes for the promotion of technical cooperation among themselves in the field of marine science, technology and ocean service development;
3. *Urges* the industrialized countries to assist the developing countries in the preparation and implementation of their marine science, technology and ocean service development programmes;
4. *Recommends* that the World Bank, the regional banks, the United Nations Development Programme, the United Nations Financing System for Science and Technology and other multilateral funding agencies augment and coordinate their operations for the provision of funds to developing countries for the preparation and implementation of major programmes of assistance in strengthening their marine science, technology and ocean services;

5. *Recommande* à toutes les organisations internationales compétentes du système des Nations Unies d'élaborer, dans leurs domaines de compétence respectifs, des programmes permettant de fournir une assistance aux pays en développement dans le domaine des sciences et des techniques marines et des services océanologiques et de coordonner l'exécution de ces programmes à l'échelle du système, en accordant une attention particulière aux besoins spéciaux des pays en développement, qu'il s'agisse de pays côtiers, sans littoral, ou géographiquement désavantagés;

6. *Prie* le Secrétaire général de l'Organisation des Nations Unies de transmettre la présente résolution à l'Assemblée générale à sa trente-septième session.

5. *Recommends* that all competent international organizations within the United Nations system expand programmes within their respective fields of competence for assistance to developing countries in the field of marine science, technology and ocean services and coordinate their efforts on a system-wide basis in the implementation of such programmes, paying particular attention to the special needs of the developing countries, whether coastal, land-locked or geographically disadvantaged;

6. *Requests* the Secretary-General of the United Nations to transmit this resolution to the General Assembly at its thirty-seventh session.

Accord relatif à l'application de la partie XI
de la convention des nations unies sur le
droit de la mer du 10 décembre 1982,
adopté le 28 julliet 1994

∵

Agreement relating to the Implementation of
Part XI of the United Nations Convention on
The Law of the Sea of 10 December 1982,
Adopted on 28 July 1994

∴

Adopté le 28 juillet 1994

Les Etats Parties au présent Accord,

Reconnaissant que la Convention des Nations Unies sur le droit de la mer du 10 décembre 1982 (ci-après dénommée « la Convention ») constitue une contribution importante au maintien de la paix, à la justice et au progrès pour tous les peuples du monde,

Réaffirmant que les fonds marins et leur sous-sol au-delà des limites de la juridiction nationale (ci-après dénommés « la Zone »), et les ressources de la Zone, sont le patrimoine commun de l'humanité,

Conscients de l'importance que revêt la Convention pour la protection et la préservation du milieu marin, et de la préoccupation croissante que suscite l'environnement mondial,

Ayant examiné le rapport du Secrétaire général de l'Organisation des Nations Unies sur les résultats des consultations officieuses entre Etats qui ont eu lieu de 1990 à 1994 sur les questions en suspens touchant la partie XI et les dispositions connexes de la Convention (ci-après dénommées « la partie XI »),

Notant les changements politiques et économiques, y compris les orientations fondées sur l'économie de marché, qui affectent l'application de la partie XI,

Désireux de faciliter une participation universelle à la Convention,

Considérant que le meilleur moyen d'atteindre cet objectif est de conclure un accord relatif à l'application de la partie XI,

Sont convenus de ce qui suit :

Article premier
Application de la partie XI

1. Les Etats Parties au présent Accord s'engagent à appliquer la partie XI conformément au présent Accord.
2. L'Annexe fait partie intégrante du présent Accord.

© 2015 BY INTERNATIONAL TRIBUNAL FOR THE LAW OF THE SEA | DOI 10.1163/9789004304710_020

Adopted on 28 July 1994

The States Parties to this Agreement,

Recognizing the important contribution of the United Nations Convention on the Law of the Sea of 10 December 1982 (hereinafter referred to as "the Convention") to the maintenance of peace, justice and progress for all peoples of the world,

Reaffirming that the seabed and ocean floor and subsoil thereof, beyond the limits of national jurisdiction (hereinafter referred to as "the Area"), as well as the resources of the Area, are the common heritage of mankind,

Mindful of the importance of the Convention for the protection and preservation of the marine environment and of the growing concern for the global environment,

Having considered the report of the Secretary-General of the United Nations on the results of the informal consultations among States held from 1990 to 1994 on outstanding issues relating to Part XI and related provisions of the Convention (hereinafter referred to as "Part XI"),

Noting the political and economic changes, including market-oriented approaches, affecting the implementation of Part XI,

Wishing to facilitate universal participation in the Convention,

Considering that an agreement relating to the implementation of Part XI would best meet that objective,

Have agreed as follows:

Article 1
Implementation of Part XI

1. The States Parties to this Agreement undertake to implement Part XI in accordance with this Agreement.
2. The Annex forms an integral part of this Agreement.

Article 2
Relation entre le présent Accord et la partie XI

1. Les dispositions du présent Accord et de la partie XI doivent être interprétées et appliquées ensemble comme un seul et même instrument. En cas d'incompatibilité entre le présent Accord et la partie XI, les dispositions du présent Accord l'emportent.
2. Les articles 309 à 319 de la Convention s'appliquent au présent Accord comme ils s'appliquent à la Convention.

Article 3
Signature

Le présent Accord restera ouvert, au Siège de l'Organisation des Nations Unies, à la signature des Etats et entités visés à l'article 305, paragraphe 1, lettres a), c), d) e) et f) de la Convention pendant 12 mois à compter de la date de son adoption.

Article 4
Consentement à être lié

1. Après l'adoption du présent Accord, tout instrument de ratification ou de confirmation formelle de la Convention ou d'adhésion à celle-ci vaudra également consentement à être lié par ledit Accord.
2. Un Etat ou une entité ne peut établir son consentement à être lié par le présent Accord s'il n'a préalablement établi ou n'établit simultanément son consentement à être lié par la Convention.
3. Tout Etat ou toute entité visé à l'article 3 peut exprimer son consentement à être lié par le présent Accord par :
   a) Signature non soumise à ratification ou à confirmation formelle ou à la procédure prévue à l'article 5 ;
   b) Signature sous réserve de ratification ou de confirmation formelle, suivie d'une ratification ou d'une confirmation formelle ;
   c) Signature assujettie à la procédure prévue à l'article 5 ; ou
   d) Adhésion.
4. La confirmation formelle par les entités visées à l'article 305, paragraphe 1, lettre f) de la Convention sera faite conformément à l'annexe IX de la Convention.
5. Les instruments de ratification, de confirmation formelle ou d'adhésion sont déposés auprès du Secrétaire général de l'Organisation des Nations Unies.

Article 2
Relationship between this Agreement and Part XI

1. The provisions of this Agreement and Part XI shall be interpreted and applied together as a single instrument. In the event of any inconsistency between this Agreement and Part XI, the provisions of this Agreement shall prevail.
2. Articles 309 to 319 of the Convention shall apply to this Agreement as they apply to the Convention.

Article 3
Signature

This Agreement shall remain open for signature at United Nations Headquarters by the States and entities referred to in article 305, paragraph 1(a), (c), (d), (e) and (f), of the Convention for 12 months from the date of its adoption.

Article 4
Consent to be bound

1. After the adoption of this Agreement, any instrument of ratification or formal confirmation of or accession to the Convention shall also represent consent to be bound by this Agreement.
2. No State or entity may establish its consent to be bound by this Agreement unless it has previously established or establishes at the same time its consent to be bound by the Convention.
3. A State or entity referred to in article 3 may express its consent to be bound by this Agreement by:
    (a) Signature not subject to ratification, formal confirmation or the procedure set out in article 5;
    (b) Signature subject to ratification or formal confirmation, followed by ratification or formal confirmation;
    (c) Signature subject to the procedure set out in article 5; or
    (d) Accession.
4. Formal confirmation by the entities referred to in article 305, paragraph 1(f), of the Convention shall be in accordance with Annex IX of the Convention.
5. The instruments of ratification, formal confirmation or accession shall be deposited with the Secretary-General of the United Nations.

Article 5
Procédure simplifiée

1.   Un Etat ou une entité ayant déposé avant la date d'adoption du présent Accord un instrument de ratification, de confirmation formelle ou d'adhésion concernant la Convention et ayant signé le présent Accord conformément à l'article 4, paragraphe 3, alinéa c), est réputé avoir établi son consentement à être lié par le présent Accord 12 mois après la date de son adoption, à moins que cet Etat ou cette entité ne notifie par écrit au dépositaire avant cette date qu'il ne souhaite pas se prévaloir de la procédure simplifiée prévue par le présent article.

2.   Si une telle notification est faite, le consentement à être lié par le présent Accord est établi conformément à l'article 4, paragraphe 3, alinéa b).

Article 6
Entrée en vigueur

1.   Le présent Accord entrera en vigueur 30 jours après la date à laquelle 40 Etats auront établi leur consentement à être liés conformément aux articles 4 et 5, étant entendu qu'au nombre de ces Etats doivent figurer au moins sept des Etats visés au paragraphe 1, lettre a) de la résolution II de la troisième Conférence des Nations Unies sur le droit de la mer (ci-après dénommée « la résolution II ») et qu'au moins cinq d'entre eux doivent être des Etats développés. Si ces conditions d'entrée en vigueur sont remplies avant le 16 novembre 1994, le présent Accord entrera en vigueur le 16 novembre 1994.

2.   Pour chaque Etat ou entité établissant son consentement à être lié par le présent Accord après que les conditions énoncées au paragraphe 1 auront été remplies, le présent Accord entrera en vigueur le trentième jour suivant la date à laquelle ledit Etat ou ladite entité aura établi son consentement à être lié.

Article 7
Application à titre provisoire

1.   Si le présent Accord n'est pas entré en vigueur le 16 novembre 1994, il sera appliqué à titre provisoire jusqu'à son entrée en vigueur par :
    a)   Les Etats qui ont consenti à son adoption au sein de l'Assemblée générale des Nations Unies, à l'exception de ceux qui avant le

Article 5
Simplified procedure

1.   A State or entity which has deposited before the date of the adoption of this Agreement an instrument of ratification or formal confirmation of or accession to the Convention and which has signed this Agreement in accordance with article 4, paragraph 3(c), shall be considered to have established its consent to be bound by this Agreement 12 months after the date of its adoption, unless that State or entity notifies the depositary in writing before that date that it is not availing itself of the simplified procedure set out in this article.

2.   In the event of such notification, consent to be bound by this Agreement shall be established in accordance with article 4, paragraph 3(b).

Article 6
Entry into force

1.   This Agreement shall enter into force 30 days after the date on which 40 States have established their consent to be bound in accordance with articles 4 and 5, provided that such States include at least seven of the States referred to in paragraph 1(a) of resolution II of the Third United Nations Conference on the Law of the Sea (hereinafter referred to as "resolution II") and that at least five of those States are developed States. If these conditions for entry into force are fulfilled before 16 November 1994, this Agreement shall enter into force on 16 November 1994.

2.   For each State or entity establishing its consent to be bound by this Agreement after the requirements set out in paragraph 1 have been fulfilled, this Agreement shall enter into force on the thirtieth day following the date of establishment of its consent to be bound.

Article 7
Provisional application

1.   If on 16 November 1994 this Agreement has not entered into force, it shall be applied provisionally pending its entry into force by:
    (a)   States which have consented to its adoption in the General Assembly of the United Nations, except any such State which before 16 November 1994 notifies the depositary in writing either that it

16 novembre 1994 notifieront par écrit au dépositaire soit qu'ils n'appliquent pas l'Accord à titre provisoire soit qu'ils ne consentent à une telle application que moyennant une signature ou notification écrite ultérieure ;

b)   les Etats et entités qui signent le présent Accord, à l'exception de ceux qui notifieront par écrit au dépositaire au moment de la signature qu'ils n'appliquent pas l'Accord à titre provisoire ;

c)   les Etats et entités qui consentent à son application à titre provisoire en adressant au dépositaire une notification écrite à cet effet ;

d)   les Etats qui adhèrent au présent Accord.

2.   Tous ces Etats et entités appliquent l'Accord à titre provisoire conformément à leurs lois et règlements nationaux ou internes à compter du 16 novembre 1994 ou de la date, si celle-ci est postérieure, de la signature, de la notification, du consentement ou de l'adhésion.

3.   L'application à titre provisoire du présent Accord cessera le jour où celui-ci entrera en vigueur. Dans tous les cas, l'application à titre provisoire prendra fin le 16 novembre 1998 si à cette date la condition énoncée à l'article 6, paragraphe 1, selon laquelle au moins sept des Etats visés au paragraphe 1, lettre a) de la résolution II (dont au moins cinq doivent être des Etats développés) doivent avoir établi leur consentement à être liés par le présent Accord, n'est pas satisfaite.

Article 8
Etats Parties

1.   Aux fins du présent Accord, on entend par « Etats Parties » les Etats qui ont consenti à être liés par le présent Accord et à l'égard desquels celui-ci est en vigueur.

2.   Le présent Accord s'applique *mutatis mutandis* aux entités visées à l'article 305, paragraphe 1, lettres c), d), e) et f) de la Convention, qui y deviennent parties conformément aux conditions qui concernent chacune d'entre elles et, dans cette mesure, le terme « Etats Parties » s'entend de ces entités.

Article 9
Dépositaire

Le Secrétaire général de l'Organisation des Nations Unies est le dépositaire du présent Accord.

will not so apply this Agreement or that it will consent to such application only upon subsequent signature or notification in writing;

(b) States and entities which sign this Agreement, except any such State or entity which notifies the depositary in writing at the time of signature that it will not so apply this Agreement;

(c) States and entities which consent to its provisional application by so notifying the depositary in writing;

(d) States which accede to this Agreement.

2. All such States and entities shall apply this Agreement provisionally in accordance with their national or internal laws and regulations, with effect from 16 November 1994 or the date of signature, notification of consent or accession, if later.

3. Provisional application shall terminate upon the date of entry into force of this Agreement. In any event, provisional application shall terminate on 16 November 1998 if at that date the requirement in article 6, paragraph 1, of consent to be bound by this Agreement by at least seven of the States (of which at least five must be developed States) referred to in paragraph 1(a) of resolution II has not been fulfilled.

Article 8
States Parties

1. For the purposes of this Agreement, "States Parties" means States which have consented to be bound by this Agreement and for which this Agreement is in force.

2. This Agreement applies *mutatis mutandis* to the entities referred to in article 305, paragraph 1(c), (d), (e) and (f), of the Convention which become Parties to this Agreement in accordance with the conditions relevant to each, and to that extent "States Parties" refers to those entities.

Article 9
Depositary

The Secretary-General of the United Nations shall be the depositary of this Agreement.

Article 10
Textes faisant foi

L'original du présent Accord, dont les textes anglais, arabe, chinois, espagnol, français et russe font également foi, est déposé auprès du Secrétaire général de l'Organisation des Nations Unies.

EN FOI DE QUOI, les Plénipotentiaires soussignés, à ce dûment autorisés, ont signé le présent Accord.

FAIT À NEW YORK, le vingt-huit juillet mil neuf cent quatre-vingt-quatorze.

Annexe

Section 1. Coûts pour les états Parties et arrangements institutionnels

1. L'Autorité internationale des fonds marins (ci-après dénommée « l'Autorité ») est l'organisation par l'intermédiaire de laquelle les Etats Parties à la Convention, conformément au régime établi pour la Zone dans la partie XI et le présent Accord, organisent et contrôlent les activités menées dans la Zone, en particulier aux fins de l'administration des ressources de celle-ci. L'Autorité détient les pouvoirs et exerce les fonctions qui lui sont expressément conférés par la Convention. Elle est investie des pouvoirs subsidiaires, compatibles avec la Convention, qu'implique nécessairement l'exercice de ces pouvoirs et fonctions quant aux activités menées dans la Zone.

2. Afin de réduire au minimum les coûts à la charge des Etats Parties, tous les organes et organes subsidiaires devant être créés en application de la Convention et du présent Accord devront répondre à un souci d'économie. Ce principe s'applique également à la fréquence, à la durée et à la programmation des réunions.

3. La création et le fonctionnement des organes et organes subsidiaires de l'Autorité sont basés sur une approche évolutive, compte tenu des besoins fonctionnels des organes et organes subsidiaires concernés, afin qu'ils puissent s'acquitter efficacement de leurs responsabilités respectives aux différentes étapes du développement des activités menées dans la Zone.

4. Lors de l'entrée en vigueur de la Convention, les fonctions initiales de l'Autorité seront exercées par l'Assemblée, le Conseil, le Secrétariat, la

Article 10
Authentic texts

The original of this Agreement, of which the Arabic, Chinese, English, French, Russian and Spanish texts are equally authentic, shall be deposited with the Secretary-General of the United Nations.

IN WITNESS WHEREOF, the undersigned Plenipotentiaries, being duly authorized thereto, have signed this Agreement.

DONE AT NEW YORK, this twenty-eighth day of July, one thousand nine hundred and ninety-four.

Annex

Section 1. Costs to States Parties and Institutional Arrangements

1. The International Seabed Authority (hereinafter referred to as "the Authority") is the organization through which States Parties to the Convention shall, in accordance with the regime for the Area established in Part XI and this Agreement, organize and control activities in the Area, particularly with a view to administering the resources of the Area. The powers and functions of the Authority shall be those expressly conferred upon it by the Convention. The Authority shall have such incidental powers, consistent with the Convention, as are implicit in, and necessary for, the exercise of those powers and functions with respect to activities in the Area.

2. In order to minimize costs to States Parties, all organs and subsidiary bodies to be established under the Convention and this Agreement shall be cost-effective. This principle shall also apply to the frequency, duration and scheduling of meetings.

3. The setting up and the functioning of the organs and subsidiary bodies of the Authority shall be based on an evolutionary approach, taking into account the functional needs of the organs and subsidiary bodies concerned in order that they may discharge effectively their respective responsibilities at various stages of the development of activities in the Area.

4. The early functions of the Authority upon entry into force of the Convention shall be carried out by the Assembly, the Council, the Secretariat, the Legal

Commission juridique et technique et la Commission des finances. Les fonctions de la Commission de planification économique seront assurées par la Commission juridique et technique jusqu'à ce que le Conseil en décide autrement ou jusqu'à l'approbation du premier plan de travail relatif à l'exploitation.

5.   Entre l'entrée en vigueur de la Convention et l'approbation du premier plan de travail relatif à l'exploitation, l'Autorité s'attache à :

a)   Etudier les demandes d'approbation de plans de travail relatifs à l'exploration conformément à la partie XI et au présent Accord ;

b)   Appliquer les décisions de la Commission préparatoire de l'Autorité internationale des fonds marins et du Tribunal international du droit de la mer (ci-après dénommée « la Commission préparatoire ») concernant les investisseurs pionniers enregistrés et les Etats certificateurs, y compris leurs droits et obligations, conformément aux dispositions de l'article 308, paragraphe 5 de la Convention et du paragraphe 13 de la résolution II ;

c)   Veiller au respect des plans de travail relatifs à l'exploration approuvés sous la forme de contrats ;

d)   Suivre et étudier les tendances et l'évolution touchant les activités d'exploitation des ressources des fonds marins, notamment en analysant régulièrement la situation du marché mondial des métaux ainsi que les cours des métaux et les tendances et perspectives en la matière ;

e)   Etudier l'impact potentiel de la production de minéraux provenant de la Zone sur les économies des pays en développement producteurs terrestres de ces minéraux qui sont susceptibles d'être le plus gravement affectés afin de réduire au minimum leurs difficultés et de les aider dans leurs efforts d'ajustement économique, compte tenu des travaux réalisés à cet égard par la Commission préparatoire ;

f)   Adopter les règles, règlements et procédures nécessaires à la conduite des activités menées dans la Zone au fur et à mesure de leur avancement. Nonobstant les dispositions de l'article 17, paragraphe 2, lettres b) et c) de l'annexe III de la Convention, ces règles, règlements et procédures tiennent compte des dispositions du présent Accord, des longs délais dans la production commerciale des minéraux marins et du rythme probable des activités menées dans la Zone ;

g)   Adopter des règles, règlements et procédures incorporant les normes applicables de protection et de préservation du milieu marin ;

and Technical Commission and the Finance Committee. The functions of the Economic Planning Commission shall be performed by the Legal and Technical Commission until such time as the Council decides otherwise or until the approval of the first plan of work for exploitation.

5.   Between the entry into force of the Convention and the approval of the first plan of work for exploitation, the Authority shall concentrate on:

(a)   Processing of applications for approval of plans of work for exploration in accordance with Part XI and this Agreement;

(b)   Implementation of decisions of the Preparatory Commission for the International Seabed Authority and for the International Tribunal for the Law of the Sea (hereinafter referred to as "the Preparatory Commission") relating to the registered pioneer investors and their certifying States, including their rights and obligations, in accordance with article 308, paragraph 5, of the Convention and resolution II, paragraph 13;

(c)   Monitoring of compliance with plans of work for exploration approved in the form of contracts;

(d)   Monitoring and review of trends and developments relating to deep seabed mining activities, including regular analysis of world metal market conditions and metal prices, trends and prospects;

(e)   Study of the potential impact of mineral production from the Area on the economies of developing land-based producers of those minerals which are likely to be most seriously affected, with a view to minimizing their difficulties and assisting them in their economic adjustment, taking into account the work done in this regard by the Preparatory Commission;

(f)   Adoption of rules, regulations and procedures necessary for the conduct of activities in the Area as they progress. Notwithstanding the provisions of Annex III, article 17, paragraph 2(b) and (c), of the Convention, such rules, regulations and procedures shall take into account the terms of this Agreement, the prolonged delay in commercial deep seabed mining and the likely pace of activities in the Area;

(g)   Adoption of rules, regulations and procedures incorporating applicable standards for the protection and preservation of the marine environment;

h) Promouvoir et encourager la conduite de la recherche scientifique marine relative aux activités menées dans la Zone ainsi que la collecte et la diffusion des résultats des recherches et analyses, lorsqu'ils sont disponibles, en mettant l'accent en particulier sur les recherches touchant l'impact sur l'environnement des activités menées dans la Zone ;

i) Acquérir les connaissances scientifiques et suivre le développement des technologies marines en rapport avec les activités menées dans la Zone, et en particulier des technologies relatives à la protection et à la préservation du milieu marin ;

j) Evaluer les données disponibles concernant la prospection et l'exploration ;

k) Elaborer en temps voulu des règles, règlements et procédures applicables à l'exploitation, y compris en ce qui concerne la protection et la préservation du milieu marin.

6. a) Une demande d'approbation d'un plan de travail relatif à l'exploration est examinée par le Conseil après réception d'une recommandation de la Commission juridique et technique y relative. Elle est étudiée conformément aux dispositions de la Convention, y compris son annexe III, ainsi qu'au présent Accord, étant entendu que :

i) Un plan de travail relatif à l'exploration soumis au nom d'un Etat ou d'une entité, ou d'une composante d'une entité, visés au paragraphe 1, lettre a) ii) ou iii) de la résolution II, autre qu'un investisseur pionnier enregistré, ayant déjà entrepris des activités substantielles dans la Zone avant l'entrée en vigueur de la Convention, ou ses ayants cause, est réputé répondre aux conditions financières et techniques de qualification auxquelles est subordonnée l'approbation si l'Etat ou les Etats qui patronnent la demande certifient que le demandeur a investi l'équivalent d'au moins 30 millions de dollars des Etats-Unis dans des activités de recherche et d'exploration et a consacré 10 p. 100 au moins de ce montant à la localisation, à l'étude topographique et à l'évaluation du secteur visé dans le plan de travail. Le plan de travail, s'il répond à tous autres égards aux exigences de la Convention ainsi qu'aux règles, règlements et procédures adoptés en application de la Convention, est approuvé par le Conseil sous forme de contrat. Les dispositions de la section 3, paragraphe 11 de la présente annexe sont interprétées et appliquées en conséquence ;

(h)   Promotion and encouragement of the conduct of marine scientific research with respect to activities in the Area and the collection and dissemination of the results of such research and analysis, when available, with particular emphasis on research related to the environmental impact of activities in the Area;

(i)   Acquisition of scientific knowledge and monitoring of the development of marine technology relevant to activities in the Area, in particular technology relating to the protection and preservation of the marine environment;

(j)   Assessment of available data relating to prospecting and exploration;

(k)   Timely elaboration of rules, regulations and procedures for exploitation, including those relating to the protection and preservation of the marine environment.

6.   (a)   An application for approval of a plan of work for exploration shall be considered by the Council following the receipt of a recommendation on the application from the Legal and Technical Commission. The processing of an application for approval of a plan of work for exploration shall be in accordance with the provisions of the Convention, including Annex III thereof, and this Agreement, and subject to the following:

   (i)   A plan of work for exploration submitted on behalf of a State or entity, or any component of such entity, referred to in resolution II, paragraph 1(a)(ii) or (iii), other than a registered pioneer investor, which had already undertaken substantial activities in the Area prior to the entry into force of the Convention, or its successor in interest, shall be considered to have met the financial and technical qualifications necessary for approval of a plan of work if the sponsoring State or States certify that the applicant has expended an amount equivalent to at least US$ 30 million in research and exploration activities and has expended no less than 10 per cent of that amount in the location, survey and evaluation of the area referred to in the plan of work. If the plan of work otherwise satisfies the requirements of the Convention and any rules, regulations and procedures adopted pursuant thereto, it shall be approved by the Council in the form of a contract. The provisions of section 3, paragraph 11, of this Annex shall be interpreted and applied accordingly;

ii) Nonobstant les dispositions du paragraphe 8, lettre a) de la résolution II, un investisseur pionnier enregistré peut demander l'approbation d'un plan de travail relatif à l'exploration dans les 36 mois qui suivent l'entrée en vigueur de la Convention. Le plan de travail relatif à l'exploration devra comprendre les documents, rapports et autres données présentés à la Commission préparatoire tant avant qu'après l'enregistrement et être accompagné d'un certificat de conformité, consistant en un rapport factuel décrivant l'état de l'exécution des obligations incombant aux investisseurs pionniers, délivré par la Commission préparatoire en application du paragraphe 11, lettre a) de la résolution II. Un tel plan de travail sera réputé avoir été approuvé. Il revêtira la forme d'un contrat conclu entre l'Autorité et l'investisseur pionnier enregistré conformément à la partie XI et au présent Accord. Le droit de 250 000 dollars des Etats-Unis versé conformément au paragraphe 7, lettre a) de la résolution II est réputé être le droit dû pour la phase d'exploration conformément à la section 8, para-graphe 3 de la présente annexe. La section 3, paragraphe 11 de la présente annexe est interprétée et appliquée en conséquence ;

iii) Conformément au principe de non-discrimination, les contrats conclus avec les Etats ou entités, ou les composantes des entités, visés au sous-alinéa i) de l'alinéa a), doivent comprendre des dispositions similaires à celles convenues avec les investisseurs pionniers enregistrés visés au sous-alinéa ii) de l'alinéa a) et non moins favorables à celles-ci. Si des dispositions plus favorables sont accordées à un Etat ou une entité, ou à une composante d'une entité, visés au sous-alinéa i) de l'alinéa a), le Conseil prend des dispositions similaires et non moins favorables en ce qui concerne les droits et obligations des investisseurs pionniers enregistrés visés au sous-alinéa ii) de l'alinéa a), sous réserve que lesdites dispositions n'affectent pas les intérêts de l'Autorité ou ne leur soient pas préjudiciables ;

iv) L'Etat qui patronne une demande d'approbation d'un plan de travail conformément aux dispositions des sous-alinéas i) ou ii) de l'alinéa a) peut être un Etat Partie, un Etat qui applique le présent Accord à titre provisoire en vertu de l'article 7 ou un Etat qui est membre de l'Autorité à titre provisoire en vertu du paragraphe 12 ;

(ii)   Notwithstanding the provisions of resolution II, paragraph 8(a), a registered pioneer investor may request approval of a plan of work for exploration within 36 months of the entry into force of the Convention. The plan of work for exploration shall consist of documents, reports and other data submitted to the Preparatory Commission both before and after registration and shall be accompanied by a certificate of compliance, consisting of a factual report describing the status of fulfilment of obligations under the pioneer investor regime, issued by the Preparatory Commission in accordance with resolution II, paragraph 11(a). Such a plan of work shall be considered to be approved. Such an approved plan of work shall be in the form of a contract concluded between the Authority and the registered pioneer investor in accordance with Part XI and this Agreement. The fee of US$ 250,000 paid pursuant to resolution II, paragraph 7(a), shall be deemed to be the fee relating to the exploration phase pursuant to section 8, paragraph 3, of this Annex. Section 3, paragraph 11, of this Annex shall be interpreted and applied accordingly;

(iii) In accordance with the principle of non-discrimination, a contract with a State or entity or any component of such entity referred to in subparagraph (a)(i) shall include arrangements which shall be similar to and no less favourable than those agreed with any registered pioneer investor referred to in subparagraph (a)(ii). If any of the States or entities or any components of such entities referred to in subparagraph (a)(i) are granted more favourable arrangements, the Council shall make similar and no less favourable arrangements with regard to the rights and obligations assumed by the registered pioneer investors referred to in subparagraph (a)(ii), provided that such arrangements do not affect or prejudice the interests of the Authority;

(iv)   A State sponsoring an application for a plan of work pursuant to the provisions of subparagraph (a)(i) or (ii) may be a State Party or a State which is applying this Agreement provisionally in accordance with article 7, or a State which is a member of the Authority on a provisional basis in accordance with paragraph 12;

   v) Le paragraphe 8, lettre c) de la résolution II est interprété et appliqué conformément au sous-alinéa iv) de l'alinéa a);

  b) Les plans de travail relatifs à l'exploration sont approuvés conformément aux dispositions de l'article 153, paragraphe 3, de la Convention.

7. La demande d'approbation d'un plan de travail est accompagnée d'une évaluation de l'impact potentiel sur l'environnement des activités proposées, et d'une description d'un programme d'études océanographiques et écologiques conformément aux règles, règlements et procédures adoptés par l'Autorité.

8. Sous réserve des dispositions du paragraphe 6, alinéa a), sous-alinéas i) ou ii), la demande d'approbation d'un plan de travail relatif à l'exploration est étudiée selon les procédures énoncées à la section 3, paragraphe 11 de la présente annexe.

9. Les plans de travail relatifs à l'exploration sont approuvés pour 15 ans. A l'expiration d'un tel plan, le contractant doit, s'il ne l'a déjà fait et si ledit plan n'a pas été prorogé, présenter une demande d'approbation d'un plan de travail relatif à l'exploitation. Le contractant peut demander la prorogation d'un plan de travail relatif à l'exploration pour des périodes ne dépassant pas cinq ans chacune. Ces prorogations sont accordées si le contractant s'est efforcé de bonne foi de se conformer aux stipulations du plan de travail mais n'a pas pu, pour des raisons indépendantes de sa volonté, mener à bien les travaux préparatoires nécessaires pour passer à la phase d'exploitation ou si les circonstances économiques du moment ne justifient pas le passage à la phase d'exploitation.

10. Un secteur réservé à l'Autorité est désigné conformément à l'article 8 de l'annexe III de la Convention lors de l'approbation d'un plan de travail relatif à l'exploration ou relatif à l'exploration et l'exploitation.

11. Nonobstant les dispositions du paragraphe 9, un plan de travail approuvé relatif à l'exploration, qui est patronné par au moins un Etat appliquant le présent Accord à titre provisoire, cesse d'être valable si ledit Etat cesse d'appliquer ledit Accord à titre provisoire et s'il n'est pas devenu membre à titre provisoire conformément au paragraphe 12 ou Etat Partie.

12. Lors de l'entrée en vigueur du présent Accord, les Etats et entités visés à l'article 3 dudit Accord qui l'appliquaient à titre provisoire conformément à l'article 7 et vis-à-vis desquels il n'est pas en vigueur peuvent demeurer membres de l'Autorité à titre provisoire jusqu'à l'entrée en vigueur de l'Accord à leur égard, conformément aux alinéas suivants :

      (v)   Resolution II, paragraph 8(c), shall be interpreted and applied in accordance with subparagraph (a)(iv).

  (b)   The approval of a plan of work for exploration shall be in accordance with article 153, paragraph 3, of the Convention.

7.   An application for approval of a plan of work shall be accompanied by an assessment of the potential environmental impacts of the proposed activities and by a description of a programme for oceanographic and baseline environmental studies in accordance with the rules, regulations and procedures adopted by the Authority.

8.   An application for approval of a plan of work for exploration, subject to paragraph 6(a)(i) or (ii), shall be processed in accordance with the procedures set out in section 3, paragraph 11, of this Annex.

9.   A plan of work for exploration shall be approved for a period of 15 years. Upon the expiration of a plan of work for exploration, the contractor shall apply for a plan of work for exploitation unless the contractor has already done so or has obtained an extension for the plan of work for exploration. Contractors may apply for such extensions for periods of not more than five years each. Such extensions shall be approved if the contractor has made efforts in good faith to comply with the requirements of the plan of work but for reasons beyond the contractor's control has been unable to complete the necessary preparatory work for proceeding to the exploitation stage or if the prevailing economic circumstances do not justify proceeding to the exploitation stage.

10.   Designation of a reserved area for the Authority in accordance with Annex III, article 8, of the Convention shall take place in connection with approval of an application for a plan of work for exploration or approval of an application for a plan of work for exploration and exploitation.

11.   Notwithstanding the provisions of paragraph 9, an approved plan of work for exploration which is sponsored by at least one State provisionally applying this Agreement shall terminate if such a State ceases to apply this Agreement provisionally and has not become a member on a provisional basis in accordance with paragraph 12 or has not become a State Party.

12.   Upon the entry into force of this Agreement, States and entities referred to in article 3 of this Agreement which have been applying it provisionally in accordance with article 7 and for which it is not in force may continue to be members of the Authority on a provisional basis pending its entry into force for such States and entities, in accordance with the following subparagraphs:

a)   Si le présent Accord entre en vigueur avant le 16 novembre 1996, lesdits Etats et entités peuvent continuer à participer à l'Autorité en qualité de membres à titre provisoire en notifiant au dépositaire de l'Accord leur intention de participer à l'Autorité en qualité de membre à titre provisoire. Le statut de membre à titre provisoire prend fin le 16 novembre 1996 ou à la date à laquelle le présent Accord et la Convention entrent en vigueur à l'égard du membre concerné si celle-ci est antérieure. Le Conseil peut, à la demande de l'Etat ou de l'entité intéressé, proroger son statut de membre à titre provisoire au-delà du 16 novembre 1996 pendant une ou plusieurs périodes ne dépassant pas deux ans au total s'il considère que ledit Etat ou ladite entité s'est efforcé de bonne foi de devenir partie à l'Accord et à la Convention ;

b)   Si le présent Accord entre en vigueur après le 15 novembre 1996, lesdits Etats et entités peuvent demander au Conseil à demeurer membres de l'Autorité à titre provisoire pour une ou plusieurs périodes ne s'étendant pas au-delà du 16 novembre 1998. S'il considère que l'Etat ou l'entité intéressé s'est efforcé de bonne foi de devenir partie à l'Accord et à la Convention, le Conseil fait droit à cette demande avec effet à la date de celle-ci ;

c)   Les Etats et entités qui sont membres de l'Autorité à titre provisoire en vertu des alinéas a) ou b) appliquent les dispositions de la partie XI et du présent Accord conformément à leurs lois et règlements nationaux ou internes et à leurs allocations budgétaires annuelles et ont les mêmes droits et obligations que les autres membres, et notamment :

     i)   L'obligation de contribuer au budget d'administration de l'Autorité conformément au barème convenu ;

     ii)   Le droit de patronner des demandes d'approbation de plans de travail relatifs à l'exploration. Dans le cas d'entités dont les composantes sont des personnes physiques ou morales ayant la nationalité de plus d'un Etat, un plan de travail relatif à l'exploration n'est approuvé que si tous les Etats dont les personnes physiques ou morales constituent lesdites entités sont des Etats Parties ou des membres à titre provisoire ;

d)   Nonobstant les dispositions du paragraphe 9, un plan de travail relatif à l'exploration approuvé sous la forme d'un contrat qui était patronné par un Etat membre à titre provisoire en vertu du sous-alinéa ii) de l'alinéa c) cesse d'être valable si ce statut de membre à titre provisoire prend fin sans que l'Etat ou l'entité soit devenu Etat Partie ;

(a)   If this Agreement enters into force before 16 November 1996, such
       States and entities shall be entitled to continue to participate as
       members of the Authority on a provisional basis upon notification
       to the depositary of the Agreement by such a State or entity of its
       intention to participate as a member on a provisional basis. Such
       membership shall terminate either on 16 November 1996 or upon
       the entry into force of this Agreement and the Convention for such
       member, whichever is earlier. The Council may, upon the request
       of the State or entity concerned, extend such membership beyond
       16 November 1996 for a further period or periods not exceeding a
       total of two years provided that the Council is satisfied that the
       State or entity concerned has been making efforts in good faith to
       become a party to the Agreement and the Convention;

(b)   If this Agreement enters into force after 15 November 1996, such
       States and entities may request the Council to grant continued
       membership in the Authority on a provisional basis for a period or
       periods not extending beyond 16 November 1998. The Council shall
       grant such membership with effect from the date of the request if it
       is satisfied that the State or entity has been making efforts in good
       faith to become a party to the Agreement and the Convention;

(c)   States and entities which are members of the Authority on a provi-
       sional basis in accordance with subparagraph (a) or (b) shall apply
       the terms of Part XI and this Agreement in accordance with their
       national or internal laws, regulations and annual budgetary appro-
       priations and shall have the same rights and obligations as other
       members, including:

       (i)   The obligation to contribute to the administrative budget
              of the Authority in accordance with the scale of assessed
              contributions;

       (ii)   The right to sponsor an application for approval of a plan of
              work for exploration. In the case of entities whose compo-
              nents are natural or juridical persons possessing the nation-
              ality of more than one State, a plan of work for exploration
              shall not be approved unless all the States whose natural or
              juridical persons comprise those entities are States Parties or
              members on a provisional basis;

(d)   Notwithstanding the provisions of paragraph 9, an approved plan of
       work in the form of a contract for exploration which was sponsored
       pursuant to subparagraph (c)(ii) by a State which was a member on
       a provisional basis shall terminate if such membership ceases and
       the State or entity has not become a State Party;

e) Si un tel membre à titre provisoire n'a pas versé ses contributions ou ne s'est pas, à d'autres égards, acquitté de ses obligations conformément au présent paragraphe, son statut de membre à titre provisoire prend fin.

13. La référence à l'exécution non satisfaisante d'un plan de travail approuvé figurant à l'article 10 de l'annexe III de la Convention est interprétée comme signifiant que le contractant n'a pas respecté les stipulations du plan de travail malgré l'avertissement ou les avertissements écrits que l'Autorité lui a adressés à cet effet.

14. L'Autorité a son propre budget. Jusqu'à la fin de l'année suivant celle où le présent Accord entrera en vigueur, les dépenses d'administration de l'Autorité seront imputées sur le budget de l'Organisation des Nations Unies. Par la suite, les dépenses d'administration de l'Autorité seront financées au moyen des contributions versées par ses membres, y compris le cas échéant les membres à titre provisoire, conformément aux articles 171, lettre a) et 173 de la Convention et au présent Accord, jusqu'à ce que l'Autorité dispose afin de faire face auxdites dépenses de recettes suffisantes provenant d'autres sources. L'Autorité n'exerce pas la capacité de contracter des emprunts que lui confère l'article 174, paragraphe 1 de la Convention pour financer son budget d'administration.

15. L'Autorité élabore et adopte les règles, règlements et procédures prévus à l'article 162, paragraphe 2, lettre o) ii) de la Convention, en se fondant sur les principes énoncés aux sections 2, 5, 6, 7 et 8 de la présente annexe, ainsi que tous autres règles, règlements et procédures nécessaires pour faciliter l'approbation des plans de travail relatifs à l'exploration ou l'exploitation, conformément aux alinéas suivants :

a) Le Conseil peut entreprendre l'élaboration de ces règles, règlements ou procédures lorsqu'il juge qu'ils sont nécessaires pour la conduite des activités menées dans la Zone, ou lorsqu'il détermine que l'exploitation commerciale est imminente, ou encore à la demande d'un Etat dont un ressortissant entend présenter une demande d'approbation d'un plan de travail relatif à l'exploitation ;

b) Si une demande est faite par un Etat visé à l'alinéa a), le Conseil adopte ces règles, règlements et procédures dans les deux ans qui suivent la demande, conformément à l'article 162, paragraphe 2, lettre o) de la Convention ;

c) Si le Conseil n'a pas achevé l'élaboration des règles, règlements et procédures relatifs à l'exploitation dans le délai pre-scrit et si une demande d'approbation d'un plan de travail relatif à l'exploitation est en instance, il doit néanmoins examiner et approuver

(e)   If such a member has failed to make its assessed contributions or otherwise failed to comply with its obligations in accordance with this paragraph, its membership on a provisional basis shall be terminated.

13.   The reference in Annex III, article 10, of the Convention to performance which has not been satisfactory shall be interpreted to mean that the contractor has failed to comply with the requirements of an approved plan of work in spite of a written warning or warnings from the Authority to the contractor to comply therewith.

14.   The Authority shall have its own budget. Until the end of the year following the year during which this Agreement enters into force, the administrative expenses of the Authority shall be met through the budget of the United Nations. Thereafter, the administrative expenses of the Authority shall be met by assessed contributions of its members, including any members on a provisional basis, in accordance with articles 171, subparagraph (a), and 173 of the Convention and this Agreement, until the Authority has sufficient funds from other sources to meet those expenses. The Authority shall not exercise the power referred to in article 174, paragraph 1, of the Convention to borrow funds to finance its administrative budget.

15.   The Authority shall elaborate and adopt, in accordance with article 162, paragraph 2(o)(ii), of the Convention, rules, regulations and procedures based on the principles contained in sections 2, 5, 6, 7 and 8 of this Annex, as well as any additional rules, regulations and procedures necessary to facilitate the approval of plans of work for exploration or exploitation, in accordance with the following subparagraphs:

(a)   The Council may undertake such elaboration any time it deems that all or any of such rules, regulations or procedures are required for the conduct of activities in the Area, or when it determines that commercial exploitation is imminent, or at the request of a State whose national intends to apply for approval of a plan of work for exploitation;

(b)   If a request is made by a State referred to in subparagraph (a) the Council shall, in accordance with article 162, para-graph 2(o), of the Convention, complete the adoption of such rules, regulations and procedures within two years of the request;

(c)   If the Council has not completed the elaboration of the rules, regulations and procedures relating to exploitation within the prescribed time and an application for approval of a plan of work for exploitation is pending, it shall none the less consider and provisionally

provisoirement ce plan de travail sur la base des dispositions de la Convention ainsi que des règles, règlements et procédures qu'il a pu adopter à titre provisoire, ou sur la base des normes énoncées dans la Convention ainsi que des conditions et principes figurant dans la présente annexe et du principe de la non-discrimination entre contractants.

16. Les projets de règles, règlements et procédures ainsi que toutes recommandations concernant les dispositions de la partie XI qui figurent dans les rapports et les recommandations de la Commission préparatoire sont pris en considération par l'Autorité lorsqu'elle adopte des règles, règlements et procédures conformément à la partie XI et au présent Accord.

17. Les dispositions pertinentes de la section 4 de la partie XI de la Convention sont interprétées et appliquées conformément au présent Accord.

Section 2. L'Entreprise

1. Le Secrétariat de l'Autorité s'acquitte des fonctions de l'Entreprise jusqu'à ce que celle-ci commence à fonctionner indépendamment du Secrétariat. Le Secrétaire général de l'Autorité nomme parmi le personnel de celle-ci un Directeur général par intérim pour superviser l'exercice de ces fonctions par le Secrétariat.

Il s'agit des fonctions suivantes :

a) Suivre et étudier les tendances et l'évolution touchant les activités d'exploitation des ressources des fonds marins, notamment en analysant régulièrement la situation du marché mondial des métaux ainsi que les cours des métaux et les tendances et les perspectives en la matière ;

b) Evaluer les résultats de la recherche scientifique marine relative aux activités menées dans la Zone, en mettant l'accent en particulier sur les recherches touchant l'impact sur l'environnement des activités menées dans la Zone ;

c) Evaluer les données disponibles concernant les activités de prospection et d'exploration, notamment les critères applicables auxdites activités ;

d) Evaluer les innovations technologiques intéressant les activités menées dans la Zone, et en particulier les techniques relatives à la protection et la préservation du milieu marin ;

e) Evaluer les informations et données relatives aux secteurs réservés à l'Autorité ;

approve such plan of work based on the provisions of the Convention and any rules, regulations and procedures that the Council may have adopted provisionally, or on the basis of the norms contained in the Convention and the terms and principles contained in this Annex as well as the principle of non-discrimination among contractors.

16. The draft rules, regulations and procedures and any recommendations relating to the provisions of Part XI, as contained in the reports and recommendations of the Preparatory Commission, shall be taken into account by the Authority in the adoption of rules, regulations and procedures in accordance with Part XI and this Agreement.

17. The relevant provisions of Part XI, section 4, of the Convention shall be interpreted and applied in accordance with this Agreement.

Section 2. The Enterprise

1. The Secretariat of the Authority shall perform the functions of the Enterprise until it begins to operate independently of the Secretariat. The Secretary-General of the Authority shall appoint from within the staff of the Authority an interim Director-General to oversee the performance of these functions by the Secretariat.

These functions shall be:

(a) Monitoring and review of trends and developments relating to deep seabed mining activities, including regular analysis of world metal market conditions and metal prices, trends and prospects;

(b) Assessment of the results of the conduct of marine scientific research with respect to activities in the Area, with particular emphasis on research related to the environmental impact of activities in the Area;

(c) Assessment of available data relating to prospecting and exploration, including the criteria for such activities;

(d) Assessment of technological developments relevant to activities in the Area, in particular technology relating to the protection and preservation of the marine environment;

(e) Evaluation of information and data relating to areas reserved for the Authority;

f)   Evaluer les approches en matière d'entreprises conjointes ;

g)   Rassembler des informations sur la disponibilité de main-d'œuvre qualifiée ;

h)   Etudier les politiques de gestion pouvant être appliquées à l'administration de l'Entreprise aux différentes étapes de ses opérations.

2.   L'Entreprise mène ses premières opérations d'exploitation des ressources des fonds marins dans le cadre d'entreprises conjointes. Lorsqu'un plan de travail relatif à l'exploitation présenté par une entité autre que l'Entreprise sera approuvé ou lorsque le Conseil recevra une demande pour une opération d'entreprise conjointe avec l'Entreprise, le Conseil examinera la question du fonctionnement de l'Entreprise indépendamment du Secrétariat de l'Autorité. S'il estime que les opérations d'entreprise conjointe sont conformes aux principes d'une saine gestion commerciale, le Conseil adopte une directive autorisant le fonctionnement indépendant de l'Entreprise, conformément à l'article 170, paragraphe 2 de la Convention.

3.   L'obligation des Etats Parties de financer un site minier de l'Entreprise prévu à l'annexe IV, article 11, paragraphe 3, de la Convention ne s'applique pas et les Etats Parties ne sont tenus de financer aucune opération sur un site minier de l'Entreprise ou dans le cadre de ses accords d'entreprise conjointe.

4.   Les obligations qui incombent aux contractants incombent à l'Entreprise. Nonobstant les dispositions de l'article 153, paragraphe 3, et de l'annexe III, article 3, paragraphe 5 de la Convention, tout plan de travail de l'Entreprise revêt, lorsqu'il est approuvé, la forme d'un contrat conclu entre l'Autorité et l'Entreprise.

5.   Le contractant ayant remis un secteur spécifique à l'Autorité en tant que secteur réservé a un droit de priorité pour conclure avec l'Entreprise un accord d'entreprise conjointe en vue de l'exploration et de l'exploitation dudit secteur. Si, dans les 15 ans qui suivent la date à laquelle elle aura commencé à fonctionner indépendamment du Secrétariat de l'Autorité ou dans les 15 ans de la date à laquelle ledit secteur a été réservé à l'Autorité, si cette date est plus tardive, l'Entreprise ne présente pas de demande d'approbation d'un plan de travail en vue d'activités dans ce secteur réservé, le contractant ayant remis ledit secteur peut présenter une demande d'approbation d'un plan de travail pour ce secteur, à charge pour lui d'offrir de bonne foi d'associer l'Entreprise à ses activités dans le cadre d'une entreprise conjointe.

(f)   Assessment of approaches to joint-venture operations;

(g)   Collection of information on the availability of trained manpower;

(h)   Study of managerial policy options for the administration of the Enterprise at different stages of its operations.

2.   The Enterprise shall conduct its initial deep seabed mining operations through joint ventures. Upon the approval of a plan of work for exploitation for an entity other than the Enterprise, or upon receipt by the Council of an application for a joint-venture operation with the Enterprise, the Council shall take up the issue of the functioning of the Enterprise independently of the Secretariat of the Authority. If joint-venture operations with the Enterprise accord with sound commercial principles, the Council shall issue a directive pursuant to article 170, paragraph 2, of the Convention providing for such independent functioning.

3.   The obligation of States Parties to fund one mine site of the Enterprise as provided for in Annex IV, article 11, paragraph 3, of the Convention shall not apply and States Parties shall be under no obligation to finance any of the operations in any mine site of the Enterprise or under its joint-venture arrangements.

4.   The obligations applicable to contractors shall apply to the Enterprise. Notwithstanding the provisions of article 153, paragraph 3, and Annex III, article 3, paragraph 5, of the Convention, a plan of work for the Enterprise upon its approval shall be in the form of a contract concluded between the Authority and the Enterprise.

5.   A contractor which has contributed a particular area to the Authority as a reserved area has the right of first refusal to enter into a joint-venture arrangement with the Enterprise for exploration and exploitation of that area. If the Enterprise does not submit an application for a plan of work for activities in respect of such a reserved area within 15 years of the commencement of its functions independent of the Secretariat of the Authority or within 15 years of the date on which that area is reserved for the Authority, whichever is the later, the contractor which contributed the area shall be entitled to apply for a plan of work for that area provided it offers in good faith to include the Enterprise as a joint-venture partner.

6.   L'article 170, paragraphe 4, l'annexe IV et les autres dispositions de la Convention relatives à l'Entreprise sont interprétés et appliqués conformément à la présente section.

Section 3. Prise de décisions

1.   Les politiques générales de l'Autorité sont arrêtées par l'Assemblée en collaboration avec le Conseil.

2.   En règle générale, les organes de l'Autorité s'efforcent de prendre leurs décisions par consensus.

3.   Si tous les efforts pour aboutir à une décision par consensus ont été épuisés, les décisions mises aux voix à l'Assemblée sur les questions de procédure sont prises à la majorité des membres présents et votants, et celles sur les questions de fond à la majorité des deux tiers des membres présents et votants, comme prévu à l'article 159, paragraphe 8 de la Convention.

4.   Les décisions de l'Assemblée sur toute question qui relève également de la compétence du Conseil ou sur toute question administrative, budgétaire ou financière sont fondées sur les recommandations du Conseil. Si l'Assemblée n'accepte pas la recommandation du Conseil sur une question quelconque, elle renvoie celle-ci au Conseil pour un nouvel examen. Le Conseil réexamine la question à la lumière des vues exprimées par l'Assemblée.

5.   Si tous les efforts pour aboutir à une décision par consensus ont été épuisés, les décisions mises aux voix au Conseil sur les questions de procédure sont prises à la majorité des membres présents et votants, et celles sur les questions de fond, sauf lorsque la Convention dispose que le Conseil doit décider par consensus, à la majorité des deux tiers des membres présents et votants, à condition que ces décisions ne suscitent pas l'opposition de la majorité au sein de l'une quelconque des chambres mentionnées au paragraphe 9. Lorsqu'il prend des décisions, le Conseil s'attache à promouvoir les intérêts de tous les membres de l'Autorité.

6.   Le Conseil peut décider de surseoir à une décision pour faciliter la poursuite des négociations chaque fois qu'il apparaît que tous les efforts pour aboutir à un consensus sur une question n'ont pas été épuisés.

7.   Les décisions de l'Assemblée ou du Conseil qui ont des incidences financières ou budgétaires sont fondées sur les recommandations de la Commission des finances.

8.   Les dispositions de l'article 161, paragraphe 8, lettres b) et c) de la Convention ne sont pas applicables.

6.   Article 170, paragraph 4, Annex IV and other provisions of the Convention relating to the Enterprise shall be interpreted and applied in accordance with this section.

Section 3. Decision-Making

1.   The general policies of the Authority shall be established by the Assembly in collaboration with the Council.

2.   As a general rule, decision-making in the organs of the Authority should be by consensus.

3.   If all efforts to reach a decision by consensus have been exhausted, decisions by voting in the Assembly on questions of procedure shall be taken by a majority of members present and voting, and decisions on questions of substance shall be taken by a two-thirds majority of members present and voting, as provided for in article 159, paragraph 8, of the Convention.

4.   Decisions of the Assembly on any matter for which the Council also has competence or on any administrative, budgetary or financial matter shall be based on the recommendations of the Council. If the Assembly does not accept the recommendation of the Council on any matter, it shall return the matter to the Council for further consideration. The Council shall reconsider the matter in the light of the views expressed by the Assembly.

5.   If all efforts to reach a decision by consensus have been exhausted, decisions by voting in the Council on questions of procedure shall be taken by a majority of members present and voting, and decisions on questions of substance, except where the Convention provides for decisions by consensus in the Council, shall be taken by a two-thirds majority of members present and voting, provided that such decisions are not opposed by a majority in any one of the chambers referred to in paragraph 9. In taking decisions the Council shall seek to promote the interests of all the members of the Authority.

6.   The Council may defer the taking of a decision in order to facilitate further negotiation whenever it appears that all efforts at achieving consensus on a question have not been exhausted.

7.   Decisions by the Assembly or the Council having financial or budgetary implications shall be based on the recommendations of the Finance Committee.

8.   The provisions of article 161, paragraph 8(b) and (c), of the Convention shall not apply.

9. a) Chaque groupe d'Etats élus conformément au paragraphe 15, alinéas a) à c) est considéré comme une chambre pour les votes au Conseil. Les Etats en développement élus conformément au paragraphe 15, alinéas d) et e) sont considérés comme une seule chambre pour les votes au Conseil.

    b) Avant d'élire les membres du Conseil, l'Assemblée établit des listes de pays répondant aux critères d'appartenance aux groupes d'Etats visés aux alinéas a) à d) du paragraphe 15. Si un Etat répond aux critères d'appartenance de plus d'un groupe, il ne peut être présenté que par un groupe pour les élections au Conseil et ne représente que ce groupe lors des votes au Conseil.

10. Chacun des groupes d'Etats visés au paragraphe 15, alinéas a) à d), est représenté au Conseil par les membres dont il a présenté la candidature. Chaque groupe ne peut présenter qu'autant de candidats qu'il doit pourvoir de sièges. En règle générale, le principe de la rotation s'applique lorsque le nombre de candidats potentiels dans chacun des groupes visés au paragraphe 15, alinéas a) à e) dépasse le nombre de sièges à pourvoir dans le même groupe. Les Etats appartenant à ces groupes déterminent comment ce principe s'applique dans leurs groupes respectifs.

11. a) Le Conseil approuve toute recommandation de la Commission juridique et technique favorable à l'approbation d'un plan de travail sauf s'il décide de rejeter celui-ci à la majorité des deux tiers de ses membres présents et votants, dont la majorité des membres présents et votants au sein de chacune de ses chambres. Si le Conseil ne statue pas dans le délai prescrit sur une recommandation favorable à l'approbation d'un plan de travail, cette recommandation est réputée approuvée par le Conseil à l'expiration dudit délai. Le délai prescrit est normalement de 60 jours, à moins que le Conseil ne fixe un délai plus long. Si la Commission recommande le rejet d'un plan de travail ou ne fait pas de recommandation, le Conseil peut néanmoins approuver le plan de travail conformément aux dispositions de son règlement intérieur régissant la prise de décisions sur les questions de fond.

    b) Les dispositions de l'article 162, paragraphe 2, lettre j) de la Convention ne sont pas applicables.

12. Tout différend qui pourrait surgir concernant le rejet d'un plan de travail est soumis aux procédures de règlement des différends prévues dans la Convention.

13. Les décisions mises aux voix à la Commission juridique et technique sont prises à la majorité des membres présents et votants.

9.   (a) Each group of States elected under paragraph 15(a) to (c) shall be treated as a chamber for the purposes of voting in the Council. The developing States elected under paragraph 15(d) and (e) shall be treated as a single chamber for the purposes of voting in the Council.

     (b) Before electing the members of the Council, the Assembly shall establish lists of countries fulfilling the criteria for membership in the groups of States in paragraph 15(a) to (d). If a State fulfils the criteria for membership in more than one group, it may only be proposed by one group for election to the Council and it shall represent only that group in voting in the Council.

10. Each group of States in paragraph 15(a) to (d) shall be represented in the Council by those members nominated by that group. Each group shall nominate only as many candidates as the number of seats required to be filled by that group. When the number of potential candidates in each of the groups referred to in paragraph 15(a) to (e) exceeds the number of seats available in each of those respective groups, as a general rule, the principle of rotation shall apply. States members of each of those groups shall determine how this principle shall apply in those groups.

11. (a) The Council shall approve a recommendation by the Legal and Technical Commission for approval of a plan of work unless by a two-thirds majority of its members present and voting, including a majority of members present and voting in each of the chambers of the Council, the Council decides to disapprove a plan of work. If the Council does not take a decision on a recommendation for approval of a plan of work within a prescribed period, the recommendation shall be deemed to have been approved by the Council at the end of that period. The prescribed period shall normally be 60 days unless the Council decides to provide for a longer period. If the Commission recommends the disapproval of a plan of work or does not make a recommendation, the Council may nevertheless approve the plan of work in accordance with its rules of procedure for decision-making on questions of substance.

     (b) The provisions of article 162, paragraph 2(j), of the Convention shall not apply.

12. Where a dispute arises relating to the disapproval of a plan of work, such dispute shall be submitted to the dispute settlement procedures set out in the Convention.

13. Decisions by voting in the Legal and Technical Commission shall be by a majority of members present and voting.

14. Les sous-sections B et C de la section 4 de la partie XI de la Convention sont interprétées et appliquées conformément à la présente section.

15. Le Conseil se compose de 36 membres de l'Autorité, élus par l'Assemblée dans l'ordre suivant :

    a)   Quatre membres choisis parmi les Etats Parties dont la consommation ou les importations nettes de produits de base relevant des catégories de minéraux devant être extraits de la Zone ont dépassé, au cours des cinq dernières années pour lesquelles il existe des statistiques, plus de 2 p. 100 en valeur du total mondial de la consommation ou des importations de ces produits de base, à condition que, parmi les quatre membres, figurent un Etat de la région de l'Europe orientale qui a l'économie la plus importante de la région en termes de produit intérieur brut et l'Etat qui, au moment de l'entrée en vigueur de la Convention, a l'économie la plus importante en termes de produit intérieur brut, si lesdits Etats souhaitent être représentés dans ce groupe ;

    b)   Quatre membres choisis parmi les huit Etats Parties qui ont effectué, directement ou par l'intermédiaire de leurs ressortissants, les plus gros investissements pour la préparation et la réalisation d'activités menées dans la Zone ;

    c)   Quatre membres choisis parmi les Etats Parties qui, sur la base de la production provenant des zones soumises à leur juridiction, sont parmi les principaux exportateurs nets des catégories de minéraux devant être extraits de la Zone, dont au moins deux Etats en développement dont l'économie est fortement tributaire de leurs exportations de ces minéraux ;

    d)   Six membres choisis parmi les Etats Parties en développement et représentant des intérêts particuliers. Les intérêts particuliers devant être représentés comprennent ceux des Etats à populations nombreuses, des Etats sans littoral ou géographiquement désavantagés, des Etats insulaires, des Etats qui figurent parmi les principaux importateurs des catégories de minéraux devant être extraits de la Zone, des Etats potentiellement producteurs de tels minéraux et des Etats les moins avancés ;

    e)   Dix-huit membres élus suivant le principe d'une répartition géographique équitable de l'ensemble des sièges du Conseil, étant entendu qu'au moins un membre par région géographique est élu membre en application de la présente disposition. A cette fin, les régions géographiques sont : l'Afrique, l'Amérique latine et les Caraïbes, l'Asie, l'Europe orientale ainsi que l'Europe occidentale et autres Etats.

14. Part XI, section 4, subsections B and C, of the Convention shall be interpreted and applied in accordance with this section.

15. The Council shall consist of 36 members of the Authority elected by the Assembly in the following order:

   (a) Four members from among those States Parties which, during the last five years for which statistics are available, have either consumed more than 2 per cent in value terms of total world consumption or have had net imports of more than 2 per cent in value terms of total world imports of the commodities produced from the categories of minerals to be derived from the Area, provided that the four members shall include one State from the Eastern European region having the largest economy in that region in terms of gross domestic product and the State, on the date of entry into force of the Convention, having the largest economy in terms of gross domestic product, if such States wish to be represented in this group;

   (b) Four members from among the eight States Parties which have made the largest investments in preparation for and in the conduct of activities in the Area, either directly or through their nationals;

   (c) Four members from among States Parties which, on the basis of production in areas under their jurisdiction, are major net exporters of the categories of minerals to be derived from the Area, including at least two developing States whose exports of such minerals have a substantial bearing upon their economies;

   (d) Six members from among developing States Parties, representing special interests. The special interests to be represented shall include those of States with large populations, States which are land-locked or geographically disadvantaged, island States, States which are major importers of the categories of minerals to be derived from the Area, States which are potential producers of such minerals and least developed States;

   (e) Eighteen members elected according to the principle of ensuring an equitable geographical distribution of seats in the Council as a whole, provided that each geographical region shall have at least one member elected under this subparagraph. For this purpose, the geographical regions shall be Africa, Asia, Eastern Europe, Latin America and the Caribbean and Western Europe and Others.

16.   Les dispositions de l'article 161, paragraphe 1 de la Convention ne sont pas applicables.

Section 4. Conférence de révision

Les dispositions relatives à la Conférence de révision figurant à l'article 155, paragraphes 1, 3 et 4 de la Convention ne sont pas applicables. Nonobstant les dispositions de l'article 314, paragraphe 2 de la Convention, l'Assemblée peut à tout moment, sur la recommandation du Conseil, entreprendre un examen des questions visées à l'article 155, paragraphe 1 de la Convention. Les amendements relatifs au présent Accord et à la partie XI sont soumis aux procédures prévues aux articles 314, 315 et 316 de la Convention, étant entendu que les principes, régime et autres dispositions visés à l'article 155, paragraphe 2 de la Convention doivent être maintenus et que les droits visés au paragraphe 5 dudit article ne doivent pas être affectés.

Section 5. Transfert des techniques

1.   Le transfert des techniques, aux fins de la partie XI, est régi par les dispositions de l'article 144 de la Convention et par les principes suivants :

a)   L'Entreprise et les Etats en développement désireux d'obtenir des techniques d'exploitation minière des fonds marins s'efforcent de les obtenir selon des modalités et à des conditions commerciales justes et raisonnables sur le marché libre, ou par le biais d'accords d'entreprise conjointe ;

b)   Si l'Entreprise ou les Etats en développement ne peuvent obtenir de techniques d'exploitation minière des fonds marins, l'Autorité peut prier les contractants, ainsi que l'Etat ou les Etats qui les ont patronnés, à coopérer avec elle pour permettre à l'Entreprise, à son entreprise conjointe ou à un ou plusieurs Etats en développement désireux d'acquérir ces techniques de les acquérir plus facilement selon des modalités et à des conditions commerciales justes et raisonnables, compatibles avec la protection effective des droits de propriété intellectuelle. Les Etats Parties s'engagent à coopérer pleinement et efficacement avec l'Autorité à cette fin et à faire en sorte que les contractants qu'ils patronnent coopèrent eux aussi pleinement avec l'Autorité ;

16.   The provisions of article 161, paragraph 1, of the Convention shall not apply.

Section 4. Review Conference

The provisions relating to the Review Conference in article 155, paragraphs 1, 3 and 4, of the Convention shall not apply. Notwithstanding the provisions of article 314, paragraph 2, of the Convention, the Assembly, on the recommendation of the Council, may undertake at any time a review of the matters referred to in article 155, paragraph 1, of the Convention. Amendments relating to this Agreement and Part XI shall be subject to the procedures contained in articles 314, 315 and 316 of the Convention, provided that the principles, regime and other terms referred to in article 155, paragraph 2, of the Convention shall be maintained and the rights referred to in paragraph 5 of that article shall not be affected.

Section 5. Transfer of Technology

1.   In addition to the provisions of article 144 of the Convention, transfer of technology for the purposes of Part XI shall be governed by the following principles:

(a)   The Enterprise, and developing States wishing to obtain deep seabed mining technology, shall seek to obtain such technology on fair and reasonable commercial terms and conditions on the open market, or through joint-venture arrangements;

(b)   If the Enterprise or developing States are unable to obtain deep seabed mining technology, the Authority may request all or any of the contractors and their respective sponsoring State or States to cooperate with it in facilitating the acquisition of deep seabed mining technology by the Enterprise or its joint venture, or by a developing State or States seeking to acquire such technology on fair and reasonable commercial terms and conditions, consistent with the effective protection of intellectual property rights. States Parties undertake to cooperate fully and effectively with the Authority for this purpose and to ensure that contractors sponsored by them also cooperate fully with the Authority;

c)   En règle générale, les Etats Parties s'emploient à promouvoir la coopération scientifique et technique internationale en ce qui concerne les activités menées dans la Zone soit entre les parties intéressées, soit en élaborant des programmes de formation, d'assistance technique et de coopération scientifique en matière de sciences et techniques marines et dans le domaine de la protection et de la préservation du milieu marin.

2.   Les dispositions de l'article 5 de l'annexe III de la Convention ne sont pas applicables.

Section 6. Politique en matière de production

1.   La politique de l'Autorité en matière de production est fondée sur les principes suivants :

a)   La mise en valeur des ressources de la Zone doit se faire conformément aux principes d'une saine gestion commerciale ;

b)   Les dispositions de l'Accord général sur les tarifs douaniers et le commerce, ses codes pertinents et les accords destinés à leur succéder ou à les remplacer s'appliquent s'agissant des activités menées dans la Zone ;

c)   En particulier, les activités menées dans la Zone ne sont pas subventionnées, sauf dans la mesure où les accords visés à l'alinéa b) l'autorisent. Aux fins des présents principes, les subventions sont définies comme dans les accords visés à l'alinéa b);

d)   Il n'est pas fait de discrimination entre les minéraux extraits de la Zone et ceux provenant d'autres sources. Ces minéraux et les importations de produits de base obtenus à partir de ces minéraux ne bénéficient d'aucun accès préférentiel aux marchés, en particulier :

   i)   par l'utilisation de barrières tarifaires on non tarifaires ; et

   ii)   par l'octroi par les Etats Parties d'un traitement préférentiel à ces minéraux ou aux produits de base obtenus à partir de ces minéraux par leurs entreprises d'Etat ou par des personnes physiques ou morales qui ont leur nationalité ou qui sont contrôlées par eux ou leurs ressortissants ;

e)   Le plan de travail approuvé par l'Autorité pour l'exploitation de chaque secteur minier comprend un calendrier de production qui indique les quantités maximales de minéraux qui seraient extraites chaque année en application de ce plan ;

(c)   As a general rule, States Parties shall promote international technical and scientific cooperation with regard to activities in the Area
either between the parties concerned or by developing training,
technical assistance and scientific cooperation programmes in
marine science and technology and the protection and preservation of the marine environment.

2.   The provisions of Annex III, article 5, of the Convention shall not apply.

Section 6. Production Policy

1.   The production policy of the Authority shall be based on the following
principles:

(a)   Development of the resources of the Area shall take place in accordance with sound commercial principles;

(b)   The provisions of the General Agreement on Tariffs and Trade, its
relevant codes and successor or superseding agreements shall apply
with respect to activities in the Area;

(c)   In particular, there shall be no subsidization of activities in the Area
except as may be permitted under the agreements referred to in
subparagraph (b). Subsidization for the purpose of these principles
shall be defined in terms of the agreements referred to in subparagraph (b);

(d)   There shall be no discrimination between minerals derived from
the Area and from other sources. There shall be no preferential
access to markets for such minerals or for imports of commodities
produced from such minerals, in particular:

(i)   By the use of tariff or non-tariff barriers; and

(ii)   Given by States Parties to such minerals or commodities produced by their state enterprises or by natural or juridical persons which possess their nationality or are controlled by them
or their nationals;

(e)   The plan of work for exploitation approved by the Authority in
respect of each mining area shall indicate an anticipated production
schedule which shall include the estimated maximum amounts of
minerals that would be produced per year under the plan of work;

f)   Les différends concernant les dispositions des accords visés à l'alinéa b) sont réglés comme suit :

    i)   Si les Etats Parties concernés sont parties auxdits accords, ils ont recours aux procédures de règlement des différends qui y sont prévues ;

    ii)   Si un ou plusieurs des Etats Parties concernés ne sont pas parties auxdits accords, ils ont recours aux procédures de règlement des différends prévues dans la Convention ;

g)   Lorsqu'il est établi, en vertu des accords visés à l'alinéa b), qu'un Etat Partie a accordé des subventions qui sont interdites ou qui ont eu pour effet de léser les intérêts d'un autre Etat Partie et que l'Etat Partie ou les Etats Parties intéressés n'ont pas adopté les mesures adéquates, tout Etat Partie peut demander au Conseil de prendre des mesures appropriées.

2.   Les principes énoncés au paragraphe 1 n'affectent pas les droits et obligations découlant des dispositions des accords visés à l'alinéa b) du paragraphe 1, ou des accords de libre-échange ou d'union douanière pertinents, dans les relations entre Etats Parties qui sont parties auxdits accords.

3.   L'acceptation par un contractant de subventions autres que celles qui peuvent être autorisées par les accords visés à l'alinéa b) du paragraphe 1 constitue une violation des clauses fondamentales du contrat constituant un plan de travail pour l'exécution d'activités dans la Zone.

4.   Tout Etat Partie qui a des raisons de croire que les dispositions des alinéas b) à d) du paragraphe 1 ou du paragraphe 3 ont été enfreintes peut engager des procédures de règlement des différends conformément aux alinéas f) ou g) du paragraphe 1.

5.   Les Etats Parties peuvent à tout moment porter à l'attention du Conseil des activités qu'ils jugent incompatibles avec les dispositions des alinéas b) à d) du paragraphe 1.

6.   L'Autorité élabore des règles, règlements et procédures propres à assurer l'application des dispositions de la présente section, et notamment des règles, règlements et procédures régissant l'approbation des plans de travail.

7.   Les dispositions de l'article 151, paragraphes 1 à 7, et paragraphe 9, de l'article 162, paragraphe 2, lettre q), de l'article 165, paragraphe 2, lettre n), ainsi que de l'article 6, paragraphe 5, et de l'article 7 de l'annexe III de la Convention ne sont pas applicables.

(f)   The following shall apply to the settlement of disputes concerning the provisions of the agreements referred to in subparagraph (b):

  (i)   Where the States Parties concerned are parties to such agreements, they shall have recourse to the dispute settlement procedures of those agreements;

  (ii)   Where one or more of the States Parties concerned are not parties to such agreements, they shall have recourse to the dispute settlement procedures set out in the Convention;

(g)   In circumstances where a determination is made under the agreements referred to in subparagraph (b) that a State Party has engaged in subsidization which is prohibited or has resulted in adverse effects on the interests of another State Party and appropriate steps have not been taken by the relevant State Party or States Parties, a State Party may request the Council to take appropriate measures.

2.   The principles contained in paragraph 1 shall not affect the rights and obligations under any provision of the agreements referred to in paragraph 1(b), as well as the relevant free trade and customs union agreements, in relations between States Parties which are parties to such agreements.

3.   The acceptance by a contractor of subsidies other than those which may be permitted under the agreements referred to in paragraph 1(b) shall constitute a violation of the fundamental terms of the contract forming a plan of work for the carrying out of activities in the Area.

4.   Any State Party which has reason to believe that there has been a breach of the requirements of paragraphs 1(b) to (d) or 3 may initiate dispute settlement procedures in conformity with paragraph 1(f) or (g).

5.   A State Party may at any time bring to the attention of the Council activities which in its view are inconsistent with the requirements of paragraph 1(b) to (d).

6.   The Authority shall develop rules, regulations and procedures which ensure the implementation of the provisions of this section, including relevant rules, regulations and procedures governing the approval of plans of work.

7.   The provisions of article 151, paragraphs 1 to 7 and 9, article 162, paragraph 2(q), article 165, paragraph 2(n), and Annex III, article 6, paragraph 5, and article 7, of the Convention shall not apply.

Section 7. Assistance économique

1.   La politique mise en œuvre par l'Autorité pour venir en aide aux pays en développement dont l'économie et les recettes d'exportation se ressentent gravement des effets défavorables d'une baisse du cours d'un minéral figurant parmi ceux extraits de la Zone ou d'une réduction du volume de leurs exportations de ce minéral, pour autant que cette baisse ou réduction est due à des activités menées dans la Zone, est fondée sur les principes suivants :

a)   L'Autorité établit un fonds d'assistance économique avec la part de ses ressources qui dépasse le montant nécessaire pour couvrir ses dépenses d'administration. Le montant réservé à cette fin est périodiquement déterminé par le Conseil sur la recommandation de la Commission des finances. Seuls les fonds reçus en paiement des contractants, y compris l'Entreprise, et les contributions volontaires peuvent être utilisés pour établir ce fonds d'assistance économique ;

b)   Les Etats en développement producteurs terrestres dont il a été établi que l'économie a été gravement affectée par la production de minéraux de fonds marins bénéficient de l'assistance du fonds d'assistance économique de l'Autorité ;

c)   Au moyen de ce fonds, l'Autorité fournit une assistance aux Etats en développement producteurs terrestres affectés, le cas échéant en coopération avec les institutions mondiales ou régionales de développement existantes qui disposent de l'infrastructure et des compétences requises pour mener à bien de tels programmes d'assistance ;

d)   L'étendue et la durée de cette assistance sont déterminées au cas par cas. Ce faisant, il est tenu dûment compte de la nature et de l'ampleur des problèmes rencontrés par les Etats en développement producteurs terrestres affectés.

2.   Il est donné effet à l'article 151, paragraphe 10 de la Convention au moyen des mesures d'assistance économique prévues au paragraphe 1. L'article 160, paragraphe 2, lettre l), l'article 162, paragraphe 2, lettre n), l'article 164, paragraphe 2, lettre d), l'article 171, lettre f) et l'article 173, paragraphe 2, lettre c) de la Convention sont interprétés en conséquence.

Section 7. Economic Assistance

1. The policy of the Authority of assisting developing countries which suffer serious adverse effects on their export earnings or economies resulting from a reduction in the price of an affected mineral or in the volume of exports of that mineral, to the extent that such reduction is caused by activities in the Area, shall be based on the following principles:

    (a) The Authority shall establish an economic assistance fund from a portion of the funds of the Authority which exceeds those necessary to cover the administrative expenses of the Authority. The amount set aside for this purpose shall be determined by the Council from time to time, upon the recommendation of the Finance Committee. Only funds from payments received from contractors, including the Enterprise, and voluntary contributions shall be used for the establishment of the economic assistance fund;

    (b) Developing land-based producer States whose economies have been determined to be seriously affected by the production of minerals from the deep seabed shall be assisted from the economic assistance fund of the Authority;

    (c) The Authority shall provide assistance from the fund to affected developing land-based producer States, where appropriate, in cooperation with existing global or regional development institutions which have the infrastructure and expertise to carry out such assistance programmes;

    (d) The extent and period of such assistance shall be determined on a case-by-case basis. In doing so, due consideration shall be given to the nature and magnitude of the problems encountered by affected developing land-based producer States.

2. Article 151, paragraph 10, of the Convention shall be implemented by means of measures of economic assistance referred to in paragraph 1. Article 160, paragraph 2(l), article 162, paragraph 2(n), article 164, paragraph 2(d), article 171, subparagraph (f), and article 173, paragraph 2(c), of the Convention shall be interpreted accordingly.

Section 8. Clauses financières des contrats

1. Les principes suivants servent de base à l'établissement des règles, règlements et procédures relatifs aux clauses financières des contrats :

   a) Le système de paiements à l'Autorité doit être équitable tant pour le contractant que pour l'Autorité et prévoir des moyens adéquats pour déterminer que le contractant s'y conforme ;

   b) Les taux des paiements appliqués dans le cadre de ce système doivent être comparables à ceux en vigueur en ce qui concerne la production terrestre des mêmes minéraux ou de minéraux similaires afin d'éviter de donner aux producteurs de minéraux extraits des fonds marins un avantage artificiel ou de leur imposer un désavantage, au regard de la concurrence ;

   c) Le système ne devrait pas être compliqué ni imposer de lourdes dépenses d'administration à l'Autorité ou aux contractants. L'adoption d'un système de redevances ou d'un système associant redevances et partage des bénéfices devrait être envisagée. S'il est établi différents systèmes, le contractant a le droit de choisir le système applicable à son contrat. Tout changement ultérieur dans le choix du système exige néanmoins un accord entre l'Autorité et le contractant ;

   d) Un droit annuel fixe est payable dès le démarrage de la production commerciale. Ce droit peut être déduit des autres paiements dus en application du système adopté conformément à l'alinéa c). Le montant de ce droit est fixé par le Conseil ;

   e) Le système de paiements peut être révisé périodiquement compte tenu des changements de circonstances. Toute modification est appliquée de façon non discriminatoire. Elle ne peut s'appliquer aux contrats existants que si le contractant le souhaite. Tout changement ultérieur dans le choix entre les systèmes exige un accord entre l'Autorité et le contractant ;

   f) Les différends concernant l'interprétation ou l'application des règles et règlements fondés sur les présents principes sont soumis aux procédures de règlement des différends prévues dans la Convention.

2. Les dispositions de l'article 13, paragraphes 3 à 10 de l'annexe III de la Convention ne sont pas applicables.

Section 8. Financial Terms of Contracts

1. The following principles shall provide the basis for establishing rules, regulations and procedures for financial terms of contracts:

    (a) The system of payments to the Authority shall be fair both to the contractor and to the Authority and shall provide adequate means of determining compliance by the contractor with such system;

    (b) The rates of payments under the system shall be within the range of those prevailing in respect of land-based mining of the same or similar minerals in order to avoid giving deep seabed miners an artificial competitive advantage or imposing on them a competitive disadvantage;

    (c) The system should not be complicated and should not impose major administrative costs on the Authority or on a contractor. Consideration should be given to the adoption of a royalty system or a combination of a royalty and profit-sharing system. If alternative systems are decided upon, the contractor has the right to choose the system applicable to its contract. Any subsequent change in choice between alternative systems, however, shall be made by agreement between the Authority and the contractor;

    (d) An annual fixed fee shall be payable from the date of commencement of commercial production. This fee may be credited against other payments due under the system adopted in accordance with subparagraph (c). The amount of the fee shall be established by the Council;

    (e) The system of payments may be revised periodically in the light of changing circumstances. Any changes shall be applied in a non-discriminatory manner. Such changes may apply to existing contracts only at the election of the contractor. Any subsequent change in choice between alternative systems shall be made by agreement between the Authority and the contractor;

    (f) Disputes concerning the interpretation or application of the rules and regulations based on these principles shall be subject to the dispute settlement procedures set out in the Convention.

2. The provisions of Annex III, article 13, paragraphs 3 to 10, of the Convention shall not apply.

3. En ce qui concerne l'application de l'article 13, paragraphe 2 de l'annexe III de la Convention, le droit à acquitter pour l'étude des demandes d'approbation d'un plan de travail limité à une seule phase, qu'il s'agisse de l'exploration ou de l'exploitation, est de 250 000 dollars des Etats-Unis.

Section 9. La Commission des finances

1. Il est constitué une Commission des finances composée de 15 membres ayant les qualifications voulues en matière financière. Les candidats proposés par les Etats Parties doivent posséder les plus hautes qualités de compétence et d'intégrité.

2. La Commission des finances ne peut comprendre plus d'un ressortissant du même Etat Partie.

3. Les membres de la Commission des finances sont élus par l'Assemblée compte dûment tenu de la nécessité d'assurer une répartition géographique équitable ainsi que la représentation des intérêts spéciaux. Chacun des groupes d'Etats visés à la section 3, paragraphe 15, alinéas a), b), c) et d) de la présente annexe est représenté à la Commission des finances par au moins un membre. Jusqu'à ce que l'Autorité dispose de ressources suffisantes provenant de sources autres que les contributions pour faire face à ses dépenses d'administration, la Commission doit comprendre un représentant de chacun des cinq Etats versant les contributions les plus importantes au budget d'administration de l'Autorité. Par la suite, l'élection d'un membre de chaque groupe se fait sur la base des candidatures présentées par les membres de ce groupe, sans préjudice de la possibilité que d'autres membres de chaque groupe soient élus.

4. Les membres de la Commission des finances sont élus pour cinq ans et sont rééligibles une fois.

5. En cas de décès, d'empêchement ou de démission d'un membre de la Commission des finances avant l'expiration de son mandat, l'Assemblée élit pour achever le terme du mandat un membre appartenant à la même région géographique ou au même groupe d'Etats.

6. Les membres de la Commission des finances ne doivent avoir d'intérêt financier dans quelque activité que ce soit liée à des questions à propos desquelles la Commission doit formuler des recommandations. Même après que leurs fonctions ont pris fin, ils ne divulguent aucune information confidentielle dont ils ont eu connaissance en raison des fonctions qu'ils ont accomplies au service de l'Autorité.

3. With regard to the implementation of Annex III, article 13, paragraph 2, of the Convention, the fee for processing applications for approval of a plan of work limited to one phase, either the exploration phase or the exploitation phase, shall be US$ 250,000.

Section 9. The Finance Committee

1. There is hereby established a Finance Committee. The Committee shall be composed of 15 members with appropriate qualifications relevant to financial matters. States Parties shall nominate candidates of the highest standards of competence and integrity.

2. No two members of the Finance Committee shall be nationals of the same State Party.

3. Members of the Finance Committee shall be elected by the Assembly and due account shall be taken of the need for equitable geographical distribution and the representation of special interests. Each group of States referred to in section 3, paragraph 15(a), (b), (c) and (d), of this Annex shall be represented on the Committee by at least one member. Until the Authority has sufficient funds other than assessed contributions to meet its administrative expenses, the membership of the Committee shall include representatives of the five largest financial contributors to the administrative budget of the Authority. Thereafter, the election of one member from each group shall be on the basis of nomination by the members of the respective group, without prejudice to the possibility of further members being elected from each group.

4. Members of the Finance Committee shall hold office for a term of five years. They shall be eligible for re-election for a further term.

5. In the event of the death, incapacity or resignation of a member of the Finance Committee prior to the expiration of the term of office, the Assembly shall elect for the remainder of the term a member from the same geographical region or group of States.

6. Members of the Finance Committee shall have no financial interest in any activity relating to matters upon which the Committee has the responsibility to make recommendations. They shall not disclose, even after the termination of their functions, any confidential information coming to their knowledge by reason of their duties for the Authority.

7. L'Assemblée et le Conseil tiennent compte des recommandations de la Commission des finances lorsqu'ils prennent des décisions sur les questions ci-après :

    a) Les projets de règles, règlements et procédures applicables en matière financière aux organes de l'Autorité ainsi que la gestion financière et l'administration financière interne de l'Autorité ;

    b) Le calcul des contributions des membres au budget d'administration de l'Autorité conformément à l'article 160, paragraphe 2, lettre e) de la Convention ;

    c) Toutes les questions financières pertinentes, y compris le projet de budget annuel établi par le Secrétaire général de l'Autorité conformément à l'article 172 de la Convention, ainsi que les aspects financiers de l'exécution des programmes de travail du Secrétariat ;

    d) Le budget d'administration ;

    e) Les obligations financières découlant pour les Etats Parties de l'application du présent Accord et de la partie XI ainsi que les incidences administratives et budgétaires des propositions et des recommandations entraînant des dépenses devant être financées au moyen des ressources de l'Autorité ;

    f) Les règles, règlements et procédures applicables au partage équitable des avantages financiers et autres avantages économiques tirés des activités menées dans la Zone ainsi que les décisions à prendre à ce sujet.

8. Les décisions de la Commission des finances sur les questions de procédure sont prises à la majorité des membres présents et votants. Les décisions sur les questions de fond sont prises par consensus.

9. Les dispositions de l'article 162, paragraphe 2, lettre y) de la Convention prévoyant la création d'un organe subsidiaire chargé des questions financières sont réputées avoir reçu effet par la création de la Commission des finances conformément à la présente section.

7. Decisions by the Assembly and the Council on the following issues shall take into account recommendations of the Finance Committee:

(a) Draft financial rules, regulations and procedures of the organs of the Authority and the financial management and internal financial administration of the Authority;

(b) Assessment of contributions of members to the administrative budget of the Authority in accordance with article 160, paragraph 2(e), of the Convention;

(c) All relevant financial matters, including the proposed annual budget prepared by the Secretary-General of the Authority in accordance with article 172 of the Convention and the financial aspects of the implementation of the programmes of work of the Secretariat;

(d) The administrative budget;

(e) Financial obligations of States Parties arising from the implementation of this Agreement and Part XI as well as the administrative and budgetary implications of proposals and recommendations involving expenditure from the funds of the Authority;

(f) Rules, regulations and procedures on the equitable sharing of financial and other economic benefits derived from activities in the Area and the decisions to be made thereon.

8. Decisions in the Finance Committee on questions of procedure shall be taken by a majority of members present and voting. Decisions on questions of substance shall be taken by consensus.

9. The requirement of article 162, paragraph 2(y), of the Convention to establish a subsidiary organ to deal with financial matters shall be deemed to have been fulfilled by the establishment of the Finance Committee in accordance with this section.

Accord aux fins de l'application des dispositions de la Convention des Nations Unies sur le droit de la mer du 10 décembre 1982 relatives à la conservation et à la gestion des stocks de poissons dont les déplacements s'effectuent tant à l'intérieur qu'au-delà de zones économiques exclusives (stocks chevauchants) et des stocks de poissons grands migrateurs, adopté le 4 août 1995

∵

*Agreement for the Implementation of the
Provisions of the United Nations Convention
on the Law of the Sea of 10 December 1982
relating to the Conservation and Management
of Straddling Fish Stocks and Highly Migratory
Fish Stocks, Adopted on 4 August 1995*

∴

Adopté le 4 août 1995

Les Etats parties au présent Accord,

Rappelant les dispositions pertinentes de la Convention des Nations Unies sur le droit de la mer du 10 décembre 1982,

Résolus à assurer la conservation à long terme et l'exploitation durable des stocks de poissons dont les déplacements s'effectuent tant à l'intérieur qu'au-delà de zones économiques exclusives (stocks chevauchants) et des stocks de poissons grands migrateurs,

Résolus à améliorer la coopération entre les Etats à cette fin,

Lançant un appel aux Etats du pavillon, aux Etats du port et aux Etats côtiers pour qu'ils fassent respecter plus efficacement les mesures de conservation et de gestion adoptées pour ces stocks,

Désireux d'apporter une solution en particulier aux problèmes identifiés dans la section C du chapitre 17 d'Action 21, adoptée par la Conférence des Nations Unies sur l'environnement et le développement, entre autres le fait que la gestion des pêcheries en haute mer est inadéquate dans de nombreuses zones, et que certaines ressources sont surexploitées, et notant les problèmes suivants : pêche non réglementée, suréquipement, taille excessive des flottes, pratique du changement de pavillon pour échapper aux contrôles, engins de pêche insuffisamment sélectifs, manque de fiabilité des bases de données et insuffisance de la coopération entre les Etats,

S'engageant à pratiquer une pêche responsable,

Conscients de la nécessité d'éviter de causer des dommages au milieu marin, de préserver la diversité biologique, de maintenir l'intégrité des écosystèmes marins et de réduire au minimum le risque d'effets à long terme ou irréversibles des opérations de pêche,

Reconnaissant la nécessité de fournir aux Etats en développement une assistance spéciale, notamment financière, scientifique et technique, pour leur permettre de concourir efficacement à la conservation, à la gestion et à l'exploitation durable des stocks de poissons chevauchants et des stocks de poissons grands migrateurs,

© 2015 BY INTERNATIONAL TRIBUNAL FOR THE LAW OF THE SEA | DOI 10.1163/9789004304710_021

Adopted on 4 August 1995

The States Parties to this Agreement,

Recalling the relevant provisions of the United Nations Convention on the Law of the Sea of 10 December 1982,

Determined to ensure the long-term conservation and sustainable use of straddling fish stocks and highly migratory fish stocks,

Resolved to improve cooperation between States to that end,

Calling for more effective enforcement by flag States, port States and coastal States of the conservation and management measures adopted for such stocks,

Seeking to address in particular the problems identified in chapter 17, programme area C, of Agenda 21 adopted by the United Nations Conference on Environment and Development, namely, that the management of high seas fisheries is inadequate in many areas and that some resources are overutilized; noting that there are problems of unregulated fishing, over-capitalization, excessive fleet size, vessel reflagging to escape controls, insufficiently selective gear, unreliable databases and lack of sufficient cooperation between States,

Committing themselves to responsible fisheries,

Conscious of the need to avoid adverse impacts on the marine environment, preserve biodiversity, maintain the integrity of marine ecosystems and minimize the risk of long-term or irreversible effects of fishing operations,

Recognizing the need for specific assistance, including financial, scientific and technological assistance, in order that developing States can participate effectively in the conservation, management and sustainable use of straddling fish stocks and highly migratory fish stocks,

© 2015 BY INTERNATIONAL TRIBUNAL FOR THE LAW OF THE SEA | DOI 10.1163/9789004304710_021

Convaincus que le meilleur moyen d'atteindre ces objectifs et de contribuer au maintien de la paix et de la sécurité internationales est de conclure un accord aux fins de l'application des dispositions pertinentes de la Convention,

Affirmant que les questions qui ne sont pas réglées dans la Convention ou dans le présent Accord continuent d'être régies par les règles et principes du droit international général,

Sont convenus de ce qui suit :

Partie I
Dispositions générales

Article premier
Emploi des termes et champ d'application

1.   Aux fins du présent Accord :
   a)   On entend par « Convention » la Convention des Nations Unies sur le droit de la mer du 10 décembre 1982 ;
   b)   On entend par « mesures de conservation et de gestion » les mesures visant à conserver et à gérer une ou plusieurs espèces de ressources biologiques marines qui sont adoptées et appliquées de manière compatible avec les règles pertinentes du droit international telles qu'elles ressortent de la Convention et du présent Accord ;
   c)   Le terme « poisson » englobe les mollusques et les crustacés à l'exception de ceux qui appartiennent aux espèces sédentaires telles qu'elles sont définies à l'article 77 de la Convention ; et
   d)   On entend par « arrangement » un mécanisme de coopération créé conformément à la Convention et au présent Accord par deux ou plusieurs Etats afin notamment d'instituer dans une sous-région ou région des mesures pour la conservation et la gestion d'un ou plusieurs stocks de poissons chevauchants ou stocks de poissons grands migrateurs.
2.   a)   On entend par « Etats parties » les Etats qui ont consenti à être liés par le présent Accord et à l'égard desquels celui-ci est en vigueur ;
   b)   Le présent Accord s'applique *mutatis mutandis* :
      i)   A toute entité visée à l'article 305, paragraphe 1, lettres c), d) et e) de la Convention ; et

Convinced that an agreement for the implementation of the relevant provisions of the Convention would best serve these purposes and contribute to the maintenance of international peace and security,

Affirming that matters not regulated by the Convention or by this Agreement continue to be governed by the rules and principles of general international law,

Have agreed as follows:

Part I
General Provisions

Article 1
Use of terms and scope

1.   For the purposes of this Agreement:
      (a)   "Convention" means the United Nations Convention on the Law of the Sea of 10 December 1982;
      (b)   "conservation and management measures" means measures to conserve and manage one or more species of living marine resources that are adopted and applied consistent with the relevant rules of international law as reflected in the Convention and this Agreement;
      (c)   "fish" includes molluscs and crustaceans except those belonging to sedentary species as defined in article 77 of the Convention; and
      (d)   "arrangement" means a cooperative mechanism established in accordance with the Convention and this Agreement by two or more States for the purpose, inter alia, of establishing conservation and management measures in a subregion or region for one or more straddling fish stocks or highly migratory fish stocks.
2.   (a) "States Parties" means States which have consented to be bound by this Agreement and for which the Agreement is in force.
      (b)   This Agreement applies mutatis mutandis:
            (i)   to any entity referred to in article 305, paragraph 1(c), (d) and (e), of the Convention and

ii) Sous réserve de l'article 47, à toute entité appelée « organisation internationale » à l'article premier de l'annexe IX de la Convention

qui devient partie au présent Accord et, dans cette mesure, l'expression « Etats parties » s'entend de ces entités.

3. Le présent Accord s'applique *mutatis mutandis* aux autres entités de pêche dont les navires se livrent à la pêche en haute mer.

Article 2
Objectif

Le présent Accord a pour objectif d'assurer la conservation à long terme et l'exploitation durable des stocks de poissons chevauchants et des stocks de poissons grands migrateurs grâce à l'application effective des dispositions pertinentes de la Convention.

Article 3
Application

1. Sauf disposition contraire, le présent Accord s'applique à la conservation et à la gestion des stocks de poissons chevauchants et des stocks de poissons grands migrateurs dans les zones qui ne relèvent pas de la juridiction nationale, si ce n'est que les articles 6 et 7 s'appliquent également à la conservation et à la gestion de ces stocks dans les zones relevant de la juridiction nationale, sans préjudice des différents régimes juridiques applicables en vertu de la Convention dans les zones relevant de la juridiction nationale et dans les zones au-delà de la juridiction nationale.

2. Dans l'exercice de ses droits souverains aux fins de l'exploration et de l'exploitation, de la conservation et de la gestion des stocks de poissons chevauchants et des stocks de poissons grands migrateurs dans les zones relevant de sa juridiction nationale, l'Etat côtier applique *mutatis mutandis* les principes généraux énoncés à l'article 5.

3. Les Etats tiennent dûment compte de la capacité des Etats en développement d'appliquer les articles 5, 6 et 7 dans les zones relevant de leur juridiction nationale et de leurs besoins d'assistance comme prévu dans le présent Accord. A cette fin, la partie VII s'applique *mutatis mutandis* aux zones relevant de la juridiction nationale.

(ii)   subject to article 47, to any entity referred to as an "international organization" in Annex IX, article 1, of the Convention which becomes a Party to this Agreement, and to that extent "States Parties" refers to those entities.

3.   This Agreement applies *mutatis mutandis* to other fishing entities whose vessels fish on the high seas.

Article 2
Objective

The objective of this Agreement is to ensure the long-term conservation and sustainable use of straddling fish stocks and highly migratory fish stocks through effective implementation of the relevant provisions of the Convention.

Article 3
Application

1.   Unless otherwise provided, this Agreement applies to the conservation and management of straddling fish stocks and highly migratory fish stocks beyond areas under national jurisdiction, except that articles 6 and 7 apply also to the conservation and management of such stocks within areas under national jurisdiction, subject to the different legal regimes that apply within areas under national jurisdiction and in areas beyond national jurisdiction as provided for in the Convention.

2.   In the exercise of its sovereign rights for the purpose of exploring and exploiting, conserving and managing straddling fish stocks and highly migratory fish stocks within areas under national jurisdiction, the coastal State shall apply *mutatis mutandis* the general principles enumerated in article 5.

3.   States shall give due consideration to the respective capacities of developing States to apply articles 5, 6 and 7 within areas under national jurisdiction and their need for assistance as provided for in this Agreement. To this end, Part VII applies *mutatis mutandis* in respect of areas under national jurisdiction.

Article 4
Relation entre le présent Accord et la Convention

Aucune disposition du présent Accord ne porte atteinte aux droits, à la juridiction et aux obligations des Etats en vertu de la Convention. Le présent Accord
est interprété et appliqué dans le contexte de la Convention et d'une manière
compatible avec celle-ci.

Partie II
**Conservation et gestion des stocks de poissons chevauchants
et des stocks de poissons grands migrateurs**

Article 5
Principes généraux

En vue d'assurer la conservation et la gestion des stocks de poissons chevauchants et des stocks de poissons grands migrateurs, les Etats côtiers et les Etats
qui se livrent à la pêche en haute mer, en exécution de l'obligation de coopérer
que leur impose la Convention :

a)   Adoptent des mesures pour assurer la durabilité à long terme des
     stocks de poissons chevauchants et des stocks de poissons grands
     migrateurs et en favoriser l'exploitation optimale ;

b)   Veillent à ce que ces mesures soient fondées sur les données scien-
     tifiques les plus fiables dont ils disposent et soient de nature à
     maintenir ou à rétablir les stocks à des niveaux qui assurent le ren-
     dement constant maximum, eu égard aux facteurs économiques et
     écologiques pertinents, y compris les besoins particuliers des Etats
     en développement, et compte tenu des méthodes en matière de
     pêche, de l'interdépendance des stocks et de toutes normes mini-
     males internationales généralement recommandées aux plans
     sous-régional, régional ou mondial ;

c)   Appliquent l'approche de précaution conformément à l'article 6 ;

d)   Evaluent l'impact de la pêche, des autres activités humaines et des
     facteurs écologiques sur les stocks visés ainsi que sur les espèces qui
     appartiennent au même écosystème que les stocks visés ou qui leur
     sont associés ou en dépendent ;

e)   Adoptent, le cas échéant, des mesures de conservation et de gestion
     à l'égard des espèces qui appartiennent au même écosystème que
     les stocks visés ou qui leur sont associés ou en dépendent, en vue de
     maintenir ou de rétablir les stocks de ces espèces à un niveau tel que
     leur reproduction ne risque pas d'être sérieusement compromise ;

Article 4
Relationship between this Agreement and the Convention

Nothing in this Agreement shall prejudice the rights, jurisdiction and duties of States under the Convention. This Agreement shall be interpreted and applied in the context of and in a manner consistent with the Convention.

Part II
Conservation and Management of Straddling Fish Stocks and Highly Migratory Fish Stocks

Article 5
General principles

In order to conserve and manage straddling fish stocks and highly migratory fish stocks, coastal States and States fishing on the high seas shall, in giving effect to their duty to cooperate in accordance with the Convention:

(a) adopt measures to ensure long-term sustainability of straddling fish stocks and highly migratory fish stocks and promote the objective of their optimum utilization;

(b) ensure that such measures are based on the best scientific evidence available and are designed to maintain or restore stocks at levels capable of producing maximum sustainable yield, as qualified by relevant environmental and economic factors, including the special requirements of developing States, and taking into account fishing patterns, the interdependence of stocks and any generally recommended international minimum standards, whether subregional, regional or global;

(c) apply the precautionary approach in accordance with article 6;

(d) assess the impacts of fishing, other human activities and environmental factors on target stocks and species belonging to the same ecosystem or associated with or dependent upon the target stocks;

(e) adopt, where necessary, conservation and management measures for species belonging to the same ecosystem or associated with or dependent upon the target stocks, with a view to maintaining or restoring populations of such species above levels at which their reproduction may become seriously threatened;

f)   Réduisent au minimum la pollution, les déchets, les rejets, les captures par des engins perdus ou abandonnés, les captures d'espèces de poissons et autres non visées (ci-après dénommées espèces non visées) et l'impact sur les espèces associées ou dépendantes, en particulier les espèces menacées d'extinction, grâce à des mesures incluant, pour autant que possible, la mise au point et l'utilisation d'engins et de techniques de pêche sélectifs, sans danger pour l'environnement et d'un bon rapport coût-efficacité ;

g)   Protègent la diversité biologique dans le milieu marin ;

h)   Prennent des mesures en vue d'empêcher ou de faire cesser la surexploitation et la surcapacité et de faire en sorte que l'effort de pêche n'atteigne pas un niveau incompatible avec l'exploitation durable des ressources halieutiques ;

i)   Prennent en compte les intérêts des pêcheurs qui se livrent à la pêche artisanale et à la pêche de subsistance ;

j)   Recueillent et mettent en commun en temps opportun des données complètes et exactes sur les activités de pêche, notamment sur la position des navires, les captures d'espèces visées et d'espèces non visées et l'effort de pêche, comme prévu à l'annexe I, ainsi que les informations provenant des programmes de recherche nationaux et internationaux ;

k)   Encouragent et pratiquent la recherche scientifique et mettent au point des techniques appropriées à l'appui de la conservation et de la gestion des pêcheries ; et

l)   Appliquent et veillent à faire respecter des mesures de conservation et de gestion grâce à des systèmes efficaces d'observation, de contrôle et de surveillance.

Article 6
Application de l'approche de précaution

1.   Les Etats appliquent largement l'approche de précaution à la conservation, à la gestion et à l'exploitation des stocks de poissons chevauchants et des stocks de poissons grands migrateurs afin de protéger les ressources biologiques marines et de préserver le milieu marin.

2.   Les Etats prennent d'autant de précautions que les données sont incertaines, peu fiables ou inadéquates. Le manque de données scientifiques adéquates ne saurait être invoqué pour ne pas prendre de mesures de conservation et de gestion ou pour en différer l'adoption.

(f) minimize pollution, waste, discards, catch by lost or abandoned gear, catch of non-target species, both fish and non-fish species, (hereinafter referred to as non-target species) and impacts on associated or dependent species, in particular endangered species, through measures including, to the extent practicable, the development and use of selective, environmentally safe and cost-effective fishing gear and techniques;

(g) protect biodiversity in the marine environment;

(h) take measures to prevent or eliminate overfishing and excess fishing capacity and to ensure that levels of fishing effort do not exceed those commensurate with the sustainable use of fishery resources;

(i) take into account the interests of artisanal and subsistence fishers;

(j) collect and share, in a timely manner, complete and accurate data concerning fishing activities on, *inter alia*, vessel position, catch of target and non-target species and fishing effort, as set out in Annex I, as well as information from national and international research programmes;

(k) promote and conduct scientific research and develop appropriate technologies in support of fishery conservation and management; and

(l) implement and enforce conservation and management measures through effective monitoring, control and surveillance.

Article 6
Application of the precautionary approach

1. States shall apply the precautionary approach widely to conservation, management and exploitation of straddling fish stocks and highly migratory fish stocks in order to protect the living marine resources and preserve the marine environment.

2. States shall be more cautious when information is uncertain, unreliable or inadequate. The absence of adequate scientific information shall not be used as a reason for postponing or failing to take conservation and management measures.

3.   Pour mettre en oeuvre l'approche de précaution, les Etats :

a)   Améliorent la prise de décisions en matière de conservation et de gestion des ressources halieutiques en se procurant et en mettant en commun les informations scientifiques les plus fiables disponibles et en appliquant des techniques perfectionnées pour faire face aux risques et à l'incertitude ;

b)   Appliquent les directives énoncées à l'annexe II et déterminent, sur la base des informations scientifiques les plus fiables dont ils disposent, des points de référence pour chaque stock, ainsi que les mesures à prendre si ceux-ci sont dépassés ;

c)   Tiennent compte notamment des incertitudes concernant l'importance numérique des stocks et le rythme de reproduction, des points de référence, de l'état des stocks par rapport à ces points, de l'étendue et de la répartition de la mortalité due à la pêche et de l'impact des activités de pêche sur les espèces non visées et les espèces associées ou dépendantes, ainsi que des conditions océaniques, écologiques et socio-économiques existantes et prévues ; et

d)   Mettent au point des programmes de collecte de données et de recherche afin d'évaluer l'impact de la pêche sur les espèces non visées et les espèces associées ou dépendantes et sur leur environnement, et adoptent les plans nécessaires pour assurer la conservation de ces espèces et protéger les habitats particulièrement menacés.

4.   Lorsque les points de référence sont prêts d'être atteints, les Etats prennent des mesures pour qu'ils ne soient pas dépassés. Si ces points sont dé-passés, les Etats prennent immédiatement, pour reconstituer les stocks, les mesures de conservation et de gestion supplémentaires visées au paragraphe 3 b).

5.   Lorsque l'état des stocks visés ou des espèces non visées ou des espèces associées ou dépendantes devient préoccupant, les Etats renforcent la surveillance qu'ils exercent sur ces stocks et espèces afin d'évaluer leur état et l'efficacité des mesures de conservation et de gestion. Ils révisent régulièrement celles-ci en fonction des nouvelles données.

6.   Pour les nouvelles pêcheries ou les pêcheries exploratoires, les Etats adoptent, dès que possible, des mesures prudentes de conservation et de gestion, consistant notamment à limiter le volume des captures et l'effort de pêche. Ces mesures restent en vigueur jusqu'à ce que suffisamment de données aient été réunies pour évaluer l'impact de la pêche sur la durabilité à long terme des stocks ; des mesures de conservation et de gestion fondées sur cette évaluation sont alors adoptées. Le cas échéant, ces dernières mesures permettent le développement progressif des pêcheries.

3. In implementing the precautionary approach, States shall:
    (a) improve decision-making for fishery resource conservation and management by obtaining and sharing the best scientific information available and implementing improved techniques for dealing with risk and uncertainty;
    (b) apply the guidelines set out in Annex II and determine, on the basis of the best scientific information available, stock-specific reference points and the action to be taken if they are exceeded;
    (c) take into account, *inter alia*, uncertainties relating to the size and productivity of the stocks, reference points, stock condition in relation to such reference points, levels and distribution of fishing mortality and the impact of fishing activities on non-target and associated or dependent species, as well as existing and predicted oceanic, environmental and socio-economic conditions; and
    (d) develop data collection and research programmes to assess the impact of fishing on non-target and associated or dependent species and their environment, and adopt plans which are necessary to ensure the conservation of such species and to protect habitats of special concern.
4. States shall take measures to ensure that, when reference points are approached, they will not be exceeded. In the event that they are exceeded, States shall, without delay, take the action determined under paragraph 3(b) to restore the stocks.
5. Where the status of target stocks or non-target or associated or dependent species is of concern, States shall subject such stocks and species to enhanced monitoring in order to review their status and the efficacy of conservation and management measures. They shall revise those measures regularly in the light of new information.
6. For new or exploratory fisheries, States shall adopt as soon as possible cautious conservation and management measures, including, *inter alia*, catch limits and effort limits. Such measures shall remain in force until there are sufficient data to allow assessment of the impact of the fisheries on the long-term sustainability of the stocks, whereupon conservation and management measures based on that assessment shall be implemented. The latter measures shall, if appropriate, allow for the gradual development of the fisheries.

7.   Si un phénomène naturel a des effets néfastes notables sur l'état de stocks de poissons chevauchants ou de stocks de poissons grands migrateurs, les Etats adoptent d'urgence des mesures de conservation et de gestion pour que l'activité de pêche n'aggrave pas ces effets néfastes. Ils adoptent également d'urgence de telles mesures lorsque l'activité de pêche menace sérieusement la durabilité de ces stocks. Les mesures d'urgence sont de caractère temporaire et sont fondées sur les données scientifiques les plus fiables dont ces Etats disposent.

Article 7
Compatibilité des mesures de conservation et de gestion

1.   Sans préjudice des droits souverains que la Convention reconnaît aux Etats côtiers aux fins de l'exploration, l'exploitation, la conservation et la gestion des ressources biologiques marines dans les zones relevant de leur juridiction nationale, et sans préjudice du droit qu'ont tous les Etats de permettre à leurs ressortissants de se livrer à la pêche en haute mer conformément à la Convention :

a)   S'agissant des stocks de poissons chevauchants, les Etats côtiers concernés et les Etats dont des ressortissants exploitent ces stocks dans un secteur adjacent de la haute mer s'efforcent, soit directement soit par l'intermédiaire des mécanismes de coopération appropriés prévus dans la partie III, de s'entendre sur les mesures nécessaires à la conservation de ces stocks dans le secteur adjacent de la haute mer ;

b)   S'agissant des stocks de poissons grands migrateurs, les Etats côtiers concernés et les autres Etats dont des ressortissants exploitent ces stocks dans la région coopèrent, soit directement soit par l'intermédiaire des mécanismes de coopération appropriés prévus dans la partie III, afin d'assurer la conservation et de favoriser l'exploitation optimale de ces stocks dans l'ensemble de la région, aussi bien dans les zones relevant de la juridiction nationale qu'au-delà de celles-ci.

2.   Les mesures de conservation et de gestion instituées pour la haute mer et celles adoptées pour les zones relevant de la juridiction nationale doivent être compatibles afin d'assurer la conservation et la gestion de l'ensemble des stocks de poissons chevauchants et des stocks de poissons grands migrateurs. A cette fin, les Etats côtiers et les Etats qui se livrent à la pêche en haute mer ont l'obligation de coopérer en vue de parvenir à des mesures compatibles en ce qui concerne ces stocks. Pour arrêter des mesures de conservation et de gestion compatibles, les Etats :

7. If a natural phenomenon has a significant adverse impact on the status of straddling fish stocks or highly migratory fish stocks, States shall adopt conservation and management measures on an emergency basis to ensure that fishing activity does not exacerbate such adverse impact. States shall also adopt such measures on an emergency basis where fishing activity presents a serious threat to the sustainability of such stocks. Measures taken on an emergency basis shall be temporary and shall be based on the best scientific evidence available.

Article 7
Compatibility of conservation and management measures

1. Without prejudice to the sovereign rights of coastal States for the purpose of exploring and exploiting, conserving and managing the living marine resources within areas under national jurisdiction as provided for in the Convention, and the right of all States for their nationals to engage in fishing on the high seas in accordance with the Convention:
   (a) with respect to straddling fish stocks, the relevant coastal States and the States whose nationals fish for such stocks in the adjacent high seas area shall seek, either directly or through the appropriate mechanisms for cooperation provided for in Part III, to agree upon the measures necessary for the conservation of these stocks in the adjacent high seas area;
   (b) with respect to highly migratory fish stocks, the relevant coastal States and other States whose nationals fish for such stocks in the region shall cooperate, either directly or through the appropriate mechanisms for cooperation provided for in Part III, with a view to ensuring conservation and promoting the objective of optimum utilization of such stocks throughout the region, both within and beyond the areas under national jurisdiction.

2. Conservation and management measures established for the high seas and those adopted for areas under national jurisdiction shall be compatible in order to ensure conservation and management of the straddling fish stocks and highly migratory fish stocks in their entirety. To this end, coastal States and States fishing on the high seas have a duty to cooperate for the purpose of achieving compatible measures in respect of such stocks. In determining compatible conservation and management measures, States shall:

a) Tiennent compte des mesures de conservation et de gestion adop-
    tées et appliquées, conformément à l'article 61 de la Convention,
    par les Etats côtiers pour les mêmes stocks dans les zones relevant
    de leur juridiction nationale et veillent à ce que les mesures insti-
    tuées en haute mer pour ces stocks ne nuisent pas à leur efficacité ;

b) Tiennent compte des mesures préalablement arrêtées d'un com-
    mun accord et appliquées pour la haute mer, conformément à la
    Convention, par les Etats côtiers concernés et les Etats qui se livrent
    à la pêche en haute mer en ce qui concerne les mêmes stocks ;

c) Tiennent compte des mesures préalablement arrêtées d'un com-
    mun accord et appliquées conformément à la Convention par une
    organisation ou un arrangement sous-régional ou régional de ges-
    tion des pêcheries en ce qui concerne les mêmes stocks ;

d) Tiennent compte de l'unité biologique et des autres caractéris-
    tiques biologiques des stocks et des rapports entre la répartition des
    stocks, les pêcheries et les particularités géographiques de la région
    concernée, y compris de l'importance quantitative de ces stocks et
    de leur degré d'exploitation dans les zones relevant de la juridiction
    nationale ;

e) Tiennent compte de la mesure dans laquelle les Etats côtiers et
    les Etats qui se livrent à la pêche en haute mer sont tributaires des
    stocks concernés ; et

f) Veillent à ce que ces mesures n'aient pas d'effets nuisibles sur l'en-
    semble des ressources biologiques marines.

3. Pour s'acquitter de l'obligation de coopérer qui leur incombe, les Etats
    font tout leur possible pour s'entendre dans un délai raisonnable sur des
    mesures de conservation et de gestion compatibles.

4. Si les Etats intéressés ne peuvent s'entendre dans un délai raisonnable,
    l'un quelconque d'entre eux peut invoquer les procédures de règlement
    des différends prévues dans la partie VIII.

5. En attendant qu'un accord soit réalisé sur des mesures de conservation
    et de gestion compatibles, les Etats concernés, dans un esprit de conci-
    liation et de coopération, font tout leur possible pour convenir d'arran-
    gements provisoires d'ordre pratique. S'ils ne peuvent se mettre d'accord
    sur de tels arrangements, l'un quelconque d'entre eux peut, en vue d'ob-
    tenir des mesures conservatoires, soumettre le différend à une cour ou
    un tribunal, conformément aux procédures de règlement des différends
    prévues dans la partie VIII.

(a) take into account the conservation and management measures adopted and applied in accordance with article 61 of the Convention in respect of the same stocks by coastal States within areas under national jurisdiction and ensure that measures established in respect of such stocks for the high seas do not undermine the effectiveness of such measures;

(b) take into account previously agreed measures established and applied for the high seas in accordance with the Convention in respect of the same stocks by relevant coastal States and States fishing on the high seas;

(c) take into account previously agreed measures established and applied in accordance with the Convention in respect of the same stocks by a subregional or regional fisheries management organization or arrangement;

(d) take into account the biological unity and other biological characteristics of the stocks and the relationships between the distribution of the stocks, the fisheries and the geographical particularities of the region concerned, including the extent to which the stocks occur and are fished in areas under national jurisdiction;

(e) take into account the respective dependence of the coastal States and the States fishing on the high seas on the stocks concerned; and

(f) ensure that such measures do not result in harmful impact on the living marine resources as a whole.

3. In giving effect to their duty to cooperate, States shall make every effort to agree on compatible conservation and management measures within a reasonable period of time.

4. If no agreement can be reached within a reasonable period of time, any of the States concerned may invoke the procedures for the settlement of disputes provided for in Part VIII.

5. Pending agreement on compatible conservation and management measures, the States concerned, in a spirit of understanding and cooperation, shall make every effort to enter into provisional arrangements of a practical nature. In the event that they are unable to agree on such arrangements, any of the States concerned may, for the purpose of obtaining provisional measures, submit the dispute to a court or tribunal in accordance with the procedures for the settlement of disputes provided for in Part VIII.

6.   Les arrangements provisoires convenus ou les mesures conservatoires prescrites conformément au paragraphe 5 doivent être compatibles avec les dispositions de la présente partie et tenir dûment compte des droits et obligations de tous les Etats concernés ; ils ne doivent pas compromettre ni entraver la conclusion d'un accord définitif sur des mesures de conservation et de gestion compatibles et sont sans préjudice du résultat final des procédures de règlement des différends qui ont pu être engagées.

7.   Les Etats côtiers informent régulièrement, soit directement soit par l'intermédiaire des organisations ou arrangements de gestion des pêcheries sous-régionaux ou régionaux compétents ou par d'autres moyens appropriés, les Etats qui se livrent à la pêche en haute mer dans la région ou la sous-région des mesures qu'ils ont adoptées concernant les stocks de poissons chevauchants et les stocks de poissons grands migrateurs dans les zones relevant de leur juridiction nationale.

8.   Les Etats qui se livrent à la pêche en haute mer informent régulièrement, soit directement soit par l'intermédiaire des organisations ou arrangements de gestion des pêcheries sous-régionaux ou régionaux compétents ou par d'autres moyens appropriés, les autres Etats intéressés des mesures qu'ils ont adoptées pour réglementer les activités des navires battant leur pavillon qui exploitent ces stocks en haute mer.

Partie III
Mécanismes de coopération internationale concernant les stocks de poissons chevauchants et les stocks de poissons grands migrateurs

Article 8
Coopération en matière de conservation et de gestion

1.   Les Etats côtiers et les Etats qui se livrent à la pêche en haute mer, agissant conformément à la Convention, coopèrent en ce qui concerne les stocks de poissons chevauchants et les stocks de poissons grands migrateurs, soit directement soit par l'intermédiaire des organisations ou arrangements de gestion des pêcheries sous-régionaux ou régionaux compétents, en tenant compte des caractéristiques particulières de la région ou sous-région, afin d'assurer efficacement la conservation et la gestion de ces stocks.

2.   Les Etats engagent des consultations de bonne foi et sans retard, notamment lorsqu'il y a lieu de penser que les stocks de poissons chevauchants

6. Provisional arrangements or measures entered into or prescribed pursuant to paragraph 5 shall take into account the provisions of this Part, shall have due regard to the rights and obligations of all States concerned, shall not jeopardize or hamper the reaching of final agreement on compatible conservation and management measures and shall be without prejudice to the final outcome of any dispute settlement procedure.

7. Coastal States shall regularly inform States fishing on the high seas in the subregion or region, either directly or through appropriate subregional or regional fisheries management organizations or arrangements, or through other appropriate means, of the measures they have adopted for straddling fish stocks and highly migratory fish stocks within areas under their national jurisdiction.

8. States fishing on the high seas shall regularly inform other interested States, either directly or through appropriate subregional or regional fisheries management organizations or arrangements, or through other appropriate means, of the measures they have adopted for regulating the activities of vessels flying their flag which fish for such stocks on the high seas.

Part III
Mechanisms for International Cooperation concerning Straddling Fish Stocks and Highly Migratory Fish Stocks

Article 8
Cooperation for conservation and management

1. Coastal States and States fishing on the high seas shall, in accordance with the Convention, pursue cooperation in relation to straddling fish stocks and highly migratory fish stocks either directly or through appropriate subregional or regional fisheries management organizations or arrangements, taking into account the specific characteristics of the subregion or region, to ensure effective conservation and management of such stocks.

2. States shall enter into consultations in good faith and without delay, particularly where there is evidence that the straddling fish stocks and highly

et les stocks de poissons grands migrateurs concernés sont menacés de surexploitation ou lorsqu'une nouvelle pêcherie visant ces stocks est aménagée. A cette fin, des consultations peuvent être engagées à la demande de tout Etat intéressé en vue de l'institution d'arrangements appropriés pour assurer la conservation et la gestion des stocks. En attendant de convenir de ces arrangements, les Etats appliquent les dispositions du présent Accord et agissent de bonne foi et en tenant dûment compte des droits, intérêts et obligations des autres Etats.

3. Lorsqu'une organisation ou un arrangement de gestion des pêcheries sous-régional ou régional a compétence pour instituer des mesures de conservation et de gestion concernant certains stocks de poissons chevauchants ou stocks de poissons grands migrateurs, les Etats qui exploitent ces stocks en haute mer et les Etats côtiers intéressés s'acquittent de leur obligation de coopérer en devenant membres de ladite organisation—ou participants audit arrangement—ou en acceptant d'appliquer les mesures de conservation et de gestion instituées par l'organisation ou arrangement. Les Etats qui ont un intérêt réel dans les pêcheries concernées peuvent devenir membres de l'organisation ou participants à l'arrangement. Les dispositions régissant l'admission à l'organisation ou arrangement n'empêchent par ces Etats d'en devenir membres ou participants ; elles ne sont pas non plus appliquées d'une manière discriminatoire à l'encontre de tout Etat ou groupe d'Etats ayant un intérêt réel dans les pêcheries concernées.

4. Seuls les Etats qui sont membres d'une telle organisation ou participants à un tel arrangement, ou qui acceptent d'appliquer les mesures de conservation et de gestion instituées par l'organisation ou arrangement, ont accès aux ressources halieutiques auxquelles s'appliquent ces mesures.

5. En l'absence d'organisation ou arrangement de gestion des pêcheries régional ou sous-régional pouvant instituer des mesures de conservation et de gestion d'un stock de poissons chevauchants ou d'un stock de poissons grands migrateurs déterminé, les Etats côtiers intéressés et les Etats qui exploitent ce stock en haute mer dans la région ou la sous-région coopèrent en vue de créer une telle organisation ou de prendre d'autres arrangements appropriés pour assurer la conservation et la gestion de ce stock et participent aux travaux de l'organisation ou arrangement.

6. Tout Etat qui a l'intention de proposer que des mesures soient prises par une organisation intergouvernementale compétente en ce qui concerne des ressources biologiques doit, dans le cas où ces mesures auraient un effet notable sur des mesures de conservation et de gestion déjà instituées par une organisation ou un arrangement de gestion des pêcheries

migratory fish stocks concerned may be under threat of over-exploitation or where a new fishery is being developed for such stocks. To this end, consultations may be initiated at the request of any interested State with a view to establishing appropriate arrangements to ensure conservation and management of the stocks. Pending agreement on such arrangements, States shall observe the provisions of this Agreement and shall act in good faith and with due regard to the rights, interests and duties of other States.

3. Where a subregional or regional fisheries management organization or arrangement has the competence to establish conservation and management measures for particular straddling fish stocks or highly migratory fish stocks, States fishing for the stocks on the high seas and relevant coastal States shall give effect to their duty to cooperate by becoming members of such organization or participants in such arrangement, or by agreeing to apply the conservation and management measures established by such organization or arrangement. States having a real interest in the fisheries concerned may become members of such organization or participants in such arrangement. The terms of participation in such organization or arrangement shall not preclude such States from membership or participation; nor shall they be applied in a manner which discriminates against any State or group of States having a real interest in the fisheries concerned.

4. Only those States which are members of such an organization or participants in such an arrangement, or which agree to apply the conservation and management measures established by such organization or arrangement, shall have access to the fishery resources to which those measures apply.

5. Where there is no subregional or regional fisheries management organization or arrangement to establish conservation and management measures for a particular straddling fish stock or highly migratory fish stock, relevant coastal States and States fishing on the high seas for such stock in the subregion or region shall cooperate to establish such an organization or enter into other appropriate arrangements to ensure conservation and management of such stock and shall participate in the work of the organization or arrangement.

6. Any State intending to propose that action be taken by an intergovernmental organization having competence with respect to living resources should, where such action would have a significant effect on conservation and management measures already established by a competent

sous-régional ou régional compétent, consulter les membres de ladite organisation ou les participants audit arrangement par l'intermédiaire de l'organisation ou arrangement. Dans la mesure du possible, ces consultations doivent avoir lieu avant que la proposition ne soit soumise à l'organisation intergouvernementale.

Article 9
Organisations et arrangements de gestion des pêcheries sous-régionaux et régionaux

1. Lorsqu'ils créent des organisations ou concluent des arrangements de gestion des pêcheries sous-régionaux ou régionaux concernant des stocks de poissons chevauchants et des stocks de poissons grands migrateurs, les Etats conviennent entre autres de ce qui suit :

    a)   Les stocks auxquels s'appliquent les mesures de conservation et de gestion, compte tenu de leurs caractéristiques biologiques et de la nature des pêcheries en question ;

    b)   La zone d'application, compte tenu du paragraphe 1 de l'article 7 et des caractéristiques de la sous-région ou région, y compris les facteurs socio-économiques, géographiques et écologiques ;

    c)   Les liens entre les activités de la nouvelle organisation ou du nouvel arrangement et le rôle, les objectifs et les opérations des organisations ou arrangements de gestion des pêcheries en place compétents ; et

    d)   Les mécanismes par lesquels l'organisation ou arrangement obtiendra des avis scientifiques et examinera l'état des stocks, y compris, si nécessaire, la création d'un organisme consultatif scientifique.

2. Les Etats qui coopèrent à la création d'une organisation ou d'un arrangement de gestion des pêcheries sous-régional ou régional informent de cette coopération les autres Etats qu'ils savent avoir un intérêt réel dans les activités de l'organisation ou arrangement envisagé.

Article 10
Fonctions des organisations et arrangements de gestion des pêcheries sous-régionaux et régionaux

Pour s'acquitter de leur obligation de coopérer dans le cadre d'organisations ou arrangements de gestion des pêcheries sous-régionaux ou régionaux, les Etats :

    a)   Conviennent de mesures de conservation et de gestion et s'y conforment afin d'assurer la durabilité à long terme des stocks de poissons chevauchants et des stocks de poissons grands migrateurs ;

subregional or regional fisheries management organization or arrangement, consult through that organization or arrangement with its members or participants. To the extent practicable, such consultation should take place prior to the submission of the proposal to the intergovernmental organization.

Article 9
Subregional and regional fisheries management organizations and arrangements

1. In establishing subregional or regional fisheries management organizations or in entering into subregional or regional fisheries management arrangements for straddling fish stocks and highly migratory fish stocks, States shall agree, *inter alia*, on:

   (a) the stocks to which conservation and management measures apply, taking into account the biological characteristics of the stocks concerned and the nature of the fisheries involved;

   (b) the area of application, taking into account article 7, paragraph 1, and the characteristics of the subregion or region, including socio-economic, geographical and environmental factors;

   (c) the relationship between the work of the new organization or arrangement and the role, objectives and operations of any relevant existing fisheries management organizations or arrangements; and

   (d) the mechanisms by which the organization or arrangement will obtain scientific advice and review the status of the stocks, including, where appropriate, the establishment of a scientific advisory body.

2. States cooperating in the formation of a subregional or regional fisheries management organization or arrangement shall inform other States which they are aware have a real interest in the work of the proposed organization or arrangement of such cooperation.

Article 10
Functions of subregional and regional fisheries management organizations and arrangements

In fulfilling their obligation to cooperate through subregional or regional fisheries management organizations or arrangements, States shall:

   (a) agree on and comply with conservation and management measures to ensure the long-term sustainability of straddling fish stocks and highly migratory fish stocks;

b)   Conviennent, le cas échéant, des droits de participation, comme le volume admissible des captures ou le niveau de l'effort de pêche ;

c)   Adoptent et appliquent toutes normes internationales minimales généralement recommandées pour mener les opérations de pêche de manière responsable ;

d)   Obtiennent des informations scientifiques et les évaluent et examinent l'état des stocks et évaluent l'impact de la pêche sur les espèces non visées et les espèces associées ou dépendantes ;

e)   Conviennent de normes pour la collecte, la communication, la vérification et l'échange de données sur l'exploitation des stocks ;

f)   Recueillent et diffusent des données statistiques précises et complètes, comme indiqué dans l'annexe I, afin de disposer des données scientifiques les plus fiables, tout en en préservant la confidentialité le cas échéant ;

g)   Encouragent et effectuent des évaluations scientifiques des stocks et les activités de recherche pertinentes, et en diffusent les résultats ;

h)   Mettent en place des mécanismes de coopération appropriés en matière d'observation, de contrôle, de surveillance et de police ;

i)   Conviennent des moyens permettant de prendre en compte les intérêts en matière de pêche des nouveaux membres de l'organisation ou des nouveaux participants à l'arrangement ;

j)   Conviennent de procédures de prise de décisions qui facilitent l'adoption de mesures de conservation et de gestion en temps opportun et de manière efficace ;

k)   Encouragent le règlement pacifique des différends conformément à la partie VIII ;

l)   Font en sorte que leurs organismes nationaux compétents et leurs industries coopèrent pleinement à l'application des recommandations et décisions de l'organisation ou arrangement ; et

m)   Donnent la publicité voulue aux mesures de conservation et de gestion instituées par l'organisation ou l'arrangement.

Article 11
Nouveaux membres ou participants

Lorsqu'ils déterminent la nature et l'étendue des droits de participation des nouveaux membres d'une organisation de gestion des pêcheries sous-régionale ou régionale ou des nouveaux participants à un arrangement de gestion des pêcheries sous-régional ou régional, les Etats prennent notamment en considération :

(b) agree, as appropriate, on participatory rights such as allocations of allowable catch or levels of fishing effort;

(c) adopt and apply any generally recommended international minimum standards for the responsible conduct of fishing operations;

(d) obtain and evaluate scientific advice, review the status of the stocks and assess the impact of fishing on non-target and associated or dependent species;

(e) agree on standards for collection, reporting, verification and exchange of data on fisheries for the stocks;

(f) compile and disseminate accurate and complete statistical data, as described in Annex I, to ensure that the best scientific evidence is available, while maintaining confidentiality where appropriate;

(g) promote and conduct scientific assessments of the stocks and relevant research and disseminate the results thereof;

(h) establish appropriate cooperative mechanisms for effective monitoring, control, surveillance and enforcement;

(i) agree on means by which the fishing interests of new members of the organization or new participants in the arrangement will be accommodated;

(j) agree on decision-making procedures which facilitate the adoption of conservation and management measures in a timely and effective manner;

(k) promote the peaceful settlement of disputes in accordance with Part VIII;

(l) ensure the full cooperation of their relevant national agencies and industries in implementing the recommendations and decisions of the organization or arrangement; and

(m) give due publicity to the conservation and management measures established by the organization or arrangement.

Article 11
New members or participants

In determining the nature and extent of participatory rights for new members of a subregional or regional fisheries management organization, or for new participants in a subregional or regional fisheries management arrangement, States shall take into account, *inter alia*:

a)   L'état des stocks de poissons chevauchants et des stocks de poissons grands migrateurs et le niveau de l'effort de pêche dans la zone de pêche ;

b)   Les intérêts, les méthodes en matière de pêche et les pratiques de pêche des nouveaux et des anciens membres ou participants ;

c)   La contribution respective des nouveaux et des anciens membres ou participants à la conservation et la gestion des stocks, à la collecte et la communication de données exactes et aux recherches scientifiques menées sur les stocks ;

d)   Les besoins des communautés côtières de pêcheurs qui sont fortement tributaires de la pêche des stocks ;

e)   Les besoins des Etats côtiers dont l'économie est très lourdement tributaire de l'exploitation des ressources biologiques marines ; et

f)   Les intérêts des Etats en développement de la sous-région ou région, lorsque les stocks se trouvent également dans les zones relevant de leur juridiction nationale.

Article 12
Transparence des activités menées par les organisations ou arrangements de gestion des pêcheries sous-régionaux et régionaux

1.   Les Etats assurent la transparence de la prise de décisions et des autres activités des organisations ou arrangements de gestion des pêcheries sous-régionaux et régionaux.

2.   Les représentants d'autres organisations intergouvernementales et d'organisations non gouvernementales concernées par les stocks de poissons chevauchants et les stocks de poissons grands migrateurs doivent avoir la possibilité de participer aux réunions des organisations et arrangements de gestion des pêcheries sous-régionaux et régionaux en qualité d'observateurs ou en une autre qualité, selon ce qui convient, conformément aux procédures de l'organisation ou arrangement concerné. Ces procédures ne doivent pas être trop restrictives à cet égard. Ces organisations intergouvernementales et non gouvernementales ont accès en temps opportun aux dossiers et rapports desdites organisations et desdits arrangements, sous réserve des règles de procédure régissant l'accès à ces dossiers et rapports.

(a)   the status of the straddling fish stocks and highly migratory fish stocks and the existing level of fishing effort in the fishery;

(b)   the respective interests, fishing patterns and fishing practices of new and existing members or participants;

(c)   the respective contributions of new and existing members or participants to conservation and management of the stocks, to the collection and provision of accurate data and to the conduct of scientific research on the stocks;

(d)   the needs of coastal fishing communities which are dependent mainly on fishing for the stocks;

(e)   the needs of coastal States whose economies are overwhelmingly dependent on the exploitation of living marine resources; and

(f)   the interests of developing States from the subregion or region in whose areas of national jurisdiction the stocks also occur.

Article 12
Transparency in activities of subregional and regional fisheries management organizations and arrangements

1.   States shall provide for transparency in the decision-making process and other activities of subregional and regional fisheries management organizations and arrangements.

2.   Representatives from other intergovernmental organizations and representatives from non-governmental organizations concerned with straddling fish stocks and highly migratory fish stocks shall be afforded the opportunity to take part in meetings of subregional and regional fisheries management organizations and arrangements as observers or otherwise, as appropriate, in accordance with the procedures of the organization or arrangement concerned. Such procedures shall not be unduly restrictive in this respect. Such intergovernmental organizations and non-governmental organizations shall have timely access to the records and reports of such organizations and arrangements, subject to the procedural rules on access to them.

Article 13
Renforcement des organisations et arrangements existants

Les Etats coopèrent pour renforcer les organisations et arrangements de gestion des pêcheries sous-régionaux et régionaux existants afin d'en améliorer l'efficacité pour l'adoption et la mise en oeuvre de mesures de conservation et de gestion des stocks de poissons chevauchants et des stocks de poissons grands migrateurs.

Article 14
Collecte et communication d'informations et coopération en matière de recherche scientifique

1. Les Etats veillent à ce que les navires de pêche battant leur pavillon leur communiquent les informations qui pourraient leur être nécessaires pour exécuter leurs obligations en vertu du présent Accord. A cette fin, les Etats, conformément à l'annexe I :

    a) Recueillent et échangent des données scientifiques, techniques et statistiques concernant l'exploitation des stocks de poissons chevauchants et des stocks de poissons grands migrateurs ;

    b) Veillent à ce que les données recueillies soient suffisamment détaillées pour faciliter l'évaluation précise des stocks et soient communiquées en temps opportun pour répondre aux besoins des organisations ou arrangements de gestion des pêcheries sous-régionaux ou régionaux ; et

    c) Prennent les mesures voulues pour vérifier l'exactitude de ces données.

2. Les Etats coopèrent, soit directement soit par l'intermédiaire des organisations ou arrangements de gestion des pêcheries sous-régionaux ou régionaux, en vue de :

    a) Convenir du type de données à fournir et de la forme sous laquelle celles-ci doivent être présentées auxdites organisations ou auxdits arrangements, en tenant compte de la nature des stocks et de leur exploitation ; et

    b) Mettre au point et utiliser conjointement des techniques d'analyse et des méthodes d'évaluation des stocks pour améliorer les mesures de conservation et de gestion des stocks de poissons chevauchants et des stocks de poissons grands migrateurs.

3. En application de la partie XIII de la Convention, les Etats coopèrent, soit directement soit par l'intermédiaire des organisations internationales compétentes, au renforcement des moyens de recherche scientifique

Article 13
Strengthening of existing organizations and arrangements

States shall cooperate to strengthen existing subregional and regional fisheries management organizations and arrangements in order to improve their effectiveness in establishing and implementing conservation and management measures for straddling fish stocks and highly migratory fish stocks.

Article 14
Collection and provision of information and cooperation in scientific research

1. States shall ensure that fishing vessels flying their flag provide such information as may be necessary in order to fulfil their obligations under this Agreement. To this end, States shall in accordance with Annex I:
    (a) collect and exchange scientific, technical and statistical data with respect to fisheries for straddling fish stocks and highly migratory fish stocks;
    (b) ensure that data are collected in sufficient detail to facilitate effective stock assessment and are provided in a timely manner to fulfil the requirements of subregional or regional fisheries management organizations or arrangements; and
    (c) take appropriate measures to verify the accuracy of such data.
2. States shall cooperate, either directly or through subregional or regional fisheries management organizations or arrangements:
    (a) to agree on the specification of data and the format in which they are to be provided to such organizations or arrangements, taking into account the nature of the stocks and the fisheries for those stocks; and
    (b) to develop and share analytical techniques and stock assessment methodologies to improve measures for the conservation and management of straddling fish stocks and highly migratory fish stocks.
3. Consistent with Part XIII of the Convention, States shall cooperate, either directly or through competent international organizations, to strengthen scientific research capacity in the field of fisheries and promote scientific

dans le domaine des pêches et encouragent la recherche scientifique relative à la conservation et à la gestion des stocks de poissons chevauchants et des stocks de poissons grands migrateurs dans l'intérêt de tous. A cette fin, un Etat ou l'organisation internationale compétente qui effectue de telles recherches au-delà des zones relevant de la juridiction nationale s'emploie à faciliter la publication et la communication à tous les Etats intéressés des résultats de ces recherches, ainsi que de renseignements sur ses objectifs et ses méthodes et, autant que possible, facilite la participation de scientifiques desdits Etats aux recherches en question.

Article 15
Mers fermées et semi-fermées

Lorsqu'ils appliquent le présent Accord dans une mer fermée ou semi-fermée, les Etats tiennent compte des caractéristiques naturelles de ladite mer et agissent de manière compatible avec la partie IX de la Convention et les autres dispositions pertinentes de celle-ci.

Article 16
Secteurs de la haute mer complètement entourés par une zone relevant de la juridiction nationale d'un seul Etat

1.   Les Etats qui exploitent des stocks de poissons chevauchants et des stocks de poissons grands migrateurs dans un secteur de la haute mer complètement entouré par une zone relevant de la juridiction nationale d'un seul Etat et ce dernier Etat coopèrent pour instituer des mesures de conservation et de gestion en ce qui concerne ces stocks en haute mer. Compte tenu des caractéristiques naturelles du secteur considéré, les Etats s'attachent particulièrement à instituer, en application de l'article 7, des mesures de conservation et de gestion compatibles en ce qui concerne ces stocks. Les mesures prises en ce qui concerne la haute mer tiennent compte des droits, obligations et intérêts de l'Etat côtier en vertu de la Convention ; elles sont fondées sur les données scientifiques les plus fiables dont on dispose et tiennent compte de toutes mesures de conservation et de gestion adoptées et appliquées par l'Etat côtier en ce qui concerne les mêmes stocks, dans la zone relevant de sa juridiction nationale, conformément à l'article 61 de la Convention. Les Etats conviennent également de mesures d'observation, de contrôle, de surveillance et de police pour assurer le respect des mesures de conservation et de gestion concernant la haute mer.

research related to the conservation and management of straddling fish stocks and highly migratory fish stocks for the benefit of all. To this end, a State or the competent international organization conducting such research beyond areas under national jurisdiction shall actively promote the publication and dissemination to any interested States of the results of that research and information relating to its objectives and methods and, to the extent practicable, shall facilitate the participation of scientists from those States in such research.

Article 15
Enclosed and semi-enclosed seas

In implementing this Agreement in an enclosed or semi-enclosed sea, States shall take into account the natural characteristics of that sea and shall also act in a manner consistent with Part IX of the Convention and other relevant provisions thereof.

Article 16
Areas of high seas surrounded entirely by an area under the national jurisdiction of a single State

1. States fishing for straddling fish stocks and highly migratory fish stocks in an area of the high seas surrounded entirely by an area under the national jurisdiction of a single State and the latter State shall cooperate to establish conservation and management measures in respect of those stocks in the high seas area. Having regard to the natural characteristics of the area, States shall pay special attention to the establishment of compatible conservation and management measures for such stocks pursuant to article 7. Measures taken in respect of the high seas shall take into account the rights, duties and interests of the coastal State under the Convention, shall be based on the best scientific evidence available and shall also take into account any conservation and management measures adopted and applied in respect of the same stocks in accordance with article 61 of the Convention by the coastal State in the area under national jurisdiction. States shall also agree on measures for monitoring, control, surveillance and enforcement to ensure compliance with the conservation and management measures in respect of the high seas.

2. Conformément à l'article 8, les Etats agissent de bonne foi et font tout leur possible pour convenir sans délai des mesures de conservation et de gestion à appliquer à l'occasion des opérations de pêche dans le secteur visé au paragraphe 1. Si les Etats qui se livrent à la pêche concernés et l'Etat côtier ne parviennent pas, dans un délai raisonnable, à s'entendre sur de telles mesures, ils appliquent, eu égard au paragraphe 1, les paragraphes 4, 5 et 6 de l'article 7 consacrés aux arrangements provisoires ou mesures conservatoires. En attendant l'adoption de tels arrangements provisoires ou de telles mesures conservatoires, les Etats intéressés prennent, en ce qui concerne les navires battant leur pavillon, des mesures pour faire en sorte que ceux-ci ne se livrent pas à une pêche de nature à nuire aux stocks concernés.

Partie IV
Etats non membres et Etats non participants

Article 17
Etats non membres d'organisations et Etats non participants à des arrangements

1. Un Etat qui n'est pas membre d'une organisation ni participant à un arrangement de gestion des pêcheries sous-régional ou régional, et qui n'accepte pas par ailleurs d'appliquer les mesures de conservation et de gestion instituées par cette organisation ou cet arrangement, n'est pas libéré de l'obligation de coopérer, conformément à la Convention et au présent Accord, à la conservation et à la gestion des stocks de poissons chevauchants et des stocks de poissons grands migrateurs concernés.

2. Un tel Etat n'autorise pas les navires battant son pavillon à se livrer à la pêche des stocks de poissons chevauchants ou des stocks de poissons grands migrateurs soumis aux mesures de conservation et de gestion instituées par cette organisation ou cet arrangement.

3. Les Etats qui sont membres d'une organisation ou participants à un arrangement sous-régional ou régional de gestion des pêcheries demandent, séparément ou conjointement, aux entités de pêche visées au paragraphe 3 de l'article premier qui ont des navires de pêche dans la zone concernée de coopérer pleinement avec cette organisation ou à cet arrangement aux fins de l'application des mesures de conservation et de gestion que ceux-ci ont instituées, afin que ces mesures soient appliquées de facto aussi largement que possible aux activités de pêche dans la zone concernée. Ces entités tirent de leur participation à la pêche des

2.   Pursuant to article 8, States shall act in good faith and make every effort to agree without delay on conservation and management measures to be applied in the carrying out of fishing operations in the area referred to in paragraph 1. If, within a reasonable period of time, the fishing States concerned and the coastal State are unable to agree on such measures, they shall, having regard to paragraph 1, apply article 7, paragraphs 4, 5 and 6, relating to provisional arrangements or measures. Pending the establishment of such provisional arrangements or measures, the States concerned shall take measures in respect of vessels flying their flag in order that they not engage in fisheries which could undermine the stocks concerned.

Part IV
Non-Members and Non-Participants

Article 17
Non-members of organizations and non-participants in arrangements

1.   A State which is not a member of a subregional or regional fisheries management organization or is not a participant in a subregional or regional fisheries management arrangement, and which does not otherwise agree to apply the conservation and management measures established by such organization or arrangement, is not discharged from the obligation to cooperate, in accordance with the Convention and this Agreement, in the conservation and management of the relevant straddling fish stocks and highly migratory fish stocks.

2.   Such State shall not authorize vessels flying its flag to engage in fishing operations for the straddling fish stocks or highly migratory fish stocks which are subject to the conservation and management measures established by such organization or arrangement.

3.   States which are members of a subregional or regional fisheries management organization or participants in a subregional or regional fisheries management arrangement shall, individually or jointly, request the fishing entities referred to in article 1, paragraph 3, which have fishing vessels in the relevant area to cooperate fully with such organization or arrangement in implementing the conservation and management measures it has established, with a view to having such measures applied de facto as extensively as possible to fishing activities in the relevant area. Such fishing entities shall enjoy benefits from participation in the fishery

avantages proportionnels à leur engagement de respecter les mesures de conservation et de gestion concernant les stocks en question.

4. Les Etats qui sont membres d'une telle organisation ou participants à un tel arrangement échangent des informations sur les activités des navires de pêche battant le pavillon d'Etats qui ne sont pas membres de l'organisation ni participants à l'arrangement et qui se livrent à la pêche des stocks concernés. Ils prennent des mesures, conformément au présent Accord et au droit international, en vue de dissuader ces navires de se livrer à des activités qui compromettent l'efficacité des mesures sous-régionales ou régionales de conservation et de gestion.

Partie V
Obligations de l'Etat du pavillon

Article 18
Obligations de l'Etat du pavillon

1. Les Etats dont des navires pêchent en haute mer prennent les mesures voulues pour que les navires battant leur pavillon respectent les mesures sous-régionales et régionales de conservation et de gestion et qu'ils ne mènent aucune activité qui en compromette l'efficacité.

2. Les Etats n'autorisent la mise en exploitation des navires battant leur pavillon pour pratiquer la pêche en haute mer que lorsqu'ils peuvent s'acquitter efficacement des responsabilités qui leur incombent en vertu de la Convention et du present Accord en ce qui concerne ces navires.

3. Les Etats prennent notamment, en ce qui concerne les navires battant leur pavillon, les mesures suivantes :

   a) Contrôle de ces navires en haute mer, au moyen de licences, d'autorisations et de permis de pêche conformément aux procédures ayant pu être adoptées aux plans sous-régional, régional ou mondial ;

   b) Adoption de règlements à l'effet :

   i) D'assortir les licences, autorisations ou permis de clauses et conditions propres à leur permettre de s'acquitter de toutes obligations qu'ils ont souscrites aux plans sous-régional, régional ou mondial ;

   ii) D'interdire à ces navires de pêcher en haute mer s'ils sont dépourvus d'une licence ou autorisation en bonne et due forme, ou de pêcher en haute mer selon des modalités dif-

commensurate with their commitment to comply with conservation and management measures in respect of the stocks.

4. States which are members of such organization or participants in such arrangement shall exchange information with respect to the activities of fishing vessels flying the flags of States which are neither members of the organization nor participants in the arrangement and which are engaged in fishing operations for the relevant stocks. They shall take measures consistent with this Agreement and international law to deter activities of such vessels which undermine the effectiveness of subregional or regional conservation and management measures.

Part V
Duties of the Flag State

Article 18
Duties of the flag State

1. A State whose vessels fish on the high seas shall take such measures as may be necessary to ensure that vessels flying its flag comply with subregional and regional conservation and management measures and that such vessels do not engage in any activity which undermines the effectiveness of such measures.

2. A State shall authorize the use of vessels flying its flag for fishing on the high seas only where it is able to exercise effectively its responsibilities in respect of such vessels under the Convention and this Agreement.

3. Measures to be taken by a State in respect of vessels flying its flag shall include:
    (a) control of such vessels on the high seas by means of fishing licences, authorizations or permits, in accordance with any applicable procedures agreed at the subregional, regional or global level;
    (b) establishment of regulations:
        (i) to apply terms and conditions to the licence, authorization or permit sufficient to fulfil any subregional, regional or global obligations of the flag State;
        (ii) to prohibit fishing on the high seas by vessels which are not duly licensed or authorized to fish, or fishing on the high seas

férentes de celles stipulées par les licences, autorisations ou permis ;

iii) D'exiger des navires pêchant en haute mer qu'ils aient toujours à bord leur licence, autorisation ou permis et qu'ils présentent ce document pour inspection à la demande de toute personne dûment habilitée ; et

iv) De veiller à ce que ces navires ne pratiquent pas la pêche sans autorisation dans des zones relevant de la juridiction nationale d'autres Etats ;

c) Tenue d'un registre national des navires de pêche autorisés à pêcher en haute mer et adoption des dispositions voulues pour que les Etats directement intéressés qui en font la demande aient accès aux renseignements figurant dans ce registre, compte tenu de toutes lois internes de l'Etat du pavillon ayant trait à la communication de ces renseignements ;

d) Réglementation du marquage des navires et engins de pêche aux fins de leur identification, conformément à des systèmes uniformes et internationalement reconnus, tels que les Spécifications types de l'Organisation des Nations Unies pour l'alimentation et l'agriculture pour le marquage et l'identification des bateaux de pêche ;

e) Etablissement de règles pour la tenue et la communication en temps opportun de registres indiquant la position des navires, les captures d'espèces visées et non visées, l'effort de pêche et d'autres données pertinentes relatives à la pêche, conformément aux normes sous-régionales, régionales et mondiales régissant la collecte de ces données ;

f) Etablissement de règles pour la vérification des relevés de captures d'espèces visées et non visées par les moyens suivants : programmes d'observation et d'inspection, rapports de déchargement, supervision des transbordements, contrôle des captures débarquées et suivi des statistiques du marché ;

g) Observation, contrôle et surveillance de ces navires, de leurs activités de pêche et activités connexes au moyen notamment de :

i) La mise en oeuvre de mécanismes d'inspection nationaux et de mécanismes sous-régionaux et régionaux de coopération en matière de police conformément aux articles 21 et 22, prévoyant notamment l'obligation pour ces navires d'autoriser l'accès à leur bord d'inspecteurs dûment habilités d'autres Etats ;

ii) La mise en oeuvre de programmes d'observation nationaux et de programmes d'observation sous-régionaux et régionaux

by vessels otherwise than in accordance with the terms and conditions of a licence, authorization or permit;

(iii) to require vessels fishing on the high seas to carry the licence, authorization or permit on board at all times and to produce it on demand for inspection by a duly authorized person; and

(iv) to ensure that vessels flying its flag do not conduct unauthorized fishing within areas under the national jurisdiction of other States;

(c) establishment of a national record of fishing vessels authorized to fish on the high seas and provision of access to the information contained in that record on request by directly interested States, taking into account any national laws of the flag State regarding the release of such information;

(d) requirements for marking of fishing vessels and fishing gear for identification in accordance with uniform and internationally re-cognizable vessel and gear marking systems, such as the Food and Agriculture Organization of the United Nations Standard Specifications for the Marking and Identification of Fishing Vessels;

(e) requirements for recording and timely reporting of vessel position, catch of target and non-target species, fishing effort and other relevant fisheries data in accordance with subregional, regional and global standards for collection of such data;

(f) requirements for verifying the catch of target and non-target species through such means as observer programmes, inspection schemes, unloading reports, supervision of transshipment and monitoring of landed catches and market statistics;

(g) monitoring, control and surveillance of such vessels, their fishing operations and related activities by, *inter alia*:

(i) the implementation of national inspection schemes and subregional and regional schemes for cooperation in enforcement pursuant to articles 21 and 22, including requirements for such vessels to permit access by duly authorized inspectors from other States;

(ii) the implementation of national observer programmes and subregional and regional observer programmes in which the

auxquels participe l'Etat du pavillon, prévoyant notamment l'obligation pour ces navires d'autoriser l'accès à leur bord d'observateurs d'autres Etats pour leur permettre d'exercer les fonctions définies dans les programmes ; et

iii) L'élaboration et la mise en oeuvre de systèmes de surveillance des navires, y compris, le cas échéant, de systèmes appropriés de communication par satellite, conformément à tous programmes nationaux et aux programmes qui ont été convenus aux plans sous-régional, régional ou mondial entre les Etats concernés ;

h) Réglementation des transbordements en haute mer pour faire en sorte que l'efficacité des mesures de conservation et de gestion ne soit pas compromise ; et

i) Réglementation des activités de pêche pour assurer le respect des mesures sous-régionales, régionales ou mondiales, y compris celles qui visent à réduire au minimum les captures d'espèces non visées.

4. Lorsqu'un système de contrôle et de surveillance convenu aux plans sous-régional, régional ou mondial est en vigueur, les Etats veillent à ce que les mesures qu'ils imposent aux navires battant leur pavillon soient compatibles avec ce système.

Partie VI
Respect de la réglementation et répression des infractions

Article 19
Respect de la réglementation et pouvoirs de police
de l'Etat du pavillon

1. Tout Etat veille à ce que les navires battant son pavillon respectent les mesures sous-régionales et régionales de conservation et de gestion des stocks de poissons chevauchants et des stocks de poissons grands migrateurs. A cette fin, il :

a) Fait respecter ces mesures, quel que soit le lieu de l'infraction ;

b) Mène immédiatement, lorsqu'une infraction aux mesures sous-régionales ou régionales de conservation et de gestion est alléguée, une enquête approfondie, qui peut comprendre l'inspection matérielle des navires concernés, et fait rapport sans retard sur le déroulement et les résultats de cette enquête à l'Etat qui a allégué l'infraction ainsi qu'à l'organisation ou arrangement sous-régional ou régional compétent ;

flag State is a participant, including requirements for such vessels to permit access by observers from other States to carry out the functions agreed under the programmes; and

(iii) the development and implementation of vessel monitoring systems, including, as appropriate, satellite transmitter systems, in accordance with any national programmes and those which have been subregionally, regionally or globally agreed among the States concerned;

(h) regulation of transshipment on the high seas to ensure that the effectiveness of conservation and management measures is not undermined; and

(i) regulation of fishing activities to ensure compliance with subregional, regional or global measures, including those aimed at minimizing catches of non-target species.

4. Where there is a subregionally, regionally or globally agreed system of monitoring, control and surveillance in effect, States shall ensure that the measures they impose on vessels flying their flag are compatible with that system.

Part VI
Compliance and Enforcement

Article 19
Compliance and enforcement by the flag State

1. A State shall ensure compliance by vessels flying its flag with subregional and regional conservation and management measures for straddling fish stocks and highly migratory fish stocks. To this end, that State shall:

(a) enforce such measures irrespective of where violations occur;

(b) investigate immediately and fully any alleged violation of subregional or regional conservation and management measures, which may include the physical inspection of the vessels concerned, and report promptly to the State alleging the violation and the relevant subregional or regional organization or arrangement on the progress and outcome of the investigation;

c)   Exige de tout navire battant son pavillon qu'il communique aux autorités chargées de l'enquête des renseignements concernant sa position, ses captures, ses engins de pêche, ses opérations de pêche et ses activités connexes dans la zone de l'infraction présumée ;

d)   S'il est convaincu de disposer de preuves suffisantes concernant l'infraction présumée, saisit ses autorités compétentes en vue d'engager sans retard des poursuites conformément à son droit interne et, s'il y a lieu, immobilise le navire en cause ; et

e)   Veille à ce que tout navire dont il a été établi conformément à son droit interne qu'il a commis une infraction grave auxdites mesures ne se livre plus à des opérations de pêche en haute mer jusqu'à ce que toutes les sanctions imposées par l'Etat du pavillon pour cette infraction aient été exécutées.

2.   Toutes les enquêtes et procédures judiciaires sont menées dans les plus brefs délais. Les sanctions encourues pour les infractions doivent être suffisamment rigoureuses pour garantir le respect des mesures de conservation et de gestion et décourager les infractions en quelque lieu que ce soit, et elles doivent priver les auteurs des infractions des profits découlant de leurs activités illégales. Les mesures applicables aux capitaines et autres officiers des navires de pêche comprennent des dispositions pouvant autoriser, entre autres, le refus, le retrait ou la suspension de l'autorisation d'exercer les fonctions de capitaine ou d'officier à bord de ces navires.

Article 20
Coopération internationale en matière de police

1.   Les Etats coopèrent, soit directement soit par l'intermédiaire d'organisations ou arrangements de gestion des pêcheries sous-régionaux ou régionaux, pour assurer le respect et la mise en application des mesures sous-régionales et régionales de conservation et de gestion des stocks de poissons chevauchants et des stocks de poissons grands migrateurs.

2.   L'Etat du pavillon qui enquête sur une infraction présumée aux mesures de conservation et de gestion des stocks de poissons chevauchants ou des stocks de poissons grands migrateurs peut solliciter l'assistance de tout autre Etat dont la coopération pourrait être utile à la conduite de l'enquête. Tous les Etats s'efforcent d'accéder aux demandes raisonnables formulées par l'Etat du pavillon dans le cadre de telles enquêtes.

3.   Les enquêtes peuvent être menées par l'Etat du pavillon directement, en coopération avec les autres Etats concernés, ou par l'intermédiaire de

(c) require any vessel flying its flag to give information to the investigating authority regarding vessel position, catches, fishing gear, fishing operations and related activities in the area of an alleged violation;

(d) if satisfied that sufficient evidence is available in respect of an alleged violation, refer the case to its authorities with a view to instituting proceedings without delay in accordance with its laws and, where appropriate, detain the vessel concerned; and

(e) ensure that, where it has been established, in accordance with its laws, a vessel has been involved in the commission of a serious violation of such measures, the vessel does not engage in fishing operations on the high seas until such time as all outstanding sanctions imposed by the flag State in respect of the violation have been complied with.

2. All investigations and judicial proceedings shall be carried out expeditiously. Sanctions applicable in respect of violations shall be adequate in severity to be effective in securing compliance and to discourage violations wherever they occur and shall deprive offenders of the benefits accruing from their illegal activities. Measures applicable in respect of masters and other officers of fishing vessels shall include provisions which may permit, *inter alia*, refusal, withdrawal or suspension of authorizations to serve as masters or officers on such vessels.

Article 20
International cooperation in enforcement

1. States shall cooperate, either directly or through subregional or regional fisheries management organizations or arrangements, to ensure compliance with and enforcement of subregional and regional conservation and management measures for straddling fish stocks and highly migratory fish stocks.

2. A flag State conducting an investigation of an alleged violation of conservation and management measures for straddling fish stocks or highly migratory fish stocks may request the assistance of any other State whose cooperation may be useful in the conduct of that investigation. All States shall endeavour to meet reasonable requests made by a flag State in connection with such investigations.

3. A flag State may undertake such investigations directly, in cooperation with other interested States or through the relevant subregional or

l'organisation ou arrangement sous-régional ou régional de gestion des pêcheries. Des renseignements sur le déroulement et les résultats des enquêtes sont fournis à tous les Etats intéressés ou affectés par l'infraction présumée.

4. Les Etats se prêtent mutuellement assistance pour identifier les navires qui se seraient livrés à des activités qui compromettent l'efficacité de mesures sous-régionales, régionales ou mondiales de conservation et de gestion.

5. Les Etats, dans la mesure où leurs lois et règlements internes les y autorisent, mettent en place des arrangements en vue de communiquer aux autorités chargées des poursuites dans d'autres Etats les preuves relatives aux infractions présumées auxdites mesures.

6. Lorsqu'il y a de sérieuses raisons de penser qu'un navire se trouvant en haute mer s'est livré à la pêche sans autorisation dans une zone relevant de la juridiction d'un Etat côtier, l'Etat du pavillon procède immédiatement, à la demande de l'Etat côtier intéressé, à une enquête approfondie. L'Etat du pavillon coopère avec l'Etat côtier en vue de prendre les mesures de coercition appropriées en l'espèce, et peut habiliter les autorités compétentes de celui-ci à arraisonner et à inspecter le navire en haute mer. Le présent paragraphe est sans préjudice de l'article 111 de la Convention.

7. Les Etats parties qui sont membres d'une organisation ou participants à un arrangement sous-régional ou régional de gestion des pêcheries peuvent prendre des mesures conformément au droit international, y compris en recourant aux procédures établies à cette fin à l'échelon sous-régional ou régional, pour dissuader les navires qui se sont livrés à des activités qui compromettent l'efficacité des mesures de conservation et de gestion instituées par ladite organisation ou ledit arrangement ou constituent de toute autre manière une infraction à ces mesures de pratiquer la pêche en haute mer dans la sous-région ou la région en attendant que l'Etat du pavillon ait pris les mesures appropriées.

Article 21
Coopération sous-régionale et régionale en matière de police

1. Dans tout secteur de la haute mer couvert par une organisation ou un arrangement de gestion des pêcheries sous-régional ou régional, tout Etat partie qui est membre de cette organisation ou participant à cet arrangement peut, par l'intermédiaire de ses inspecteurs dûment habilités, arraisonner et inspecter, conformément au paragraphe 2, les navires de pêche battant le pavillon d'un autre Etat partie au présent Accord, que

regional fisheries management organization or arrangement. Information on the progress and outcome of the investigations shall be provided to all States having an interest in, or affected by, the alleged violation.

4.   States shall assist each other in identifying vessels reported to have engaged in activities undermining the effectiveness of subregional, regional or global conservation and management measures.

5.   States shall, to the extent permitted by national laws and regulations, establish arrangements for making available to prosecuting authorities in other States evidence relating to alleged violations of such measures.

6.   Where there are reasonable grounds for believing that a vessel on the high seas has been engaged in unauthorized fishing within an area under the jurisdiction of a coastal State, the flag State of that vessel, at the request of the coastal State concerned, shall immediately and fully investigate the matter. The flag State shall cooperate with the coastal State in taking appropriate enforcement action in such cases and may authorize the relevant authorities of the coastal State to board and inspect the vessel on the high seas. This paragraph is without prejudice to article 111 of the Convention.

7.   States Parties which are members of a subregional or regional fisheries management organization or participants in a subregional or regional fisheries management arrangement may take action in accordance with international law, including through recourse to subregional or regional procedures established for this purpose, to deter vessels which have engaged in activities which undermine the effectiveness of or otherwise violate the conservation and management measures established by that organization or arrangement from fishing on the high seas in the subregion or region until such time as appropriate action is taken by the flag State.

Article 21
Subregional and regional cooperation in enforcement

1.   In any high seas area covered by a subregional or regional fisheries management organization or arrangement, a State Party which is a member of such organization or a participant in such arrangement may, through its duly authorized inspectors, board and inspect, in accordance with paragraph 2, fishing vessels flying the flag of another State Party to this

cet Etat partie soit ou non lui aussi membre de l'organisation ou participant à l'arrangement, pour assurer le respect des mesures de conservation et de gestion des stocks de poissons chevauchants et des stocks de poissons grands migrateurs instituées par ladite organisation ou ledit arrangement.

2. Les Etats établissent, par l'intermédiaire des organisations ou arrangements de gestion des pêcheries sous-régionaux ou régionaux, des procédures pour l'arraisonnement et l'inspection conformément au paragraphe 1, ainsi que des procédures pour l'application des autres dispositions du présent article. Ces procédures sont conformes au présent article et aux procédures de base définies à l'article 22 et ne sont pas discriminatoires à l'égard des Etats qui ne sont pas membres de l'organisation ni participants à l'arrangement concerné. Il est procédé à l'arraisonnement et à l'inspection ainsi qu'à toute mesure de coercition prise par la suite conformément à ces procédures. Les Etats donnent la publicité voulue aux procédures établies conformément au présent paragraphe.

3. Si, dans les deux ans qui suivent l'adoption du présent Accord, une organisation ou un arrangement n'a pas établi de telles procédures, il est procédé, en attendant leur établissement, à l'arraisonnement et à l'inspection en vertu du paragraphe 1 ainsi qu'à toute mesure de coercition prise par la suite conformément au présent article et aux procédures de base définies à l'article 22.

4. Avant de prendre des mesures conformément au présent article, l'etat procédant à l'inspection, soit directement soit par l'intermédiaire de l'organisation ou arrangement sous-régional ou régional de gestion des pêcheries compétent, informe tous les Etats dont les navires se livrent à la pêche en haute mer dans la sous-région ou région de la nature de l'identification dont sont porteurs ses inspecteurs dûment habilités. Les navires servant à l'arraisonnement et à l'inspection portent des marques extérieures indiquant clairement qu'ils sont affectés à un service public. Au moment où il devient partie au présent Accord, tout Etat désigne une autorité compétente pour recevoir des notifications conformément au présent article et donne la publicité voulue à cette désignation par l'intermédiaire de l'organisation ou arrangement de gestion des pêcheries sous-régional ou régional compétent.

5. Si, après arraisonnement et inspection, il y a de sérieuses raisons de penser qu'un navire s'est livré à une activité contraire aux mesures de conservation et de gestion visées au paragraphe 1, l'Etat qui a procédé à l'inspection rassemble, s'il y a lieu, des éléments de preuve, et informe sans délai l'Etat du pavillon de l'infraction présumée.

Agreement, whether or not such State Party is also a member of the organization or a participant in the arrangement, for the purpose of ensuring compliance with conservation and management measures for straddling fish stocks and highly migratory fish stocks established by that organization or arrangement.

2. States shall establish, through subregional or regional fisheries management organizations or arrangements, procedures for boarding and inspection pursuant to paragraph 1, as well as procedures to implement other provisions of this article. Such procedures shall be consistent with this article and the basic procedures set out in article 22 and shall not discriminate against non-members of the organization or non-participants in the arrangement. Boarding and inspection as well as any subsequent enforcement action shall be conducted in accordance with such procedures. States shall give due publicity to procedures established pursuant to this paragraph.

3. If, within two years of the adoption of this Agreement, any organization or arrangement has not established such procedures, boarding and inspection pursuant to paragraph 1, as well as any subsequent enforcement action, shall, pending the establishment of such procedures, be conducted in accordance with this article and the basic procedures set out in article 22.

4. Prior to taking action under this article, inspecting States shall, either directly or through the relevant subregional or regional fisheries management organization or arrangement, inform all States whose vessels fish on the high seas in the subregion or region of the form of identification issued to their duly authorized inspectors. The vessels used for boarding and inspection shall be clearly marked and identifiable as being on government service. At the time of becoming a Party to this Agreement, a State shall designate an appropriate authority to receive notifications pursuant to this article and shall give due publicity of such designation through the relevant subregional or regional fisheries management organization or arrangement.

5. Where, following a boarding and inspection, there are clear grounds for believing that a vessel has engaged in any activity contrary to the conservation and management measures referred to in paragraph 1, the inspecting State shall, where appropriate, secure evidence and shall promptly notify the flag State of the alleged violation.

6. L'Etat du pavillon répond à la notification visée au paragraphe 5 dans un délai de trois jours ouvrables à compter de sa réception ou dans tout autre délai prescrit par les procédures établies conformément au paragraphe 2, et doit :

   a) Exécuter sans délai l'obligation que lui impose l'article 19 de procéder à une enquête et, si les éléments de preuve le justifient, prendre des mesures de coercition à l'encontre du navire, auquel cas il informe promptement l'Etat ayant procédé à l'inspection des résultats de l'enquête et, le cas échéant, des mesures de coercition qu'il a prises ; ou

   b) Autoriser l'Etat ayant procédé à l'inspection à mener une enquête.

7. Lorsque l'Etat du pavillon autorise l'Etat ayant procédé à l'inspection à enquêter sur une infraction présumée, ce dernier lui communique sans retard les résultats de l'enquête. Si les éléments de preuve le justifient, l'Etat du pavillon s'acquitte de l'obligation qui lui incombe de prendre des mesures de coercition à l'encontre du navire. A défaut, l'Etat du pavillon peut autoriser l'Etat ayant procédé à l'inspection à prendre à l'encontre du navire les mesures de coercition stipulées par l'Etat du pavillon conformément aux droits et obligations que celui-ci tire du présent Accord.

8. Si, après arraisonnement et inspection, il y a de sérieuses raisons de penser qu'un navire a commis une infraction grave, et l'Etat du pavillon n'a pas répondu ou n'a pas pris les mesures prescrites aux paragraphes 6 ou 7, les inspecteurs peuvent rester à bord du navire et rassembler des éléments de preuve et exiger du capitaine qu'il collabore à un complément d'enquête, y compris, le cas échéant, en conduisant le navire sans retard au port approprié le plus proche, ou à tout autre port pouvant avoir été spécifié dans les procédures établies conformément au paragraphe 2. L'Etat ayant procédé à l'inspection informe immédiatement l'Etat du pavillon du nom du port où le navire doit être conduit. L'Etat ayant procédé à l'inspection et l'Etat du pavillon et, le cas échéant, l'Etat du port prennent toutes les mesures nécessaires pour assurer le bien-être des membres de l'équipage, quelle que soit leur nationalité.

9. L'Etat ayant procédé à l'inspection informe l'Etat du pavillon et l'organisation compétente ou les participants à l'arrangement compétent des résultats de tout complément d'enquête.

10. L'Etat procédant à l'inspection exige de ses inspecteurs qu'ils observent les règles, procédures et pratiques internationales généralement acceptées en ce qui concerne la sécurité du navire et de l'équipage, qu'ils entravent le moins possible les opérations de pêche et, pour autant que possible, qu'ils s'abstiennent de toute mesure de nature à compromettre la qualité des captures à bord. L'Etat procédant à l'inspection veille à ce

6. The flag State shall respond to the notification referred to in paragraph 5 within three working days of its receipt, or such other period as may be prescribed in procedures established in accordance with paragraph 2, and shall either:

   (a) fulfil, without delay, its obligations under article 19 to investigate and, if evidence so warrants, take enforcement action with respect to the vessel, in which case it shall promptly inform the inspecting State of the results of the investigation and of any enforcement action taken; or

   (b) authorize the inspecting State to investigate.

7. Where the flag State authorizes the inspecting State to investigate an alleged violation, the inspecting State shall, without delay, communicate the results of that investigation to the flag State. The flag State shall, if evidence so warrants, fulfil its obligations to take enforcement action with respect to the vessel. Alternatively, the flag State may authorize the inspecting State to take such enforcement action as the flag State may specify with respect to the vessel, consistent with the rights and obligations of the flag State under this Agreement.

8. Where, following boarding and inspection, there are clear grounds for believing that a vessel has committed a serious violation, and the flag State has either failed to respond or failed to take action as required under paragraphs 6 or 7, the inspectors may remain on board and secure evidence and may require the master to assist in further investigation including, where appropriate, by bringing the vessel without delay to the nearest appropriate port, or to such other port as may be specified in procedures established in accordance with paragraph 2. The inspecting State shall immediately inform the flag State of the name of the port to which the vessel is to proceed. The inspecting State and the flag State and, as appropriate, the port State shall take all necessary steps to ensure the well-being of the crew regardless of their nationality.

9. The inspecting State shall inform the flag State and the relevant organization or the participants in the relevant arrangement of the results of any further investigation.

10. The inspecting State shall require its inspectors to observe generally accepted international regulations, procedures and practices relating to the safety of the vessel and the crew, minimize interference with fishing operations and, to the extent practicable, avoid action which would adversely affect the quality of the catch on board. The inspecting State

que l'arraisonnement et l'inspection ne soient pas menés d'une manière qui constituerait un harcèlement pour le navire de pêche.

11. Aux fins du présent article, on entend par infraction grave le fait :

a) De pêcher sans licence, autorisation ou permis valide délivré par l'Etat du pavillon conformément au paragraphe 3, lettre a), de l'article 18 ;

b) De s'abstenir de consigner avec exactitude les données sur les captures et données connexes, comme l'exige l'organisation ou arrangement de gestion des pêcheries sous-régional ou régional compétent, ou de faire une déclaration grossièrement inexacte sur les captures, au mépris des règles fixées par ladite organisation ou ledit arrangement en matière de déclaration des captures ;

c) De se livrer à la pêche dans un secteur fermé, de pêcher en dehors des temps d'ouverture, de pêcher sans quota fixé par l'organisation ou arrangement de gestion des pêcheries sous-régional ou régional compétent ou après avoir atteint un tel quota ;

d) D'exploiter un stock qui fait l'objet d'un moratoire ou dont la pêche est interdite ;

e) D'utiliser des engins de pêche prohibés ;

f) De falsifier ou de dissimuler les marquages, le nom ou l'immatriculation d'un navire de pêche ;

g) De dissimuler, d'altérer et de faire disparaître des éléments de preuve intéressant une enquête ;

h) De commettre des infractions multiples qui, ensemble, constituent une méconnaissance grave des mesures de conservation et de gestion ; ou

i) De commettre toutes autres infractions qui pourraient être spécifiées dans les procédures établies par l'organisation ou arrangement de gestion des pêcheries sous-régional ou régional compétent.

12. Nonobstant les autres dispositions du présent article, l'Etat du pavillon peut, à tout moment, prendre des mesures pour s'acquitter des obligations que lui impose l'article 19 face à une infraction présumée. Si le navire est sous son contrôle, l'Etat qui a procédé à l'inspection le remet à l'Etat du pavillon, à la demande de ce dernier, qu'il informe pleinement du déroulement et du résultat de l'enquête.

13. Le présent article est sans préjudice du droit qu'a l'Etat du pavillon de prendre toutes mesures, y compris d'engager des poursuites en vue d'imposer des pénalités, conformément à son droit interne.

shall ensure that boarding and inspection is not conducted in a manner that would constitute harassment of any fishing vessel.

11. For the purposes of this article, a serious violation means:

(a) fishing without a valid licence, authorization or permit issued by the flag State in accordance with article 18, paragraph 3(a);

(b) failing to maintain accurate records of catch and catch-related data, as required by the relevant subregional or regional fisheries management organization or arrangement, or serious misreporting of catch, contrary to the catch reporting requirements of such organization or arrangement;

(c) fishing in a closed area, fishing during a closed season or fishing without, or after attainment of, a quota established by the relevant subregional or regional fisheries management organization or arrangement;

(d) directed fishing for a stock which is subject to a moratorium or for which fishing is prohibited;

(e) using prohibited fishing gear;

(f) falsifying or concealing the markings, identity or registration of a fishing vessel;

(g) concealing, tampering with or disposing of evidence relating to an investigation;

(h) multiple violations which together constitute a serious disregard of conservation and management measures; or

(i) such other violations as may be specified in procedures established by the relevant subregional or regional fisheries management organization or arrangement.

12. Notwithstanding the other provisions of this article, the flag State may, at any time, take action to fulfil its obligations under article 19 with respect to an alleged violation. Where the vessel is under the direction of the inspecting State, the inspecting State shall, at the request of the flag State, release the vessel to the flag State along with full information on the progress and outcome of its investigation.

13. This article is without prejudice to the right of the flag State to take any measures, including proceedings to impose penalties, according to its laws.

14. Le présent article s'applique *mutatis mutandis* à l'arraisonnement et à l'inspection auxquels procède un Etat partie qui est membre d'une organisation ou participant à un arrangement de gestion des pêcheries sous-régional ou régional et qui a de sérieuses raisons de penser qu'un navire de pêche battant le pavillon d'un autre Etat partie s'est livré à une activité contraire aux mesures de conservation et de gestion visées au paragraphe 1 dans le secteur de la haute mer couvert par ladite organisation ou ledit arrangement et que, pendant la même expédition de pêche, ledit navire a par la suite pénétré dans un secteur relevant de la juridiction nationale de l'Etat procédant à l'inspection.

15. Lorsqu'une organisation ou un arrangement de gestion des pêcheries sous-régional ou régional a créé un mécanisme qui s'acquitte effectivement de l'obligation, mise à la charge de ses membres ou participants par le présent Accord, d'assurer le respect des mesures de conservation et de gestion que l'organisation ou arrangement a instituées, les membres de l'organisation ou les participants à l'arrangement peuvent convenir de limiter à eux-mêmes l'application du paragraphe 1 en ce qui concerne les mesures de conservation et de gestion qui ont été instituées dans le secteur de la haute mer concerné.

16. Les mesures prises par des Etats autres que l'Etat du pavillon contre des navires qui se sont livrés à des activités contraires aux mesures de conservation et de gestion sous-régionales ou régionales doivent être proportionnelles à la gravité de l'infraction.

17. Lorsqu'il existe de sérieuses raisons de soupçonner qu'un navire de pêche se trouvant en haute mer est apatride, tout Etat peut arraisonner et inspecter ce navire. Si les éléments de preuve le justifient, l'Etat peut prendre les mesures appropriées conformément au droit international.

18. Les Etats sont responsables des pertes ou dommages qui leur sont imputables à la suite d'une mesure prise en vertu du présent article, lorsque ladite mesure est illicite ou va au-delà de ce qui est raisonnablement nécessaire, eu égard aux renseignements disponibles, pour appliquer les dispositions du présent article.

Article 22
Procédures de base applicables en cas d'arraisonnement
et d'inspection conformément à l'article 21

1. L'Etat qui procède à l'inspection veille à ce que ses inspecteurs dûment habilités :

14. This article applies *mutatis mutandis* to boarding and inspection by a State Party which is a member of a subregional or regional fisheries management organization or a participant in a subregional or regional fisheries management arrangement and which has clear grounds for believing that a fishing vessel flying the flag of another State Party has engaged in any activity contrary to relevant conservation and management measures referred to in paragraph 1 in the high seas area covered by such organization or arrangement, and such vessel has subsequently, during the same fishing trip, entered into an area under the national jurisdiction of the inspecting State.

15. Where a subregional or regional fisheries management organization or arrangement has established an alternative mechanism which effectively discharges the obligation under this Agreement of its members or participants to ensure compliance with the conservation and management measures established by the organization or arrangement, members of such organization or participants in such arrangement may agree to limit the application of paragraph 1 as between themselves in respect of the conservation and management measures which have been established in the relevant high seas area.

16. Action taken by States other than the flag State in respect of vessels having engaged in activities contrary to subregional or regional conservation and management measures shall be proportionate to the seriousness of the violation.

17. Where there are reasonable grounds for suspecting that a fishing vessel on the high seas is without nationality, a State may board and inspect the vessel. Where evidence so warrants, the State may take such action as may be appropriate in accordance with international law.

18. States shall be liable for damage or loss attributable to them arising from action taken pursuant to this article when such action is unlawful or exceeds that reasonably required in the light of available information to implement the provisions of this article.

Article 22
Basic procedures for boarding and inspection pursuant to article 21

1. The inspecting State shall ensure that its duly authorized inspectors:

a)   Présentent leurs titres au capitaine du navire et produisent le texte des mesures de conservation et de gestion pertinentes ou des règles et règlements appliqués dans le secteur de la haute mer en question pour donner effet auxdites mesures ;

b)   Avisent l'Etat du pavillon au moment de l'arraisonnement et de l'inspection ;

c)   N'empêchent pas le capitaine du navire de communiquer avec les autorités de l'Etat du pavillon pendant l'arraisonnement et l'inspection ;

d)   Remettent au capitaine et aux autorités de l'Etat du pavillon copie du rapport sur l'arraisonnement et l'inspection, dans lequel aura été insérée toute objection ou déclaration que le capitaine souhaite y voir consigner ;

e)   Quittent promptement le navire après avoir terminé l'inspection s'ils ne trouvent aucune preuve d'infraction grave ; et

f)   Evitent de faire usage de la force sauf lorsque, et dans la mesure où, cela s'avère nécessaire pour garantir leur sécurité et lorsqu'ils sont empêchés d'exercer leurs fonctions. Le degré de force dont il est fait usage ne doit pas dépasser ce qui est raisonnablement requis en la circonstance.

2.   Les inspecteurs dûment habilités d'un Etat procédant à une inspection ont le pouvoir d'inspecter le navire, sa licence, ses engins, équipements, registres, installations, poissons et produits de poisson ainsi que tous documents pertinents nécessaires pour vérifier le respect des mesures de conservation et de gestion concernées.

3.   L'Etat du pavillon veille à ce que les capitaines de navire :

a)   Laissent les inspecteurs monter à leur bord et facilitent leur embarquement de façon qu'il se fasse rapidement et dans des conditions de sécurité ;

b)   Coopèrent à l'inspection des navires effectuée conformément aux présentes procédures et prêtent leur concours à cette fin ;

c)   N'empêchent pas les inspecteurs d'accomplir leur mission, ne cherchent pas à les intimider et ne les gênent pas dans l'exercice de leurs fonctions ;

d)   Permettent aux inspecteurs de communiquer avec les autorités de l'Etat du pavillon et de l'Etat procédant à l'inspection pendant l'arraisonnement et l'inspection ;

e)   Offrent aux inspecteurs des facilités raisonnables, y compris, le cas échéant, le gîte et le couvert ; et

f)   Facilitent le débarquement des inspecteurs dans des conditions de sécurité.

(a) present credentials to the master of the vessel and produce a copy of the text of the relevant conservation and management measures or rules and regulations in force in the high seas area in question pursuant to those measures;

(b) initiate notice to the flag State at the time of the boarding and inspection;

(c) do not interfere with the master's ability to communicate with the authorities of the flag State during the boarding and inspection;

(d) provide a copy of a report on the boarding and inspection to the master and to the authorities of the flag State, noting therein any objection or statement which the master wishes to have included in the report;

(e) promptly leave the vessel following completion of the inspection if they find no evidence of a serious violation; and

(f) avoid the use of force except when and to the degree necessary to ensure the safety of the inspectors and where the inspectors are obstructed in the execution of their duties. The degree of force used shall not exceed that reasonably required in the circumstances.

2. The duly authorized inspectors of an inspecting State shall have the authority to inspect the vessel, its licence, gear, equipment, records, facilities, fish and fish products and any relevant documents necessary to verify compliance with the relevant conservation and management measures.

3. The flag State shall ensure that vessel masters:

(a) accept and facilitate prompt and safe boarding by the inspectors;

(b) cooperate with and assist in the inspection of the vessel conducted pursuant to these procedures;

(c) do not obstruct, intimidate or interfere with the inspectors in the performance of their duties;

(d) allow the inspectors to communicate with the authorities of the flag State and the inspecting State during the boarding and inspection;

(e) provide reasonable facilities, including, where appropriate, food and accommodation, to the inspectors; and

(f) facilitate safe disembarkation by the inspectors.

4.   Si le capitaine d'un navire refuse d'accepter l'arraisonnement et l'inspection conformément au présent article et à l'article 21, l'Etat du pavillon, sauf dans les cas où, conformément aux réglementations, procédures et pratiques internationales généralement acceptées touchant la sécurité en mer, il est nécessaire de différer l'arraisonnement et l'inspection, ordonne au capitaine du navire de se soumettre immédiatement à l'arraisonnement et à l'inspection et, si celui-ci n'obtempère pas, suspend l'autorisation de pêche délivrée au navire, auquel il ordonne de regagner immédiatement le port. L'Etat du pavillon informe l'Etat ayant procédé à l'inspection de la mesure qu'il a prise lorsque les circonstances visées au présent paragraphe se produisent.

Article 23
Mesures à prendre par l'Etat du port

1.   L'Etat du port a le droit et l'obligation de prendre des mesures, conformément au droit international, pour garantir l'efficacité des mesures sous-régionales, régionales et mondiales de conservation et de gestion. Lorsqu'il prend de telles mesures, l'Etat du port n'exerce aucune discrimination de forme ou de fait à l'encontre des navires d'un Etat quel qu'il soit.

2.   L'Etat du port peut notamment contrôler les documents, les engins de pêche et les captures à bord des navires de pêche lorsque ceux-ci se trouvent volontairement dans ses ports ou ses installations terminales au large.

3.   Les Etats peuvent adopter des règlements habilitant les autorités nationales compétentes à interdire les débarquements et les transbordements lorsqu'il est établi que la capture a été effectuée d'une manière qui compromet l'efficacité des mesures régionales, sous-régionales ou mondiales de conservation et de gestion en haute mer.

4.   Aucune disposition du présent article ne porte atteinte à l'exercice par les Etats de leur souveraineté sur les ports de leur territoire conformément au droit international.

4. In the event that the master of a vessel refuses to accept boarding and inspection in accordance with this article and article 21, the flag State shall, except in circumstances where, in accordance with generally accepted international regulations, procedures and practices relating to safety at sea, it is necessary to delay the boarding and inspection, direct the master of the vessel to submit immediately to boarding and inspection and, if the master does not comply with such direction, shall suspend the vessel's authorization to fish and order the vessel to return immediately to port. The flag State shall advise the inspecting State of the action it has taken when the circumstances referred to in this paragraph arise.

Article 23
Measures taken by a port State

1. A port State has the right and the duty to take measures, in accordance with international law, to promote the effectiveness of subregional, regional and global conservation and management measures. When taking such measures a port State shall not discriminate in form or in fact against the vessels of any State.

2. A port State may, *inter alia*, inspect documents, fishing gear and catch on board fishing vessels, when such vessels are voluntarily in its ports or at its offshore terminals.

3. States may adopt regulations empowering the relevant national authorities to prohibit landings and transshipments where it has been established that the catch has been taken in a manner which undermines the effectiveness of subregional, regional or global conservation and management measures on the high seas.

4. Nothing in this article affects the exercise by States of their sovereignty over ports in their territory in accordance with international law.

Partie VII
Besoins des Etats en développement

Article 24
Reconnaissance des besoins particuliers des Etats en développement

1.   Les Etats reconnaissent pleinement les besoins particuliers des Etats en développement en matière de conservation et de gestion de stocks de poissons chevauchants et de stocks de poissons grands migrateurs et de mise en valeur des pêcheries de ces stocks. A cette fin, ils fournissent une assistance aux Etats en développement soit directement soit par l'intermédiaire du Programme des Nations Unies pour le développement, de l'Organisation des Nations Unies pour l'alimentation et l'agriculture et d'autres institutions spécialisées, du Fonds pour l'environnement mondial, de la Commission du développement durable et des autres organismes ou organes internationaux et régionaux compétents.

2.   Lorsqu'ils exécutent leur obligation de coopérer à la mise en place de mesures de conservation et de gestion des stocks de poissons chevauchants et des stocks de poissons grands migrateurs, les Etats tiennent compte des besoins particuliers des Etats en développement, notamment :

   a)   La vulnérabilité des Etats en développement qui sont tributaires de l'exploitation des ressources biologiques marines, notamment pour répondre aux besoins alimentaires de leur population ou de parties de leur population ;

   b)   La nécessité d'éviter de nuire à la pêche de subsistance et aux petites pêches commerciales dans les Etats en développement, et d'assurer l'accès à ces types de pêche aux femmes, aux petits pêcheurs et aux populations autochtones, en particulier dans les petits Etats insulaires en développement ; et

   c)   La nécessité de faire en sorte que ces mesures n'aient pas pour résultat de faire supporter directement ou indirectement aux Etats en développement une part disproportionnée de l'effort de conservation.

Article 25
Formes de la coopération avec les Etats en développement

1.   Les Etats coopèrent, soit directement soit par l'intermédiaire d'organisations sous-régionales, régionales ou mondiales en vue :

Part VII
Requirements of Developing States

Article 24
Recognition of the special requirements of developing States

1. States shall give full recognition to the special requirements of developing States in relation to conservation and management of straddling fish stocks and highly migratory fish stocks and development of fisheries for such stocks. To this end, States shall, either directly or through the United Nations Development Programme, the Food and Agriculture Organization of the United Nations and other specialized agencies, the Global Environment Facility, the Commission on Sustainable Development and other appropriate international and regional organizations and bodies, provide assistance to developing States.

2. In giving effect to the duty to cooperate in the establishment of conservation and management measures for straddling fish stocks and highly migratory fish stocks, States shall take into account the special requirements of developing States, in particular:

    (a) the vulnerability of developing States which are dependent on the exploitation of living marine resources, including for meeting the nutritional requirements of their populations or parts thereof;

    (b) the need to avoid adverse impacts on, and ensure access to fisheries by, subsistence, small-scale and artisanal fishers and women fishworkers, as well as indigenous people in developing States, particularly small island developing States; and

    (c) the need to ensure that such measures do not result in transferring, directly or indirectly, a disproportionate burden of conservation action onto developing States.

Article 25
Forms of cooperation with developing States

1. States shall cooperate, either directly or through subregional, regional or global organizations:

a)   De rendre les Etats en développement, en particulier les moins avancés d'entre eux et les petits Etats insulaires en développement, mieux à même de conserver et gérer les stocks de poissons chevauchants et les stocks de poissons grands migrateurs et de mettre en valeur leurs propres pêcheries nationales en ce qui concerne ces stocks ;

b)   D'aider les Etats en développement, en particulier les moins avancés d'entre eux et les petits Etats insulaires en développement, à participer à l'exploitation en haute mer de pêcheries de ces stocks, y compris en leur facilitant l'accès à ces pêcheries, sous réserve des articles 5 et 11 ; et

c)   De faciliter la participation des Etats en développement aux organisations et arrangements de gestion des pêcheries sous-régionaux et régionaux.

2.   La coopération avec les Etats en développement aux fins énoncées dans le présent article pourra notamment prendre la forme d'aide financière, d'assistance relative à la mise en valeur des ressources humaines, d'assistance technique, de transfert de techniques, y compris par le biais d'entreprises conjointes, et de services consultatifs.

3.   Cette assistance sera spécifiquement axée, entre autres, sur les domaines ci-après :

a)   Amélioration de la conservation et de la gestion des stocks de poissons chevauchants et des stocks de poissons grands migrateurs par collecte, publication, vérification, échange et analyse de données et informations sur les pêcheries et informations connexes ;

b)   Evaluation des stocks et recherche scientifique ; et

c)   Observation, contrôle, surveillance, respect de la réglementation et répression des infractions, y compris la formation et le renforcement des capacités au niveau local, l'élaboration et le financement de programmes d'observation nationaux et régionaux et l'accès aux technologies et matériels.

Article 26
Assistance spéciale aux fins de l'application du présent Accord

1.   Les Etats coopèrent en vue de constituer des fonds de contributions spéciales afin d'aider les Etats en développement à appliquer le présent Accord et, en particulier, de les aider à supporter le coût des procédures de règlement des différends auxquelles ils peuvent être parties.

(a) to enhance the ability of developing States, in particular the least-developed among them and small island developing States, to conserve and manage straddling fish stocks and highly migratory fish stocks and to develop their own fisheries for such stocks;

(b) to assist developing States, in particular the least-developed among them and small island developing States, to enable them to participate in high seas fisheries for such stocks, including facilitating access to such fisheries subject to articles 5 and 11; and

(c) to facilitate the participation of developing States in subregional and regional fisheries management organizations and arrangements.

2. Cooperation with developing States for the purposes set out in this article shall include the provision of financial assistance, assistance relating to human resources development, technical assistance, transfer of technology, including through joint venture arrangements, and advisory and consultative services.

3. Such assistance shall, *inter alia*, be directed specifically towards:

(a) improved conservation and management of straddling fish stocks and highly migratory fish stocks through collection, reporting, verification, exchange and analysis of fisheries data and related information;

(b) stock assessment and scientific research; and

(c) monitoring, control, surveillance, compliance and enforcement, including training and capacity-building at the local level, development and funding of national and regional observer programmes and access to technology and equipment.

Article 26
Special assistance in the implementation of this Agreement

1. States shall cooperate to establish special funds to assist developing States in the implementation of this Agreement, including assisting developing States to meet the costs involved in any proceedings for the settlement of disputes to which they may be parties.

2.   Les Etats et les organisations internationales devraient aider les Etats en développement à créer de nouvelles organisations ou de nouveaux arrangements de gestion des pêcheries sous-régionaux ou régionaux aux fins de la conservation et de la gestion des stocks de poissons chevauchants et des stocks de poissons grands migrateurs, ou à renforcer ceux qui existent déjà.

Partie VIII
Règlement pacifique des différends

Article 27
Obligation de régler les différends par des moyens pacifiques

Les Etats ont l'obligation de régler leurs différends par voie de négociation, d'enquête, de médiation, de conciliation, d'arbitrage, de règlement judiciaire, de recours aux organismes ou accords régionaux, ou par d'autres moyens pacifiques de leur choix.

Article 28
Prévention des différends

Les Etats coopèrent en vue de prévenir les différends. A cette fin, ils arrêtent d'un commun accord des procédures de prise de décisions efficaces et rapides au sein des organisations et arrangements de gestion des pêcheries sous-régionaux et régionaux et renforcent le cas échéant les procédures existantes.

Article 29
Différends touchant une question technique

En cas de différend touchant une question technique, les Etats concernés peuvent saisir un groupe d'experts *ad hoc* créé par eux. Le groupe d'experts s'entretient avec les Etats concernés et s'efforce de régler rapidement le différend sans recourir à des procédures obligatoires de règlement des différends.

Article 30
Procédures de règlement des différends

1.   Les dispositions relatives au règlement des différends énoncées dans la partie XV de la Convention s'appliquent *mutatis mutandis* à tout diffé-

2. States and international organizations should assist developing States in establishing new subregional or regional fisheries management organizations or arrangements, or in strengthening existing organizations or arrangements, for the conservation and management of straddling fish stocks and highly migratory fish stocks.

Part VIII
Peaceful Settlement of Disputes

Article 27
Obligation to settle disputes by peaceful means

States have the obligation to settle their disputes by negotiation, inquiry, mediation, conciliation, arbitration, judicial settlement, resort to regional agencies or arrangements, or other peaceful means of their own choice.

Article 28
Prevention of disputes

States shall cooperate in order to prevent disputes. To this end, States shall agree on efficient and expeditious decision-making procedures within subregional and regional fisheries management organizations and arrangements and shall strengthen existing decision-making procedures as necessary.

Article 29
Disputes of a technical nature

Where a dispute concerns a matter of a technical nature, the States concerned may refer the dispute to an *ad hoc* expert panel established by them. The panel shall confer with the States concerned and shall endeavour to resolve the dispute expeditiously without recourse to binding procedures for the settlement of disputes.

Article 30
Procedures for the settlement of disputes

1. The provisions relating to the settlement of disputes set out in Part XV of the Convention apply *mutatis mutandis* to any dispute between States

rend entre Etats parties au présent Accord concernant l'interprétation ou l'application du présent Accord, que lesdits Etats soient ou non parties à la Convention.

2. Les dispositions relatives au règlement des différends énoncées dans la partie XV de la Convention s'appliquent *mutatis mutandis* à tout différend entre Etats parties au présent Accord concernant l'interprétation ou l'application des accords sous-régionaux, régionaux ou mondiaux de gestion des pêcheries de stocks de poissons chevauchants ou de stocks de poissons grands migrateurs auxquels ils sont parties, y compris tout différend concernant la conservation et la gestion desdits stocks, que lesdits Etats soient ou non parties à la Convention.

3. Toute procédure acceptée par un Etat partie au présent Accord et à la Convention conformément à l'article 287 de la Convention s'applique au règlement des différends relevant de la présente partie, à moins que lorsqu'il signe ou ratifie le présent Accord ou y adhère, ou à n'importe quel moment par la suite, l'Etat partie intéressé accepte une autre procédure conformément à l'article 287 aux fins du règlement des différends relevant de la présente partie.

4. Lorsqu'il signe ou ratifie le présent Accord ou y adhère, ou à n'importe quel moment par la suite, tout Etat partie au présent Accord qui n'est pas partie à la Convention est libre de choisir, par voie de déclaration écrite, un ou plusieurs des moyens prévus à l'article 287, paragraphe 1, de la Convention aux fins du règlement des différends relevant de la présente partie. L'article 287 s'applique à cette déclaration ainsi qu'à tout différend auquel ledit Etat est partie et qui n'est pas visé par une déclaration en vigueur. Aux fins de conciliation et d'arbitrage conformément aux annexes V, VII et VIII de la Convention, ledit Etat a le droit de désigner des conciliateurs, des arbitres et des experts pour inscription sur la liste visée à l'article 2 de l'annexe V, à l'article 2 de l'annexe VII et à l'article 2 de l'annexe VIII aux fins du règlement des différends relevant de la présente partie.

5. La cour ou le tribunal saisi d'un différend relevant de la présente partie applique les dispositions pertinentes de la Convention, du présent Accord et de tout accord sous-régional, régional ou mondial de gestion des pêcheries applicable ainsi que les normes généralement acceptées en matière de conservation et de gestion des ressources biologiques marines et les autres règles du droit international qui ne sont pas incompatibles avec la Convention, en vue d'assurer la conservation des stocks de poissons chevauchants et des stocks de poissons grands migrateurs concernés.

Parties to this Agreement concerning the interpretation or application of this Agreement, whether or not they are also Parties to the Convention.

2. The provisions relating to the settlement of disputes set out in Part XV of the Convention apply *mutatis mutandis* to any dispute between States Parties to this Agreement concerning the interpretation or application of a subregional, regional or global fisheries agreement relating to straddling fish stocks or highly migratory fish stocks to which they are parties, including any dispute concerning the conservation and management of such stocks, whether or not they are also Parties to the Convention.

3. Any procedure accepted by a State Party to this Agreement and the Convention pursuant to article 287 of the Convention shall apply to the settlement of disputes under this Part, unless that State Party, when signing, ratifying or acceding to this Agreement, or at any time thereafter, has accepted another procedure pursuant to article 287 for the settlement of disputes under this Part.

4. A State Party to this Agreement which is not a Party to the Convention, when signing, ratifying or acceding to this Agreement, or at any time thereafter, shall be free to choose, by means of a written declaration, one or more of the means set out in article 287, paragraph 1, of the Convention for the settlement of disputes under this Part. Article 287 shall apply to such a declaration, as well as to any dispute to which such State is a party which is not covered by a declaration in force. For the purposes of conciliation and arbitration in accordance with Annexes V, VII and VIII to the Convention, such State shall be entitled to nominate conciliators, arbitrators and experts to be included in the lists referred to in Annex V, article 2, Annex VII, article 2, and Annex VIII, article 2, for the settlement of disputes under this Part.

5. Any court or tribunal to which a dispute has been submitted under this Part shall apply the relevant provisions of the Convention, of this Agreement and of any relevant subregional, regional or global fisheries agreement, as well as generally accepted standards for the conservation and management of living marine resources and other rules of international law not incompatible with the Convention, with a view to ensuring the conservation of the straddling fish stocks and highly migratory fish stocks concerned.

Article 31
Mesures conservatoires

1. En attendant le règlement d'un différend conformément à la présente partie, les parties au différend font tout ce qui est en leur pouvoir pour conclure des arrangements provisoires pratiques.

2. Sans préjudice de l'article 290 de la Convention, la cour ou le tribunal saisi du différend en vertu de la présente partie peut prescrire toutes mesures conservatoires qu'il juge appropriées en la circonstance pour préserver les droits respectifs des parties en litige ou prévenir tout dommage aux stocks en question, ainsi que dans les cas visés à l'article 7, paragraphe 5, et à l'article 16, paragraphe 2.

3. Tout Etat partie au présent Accord qui n'est pas partie à la Convention peut déclarer que, nonobstant l'article 290, paragraphe 5, de la Convention, le Tribunal international du droit de la mer n'a pas le droit de prescrire, modifier ou rapporter des mesures conservatoires sans son accord.

Article 32
Limitations à l'application des procédures de règlement
des différends

L'article 297, paragraphe 3, de la Convention s'applique également au présent Accord.

Partie IX
Etats non parties au présent accord

Article 33
Etats non parties au présent Accord

1. Les Etats parties encouragent les Etats qui ne sont pas parties au présent Accord à y devenir partie et à adopter des lois et règlements conformes à ses dispositions.

2. Les Etats parties prennent, conformément au présent Accord et au droit international, des mesures en vue de dissuader les navires battant le pavillon d'Etats non parties de se livrer à des activités qui compromettent l'application effective du présent Accord.

Article 31
Provisional measures

1. Pending the settlement of a dispute in accordance with this Part, the parties to the dispute shall make every effort to enter into provisional arrangements of a practical nature.

2. Without prejudice to article 290 of the Convention, the court or tribunal to which the dispute has been submitted under this Part may prescribe any provisional measures which it considers appropriate under the circumstances to preserve the respective rights of the parties to the dispute or to prevent damage to the stocks in question, as well as in the circumstances referred to in article 7, paragraph 5, and article 16, paragraph 2.

3. A State Party to this Agreement which is not a Party to the Convention may declare that, notwithstanding article 290, paragraph 5, of the Convention, the International Tribunal for the Law of the Sea shall not be entitled to prescribe, modify or revoke provisional measures without the agreement of such State.

Article 32
Limitations on applicability of procedures for the settlement of disputes

Article 297, paragraph 3, of the Convention applies also to this Agreement.

Part IX
Non-Parties to this Agreement

Article 33
Non-parties to this Agreement

1. States Parties shall encourage non-parties to this Agreement to become parties thereto and to adopt laws and regulations consistent with its provisions.

2. States Parties shall take measures consistent with this Agreement and international law to deter the activities of vessels flying the flag of non-parties which undermine the effective implementation of this Agreement.

Partie X
Bonne foi et abus de droit

Article 34
Bonne foi et abus de droit

Les Etats parties doivent remplir de bonne foi les obligations qu'ils ont assumées aux termes du présent Accord et exercer les droits reconnus dans le présent Accord d'une manière qui ne constitue pas un abus de droit.

Partie XI
Responsabilité

Article 35
Responsabilité

Les Etats parties sont responsables conformément au droit international des pertes ou dommages qui leur sont imputables en regard du présent Accord.

Partie XII
Conférence de révision

Article 36
Conférence de révision

1. Quatre ans après la date d'entrée en vigueur du présent Accord, le Secrétaire général de l'Organisation des Nations Unies convoquera une conférence en vue d'évaluer l'efficacité du présent Accord pour assurer la conservation et la gestion des stocks de poissons chevauchants et des stocks de poissons grands migrateurs. Le Secrétaire général invitera à la conférence tous les Etats parties et les Etats et entités qui ont le droit de devenir parties au présent Accord ainsi que les organisations intergouvernementales et les organisations non gouvernementales qui ont le droit de participer en qualité d'observateur.

2. La conférence examinera et évaluera dans quelle mesure les dispositions du présent Accord sont bien adaptées et proposera, le cas échéant, les moyens d'en renforcer le contenu et les méthodes d'application afin de mieux s'attaquer aux problèmes qui pourraient continuer de nuire à la conservation et à la gestion des stocks de poissons chevauchants et des stocks de poissons grands migrateurs.

Part X
Good Faith and Abuse of Rights

Article 34
Good faith and abuse of rights

States Parties shall fulfil in good faith the obligations assumed under this Agreement and shall exercise the rights recognized in this Agreement in a manner which would not constitute an abuse of right.

Part XI
Responsibility and Liability

Article 35
Responsibility and liability

States Parties are liable in accordance with international law for damage or loss attributable to them in regard to this Agreement.

Part XII
Review Conference

Article 36
Review conference

1. Four years after the date of entry into force of this Agreement, the Secretary-General of the United Nations shall convene a conference with a view to assessing the effectiveness of this Agreement in securing the conservation and management of straddling fish stocks and highly migratory fish stocks. The Secretary-General shall invite to the conference all States Parties and those States and entities which are entitled to become parties to this Agreement as well as those intergovernmental and non-governmental organizations entitled to participate as observers.

2. The conference shall review and assess the adequacy of the provisions of this Agreement and, if necessary, propose means of strengthening the substance and methods of implementation of those provisions in order better to address any continuing problems in the conservation and management of straddling fish stocks and highly migratory fish stocks.

Partie XIII
Dispositions finales

Article 37
Signature

Le présent Accord est ouvert à la signature de tous les Etats et des autres entités visées à l'article premier, paragraphe 2, lettre b), et reste ouvert à la signature au Siège de l'Organisation des Nations Unies pendant douze mois à compter du 4 décembre 1995.

Article 38
Ratification

Le présent Accord est soumis à ratification par les Etats et les autres entités visées à l'article premier, paragraphe 2, lettre b). Les instruments de ratification sont déposés auprès du Secrétaire général de l'Organisation des Nations Unies.

Article 39
Adhésion

Le présent Accord reste ouvert à l'adhésion des Etats et des autres entités visées à l'article premier, paragraphe 2, lettre b). Les instruments d'adhésion sont déposés auprès du Secrétaire général de l'Organisation des Nations Unies.

Article 40
Entrée en vigueur

1.   Le présent Accord entre en vigueur 30 jours après la date de dépôt du trentième instrument de ratification ou d'adhésion.
2.   Pour chaque Etat ou entité qui ratifie l'Accord ou y adhère après le dépôt du trentième instrument de ratification ou d'adhésion, l'Accord entre en vigueur le trentième jour qui suit la date de dépôt de l'instrument de ratification ou d'adhésion.

Article 41
Application provisoire

1.   Le présent Accord est appliqué à titre provisoire par tout Etat ou entité qui consent à son application provisoire en adressant au dépositaire une notification écrite à cet effet. Cette application provisoire prend effet à compter de la date de réception de la notification.

Part XIII
Final Provisions

Article 37
Signature

This Agreement shall be open for signature by all States and the other entities referred to in article 1, paragraph 2(b), and shall remain open for signature at United Nations Headquarters for twelve months from the fourth of
December 1995.

Article 38
Ratification

This Agreement is subject to ratification by States and the other entities
referred to in article 1, paragraph 2(b). The instruments of ratification shall be
deposited with the Secretary-General of the United Nations.

Article 39
Accession

This Agreement shall remain open for accession by States and the other entities referred to in article 1, paragraph 2(b). The instruments of accession shall
be deposited with the Secretary-General of the United Nations.

Article 40
Entry into force

1. This Agreement shall enter into force 30 days after the date of deposit of
   the thirtieth instrument of ratification or accession.
2. For each State or entity which ratifies the Agreement or accedes thereto
   after the deposit of the thirtieth instrument of ratification or accession,
   this Agreement shall enter into force on the thirtieth day following the
   deposit of its instrument of ratification or accession.

Article 41
Provisional application

1. This Agreement shall be applied provisionally by a State or entity which
   consents to its provisional application by so notifying the depositary in
   writing. Such provisional application shall become effective from the
   date of receipt of the notification.

2.   L'application provisoire par un Etat ou une entité prend fin à la date de l'entrée en vigueur du présent Accord à l'égard de cet Etat ou cette entité ou lorsque ledit Etat ou ladite entité notifie par écrit au dépositaire son intention de mettre fin à l'application provisoire.

Article 42
Réserves et exceptions

Le présent Accord n'admet ni réserves ni exceptions.

Article 43
Déclarations

L'article 42 n'interdit pas à un Etat ou une entité, au moment où ledit Etat ou ladite entité signe ou ratifie le présent Accord, ou adhère à celui-ci, de faire des déclarations, quels qu'en soient le libellé ou la dénomination, notamment en vue d'harmoniser ses lois et règlements avec le présent Accord, à condition que ces déclarations ne visent pas à exclure ou à modifier l'effet juridique des dispositions du présent Accord dans leur application à cet Etat ou à cette entité.

Article 44
Relation avec d'autres accords

1.   Le présent Accord ne modifie en rien les droits et obligations des Etats parties qui découlent d'autres accords compatibles avec lui, et qui ne portent atteinte ni à la jouissance par les autres Etats parties des droits qu'ils tiennent du présent Accord, ni à l'exécution de leurs obligations découlant de celui-ci.

2.   Deux ou plusieurs Etats parties peuvent conclure des accords qui modifient ou suspendent l'application des dispositions du présent Accord et qui s'appliquent uniquement à leurs relations mutuelles, à condition que ces accords ne portent pas sur une disposition du présent Accord dont le non-respect serait incompatible avec la réalisation de son objet et de son but, et à condition également que ces accords n'affectent pas l'application des principes fondamentaux énoncés dans le présent Accord et ne portent attcinte ni à la jouissance par les autres Etats parties des droits qu'ils tiennent du présent Accord, ni à l'exécution de leurs obligations découlant de celui-ci.

3.   Les Etats parties qui se proposent de conclure un accord visé au paragraphe 2 notifient aux autres Etats parties, par l'entremise du dépositaire de l'Accord, leur intention de conclure l'accord ainsi que les modifications

2. Provisional application by a State or entity shall terminate upon the entry into force of this Agreement for that State or entity or upon notification by that State or entity to the depositary in writing of its intention to terminate provisional application.

Article 42
Reservations and exceptions

No reservations or exceptions may be made to this Agreement.

Article 43
Declarations and statements

Article 42 does not preclude a State or entity, when signing, ratifying or acceding to this Agreement, from making declarations or statements, however phrased or named, with a view, *inter alia*, to the harmonization of its laws and regulations with the provisions of this Agreement, provided that such declarations or statements do not purport to exclude or to modify the legal effect of the provisions of this Agreement in their application to that State or entity.

Article 44
Relation to other agreements

1. This Agreement shall not alter the rights and obligations of States Parties which arise from other agreements compatible with this Agreement and which do not affect the enjoyment by other States Parties of their rights or the performance of their obligations under this Agreement.
2. Two or more States Parties may conclude agreements modifying or suspending the operation of provisions of this Agreement, applicable solely to the relations between them, provided that such agreements do not relate to a provision derogation from which is incompatible with the effective execution of the object and purpose of this Agreement, and provided further that such agreements shall not affect the application of the basic principles embodied herein, and that the provisions of such agreements do not affect the enjoyment by other States Parties of their rights or the performance of their obligations under this Agreement.
3. States Parties intending to conclude an agreement referred to in paragraph 2 shall notify the other States Parties through the depositary of this

ou la suspension de l'application des dispositions du présent Accord qu'il prévoirait.

Article 45
Amendement

1. Tout Etat partie peut proposer, par voie de communication écrite adressée au Secrétaire général de l'Organisation des Nations Unies, des amendements au présent Accord et demander la convocation d'une conférence chargée de les examiner. Le Secrétaire général transmet cette communication à tous les Etats parties. Il convoque la conférence si, dans les six mois qui suivent la date de la transmission de la communication, la moitié au moins des Etats parties répondent favorablement à cette demande.

2. A moins qu'elle n'en décide autrement, la conférence d'amendement convoquée en application du paragraphe 1 applique la procédure de prise de décisions suivie par la Conférence des Nations Unies sur les stocks de poissons dont les déplacements s'effectuent tant à l'intérieur qu'au-delà de zones économiques exclusives (stocks chevauchants) et les stocks de poissons grands migrateurs. Elle ne devrait ménager aucun effort pour aboutir à un accord sur les amendements par voie de consensus et il ne devrait pas y avoir de vote sur ces amendements tant que tous les efforts en vue d'aboutir à un consensus n'auront pas été épuisés.

3. Les amendements au présent Accord, une fois adoptés, sont ouverts à la signature des Etats parties au Siège de l'Organisation des Nations Unies à New York pendant une période de douze mois à compter de la date de leur adoption, à moins que ces amendements n'en disposent autrement.

4. Les articles 38, 39, 47 et 50 s'appliquent à tous les amendements au présent Accord.

5. Pour les Etats parties qui les ont ratifiés ou y ont adhéré, les amendements au présent Accord entrent en vigueur le trentième jour qui suit la date de dépôt des instruments de ratification ou d'adhésion des deux tiers des Etats parties. Par la suite, pour chaque Etat partie qui a ratifié un amendement ou y a adhéré après la date de dépôt du nombre requis d'instruments, cet amendement entre en vigueur le trentième jour qui suit la date de dépôt par l'Etat partie de son instrument de ratification ou d'adhésion.

6. Un amendement peut prévoir que son entrée en vigueur requiert un nombre de ratifications ou d'adhésions moins élevé ou plus élevé que celui exigé par le présent article.

7. Tout Etat qui devient partie au présent Accord après l'entrée en vigueur d'amendements conformément au paragraphe 5 est, faute d'avoir exprimé une intention différente, considéré comme étant :

Agreement of their intention to conclude the agreement and of the modification or suspension for which it provides.

Article 45
Amendment

1. A State Party may, by written communication addressed to the Secretary-General of the United Nations, propose amendments to this Agreement and request the convening of a conference to consider such proposed amendments. The Secretary-General shall circulate such communication to all States Parties. If, within six months from the date of the circulation of the communication, not less than one half of the States Parties reply favourably to the request, the Secretary-General shall convene the conference.

2. The decision-making procedure applicable at the amendment conference convened pursuant to paragraph 1 shall be the same as that applicable at the United Nations Conference on Straddling Fish Stocks and Highly Migratory Fish Stocks, unless otherwise decided by the conference. The conference should make every effort to reach agreement on any amendments by way of consensus and there should be no voting on them until all efforts at consensus have been exhausted.

3. Once adopted, amendments to this Agreement shall be open for signature at United Nations Headquarters by States Parties for twelve months from the date of adoption, unless otherwise provided in the amendment itself.

4. Articles 38, 39, 47 and 50 apply to all amendments to this Agreement.

5. Amendments to this Agreement shall enter into force for the States Parties ratifying or acceding to them on the thirtieth day following the deposit of instruments of ratification or accession by two thirds of the States Parties. Thereafter, for each State Party ratifying or acceding to an amendment after the deposit of the required number of such instruments, the amendment shall enter into force on the thirtieth day following the deposit of its instrument of ratification or accession.

6. An amendment may provide that a smaller or a larger number of ratifications or accessions shall be required for its entry into force than are required by this article.

7. A State which becomes a Party to this Agreement after the entry into force of amendments in accordance with paragraph 5 shall, failing an expression of a different intention by that State:

a)   Partie au présent Accord tel qu'il est amendé ; et

b)   Partie à l'Accord non amendé au regard de tout Etat partie qui n'est
      pas lié par ces amendements.

Article 46
Dénonciation

1.   Un Etat partie peut dénoncer le présent Accord, par voie de notification
      écrite adressée au Secrétaire général de l'Organisation des Nations Unies,
      et indiquer les motifs de la dénonciation. Le fait de ne pas indiquer de
      motifs n'affecte pas la validité de la dénonciation. Celle-ci prend effet un
      an après la date de réception de la notification, à moins qu'elle ne prévoie
      une date ultérieure.

2.   La dénonciation n'affecte en rien le devoir de tout Etat partie de remplir
      toute obligation énoncée dans le présent Accord à laquelle il serait sou-
      mis en vertu du droit international indépendamment de celui-ci.

Article 47
Participation d'organisations internationales

1.   Lorsqu'une organisation internationale visée à l'article premier de
      l'annexe IX de la Convention n'a pas compétence pour l'ensemble des
      matières régies par le présent Accord, l'annexe IX de la Convention s'ap-
      plique *mutatis mutandis* à la participation de cette organisation interna-
      tionale au présent Accord, si ce n'est que les dispositions suivantes de
      ladite annexe ne s'appliquent pas :
      a)   Article 2, première phrase ; et
      b)   Article 3, paragraphe 1.

2.   Lorsqu'une organisation internationale visée à l'article premier de l'an-
      nexe IX de la Convention a compétence pour l'ensemble des matières
      régies par le présent Accord, les dispositions suivantes s'appliquent à la
      participation de cette organisation internationale au présent Accord :
      a)   Au moment de la signature ou de l'adhésion, ladite organisation
            internationale fait une déclaration à l'effet d'indiquer :
            i)   Qu'elle a compétence pour l'ensemble des matières régies par
                   le présent Accord ;
            ii)   Qu'en conséquence, ses Etats membres ne deviendront pas
                   Etats parties, sauf en ce qui concerne les territoires de ces
                   Etats pour lesquels elle n'exerce aucune responsabilité ; et
            iii)   Qu'elle accepte les droits et obligations que le présent Accord
                   impose aux Etats ;

(a)   be considered as a Party to this Agreement as so amended; and
(b)   be considered as a Party to the unamended Agreement in relation to any State Party not bound by the amendment.

Article 46
Denunciation

1.   A State Party may, by written notification addressed to the Secretary-General of the United Nations, denounce this Agreement and may indicate its reasons. Failure to indicate reasons shall not affect the validity of the denunciation. The denunciation shall take effect one year after the date of receipt of the notification, unless the notification specifies a later date.
2.   The denunciation shall not in any way affect the duty of any State Party to fulfil any obligation embodied in this Agreement to which it would be subject under international law independently of this Agreement.

Article 47
Participation by international organizations

1.   In cases where an international organization referred to in Annex IX, article 1, of the Convention does not have competence over all the matters governed by this Agreement, Annex IX to the Convention shall apply *mutatis mutandis* to participation by such international organization in this Agreement, except that the following provisions of that Annex shall not apply:
(a)   article 2, first sentence; and
(b)   article 3, paragraph 1.
2.   In cases where an international organization referred to in Annex IX, article 1, of the Convention has competence over all the matters governed by this Agreement, the following provisions shall apply to participation by such international organization in this Agreement:
(a)   at the time of signature or accession, such international organization shall make a declaration stating:
 (i)   that it has competence over all the matters governed by this Agreement;
 (ii)   that, for this reason, its member States shall not become States Parties, except in respect of their territories for which the international organization has no responsibility; and
 (iii)   that it accepts the rights and obligations of States under this Agreement;

b)   La participation de l'organisation internationale ne saurait en aucun cas conférer des droits quelconques aux Etats membres de ladite organisation en vertu du présent Accord ;

c)   En cas de conflit entre les obligations qui incombent à une organisation internationale en vertu du présent Accord et celles qui lui incombent en vertu de l'accord instituant cette organisation ou de tout acte connexe, les obligations découlant du présent Accord l'emportent.

Article 48
Annexes

1.   Les annexes font partie intégrante du présent Accord et, sauf disposition contraire expresse, une référence au présent Accord renvoie également à ses annexes, et une référence à une partie du présent Accord renvoie aussi aux annexes qui s'y rapportent.

2.   Les annexes peuvent être révisées de temps à autre par les Etats parties. Ces révisions sont fondées sur des considérations scientifiques et techniques. Nonobstant les dispositions de l'article 45, si une révision à une annexe est adoptée par consensus lors d'une réunion des Etats parties, elle est incorporée au présent Accord et prend effet à compter de la date de son adoption ou de la date qui y est indiquée. Si une révision à une annexe n'est pas adoptée par consensus lors d'une telle réunion, les procédures d'amendement énoncées à l'article 45 s'appliquent.

Article 49
Dépositaire

Le Secrétaire général de l'Organisation des Nations Unies est le dépositaire du présent Accord et des amendements ou révisions qui s'y rapportent.

Article 50
Textes faisant foi

Les textes anglais, arabe, chinois, espagnol, français et russe du présent Accord font également foi.

EN FOI DE QUOI, les Plénipotentiaires soussignés, dûment autorisés à cet effet, ont signé le présent Accord.

OUVERT À LA SIGNATURE À New York le quatre décembre mil neuf cent quatre-vingt-quinze, en un exemplaire unique en langues anglaise, arabe, chinoise, espagnole, française et russe.

(b)   participation of such an international organization shall in no case confer any rights under this Agreement on member States of the international organization;

(c)   in the event of a conflict between the obligations of an international organization under this Agreement and its obligations under the agreement establishing the international organization or any acts relating to it, the obligations under this Agreement shall prevail.

Article 48
Annexes

1.   The Annexes form an integral part of this Agreement and, unless expressly provided otherwise, a reference to this Agreement or to one of its Parts includes a reference to the Annexes relating thereto.

2.   The Annexes may be revised from time to time by States Parties. Such revisions shall be based on scientific and technical considerations. Notwithstanding the provisions of article 45, if a revision to an Annex is adopted by consensus at a meeting of States Parties, it shall be incorporated in this Agreement and shall take effect from the date of its adoption or from such other date as may be specified in the revision. If a revision to an Annex is not adopted by consensus at such a meeting, the amendment procedures set out in article 45 shall apply.

Article 49
Depositary

The Secretary-General of the United Nations shall be the depositary of this Agreement and any amendments or revisions thereto.

Article 50
Authentic texts

The Arabic, Chinese, English, French, Russian and Spanish texts of this Agreement are equally authentic.

IN WITNESS WHEREOF, the undersigned Plenipotentiaries, being duly authorized thereto, have signed this Agreement.

OPENED FOR SIGNATURE at New York, this fourth day of December, one thousand nine hundred and ninety-five, in a single original, in the Arabic, Chinese, English, French, Russian and Spanish languages.

Annexes de l'Accord aux fins de l'application des dispositions de la convention des Nations Unies sur le droit de la mer du 10 décembre 1982 relatives à la conservation et à la gestion des stocks de poissons dont les déplacements s'effectuent tant à l'intérieur qu'audelà de zones économiques exclusives (stocks chevauchants) et des stocks de poissons grands migrateurs

∴

Annexes of the Agreement for the Implementation of the Provisions of the United Nations Convention on the Law of the Sea of 10 December 1982 relating to the Conservation and Management of Straddling Fish Stocks and Highly Migratory Fish Stocks

∵

Annexe I
Normes requises pour la collecte et la mise en commun des données

Article premier
Principes généraux

1. La collecte, la compilation et l'analyse des données en temps opportun
    sont essentielles à la conservation et à la gestion efficaces des stocks de
    poissons chevauchants et des stocks de poissons grands migrateurs. A cette
    fin, des données provenant des pêcheries de ces stocks en haute mer et
    dans les zones relevant de la juridiction nationale sont nécessaires, et elles
    devraient être collectées et compilées de manière telle qu'il soit possible de
    procéder à une analyse statistique utile aux fins de la conservation et de la
    gestion des ressources halieutiques. Ces données englobent des statistiques
    sur les captures et l'effort de pêche et d'autres informations ayant trait aux
    pêcheries, telles que des données sur les navires et autres données utiles
    pour la normalisation de l'effort de pêche. Les données collectées devraient
    également comporter des informations sur les espèces non visées et les
    espèces associées ou dépendantes. Toutes les données devraient être véri-
    fiées de façon à en garantir l'exactitude. La confidentialité des données non
    agrégées est préservée. La diffusion de ces données est soumise aux mêmes
    conditions que celles dans lesquelles celles-ci ont été communiquées.
2. Il est apporté aux Etats en développement une assistance en matière de
    formation ainsi qu'une assistance financière et technique afin de déve-
    lopper les capacités de ces Etats dans le domaine de la conservation et
    de la gestion des ressources biologiques marines. L'assistance devrait être
    axée sur le renforcement des capacités pour la mise en oeuvre de pro-
    grammes de collecte et de vérification des données et de programmes
    d'observation ainsi que de projets d'analyse des données et de recherche
    aux fins de l'évaluation des stocks. La participation la plus large possible
    de scientifiques et de responsables de la conservation et de la gestion des
    stocks de poissons chevauchants et des stocks de poissons grands migra-
    teurs venant d'Etats en développement devrait être encouragée.

Article 2
Principes devant régir la collecte, la compilation et l'échange des
données

Les principes généraux suivants devraient être pris en compte pour arrêter les
paramètres pour la collecte, la compilation et l'échange des données provenant des opérations de pêche de stocks de poissons chevauchants et de stocks
de poissons grands migrateurs :

© 2015 BY INTERNATIONAL TRIBUNAL FOR THE LAW OF THE SEA | DOI 10.1163/9789004304710_022

Annex I
Standard Requirements for the Collection and Sharing of Data

Article 1
General principles

1. The timely collection, compilation and analysis of data are fundamental to the effective conservation and management of straddling fish stocks and highly migratory fish stocks. To this end, data from fisheries for these stocks on the high seas and those in areas under national jurisdiction are required and should be collected and compiled in such a way as to enable statistically meaningful analysis for the purposes of fishery resource conservation and management. These data include catch and fishing effort statistics and other fishery-related information, such as vessel-related and other data for standardizing fishing effort. Data collected should also include information on non-target and associated or dependent species. All data should be verified to ensure accuracy. Confidentiality of non-aggregated data shall be maintained. The dissemination of such data shall be subject to the terms on which they have been provided.

2. Assistance, including training as well as financial and technical assistance, shall be provided to developing States in order to build capacity in the field of conservation and management of living marine resources. Assistance should focus on enhancing capacity to implement data collection and verification, observer programmes, data analysis and research projects supporting stock assessments. The fullest possible involvement of developing State scientists and managers in conservation and management of straddling fish stocks and highly migratory fish stocks should be promoted.

Article 2
Principles of data collection, compilation and exchange

The following general principles should be considered in defining the parameters for collection, compilation and exchange of data from fishing operations for straddling fish stocks and highly migratory fish stocks:

a) Les Etats devraient veiller à ce que soient recueillies auprès des navires battant leur pavillon des données sur les activités de pêche, correspondant aux caractéristiques opérationnelles de chaque méthode de pêche (par exemple, chaque trait pour la pêche au chalut, chaque mouillage pour la pêche à la palangre et à la senne coulissante, chaque banc exploité pour la pêche à la canne et chaque jour de pêche pour la pêche à la traîne), et à ce qu'elles soient suffisamment détaillées pour faciliter une évaluation précise des stocks ;

b) Les Etats devraient veiller à ce qu'un système approprié soit appliqué pour vérifier l'exactitude des données relatives aux pêcheries ;

c) Les Etats devraient rassembler des informations relatives aux pêcheries et d'autres données scientifiques pertinentes et les présenter sous une forme convenue et en temps opportun à l'organisation ou arrangement sous-régional ou régional de gestion des pêcheries compétent s'il en existe un. En l'absence d'une telle organisation ou d'un tel arrangement, les Etats devraient coopérer pour échanger des données – soit directement soit par l'intermédiaire des autres mécanismes de coopération dont ils auront pu convenir ;

d) Les Etats devraient convenir, dans le cadre des organisations ou arrangements de gestion des pêcheries sous-régionaux ou régionaux, ou selon d'autres modalités, du type de données à fournir et de la forme sous laquelle celles-ci doivent être présentées, conformément à la présente annexe et compte tenu de la nature des stocks et des modes d'exploitation de ces derniers dans la région. Ces organisations ou arrangements devraient prier les Etats ou entités non membres ou non participants de fournir des données concernant les activités de pêche pertinentes des navires battant leur pavillon ;

e) Ces organisations ou arrangements réunissent les données qu'ils communiquent en temps opportun et sous la forme convenue à tous les Etats intéressés, selon les modalités ou dans les conditions qu'ils ont arrêtées ;

f) Les scientifiques de l'Etat du pavillon et de l'organisation ou arrangement de gestion des pêcheries sous-régional ou régional compétent devraient analyser les données séparément ou conjointement, selon qu'il convient.

(a) States should ensure that data are collected from vessels flying their flag on fishing activities according to the operational characteristics of each fishing method (e.g., each individual tow for trawl, each set for long-line and purse-seine, each school fished for pole-and-line and each day fished for troll) and in sufficient detail to facilitate effective stock assessment;

(b) States should ensure that fishery data are verified through an appropriate system;

(c) States should compile fishery-related and other supporting scientific data and provide them in an agreed format and in a timely manner to the relevant subregional or regional fisheries management organization or arrangement where one exists. Otherwise, States should cooperate to exchange data either directly or through such other cooperative mechanisms as may be agreed among them;

(d) States should agree, within the framework of subregional or regional fisheries management organizations or arrangements, or otherwise, on the specification of data and the format in which they are to be provided, in accordance with this Annex and taking into account the nature of the stocks and the fisheries for those stocks in the region. Such organizations or arrangements should request non-members or non-participants to provide data concerning relevant fishing activities by vessels flying their flag;

(e) such organizations or arrangements shall compile data and make them available in a timely manner and in an agreed format to all interested States under the terms and conditions established by the organization or arrangement; and

(f) scientists of the flag State and from the relevant subregional or regional fisheries management organization or arrangement should analyse the data separately or jointly, as appropriate.

Article 3
Données de base relatives aux pêcheries

1. Les Etats réunissent et mettent à la disposition de l'organisation ou arrangement de gestion des pêcheries sous-régional ou régional compétent les types de données ci-après en entrant suffisamment dans le détail pour faciliter une évaluation précise des stocks, selon des procédures convenues :

   a) Séries chronologiques relatives aux captures et à l'effort de pêche par pêcherie et par flottille ;

   b) Quantités pêchées, en nombre ou en poids nominal, ou les deux, par espèce (espèces visées et non visées) selon ce qui convient pour chaque pêcherie. [L'Organisation des Nations Unies pour l'alimentation et l'agriculture définit le poids nominal comme l'équivalent en poids vif des débarquements.] ;

   c) Quantités rejetées – y compris des données estimatives si nécessaire – en nombre ou en poids nominal par espèce, selon ce qui convient pour chaque pêcherie ;

   d) Statistiques relatives à l'effort de pêche, comme il convient pour chaque méthode de pêche ;

   e) Lieu de pêche, date et heure des prises et autres statistiques sur les opérations de pêche, selon qu'il conviendra.

2. Les Etats doivent aussi réunir, le cas échéant, et mettre à la disposition de l'organisation ou arrangement de gestion des pêcheries sous-régional ou régional compétent des informations complémentaires utiles pour l'évaluation des stocks, notamment :

   a) La composition des captures (taille, poids et sexe) ;

   b) D'autres données biologiques utiles pour l'évaluation des stocks (âge, croissance, reconstitution, répartition, identité des stocks, etc.) ; et

   c) D'autres études pertinentes (études sur l'abondance des stocks, études sur la biomasse, études hydroacoustiques, études sur les facteurs écologiques qui agissent sur l'abondance des stocks, et études océanographiques et écologiques, etc.).

Article 4
Informations concernant les navires

1. Les Etats devraient réunir les types de données ci-après sur les navires en vue de normaliser la composition des flottes et la capacité de pêche des

Article 3
Basic fishery data

1. States shall collect and make available to the relevant subregional or regional fisheries management organization or arrangement the following types of data in sufficient detail to facilitate effective stock assessment in accordance with agreed procedures:
   (a) time series of catch and effort statistics by fishery and fleet;
   (b) total catch in number, nominal weight, or both, by species (both target and non-target) as is appropriate to each fishery. [Nominal weight is defined by the Food and Agriculture Organization of the United Nations as the live-weight equivalent of the landings];
   (c) discard statistics, including estimates where necessary, reported as number or nominal weight by species, as is appropriate to each fishery;
   (d) effort statistics appropriate to each fishing method; and
   (e) fishing location, date and time fished and other statistics on fishing operations as appropriate.

2. States shall also collect where appropriate and provide to the relevant subregional or regional fisheries management organization or arrangement information to support stock assessment, including:
   (a) composition of the catch according to length, weight and sex;
   (b) other biological information supporting stock assessments, such as information on age, growth, recruitment, distribution and stock identity; and
   (c) other relevant research, including surveys of abundance, biomass surveys, hydro-acoustic surveys, research on environmental factors affecting stock abundance, and oceanographic and ecological studies.

Article 4
Vessel data and information

1. States should collect the following types of vessel-related data for standardizing fleet composition and vessel fishing power and for converting

navires et de convertir les différentes mesures de l'effort de pêche aux fins de l'analyse des données relatives aux captures et à l'effort de pêche :

a)   Identité, pavillon et port d'immatriculation du navire ;

b)   Type du navire ;

c)   Caractéristiques du navire (matériau de construction, date de construction, longueur enregistrée, jauge brute, puissance des moteurs principaux, capacité de charge, méthodes de stockage des captures, etc.); et

d)   Description des engins de pêche (type, caractéristiques, nombre, etc.).

2.   L'Etat du pavillon réunit les renseignements suivants :

a)   Instruments de navigation et de positionnement ;

b)   Matériel de communication et indicatif radio international ;

c)   Effectif de l'équipage.

Article 5
Communication de données

Tout Etat doit veiller à ce que les navires battant son pavillon communiquent à son administration nationale des pêches et, si cela a été convenu, à l'organisation ou arrangement de gestion des pêcheries sous-régional ou régional compétent les données consignées dans leur livre de bord concernant les captures et l'effort de pêche, y compris les données relatives aux opérations de pêche hauturière, à intervalles suffisamment rapprochés pour satisfaire à la réglementation nationale et aux obligations régionales et internationales. Ces données sont communiquées au besoin par radio, télex, télécopie ou liaison satellite ou par d'autres moyens.

Article 6
Vérification des données

Les Etats ou, le cas échéant, les organisations ou arrangements de gestion des pêcheries sous-régionaux ou régionaux devraient mettre en place des mécanismes pour vérifier les données relatives aux pêcheries, tels que les mécanismes suivants :

a)   Vérification de la position au moyen de systèmes de suivi des navires ;

b)   Programmes d'observation scientifique pour contrôler les captures, l'effort de pêche, la composition des captures (espèces visées et non visées) et d'autres aspects des opérations de pêche ;

between different measures of effort in the analysis of catch and effort data:

(a)   vessel identification, flag and port of registry;

(b)   vessel type;

(c)   vessel specifications (e.g., material of construction, date built, registered length, gross registered tonnage, power of main engines, hold capacity and catch storage methods); and

(d)   fishing gear description (e.g., types, gear specifications and quantity).

2.   The flag State will collect the following information:

(a)   navigation and position fixing aids;

(b)   communication equipment and international radio call sign; and

(c)   crew size.

Article 5
Reporting

A State shall ensure that vessels flying its flag send to its national fisheries administration and, where agreed, to the relevant subregional or regional fisheries management organization or arrangement, logbook data on catch and effort, including data on fishing operations on the high seas, at sufficiently frequent intervals to meet national requirements and regional and international obligations. Such data shall be transmitted, where necessary, by radio, telex, facsimile or satellite transmission or by other means.

Article 6
Data verification

States or, as appropriate, subregional or regional fisheries management organizations or arrangements should establish mechanisms for verifying fishery data, such as:

(a)   position verification through vessel monitoring systems;

(b)   scientific observer programmes to monitor catch, effort, catch composition (target and non-target) and other details of fishing operations;

c)　　Rapports demandés aux navires sur leurs campagnes, leurs débarquements et leurs transbordements ; et

d)　　Vérification par sondage à quai.

Article 7
Echange de données

1.　　Les données rassemblées par les Etats du pavillon doivent être mises à la disposition d'autres Etats du pavillon et des Etats côtiers concernés par l'intermédiaire des organisations ou arrangements de gestion des pêcheries sous-régionaux ou régionaux compétents. Ces organisations ou arrangements réunissent les données qu'ils communiquent en temps opportun et sous la forme convenue à tous les Etats intéressés, selon les modalités et dans les conditions qu'ils ont arrêtées, tout en préservant la confidentialité des données non agrégées ; ils devraient, dans la mesure du possible, mettre au point des systèmes de gestion des bases de données permettant d'accéder facilement à celles-ci.

2.　　Au niveau mondial, la collecte et la diffusion des données devraient s'effectuer par l'intermédiaire de l'Organisation des Nations Unies pour l'alimentation et l'agriculture (FAO). Là où il n'existe pas d'organisation ou arrangement de gestion des pêcheries sous-régional ou régional, la FAO pourrait également se charger de la collecte et de la diffusion des données au niveau sous-régional ou régional avec l'accord des Etats intéressés.

Annexe II
Directives pour l'application de points de référence de précaution aux fins de la conservation et de la gestion des stocks de poissons chevauchants et des stocks de poissons grands migrateurs

1.　　Un point de référence de précaution est une valeur estimative obtenue par une méthode scientifique convenue, qui est fonction de l'état de la ressource et de la pêcherie et qui peut servir de guide aux fins de la gestion des pêcheries.

2.　　Deux types de points de référence de précaution devraient être utilisés : les points de référence aux fins de la conservation, ou points critiques, et les points de référence aux fins de la gestion, ou points cibles. Les points critiques fixent des limites qui sont destinées à maintenir l'exploitation à un niveau biologiquement sûr permettant d'obtenir le rende-

© 2015 BY INTERNATIONAL TRIBUNAL FOR THE LAW OF THE SEA | DOI 10.1163/9789004304710_023

Index - English

Index - Anglais

∴

Index to the *Basic Texts* of the International Tribunal for the Law of the Sea

This index covers the documents included in this volume of the *Basic Texts* of the International Tribunal for the Law of the Sea.

This index is based on the Index to the United Nations Convention on the Law of the Sea, Agreement relating to the Implementation of Part XI of the Convention and excerpts from the Final Act of the Third United Nations Conference on the Law of the Sea, which was prepared by the Division for Ocean Affairs and the Law of the Sea, Office of Legal Affairs, United Nations (United Nations Publication, Sales No. E.97.V.10). It has been adapted and revised to include the additional texts specific to the International Tribunal for the Law of the Sea.

Nomenclature used in the index

United Nations Convention on the Law of the Sea ("Convention")

–	Preamble 8: Eighth paragraph of the preamble to the Convention 162(2)(o)(ii): Article 162, paragraph 2(o)(ii)

Annexes of the United Nations Convention on the Law of the Sea

A	A3/5(3)(a): Annex III, article 5, paragraph 3(a)

Statute of the Tribunal (Annex VI of the Convention)

A6	A6/3(2): Annex VI, article 3, paragraph 2

Resolutions I to IV
(Annex I of the Final Act of the Third United Nations Conference on the Law of the Sea)

R	R2/Preamble 1: First paragraph of the preamble to Resolution II R2/1(b)(ii): Resolution II, paragraph 1(b)(ii)

Statement of Understanding concerning a specific method to be used in establishing the outer edge of the continental margin
(Annex II to the Final Act of the Third United Nations Conference on the Law of the Sea)

SOU   SOU/Preamble 2:
                                       Second paragraph of the preamble to the Statement.

                                       SOU/2:
                                       Second paragraph of the Statement

Resolution on development of national marine science, technology and ocean service infrastructures
(Annex VI to the Final Act of the Third United Nations Conference on the Law of the Sea)

NMS   NMS/Preamble 5:
                                       Fifth paragraph of the preamble to the resolution

                                       NMS/6:
                                       Sixth operative paragraph of the resolution

Agreement relating to the Implementation of Part XI of the United Nations Convention on the Law of the Sea ("Agreement relating to the Implementation of Part XI")

AGXI   AGXI/Preamble 2:
                                       Second paragraph of the preamble to the Agreement

                                       AGXI/7(1)(a):
                                       Article 7, paragraph 1(a) of the Agreement

                                       AGXI/A/S1(12)(a):
                                       Section 1, paragraph 12(a) of the Annex to the Agreement

Rules of the Tribunal

Rules   Rules/Preamble:
                                       Preamble to the Rules

                                       Rules/36(1)(a):
                                       Article 36, paragraph 1(a) of the Rules

Resolution on the Internal Judicial Practice of the Tribunal

JP   JP/2(3)(b)(ii):
                                       Article 2, paragraph 3(b)(ii) of the Resolution

Guidelines concerning the Preparation and Presentation of Cases before the Tribunal

GL   GL/6:
        Sixth paragraph of the Guidelines

Guidelines concerning the Posting of a Bond or Other Financial Security with the Registrar

GLB   GLB/2(a):
        Paragraph 2(a) of the Guidelines on bonds

Agreement on the Privileges and Immunities of the International Tribunal for the Law of the Sea

PI   PI/12(1)(b):
        Article 12, paragraph 1(b) of the Agreement

Agreement for the Implementation of the Provisions of the United Nations Convention on the Law of the Sea of 10 December 1982 relating to the Conservation and Management of Straddling Fish Stocks and Highly Migratory Fish Stocks ("Straddling Fish Stocks Agreement")

ASFS   ASFS/Preamble 6:
        Sixth paragraph of the preamble to the Agreement

        ASFS/18(3)(b)(i):
        Article 18, paragraph 3(b)(i) of the Agreement

The expression "use of the term" generally signifies the definition of that word or term as used in the texts.

If a term occurs only in the title or in all paragraphs of an article, only the article number is given.

In the case of multiple references to articles of the *Agreement relating to the Implementation of Part XI of the United Nations Convention,* the *Rules of the Tribunal,* and provisions of the *Agreement for the Implementation of the Provisions of the United Nations Convention on the Law of the Sea of 10 December 1982 relating to the Conservation and Management of Straddling Fish Stocks and Highly Migratory Fish Stocks,* the relevant reference ("AGXI", "Rules" or "ASFS") is given only once. All provisions following the reference indicate provisions of that particular text.

Arrangements (cont.)

joint venture   62(4)(i); AGXI/A/: S2(3), S2(5), S5(1)(a); ASFS/25(2)

patents   277(h)

provisional ~ of a practical nature   74(3); 83(3); R3/1(b); ASFS/: 7(5), 7(6), 16(2), 31(1)

regional agencies or ~   ASFS/27

search and rescue service   98(2)

transfer of technology   A3/5(3)(a); A3/5(3)(b); A3/5(3)(d)

use of the term   ASFS/1(1)(d)

utilization of the living resources   62(2); 69(3); 69(5); 70(4); 70(6)

Arrest

(*see also* bond or other financial security; crew; detention; imprisonment; prompt release of vessels; vessels)

of a person   27(1); 27(2); 27(5); 109(4)

immunity   PI/14(2)(a); PI/15(a); PI/16(1)(a)

of a ship or vessel   28(2); 28(3); 73(1); 73(2); 73(4); 97(3); 109(4); 111(6)–(8)

Artificial islands

(*see also* installations; islands; man-made structures; platforms; structures)

continental shelf   79(4); 80

exclusive economic zone   56(1)(b)(i); 60; 60(1)(a); 60(2)

high seas   87(1)(d)

legal status   60(8); 80

marine scientific research   246(5)(c)

pollution   208(1); 214

removal   60(3)

safety zones   60(4)–(7)

territorial sea delimitation   11; 60(8)

Assembly

(*see* Authority)

Assessment

environmental   165(2)(d); 165(2)(f); 200; 202(c); 204; 206; AGXI/A/S1(7); AGXI/A/S2(1)(b)

joint venture operations in the Area   AGXI/A/S2(1)(f)

marine scientific research data and results   249(1)(d)

of available data with respect to the Area   AGX1/A/S1(5)(j); AGX1/A/S2(1)(c)

of damage   235(3)

of impact on fisheries   ASFS/6(6)

of technological developments   AGXI/A/S2(1)(d)

scale of   160(2)(e); A4/11(3)(b); AGXI/A/S9(7)(b)

scientific   ASFS/10(g)

stock   ASFS/: 14(1)(b), 14(2)(b), 25(3)(b), A1/1(2), A1/2(a), A1/3(1), A1/3(2)

Assistance

(*see also* economic assistance)

financial   72(2); ASFS/: Preamble 8, 25(2), A1/1(2)

in implementing the Straddling Fish Stocks Agreement   ASFS/26

in marine scientific research   249(1)(d); 251; 254(4); 255

legal   27(1)(c); 217(5)

of counsel or advocates   Rules/: 7, 39(2), 53(2)

rendering assistance to persons, ships or aircraft   18(2); 98

scientific and technical   ASFS/: Preamble 8, 25(2), 25(3), A1/1(2)

technical   72(2); 202; 203(a); 249(1)(d); 254(4); 266(2); 269(a); 274(b); 274(c); 274(d); 275(2); A3/5(8); AGXI/A/S5(1)(c)

to developing States   ASFS/: 3(3), 24(1), A1/2

to flag State conducting an investigation   ASFS/20(2)

Atmosphere

pollution   194(3)(a); 212; 222

Atolls   6; 47(1); 47(7)

Authentic texts   315; 320; AGXI/10; PI/35; ASFS/50

Authority (International Seabed Authority)

(*see also* Area; contract; contributions; depositary functions; Enterprise; funds; geographic coordinates; joint ventures; observers; payments; privileges and immunities; production authorizations; rules of procedure; Secretariat; transfer of technology; violations)

administrative expenses   160(2)(e);173(1); 173(2); AGXI/A/: S1(14), S7(1)(a), S9(3)

Index - Français

Index - French

∵

Index des *Textes de base* du Tribunal international du droit de la mer

L'index couvre les documents inclus dans le présent volume des *Textes de base* du Tribunal international du droit de la mer.

Il a été réalisé à partir de l'Index de la Convention des Nations Unies sur le droit de la mer, l'Accord relatif à l'application de la partie XI de la Convention, et des extraits de l'Acte final de la troisième Conférence des Nations Unies sur le droit de la mer, établi par la Division des affaires maritimes et du droit de la mer, Bureau des affaires juridiques de l'Organisation des Nations Unies (publication des Nations Unies, numéro de vente : F.97.V.10). Il a en outre été adapté et révisé en vue d'inclure les textes additionnels propres au Tribunal international du droit de la mer.

Références

Convention des Nations Unies sur le droit de la mer (« *Convention* »)

Préambule 8 :
Huitième alinéa du préambule de la Convention

162 2) o) ii) :
Article 162, paragraphe 2, lettre o), point ii)

Annexes de la Convention des Nations Unies sur le droit de la mer

A   A3-13 6) c) i) :
Annexe III, article 13, paragraphe 6, lettre c), point i)

Statut du Tribunal international du droit de la mer (annexe VI de la Convention)

A6   A6-3 2) :
Annexe VI, article 3, paragraphe 2

Résolutions I à IV
(Annexe I de l'Acte final de la troisième Conférence des Nations Unies sur le droit de la mer)

R   R2 Préambule 1 :
Premier alinéa du préambule de la résolution II

R2-1 b) ii) :
Résolution II, paragraphe 1, lettre b), point ii)

Déclaration d'interprétation concernant une méthode déterminée à appliquer pour fixer le rebord externe de la marge continentale
(Annexe II de l'Acte final de la troisième Conférence des Nations Unies sur le droit de la mer)

DI

DI Préambule 2 :
Deuxième alinéa du préambule de la Déclaration

DI-3 :
Troisième paragraphe de la Déclaration

Résolution sur la mise en place d'infrastructures nationales dans le domaine des sciences et des techniques marines et des services océanologiques
(Annexe VI de l'Acte final de la troisième Conférence des Nations Unies sur le droit de la mer)

STM

STM Préambule 5 :
Cinquième alinéa du préambule de la résolution

STM-6 :
Sixième paragraphe de la résolution

Accord relatif à l'application de la partie XI de la Convention des Nations Unies sur le droit de la mer (« Accord relatif à l'application de la partie XI »)

AcXI

AcXI Préambule 2 :
Deuxième alinéa du préambule de l'Accord

AcXI-7 1) a) :
Article 7, paragraphe 1, lettre a) de l'Accord

AcXI A-S1 12) a) :
Section 1, paragraphe 12, lettre a) de l'annexe de l'Accord

Règlement du Tribunal

Règlement

Règle Préambule :
Préambule du Règlement

Règle-36 1) a) :
Article 36, paragraphe 1, lettre a) du Règlement

Résolution sur la pratique interne du Tribunal en matière judiciaire

PJ

PJ-2 3) b) ii) :
Article 2, paragraphe 3, lettre b), point ii) de la Résolution

Lignes directrices concernant la préparation et la présentation des affaires dont le Tribunal est saisi

LD

LD-6 :
Sixième paragraphe des lignes directrices

Lignes directrices concernant le dépôt d'une caution ou autre garantie financière auprès du Greffier

LDC

LDC-2 a) :
Paragraphe 2, lettre a), des lignes directrices

Accord sur les privilèges et immunités du Tribunal international du droit de la mer

PI

PI-12 1) b) :
Article 12, paragraphe 1, lettre b) de l'Accord

Accord aux fins de l'application des dispositions de la Convention des Nations Unies sur le droit de la mer du 10 décembre 1982 relatives à la conservation et à la gestion des stocks de poissons dont les déplacements s'effectuent tant à l'intérieur qu'au-delà de zones économiques exclusives (stocks chevauchants) et des stocks de poissons grands migrateurs (« Accord sur les stocks chevauchants »)

ASC

ASC Préambule 6 :
Sixième alinéa du préambule de l'Accord

ASC-18 3) b) i) :
Article 18, paragraphe 3, lettre b), point i) de l'Accord

L'expression « emploi du terme » renvoie généralement à la définition de ce terme telle qu'il est employé dans les textes.

Lorsqu'un terme ne figure que dans le titre ou dans tous les paragraphes d'un seul article, seul est alors indiqué le numéro dudit article.

Dans le cas de références multiples à l'*Accord relatif à l'application de la partie XI de la Convention des Nations Unies sur le droit de la mer*, le *Règlement du Tribunal*, et les dispositions de l'*Accord aux fins de l'application des dispositions de la Convention des Nations Unies sur le droit de la mer du 10 décembre 1982 relatives à la conservation et à la gestion des stocks de poissons dont les déplacements s'effectuent tant à l'intérieur qu'au-delà de zones économiques exclusives (stocks chevauchants) et des stocks de poissons grands migrateurs*, la référence pertinente (« AcXI », « Règle » ou « ASC ») n'est indiquée qu'une seule fois. Toutes les dispositions qui suivent la référence au texte concerné indiquent des dispositions contenues dans ledit texte.